“十三五”江苏省高等学校重点教材（编号：2018-2-032）
普通高等教育“十三五”汽车类规划教材

汽车诊断与维修工程

主　编　王冬良　徐志军
副主编　蔡　俊　许兆棠　李　和
参　编　秦洪艳　季　丰　康　杰　池敦胜
主　审　陈　南

机械工业出版社

本书是“十三五”江苏省高等学校重点教材（编号：2018-2-032），是根据普通高等教育汽车类专业人才培养目标而编写的，将汽车检测、诊断和维修人员需具备的知识、能力及素养融为一体加以介绍，以典型故障诊断和主要零部件维修为主线，全面、系统地阐述了汽车各系统的故障现象、故障机理、检测诊断和维修方法。

全书共8章，主要内容包括：汽车诊断基础、汽车维修基础、汽车诊断与维修设备、汽车发动机的诊断与维修、汽车底盘的诊断与维修、汽车电气系统的诊断与检修、车载网络系统的故障诊断、汽车车身的检测与修复。

本书既可以作为普通高等院校汽车服务工程、车辆工程、交通运输等专业的教材，也可作为高等职业院校汽车专业群的教材，还可供广大汽车工程技术人员、汽车使用与维修人员、汽车运输与管理人员参考使用。

图书在版编目（CIP）数据

汽车诊断与维修工程/王冬良，徐志军主编. —北京：机械工业出版社，2019.8（2023.12重印）

“十三五”江苏省高等学校重点教材　普通高等教育“十三五”汽车类规划教材

ISBN 978-7-111-62863-7

Ⅰ.①汽…　Ⅱ.①王…　②徐…　Ⅲ.①汽车-故障诊断-高等学校-教材　②汽车-故障修复-高等学校-教材　Ⅳ.①U472.4

中国版本图书馆CIP数据核字（2019）第103510号

机械工业出版社（北京市百万庄大街22号　邮政编码100037）
策划编辑：冯春生　责任编辑：冯春生　张丹丹
责任校对：张玉静　封面设计：张　静
责任印制：郜　敏
北京中科印刷有限公司印刷
2023年12月第1版第2次印刷
184mm×260mm · 20.75印张 · 512千字
标准书号：ISBN 978-7-111-62863-7
定价：49.80元

电话服务	网络服务
客服电话：010-88361066	机　工　官　网：www.cmpbook.com
010-88379833	机　工　官　博：weibo.com/cmp1952
010-68326294	金　　书　　网：www.golden-book.com
封底无防伪标均为盗版	机工教育服务网：www.cmpedu.com

前　言

随着汽车电控技术的快速发展，与汽车相关的新结构、新技术不断涌现，汽车诊断及维修技术呈现机、电、液融合的趋势，汽车诊断与维修相互渗透，汽车故障诊断已是汽车维修工程的核心工作。

本书将汽车检测、诊断、维修人员需具备的知识、能力及素养融为一体加以介绍，以汽车典型故障诊断和主要零部件维修为主线，全面、系统地阐述车辆各系统（尤其是电子控制系统）的故障现象、故障机理、检测诊断及维修方法。汽车诊断方面的内容以典型车型各系统常见故障现象为出发点，综合传统和现代的诊断方法，以汽车故障诊断思维及故障排除流程为重点；汽车维修方面的内容以汽车维护和修理过程中各关键部位检查、调整，主要零部件检修，总成件装配调试为重点。

本书按照应用型本科教育的总体目标要求编写，坚持“四个突出”，即“突出基础、突出特色、突出应用、突出技术”，打破传统教材的体例，以能力培养为目标，强化专业能力及素质培养方面的内容，使应用型人才培养过程实现“知行合一”。

本书在介绍了汽车诊断基础、汽车维修基础、汽车诊断与维修设备之后，重点讲解了汽车发动机的诊断与维修、汽车底盘的诊断与维修、汽车电气系统的诊断与检修、车载网络系统的故障诊断、汽车车身的检测与修复。

本书条理清晰，内容系统、新颖，图文并茂，重点突出，简化了冗长的理论分析，突出了现代车辆电子控制系统诊断与维修的新知识、新技术及新方法，注重机、电、液等疑难故障诊断思维的培养。

本书为“十三五”江苏省高等学校重点教材（编号：2018-2-032），其内容涵括了江苏省高等学校自然科学研究项目资助（编号：16KJB580007）、江苏省高校“青蓝工程”资助、江苏省高校高级访问学者项目资助的部分研究成果。

本书由王冬良、徐志军任主编，蔡俊、许兆棠、李和任副主编。全书内容由王冬良进行统稿。编写分工如下：三江学院王冬良编写第1章、第4章、第6章和第7章；南京农业大学李和编写第2章、第8章的8.1节和8.2节；淮阴工学院许兆棠、南京航空航天大学金城学院蔡俊编写第3章的3.1节；三江学院秦洪艳、康杰编写第3章的3.2节；北京联合大学徐志军编写第5章；三江学院季丰、池敦胜编写第8章的8.3节。

本书由东南大学陈南教授主审。他在主审过程中提出了诸多指导性的意见，使全书结构更为严谨，在此深表谢忱！

本书在编写过程中参考了国内外大量的专著、教材、期刊资料，在此向原作者表示真诚的感谢。本书在编写过程中得到了三江学院机械与电气工程学院各位领导、同事的大力支持和帮助，在此一并表示感谢。

由于编者水平有限，书中难免有疏漏和不妥之处，恳请广大读者批评指正。

编　者

目　录

第1章　汽车诊断基础

【本章教学要点】

知识要点	掌握程度	相关知识
汽车检测、诊断、维修的概念	了解汽车检测、汽车诊断、汽车维修的概念，了解其相互关系	常用术语解释 汽车检测、汽车诊断及汽车维修的关系
汽车技术状况	了解汽车技术状况的变化特征，掌握汽车技术状况变化的原因及影响因素	汽车技术状况的变化特征 汽车技术状况变化的原因及影响因素
汽车故障机理	了解汽车故障及其分类，掌握汽车故障的基本规律，掌握汽车金属零件的失效机理，了解汽车电子元器件的失效机理	汽车故障及其分类 汽车故障的变化规律 汽车故障的成因
汽车故障诊断	掌握汽车故障诊断参数与标准，掌握汽车故障诊断的方法及特点	汽车故障诊断参数与标准 汽车故障诊断方法
汽车故障诊断分析	掌握故障树分析法的步骤、常用符号含义，掌握故障诊断流程图的特点	故障树分析法 汽车故障诊断流程图

【导入案例】

一辆一汽马自达6轿车，发动机怠速时出现了500~800r/min的怠速游车。导致发动机怠速游车的因素较多，如发动机缺缸、正时带错位、进气系统漏气、排放系统氧传感器自适应值超标等。

对此类故障如何进行检测、诊断呢？如何通过检测诊断结果分析其故障原因及部位？

汽车在使用过程中，其技术状况变差、出现故障是不可避免的。如果能够通过科学合理的方法、有针对性地采取预防措施、定期检测，对汽车的实际技术状况进行分析判断，及时发现故障，并诊断故障原因和排除故障，则可提高汽车的使用可靠性，充分发挥汽车的效能，减少维修费用，获得更大的经济效益。

在汽车周期维护之前，对汽车的技术状况进行检测诊断，并确定相关的维护作业项目，是现代汽车维护的重要内容，一方面体现了按需维护的必要性，增加了汽车维护的目的性；另一方面，通过维护前的检测诊断可确保汽车的技术状态处于完好状态，杜绝车辆可能存在的事故隐患。

对汽车故障进行的诊断工作是汽车诊断与维修工程中技术含量最高的环节，这不仅要求有扎实的理论功底，还要有丰富的实践经验；不仅需要娴熟的测试技巧，还要有精准的推理分析能力。

1.1　概述

1.1.1　常用术语解释

在开始学习本课程时，首先需要了解与汽车检测、诊断、维修相关的术语。

有关汽车检测、汽车诊断和汽车维修的术语在国家标准（GB/T 5624—2005）《汽车维修术语》中已做了明确规定，列举如下：

（1）汽车技术状况（Vehicle Technical Condition） 定量测得的表征某一时刻汽车外观和性能的参数值的总和。

（2）汽车技术状况参数（Parameters for Technical Condition of Vehicle） 评价汽车外观和性能的物理量和化学量。

（3）汽车耗损（Vehicle Wear-out） 汽车各种损坏和磨损现象的总称。

（4）汽车故障（Vehicle Fault） 汽车部分或完全丧失工作能力的现象。

（5）汽车故障现象（Symptom of Vehicle Fault） 汽车故障的具体表现。

（6）汽车检测（Vehicle Detection） 确定汽车技术状况或工作能力的检查。

（7）汽车诊断（Vehicle Diagnosis） 在不解体（或仅卸下个别零件）的条件下，确定汽车技术状况，查明故障部位及原因的检查。

（8）诊断参数（Diagnostic Parameters） 表征汽车、总成及机构技术状况的供诊断用的参数。

（9）诊断规范（Diagnostic Norms） 对汽车诊断作业技术要求的规定。

（10）汽车维修（Vehicle Maintenance and Repair） 汽车维护和修理的泛称。

（11）汽车维护（Vehicle Maintenance） 为维持汽车完好技术状况或工作能力而进行的作业。

（12）汽车维护类别（Class of Vehicle Maintenance） 汽车维护按汽车运行间隔期、维护作业内容或运行条件等划分的不同类别或等级。（注：间隔期是指汽车运行的行程间隔或时间间隔。）

（13）汽车修理（Vehicle Repair） 为恢复汽车完好技术状况（或工作能力）和寿命而进行的作业。

（14）汽车修理类别（Class of Vehicle Repair） 按汽车修理时的作业对象、作业深度、执行作业的方式或组织形式等划分的不同的修理等级。

（15）汽车大修（Major Repair of Vehicle） 通过修复或更换汽车零部件（包括基础件），恢复汽车完好技术状况和完全（或接近完全）恢复汽车寿命的修理。

（16）汽车小修（Current Repair of Vehicle） 通过修理或更换个别零件，消除车辆在运行过程或维护过程中发生或发现的故障或隐患，恢复汽车工作能力的作业。

1.1.2 汽车检测、汽车诊断及汽车维修的关系

汽车诊断包含了“诊”和“断”两个环节。汽车诊断的过程就是由技术人员从汽车的故障现象出发，熟练应用各种检测设备对汽车进行全面综合的检测，完成第一个“诊”的环节；然后运用对汽车原理与结构的深刻理解，对测试的结果进行综合分析后对故障部位和原因做出确切的判断，完成第二个“断”的环节。

汽车诊断中的第一环节“诊”比汽车检测的内容更深入，它不是一个单纯的“检测”过程，而是一个综合的“测试”过程，而测试包括了“参数检测和性能试验”两个部分。

汽车检测的目的是判断被测汽车是否符合安全环保或综合性能的规定，检测参数超标为不合格，未超标为合格。检测是定性分析，它只有通过和不通过两个结果。而汽车诊断的目的是判断汽车的故障部位和原因，检测参数必须做出定量分析，而后通过性能试验找到故障

部位，查明故障原因。诊断的结果可能由多个部位和多种原因造成，所以，汽车诊断应该包括技术检测、性能试验和结果分析三个部分。技术检测的主要任务是通过测试仪器和设备对汽车进行诊断参数的测量；性能试验的主要任务是对被检测系统进行功能性动态试验，通过改变系统的状态进行对比试验分析，旨在发现系统故障与诊断参数之间的联系；结果分析的目的是对诊断的最终结果做出因果关系的客观分析，也就是对故障生成的机理与故障现象特征之间的必然联系，以及故障现象与诊断参数之间的内在联系做出理论分析。

汽车诊断是汽车维修和汽车检测中的一个环节。汽车维修包括汽车维护和汽车修理，维护作业主要包括维护和检验两个环节，而修理作业包括诊断、修理和检验三个环节。这是因为周期维护的车辆通常是没有故障的车辆，而视情修理的车辆都是带有故障的车辆。维护的车辆一般不需要经过诊断的环节，只需根据行驶里程或时间就可以确定要实施的维护项目，而修理的车辆必须经过诊断的环节，才能确定要修理的项目。

可见，汽车诊断技术的研究与运用将会成为现代汽车维修工程的重要组成部分，还将是现代汽车维修工程的主要发展方向，同时汽车检测、汽车诊断与汽车维修的融合也是发展的必然趋势。

1.2 汽车技术状况

1.2.1 汽车技术状况的变化特征

汽车技术状况是从总体上表征汽车外观和性能的参数值。汽车的外观和性能是随着汽车的使用时间而不断变化的，其变化规律与汽车本身结构和使用条件有关。汽车是一个复杂的机、电、液系统，其基本组成单元是零部件。现代汽车的种类繁多，零部件、元器件各异，特别是微电子技术，如电控燃油喷射系统（EFI）、防抱死制动系统（ABS）、驱动防滑系统（ASR）、电子控制自动变速器（ECT、DSG）等在汽车上的广泛应用，更体现了汽车零部件的差异性和多样性。因此，零件技术状况对汽车来说至关重要，是决定汽车技术状况的关键性因素。

汽车在使用过程中不可避免地要与外界环境（阳光、空气、风沙和雨雪等）接触，汽车本身的零部件之间也存在着相互作用，这些都会引起零件发热、磨损、腐蚀及老化等变化，导致零件尺寸变化、零件相互装配位置变化及配合间隙改变等。

根据汽车技术条件变化的性质，零件的变化可分为物理变化和化学变化两种。汽车整车或总成技术性能的参数，有静态参数（如装载质量、轴距、车轮外倾角等）和动态参数（如发动机功率、汽车制动距离等），有过程参数（如发热、振动、机油内所含杂质等），也有几何（结构）参数以及位置参数（如间隙和行程等）。然而，汽车的大部分机构或总成不便于拆解以进行零件变化的直接测量，因此，需借助一些与直接测量参数相关的间接诊断参数来确定汽车技术状况的变化，如借助发动机的功率、气缸压缩压力、机油消耗量等来评价发动机技术状况的变化情况。

1.2.2 汽车技术状况变化的原因及影响因素

1. 汽车技术状况变化的原因

汽车在使用过程中，其技术状况变化的影响因素，有汽车本身方面的，也有偶然因素或外界运用条件的。偶然因素是指某个零件制造时有隐蔽缺陷，或汽车有超载、超速等不正常运用情况。在这些影响因素中，汽车零件、机构或总成技术状态的改变，是引起汽车技术状况变化的基本原因，如自然损坏、塑性变形、疲劳损坏、腐蚀以及零件或材料方面的其他变化等，都将直接影响汽车技术状况。

2. 汽车技术状况变化的影响因素

影响汽车技术状况的因素是多种多样的，总的来说可分为两大方面：内在因素和外在因素。

（1）内在因素　内在因素主要是指构成汽车的零部件结构、材料和表面性质以及零件的加工和装配质量。内在因素多是汽车本身的质量水平，这是在汽车设计和生产制造时决定的，与汽车使用者的关系不大。

（2）外在因素　外在因素主要是指汽车的使用条件。汽车在使用过程中技术状况变化速度的快慢，在很大程度上要受到使用条件的影响。汽车使用条件包括道路条件、运行条件、运输条件以及自然气候条件，即通常所说的道路、车速、载荷、气候这四项条件。

1）道路条件。道路条件的好坏直接影响汽车的使用条件。道路条件是汽车工作条件的主要部分，其技术性能指标主要包括道路等级、路面覆盖层的状况与等级、路面附着系数及道路的构成情况（道路宽度、路线的曲率半径、路面的纵向与横向最大坡度等）。

2）运行条件。运行条件是影响汽车及总成使用情况的一个重要因素。装载质量相同的汽车，在繁华市区与郊区（路面覆盖层相同）的道路上行驶时，市区行驶车速要比郊区行驶车速低50%~52%，发动机曲轴转速增加30%~36%，变速器、制动器使用频次增加，转弯行驶频次增加，这也加剧了车辆性能的恶化。

3）运输条件。除运行速度外，运距、行程利用系数、装载质量、装载质量利用系数、挂车利用系数、运输货物的种类以及运输货物装载情况等汽车运输条件，都是汽车技术状况发生变化的影响因素。

4）气候条件。气候条件包括环境温度、湿度、风力、风向和阳光辐射强度等参数。自然气候条件影响汽车总成工作的温度状态，可能会改变它们的技术性能和工作可靠性。

一般汽车各总成都有一个最佳的热工况区，如发动机最佳热工况的冷却液温度为70~90℃。发动机以最佳热工况运行时，零件磨损最小，环境温度每变动1℃，将使发动机缸体水套温度变化0.25~0.9℃。除发动机外，蓄电池容量随环境温度的降低而减小。环境温度从18℃降至-20℃时，温度每降1℃，蓄电池容量就减小1%。若在低温条件下蓄电池过度放电，就会导致电解液冻结，损坏蓄电池壳体。在低温条件下由于蓄电池容量降低、进气温度低、燃料黏度增大等，将造成发动机起动困难，并增加了发动机起动升温期间的磨损。

5）季节条件。季节条件是影响汽车技术状况变化的附加条件。季节交替会引起环境温度的改变和道路情况的变化。例如，夏季炎热、干燥、灰尘多；秋季、冬季雨雪多，气候湿冷，道路泥泞。因此，不同季节汽车零件的磨损强度也不相同。

除上述条件外，汽车运行材料的质量和人的因素、汽车维修质量等也是影响汽车技术状况变化的因素。汽车燃料内含有灰尘，对发动机磨损的影响极大。同样，汽车所用润滑油、各种液体（制动液、冷却液等）以及零配件等运行材料的品质也严重地影响汽车技术状况变化。在同样的使用条件下，驾驶人的操作技术水平对汽车技术状况也有一定影响。

1.3 汽车故障机理

1.3.1 汽车故障及其分类

1. 汽车故障

现代汽车是由众多零部件和总成构成的机、电、液一体的复杂产品。汽车总体、大部分总成和系统属可修复产品。可修复产品是指产品发生故障后可通过维修恢复其规定功能的产品；不可修复产品是指产品发生故障以后不进行维修而直接报废的产品。

随着汽车零部件制造技术的发展，制造成本的降低，不可修复类汽车零部件种类和数量日益增多，零部件更换成为汽车维修的主流方式。

2. 汽车故障的分类

汽车故障可根据丧失工作能力的范围和程度、故障发生的性质、故障产生的原因等方面，从不同的角度进行分类。

（1）按汽车丧失工作能力的范围分类 按汽车丧失工作能力的范围，汽车故障可分为完全故障与局部故障两类。

完全故障是指汽车完全丧失工作能力而不能行驶的故障。此类故障是由汽车或其零部件在正常工作状态下突然停止功能造成的，如分火头击穿、中央高压线掉线、转向节臂折断、制动管路爆裂等零部件故障会导致整车或子系统突然丧失功能而形成完全故障。

局部故障是指汽车部分丧失工作能力，即降低了使用性能的故障。汽车或其子系统的工作特性随着时间的延长而逐渐降低，当达不到规定的功能时即形成故障，如摩擦副磨损、弹性件硬化、油料变质等都会使汽车性能或部分性能下降。

（2）按汽车丧失工作能力的程度分类 按汽车丧失工作能力的程度，汽车故障可分为致命故障、严重故障、一般故障和轻微故障四类，见表1-1。

表1-1 汽车故障的分类

故障类别	分类原则
致命故障	涉及人身安全，可能导致人身伤亡；引起主要总成报废，造成重大经济损失；不符合制动、排放、噪声等法规要求
严重故障	导致整车性能显著下降；造成主要零部件损坏，且不能用随车工具和易损备件在短时间（约30min）内修复
一般故障	造成停驶，但不会导致主要零部件损坏，并可用随车工具和易损备件或价值很低的零件在短时间（约30min）内修复；虽未造成停驶，但已影响正常使用，需调整和修复
轻微故障	不会导致停驶，尚不影响正常使用，也不需要更换零件，可用随车工具在短时间（约5min）内轻易排除

（3）按故障发展的过程分类 按故障发展过程，汽车故障可分为突发性故障和渐进性故障。

突发性故障是指零件在损坏前没有可以觉察到的征兆，零件损坏是瞬时出现的。这是各种不利因素以及偶然的外界影响共同作用的结果，这种作用已经超出了产品所能承受的限度。如汽车运行时由于遇到意外障碍物等原因而引起的超载造成零部件的损坏、轮胎被地面尖石或铁钉刺破、发动机油路堵塞、导线松脱以及驾驶人操作失误引起的事故性损坏等。故障发生的特点是具有偶然性和突发性，一般不受运转时间影响，无法监控，因而这种故障是难以预测的。但这种故障容易排除，因此通常不影响汽车的使用寿命。

渐进性故障是由于汽车某些零件的初始参数逐渐恶化，其参数值超出允许范围而引起的故障。如发动机的气缸壁-活塞环，由于磨损使配合间隙超过了允许范围，导致润滑油消耗量增加，曲轴箱窜气量增加。这种故障的特点是故障发生的概率与使用时间有关，它只是在汽车有效寿命的后期才明显地表现出来。渐进性故障的发生标志着产品寿命的终结，对汽车而言则往往是需要进行大修的标志。由于这种故障是逐渐发展的，所以是可以进行预测的。通过诊断和监测仪器进行测试或监控，能预测故障的发生时间。

突发性故障和渐进性故障之间一般是有联系的。应该说所有的故障都是渐进的，如零件的磨损发展到一定程度，就可能导致突然损坏，旧轮胎发生故障的概率要比新轮胎大得多。因此，汽车使用的时间越长，发生故障的概率越高，损坏的程度越大。

（4）按故障发生的性质分类　按故障发生的性质，汽车故障可分为自然故障和人为故障。

自然故障是汽车在使用期内，由于受外部、内部不可抗拒的自然因素的影响而产生的故障。

人为故障是汽车在制造、维修和使用中，由于使用了不合格的零件或违反了装配的技术要求，或汽车在使用中没有遵守使用条件和操作工艺规程以及运输、保管不当等人为因素所造成的故障。

（5）按故障产生的原因分类　按故障产生的原因，汽车故障可分为设计原因引起的故障和使用原因引起的故障。

设计原因包括结构设计欠合理、加工工艺不完善等，如汽车前悬架结构设计不合理，造成汽车在制动过程中跑偏。

使用原因主要是违反行车规定，如汽车超载、使用不符合标准的燃料和润滑油，以及没有按规定维护等，例如由于两前轮轮胎气压不等造成的制动跑偏。

1.3.2　汽车故障的变化规律

引起汽车故障的种类繁多，原因复杂，但从可靠性角度分析，其故障发生的概率遵循一定的规律。

1. 汽车故障率

汽车故障率 $\lambda(t)$ 是汽车或总成在规定的使用条件下行驶到某里程（某时刻）后，在尚未发生故障的汽车或总成中，单位行驶里程（或单位时间）发生故障的概率，它是一个数学统计量。

在实际生产中，常用平均故障率 λ_m 作为故障率的观测值。所谓平均故障率，是指汽车或总成在规定的行程（或观测时间）内当量故障发生次数（用故障系数修正后的折算次数）与累积工作行程（或累积时间）之比，其数学表达式为

$$\lambda_m(t)=\frac{M}{\sum_{i=1}^{n}L_i} \tag{1-1}$$

式中，M 为汽车或总成在规定的行程（或观测时间）内发生故障的当量次数；$\sum_{i=1}^{n}L_i$ 为汽车

或总成累积工作行程（或累积时间）。

2. 汽车故障的基本规律

汽车故障的基本规律是指汽车或总成投入使用后，其故障率 $\lambda(t)$ 与使用时间 t 的关系。汽车的故障率曲线如图 1-1 所示，该曲线又称浴盆曲线。该曲线分为三个阶段：早期故障期、偶然故障期和耗损故障期。

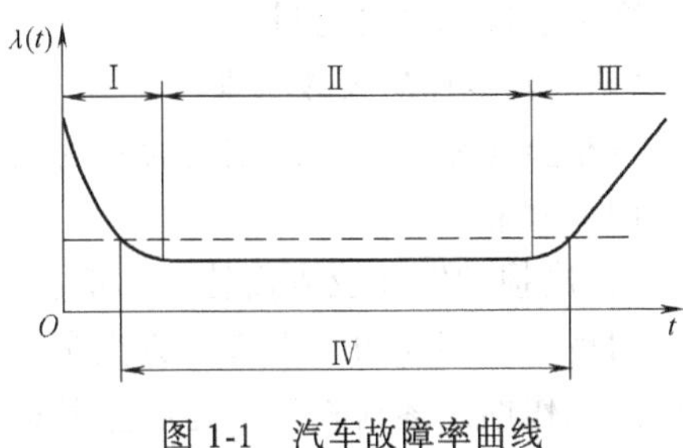

图 1-1 汽车故障率曲线

I—早期故障期 II—偶然故障期

III—耗损故障期 IV—正常使用期

(1) 早期故障期 即新车或刚大修过的汽车投入工作的初期，由于设计不良、制造质量差、安装不正确、调试不当、操作维护失误而引起的早期故障的时间。其特点是故障率较高，但在此期间汽车故障率随时间增加而迅速下降，属于故障率递减型。

早期故障期一般为汽车的保修期。

(2) 偶然故障期 浴盆曲线的中间部分为偶然故障期，又称随机故障期。其特点是故障率 $\lambda(t)$ 的值低且相对稳定，接近于常数，属于故障率不变型。

偶然故障期内故障产生的原因：一是偶然因素造成的，如材料缺陷、操作失误、装载失控、润滑不良、维修欠佳及产品本身的薄弱环节等引起的；二是一些零件合乎规律的早期损耗所引起的。

在偶然故障期故障发生的时间是随机的，难以确定的，但从统计学角度来看，故障发生的概率是遵循一定规律的。

(3) 耗损故障期 曲线的右边部分为耗损故障期。该时期的特点是故障率 $\lambda(t)$ 随时间的延长而上升得越来越快，属于故障率递增型。耗损故障期内故障产生的原因主要是汽车或总成零件的磨损、疲劳、变形等，引起性能参数恶化，振动增大，出现异响等。故障率达到一定值时，汽车或总成则不能使用。

3. 汽车维修对降低故障率的作用

在汽车维修中应用成熟技术，严格工艺规程，加强磨合期的维护，严格执行有关新车（或大修车）磨合的各项规定，可有效降低早期故障期汽车的故障率。

在汽车正常使用期内，执行正确使用、定期检测、周期维护和视情修理的方针，可以降低故障率，维持并保证汽车的完好技术状况和工作能力。

汽车或总成属于可修复产品，在其即将或刚进入耗损故障期时，若对汽车或总成进行恢复性大修，更换将要失效或已失效的零件，恢复其功能和性能，就能抑制故障率的上升，使汽车进入一个新的工作循环。

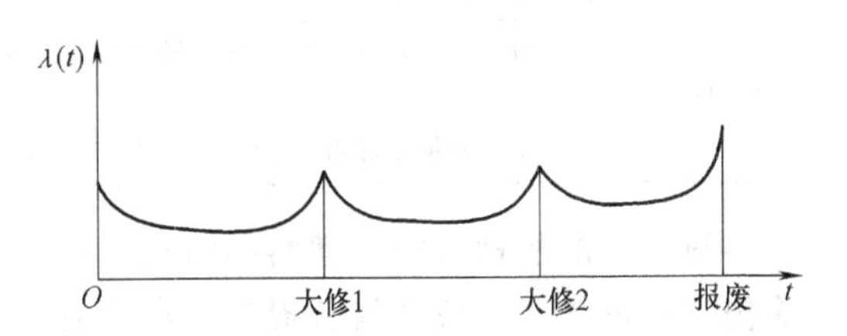

图 1-2 经济使用寿命期内 $\lambda(t)$ 整体趋势

汽车从新车投入使用到最终报废，其整体技术状况或工作能力将不断恶化，故障率 $\lambda(t)$ 呈上升状态，且大修后汽车寿命也难以完全恢复。假设汽车经济使用寿命期间允许两次大修，其 $\lambda(t)$ 的趋势如图 1-2 所示。

1.3.3 汽车故障的成因

导致汽车产生故障的主要原因是汽车零件的失效。汽车零件失效的主要形式有磨损、断裂、变形、腐蚀和老化等。

1. 金属零件的失效机理

汽车金属零件失效的主要表现为磨损、断裂、变形、腐蚀和穴蚀。

(1) 磨损

1) 磨损的定义及表面特征。磨损是指汽车零件摩擦表面的金属在相对运动过程中不断损失的现象。磨损的发生将造成汽车零件尺寸、形状精度降低，表面配合性质发生变化，使零件的工作性能逐渐降低，是产生各种故障的主要原因之一。磨损包括物理的、化学的、机械的、冶金的综合作用，它与零件材料性质、表面加工方法、载荷、工作温度、润滑状态以及相对运动速度等因素密切相关。按磨损机理的不同，磨损可分为磨料磨损、黏着磨损、疲劳磨损、腐蚀磨损和微动磨损等，见表1-2。同一零件同一表面的磨损可能由单独的磨损机理造成，也可能由综合的磨损机理造成。

表1-2 汽车零件磨损的定义及表面特征

分类	定义	表面特征
磨料磨损	磨料磨损是指摩擦表面与硬质颗粒或硬质凸出物相互摩擦引起的磨损 这种硬质颗粒或硬质凸出物就是磨料。汽车各摩擦副之间的磨料大多来自于空气中的尘埃、燃油和润滑油中的杂质以及零件摩擦表面剥落下来的颗粒	刮伤、沟槽、擦痕
黏着磨损	黏着磨损是指摩擦表面间接触点发生黏着现象，使一个零件表面的金属转移到另一个零件表面所引起的磨损 摩擦副运动进程中，局部接触点油膜或氧化膜被破坏，在摩擦高温下发生黏着，在随后的运动中又撕裂，如此黏着—撕裂—再黏着—再撕裂，反复进行就形成黏着磨损	擦伤、鱼鳞片状、麻点、沟槽
疲劳磨损	疲劳磨损是指具有纯滚动或滚动与滑动并存的摩擦副，在工作过程中由于交变接触应力的周期性作用，使零件表层产生微粒脱落而引起物质损失的现象 疲劳磨损的特点具体表现为摩擦面出现大小、深浅不同的麻点或痘斑状凹坑	裂纹、麻点、剥落
腐蚀磨损	腐蚀磨损是指在摩擦过程中，由腐蚀和摩擦共同作用导致的零件表面物质损失的现象	有反应物产生(形成膜、颗粒)
微动磨损	微动磨损是两个接触物体做相对微幅振动而产生的零件表面物质损失的现象 微动磨损是黏着、腐蚀、磨料、疲劳磨损综合作用的结果	有颗粒物产生

磨料磨损的机理可归于磨料的机械作用。磨料对摩擦表面的破坏可分为碰撞冲击、研磨和擦伤三种形式。一般磨料磨损表面存在着许多直线槽，它们可以是很轻的擦痕，也可以是很深的沟槽。磨料磨损是汽车零件最常见的磨损形式。在汽车维修中应做好零件清洁存放工作，加强零件装配前的清洁工作和密封工作，防止外界磨料进入总成内部。

黏着磨损的磨损量与黏着点撕裂时的剪切位置有关。如果黏着点的结合强度比摩擦副任何一方的材料强度都低，则撕裂将发生在黏着点的界面处。此时材料的转移极轻微，滑磨面也较平滑，只有轻微的擦伤，此种情况称为外部黏着。汽车发动机中的气缸与活塞环、气门挺杆与凸轮轴凸轮处的润滑油膜遭到破坏时，即可发生这种外部黏着情况。如果黏着点的结合强度比摩擦副中任何一方的材料强度高，则撕裂将发生在材料强度较低的零件内部，此时就必然伴随着金属从一个摩擦表面转移到另一个摩擦表面，且金属的转移量较大，此种情况称为内部黏着。如由于发动机过热或配合间隙太小所产生的“拉缸”“烧瓦抱轴”，主减速器锥齿轮由于用油不当、调整欠妥而引起的剧烈磨损都是典型的内部黏着磨损。汽车工作中，轻微的外部黏着磨损允许存在，而内部黏着磨损一般都会引起恶性故障，必须尽力避免。

疲劳磨损是汽车齿轮齿面、滚动轴承滚动体及内外圈滚道表面、凸轮和挺柱接触面等零件的主要失效形式之一。

腐蚀磨损是一种机械化学磨损，它是腐蚀现象与机械磨损过程相结合形成的。腐蚀磨损分为化学腐蚀磨损和电化学腐蚀磨损。化学腐蚀磨损是指在零件配合副中存在着腐蚀介质，它们之间产生化学作用而生成各种化合物，在摩擦过程中不断被除去而引起零件表面物质损失的现象。电化学腐蚀磨损是指在零件配合副中，存在着酸、碱、盐等电介质，它们之间发生电化学反应而生成各种化合物，在摩擦过程中不断被除去而引起零件表面物质损失的现象，其特点是磨损速度快。

微动磨损经常发生在相对静止的配合副中，如驱动桥壳支承孔与半轴套管配合表面、发动机轴瓦与轴瓦轴承孔配合表面、螺栓连接件、键连接处等。

2）汽车零件的磨损。磨损是由摩擦引起的，一般摩擦越大，磨损越快。为延长汽车零件使用寿命，在相互运动的零件之间通过润滑减小摩擦，力求使零件的磨损减小到最低限度。

所谓摩擦，是指相互接触的两个零件在发生相对运动或具有相对运动趋势时，在接触面上产生的阻止相对运动的作用。

根据润滑状况不同，摩擦副表面的摩擦可分为干摩擦、流体摩擦、边界摩擦和混合摩擦四类。

干摩擦是指摩擦副表面之间无任何润滑油或其他润滑介质的摩擦。在干摩擦状态下，两摩擦表面直接接触，摩擦因数 f 很大，摩擦面的磨损剧烈。在汽车上除需要利用摩擦力来工作的零部件，如离合器摩擦片与压盘和飞轮表面、制动蹄片与制动鼓表面等以外，一般情况下的配合副之间应尽量避免在干摩擦条件下工作。

流体摩擦又称流体润滑。所谓流体摩擦，是指两零件表面被一层润滑油完全隔开的摩擦。流体摩擦时，由于两工作表面不直接接触，摩擦只发生在润滑油流体分子之间，摩擦因数 f 很小，约为 0.001~0.01。零件表面磨损速度很小，是一种最理想的摩擦状态。汽车摩擦副间的流体摩擦一般是动液润滑，为建立与维持流体摩擦，除供给润滑油外，还必须注意使摩擦面的大小、形状、间隙和相对运动速度等能适应负荷和润滑油性能等条件。

建立流体摩擦的关键是汽车零件摩擦副处形成逐渐收敛的楔形间隙，以便建立起流体动压力，滑动轴承的流体动力润滑原理如图 1-3 所示。当轴转动时，摩擦副间隙内润滑油动压力分布如图 1-3 中 p' 所示。当轴的转速增加到一定值时，流体动压力将增大到克服轴上的载荷将轴抬起，使轴和轴承之间产生高压油膜。当轴与轴承之间稳定运转时，轴与轴承之间产生的摩擦就是流体摩擦。流体摩擦必须使润滑油形成足够的油膜厚度，并使产生的动压力作用于轴上的铅垂合力大于轴所受载荷 F_P。流体摩擦油膜厚度及建立的动压力与摩擦副的配合间隙形状、相对运动速度、润滑油的黏度和外载荷的大小有关。在合适的配合间隙形状下，相对运动速度和润滑油的黏度越大，外载荷越小，越容易形成并能保持完好的流体润滑油膜。当汽车发动机正常稳定运转时，曲轴与轴承表面之间的摩擦就属于流体摩擦。

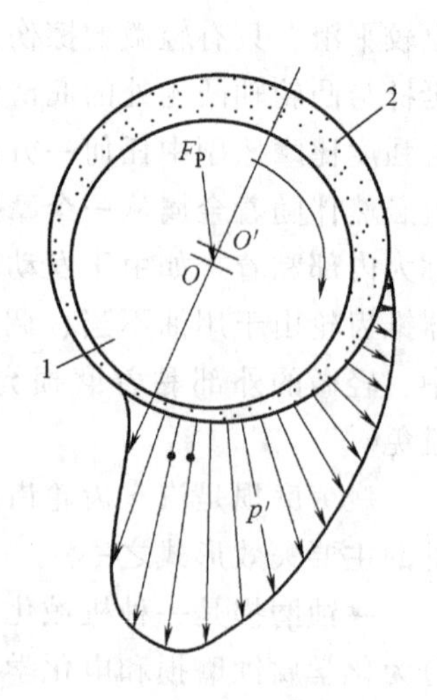

图 1-3 滑动轴承的流体动力润滑原理

1—轴 2—轴承

O'—轴承中心 O—轴中心

F_P—轴承上外载荷

p'—油膜的动压力

边界摩擦是指相对运动的两摩擦表面被一层极薄的边界膜（几个或十几个分子厚度）隔开的摩擦，边界摩擦也称为边界润滑。根据结构型式的不同，边界膜可分为吸附膜和反应膜两种。吸附膜是由润滑油的极性分子吸附在摩擦表面上所形成的油膜。反应膜是由润滑油中的化学元素（如润滑油添加剂中的硫、磷、氯等元素）与摩擦表面产生化学反应而生成的化学反应膜。边界膜具有很高的强度，可承受很大的压力，能有效地防止摩擦表面的直接接触。当两个零件产生相对运动时，由于相对滑动只发生在两个零件表面上的吸附膜之间，而不是金属与金属之间，从而降低了摩擦因数 f。零件表面完整的反应膜能有效避免运动副之间发生黏着磨损。边界摩擦的摩擦因数 f 介于干摩擦与流体摩擦之间，一般为 0.03～0.05，其值与润滑剂的黏度、载荷及运动速度无关，取决于摩擦表面与润滑剂的特性。

前面讨论摩擦类型时，把零件摩擦状态分为干摩擦、流体摩擦和边界摩擦，只是为了论述方便。实际上，汽车零部件摩擦副工作时，这三种或其中两种摩擦是混合存在的，称为混合摩擦。在混合摩擦中，相对运动的摩擦表面一部分发生干摩擦，另一部分发生边界摩擦的状态称为半干摩擦；相对运动的摩擦表面一部分发生边界摩擦，另一部分发生流体摩擦的状态称为半流体摩擦。随着工作条件的改变，汽车零部件配合副的摩擦状态可相互转化。譬如，长时间停车后重新起动的最初时刻，发动机气缸壁与活塞环摩擦副表面之间，尤其是气缸壁的上部极有可能发生半干摩擦。一旦发动机运转正常，那么两摩擦表面间可能发生流体摩擦。但活塞运动至行程上止点附近时，在气缸壁、活塞环摩擦副表面间，则可能发生半液体摩擦。在汽车的使用、维修过程中，应创造条件尽可能使重要的摩擦副（如轴与轴承、齿轮、活塞环与气缸等）在理想的流体润滑状态下工作，尽量避免金属直接接触下的干摩擦，这样就可能使零件磨损小，使用期长。

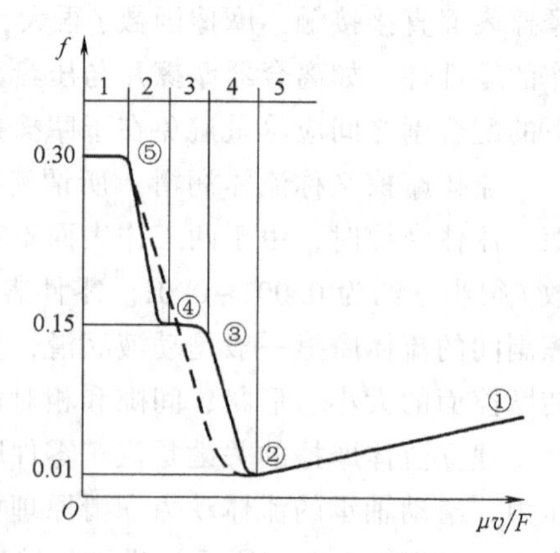

图 1-4 斯特里贝克曲线

1—干摩擦 2—半干摩擦 3—边界摩擦 4—半流体摩擦 5—流体摩擦

研究表明，对摩擦因数 f 影响最大的是液体润滑油的黏度 μ、摩擦副表面相对运动速度 v 和摩擦副所承受的载荷 F。三种参数的综合作用 $\mu v/F$ 与摩擦因数 f 的关系如图 1-4 所示，此曲线称为斯特里贝克（Stribeck）曲线。

由曲线形状可以看出，μv 越大，F 越小，则 $\mu v/F$ 就越大，越容易形成油膜。

当 $\mu v/F$ 最小时，对应的摩擦状态处在最左边，摩擦因数 f 较大，甚至 $f>0.30$，摩擦状态是干摩擦；随着 $\mu v/F$ 的增大，当数值超过图 1-4 所示的区域⑤后，摩擦状态变为半干摩擦，即既有干摩擦，又有边界摩擦；如果继续增大，当数值超过图 1-4 所示的区域④后，摩擦状态变为边界摩擦；如果 $\mu v/F$ 继续增大，当数值超过图 1-4 所示的区域③后，摩擦状态变为同时存在边界摩擦和流体摩擦，即半流体摩擦；如果 $\mu v/F$ 继续增大，当数值超过图 1-4 所示的区域②后，摩擦状态变为流体摩擦。随着数值在区域⑤和区域①之间变化，摩擦状态不断地在干摩擦、边界摩擦和流体摩擦之间转换，⑤和③的区域是混合摩擦。

3）汽车零件的磨损特性。汽车零件在使用过程中，工作条件不同，引起零件磨损的原因也就有所不同，但各种零件的磨损量与工作时间之间都具有一定的规律，这种规律称为零件的磨损特性。

汽车零件的磨损特性曲线如图 1-5 所示，由图中可以看出，汽车零件的正常磨损可分为三个阶段：

① 第一阶段为磨合期（曲线 OA）。由于新零件及修复件表面较为粗糙，零件几何误差不可避免，新配合副的配合间隙较小，良好的摩擦副形状尚未形成，使完整的油膜难以形成。

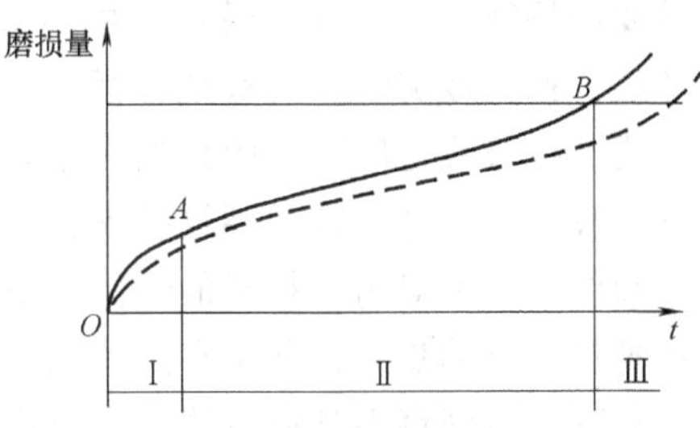

图 1-5 汽车零件的磨损特性曲线

Ⅰ—磨合期 Ⅱ—正常工作期 Ⅲ—极限磨损期

工作时零件表面的凸起点会划破油膜，在零件表面上产生强烈的刻划、粘接等作用；从零件表面上脱落下来的金属及其氧化物颗粒，会引起严重的磨料磨损。所以，该阶段的磨损速度较快。随着磨合时间的增长，零件的表面质量不断提高，磨损速度也相应降低。

② 第二阶段为正常工作期（曲线 AB）。经过磨合期的磨合，零件的表面粗糙度值降低，配合副的配合间隙趋于合理。所以，在正常工作期，零件的磨损变得非常缓慢。

③ 第三阶段为极限磨损期（曲线 B 点以后）。磨损的不断积累，造成配合间隙不断增大。当配合间隙达到极限值时，配合副工作进入极限磨损期。此时油压降低，零件之间的相互冲击增强，正常的润滑条件被破坏，零件的磨损急剧上升，此时如不及时进行调整或修理，会造成严重故障。

由图 1-5 中可知，降低磨合期的磨损量，减缓正常工作期的磨损，能推迟极限磨损期的来临，延长零件的使用寿命，如图 1-5 中虚线所示。为此，新车或汽车大修后，各主要总成必须按照一定的工艺程序和技术要求进行磨合，而且在大修（或新车）出厂后，应进行减载、限速磨合，并及时进行磨合维护。另外，在汽车修理中，必须保证各总成主要配合副的配合间隙在标准范围内，配合间隙过小有可能在磨合期发生非正常磨损，配合间隙过大则缩短了正常工作期允许累积磨损量，这都将严重影响汽车配合副的使用寿命。

（2）断裂　断裂包括裂纹和折断，它是一种最危险的零件失效形式。汽车上约有 90% 以上的断裂可归结为由零件疲劳失效造成的，如汽车车架的裂纹、曲轴的裂纹与断裂、钢板弹簧的裂纹与折断等。

汽车零件的疲劳是在较长时间内，在交变载荷多次重复作用下导致材料疲劳而引起的。疲劳断裂的零件所承受的应力通常低于材料的抗拉强度，甚至低于材料的屈服强度，且为突然发生的脆性断裂。

疲劳裂纹的断口从宏观上可分为三个区域：疲劳裂纹源区、疲劳裂纹扩展区和最后断裂区，如图 1-6 所示。

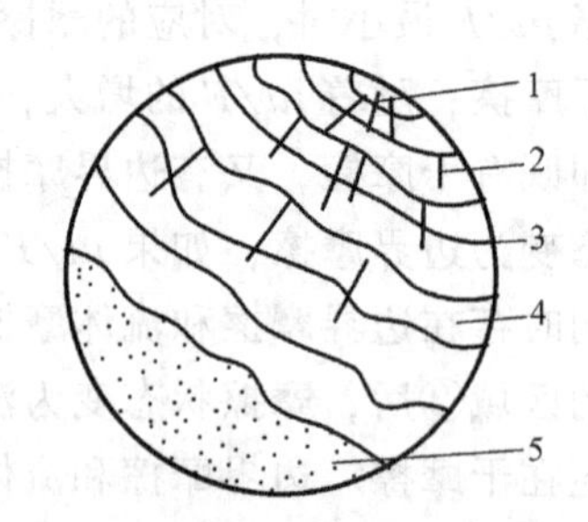

图 1-6 疲劳裂纹断口的宏观特征
1—断裂核和断裂源 2—二次台阶 3—疲劳线 4—裂纹扩展区 5—最后断裂区

1）疲劳裂纹源区。疲劳裂纹最初产生是从断裂核开始的。断裂核周围有一个相当光滑的微小区域，称为断裂源或疲劳源。疲劳源是疲劳裂纹的起点，它一般发生在零件应力最集中的部位或零件的薄弱部位，如零件的台阶尖角或有划痕、裂纹、非金属夹杂等表面缺陷处，零件内部存在孔洞、疏松、脆性夹杂物处，表面强化层与基材结合处等。一个断口上，疲劳源可能不止一个，而有两个或多个，但通常仅有一个会扩展开来。

2）疲劳裂纹扩展区。疲劳裂纹扩展区是疲劳断口最重要的特征区域，该区最典型的特征是有一系列的同心环纹，称为疲劳线，又称疲劳弧线。它是裂纹扩展过程中载荷的性质和大小的变化痕迹。疲劳线与疲劳线之间间隔距离的大小表示裂纹扩展的速度。疲劳线较密，表示裂纹的扩展速度慢；疲劳线较疏，表示裂纹扩展得快。

裂纹扩展区对衡量材料的性能很重要，这个区域大，表示材料的临界裂纹尺寸大，能较好地抵抗裂纹的扩展，即具有足够的断裂韧度。有些金属零件在交变应力作用下发生断裂失效，宏观断口观察不到疲劳线，则是由于断口表面经多次反复压缩和摩擦，使该区域变得很光滑，呈细晶状的缘故。

3）最后断裂区。当疲劳裂纹扩展到一定程度，达到临界尺寸后，零件的有效截面不能承受工作负荷，则发生快速断裂。

断裂区的面积大小反映了承受载荷的大小。断裂区的面积大，表示断裂时的载荷大，材料的强度低；断裂区的面积小，则表示断裂时的载荷小，材料的强度高。

为避免汽车零件发生疲劳断裂，在汽车维修过程中应注意以下几点：

① 汽车零件机械加工修复时，应保证过渡圆角半径和表面粗糙度达到技术要求。

② 在零件拆装和存放过程中，避免零件表面发生擦伤和划痕。

③ 在维修检验和检查中，对承受交变载荷的零件应进行无损探伤和监测。

疲劳断裂因载荷类型不同，其断口形态也不一样，如在双向交变扭转应力作用下，断口多呈锯齿状。这是因为轴在双向交变扭转应力作用下，轴颈尖角处将产生很多疲劳源。这些裂纹将同时向与轴线成 40°交角的方向扩展，因为这个方向是最大拉应力方向，最后这些裂纹相交时，便形成锯齿状。

（3）变形 汽车零件在长期工作中，由于受到外载荷、工作温度和残余应力的不断作用与影响，使零件的尺寸或形状发生改变的现象，称为零件的变形。变形分弹性变形和塑性变形两种。

1）弹性变形。弹性变形是指外力去除后能完全恢复的变形。汽车零部件中，通常经过冷校直的零件（如连杆）经一段时间使用后又发生弯曲，这种现象是由弹性变形所引起的，所以校直后的零件都应进行退火处理。

2）塑性变形。塑性变形是指外力去除后不能恢复的变形。金属材料塑性变形后在金属中产生内应力，材料的组织结构和性能将会发生变化，造成金属耐蚀性下降，对零件的性能和使用寿命有很大影响。

零件变形失效的原因除了设计、制造方面外，还有使用过程中的残余应力、外载荷、温度以及使用维修不当等。汽车在使用中因温度引起变形的原因主要是热应力。热应力是指气缸体、气缸盖和变速器壳体等零件，在从高温冷却下来的过程中，由于结构厚薄不均，冷却速度不同，收缩有先后，因而在零件内部产生彼此相互制约的内应力。另外，金属材料的弹性极限随温度的升高而降低，所以零件的工作温度越高，越容易引起变形。

汽车零件的变形，特别是各总成基础件（如气缸体、气缸盖、曲轴、变速器壳、前后桥等）的变形，将导致各零件正常的配合性质被破坏，润滑条件变差，并产生一定的附加载荷，使零件的磨损加剧，使用寿命降低。

（4）腐蚀和穴蚀

1）腐蚀。金属零件的腐蚀是指表面与周围介质起化学或电化学作用而发生的表面破坏现象。腐蚀损伤总是从金属表面开始，然后或快或慢地往里深入，并使表面的外形发生变化，出现不规则形状的凹坑、斑点等破坏区域。

根据腐蚀机理的不同，腐蚀主要可分为化学腐蚀和电化学腐蚀。

① 化学腐蚀。金属与外部介质直接起化学反应而引起零件表面不断腐蚀、脱落而受到破坏的过程称为化学腐蚀。外部介质多数为非电解质溶液，如干燥空气、有机液体、汽油、润滑剂等。

② 电化学腐蚀。金属外表面与周围电介质发生电化学作用而有电流产生的腐蚀称为电化学腐蚀。属于这类腐蚀的有：金属在酸、碱、盐溶液及潮湿空气中的腐蚀。金属与电解质溶液相接触，形成原电池，零件内电极电位较低的部分遭受腐蚀。除上述微观的电化学腐蚀外，还有宏观电化学腐蚀，如汽车电器设备中的铜制接头或螺栓与车身车架的紧固处，与水接触就构成原电池，使车架本身遭受腐蚀。

2）穴蚀。穴蚀又称气蚀，多发生在零件与液体接触并有相对运动的条件下。

液体与零件接触处的局部压力比其蒸发压力低的情况下将产生气泡，同时溶解在液体中的气体也可能析出。当气泡流到高压区，压力超过气泡压力时使其溃灭，瞬间产生极大的冲击力和高温。气泡的形成和溃灭的反复作用，使零件表面的材料产生疲劳而逐渐脱落，呈麻点状，随后扩展呈泡沫海绵状。严重穴蚀时，其扩展速度很快。穴蚀是一种比较复杂的物理化学破坏现象，它往往不单纯是机械力所造成的破坏，液体的化学及电化学作用、液体中含有磨料等均可加剧这一破坏过程。

汽车发动机的湿式缸套外壁、曲轴轴瓦内表面、水泵叶轮表面和外壳内表面及液压转向助力系统中可能产生穴蚀。柴油机湿式缸套外壁与冷却水接触的表面产生穴蚀时，往往产生局部聚集的孔穴群。

2. 汽车电子元器件的失效机理

汽车电子元器件的工作环境可概括地归纳为以下几点，即温度和湿度的变化范围宽、电源电压波动大、脉冲电压强、电磁相互干扰多、振动与冲击剧烈、尘埃与有害气体侵蚀等。

电子元器件的失效形式主要有元件击穿、元件老化和连接故障。

（1）元件击穿　元件击穿有许多原因，主要是过电压击穿、过电流击穿和过热击穿。击穿的现象有时表现为短路形式，有时表现为断路形式。由电路故障引起的过电压、过电流击穿常常是不可以恢复的。晶体管的击穿也是一种主要的故障现象。有的晶体管由于元件自身热稳定性差而导致类似于击穿的故障，称为热短路或热击穿现象。

【小提示】

据资料统计，汽车上的电器由于介质击穿造成的损坏大约为85%，而其中约有70%的击穿故障发生在新车上。同时，电容器的击穿又常常会烧坏与其串联的电阻元件。

（2）元件老化　元件老化就是指性能退化。它包括许多现象，如晶体管的漏电增加、电阻值变化、可变电阻不能连续变化、继电器触点烧蚀等。对于继电器这类元件，往往还存在绝缘老化、线圈烧坏、匝间短路、触点抖动，甚至无法调整初始动作电流等故障。

（3）连接故障　这类故障主要是指电子器件内部接线松脱、接触不良、潮湿、腐蚀等引起的短路、断路或接触电阻增大现象。这类故障一般与元件无关。

1.4 汽车故障诊断

汽车故障诊断的目的是查明汽车发生故障的部位和原因。由于许多汽车故障虽然具有同一故障现象，但可能是由几个不确定的故障部位或原因引起的，同一故障部位或原因也可能产生几个不确定的故障现象。汽车各系统和总成的机、电、液一体化程度和集成化程度越来越高，其结构越来越复杂，各系统或总成间关联程度越来越密切，且目前车载传感器的设置主要考虑完成车辆正常工作时相关信息获取功能的需要，很少考虑故障诊断的需求。

因此，要达到汽车故障诊断的全面要求，诊断设备必须具有很高的自动化、智能化水平。目前的诊断设备只能满足汽车技术状况评判和部分系统（或总成）部分类型故障诊断的需要。绝大多数汽车故障的确切诊断还离不开局部拆解、检查和试验。

随着科学技术的日益进步，汽车已成为高新技术的载体，其结构越来越复杂，故障诊断难度越来越大；另外汽车修理方式也已从传统的以零件修复为主转向以零部件和总成更换为主。因此，快速、准确、有效地诊断是保证汽车运行安全，提高经济性，减少排放和噪声，提高维修效率，降低维修成本，并延长汽车使用寿命的前提。

要实现汽车故障的快速、准确、有效诊断，必须具备以下条件：

1）熟悉汽车结构和工作原理，能判定故障现象相关的系统或总成范围，掌握判定对象的机、电、液结构和工作原理，这是进行故障诊断的前提。

2）具有清晰的检测思路，明确检测的参数、正确的检测方法、参数检测顺序、参数测量值的变化形式和正常范围，这是实现快速、准确故障诊断的关键。

3）具有较强的综合分析、逻辑推理和判断能力，它一方面直接决定着诊断结论的准确性，同时也影响着检测思路，这是实现快速、准确、有效故障诊断的核心。

汽车结构、原理已有相关教材做了详细介绍，现仅介绍与后面两个条件有关的内容。

1.4.1 汽车故障诊断参数与标准

1. 故障诊断参数

诊断参数是表征整车、总成及机构技术状况的可测物理量或化学量，它能够反映出汽车发动机和底盘的机械装置结构特征、运行状态、工作性能的变化规律，能够反映出汽车电子控制系统工作状态及性能。要真正实现汽车不解体故障诊断，准确确定反映故障特征的诊断参数至关重要，也是进一步实施诊断的基础。为此，在检测与诊断汽车技术状况时，确定合理的诊断参数、标准和最佳诊断周期，有助于保证诊断结果的可信度和准确性。

汽车诊断参数包括工作过程参数、伴随过程参数和几何尺寸参数。

（1）工作过程参数　工作过程参数是汽车、总成或机构工作过程中输出的一些可供测量的物理量和化学量，如发动机功率、汽车燃料消耗量、制动距离或制动力。汽车不工作时，工作过程参数无法测量。

（2）伴随过程参数　伴随过程参数是伴随工作过程输出的一些可测量，如振动、噪声、异响和温度等。这些参数可提供诊断对象的局部信息，常用于复杂系统的深入诊断。汽车不工作时，无法测量该参数。

（3）几何尺寸参数　几何尺寸参数可提供总成或机构中配合零件之间或独立零件的技术状况，如配合间隙、自由行程、圆度、圆柱度、轴向圆跳动和径向圆跳动等。这些参数虽提供的信息量有限，但能表征诊断对象的具体状态。

为准确表征系统特征和状态，根据汽车结构及电子元器件的功能，具体的诊断参数见表 1-3。

表 1-3　汽车故障诊断参数

诊断对象	诊 断 参 数
发动机总成	发动机功率(kW)；发动机转速(r/min)；发动机异响；排气温度(℃)；曲轴角加速度(m/s^2)
随车故障自诊断系统(OBD)	故障码(又称故障代码)；数据流；传感器模拟(V、Hz、Ω)；执行器驱动试验；传感器输入输出信号(物理量/电量，化学量/电量，几何参数/电量)；传感器执行器元件测量(r/min、H、V、A、Hz、%、ms)；电路测量(V、A、Hz、%、ms)；计算机版本编号；传感器执行器波形；电源电压(V)及搭铁
进气系统	进气压力/真空度(kPa)；进气温度(℃)
排气系统	排气背压(kPa)；排气温度(℃)
气缸活塞组	曲轴箱窜气量(L/min)；曲轴箱气体压力(kPa)；气缸与活塞间隙(mm)；气缸压力(kPa)
曲轴连杆机构	曲轴主轴承间隙(mm)；连杆轴承间隙(mm)；主油道机油压力(kPa)
配气机构	配气相位(°)；气门间隙(mm)；气门行程(mm)
汽油燃油系统	供油压力(kPa)；喷油脉宽(ms)；喷油量(mL/s)；喷油器电压/电流波形；喷油器电源电压(V)
柴油燃油系统	喷油提前角(°)；各缸供油间隔角(°)；各缸喷油量(mL)；各缸供油均匀度(%)；喷油器针阀开启/关闭压力(kPa)；输油泵压力(kPa)；高压喷油管最高/残余压力(kPa)
润滑系统	机油压力(kPa)；机油温度(℃)；机油透光度(%)；机油介电常数；机油黏度、颜色、质量；机油液面高度
冷却系统	冷却液温度(℃)；冷却液液面高度；冷却液冰点(℃)；风扇传动带张力(N/mm)；散热器进出口温差(℃)
点火系统	初级电路电压、压降(V)；初级电路电流(A)；电容器容量；断电器触点闭合角及重叠角(°)；点火电压(V)；次级电路开路电压(V)；点火提前角(°)；整流器输出电压(V)
传动系统	传动系统游动角度(°)；传动系统振动与异响；离合器踏板自由行程(mm)；变速器/差速器/驱动桥液面高度/温度(℃)
自动变速器	传感器电压(V)；传感器电阻(Ω)；油压(kPa)；油温(℃)；换档转速(r/min)

（续）

诊断对象	诊 断 参 数
制动系统	制动距离（m）；制动力、力差（kN，%）；制动减速度（m/s^2）；制动协调时间（s）；制动完全释放时间（s）；制动时间（s）；驻车制动力（N）；制动阻滞力（N）；制动踏板踏力（N）；制动踏板间隙（mm）
转向系统	转向角度（°）；转向助力油压（kPa）；车轮侧滑量（m/km）；主销后倾角（°）；主销内倾角（°）；前轮外倾角（°）；前轮前束（mm）；转向盘自由转动量（°）；转向盘最大转向力（N）
行驶系统	车轮动不平衡量（g）；车轮静不平衡量（g）；车轮轴向圆跳动量（mm）；车轮径向圆跳动量（mm）；轮胎胎面花纹深度（mm）
前照灯性能	前照灯发光强度（cd）；远光光束偏移（mm/10m）；近光光束偏移（mm/10m）
尾气排放	发动机转速（r/min）；发动机排放 CO、CO_2、O_2（%）、HC（$\times10^{-6}$）、NO_x（$\times10^{-6}$）；排气温度（℃）；过量空气系数（λ）；自由加速烟度（BSU，m^{-1}）

2. 诊断参数标准

为了定量地评价汽车、总成、机构的技术状况，确定维护、修理的范围和深度，预报无故障工作里程，仅有诊断参数是不够的，还必须建立诊断参数标准，提供一个比较尺度。这样，在检测到诊断参数值后与诊断参数标准值对照，即可确定汽车是继续运行还是进厂维修。

诊断参数标准一般由初始值 P_f、许用值 P_d 和极限值 P_n 三部分组成。

（1）初始值 P_f　此值相当于无故障新车和无故障大修车诊断参数值的大小，往往是最佳值，可作为新车和大修车的诊断参数标准。当诊断参数测量值处于初始值范围内时，表明诊断对象技术状况良好，无须维修便可继续运行。

（2）许用值 P_d　若诊断参数测量值在此值范围内，则诊断对象技术状况虽发生变化，但尚属正常，无须修理（但应按时维护）即可继续运行。超过此值，勉强许用，但应及时安排维修。否则，汽车带病行车，故障率上升，可能行驶不到下一个诊断周期。

（3）极限值 P_n　诊断参数测量值超过此值后，诊断对象技术状况严重恶化，汽车须立即停驶修理。此时，汽车的动力性、经济性和排气净化性大大降低，行驶安全得不到保证，有关机件磨损严重，甚至可能发生机械事故。所以，汽车必须立即停驶修理，否则将造成更大损失。

可以看出，通过对汽车进行检测，当诊断参数测量值在许用值以内，汽车可继续运行；当诊断参数测量值超过极限值，须停止运行并进厂修理。因此，将诊断参数测量值与诊断参数标准值比较，就可得知汽车技术状况，并做出相应的决断。

诊断参数标准的初始值、许用值和极限值，可能是一个单一的数值，也可能是一个数值范围。诊断参数随行驶里程的变化情况，如图 1-7 所示。

可以看出，在诊断参数标准 $P_f \sim P_d$ 区间，即 D 区间，是诊断参数 P 允许变化的区间，属无故障区间；在 $P_d \sim P_n$ 区间，是可能发生故障的区间；在诊断参数 P 超过 P_n 以后，是可能发生损坏的区间。

P 变化至与 P_d 相交 A'，继续行驶可能发生故障；P 变化至与 P_n 相交 B'，继续行驶可能发生损坏；P 变化至 A'后可继续行驶，至最近的一个诊断周期采取维修措施。

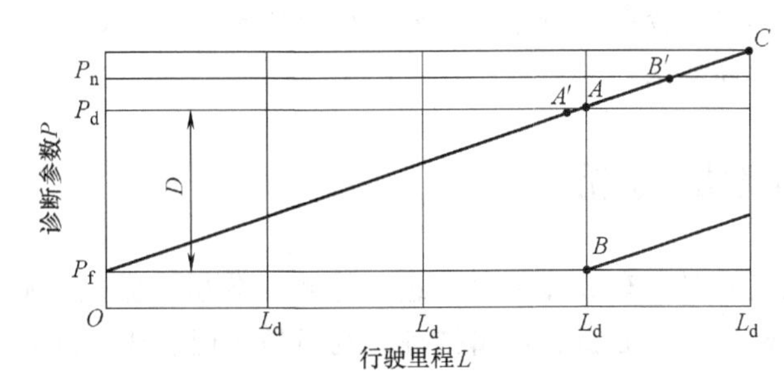

图 1-7　诊断参数 P 随行驶里程 L 的变化情况

D—诊断参数 P 的允许变化范围　L_d—诊断周期　P_fC—诊断参数 P 随行驶里程 L 的变化

C—发生损坏　AB—采取维修措施后，P 降至初始标准 P_f，汽车技术状况恢复

1.4.2　汽车故障诊断方法

随着汽车安全性、环保性、经济性要求的不断提高，汽车故障诊断参数的精确度也越来越高，因而，汽车故障诊断已经从传统的定性分析向现代的定量分析发展。仪器分析诊断法获得了广泛应用，它可以对汽车故障做出精确判断和定量分析。利用仪器设备对汽车进行的多参数动态分析，可以迅速准确地诊断出汽车复杂的综合性故障。

1. 人工经验诊断法

传统的汽车故障诊断是建立在人工经验检查基础上的，主要通过眼看、耳听、手摸、鼻闻等途径，依赖于人工观察、推理分析和逻辑判断，其诊断结果经常要结合解体作业进行查验。

人工检查诊断凭诊断人员的经验进行，不需专用检测设备，可随时随地应用，具有投资少、见效快等优点。其缺点是速度慢，准确性差，不能定量分析，对诊断人员的技术和经验要求高。

2. 仪器分析诊断法

仪器分析诊断法是在汽车不解体的情况下进行的。利用各种检测仪器和设备获取汽车的各种数据，诊断过程自动进行，并据此来判断汽车的技术状况。其优点是诊断速度快，准确性高，能定量分析；缺点是投资大，成本高，诊断操作人员需要专业培训。

3. 故障自诊断法

故障自诊断法是指利用汽车电控单元 ECU 的自诊断功能进行故障诊断的方法。自诊断功能就是利用检测电路来检测传感器、执行器以及微处理器的各种实际参数，并将其与存储器中的标准数据进行比较，从而判定系统是否存在故障。当判定系统存在故障时，电控单元 ECU 将故障信息以故障码的形式存入存储器，并控制警告灯发出警示信号。

自诊断法需要通过一定的操作方式，把汽车电控系统中电控单元的故障码提取出来，然后通过查阅相应的“故障码表”来确定故障的部位和原因。

在实际的检测诊断工作中，上述三种方法并不相互孤立，而是相辅相成的。人工经验诊断法是检测诊断的基础，它在汽车诊断的任何时期均具有十分重要的实用价值，即使在汽车专家诊断系统中，也是把人脑的分析、判断通过计算机语言转化成计算机的分析、判断。仪器分析诊断法是在人工经验诊断基础上发展起来的，它在汽车检测诊断中所占的比例日益增大。自诊断法对于汽车电子控制系统十分有效，而且快捷准确，是其他方法无可比拟的，是现阶段最主流的故障诊断方法。

1.5 汽车故障诊断分析

汽车故障诊断就是针对汽车故障现象，进行检测和分析，做出故障部位和原因的判断。清晰的检测思路，缜密的综合分析、逻辑推理和判断是实现快速、准确、有效的故障诊断的关键。

1.5.1 故障树分析法

故障树分析法（Fault Tree Analysis，FTA）是汽车故障诊断最常用的分析方法。它是将系统故障形成的原因由总体至部分按树枝状逐级细化的分析方法，其目的是判明基本故障，确定故障的部位和原因，是对复杂系统进行故障诊断的有效工具。

用故障树分析法进行汽车故障诊断，是将汽车最直接的故障现象作为分析目标，然后寻找直接导致这一故障发生的全部因素，再寻找造成下一级事件的全部直接因素，一直追查到那些基本的、无须再深究的因素为止，其结果是反映汽车故障因果关系的树枝状图形——故障树。

故障树分析法一般可按下列步骤进行：

1）对所选定的系统做必要的分析，确切了解系统的组成及各项操作内容，熟悉其正常的作业图。

2）对系统的故障进行定义，对预计可能发生的故障、过去发生的事例做广泛调查。

3）仔细分析各种故障的形成原因，如设计、制造、装配、运行、环境条件、人为因素等。

4）收集各故障发生的概率数据。

5）选定系统可能发生的最不希望发生的故障状态作为顶事件，绘制逻辑图。

6）对故障树做定性分析，确定系统的故障模式。

7）对故障树进行定量计算，计算出顶事件发生的概率、各底事件的重要度、概率重要度、关键重要度等可靠性指标。

在故障树图中，常使用一些符号表示事件与原因之间的因果、逻辑关系。其常用的符号可分为两类，即代表故障事件的符号和联系事件之间的逻辑门符号。故障树分析法的常用符号及其含义见表1-4。

表 1-4 故障树分析法的常用符号及其含义

符号	名　称	含　义
矩形符号	故障事件	表示底事件之外的所有中间事件和顶事件
圆形符号	基本事件	表示初始事件，是不能再分解的事件，即故障发生的基本原因

(续)

符号	名　称	含　义
屋形符号	非故障性事件	表示偶然发生的非故障性事件
菱形符号	省略事件	表示暂时不分析或发生概率极小的事件
$x_1, x_2, \cdots, x_n$ 与门符号(AND)	“与”逻辑关系	事件 $x_1,x_2,\cdots,x_n$ 同时发生,事件A才发生
$x_1, x_2, \cdots, x_n$ 或门符号(OR)	“或”逻辑关系	事件 $x_1,x_2,\cdots,x_n$ 有一个发生,事件A就会发生

现以发动机冷却系统电动风扇不转的故障树进行介绍，具体如图1-8所示。

1.5.2　汽车故障诊断流程图

汽车故障诊断流程图是汽车故障诊断中检测思路、综合分析、逻辑推理和判断方法最常用的具体表达方式，深受汽车诊断、维修一线工作人员的欢迎。

汽车故障诊断流程图是根据汽车故障现象的特征和技术状态之间的逻辑关系，反映出汽车故障诊断的综合分析、逻辑推理和判断思路，描述了汽车故障诊断的操作顺序和具体方法，是从原始故障现象到具体故障部位和原因的顺序框图。

在用故障树诊断法绘制出汽车故障树的基础上，依据汽车故障诊断和维修的经验，排除部分具体车型汽车发生可能性很小的基本故障原因，根据从总体到局部、先易后难、由表及里、分层推进的原则，列出汽车故障诊断操作顺序，阐明具体操作方法，并用流程图的形式表达出来。

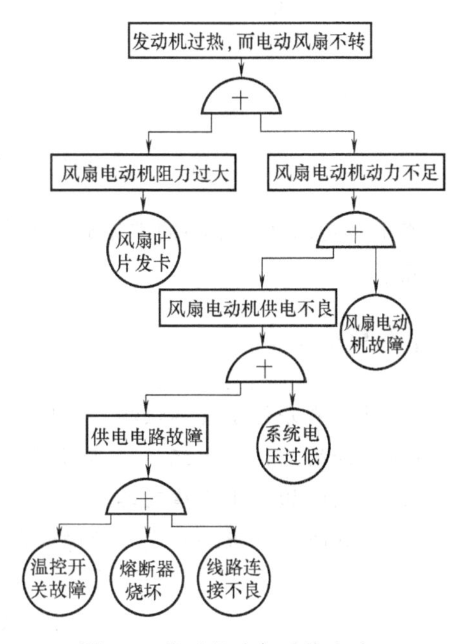

图1-8　发动机冷却系统电动风扇不转的故障树

发动机冷却系统电动风扇不转故障的诊断流程如图1-9所示。

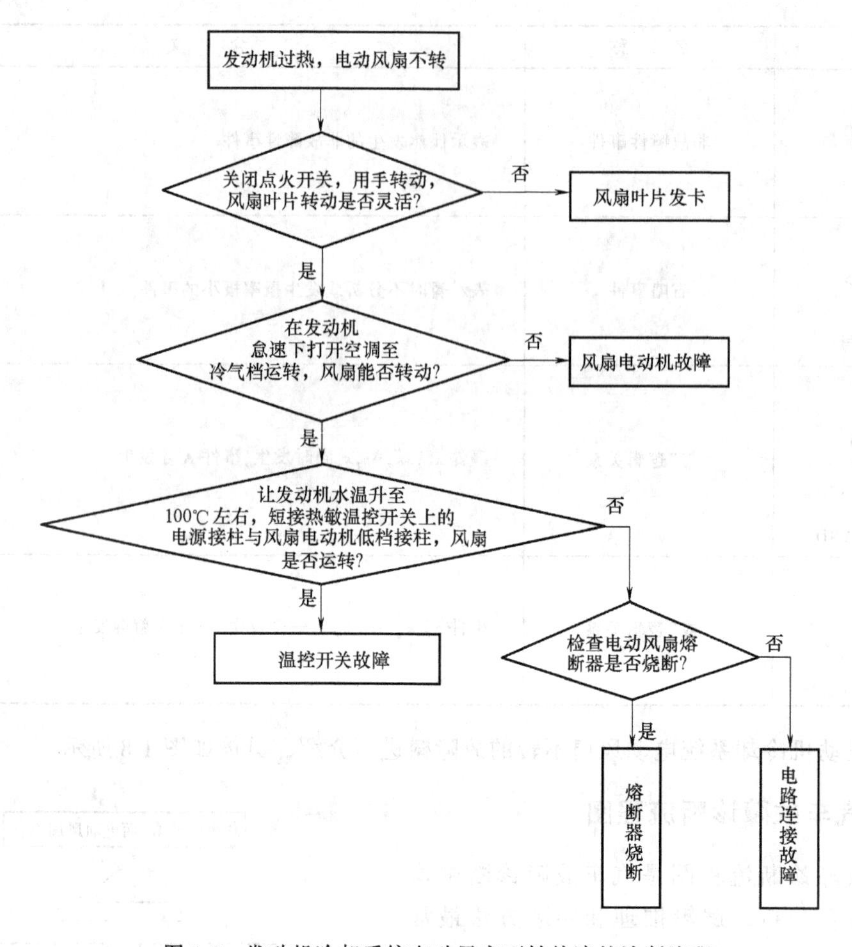

图 1-9 发动机冷却系统电动风扇不转故障的诊断流程

本书中将以典型车型的常见故障现象为对象，通过故障诊断流程图的形式阐述其故障诊断思路。

【本章小结】

本章主要介绍了汽车检测、诊断及汽车维修相关的术语，梳理了汽车检测、汽车诊断及汽车维修的关系；介绍了汽车技术状况及其变化的原因、影响因素，汽车故障及其分类，汽车故障的变化规律及其成因，汽车故障诊断参数与标准、汽车故障诊断方法；还介绍了汽车故障树分析法及汽车故障诊断流程图。

思 考 题

1. 什么是汽车技术状况、汽车故障、汽车检测、汽车诊断、汽车维修?
2. 叙述汽车检测、汽车诊断及汽车维修的关系。
3. 简述汽车技术状况变化的原因及影响因素。
4. 简述汽车故障的分类。

5. 简述汽车故障的基本规律，并绘制汽车故障率曲线。

6. 叙述汽车金属零件的磨损机理。

7. 绘制斯特里贝克曲线，并说明该曲线的特性。

8. 简述汽车故障诊断标准。

9. 结合发动机冷却系统电动风扇不转的故障现象，试用故障树分析法和故障诊断流程图分析其故障原因。

第2章　汽车维修基础

【本章教学要点】

知识要点	掌握程度	相关知识
汽车维修制度的概念	了解汽车维护、汽车修理的概念，了解汽车维修制度的发展	汽车维修制度的概念与指导思想 汽车维修制度的发展
汽车维护制度	了解汽车日常维护、一级维护及二级维护的概念 掌握汽车二级维护作业项目及要求	日常维护、一级维护、二级维护
汽车修理制度及工艺	了解汽车修理作业的基本方法及其工艺过程	就车修理法、总成互换修理法
汽车零件的检验方法	了解汽车零件检验方法的类型，掌握零件隐蔽缺陷的检验方法，掌握汽车零件平衡的方法	磁力探伤、荧光与着色探伤；零件的平衡
汽车零件的典型修复方法	掌握汽车常用修复方法的基本原理、工艺流程及使用场合	各类修复方法的基本工作原理和工艺流程

【导入案例】

某汽车的曲轴经过检验，发现曲轴的某段主轴颈最大磨损量、圆度误差、圆柱度误差超差，曲轴出现弯曲变形，现在根据汽车维修的基本知识请分析：

1）如在修复中考虑恢复曲轴主轴颈与轴瓦之间的配合性质，应采用什么修复方法？

2）对于曲轴的弯曲变形，应当如何修复？

汽车是一种价值较高的机械产品，在其长期的使用过程中，由于技术状况的变化，不可避免地要发生故障和损坏。汽车维护的基本任务就是采用相应的技术措施预防故障的发生，避免损坏。汽车修理的基本任务就是消除故障和损坏，恢复车辆的工作能力和完好状况。由于汽车是由数千种零件组成的复杂系统，因此无论是维护还是修理，如果没有正确的理论和实践知识作为指导，很难取得理想的效果。

由于现在汽车的使用对于人类的生产、生活影响极为密切，车辆技术状态不正常会严重地影响汽车的使用安全，因此希望能将汽车零件及运行材料在失效之前进行修理或更换，在汽车发生事故和故障之前，对汽车的隐患及时地进行修理，这就需要建立一套切实可行的汽车维修制度，并且在汽车的使用过程中严格地按照汽车的维修制度进行执行。

2.1　概述

2.1.1　汽车维修制度的概念与指导思想

1. 汽车维修制度的概念

汽车维修制度是指为维持和恢复汽车的技术状况，保持汽车的工作能力所采取的维修工作的总体。它明确地规定了汽车维修工作的性质、作业内容、技术要求、作业的组合和执行的时机、各类作业的相互协调与分工，以及作业的劳动组织和劳动定额等内容。

汽车维修制度由汽车维护和汽车修理两部分内容组成。汽车维护和汽车修理是两种性质完全不同的技术措施。汽车维护制度的实质在于“预防”汽车技术状况恶化；汽车修理制度的实质在于“恢复”汽车的工作能力和完好状况。

为了保证汽车具有优良的外表和运行安全，有良好的工作性能以及使零件的磨损和损伤最小，采取的相关措施称为汽车维护作业。

消除已出现的故障和觉察的隐患，使失去工作能力的机件恢复其技术使用状况，并保证车辆能继续使用的相关技术措施称为汽车修理作业。

2. 汽车维修制度的指导思想

（1）以预防为主的指导思想　“预防为主”的维修思想，是根据零部件技术状况变化的规律，在其发生故障之前，进行维修或更换零部件。

“预防为主”的维修思想建立在零部件失效理论和失效规律的基础上。这种维修思想认为：汽车在使用过程中，由于零部件的磨损、疲劳、老化和松动，其技术状况会不断地恶化，当达到一定程度时，必然导致发生故障。为了尽可能地保证每个零部件能安全可靠地工作，要求维修作业能符合客观规律，并在故障发生之前实施。因此，广泛地采用预防维修措施，形成了以“预防为主”的维修思想。近几十年来，在这种传统的维修思想指导下，建立起来的各项维修制度、维修技术和规范，对维护汽车的技术状况起到了积极的作用。

汽车在使用过程中，其技术状况的变化是一个与汽车结构、使用条件和维修方式有关的，并以一定强度进行的必然过程。为了保障汽车在整个使用期内能用最少的消耗和费用来维护汽车的工作能力，必须适时地对汽车进行必要的维护和修理。

（2）以可靠性为中心的指导思想　以可靠性为中心的维修思想是以最低的耗费充分利用汽车的固有可靠性来组织维修。它是以可靠性理论为基础，通过对影响可靠性因素的具体分析和试验，科学地制定维修作业内容、维修时机，以控制汽车的使用可靠性。

以可靠性为中心的维修思想归纳起来有以下几点：

1）汽车的使用可靠性取决于汽车本身的固有可靠性及汽车的使用维修技术水平，并与汽车的使用条件有关。正确地使用和维护只能保持和恢复汽车的固有可靠性水平，不适当的强化维修工作（如增加维修次数，增加维修项目）并不能有效地防止可靠性水平的下降。汽车固有可靠性的提高应基于必要的使用数据的信息反馈，以修改原有的设计和工艺。

2）维修的作用在于通过对影响可靠性的诸因素进行分析，从而控制可靠性的下降，以保持汽车的使用可靠性在允许的水平内。可靠性分析就是运用概率论和数理统计等数学工具，对汽车使用中的故障规律进行统计分析和推断，对不同零部件采用不同的维修方式，使维修作用既满足适用性准则，又满足有效性准则。

3）以可靠性为中心的维修，强调了诊断检测，加强了维修中“按需维修”的成分，它根据不同零部件、不同的可靠特性及不同的故障后果，选用不同的维修方式，避免了采用单一的维修方式所造成的预防内容扩大、维修针对性差、维修费用增大等缺点。如果汽车的故障有可能影响安全性或造成严重后果，就必须尽全力防止其发生；如果故障几乎不产生其他影响，那么就可以除了日常的清洁、润滑外，对它不采取任何预防措施。

4）以可靠性为中心的维修，要求建立一套完整的故障采集和分析系统，不断地采集和分析使用数据，为建立科学的、经济的、符合汽车使用实际的维修制度提供依据。

2.1.2 汽车维修制度的发展

汽车维修制度由国家的社会经济条件以及车辆技术状况决定。在不同的时期，由于汽车性能、使用条件、维修体制和技术水平等方面存在差异，其维修制度有所不同。

1. 我国汽车维修制度的发展

我国的汽车维修制度经过若干次的修订与改革，已完成汽车维修工作从事后（故障发生后）到计划、从强制到按需的转化。根据我国汽车维修制度的发展，我国的汽车维修制度可以分为四个阶段，见表2-1。

表2-1 我国汽车维修制度的发展阶段

阶段	时间	标志	维修制度内容
第一阶段	新中国成立初期至20世纪50年代	主要采用苏联的汽车维修制度。1954年交通部正式颁布《汽车运输企业技术标准与技术经济定额》，明确规定了当时的汽车维修制度为强制预防性的维修制度	严格管理、合理使用、强调保养、计划修理
第二阶段	20世纪60年代至20世纪80年代	1963年交通部正式颁布《汽车运输企业技术管理制度》与《汽车运输技术规程》，明确规定了当时的汽车维修制度为强制预防性的维修制度	科学管理、合理使用、定期保养、计划修理
第三阶段	20世纪90年代至2016年2月	1990年，颁布实施交通部13号令《汽车运输业技术管理规定》	预防为主、定期检测、强制维护、视情修理
第四阶段	2016年3月至今	2016年3月1日，颁布实施交通运输部1号令《道路运输车辆技术管理规定》	预防为主、定期检测、周期维护、视情修理

自2016年3月1日起施行的《道路运输车辆技术管理规定》中，道路运输车辆包括道路旅客运输车辆、道路普通货物运输车辆和道路危险货物运输车辆。该规定所称道路运输车辆技术管理，是指对道路运输车辆在保证符合规定的技术条件和按要求进行维护、修理、综合性能检测方面所做的技术性管理。其道路运输车辆技术管理应当坚持“分类管理、预防为主、安全高效、节能环保”的原则。道路运输经营者是道路运输车辆技术管理的责任主体，负责对道路运输车辆实行择优选配、正确使用、周期维护、视情修理、定期检测和适时更新，保证投入道路运输经营的车辆符合技术要求。

该规定厘清了交通运输主管部门与经营者关于道路运输车辆技术管理的边界：一是明确道路运输经营者是车辆技术管理的责任主体，要求其根据车辆数量和经营类别合理地设置部门，配备人员，有效地实施车辆从择优选配到正确使用、周期维护、视情修理、定期检测和适时更新的全过程管理；二是机动车维修经营者作为车辆维护、修理的实施主体，为道路运输车辆的维护和修理提供服务保障；三是汽车综合性能检测机构作为评价道路运输车辆技术状况的技术支撑单位，对检测评定的结果应当承担相应的法律责任。

该规定革新了车辆技术管理的原则和方针，明确提出了道路运输车辆技术管理坚持“分类管理、预防为主、安全高效、节能环保”的原则，以此确定了道路运输经营者车辆技术管理执行“择优选配、正确使用、周期维护、视情修理、定期检测、适时更新”的方针，并在此基础上，创新了车辆技术管理相关制度措施。

2. 国外汽车维修制度的发展

为保证汽车良好的使用性能、安全性能及减少环境污染，美国、德国、日本等汽车工业发达的国家对在用汽车普遍实施预防性维护制度，并形成了较为完善的管理法规和标准。

（1）美国 美国的汽车维修制度采用计划预防维修制度。它将维修工作分为五级，其中维护工作分为三级（A、B、C），相当于我国的日常维护、一级维护、二级维护；修理工作分为二级（D、E）。美国军队和大型运输企业均采用这种制度。计划预防维护制度对维持美国汽车的完好技术状况和工作能力而言，不失为一个强有力的保证。近年来，美国汽车的维护周期更加延长，维护作业内容进一步简化。

1943年，美国汽车工程师学会（SAE）制定了汽车计划预防维护制度。该制度建议客、货车采用日常维护、一级维护和二级维护。一级维护周期值为1600~3200km，二级维护周期值为4800~9600km。到了20世纪70年代，美国的汽车维护周期明显延长，货车的两级维护周期值相应为9400km和28000km，客车则为6100km和18400km。

时至今日，美国仍延续计划预防维护制度。美国《联邦管理条例》第102-34（相当于美国联邦政府规定的在用标准）要求，机动车应建立一个定期的维护计划，定期检查和维护。美国的汽车维修检测主要执行美国联邦机动车安全标准FMVSS（运输篇）的396部分以及各州标准及相关的SAE标准。

美国联邦机动车安全标准FMVSS（运输篇）的396部分类似于我国GB/T 18344—2016《汽车维护、检测、诊断技术规范》，规定了机动车维护的分级和周期、维护作业内容等要求。其主要包括“适用范围”“检查、修理和维护”“润滑”“严禁不安全操作检查”“驾驶人车辆检查报告”“驾驶人检查”“牵引车和挂车的操作、检查”七个部分。标准强调“每个汽车运营商及其管理者、驾驶人、代理、代表和雇员必须知晓并遵守商用机动车的检查和维护的有关规定。”营运汽车规定每隔1个月、3个月和12个月必须按各个机构和装置的部位分别实施内容不同的预防性维护。对其他自用汽车，也规定每隔6个月和12个月，分别实施内容不同的预防性维护。

（2）德国 德国不仅是汽车生产大国，而且在汽车维护、修理，以及检测诊断等方面有许多经验值得我们学习借鉴。德国的汽车维护修理和检测诊断理念、工艺方法和技术手段等方面与我国相比，最显著的特点是更加实用和先进。德国的汽车维护修理企业的维修与检测设备配备水平相对较高，设备培训专业化，大多数企业的检测诊断设备类型多为某种特定车型配备，并且在维护修理生产过程中设备使用率很高。汽车维修企业大多设有专门的检测诊断车间，对进厂车辆进行专门的故障检测诊断，根据检测诊断的结果，制定车辆切实可行的维护修理方案，有效地指导维护修理作业。

德国的汽车维修企业大致分三种：第一种是汽车制造厂家授权的特约维修站，厂房规模较大，维修技术人员的素质和技术水平较高，主要维修自产车型；第二种主要承接维护、调整、小修业务，这类企业综合性强，业务广泛，但数量不多；第三种是开设在公路周边沿线，专门从事某一项维修业务的专业维修点，业务比较单一，规模较小，但数量众多。

德国执行《道路交通许可条例》（STVZO），类似于我国的GB 7258—2017《机动车运行安全技术条件》，作为制定汽车维修、检测的标准依据。德国汽车维护已逐步从故障修理为主转向以定期维护及预防故障为主，与我国现行的汽车维护制度相近。汽车维护已经成为车主的一种自觉行为，并且维护企业的维护质量均有保障。

（3）日本　日本采用计划预防维护制度。从1957年开始，日本对营运汽车推行预防性维护制度，并提出了具体标准。到20世纪70年代，又对此标准进行了修改，增加了高速公路行驶车辆及汽车排放控制等相关内容，从而实现了以故障诊断、检查和调整为中心的汽车定期预防性维护。日本依据《道路运输车辆法》，制定了《汽车维护基准》，规定车辆维护周期、维护项目和技术要求。新修订实施（2005年）的《道路运输车辆法》规定营运汽车每天进行日常维护，必须每隔3个月和12个月进行不同维护项目的定期维护，取消了每月维护一次的要求。其次，家庭用车与商业用汽车的维护周期和维护项目不同。由于商业用汽车的使用频率及使用强度明显高于家庭用车，因此，商业用汽车的维护周期短，维护频率高，维护项目多。

目前，日本运输省还对各类汽车规定了技术状况检测期限，并强制执行。这种检测是通过代表运输省的80多家检测站实现的。营运车辆及车龄10年以上的轿车每隔1年，自用轿车每隔2年要接受这种检测。

2.1.3　汽车维修新思维

自汽车诞生的130多年以来，汽车维修业便伴随着汽车工业的发展而不断壮大。汽车维修不仅是道路交通运输业必不可少的技术保障，也成为汽车产业链上的重要环节。尤其是近20年来，汽车电子化的进程加快，各种高新技术在汽车产品上获得了广泛的应用，为汽车工业的发展以及提高汽车的动力性、经济性、安全性、环保性、可靠性和舒适性等各项性能起到了极大的推进作用。与此同时，高新技术在汽车维修服务各方面的不断应用，也进一步推动了汽车维修服务技术的提高。由于科学技术的迅速发展以及汽车产品高技术化进程的加快，传统的汽车维修正在或将被现代化的汽车维修服务所替代。高科技的维修设备、高技术的维修人员、现代化的管理方式等正在替代往日落后、陈旧的汽车维修服务，并给汽车服务业带来了新的活力，推动着汽车维修服务业的不断进步与快速发展，“科学技术是第一生产力”在汽车维修服务业得到了极其充分的体现。

1. 汽车修理维护化

随着现代汽车技术的进步，汽车的免解体维护技术正在取代传统的大拆大修的强制式解体维护技术，工业发达国家已在汽车维修保养领域广泛应用最新的科研成果和先进技术，执行的是“不解体维修，运行中保养，全寿命使用”的准则，普遍推行一种“不解体清洗，全寿命使用”的汽车维护保养新方式，通过使用免解体养护产品，在不解体的情况下迅速解决原先需要解体维修的汽车问题。如发动机起动困难、加速不畅、怠速不稳、缺火、失速、过热、动力下降以及水温过高等现象，均可以通过车辆定期养护，合理使用免解体维护产品，保护和恢复发动机和汽车的性能；可定期使用清洁剂对汽车的各部总成机构进行定期的维护，并合理使用各种新车磨合、修复和内部清洁的添加剂。汽车修理维护化的主要原因有以下方面：汽车的总体质量大幅度提高，汽车养护材料和器具设备全面发展，汽车的检测手段日趋先进，汽车更新换代的周期越来越短，车辆的道路使用条件改善。

2. 故障诊断智能化

科学技术的发展，进一步推动了汽车工业的进步，汽车的设计制造水平和性能越来越高，电子化、智能化、网络化等技术已被广泛应用到汽车上，如汽车智能交通系统（ITS）、电控防滑转向系统（ASR）、电控燃油喷射系统（EFI）、防抱死制动系统（ABS）以及电控自动变速器（ECT）、安全气囊系统（SRS）等，这使得传统的眼看、耳听、手摸等凭经验的方法难以适应现代汽车技术发展的需要，必须使用诸如四轮定位仪、汽车故障诊断仪、扫描仪、汽车专用示波器、汽车专用万用表、发动机综合分析仪、发动机废气测试仪、车轮动平衡机等辅助性的电子检测设备，才能完成修理任务。

3. 技术信息网络化

信息化社会的标志之一就是计算机网络技术的普及应用。面对层出不穷的新车型、新结构、新材料和新功能，没有人能够将这些车辆的诊断数据、维修方法等全部记住。如果不掌握相应的诊断数据、维修流程、电路图或结构图等，则对汽车的维修根本无从下手。所以，维修服务资讯的网络化将解决维修人员在资讯占有能力上的局限性。同时，网络技术也突破了资讯传递在空间上和时间上的局限，网络资讯甚至能够在几乎相同的时间内快速地传到全球各个角落。例如，美国早在20世纪80年代末就已经实现了汽车维修信息综合管理、专家远程诊断、网络资料查询、网络技术培训和网络咨询等。所以，汽车维修服务资讯的网络化是现代汽车维修服务业的一个基本特征。

汽车本身的发展促进了维修行业的信息化发展。最初的汽车产品只是机械工业的结晶，汽车维修业长期以来也一直处于原始、落后的现状，是公认的脏、苦、累、差行业。现代汽车已经由最初的机械产品演变为高级机电一体的产品，各种类型的电子控制系统的使用，不断完善和提高着汽车的性能。先进技术的不断应用，使得汽车维修技术人员对汽车维修信息方面的需求越来越强烈，从而促进了汽车维修业信息化的发展。

4. 管理过程信息化

传统的汽车维修企业管理信息主要采用人工统计整理，不仅周期长、效率低，而且易出错、数量少。在信息处理方面，计算机具有数据处理数量大、速度快、结果准等特点，所以计算机信息管理系统被应用到了各行各业，汽车维修服务业也不例外。通过建立计算机局域网进行企业经营信息管理，实现客户接待、维修车间、材料配件和财务管理等部门之间的信息共享，并在企业内部快速传递。由于提高了信息的利用效率，可以缩短经营作业环节之间的等待时间。

例如，在汽车维修服务企业经营过程中，客户接待部门将待修车辆接收检验结果从局域网上发送到各有关部门，维修车间可在此信息基础上制定维修方案；采购部门在接到维修方案后准备所需材料配件；财务部门可根据这些信息进行相应账目的处理和应付钱款的收支；业务经理可根据各部门的信息及时对各种生产计划进行调整和控制。由于企业内部各种生产经营活动信息通畅，不仅降低了管理成本，而且提高了工作效率，同时树立起了良好的企业经营形象。

5. 服务人员知识化

汽车技术的迅速发展使汽车维修服务的专业技术知识更新很快，维修服务企业人员的素质相当重要。对现代高新技术含量不断增加的汽车产品进行维修，要求从事维修服务的人员，尤其是一些工程技术人员，必须具备较高水平的综合素质。除了具有坚实的机械工程基础理论外，还要掌握汽车维修服务专业技术知识，并能熟练运用汽车检测设备及仪器；对出现的各种疑难杂症能使用计算机从互联网查询汽车维修技术资料并能进行分析。汽车维修服务人员除要加强自身业务技术的学习外，企业也要进行相关的技术培训，如网络培训或利用最新的光盘资料进行学习，从而不断更新维修观念，掌握新知识、新技能，提高汽车维修服务业务素质。

2.2 汽车维护制度

汽车维护必须贯彻“预防为主、周期维护”的原则，我国目前执行的汽车维护制度将汽车维护划分为日常维护、一级维护及二级维护。(GB/T 18344—2016)《汽车维护、检测、诊断技术规范》规定了汽车维护的分级和周期、维护作业要求及质量保证。

2.2.1 汽车维护周期

日常维护的周期是出车前、行车中及收车后，维护作业由驾驶人负责执行。

一、二级维护周期的确定，应以汽车行驶里程间隔为基本依据。汽车一、二级维护行驶里程依据车辆使用说明书的有关规定，同时依据汽车使用条件的不同，由省级交通行政主管部门规定。对于不便使用行驶里程统计、考核的汽车，可用行驶时间间隔确定一、二级维护周期。其时间（天）间隔可依据汽车使用强度和条件的不同，参照汽车一、二级维护里程周期确定。汽车一、二级维护作业由维修企业负责执行。

道路运输车辆一级维护、二级维护推荐周期见表 2-2。

表 2-2 道路运输车辆一级维护、二级维护推荐周期

适用车型		维护周期	
		一级维护行驶里程间隔上限值或行驶时间间隔上限值	二级维护行驶里程间隔上限值或行驶时间间隔上限值
客车	小型客车(含乘用车)(车长≤6m)	10000km 或 30 日	40000km 或 120 日
	中型及以上客车（车长>6m）	15000km 或 30 日	50000km 或 120 日
货车	轻型货车(最大设计总质量≤3500kg)	10000km 或 30 日	40000km 或 120 日
	轻型以上货车(最大设计总质量>3500kg)	15000km 或 30 日	50000km 或 120 日
挂车		15000km 或 30 日	50000km 或 120 日

注：对于以山区、沙漠、炎热、寒冷等特殊运行环境为主的道路运输车辆，可以适当缩短维护周期。

2.2.2 汽车维护作业要求

1. 日常维护

汽车日常维护是以清洁、补给和安全性能检视为中心内容的维护作业。

日常维护作业项目及技术要求见表 2-3。

表 2-3 汽车日常维护作业项目及技术要求

序号	作业项目	作业内容	技术要求	维护周期
1	车辆外观及附属设施	检查、清洁车身	车身外观及客车车厢内部整洁，车窗玻璃齐全、完好	出车前或收车后
		检查后视镜，调整后视镜角度	后视镜完好，无损毁，视野良好	出车前

（续）

序号	作业项目	作业内容	技术要求	维护周期
1	车辆外观及附属设施	检查灭火器、客车安全锤	灭火器配备数量及放置位置符合规定，且在有效期内。客车安全锤配备数量及放置位置符合规定	出车前或收车后
		检查安全带	安全带固定可靠，功能有效	出车前或收车后
		检查风窗玻璃刮水器	刮水器各档位工作正常	出车前
2	发动机	检查发动机润滑油、冷却液液面高度，视情补给	油（液）面高度符合规定	出车前
3	制动系统	制动系统自检	自检正常，无制动警告灯闪亮	出车前
		检查制动液液面高度，视情补给	液面高度符合规定	出车前
		检查行车制动、驻车制动	行车制动、驻车制动功能正常	出车前
4	车轮及轮胎	检查轮胎外观、气压	轮胎表面无破裂、凸起、异物刺入及异常磨损，轮胎气压符合规定	出车前、行车中
		检查车轮螺栓、螺母	齐全完好，无松动	
5	照明、信号指示装置及仪表	检查前照灯	前照灯完好、有效，表面清洁，远近光变换正常	出车前
		检查信号指示装置	转向灯、制动灯、示廓灯、危险警告灯、雾灯、喇叭、标志灯及反射器等信号指示装置完好有效，表面清洁	
		检查仪表	工作正常	出车前、行车中

注：“符合规定”指符合车辆维修资料等有关技术文件的规定。

2. 一级维护

汽车一级维护是除日常维护作业外，以润滑、紧固为作业中心内容，并检查有关制动、操纵等系统中的安全部件的维护作业。

一级维护作业项目及技术要求见表2-4。

表2-4　汽车一级维护作业项目及技术要求

序号	作业项目		作业内容	技术要求
1	发动机	空气滤清器、机油滤清器和燃油滤清器	清洁或更换	按规定的里程或时间清洁或更换滤清器。滤清器应清洁，衬垫无残缺，滤芯无破损。滤清器安装牢固，密封良好
2		发动机润滑油及冷却液	检查油（液）面高度，视情更换	按规定的里程或时间更换润滑油、冷却液，油（液）面高度符合规定
3	转向器	部件连接	检查、校紧万向节、横直拉杆、球头销和转向节等部位连接螺栓、螺母	各部件连接可靠
4		转向器润滑油及转向助力油	检查油面高度，视情更换	按规定的里程或时间更换转向器润滑油及转向助力油，油面高度符合规定

（续）

序号	作业项目		作业内容	技术要求
5	制动系统	制动管路、制动阀及接头	检查制动管路、制动阀及接头，校紧接头	制动管路、制动阀固定可靠，接头紧固，无漏气（油）现象
6		缓速器	检查、校紧缓速器连接螺栓、螺母，检查定子与转子间隙，清洁缓速器	缓速器连接紧固，定子与转子间隙符合规定，缓速器外表、定子与转子间清洁，各插接件与接头连接可靠
7		储气筒	检查储气筒	无积水及油污
8		制动液	检查液面高度，视情更换	按规定的里程或时间更换制动液，液面高度符合规定
9	传动系统	各连接部位	检查、校紧变速器、传动轴、驱动桥壳、传动轴支承等部位连接螺栓、螺母	各部位连接可靠，密封良好
10		变速器、主减速器和差速器	清洁通气孔	通气孔通畅
11	车轮	车轮及半轴的螺栓、螺母	校紧车轮及半轴的螺栓、螺母	扭紧力矩符合规定
12		轮辋及压条挡圈	检查轮辋及压条挡圈	轮辋及压条挡圈无裂损及变形
13	其他	蓄电池	检查蓄电池	液面高度符合规定，通气孔畅通，电桩、夹头清洁、牢固，免维护蓄电池电量状况指示正常
14		防护装置	检查侧防护装置及后防护装置，校紧螺栓、螺母	完好有效，安装牢固
15		全车润滑	检查、润滑各润滑点	润滑嘴齐全有效，润滑良好。各润滑点防尘罩齐全完好。集中润滑装置工作正常，密封良好
16		整车密封	检查泄漏情况	全车不漏油、不漏液、不漏气

注：“符合规定”指符合车辆维修资料等有关技术文件的规定。

3. 二级维护

汽车二级维护是除一级维护作业外，以检查、调整制动系统、转向操纵系统、悬架等安全部件，并拆检轮胎，进行轮胎换位，检查调整发动机工作状况和汽车排放相关系统等为主的维护作业。

（1）二级维护基本要求　二级维护作业项目包括基本作业项目和附加作业项目，二级维护作业时一并进行。二级维护作业流程如图 2-1 所示。

二级维护前应进行进厂检测，依据检测结果进行故障诊断并确定附加作业项目。二级维护作业过程中发现的维修项目也应作为附加作业项目。二级维护过程中应进行过程检验，作业完成后应进行竣工检验。竣工检验合格的车辆，由维护企业签发维护竣工出厂合格证。

（2）二级维护进厂检测　二级维护进厂检测包括规定的检测项目以及根据驾驶人反映的车辆技术状况确定的检测项目。二级维护规定的进厂检测项目见表 2-5，进厂检测时应记录检测数据或结果，并据此进行车辆故障诊断。

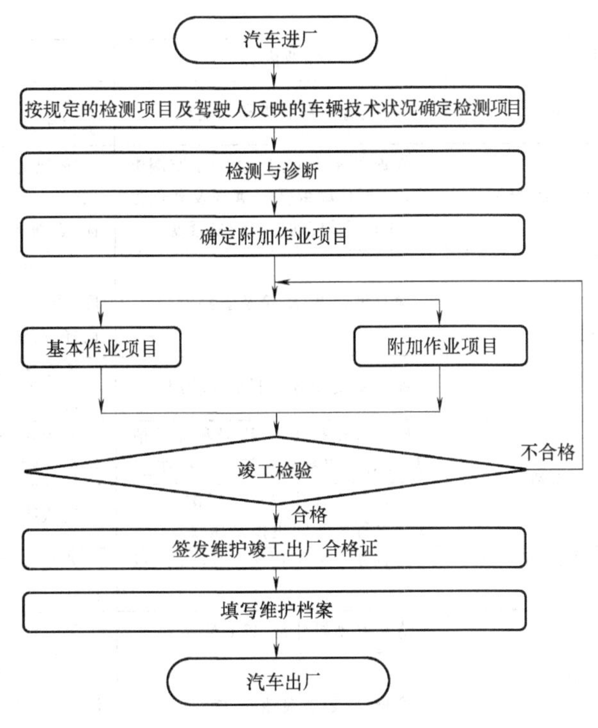

图 2-1　二级维护作业流程

表 2-5　汽车二级维护规定的进厂检测项目

序号	检测项目	检测内容	技术要求
1	故障诊断	车载诊断系统(OBD)的故障信息	装有车载诊断系统(OBD)的车辆,不应有故障信息
2	行车制动性能	检查行车制动性能	采用台架检验或路试检验,应符合 GB 7258—2017 相关规定
3	排放	排气污染物	汽油车采用双怠速法,应符合 GB 18285—2005 相关规定 柴油车采用自由加速法,应符合 GB 3847—2005 相关规定

(3) 二级维护基本作业项目　二级维护基本作业项目及技术要求见表 2-6。

表 2-6　汽车二级维护基本作业项目及技术要求

序号	作业项目		作业内容	技术要求
1	发动机	发动机工作状况	检查发动机起动性能和柴油发动机停机装置	起动性能良好,停机装置功能有效
			检查发动机运转情况	低、中、高速运转稳定,无异响
2		发动机排放机外净化装置	检查发动机排放机外净化装置	外观无损坏,安装牢固
3		燃油蒸发控制装置	检查外观,检查装置是否畅通,视情更换	炭罐及管路外观无损坏,密封良好,连接可靠,装置畅通无堵塞
4		曲轴箱通风装置	检查外观,检查装置是否畅通,视情更换	管路及阀体外观无损坏,密封良好,连接可靠,装置畅通无堵塞
5		增压器、中冷器	检查、清洁中冷器和增压器	中冷器散热片清洁,管路无老化,连接可靠,密封良好。增压器运转正常,无异响,无渗漏

（续）

序号	作业项目		作业内容	技术要求
6	发动机	发电机、起动机	检查、清洁发电机和起动机	发电机和起动机外表清洁，导线接头无松动，运转无异响，工作正常
7		发动机传动带（链）	检查空压机、水泵、发电机、空调机组和正时传动带（链）磨损及老化程度，视情调整传动带（链）松紧度	按规定里程或时间更换传动带（链）。传动带（链）无裂痕和过量磨损，表面无油污，松紧度符合规定
8		冷却装置	检查散热器、水箱及管路密封	散热器、水箱及管路固定可靠，无变形、堵塞、破损及渗漏。箱盖接合表面良好，胶垫不老化
			检查水泵和节温器工作状况	水泵不漏水，无异响，节温器工作正常
9		火花塞、高压线	检查火花塞间隙、积炭和烧蚀情况，按规定里程或时间更换火花塞	无积炭，无严重烧蚀现象，电极间隙符合规定
			检查高压线外观及连接情况，按规定里程或时间更换高压线	高压线外观无破损，连接可靠
10		进、排气歧管，消声器，排气管	检查进、排气歧管，消声器，排气管	外观无破损，无裂痕，消声器功能良好
11		发动机总成	清洁发动机外部，检查隔热层	无油污，无灰尘，隔热层密封良好
			检查、校紧连接螺栓、螺母	油底壳、发动机支承、水泵、空压机、涡轮增压器、进排气歧管、消声器、排气管、输油泵和喷油泵等部位连接可靠
12	制动系统	储气筒、干燥器	检查、紧固储气筒，检查干燥器功能，按规定里程或时间更换干燥剂	储气筒安装牢固，密封良好。干燥器功能正常，排水阀通畅
13		制动踏板	检查、调整制动踏板自由行程	制动踏板自由行程符合规定
14		驻车制动	检查驻车制动性能，调整操纵机构	功能正常，操纵机构齐全完好，灵活有效
15		防抱死制动装置	检查连接线路，清洁轮速传感器	各连接线及插接件无松动，轮速传感器清洁
16		鼓式制动器	检查制动间隙调整装置	功能正常
			拆卸制动鼓、轮毂、制动蹄，清洁轴承位、轴承、支承销和制动底板等零件	清洁，无油污，轮毂通气孔畅通
			检查制动底板、制动凸轮轴	制动底板安装牢固，无变形和裂损。凸轮轴转动灵活，无卡滞和松旷现象
			检查轮毂内外轴承	滚柱保持架无断裂，滚柱无缺损、脱落，轴承内外圈无裂损和烧蚀
			检查制动摩擦片、制动蹄及支承销	摩擦片表面无油污、裂损，厚度符合规定。制动蹄无裂纹及明显变形，铆接可靠，铆钉沉入深度符合规定。支承销无过量磨损，与制动蹄轴承孔衬套配合无明显松旷
			检查制动蹄复位弹簧	复位弹簧不得有扭曲、钩环损坏、弹性损失和自由长度改变等现象
			检查轮毂、制动鼓	轮毂无裂损，制动鼓无裂痕、沟槽、油污及明显变形

（续）

序号	作业项目		作业内容	技术要求
16	制动系统	鼓式制动器	装复制动鼓、轮毂、制动蹄，调整轴承松紧度和制动间隙	润滑轴承，轴承位涂抹润滑脂后再装轴承。装复制动蹄时，轴承孔均应涂抹润滑脂，开口销或卡簧固定可靠。制动摩擦片与制动鼓摩擦面应清洁，无油污。制动摩擦片与制动鼓配合间隙符合规定。轮毂转动灵活且无轴向间隙。锁紧螺母、半轴螺母及车轮螺母齐全，扭紧力矩符合规定
17	制动系统	盘式制动器	检查制动摩擦片和制动盘磨损量	制动摩擦片和制动盘磨损量应在标记规定或制造商要求的范围内，其摩擦工作面不得有油污、裂纹、失圆和沟槽等损伤
			检查制动摩擦片与制动盘间的间隙	制动摩擦片与制动盘之间的转动间隙符合规定
			检查密封件	密封件无裂纹或损坏
			检查制动钳	制动钳安装牢固，无油液泄漏。制动钳导向销无裂纹或损坏
18	转向系统	转向器和转向传动机构	检查转向器和转向传动机构	转向轻便、灵活，转向无卡滞现象，锁止、限位功能正常
			检查部件技术状况	转向节臂、转向器摇臂及横直拉杆无变形、裂纹和拼焊现象，球销无裂纹、不松旷，转向器无裂损和漏油现象
19	转向系统	转向盘最大自由转动量	检查、调整转向盘最大自由转动量	最高设计车速不小于100km/h的车辆，其转向盘的最大自由转动量不大于15°，其他车辆不大于25°
20	行驶系统	车轮及轮胎	检查轮胎规格型号	轮胎规格型号符合规定，同轴轮胎的规格和花纹应相同，公路客车（客运班车）、旅游客车、校车和危险货物运输车的所有车轮及其他车辆的转向轮不得装用翻新的轮胎
			检查轮胎外观	轮胎的胎冠、胎壁不得有长度超过25mm或深度足以暴露出帘布层的破裂和割伤，以及凸起、异物刺入等影响使用的缺陷 具有磨损标志的轮胎，胎冠的磨损不得触及磨损标志；无磨损标志或标志不清的轮胎，乘用车和挂车胎冠花纹深度应不小于1.6mm；其他车辆转向轮的胎冠花纹深度应不小于3.2mm，其余轮胎胎冠花纹深度应不小于1.6mm
			轮胎换位	根据轮胎磨损情况或相关规定，视情进行轮胎换位
			检查、调整车轮前束	车轮前束值符合规定

（续）

序号	作业项目		作业内容	技术要求
21	行驶系统	悬架	检查悬架弹性元件，校紧连接螺栓、螺母	空气弹簧无泄漏，外观无损伤。钢板弹簧无断片、缺片、移位和变形，各部件连接可靠，U形螺栓、螺母扭紧力矩符合规定
			减振器	减振器稳固有效，无漏油现象，橡胶垫无松动、变形及分层
22		车桥	检查车桥、车桥与悬架之间的拉杆和导杆	车桥无变形，表面无裂痕，油脂无泄漏，车桥与悬架之间的拉杆和导杆无松旷、移位和变形
23	传动系统	离合器	检查离合器工作状况	离合器接合平稳，分离彻底，操作轻便，无异响、打滑、抖动及沉重等现象
			检查、调整离合器踏板自由行程	离合器踏板自由行程符合规定
24		变速器、主减速器、差速器	检查、调整变速器	变速器操纵轻便，档位准确，无异响、打滑及乱档等异常现象，主减速器、差速器工作无异响
			检查变速器、主减速器、差速器润滑油液面高度，视情更换	按规定的里程或时间更换润滑油，液面高度符合规定
25		传动轴	检查防尘罩	防尘罩无裂痕、损坏，卡箍连接可靠，支架无松动
			检查传动轴及万向节	传动轴无弯曲，运转无异响。传动轴及万向节无裂损、不松旷
			检查传动轴承及支架	轴承无松旷，支架无缺损和变形
26	灯光导线	前照灯	检查远光灯发光强度，检查、调整前照灯光束照射位置	符合 GB 7258—2017 规定
27		线束及导线	检查发动机舱及其他可视的线束及导线	插接件无松动，接触良好。导线布置整齐，固定牢靠，绝缘层无老化、破损，导线无外露。导线与蓄电池桩头连接牢固，并有绝缘套
28	车架车身	车架和车身	检查车架和车身	车架和车身无变形、断裂及开焊现象，连接可靠，车身周正。发动机罩锁扣锁紧有效。车厢铰链完好，锁扣锁紧可靠，固定集装箱箱体、货物的锁止机构工作正常
			检查车门、车窗启闭和锁止	车门和车窗应启闭正常，锁止可靠。客车动力启闭车门的车内应急开关及安全顶窗机件齐全、完好有效
29		支承装置	检查、润滑支承装置，校紧连接螺栓、螺母	完好有效，润滑良好，安装牢固
30		牵引车与挂车连接装置	检查牵引销及其连接装置	牵引销安装牢固，无损伤、裂纹等缺陷，牵引销颈部磨损量符合规定
			检查、润滑牵引座及牵引销锁止、释放机构，校紧连接螺栓、螺母	牵引座表面油脂均匀，安装牢固，牵引销锁止、释放机构工作可靠
			检查转盘与转盘架	转盘与转盘架贴合面无松旷、偏歪。转盘与牵引连接部件连接牢靠，转盘连接螺栓应紧固，定位销无松旷、无磨损，转盘润滑
			检查牵引钩	牵引钩无裂纹及损伤，锁止、释放机构工作可靠

注：“符合规定”指符合车辆维修资料等有关技术文件的规定。

(4) 二级维护过程检验 二级维护过程中应始终贯穿过程检验，并记录二级维护作业过程或检验结果，维护项目的技术要求应符合技术标准和车辆维修资料等相关技术文件的规定。

(5) 二级维护竣工检验 二级维护竣工检验项目及技术要求见表2-7，二级维护竣工检验应填写二级维护竣工检验记录单。

表2-7 二级维护竣工检验项目及技术要求

序号	检验部位	检验项目	技术要求	检验方法
1	整车	清洁	全车外部、车厢内部及各总成外部清洁	检视
2		紧固	各总成外部螺栓、螺母紧固，锁销齐全有效	检查
3		润滑	全车各个润滑部位的润滑装置齐全，润滑良好	检视
4		密封	全车密封良好，无漏油、漏液和漏气现象	检视
5		故障诊断	装有车载诊断系统(OBD)的车辆，无故障信息	检测
6		附属设施	后视镜、灭火器、客车安全锤、安全带、刮水器等齐全完好，功能正常	检视
7	发动机及其附件	发动机工作状况	在正常工作温度状态下，发动机起动3次，成功起动次数不少于3次，柴油机3次停机均应有效，发动机低、中、高速运转稳定、无异响	路试或检视
8		发动机装备	齐全有效	检视
9	制动系统	行车制动性能	符合GB 7258—2017的规定，道路运输车辆符合GB 18565—2016的规定	路试或检测
10		驻车制动性能	符合GB 7258—2017的规定	路试或检测
11	转向系统	转向机构	转向机构各部件连接可靠，锁止、限位功能正常，转向时无运动干涉，转向轻便、灵活，转向无卡滞现象	检视
			转向节臂、转向器摇臂及横直拉杆无变形、裂纹和拼焊现象，球销无裂纹，不松旷，转向器无裂损和漏油现象	检视
12		转向盘最大自由转动量	最高设计车速不小于100km/h的车辆，其转向盘的最大自由转动量不大于15°，其他车辆不大于25°	检测
13	行驶系统	轮胎	同轴轮胎应为相同的规格和花纹，公路客车(客运班车)、旅游客车、校车和危险品运输车的所有车轮及其他机动车的转向轮不得装用翻新的轮胎，轮胎花纹深度及气压符合规定，轮胎的胎冠、胎壁不得有长度超过25mm或深度足以暴露出帘布层的破裂和割伤，以及凸起、异物刺入等影响使用的缺陷	检查、检测
14		转向轮横向侧滑量	符合GB 7258—2017的规定，道路运输车辆符合GB 18565—2016的规定	检测

（续）

序号	检验部位	检验项目	技术要求	检验方法
15	行驶系统	悬架	空气弹簧无泄漏，外观无损伤。钢板弹簧无断片、缺片、移位和变形，各部件连接可靠，U形螺栓、螺母扭紧力矩符合规定	检查
16		减振器	减振器稳固有效，无漏油现象，橡胶垫无松动、变形及分层	检查
17		车桥	无变形，表面无裂痕，密封良好	检视
18	传动系统	离合器	离合器接合平稳，分离彻底，操作轻便，无异响、打滑、抖动和沉重等现象	路试
19		变速器、传动轴、主减速器	变速器操纵轻便，档位准确，无异响、打滑及乱档等异常现象，传动轴、主减速器工作无异响	路试
20	牵引连接装置	牵引连接装置和锁止机构	汽车与挂车牵引连接装置连接可靠，锁止、释放机构工作可靠	检查
21	照明、信号指示装置和仪表	前照灯	完好有效，工作正常，性能符合GB 7258—2017的规定	检视、检测
22		信号指示装置	转向灯、制动灯、示廓灯、危险警告灯、雾灯、喇叭、标志灯及反射器等信号指示装置完好有效	检视
23		仪表	各类仪表工作正常	检视
24	排放	排气污染物	汽油车采用双怠速法，应符合GB 18285—2005的规定 柴油车采用自由加速法，应符合GB 3847—2005的规定	检测

注："符合规定"指符合车辆维修资料等有关技术文件的规定。

2.3 汽车修理制度及工艺

2.3.1 汽车修理作业的基本方法

汽车修理作业的基本方法分为就车修理法和总成互换修理法。

1. 就车修理法

就车修理法是指汽车在修理过程中，从车上拆下的总成、组合件、零件，除换用新零件外，原车的其他总成、组合件、零件经修理后仍装回原车，这种修理方法称为就车修理法。由于各总成、组合件、零件的损坏程度不同，修理工作量和所需修复的时间也各不相同，因而经常影响修理装配的连续性，且修理周期较长。修理车型复杂的小型修理厂大多用这种方法。

2. 总成互换修理法

总成互换修理法是指汽车在修理过程中，除车架或客车车身应原件修复外，其余需修总成（或组合件）都可用周转总成（或组合件）代用。也就是说，只要车架或车身修复后，就可用其他互换总成来装配汽车，换下的总成另行安排修理，修竣后补充到周转总成库，以备下次使用。这种修理方法称为总成互换修理法。这种修理方法由于利用了周转总成（或组合件)，可以保证修理工作的连续性，缩短停厂车日，并可对总成组织专业化修理，提高修理质量。它适用于车型单一、送修单位较集中的大型修理厂。

总成修理也可采用两种修理方法，即总成中零部件不互换代用和互换代用。

2.3.2　汽车修理工艺过程

汽车修理可分成许多工艺作业，按规定顺序完成这些作业的过程称为工艺过程。由于修理组织的方法不同，其工艺过程也不相同。

1. 就车修理时的大修工艺过程

采用就车修理法时汽车大修工艺过程如图 2-2 所示，汽车经验收并进行外部清洗后，拆成总成，然后再拆成零件，并加以清洗。零件经检验后区分为可用的、不可用的和需修的三类，可用的零件送去配套库，需修的零件送到零件修理车间，修复后再送到配套库。当一辆车的零部件配套齐全后，送总成装配车间进行总成装配和试验，最后将试验合格的总成总装成汽车，并以路试调整消除缺陷后进行外表涂装等作业，然后再交车。

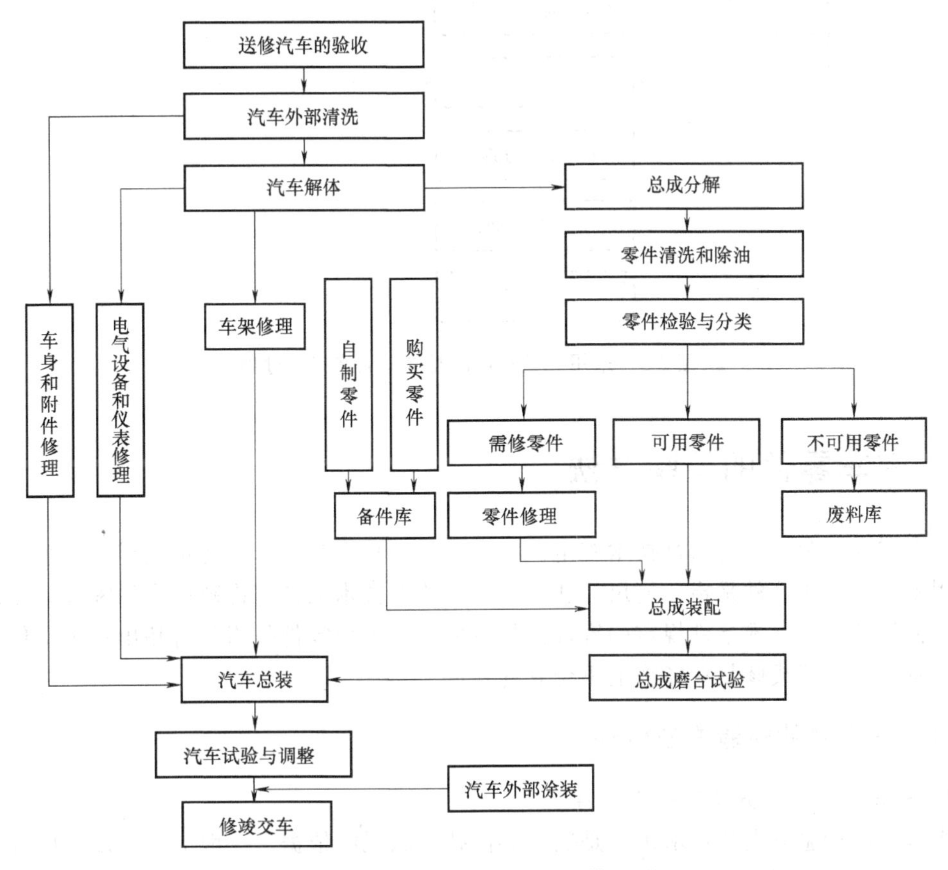

图 2-2　采用就车修理法时汽车大修工艺过程

2. 总成互换修理时的大修工艺过程

采用总成互换修理法时，其大修工艺过程如图 2-3 所示。汽车大修时将验收并经外部清洗的汽车拆成总成，修理汽车的车架，然后用备用总成库的周转总成、部件和组合件装配成汽车，而拆下的总成经拆、检和分类修理后，进行总成装配和试验，合格的修竣总成交备用总成库，以备其他车辆修理时使用。

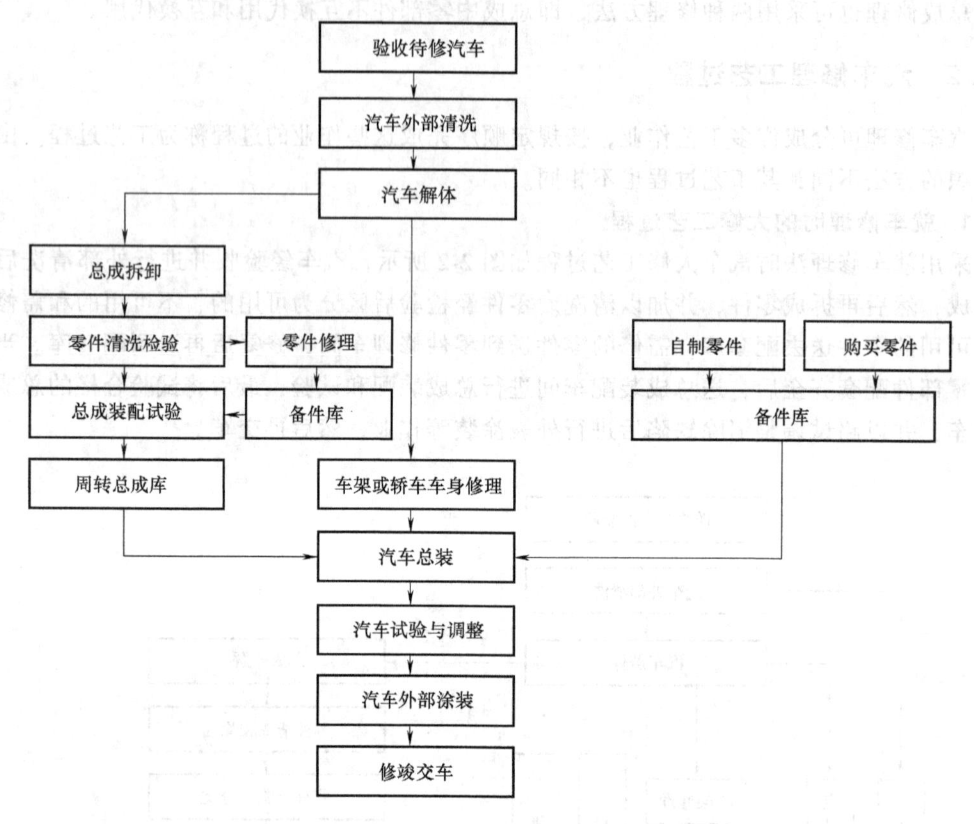

图 2-3　采用总成互换法时汽车大修工艺过程

2.4　汽车零件的检验方法

汽车零件检验分类是通过技术鉴定，根据零件的技术状况，分为可用零件、需修零件和不可用零件。可用零件是指几何尺寸和形状偏差均在技术条件容许范围内的零件。需修零件是指几何尺寸超出技术条件规定的容许值的零件。不可用零件是指具有超出技术文件规定的缺陷，且不能修复或修复在经济上不合算的零件。

2.4.1　汽车零件检验方法概述

1. 汽车零件检验分类的技术条件

汽车零件检验分类的技术条件是确定零件技术状况的依据，一般应包括以下内容：

1）零件的主要特性，包括零件的材料、热处理性能以及零件的尺寸等。

2）零件可能产生的缺陷和检验方法，并用图标明缺陷部位。

3）缺陷的特征。

4）零件的极限磨损尺寸、容许磨损尺寸和容许变形量或偏差。

5）零件的报废条件。

6）零件的修理方法。

零件可能出现的缺陷是编制零件检验分类技术条件的主要内容，不同的零件由于其工作条件不同、结构不同，其出现缺陷的规律是不一致的，必须根据统计调查资料来确定。汽车维修过程中，零件的质量检验是一道重要工序。它不仅影响修理质量，也影响修理成本。零件从汽车上拆下经清洗后，需要通过检验确定技术状态进行分类。根据零件检验技术状态，将零件分为可使用的、需修理的和应更换的三类。对修后零件的质量，也应进行认真的检验，并保证达到规定的技术要求。

2. 汽车零件检验方法的分类

汽车零件的检验方法可分为外观检验、几何尺寸测量、零件几何公差测量以及零件内部组织缺陷的检验等。零件明显的裂纹、严重变形、严重磨损，一般可通过外部检视进行检验。零件因磨损引起尺寸上的变化，或因变形引起的几何形状或位置偏差，以及长期使用引起的零件材料性能的变化等，必须采用通用或专用量具，通过测量尺寸或相对位置才能确定零件的技术状况；对于零件的物理机械性能和零件内部隐蔽缺陷，则必须采用磁力探伤、着色、X 射线、超声波探伤等方法进行检查，如图 2-4 所示。

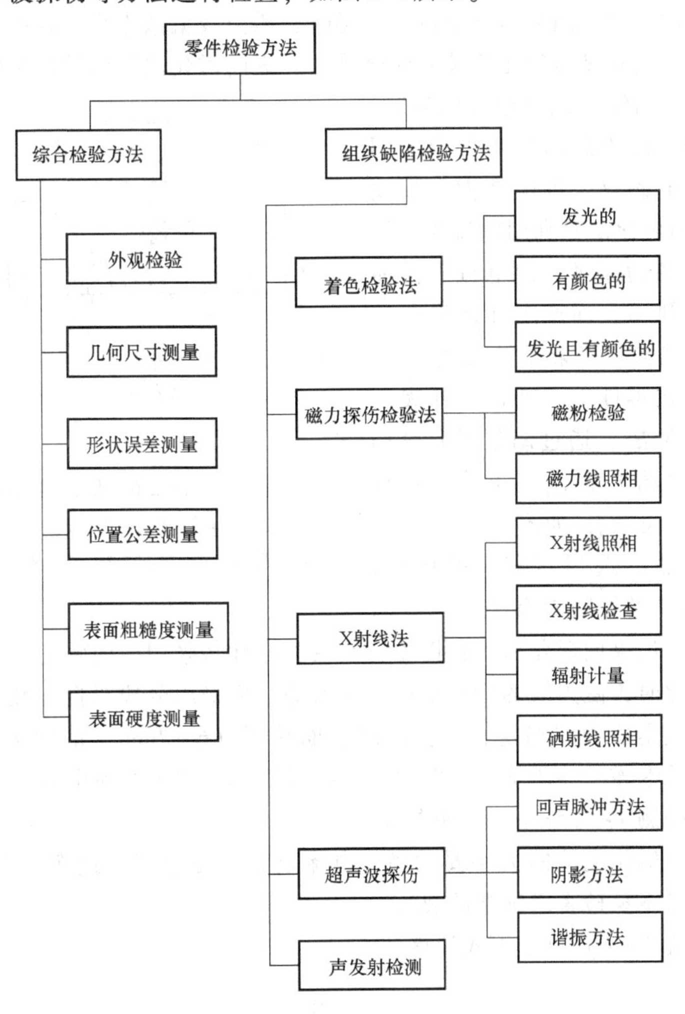

图 2-4 零件缺陷检验方法的分类

2.4.2 汽车零件隐蔽缺陷的检验方法

零件的隐伤是指肉眼看不到的隐蔽缺陷。对汽车的主要零件及与安全性有关的零件，如缸体、曲轴、连杆、转向节、球头销、传动轴及半轴等，如果有裂纹或疲劳裂纹没有被及时发现，使用时有可能引起断裂而造成重大机械事故。因此，汽车、总成大修时，要进行零件隐伤的检验，以保证其使用可靠性。在汽车零件检验中，根据其结构的不同，应用无损检验的方法有磁力探伤、荧光与着色探伤、超声波探伤和声发射探伤试验等。

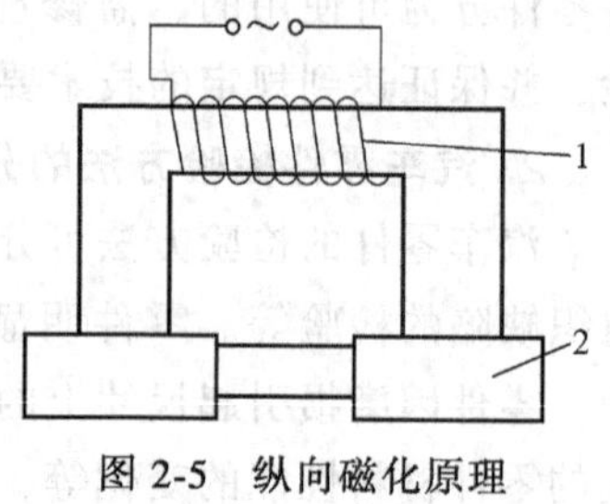

图 2-5 纵向磁化原理
1—线圈绕组 2—被检零件

1. 磁力探伤

磁力探伤是利用电磁原理来检验金属零件的隐藏缺陷。当磁通量通过被检零件时，若零件内部有裂纹、气孔等缺陷，则在裂纹部位会由于磁力线的外泄形成局部磁极；若在零件表面撒上磁性铁粉，或将铁粉与油的混合液通过零件表面，铁粉就会被磁化并吸附在有裂纹处。磁力探伤时，必须使磁力线垂直通过裂纹，因为裂纹平行于磁场时，磁力线偏散很小，难以发现裂纹。

零件的磁化方法有纵向磁化法及周向磁化法。纵向磁化法是将被检零件置于马蹄铁形电磁铁的两极之间，当线圈绕组通入电流时，电磁铁产生磁通，磁力线通过零件形成闭合磁路，称为纵向磁化，可检查横向裂纹（见图 2-5）。周向磁化法是利用电流通过导线时产生环形磁场的原理，使电流直接通过零件，在零件圆周表面产生环形横向磁场，可检查纵向裂纹。若将纵向磁化和环形磁化同时作用在零件上，则在零件表面形成合成磁场强度 H_0，通过调整纵向磁场强度 H_m 和环形磁场强度 H_n，可获得任意角度的合成磁场强度 H_0，如图 2-6 所示。

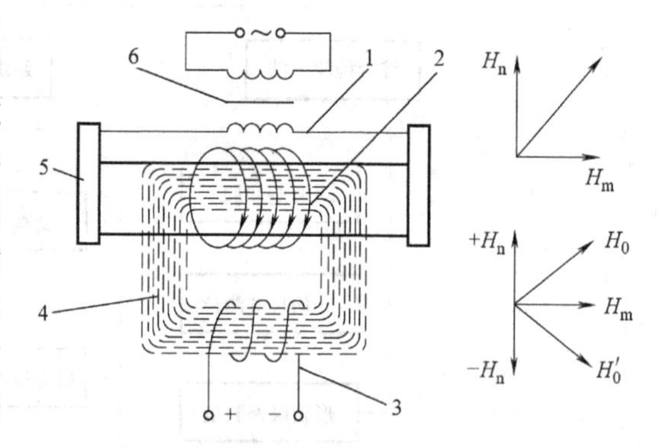

图 2-6 联合磁化原理
1—低压交流环形磁化电路 2—环形磁场 3—纵向磁化直流电路 4—纵向磁场 5—被检零件 6—变压器

零件磁化方法的选择与零件的形状、可能发生缺陷的位置等因素有关。一般来说，轴类零件多采用纵向磁化检查；齿轮、圆盘类零件多采用周向磁化检查。对于外形不规则的零件，在磁化时，磁力线的分布是极不均匀的，可采用分段纵向磁化（如曲轴）。使用大电流电源的优点是磁力线稳定，能发现距表面较深（6~7mm）的缺陷，但设备较复杂，探伤后必须仔细地退磁。使用交流电源时，设备较简单，由于交流电有趋肤作用，探伤深度较浅，一般只能探测 1~1.5mm 深度的缺陷。

磁力探伤时，磁化电流的大小要适当，电流过大，磁粉聚集过多，难以鉴别真实的缺陷，电流过小，又不易检查出细微的裂纹。

纵向磁化电流 I（A）可按下式计算：

$$I=(20\sim80)\frac{Sl}{N} \tag{2-1}$$

式中，S 为被检零件的横截面面积（cm^2）；l 为被检零件的长度（cm）；N 为磁化线圈组的匝数。

周向磁化电流按检查方法不同，可分为剩磁检查和带电检查两种。剩磁检查是指当被检零件材料的剩磁强度大于 0.6T 时，零件被磁化后，切断电源进行检查。此时，磁化电流 I（A）可按下式计算，即

$$I=\frac{Hd}{4}=\frac{(80\sim100)}{4}d=(20\sim25)d \tag{2-2}$$

式中，H 为圆柱形零件表面的磁场强度（A/m）；d 为零件的直径（mm）。

所谓带电检查，是指在电源磁场作用下检验零件。这种检查方式主要用于零件材料的剩磁感应强度较小的场合，磁化电流 I（A）可按下式计算，即

$$I=(6\sim8)d \tag{2-3}$$

采用直流电磁化时，磁化电流一般较上述交流磁化电流小 30%~50%。零件经磁化检验后，必须进行退磁，退磁的方法分为交流退磁法和直流退磁法两种。交流退磁法是将零件从交变磁场中慢慢退出，或是将零件放在交变磁场中，逐渐减小磁场电流至零。

磁力探伤用的磁粉通常采用具有高磁导率的 Fe_3O_4 粉，粒度为 2~5μm。磁粉可干用，也可以将磁粉与液体（煤油、变压器油或柴油）混合成悬浮液，一般每升液体中加入 20~30g 的 Fe_3O_4。

2. 荧光与着色探伤

荧光探伤是利用渗透到缺陷内的荧光物质，在紫外线激发下发出可见光，使缺陷显示出来。其原理如图 2-7 所示。荧光物质通常采用拜尔荧光黄及渗透性强的煤油、航空油等。当荧光物质受到紫外线照射后，其分子吸收能量，处于不稳定的激发状态，产生荧光现象。

荧光探伤是将被检零件放在荧光渗透液内浸泡 30min 后，用乳化清洗剂清洗零件表面，并用温水洗净。为使渗透在零件表面缺陷内的荧光液显示缺陷，应在零件表面上均匀地涂上一层显像剂，然后用紫外线照射。显像剂的作用是将缺陷放大。

着色探伤是利用毛细管现象显示零件表面缺陷。将零件表面浸泡在着色剂中，使着色剂渗透到零件表面缺陷内，然后取出擦净。再在零件表面上涂一层显像粉（常用高岭土粉），因毛细现象，浸入到缺陷内的着色剂将会渗透到显像粉中呈现出缺陷。

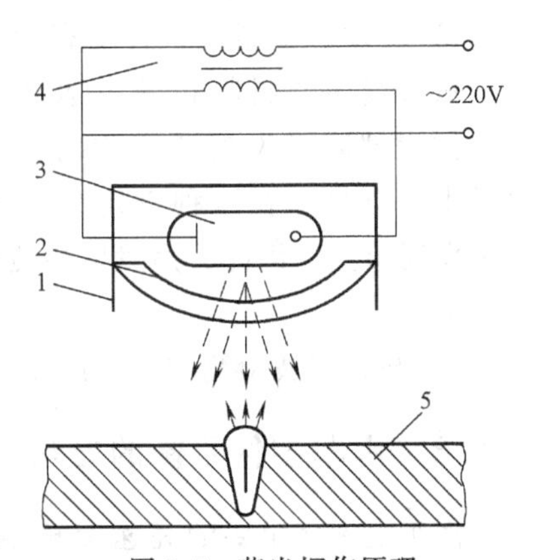

图 2-7 荧光探伤原理
1—反光镜 2—滤色镜 3—水银石英灯 4—变压器 5—零件

着色探伤不需要专门设备，只需配制着色剂。着色剂是用煤油 80%、变压器油 15%，松节油 5%、苏丹红Ⅲ号 10g/L 混合而成的。但着色探伤灵敏度较差。

3. 超声波探伤

超声波探伤是利用超声波在两种不同介质的界面上产生折射和反射现象，发现零件隐藏缺陷。

超声波探伤常用脉冲反射式结构。如图 2-8 所示，它由高频脉冲发生器、换能器（探头）、接收放大器和示波器四个部分组成，它根据接收超声波的反射时间来确定物体有无内部缺陷。超声波的发射是间歇的，在一次脉冲过程中，电能由振荡器 2 传到发射探头 1（压电换能器）。超声波

射入被测零件13时，如遇到缺陷14，部分能量被反射回来，由接收探头4经放大器3传到示波器，显示出脉冲图像信号10。其余达到界面后的反射显示出脉冲信号9。荧光屏上出现的缺陷脉冲信号10，若缺陷波距脉冲信号8越远，则表明缺陷位置越深。荧光屏上有标距，根据缺陷波所在位置，就可确定缺陷在零件中的位置。

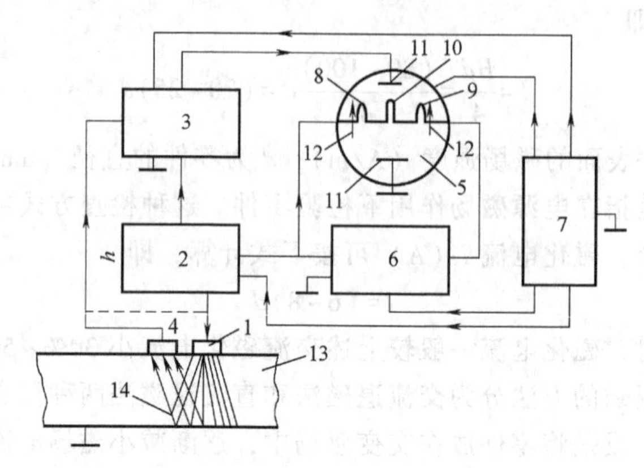

图 2-8　脉冲反射式超声波探伤装置的工作原理

1—发射探头　2—振荡器　3—放大器　4—接收探头　5—阴极射管　6—时基　7—电源　8—发射的脉冲信号　9—接收的界面脉冲信号　10—缺陷反射的脉冲信号　11、12—极板　13—被测零件　14—缺陷

4. 声发射检测

声发射检测的基本原理是：由外部条件（如力、温度等）的作用而使物体发声，根据物体的发声推断物体的状态或内部结构变化。利用外部条件的作用使物体发声的现象进行无损检测是一项新的方法，这是在检测对象被施加应力的条件下，在检测对象的缺陷部位自动发声，根据接收到来自缺陷的应力波推知缺陷的存在和所处的位置，如图 2-9 所示。

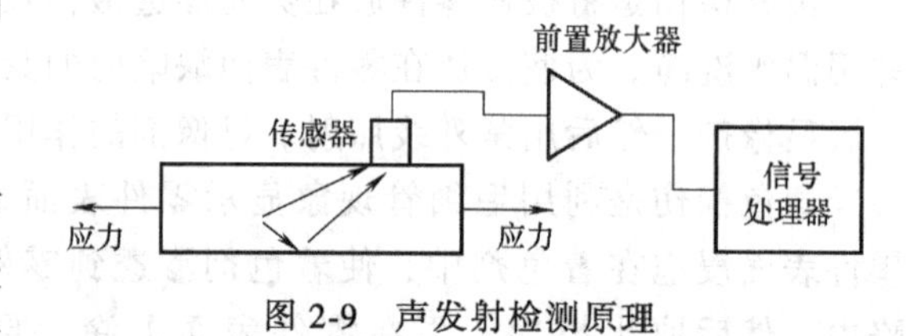

图 2-9　声发射检测原理

声发射检测的特点如下：

1）声发射检测是一种动态无损检测方法，只有当零件材料在受力达到一定应变或零件中缺陷有发展或变化时，才有声发射发生，也只有在这种特定条件下才能进行声发射检测。因此，声发射检测法可以获得关于缺陷的动态信息，从而评价缺陷的严重性和危险性。

2）与超声波检测相比，声发射检测法不需要移动传感器，操作简便。

2.4.3　汽车零件平衡的方法

汽车上许多重要的高速旋转零件，如曲轴、飞轮、车轮、传动轴、离合器压板、带轮等，其质量不平衡将引起汽车的振动，并给零件本身和轴承造成附加载荷，从而加速零件磨损和产生其他损伤，以致直接影响汽车的使用寿命。

1. 静平衡检验

零件的静不平衡是由零件的重心偏离了它的旋转轴线而产生的。

零件的静不平衡检验是在一个专门的检验台架上进行的，如图 2-10 所示。在检验前应先调整螺钉4，使支架2的菱形导轨1处于水平位置，并调整好宽度，然后将装在被检验零件上的心轴平置在两导轨上。如果心轴滚动几圈后，零件始终停在一个静止点，则对应于心轴的最下方是重心偏离位置的方向，表示此零件静不平衡。如果心轴转动几圈后，能静止在任一点上，则表示静平衡。

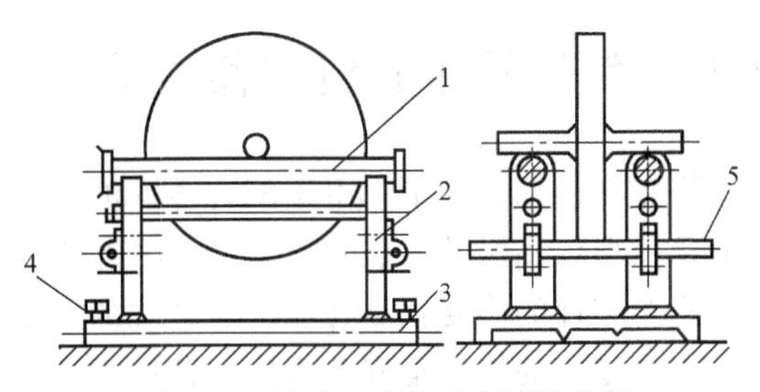

图 2-10 平行台式静平衡检验台架

1—菱形导轨 2—支架 3—支座 4—螺钉 5—牵制杆

消除静不平衡可以在与不平衡质量相对称的一侧附加一定的质量，也可以在不平衡质量一侧去掉一部分质量。

2. 动平衡的检验

通过静平衡检验的零件，可能是动不平衡的。两曲拐在同一水平面内的曲轴，两曲拐的重心为 S_1 和 S_2，距曲轴轴线距离为 r_1 和 r_2，且相等，如图 2-11 所示。因此，整个曲轴的重心在轴线上，此时曲轴是静平衡的。但当它旋转时，由于离心力 F_1 和 F_2 组成一个力偶，力偶臂为 L。这个力偶将使曲轴轴承受到附加载荷，产生动不平衡。在实际生产中利用配重等方法来消除力偶，获得动平衡。

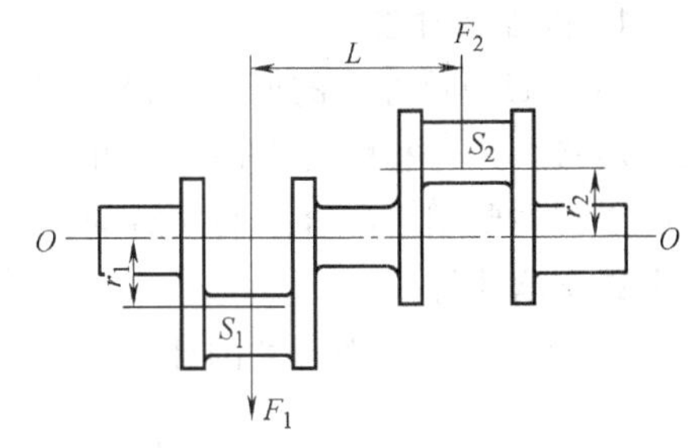

图 2-11 曲轴的动不平衡

如果零件是动平衡的，那么它一定是静平衡的；反之，零件是静平衡的，它有可能是动不平衡的。当动不平衡零件旋转时，由于零件沿长度方向上质量不均匀而产生的离心力，就是动不平衡零件旋转时所产生的附加力。这些附加力不但会减弱零件的强度，而且会使轴承载荷增加并引起振动。动不平衡零件检验应在专门的动平衡机上进行。

3. 典型零件平衡方法

(1) 曲轴 曲轴都有平衡重，有的发动机曲轴的平衡重与曲轴制成一体；有的发动机曲轴平衡重则用螺栓紧固在曲柄臂上。当采用去重法进行平衡时，可在曲轴平衡块上或曲柄臂上用钻孔或铣面的方法获得平衡。在拆装和修理发动机时，不要随便拆下曲轴的平衡块。

(2) 飞轮 发动机飞轮都要进行静平衡。当进行平衡时，可通过在飞轮平面上或圆柱面上钻孔以取得平衡。

(3) 离合器压盘 离合器压盘一般都进行静平衡，通常在离合器压盘上钻孔取得平衡。

(4) 曲轴、飞轮及离合器总成 在曲轴、飞轮及离合器总成分别进行平衡检验后，将它们组装在一起进行平衡试验。当其不平衡度超过一定限度时，应将总成拆散，分别进行静平衡试验，直到总成的不平衡度在允许的限度以内，再进行动平衡检验。如果不平衡，取得平衡的方法是在飞轮上去掉金属或在离合器壳上加平衡片。一般曲轴、飞轮及离合器总成上都做有记号，在修理时应注意按记号装配。

(5) 传动轴总成 在修理过程中，传动轴总成都进行动平衡试验。在传动轴的两端焊上平衡片或在十字轴轴承盖上加装平衡片，就可以取得一定的动平衡效果。

2.5 汽车零件的典型修复方法

汽车在使用过程中，由于配合零件的自然磨损、变形、破裂或其他损伤，改变了零件原有的几何形状和尺寸，破坏了零件的配合特性和工作能力，从而影响部件、总成的正常工作。汽车零件的修复就是在经济、合理的原则下，恢复零件的配合特性和工作能力。

汽车零件的修复是汽车修理工艺的重要组成部分，也是提高经济效益的重要来源。根据零件的磨损特性，通过合理的修复，可提高其耐磨性，延长总成的使用寿命。科学技术的发展为汽车零件的修复提供了多种工艺方案，这些修复方法各有其特点和适用范围。在具体确定零件修复的工艺时，必须分析零件的结构特点和使用要求，根据各种修复工艺的实质和特点，通过技术经济的统筹分析予以确定。

2.5.1 机械加工修复法

1. 修理尺寸法

（1）修理尺寸法的概念　修理尺寸法是指将零件磨损表面通过机械加工恢复其正确的几何形状，并与相配合零件恢复配合性质的一种加工方法。修理尺寸法在汽车维修中应用十分广泛，主要用于配合副磨损后的修复，包括缸筒、缸套、活塞、曲轴与轴承、转向节主销与主销支承孔等。

（2）轴和孔修理尺寸的计算　轴和孔磨损后其修理尺寸如图 2-12 所示。

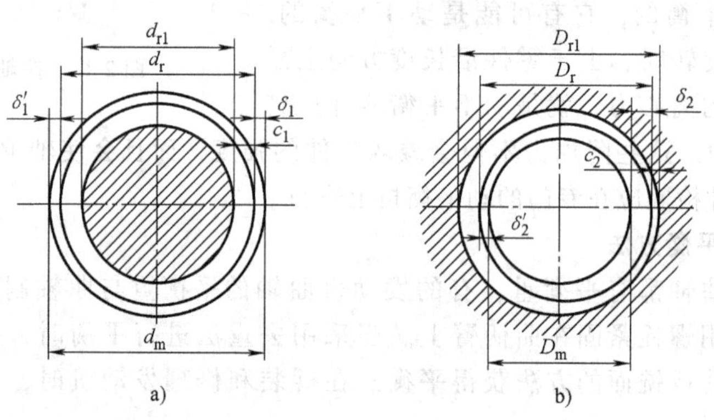

图 2-12　轴和孔的修理尺寸

a）轴的修理尺寸　b）孔的修理尺寸

图 2-12 中，d_r 为轴磨损后的尺寸，D_r 为孔磨损后的尺寸。

轴、孔各级修理尺寸计算如下：

轴：
$$d_{r1}=d_m-2(\rho_1\delta_1+c_1) \tag{2-4}$$

孔：
$$D_{r1}=D_m+2(\rho_2\delta_2+c_2) \tag{2-5}$$

而：
$$r_B=2(\rho_1\delta_1+c_1) \tag{2-6}$$

$$r_0=2(\rho_2\delta_2+c_2) \tag{2-7}$$

所以，各级修理尺寸为：

$$d_{r1}=d_m-r_B \tag{2-8}$$

$$D_{r1}=D_m+r_0 \tag{2-9}$$

$$d_{r2}=d_m-2r_B \tag{2-10}$$

$$D_{r2}=D_m+2r_0 \tag{2-11}$$

$$d_{rn}=d_m-nr_B \tag{2-12}$$

$$D_{rn}=D_m+nr_0 \tag{2-13}$$

式中，d_m为轴的公称尺寸；D_m为孔的公称尺寸；δ_1为轴的磨损量；r_B为轴的修理尺寸级差；d_{r1}为轴的第一级修理尺寸；d_{rn}为轴的第 n 级修理尺寸；ρ_1为轴的不均匀磨损系数；c_1 为轴的加工余量；c_2为孔的加工余量；δ_2为孔的磨损量；r_0为孔的修理级差；D_{r1}为孔的第一级修理尺寸；D_{rn}为孔的第 n 级修理尺寸；ρ_2为孔的不均匀磨损系数。

（3）修理尺寸法的特点及应用　修理尺寸法使各级修复尺寸标准化，便于加工和供应配件。但是它要求零件加工后有正确的几何形状和表面粗糙度，而且要按规定标准加工，这就使加工余量大，修理次数减少。

修理尺寸法能大大地延长复杂零件和基础件的使用寿命，它简便易行，经济性好。但为了保证零件有足够的强度，尺寸的增大（孔）或缩小（轴）应有一个限度。由于零件强度的限制，采用修理尺寸法到最后一级时，零件就要采用镶套、堆焊、喷涂、电镀等方法才能恢复到公称尺寸。

2. 镶套修复法

镶套修复法是指零件在使用中，只是局部磨损或损坏，在其结构和强度容许条件下，可将其磨损部分切削小（对轴）或镗大（对孔），然后，再用静配合的方法镶套、加工，使零件恢复到公称尺寸的修复方法。汽车发动机的气缸套、气门座圈、气门导管、飞轮齿圈以及各种铜套的镶配都是采用这种修复方法。

镶套是谨慎、细致的钳工操作。镶套前应仔细地检查配合件的尺寸及形状误差（圆度、圆柱度），检查倒角、表面粗糙度，并做好除锈、除油等清洁工作。

在允许的圆柱度范围内，座孔应大头朝上，镶入件应小头朝下，两配合件椭圆长短轴一致。平稳压入，忌用榔头敲击。在压入过程中，应注意检查压入件是否歪斜，压力是否正常。

对于重级和特重级配合，用温差法加热包容件至 150~200℃，被包容件用干冰冷却收缩，然后压入。取出时，切忌用榔头硬敲，应当用拉拔器拉出，或者用压力机压出。对于气门座圈的拆除，可在废气门与座圈上焊上几点，然后用压力机压出或用软榔头打出。

镶套法可以恢复基础件的局部磨损，延长基础件的使用寿命。应用镶套法一次可以使磨损了的零件恢复到公称尺寸，为以后的修理提供方便；而且镶套工艺简单，没有复杂的操作和加工；不需大型设备，成本低；质量容易保证；不需要高温，零件又不易变形（注意过盈量不要过大）和退火，但它的应用受到零件的结构和强度的限制。

3. 零件的局部更换修理法

具有多个工作面的汽车零件，由于各工作表面在使用中磨损不一致，当某些部位损坏时，其他部位尚可使用，为防止浪费，可采用局部更换法。

局部更换法就是将零件需要修理（磨损或损坏）的部分切除，重制这部分零件，再用焊接或螺纹连接方法将新换上的部分与零件基体连在一起，经最后加工恢复零件原有性能的方法。这种修理方法常用于修复半轴、变速器第一轴或第二轴齿轮、变速器盖及轮毂等。

2.5.2 焊接修复法

焊接是汽车修理中广泛使用的一种工艺，它可以修复磨损量较大的零件，能增大零件的尺寸，焊层厚度易控制，设备简单，修复成本低，因此它是一种应用较广的零件修复方法，普遍用于修复零件的磨损、破裂、断裂等缺陷。

焊接修复法修复零件是借助于电弧或气体火焰产生的热量，将基体金属及焊丝金属熔化和熔合，使焊丝金属填补在零件上，以填补零件的磨损和恢复零件的完整。焊接根据使用的热源不同分为气焊和电焊。电焊根据熔剂层的不同又可分为焊条电弧焊、振动堆焊。振动堆焊又可分为二氧化碳气体保护焊、埋弧堆焊、电脉冲堆焊、等离子堆焊。下面介绍典型的几种焊接方法。

1. 气焊

(1) 气焊的特点及应用范围　气焊火焰热量较电焊分散，工件受热变形大，生产率较低，且焊接质量不如电弧焊接。但是火焰对熔池压力及输入量可控制。熔池冷却速度慢，焊缝形状、尺寸和焊透程度易控制，能做到使焊缝金属与基材相近似。同时由于设备简单，不受电源限制，方便灵活，所以用途较广，主要适用于碳钢、合金薄钣件的焊接，还可用于有色金属和铸铁的焊补。

(2) 焊接工艺

1) 焊前准备。当焊接部分厚度在6mm以上时，要开90°~180°的V形坡口，如所焊部位厚度在15mm以上时，要开X形坡口。

2) 施焊要点。施焊火焰应用弱碳化焰或中性焰；加热区应用氧化焰。施焊方向应指向减应区。

施焊时，先熔母材，再送入焊丝，否则熔化不良；施焊时应一次焊完，并随时用焊丝清除杂质，以防气孔和夹渣，避免反复加热而造成应力过大。

施焊焊条应选QHT1和QHT2。

(3) 气焊的应用　发动机缸体的裂纹、气门座孔内的裂纹、曲轴箱内的裂纹、气缸体上平面裂纹以及变速器壳体均可采用气焊修复。

2. 焊条电弧焊

焊条电弧焊是利用普通电弧作为热源，以焊条为填充金属材料，采用手工操纵焊条进行焊接的方法。

(1) 焊条电弧焊的特点及适用范围　焊条电弧焊具有设备简单、操纵方便、连接强度高、施焊速度快、生产率高、零件变形小等优点，广泛应用于碳钢、合金钢及铸铁等金属材料不同厚度、不同位置的焊接，在汽车修理中主要用来修复裂纹、破裂和折断等。但由于其焊缝硬而脆，塑性差，机械加工性能比气焊差，且在焊接应力作用下易产生裂纹或焊缝剥离，因此为保证焊接质量，必须在工艺上采取措施。

(2) 焊条电弧焊工艺

1) 预热保温。对于较大的零件应进行预热和焊后保温，从而减小焊接应力和防止裂纹的产生。

2) 焊前准备。当母材材质较差时，为了防止焊接时裂纹延伸和提高焊补强度，在裂纹两侧钻止裂孔。止裂孔的直径根据板厚来确定，一般为3~5mm。对于裂纹较深的工件，为了保证焊条金属与基体金属很好地结合，增加焊补强度，在工件裂纹处开坡口，可以全部和部分地除去裂纹。

3）施焊。施焊时要采取分段、分层焊接并进行锤击，以减少焊接应力和变形，限制母材金属成分对焊缝的影响。

每焊完一段后，应趁热从弧坑开始锤击焊缝，直到温度下降到40~60℃时为止，然后再焊下一段。锤击的目的是消除焊接应力，砸实气孔，提高焊缝的致密性。

工件较厚时，要采用分层焊。采用分层焊不但可用较细焊条，从而使用较小电流，而且后焊的一层对先焊的一层有退火软化作用，可改善焊缝力学性能，还可改用低碳钢焊条填满坡口，节约成本。

如工件的裂纹是从边缘向中心延伸的，则施焊时，要从里向外焊，可减少应力和变形。

4）焊后检查。零件焊完后，应检查有无气孔、裂纹，焊缝是否致密、牢固，如有缺陷，应采取必要的补救措施。

3. 振动堆焊修复法

振动堆焊是焊丝以一定的频率和振幅振动的脉冲电弧焊，是机械零件修复中广泛应用的一种自动堆焊方法。其实质是在焊丝送进的同时，按一定频率振动，造成焊丝与工件周期地起弧和断弧，电弧使焊丝在较低电压（12~20V）下熔化，并稳定均匀地堆焊到工件表面。其主要特点是堆焊层厚，结合强度高，工件受热变形小，常用于修复一些轴类零件。

（1）振动堆焊原理及过程　振动堆焊原理如图2-13所示。将需堆焊的零件夹持在车床卡盘内，工件接负极，电流从直流发电机1的正极经焊嘴2、焊丝3、工件4及电感器5回到发电机负极。

（2）振动堆焊参数的选择　正确选择堆焊参数，是获得稳定堆焊过程和良好堆焊质量的基本条件。现将其选择原则简述如下：

1）电源和极性。振动堆焊应采用具有平硬外特性的直流电源，以及反极性接法（即工件接负极，焊丝接正极）。若极性接错，堆焊过程将不稳定，金属飞溅大，基体金属熔化不良，气孔多，表面质量差。

2）电压。电弧电压是堆焊规范中关键的一个参数。电压高低决定电弧长短和熔滴的过渡形式。它对焊缝形成、飞溅、焊接缺陷以及焊缝力学性能都有很大影响。

工作电压选择的依据是：应根据焊丝和工件材料来选择，高碳钢焊丝熔点低，工作电压可偏低；低碳钢焊丝熔点高，工作电压可偏高。例如70钢、65钢、65Mn等高碳钢焊丝的工作电压可选用14~17V；45钢及08钢等的工作电压可选用17~22V。直径小于25mm的零件和铸铁，工作电压为14~16V；曲轴堆焊电

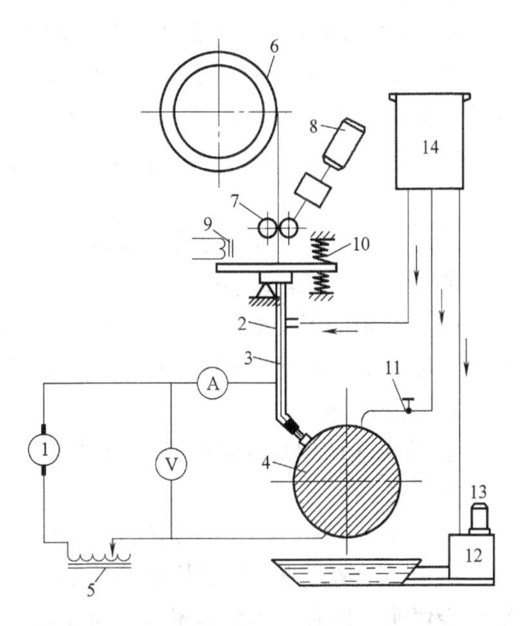

图2-13　振动堆焊原理

1—发电机　2—焊嘴　3—焊丝　4—工件　5—电感器　6—焊丝盘　7—送丝轮　8—焊丝驱动电机　9—电磁铁　10—弹簧　11—阀　12、14—冷却液箱　13—电动机

压可采用16~18V。电压偏低，起动困难，堆焊过程不稳定，易产生焊不透等缺陷。电压偏高，起焊容易，但金属飞溅增大，气孔增多。

3）堆焊电流。堆焊电流不是一个独立参数，它取决于工作电压、送丝速度、焊丝直径与成分、电路中电阻等。焊丝直径为1.2~1.6mm，送丝速度在1~3.5r/min范围内变动时，电流应在100~200A范围内变动，且稳定，摆差应控制在10A内。如摆动过大，表面堆焊过程将不稳定。

4）电感。为实现电源有良好的动力特性，在焊接回路中串接一个可调的附加电感，其数值为0.2~0.7mH。

5）堆焊速度v。堆焊速度是指工件回转的线速度，一般取0.2~0.6m/min。堆焊速度过快会出现焊层太薄，甚至不连续等缺陷。堆焊速度过慢，会使焊层太厚甚至焊不透。

6）送丝速度v_s。送丝要求稳，速度适中。送丝速度过高，飞溅大，起焊困难，堆焊金属熔化不良，易出现凹坑。送丝速度过低，堆焊过程不稳，焊道不连续。选用送丝速度时应考虑焊丝直径和堆焊厚度，焊丝直径细，应提高焊丝速度；反之，应降低送丝速度。若焊丝直径为0.8~1mm，送丝速度应选1.5~2.0m/min。

实践证明，当$v_s/v=2\sim4$时，焊层细密，质量好。

7）堆焊螺距s。堆焊螺距取决于焊丝直径大小，它的选取可按经验公式选定，即

$$s=(1.5\sim2)d \tag{2-14}$$

式中，s为螺距（mm）；d为焊丝直径（mm）。

螺距过小，后一焊道对前一焊道有较大的退火作用，焊层硬度降低，甚至焊不透；螺距过大，焊层不平整，内应力较大，零件疲劳强度降低较多。

8）焊丝的振动频率与振幅。焊丝的振动频率一般为50~100次/s，频率太低，飞溅大，放电次数少，基体金属熔化差。振幅不足，电弧期短，短路期长，焊丝熔化不良，堆焊连续性差；振幅过大，空程期长，金属飞溅大，堆焊过程不稳定。

9）焊丝伸出长度L。焊丝伸出长度可根据焊丝直径按经验公式计算，即

$$L=(5\sim8)d \tag{2-15}$$

焊丝伸出过长，堆焊过程不稳定，飞溅严重，焊缝性能下降；伸出过短，焊嘴易结瘤堵塞焊嘴，发生粘接烧毁焊嘴。

（3）曲轴的振动堆焊工艺　当曲轴的轴颈磨损已超极限，不能按它的修理尺寸磨削修理时，可采用堆焊方法增补磨损表面后再磨削到名义尺寸，从而延长曲轴寿命。

1）焊前准备。

① 清洗。曲轴在堆焊前必须用煤油等进行清洗，然后用砂布打磨各道轴颈，除去全部油污和锈迹。

② 检查。用磁力探伤或其他方法检查曲轴，若有环形裂纹或长度超过20mm的纵向裂纹，应用錾子凿开或用气割枪吹掉曲轴裂纹表面，经电弧焊补、锉光后再进行堆焊；检查曲轴是否弯曲、扭曲，如变形超限，应校正后再堆焊。

③ 磨削。曲轴轴颈表面金属在使用过程中会因疲劳而产生一些细小裂纹，同时因受到有害气体和酸类作用，使金属变质。在这样的金属表面堆焊易产生裂纹和气孔，因此，堆焊前必须先进行磨削。此外对于喷涂过的金属层，也必须将原喷涂层磨掉后才能堆焊。

④ 堵油孔。油孔和油道里的油脂是造成油孔附近焊层气孔多的主要原因，因此，在堵

油孔前应仔细清洗油孔和油道，然后用铜棒、炭精棒或石墨膏堵塞油孔。

⑤ 预热。曲轴或者直径大于60mm的其他工件，焊前必须预热，这样可防止产生跨焊道的纵向裂纹并减少焊层里的气孔，改善堆焊时焊层与基体金属的熔合。一般预热温度为150~350℃。预热时应垂直吊放，以防止变形。

2）曲轴的堆焊。曲轴堆焊时应先选好合理的工艺参数，再进行堆焊。为了防止轴颈圆角处应力集中，在距曲柄2~2.5mm处不应堆焊；且在堆焊靠近圆角处开始或终了两圈焊道时不浇冷却液。为了防止开始堆焊的地方有焊不透等缺陷，曲轴堆焊时最好从曲柄臂的前侧方向起焊且圆角处不焊。堆焊时先堆焊连杆轴颈，后堆焊主轴颈，且从中间向两边堆焊，可有效地防止工件变形。

3）焊后处理。为了减少曲轴变形和消除内应力的影响，曲轴堆焊后最好在100~200℃的保温箱内保温一段时间，然后钻通各轴颈油孔，并检查有无缺陷，必要时进行焊接修复。

2.5.3 校正修复法

零件的校正是利用金属的塑性变形来恢复零件几何形状的一种加工方法。汽车上许多零部件在使用中会产生弯曲、扭曲和翘曲，在修复中都要校正，如前轴、传动轴、曲轴、凸轮轴和连杆等。常用的校正方法有压力校正和火焰校正两种。

1. 压力校正

压力校正简称压校，它是汽车零件修复中常用的方法。一般采用室温冷校，如果零件塑性差或尺寸较大，也可以进行适当的加热。

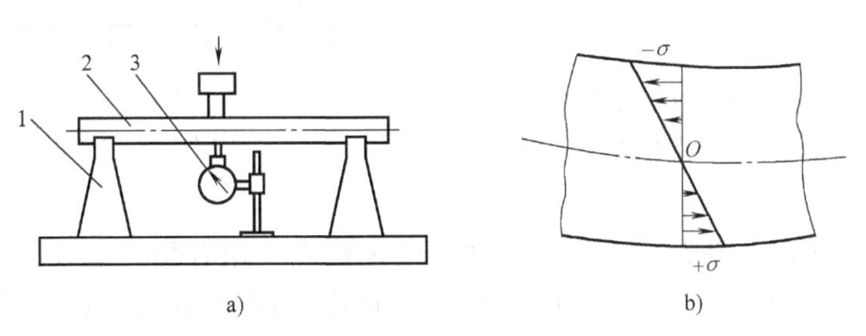

图2-14 零件的校正

a）压力校正 b）工件应力

1—V形块 2—轴 3—百分表

因为零件具有弹性，所以中碳钢制造的凸轮轴、曲轴在压校时所采用的反向压弯值一般是原来弯曲值的10~15倍，并需保持一段时间。这样压力撤销后，才能得到需要的反向塑性变形，使零件校直。零件的压力校正原理如图2-14a所示。工件所受应力状态如图2-14b所示。由图2-14b可见工件上部受压产生塑性变形，表面缩短，下部受拉也产生塑性变形，零件表面伸长，中部为弹性变形。这样产生的内应力使零件抗弯刚度下降，而且变形也不稳定，使用中容易回弹。为了使变形稳定，冷校后必须进行消除应力的热处理。

对于调质和正火处理的零件（如连杆、前轴、半轴、半轴套管等），可在冷压后加热到400~500℃，保温0.5~2h；对于表面淬硬的零件（如曲轴、凸轮轴），可加热到200~250℃，保温5~6h，这样不会降低表面硬度。

有些汽车的凸轮轴、曲轴是用球墨铸铁制造的，由于塑性差，冷校时易折断，不宜采用冷压校正。工字梁校正需要用专门的设备，零件经校正后，疲劳强度下降10%~15%。校正次数越多，下降幅度越大，因此只宜进行两次校正。

2. 火焰校正

火焰校正是氧乙炔热点校正的简称，它是一种较先进的校正方法。其校正效果好，效率高，尤其适用于一些尺寸较大、形状复杂的零件。火焰校正的零件变形稳定，对疲劳强度影响也较小。

火焰校正是利用气焊炬迅速加热工件弯曲凸起处某一点或几点，再急剧冷却的校正方法。当工件凸起点温度迅速上升时，表面金属膨胀使工件向下弯曲，上层金属受压应力。在高温下产生塑性变形，如它本来要膨胀0.1mm，但由于受周围冷态金属的限制，只膨胀了0.05mm，其余0.05mm产生了塑性变形。尽管冷却后仍要收缩0.1mm，但由于塑性变形的0.05mm无法收缩，从而使收缩量大于膨胀量0.05mm，那么表层就缩短了0.05mm，使工件向上弯曲，抵消了下弯，起到了校正作用，如图2-15所示。

火焰校正时，工件支承在V形块上，如图2-16所示。用百分表检查弯曲情况，并用粉笔做好记号，然后使工件凸点朝上，用火焰将凸点迅速加热到700~800℃，立即离开，用水迅速冷却。校正时，可在凸点处多加热几点，直到校直为止。

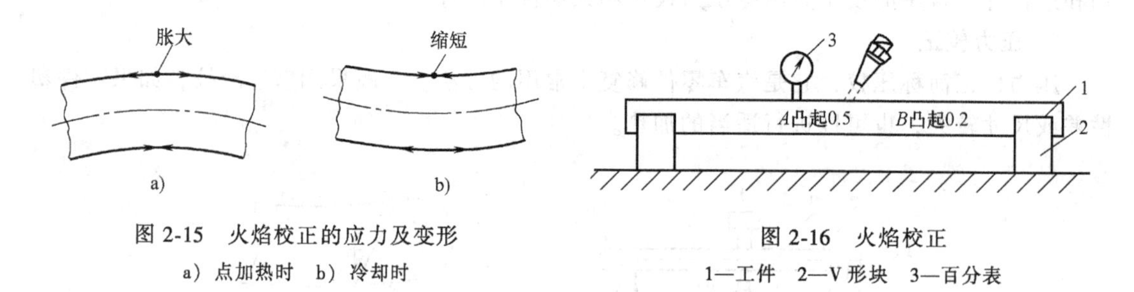

图2-15 火焰校正的应力及变形
a）点加热时 b）冷却时

图2-16 火焰校正
1—工件 2—V形块 3—百分表

曲轴火焰校正时，在几个轴颈曲柄侧面选加热点，用各加热点校正的综合效果使曲轴校直。但由于加热点的选择、加热长度、宽度、深度都凭经验来确定，因此较难掌握。

对于塑性较差的合金钢零件、球墨铸铁及弯曲较大的工件，宜多选几个加热点。每点加热温度可稍低些，使工件均匀校直。不能使一点温度过高，以防应力过大而断裂。

火焰校正的关键是加热点温度要迅速上升，焊炬热量要大，加热面积要小。如果加热时间拖长，加热面积过大，整个工件断面温度都升高了，就降低了校正作用。

加热长度一般不宜超过工件长度的70%。一般加热温度范围为200~800℃，最高不超过1000℃；加热深度不得超过工件厚度的60%，以30%~50%为最好，但加热深度只能凭经验掌握，所以也很难控制。

【本章小结】

本章主要介绍了汽车维修制度和维护制度的概念，汽车修理制度及工艺，以及对汽车零件进行检验的主要方法和汽车零件修复的主要手段。

思　考　题

1. 什么是汽车维修制度？简述目前我国汽车维修制度的主要内容。
2. 汽车的维护制度是什么？二级维护竣工检验的项目和技术要求有哪些？
3. 目前我国汽车修理作业的基本方法有哪些？简述修理的工艺路线。
4. 目前对零件的隐蔽缺陷如何进行检验？
5. 零件为什么需要进行平衡？对汽车零件进行平衡可采用哪些方法？
6. 简述修理尺寸法的基本原理，分析典型零件如何采用修理尺寸法进行修理。
7. 简述采用振动堆焊法修理曲轴磨损的基本工艺流程。
8. 简述压力校正法维修汽车零件的基本工艺流程。

第3章　汽车诊断与维修设备

【本章教学要点】

知识要点	掌握程度	相关知识
汽车诊断设备	了解真空压力表、燃油压力表的主要功能及应用 掌握汽车专用万用表、汽车专用示波器的功能及应用 掌握汽车故障诊断仪的类型、功能及应用	真空压力表、燃油压力表、汽车专用万用表、汽车专用示波器、故障诊断仪
汽车检测设备	了解发动机废气分析仪的功能及应用 了解柴油机烟度计的功能及应用 掌握汽车排气检测系统、发动机综合分析仪、四轮定位仪的功能及应用 熟悉制动试验台、侧滑试验台的功能及应用	发动机废气分析仪、柴油机烟度计、汽车排气检测系统、发动机综合分析仪、四轮定位仪、制动试验台、侧滑试验台
汽车维护设备	了解燃油系统免拆清洗机、冷却系统免拆清洗机、润滑系统免拆清洗机的功能及应用 掌握自动变速器油清洗/更换机、汽油发动机喷油器清洗检测仪、柴油机高压共轨系统试验台的功能及应用	燃油系统免拆清洗机、冷却系统免拆清洗机、润滑系统免拆清洗机、自动变速器油清洗/更换机、汽油发动机喷油器清洗检测仪、柴油机高压共轨系统试验台
汽车修理设备	了解立式精镗床、立式珩磨机、曲轴磨床和凸轮轴磨床的功能及应用 掌握钣金修复机、制动盘光磨机的功能及应用	立式精镗床、立式珩磨机、曲轴磨床、凸轮轴磨床、钣金修复机、制动盘光磨机

【导入案例】

一辆别克君越轿车，在冷车起动时需要连续起动2~3次后才能起动，且暖机时怠速不稳，加速时出现坐车现象，收节气门时熄火。热车后起动则能正常起动，怠速稳定，加速良好，但收节气门时依然熄火。

热车起动正常，冷车起动困难，通常是由混合气过稀造成的，一般是由空气流量传感器信号过低或喷油器堵塞等原因导致的。检修人员将喷油器拆下后，发现喷油器发黑，积炭严重，已经堵塞，使用喷油器清洗检测仪清洗后，将喷油器装上车后试车，一切恢复正常。

对于检修人员而言，如何正确使用专用仪器设备来进行故障诊断并排除故障呢？

汽车诊断、检测、维护及修理设备扩大了汽车检修人员的感知能力，有的设备具有一定的分析判断能力，为实现汽车故障的快速、准确、有效诊断提供了技术支撑。汽车诊断、检测、维护及修理设备能有效地提高汽车维修的生产率和维修质量。

为了本课程教学方便，部分诊断、检测、维护及修理设备将结合教学内容放在本章后续小节中介绍，本章仅介绍常用的诊断、检测、维护及修理设备，如汽车专业万用表、故障诊断仪、示波器、发动机综合分析仪和汽车钣金修复机等。

3.1 汽车诊断设备和检测设备

3.1.1 汽车诊断设备

1. 真空压力表

真空压力表用于检测汽油发动机进气歧管的真空度，通过测量进气歧管真空度及其变化状况，可以诊断气缸密封性、进气系统的泄漏、配气机构密封性、催化转化器堵塞、排气消声器阻塞以及气门机构失调、混合气过稀或过浓、点火时间和点火性能等诸多方面的故障。

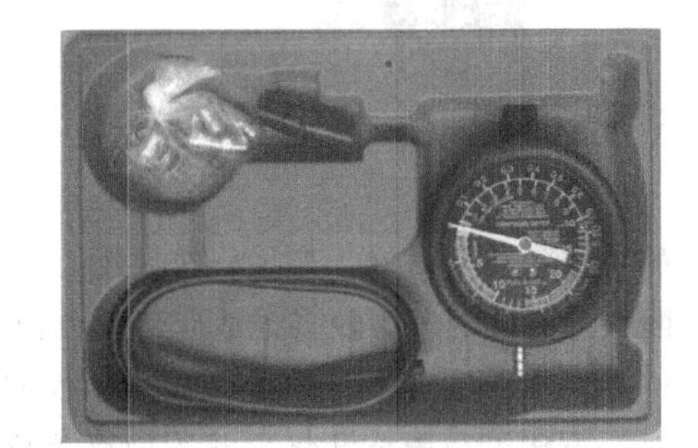
图 3-1 真空压力表

真空压力表如图 3-1 所示。

2. 燃油压力表

燃油压力表是用来诊断燃油喷射系统的仪表，可以测量油泵的出油压力、喷油系统的调节压力和喷油器压力。利用燃油压力表可以检测电动燃油泵或燃油压力调节器是否有故障，汽油滤清器是否堵塞等。

全车型燃油压力表如图 3-2 所示。

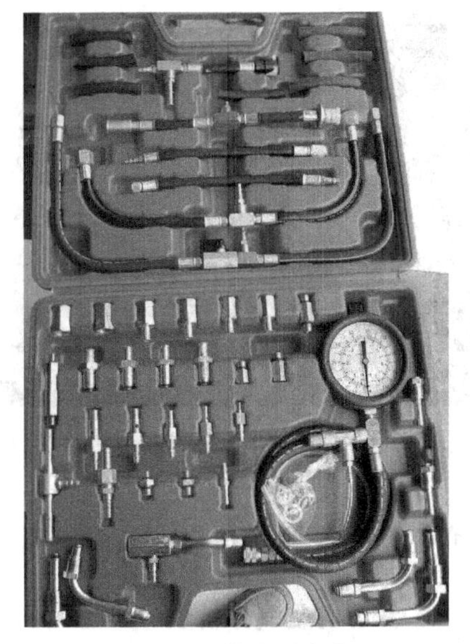
图 3-2 燃油压力表

3. 汽车专用万用表

汽车专用万用表可检测充电、起动、燃油及空气、点火、电器、发动机管理、冷却等系统和各种传感器，检测参量包括电压、电流、电阻、电容、频率、脉宽、占空比、闭合角、转速、温度、压力等，并可检测线路通断。

STANDARD AT-9855 型汽车专用万用表如图 3-3所示。

4. 汽车专用示波器

示波器可用于测试传感器、ECU 信号的电压，测试火花塞线、传感器、继电器的电阻，测试熔丝、灯、导线、开关的线路通断。使用相应探头可测试温度和电流。

MT3500 型汽车专用示波器如图 3-4 所示。

5. 故障诊断仪

(1) 通用型故障诊断仪 通用型汽车故障诊断仪的主要功能有：ECU 版本的识别、故障码读取和清除、参数动态显示、传感器和部分执

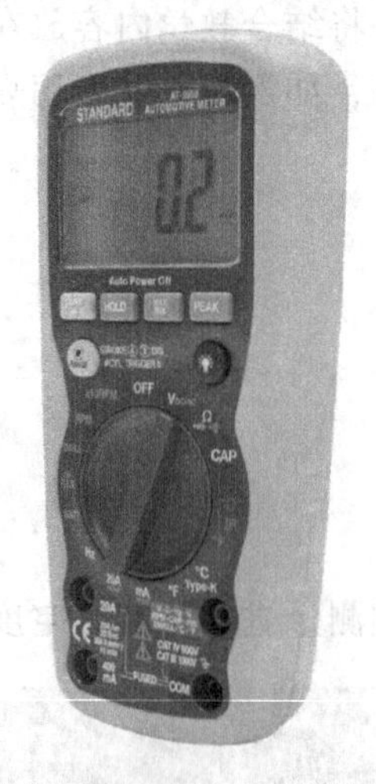

图 3-3 STANDARD AT-9855 型汽车专用万用表

图 3-4 MT3500 型汽车专用示波器

行器的功能测试与调整、某些特殊参数的设定、维修资料及故障诊断提示及路试记录等。此类诊断仪可测试的车型较多，适应范围也较宽，因此被称为通用型故障诊断仪。

BOSCH KT660 通用型汽车故障诊断仪如图 3-5 所示。

(2) 专用型故障诊断仪　专用型汽车故障诊断仪是汽车生产厂家的专业测试仪，它具备参数修改、数据设定、防盗密码设定或更改等各种特殊功能。专用型汽车故障诊断仪是各汽车厂自行或委托设计的专业测试仪器，它只适用于自己生产的车型。

VAS 6150D 型故障诊断仪如图 3-6 所示。

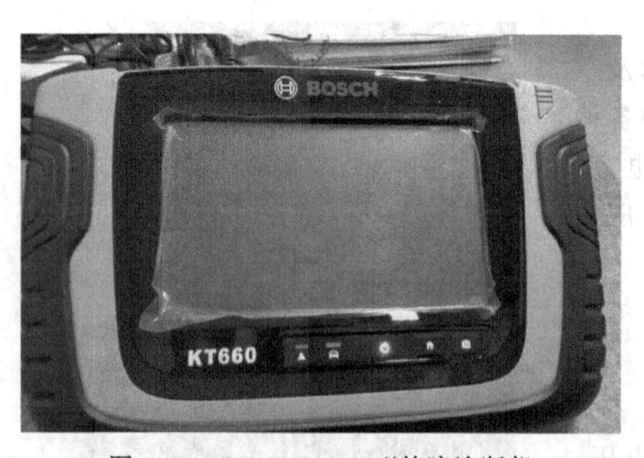

图 3-5 BOSCH KT660 型故障诊断仪

图 3-6 VAS 6150D 型故障诊断仪

3.1.2 汽车检测设备

1. 发动机废气分析仪

发动机废气分析仪主要用于测量汽车发动机排气中的多种气体含量。这类仪器还可用于检查空燃比，检测催化转化器性能，检查燃油反馈系统及进、排气管泄漏等故障，帮助分析并排除发动机控制系统的故障以及确保车辆污染排放指标正常。

NHA-506 型发动机废气分析仪如图 3-7 所示。

2. 柴油机烟度计

柴油机烟度计用于检测柴油车的排气烟度，以便研究和分析柴油机的工作状况。烟度计可分为滤纸式烟度计、不透光式烟度计和重量式烟度计等多种，我国使用滤纸式烟度计和不透光式烟度计。

NHYD-3 型在线滤纸式烟度计如图 3-8 所示。

NHT-7 型不透光式烟度计如图 3-9 所示。

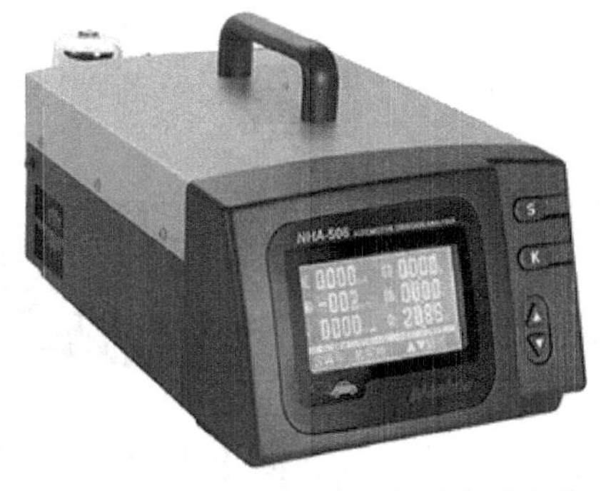

图 3-7 NHA-506 型发动机废气分析仪

图 3-8 NHYD-3 型在线滤纸式烟度计

图 3-9 NHT-7 型不透光式烟度计

3. 汽车排气检测系统

随着汽车排放标准的要求日益提高，汽车排气检测系统可执行国家及地方标准进行稳态工况法、简易瞬态工况法排气检测。该系统具备培训演示、功能设置、设备自动检定/校准、科研模式检测、多级权限功能与限值设置管理和检测数据统计、报表统计等站务管理功能，还具备远程升级和远程故障维护/恢复功能，可轻松进行数据的多向传输和环保、公安、交通部门的联网共享。

NHASM-1 型稳态工况法汽车排气检测系统如图 3-10 所示。

NHV-1 型简易瞬态工况法汽车排气检测系统如图 3-11 所示。

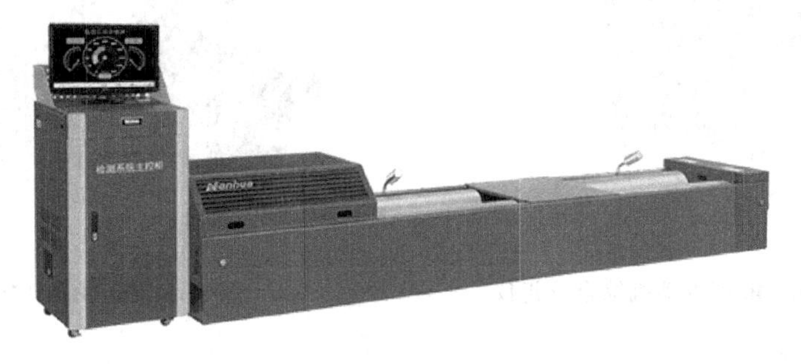

图 3-10 NHASM-1 型稳态工况法汽车排气检测系统

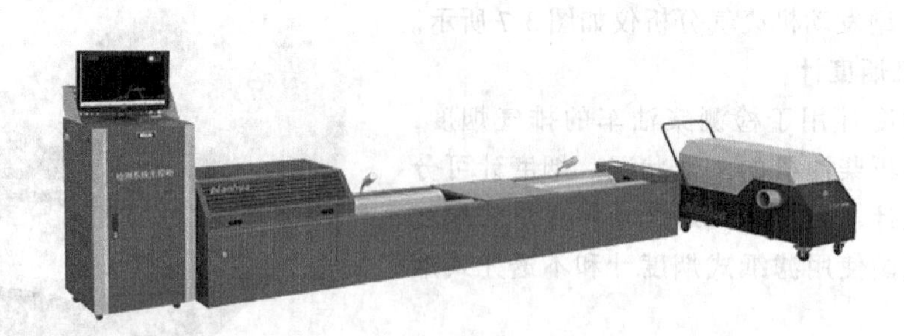

图 3-11　NHV-1 型简易瞬态工况法汽车排气检测系统

4. 发动机综合分析仪

发动机综合分析仪有汽油机综合分析仪、柴油机综合分析仪和汽、柴油两用发动机综合分析仪等型式，可适用的发动机类型很广，可对起动和充电系统、点火系统、燃油系统、各缸压力分配和点火正时等多种项目进行精确测试。

FSA740 型发动机综合分析仪如图 3-12 所示。

5. 四轮定位仪

四轮定位仪用于测量车轮的各项定位参数，判断车轮定位的准确性，同时还可检验出车轮定位部件的故障。该仪器存储了大量流行车型的车轮定位参数的标准值和车轮定位调整方法指导，具有车轮定位技术状态判断方便、调整操作容易的优点。为便于检测和调整，被检汽车需放在地沟或举升平台上，四轮定位仪则安装在地沟两旁或举升平台上。

X-631 型四轮定位仪如图 3-13 所示。

图 3-12　FSA 740 型发动机综合分析仪

图 3-13　X-631 型四轮定位仪

6. 制动试验台

制动试验台是检测机动车辆前后轮组制动力状态的专用设备，被检车辆驶上本检验台可分别检测出车辆前后轮组及左右轮的制动力状态以及轮间差值、制动平衡、阻滞力、制动协调时间等参数，从而判断被检车辆制动力参数是否合格，是机动车安全、综合性能检测的必备设备之一。

制动试验台有滚筒式和平板式两种。

NHZ-10 型滚筒反力式汽车制动试验台如图 3-14 所示。

NHPZ-10 型平板式汽车制动试验台如图 3-15 所示。

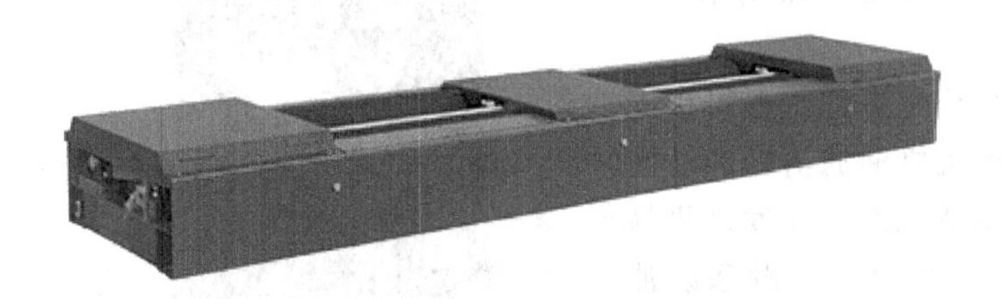

图 3-14 NHZ-10 型滚筒反力式汽车制动试验台

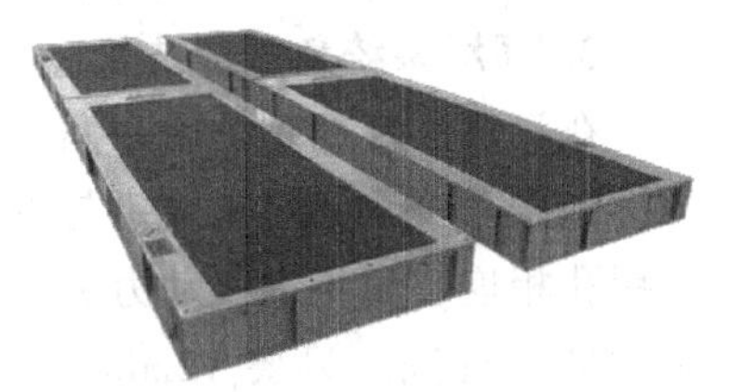

图 3-15 NHPZ-10 型平板式汽车制动试验台

7. 侧滑试验台

侧滑试验台是检测机动车辆转向轮组侧滑量状态的专用设备。车辆在应用过程中可能存在车架、车轴、转向机构的变形和磨损，从而改变了转向轮主销内倾角、后倾角和车轮外倾角、前束等标准参数，致使车辆行驶时转向轮向前滚动的同时存在侧滑事故隐患，因此需要定期对其转向轮组的侧滑量进行检测，从而判断被检车辆侧滑量参数是否合格。侧滑试验台也是机动车安全、综合性能检测的必备设备之一。

NHS-10 型侧滑试验台如图 3-16 所示。

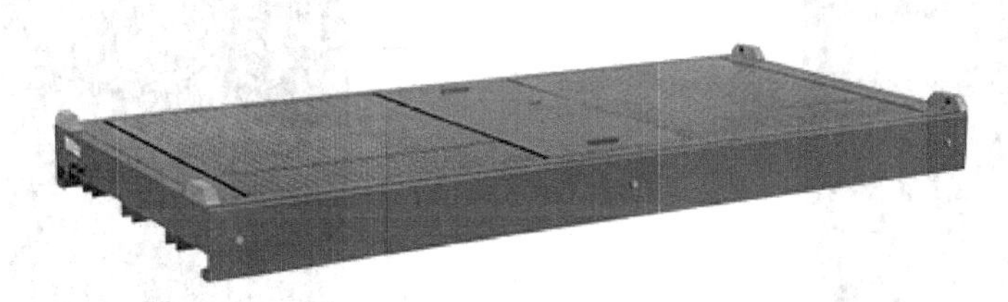

图 3-16 NHS-10 型侧滑试验台

3.2 汽车维护与修理设备

3.2.1 汽车维护设备

1. 燃油系统免拆清洗机

燃油系统免拆清洗机能有效清除汽车喷油器燃烧室及进排气门组件的积炭胶质。

该设备配合汽车的定期维护和清除积炭，无须拆卸发动机，只需将接头与发动机供油管、回油管连接。机器内的专用清洗剂可溶解喷油器针阀和燃烧室各组件的积炭、油泥、胶质等污染物，经燃烧后由汽车的排放系统排出，使汽车燃油供给系统得到彻底清洗。这类仪器一般可以清洗多种汽油机以及柴油机的燃油系统，配合喷雾头使用也可清洗节气门。

GX-520C 型燃油系统免拆清洗机如图 3-17 所示。

2. 冷却系统免拆清洗机

冷却系统免拆清洗机可对发动机冷却系统进行冲击清洗、循环清洗、再循环清洗和更换冷却液，以清除发动机冷却系统的污垢，恢复发动机冷却系统的性能。

WS-560C 型冷却系统免拆清洗机如图 3-18 所示。

3. 润滑系统免拆清洗机

在汽车的定期维护中，润滑系统免拆清洗机可以无须拆卸发动机，只需用接头与发动机机油滤清器和油底壳螺孔相连，利用空气动力和专用清洗剂，在发动机静态时进行清洗。只要 12min 就可将发动机润滑系统油泥、积炭和杂质一并清除，恢复发动机效率，减少磨损和有害废气的排放。

ASE-008C 型润滑系统免拆清洗机如图 3-19 所示。

图 3-17　GX-520C 型燃油系统免拆清洗机

图 3-18　WS-560C 型冷却系统免拆清洗机

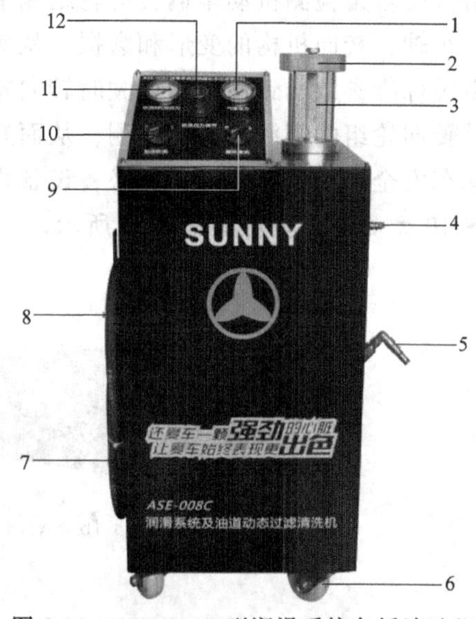

图 3-19　ASE-008C 型润滑系统免拆清洗机

1—气源压力表　2—可视化过滤器　3—过滤芯　4—气源输入口
5—抽油快速接头公头　6—带制动脚轮　7—出液 & 加压管
8—回液管　9—循环清洗开/关阀　10—加压吹洗开/关阀
11—吹洗 & 机油压力表　12—吹洗压力调节阀

4. 自动变速器油清洗/更换机

自动变速器油清洗/更换机可分为气动、可调压、可调流量机型。全新的自动变速器油更换机可以调节空气压力和进出油量、油压，能控制变速器内的需求油量，完全解决了手工更换变速器油不彻底和油量不准确的问题。

ATF-2388 型自动变速器油清洗/更换机如图 3-20 所示。

5. 汽油发动机喷油器清洗检测仪

汽油发动机喷油器清洗检测仪适用于汽油发动机电子喷射喷油器的清洗，目的是清除喷油嘴的积污，从而解决喷油器或喷油嘴堵塞的问题，同时该仪器还具有喷油器测试功能，能模拟发动机运转过程，测试发动机转速、喷油器开启时间、脉冲数供给、喷油器电阻或喷油模式、喷油器电压和供油压力等。该设备一般是利用超声波的作用来清洗喷油器，利用超声波的冲击和振荡来溶解和排除喷油器内的胶质物，清理喷油嘴的积污，而且能够反向清洗，使清洗更彻底，操作更方便。

WDF-6H 型喷油器清洗检测仪如图 3-21 所示。

图 3-20 ATF-2388 型自动变速器油清洗/更换机

图 3-21 WDF-6H 型喷油器清洗检测仪

6. 柴油机高压共轨系统试验台

柴油机高压共轨系统试验台可以实现高压油泵供油量测试、高压油泵供油压力测试、共轨高压测试（耐压）、共轨喷油器密封性能测试、预喷射油量测试、怠速平稳性测试、全负荷点喷油量测试、开启压力测试、共轨喷油校正点喷油量测试、喷油器高速磨合功能、高压泵快速磨合功能、高压油泵输油泵压力测试（检测输油泵性能）、高压油泵内腔压力测试（检测油泵性能）等功能。最大可同时测试 6 支喷油器。

BOSCH ESP 815 型柴油机高压共轨系统试验台如图 3-22 所示。

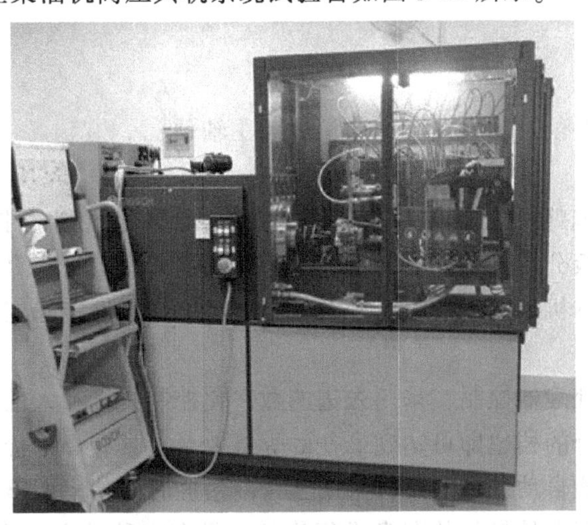

图 3-22 BOSCH ESP 815 型柴油机高压共轨系统试验台

3.2.2 汽车修理设备

1. 立式精镗床

立式精镗床是用来精密加工汽车发动机的气缸、气缸套孔的金属切削机床。气缸镗削的目的是恢复气缸原有的正确圆度、圆柱度和表面粗糙度，保证各缸中心线与主轴承孔中心线在一个平面内，并互相垂直。

T7220A 立式精镗床如图 3-23 所示。

2. 立式珩磨机

立式珩磨机主要用于珩磨加工各种发动机的缸体孔、缸套孔以及其他精密孔。立式珩磨机设计先进，性能可靠，主轴旋转和进给采用无级变速，主轴箱可轻便地实现纵横向移动，工作台可纵向移动，并快速夹紧缸体（包括 V 形缸体）。

S80Ⅱ立式珩磨机如图 3-24 所示。

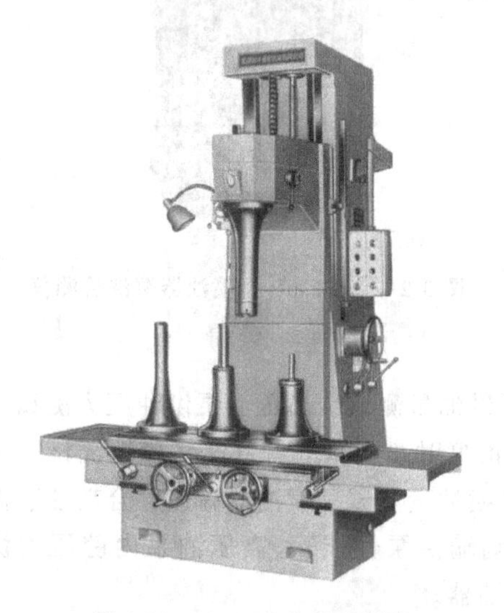

图 3-23 T7220A 立式精镗床

图 3-24 S80Ⅱ立式珩磨机

3. 曲轴磨床

曲轴磨床适用于磨削发动机曲轴的曲柄颈与主轴颈。

4. 凸轮轴磨床

凸轮轴磨床能完成整根凸轮轴上全部凸轮和偏心轮外缘磨削的半自动循环，砂轮切入、工作台移动及靠模样板分度等均能自动进行，凸轮轴磨床附有自磨靠模装置，可借标准凸轮用倒靠的方法磨制出本机床所用的靠模样板，具有精度高、性能稳定的特点。

5. 钣金修复机

钣金修复机由微处理器控制，采用先进的数字化控制技术和人性化控制设计，操作时只需选择与焊接工件符合的档位即可达到最佳的焊接效果，具有焊枪检测功能。当焊机温度达到临界温度时，焊机能自动进行冷却，采用独特高精度时间功率调整系统。该设备可对不同的钢车身以及不锈钢等多种材料的车身进行修复，具有多种钣金缩火、直拉、点焊、压平、波纹线、螺柱、三角片等焊接功能，并配备大型拉力器。

FY8000 多功能汽车钣金修复机如图 3-25 所示。

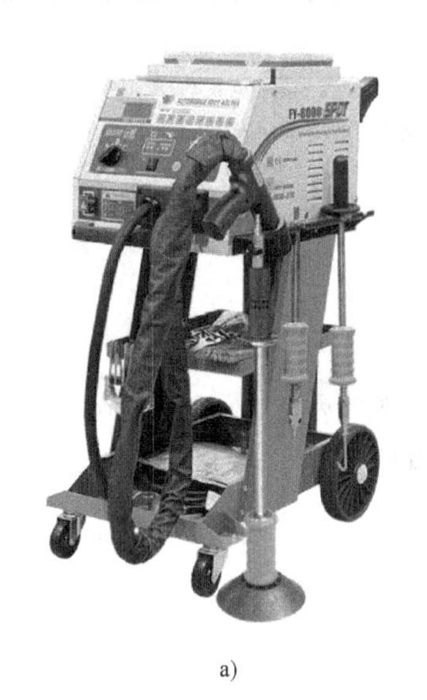

a)

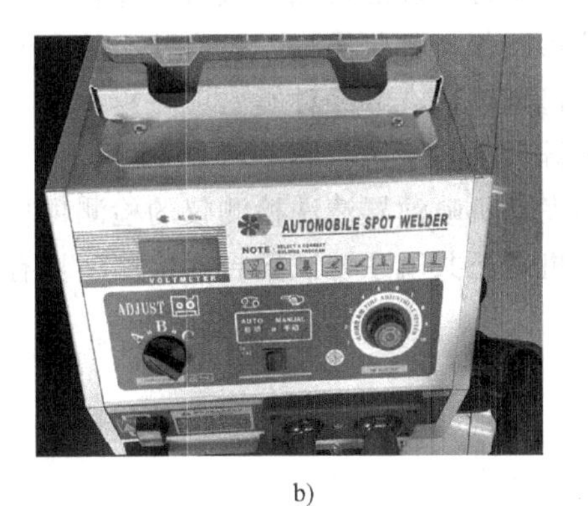

b)

图 3-25 FY8000 多功能汽车钣金修复机
a）修复机实物 b）修复机面板

6. 制动盘光磨机

制动盘光磨机适用于中、小汽车制动盘系统的修复，且自带传动电动机装置，无论前驱、后驱，都可以操作。如果修复的汽车是后驱的，那么汽车后轮就不用该设备的传动电动机装置，将光磨机安装后，直接起动发动机，使其连接就可以，但汽车前轮不能在发动机运转时自行驱动，需要使用该设备的传动电动装置。

制动盘光磨机采用三维自动工作方式，即滑动部分做横向运动，车磨部分纵向调节，使滑动部分和车磨部分的结构尤为紧凑。由于横向进给平面度高，纵向调节平行度能保证，同时还采用微间隙丝杠传动，使其具备了良好的综合精度和稳定性。

制动盘光磨机将车削和精磨融为一体，工作时只需卸下车轮和制动卡钳，借助于汽车的制动力，就能在很短的时间内完成对制动盘的双面车磨，使制动盘的双平面恢复精度。车磨后的制动盘不仅表面质量好，平面度、平行度高，而且轴向圆跳动量非常小。设备具有体积小、质量小、移动方便、操作简单、不用拆卸制动盘等诸多优点。

奥迈 AM-983 制动盘光磨机如图 3-26 所示。

图 3-26 奥迈 AM-983 制动盘光磨机

【本章小结】

本章主要介绍了常见的汽车诊断设备、汽车检测设备和汽车维护设备，简要介绍了汽车修理设备。

思　考　题

1. 汽车专用万用表的检测参数有哪些？
2. 故障诊断仪有哪些类型？各有什么特点？
3. 柴油机烟度计有哪些种类？
4. 汽车排气检测系统有哪些特点？
5. 汽油发动机喷油器清洗检测仪的检测项目有哪些？
6. 柴油机高压共轨系统试验台的检测项目有哪些？

第 4 章　汽车发动机的诊断与维修

【本章教学要点】

知识要点	掌握程度	相关知识
曲柄连杆机构和配气机构的诊断与维修	熟悉曲柄连杆机构、配气机构的组成 了解常见故障的诊断 掌握气缸密封性能的检测 掌握曲柄连杆机构和配气机构关键零部件的检修	常见故障诊断、气缸密封性能检测与故障诊断、曲柄连杆机构主要零件的检修、配气机构主要零件的检修
汽油发动机电控系统的诊断与维修	熟悉汽油发动机电控系统的使用与维护 掌握汽油发动机电控系统的故障诊断方法 掌握汽油发动机电控系统常见故障诊断 掌握汽油发动机电控系统主要传感器的检修 了解汽油发动机电控系统 ECU 的检修 掌握汽油发动机电控系统主要执行器的检修 掌握燃油供给系统的油压检测	汽油发动机电控系统的使用与维护、汽油发动机电控系统的故障诊断方法、常见故障诊断、主要传感器的检修、ECU 的检修、主要执行器的检修、燃油供给系统的油压检测
柴油机电控系统的诊断与维修	了解柴油机电控系统的组成及工作原理 掌握柴油机电控系统常见故障诊断 掌握柴油机电控系统主要元件的检修	柴油机电控系统的概述，柴油机电控系统常见故障诊断、主要元件的检修
润滑系统的诊断与维修	了解润滑系统的组成及工作原理 掌握润滑系统的故障诊断 熟悉润滑系统的维护 掌握润滑系统机油泵的检修	润滑系统的概述、故障诊断、维护，润滑系统机油泵的检修
冷却系统的诊断与维修	了解冷却系统的组成及工作原理 掌握冷却系统的故障诊断 熟悉冷却系统的维护	冷却系统的概述、故障诊断、维护
发动机综合故障的诊断	掌握发动机常见异响的类型及诊断 掌握发动机故障的波形分析法 了解发动机故障的数据流分析法	发动机常见异响的诊断，发动机故障的波形分析、数据流分析
发动机的装配、磨合与验收	掌握发动机装配的一般原则、注意事项 了解发动机磨合的目的及规范 熟悉发动机修理竣工质量的评定标准	发动机的装配、磨合，发动机修理竣工质量的评定

【导入案例】

一辆累计行驶 90000km 的大众 CC 轿车，发动机怠速不稳，加速发抖，读取发动机故障码（又称故障代码）时发现没有故障码。由于发动机到了维护周期，所以先检查火花塞，发现火花塞良好；继而更换燃油滤清器，清洗喷油器和油路系统，清洗并重新匹配节气门元件；然后再起动发动机，故障依然存在。再次读取故障码，仍未出现故障码。

那么上述故障原因是进气或燃油系统故障引起的，还是点火系统故障引起的呢？

发动机是汽车行驶动力的源泉，是汽车的主要总成之一，其技术状况将直接影响到汽车的动力性、经济性和可靠性等技术指标。由于汽车发动机结构复杂，工作条件恶劣，因而其故障率也比较高。尽管现代发动机在设计制造过程中大量采用了新技术、新工艺、新材料，其性能日臻完善，可靠性也越来越高，但由于其结构的复杂性，仍是汽车运行故障发生率最高的总成。因此，发动机的诊断与维修是汽车诊断与维修的重点之一。

4.1 曲柄连杆机构和配气机构常见故障的诊断与维修

4.1.1 概述

曲柄连杆机构的功用是把燃气作用在活塞顶上的力转变成曲轴的转矩，以向工作机械输出机械能。曲柄连杆机构由机体组、活塞连杆组和曲轴飞轮组组成。机体组主要包括气缸体、气缸盖、气缸衬垫和油底壳等零部件；活塞连杆组主要由活塞、活塞环、活塞销、连杆和连杆轴承等零部件组成；曲轴飞轮组主要由曲轴、曲轴轴承、扭转减振器和飞轮等组成。

配气机构的功用是按照发动机每一气缸内进行的工作循环和发火顺序的要求，定时开启和关闭进、排气门，使新鲜的可燃混合气或空气及时进入气缸内，并使气缸内的废气及时排出。配气机构主要由气门组和气门传动组组成。气门组包括气门、气门导管、气门弹簧和气门座等零部件；气门传动组主要由凸轮轴、正时齿轮、挺柱等零部件组成。

汽车发动机的曲轴连杆机构和配气机构的组成如图 4-1 所示。

4.1.2 常见故障诊断

发动机常见故障为气缸压力过低、气缸压力过高和发动机异响，其故障部位包括燃烧室周围的密封部位零件（如气缸、活塞、活塞环、气缸盖、气缸衬垫、气门和气门座）和曲轴、轴瓦等。

1. 气缸压力过低

(1) 故障现象　发动机不易起动，怠速不稳，动力不足，有时甚至不能起动。发动机机油和燃油消耗增加，尾气排放超标。测量气缸压力，测量值低于允许极限。

(2) 故障原因及处理方法

1) 空气滤清器过脏、堵塞，清洁或更换空气滤清器滤芯。

2) 气缸、活塞环、活塞磨损过大，密封不良，检修或更换气缸、活塞环、活塞。

3) 气门和气门座工作面磨损或烧蚀，密封不良，检修或更换气门和气门座。

4) 气门间隙或配气正时不当，调整气门间隙或配气正时。

5) 气缸衬垫损坏，更换气缸垫。

6) 气缸盖变形，检修或更换气缸盖。

(3) 诊断方法　气缸压力过低的故障诊断方法有人工经验诊断法和仪器仪表诊断法两种。

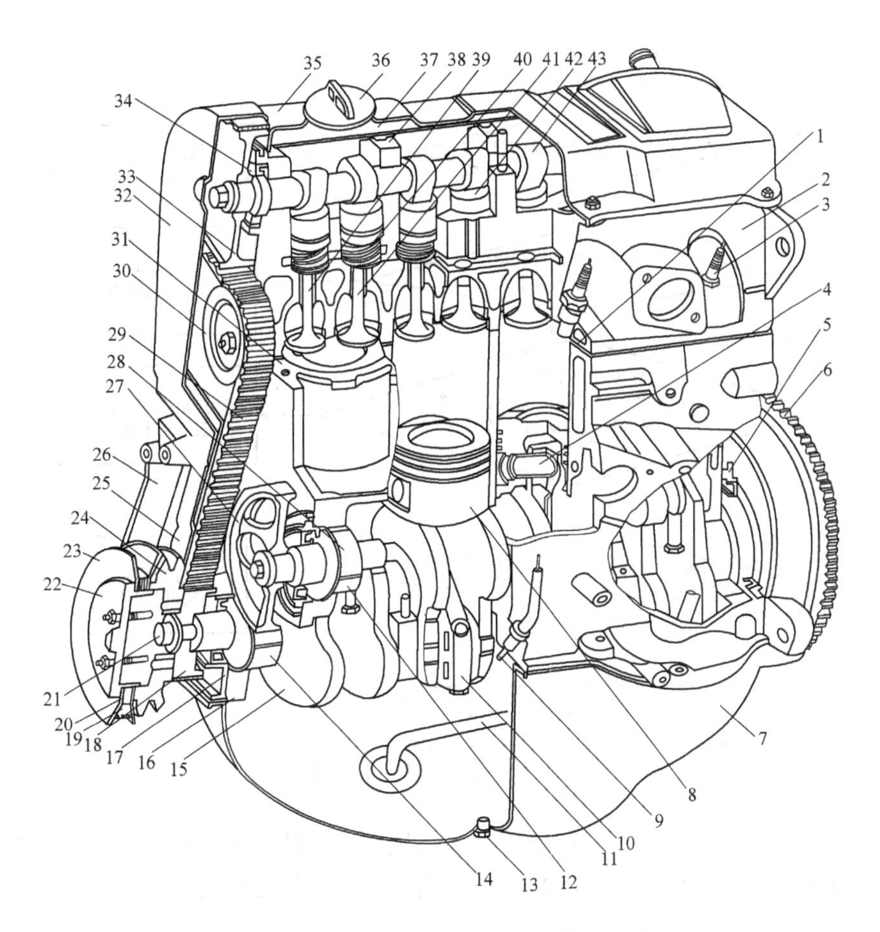

图 4-1 曲柄连杆机构和配气机构的组成

1—气缸垫 2—气缸盖 3—火花塞 4—活塞销 5—曲轴后油封挡板 6—飞轮齿圈 7—油底壳 8—活塞 9—机油尺 10—连杆总成 11—机油集滤器 12—中间轴轴承 13—放油螺塞 14—曲轴主轴承 15—曲轴 16—曲轴轴承盖 17—曲轴前油封挡板 18—曲轴正时齿轮 19—空调压缩机平带 20—调整垫片 21—正时齿轮螺栓 22—压紧盖 23—空调压缩机带轮 24—水泵、发电机带轮 25—正时齿轮下罩盖 26—空调压缩机支架 27—中间轴正时齿轮 28—中间轴 29—正时齿带 30—偏心轮式张紧机构 31—气缸体 32—正时齿轮上罩盖 33—凸轮轴正时齿轮 34—凸轮轴前油封 35—凸轮轴罩盖 36—机油加油口盖 37—凸轮轴机油挡油板 38—凸轮轴轴承盖 39—排气门 40—气门弹簧 41—进气门 42—液压挺柱总成 43—凸轮轴

人工经验诊断过程如图 4-2 所示。

人工经验诊断法适于故障现象较明显。故障程度较严重的故障诊断，为了提高诊断精度和效率，应采用仪器仪表诊断法。气缸压力检测的仪器仪表主要有气缸压力表、气缸漏气量检测仪和真空表等，相应的诊断方法将在后面的章节中进行详细的介绍。

2. 气缸压力过高

若气缸压力测量值超过原厂规定标准值，则为气缸压力过高。

发动机气缸压力过高的主要原因是燃烧室内积炭过多，导致燃烧室容积减小，其排除方法是清除燃烧室内的积炭。

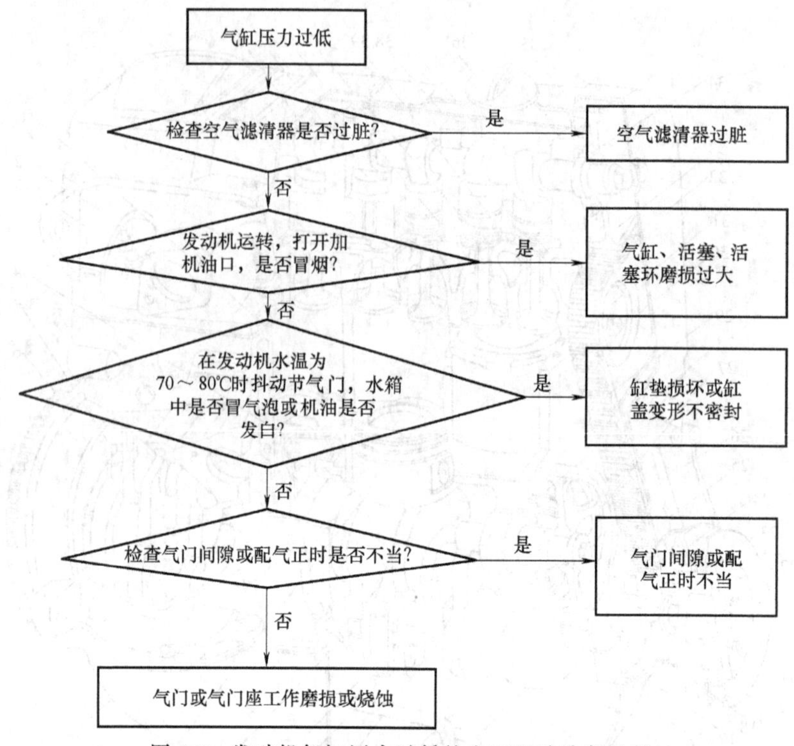

图 4-2　发动机气缸压力过低的人工经验诊断过程

大修后，发动机气缸压力过高的原因主要是气缸衬垫过薄或气缸盖与气缸体接合表面因加工过度，厚度太薄，导致燃烧室容积太小。其排除方法是更换气缸衬垫或气缸盖。

4.1.3　气缸密封性能的检测与故障诊断

气缸密封性能与气缸、气缸盖、气缸衬垫、活塞、活塞环和进排气门等零件（常称其为气缸活塞组）的技术状况有关。它们技术状况的好坏，不但严重影响发动机的动力性、经济性和排放净化性，而且决定了发动机的使用寿命。发动机在使用过程中，由于上述零件的磨损、烧蚀、结胶、积炭等原因，将引起气缸密封性能的下降。因此，气缸密封性能的检测与诊断是分析曲柄连杆机构和配气机构等零部件技术状况的重要参数。

气缸密封性能的诊断方法主要有气缸压缩压力、进气歧管真空度、气缸漏气量、气缸漏气率及曲轴箱漏气量等。

1. 气缸压缩压力检测

气缸压缩压力检测指测量活塞在气缸内到达压缩终了上止点时气缸内的压缩气体压力。发动机气缸活塞组的技术状况正常，气缸密封性能良好，是保证发动机气缸压缩压力正常的基本条件。气缸密封性差，则压缩过程中压缩气体从缸内泄漏量大，必然使气缸压缩压力降低。因此，根据气缸压缩压力检测值可以判断发动机气缸的密封性能，进而判断发动机气缸活塞组的技术状况。

气缸压缩压力与发动机的热效率和平均指示压力有直接关系，发动机的输出转矩和功率取决于各缸内的平均压力。若气缸密封性差，则发动机的动力性、燃油经济性和排放性能都将下降。

由于气缸压缩压力检测所用仪器简单，测量方便，已得到了广泛应用。

根据所用仪器的不同，气缸压缩压力检测的方法有以下几种：

(1) 气缸压力表检测法

1) 气缸压力表的结构。气缸压力表是一种专用压力表，一般由表头、导管、单向阀和接头等组成，如图 4-3 所示。压力表头多为鲍登管式，通过导管与接头相连。

气缸压力表接头有螺纹管接头和锥形或阶梯形橡胶接头两种。螺纹管接头可以拧在火花塞或喷油器的螺孔中，橡胶接头可以压紧在火花塞或喷油器孔中。与之相适应，导管也有橡胶软导管和金属硬导管两种，前者与螺纹接头匹配，后者与橡胶接头匹配。单向阀用于控制压缩气体，当单向阀处于关闭位置时，压缩气体控制在压力表内，可保持测得的气缸压缩压力读数（保持压力表指针位置）；当单向阀打开时，压缩空气从压力表内排入大气，可使压力表指针回零，以用于下次测量。

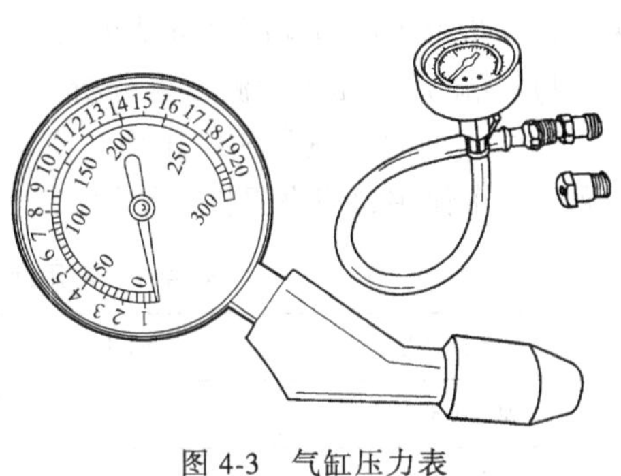

图 4-3　气缸压力表

2) 检测方法

① 发动机应运转至正常工作温度。

② 拆下空气滤清器，用压缩空气吹净火花塞或喷油器周围的灰尘或脏物。

③ 对于汽油机，应把点火系统高压阻尼线拔下并可靠搭铁，以防止电击或着火。

④ 拆除全部火花塞或喷油器。

⑤ 把节气门置于全开位置。

⑥ 把气缸压力表的锥形橡胶接头压紧在被测缸的火花塞孔内或喷油器孔中，或把螺纹管接头拧在火花塞孔或喷油器孔上。

⑦ 用起动机带动发动机曲轴旋转 3~5s，指针稳定后读取读数，然后按下单向阀使指针回零。每个气缸的测量次数应不少于两次，取其平均值。

⑧ 按上述方法依次检测其余各缸的压缩压力。

3) 检测结果的影响因素。用气缸压力表测得的气缸压缩压力不仅与气缸密封性有关，还受发动机转速的影响，即与活塞在缸内压缩行程所持续的时间密切相关。图 4-4 所示为气缸压缩压力与发动机曲轴转速的关系曲线。由图 4-4 可见，当起动机带动发动机在较低转速范围内运转时，即使是较小的转速差 Δn，也能使气缸压缩压力检测结果发生较大的变化 Δp。只有当发动机曲轴转速超过某一值时，检测结果受转速的影响才会较小。

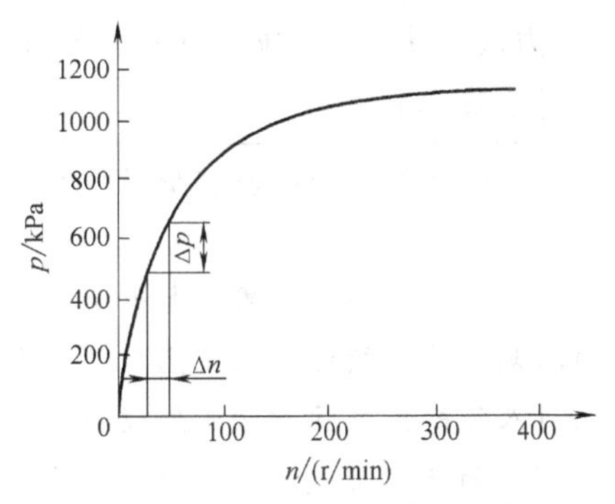

图 4-4　气缸压缩压力与发动机曲轴转速的关系曲线

检测时，发动机转速高低取决于蓄电池和起动机的技术状况，以及发动机旋转时的摩擦阻力矩。因此，要求蓄电池、起动机的技术状况良好；同时，要求发动机润滑条件良好，并运转至正常工作温度，以减小运转时的摩擦阻力。

用气缸压力表检测气缸压缩压力过程中，引起测试误差的主要原因是起动转速不符合检测气缸压缩压力时的转速要求。因此在检测气缸压力时，如能监控曲轴转速，对于减小测量误差，以获得正确的检测分析结果是非常重要的。

4）气缸压缩压力检测结果分析

① 检测标准。气缸压缩压力与发动机的压缩比有直接关系，其检测标准值一般由制造厂通过汽车使用说明书提供。常用汽车发动机压缩压力标准值见表 4-1。

表 4-1 常用汽车发动机气缸压缩压力标准值

发动机型号	压缩比	气缸压力标准值/kPa	检测压力时发动机转速/(r/min)
EQ 6100-1	7.2	880	130~150
CA 6102	7.4	930	200~250
桑塔纳 JV	8.5	1000~1300	200~250
桑塔纳 2000 AFE	9.0	1000~1300	200~250
桑塔纳 2000 AJR	9.5	1000~1300	200~250
别克 L46	0.9	≥689	200~250

根据 GB/T 15746—2011《汽车修理质量检查评定方法》附录 A“汽车整车修理质量评定”的表 A.2 和附录 B“汽车发动机修理质量评定”的表 B.2 中关于气缸压缩压力（关键检测项目）的技术要求：在正常工作温度下，气缸压缩压力应符合原设计规定；其压力差在汽油发动机中应不超过各缸平均压力的 5%，在柴油发动机中应不大于 8%。

② 检测结果分析。当气缸压缩压力的检测值低于标准值时，可以根据润滑油具有密封作用的特点，采用下述方法确定导致气缸密封性不良的原因。通常是向火花塞或喷油器孔注入适量（一般 20~30mL）润滑油后，再次检测气缸压缩压力，并比较两次检测结果：第二次检测结果比第一次高，并接近标准值，表明气缸密封性不良，可能是气缸、活塞环、活塞磨损过大或活塞环对口、卡死、断裂及缸壁拉伤等原因；第二次检测结果与第一次近似，表明气缸密封性不良的原因为进、排气门或气缸垫不密封；两次检测结果均表明某相邻两缸压缩压力低，其原因可能是两缸相邻处的气缸垫烧损窜气。

【小提示】

对于压缩压力检测值低的气缸，还可以采用压缩空气判断气缸内漏气部位。具体方法如下：

拆下空气滤清器盖，打开散热器盖、加机油口盖和节气门。摇转发动机，使被测气缸的活塞处于压缩终了上止点位置。然后用带锥形橡皮头的软管把压缩空气从火花塞或喷油孔引入气缸，并注意倾听发动机漏气声。如果在进气管处听到漏气声，说明进气门关闭不严密；如果在排气消声器口处听到漏气声，说明排气门关闭不严密；如果在散热器加水口处看到有气泡冒出，说明气缸垫不密封，造成气缸与水套相通；如果在加机油口处听到漏气声，说明气缸活塞配合副磨损严重。

如果气缸压缩压力高于标准值，并不一定表示气缸密封性好，具体原因应结合使用和维修情况分析。因为燃烧室内积炭过多、气缸垫过薄或缸体与缸盖的结合平面经多次修理后加工过甚，均会导致气缸压缩压力过高。同时，气缸压缩压力高于标准值常会导致爆燃、早燃等不正常燃烧情况的发生。

（2）气缸压力测试仪检测法　气缸压力测试仪主要有压力传感器式、起动电流式等型式，可检测发动机各缸压力或直接评价各缸压力的均衡情况。

1）用气缸压力传感器式气缸压力测试仪检测。气缸压力传感器式气缸压力测试仪利用缸压传感器（见图4-5）提取气缸内的压力信号，经放大后送入A-D转换器进行模、数转换，输入显示装置即可指示出所测气缸的压缩压力。

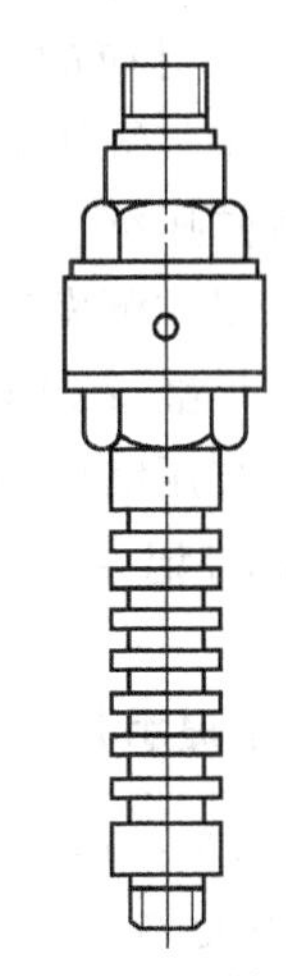

图4-5　缸压传感器

用气缸压力传感器式气缸压力测试仪测试气缸压力时，需先拆下被测气缸的火花塞或喷油器，旋上仪器配置的缸压传感器，使发动机节气门位于全开位置，用起动机带动曲轴旋转3~5s，即可检测出气缸的压缩压力值。

2）用起动电流式气缸压力测试仪检测。发动机起动时的阻力矩，主要由曲柄连杆机构及气缸与活塞之间产生的摩擦力矩、各缸在压缩行程中压缩气体的反力矩和惯性阻力矩三部分组成，其中摩擦力矩、惯性阻力矩可认为是稳定的常数，而各缸压缩行程压缩气体的反力矩是随各缸压缩压力变化的波动值。

起动机带动发动机曲轴旋转所需要的转矩是起动电流的函数，起动电流的变化与气缸压缩压力的变化间存在着对应的关系，而起动转矩又与气缸压缩压力成正比，因此，可以用起动过程中起动电流的变化去评价各缸的气缸压缩压力。

发动机起动时，起动机驱动曲轴的起动转矩M和起动机的电枢电流I_s之间存在一定的函数关系。电枢电流I_s与磁场（通常由励磁电流产生）的磁通量中相互作用，产生电磁力和电磁转矩，并通过传动机构驱动飞轮齿圈驱动曲轴。其关系为

$$M=K_m \Phi I_s \tag{4-1}$$

式中，K_m为电动机常数，与结构有关；Φ为磁通量（Wb）；I_s为电枢电流（A）；M为起动转矩（N·m）。

另一方面，电枢在磁场中旋转时，电枢绕组也要切割磁场的磁力线，从而在绕组中感应出反电动势E'，其方向与电枢绕组电流I_s的方向相反，其值与电动机转速成正比，即

$$E'=K_E \Phi n \tag{4-2}$$

式中，E'为感应电动势（V）；K_E为常数，与电动机结构有关；n为起动机转速（r/min）。

起动机电枢端电压U（V）、电枢内阻R_a（Ω）与电枢电流I_s（A）间的关系为

$$I_s=\frac{U-E'}{R_a} \tag{4-3}$$

起动机的电磁转矩M为驱动力矩，发动机在稳定运转时，应与起动阻力矩平衡。发动机的起动阻力矩由机械阻力矩、惯性阻力矩和气缸压缩空气的反力矩构成。在正常情况下，前两种阻力矩变化不大，可看作常数；而压缩空气反力矩M'是周期性波动的，在各气缸活塞到达压缩行程上止点时具有峰值。若阻力矩增大，电磁转矩M便暂时小于阻力矩M'，起

动机转速 n 下降；随着 n 下降，反电动势 E'将减小，而电枢电流 I_s将增大。于是，电磁转矩 M 随之增加，直到与阻力矩 M'达到新的平衡。若阻力矩降低，则起动机加速旋转，转速 n 增大，反电动势 E'随之增大，从而电枢电流 I_s及转矩 M 减小，直至 M 与 M'平衡。由此可见，发动机起动时，压缩压力的波动引起了起动机起动工作电流的波动，电流波动的峰值与气缸压缩压力成正比。如果能确定某一电流峰值所对应的气缸（如第一缸），根据点火次序即可确定各个气缸所对应的起动电流峰值，其大小可代表该缸的气缸压缩压力值。

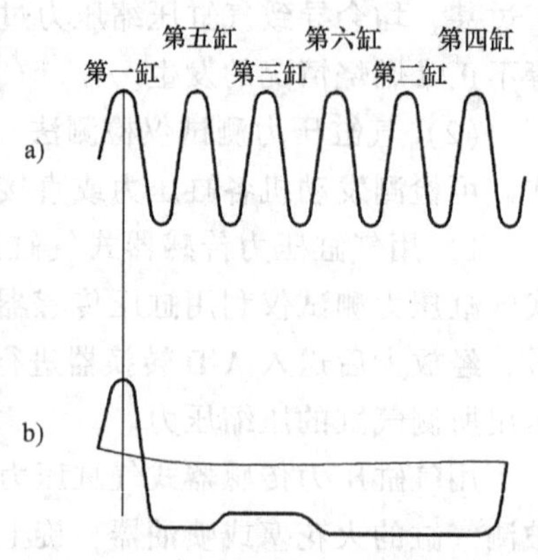

图 4-6　起动电流与缸压波形图
a）起动电流波形　b）缸压波形

如果在测发动机起动电流的同时，用缸压传感器测出任一气缸（如第一缸）的气缸压缩压力值，则其他各缸的气缸压缩压力值可按其起动电流波形峰值计算而得。用示波器记录的起动机起动电流与缸压波形如图 4-6 所示。

【小提示】

> 注意：标准缸的气缸压缩压力值是由缸压传感器直接测出的，其余各缸的压缩压力值则是通过各缸起动电流峰值与标准缸起动电流峰值相比较而得到的。
>
> 因此，为保证测试结果可靠、准确，应经常用气缸压力表的检测值与缸压传感器的检测值相比较，以检查缸压传感器是否准确。

3）用发动机综合性能分析仪检测气缸压缩压力。用发动机综合性能分析仪检测气缸压缩压力，无须拆装火花塞或喷油器，且能同时检测各个气缸，因而其检测速度快，效率高，适用于发动机一般技术状况的定性检查。

不同类型发动机综合性能分析仪的检测方法也略有差异。下面以元征 EA2000 型发动机综合性能分析仪为例，说明气缸压缩压力的检测方法：

① 将发动机运转至正常工作温度后停机。

② 接通电源，打开发动机综合性能分析仪总开关、显示器开关、主机开关，预热仪器。

③ 启动检测程序。用鼠标左键双击显示器上“元征发动机检测仪”图标，启动分析仪综合性能检测程序，其主机将进入系统自检界面，通过系统自检后，进入用户数据录入界面，单击“修改”按钮，录入汽车用户资料，然后单击“确定”按钮，显示屏就出现检测程序主、副菜单。

④ 选择“起动机及发电机”，进入起动电流检测功能。

⑤ 按下“检测”键，起动发动机，分析仪自动发出全部断油指令，仪器屏幕将显示出发动机转速、起动电流，同时绘制出起动电流曲线和相对气缸压力的柱状图，从而检测出各气缸压缩压力。

⑥ 视需要打印输出检测结果。

2. 进气歧管真空度检测

进气歧管真空度指进气歧管内的进气压力与外界大气压力之差。发动机进气歧管的真空度，是随其自身密封性和气缸密封性的变化而变化的。因此，在确认进气歧管自身密封性良好的情况下，利用真空表检测进气歧管的真空度，或利用示波器观测真空度波形的变化，可用来分析、判断气缸密封性能，并能诊断故障。进气歧管真空度可以用真空表或发动机综合性能分析仪检测。

（1）影响进气歧管真空度检测结果的因素　通过检测发动机进气歧管真空度来评价发动机的气缸密封性，主要是针对汽油机而言。

汽油机负荷采用“量”调节，即依靠节气门开度变化控制进入气缸的混合气的量，改变发动机输出功率。怠速时，节气门开度小，进气节流作用大，进气歧管中真空度较高；节气门全开时，进气歧管中真空度较低。

由此可见，进气歧管真空度首先取决于发动机的工作状态。检测进气歧管真空度，大多数是在怠速条件下进行的。因为技术状况良好的汽油发动机在怠速时，进气歧管真空度有一个较为稳定的值；同时怠速时进气歧管真空度高，对因进气歧管、气缸密封性不良引起的真空度下降较为敏感。

进气歧管真空度还与发动机的技术状况有关，可以反映气缸活塞组和进气歧管的密封性。若进气歧管垫、真空点火提前机构等处密封不良，气缸活塞组、配气机构因磨损或故障间隙增大，以及点火系统存在故障等都会影响发动机进气歧管的真空度。

（2）真空表检测法

1）真空表的结构与工作原理。真空表由表头和软管组成。真空表的表头与气缸压力表表头一样，多为鲍登管。当真空（负压）进入表头内弯管时，弯管更加弯曲。于是，通过杠杆和齿轮机构等带动指针动作，在表盘上指示出真空度的大小。

真空表表头的量程为0~101.325kPa（旧式表头量程：米制为0~760mmHg，寸制为0~30inHg）。软管的一头固定在表头上，另一头连接在节气门后方的进气管专用接头上。

2）检测步骤

① 发动机应预热至正常工作温度。

② 把真空表软管连接在节气门后方的进气歧管专用接头上。

③ 发动机怠速运转。

④ 读取并记录真空表上的读数。

【小提示】

> 考虑到进气歧管真空度有随海拔增加而降低的现象（一般海拔每增加1000m，真空度将减少10kPa左右），因此真空度检测中应根据所在地海拔修正真空度标准值。

3）检测结果分析。下面以汽油发动机进气歧管真空度检测为典型例子进行分析。如图4-7所示，白针表示指针处于稳定状态，黑针表示指针处于漂移状态。

① 怠速时，若真空表指针稳定在57~70kPa之间（见图4-7a），则表明气缸密封性正常。此外，海拔每升高500m，真空度应相应降低4~5kPa。

② 怠速时，若真空表指示值比正常值低10~30kPa，但很稳定（见图4-7b），则表明发动机进气歧管衬垫漏气。

③ 怠速时，若真空表指针缓慢地摆动在47~54kPa之间（见图4-7c），则表明火花塞电极间隙过小。

④ 怠速时，若真空表指针在33~74kPa范围内缓慢摆动，且随发动机转速升高摆动加

剧（见图 4-7d），则表明气门弹簧弹力不足。

⑤ 怠速时，若真空表指针较正常值低 10~13kPa，且缓慢地在 47~60kPa 范围内摆动（见图 4-7e），则表明气门导管磨损严重。

⑥ 当发动机转速升至 2000r/min 左右时，突然关闭节气门，若真空表指针迅速跌落至 6~16kPa 以下，而当节气门关闭时，指针不能回复到 83kPa（见图 4-7f），则表明活塞环失效。当快速开启节气门时，若指针处于 6~16kPa，则表明活塞环工作状况良好。

⑦ 怠速时，若真空表指针稳定地指示在 47~57kPa 之间（见图 4-7g），则表明发动机点火过迟。

⑧ 怠速时，若真空表指针不规则跌落（见图 4-7h），则表明发动机的混合气过稀；若真空表指针缓慢摆动，则表明发动机的混合气过浓。

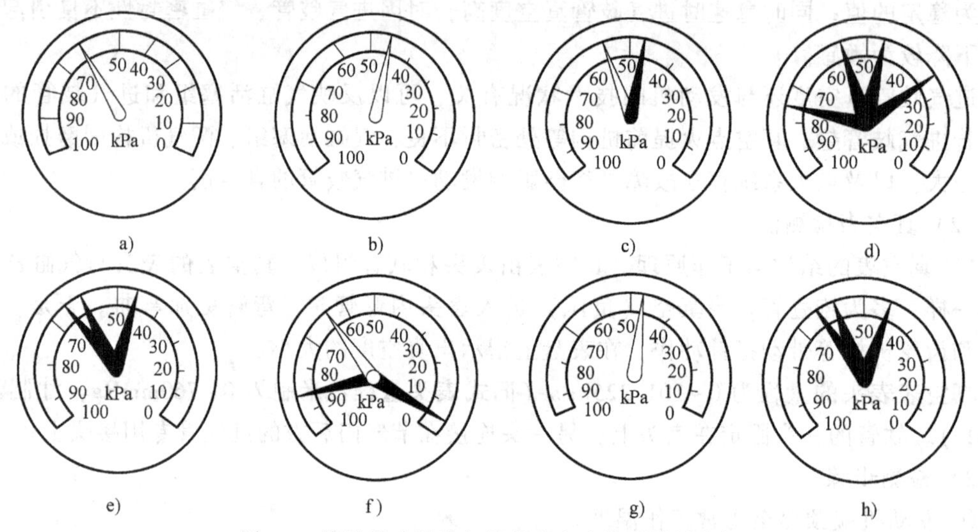

图 4-7　汽油发动机进气歧管真空度检测结果分析

（3）发动机综合性能分析仪检测法　发动机综合性能分析仪也可以检测进气歧管真空度波形。由传感器采集到的进气歧管真空度的电压信号，经仪器处理后送入显示器，于是屏幕上便可显示出进气歧管真空度波形。

以元征 EA2000 型发动机综合性能分析仪为例，其进气歧管真空度的检测步骤如下：

1）使发动机运转至正常工作温度。

2）将分析仪真空度传感器的橡胶软管通过三通接头连接到发动机的真空管上。

3）使发动机转速稳定在规定转速（1700r/min 左右）。

4）在主菜单下的副菜单上选择“进气歧管内真空度”，进入进气歧管真空度检测状态。

5）按下检测界面下方的“检测”按钮，分析仪高速采集进气歧管真空度值，并显示出被检发动机的进气歧管真空度波形。

6）对进气歧管真空度波形进行观测、分析和判断。

7）再按下“检测”按钮，高速采集结束。

8）必要时可按下“F4”按钮，检测仪提供 4 缸、6 缸或 8 缸汽油发动机的进气歧管真空度标准波形。其中，4 缸汽油发动机进气歧管真空度标准波形如图 4-8 所示。除此之外，还可检测进气门开启不良、进气门漏气（见图 4-9）、排气门开启不良和排气门关闭不良等故障波形。

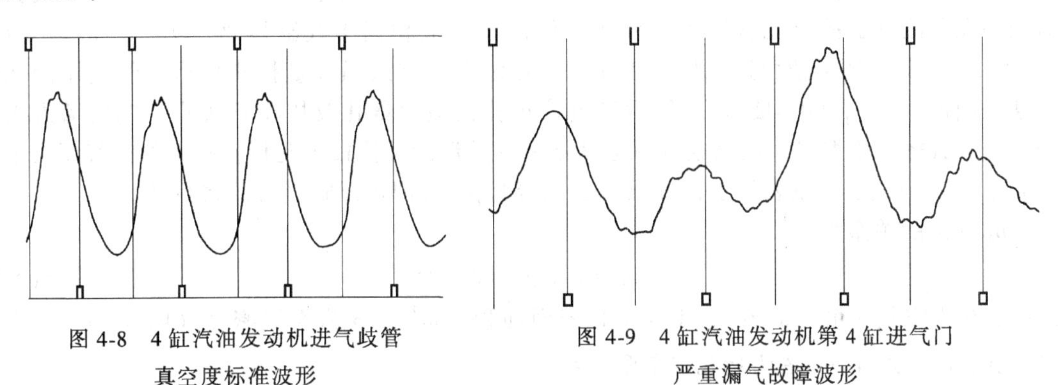

图 4-8　4 缸汽油发动机进气歧管真空度标准波形

图 4-9　4 缸汽油发动机第 4 缸进气门严重漏气故障波形

9）按“F2”按钮可对数据进行存储，按“F3”按钮可进行图形存储，按“F6”按钮可进行图形打印，按“F1”按钮返回主菜单。

（4）发动机进气歧管真空度检测标准　根据 GB/T 15746—2011《汽车修理质量检查评定方法》附录 B“汽车发动机修理质量评定”的表 B. 2 中关于进气歧管真空度（一般检查项目）的技术要求：在正常工作温度和标准状态下，发动机怠速运转时，进气歧管真空度应符合原设计值；其波动范围 6 缸汽油发动机一般不超过 3kPa，4 缸汽油发动机一般不超过 5kPa。

进气歧管真空度检测是一种综合性检测，能检测多种故障现象，而且检测时不需要拆下火花塞，因此是较实用、快速的检测方法；不足之处是不能确定故障的具体原因。

3. 气缸漏气量（率）检测

气缸漏气量（率）也可用于对气缸密封性进行检测。检测气缸的漏气量（率）时，发动机不运转，活塞处于压缩行程上止点。其基本检测原理：把具有一定压力的压缩空气从火花塞或喷油器孔充入气缸，检测活塞处于上止点时气缸内压力的变化情况，以此表征气缸的密封性。

气缸漏气量（率）不仅反映气缸活塞摩擦副的磨损状况，还反映进排气门、气缸垫、气缸盖和气缸的密封性。

（1）气缸漏气量检测原理　气缸漏气量检测仪及其工作原理如图 4-10 所示。

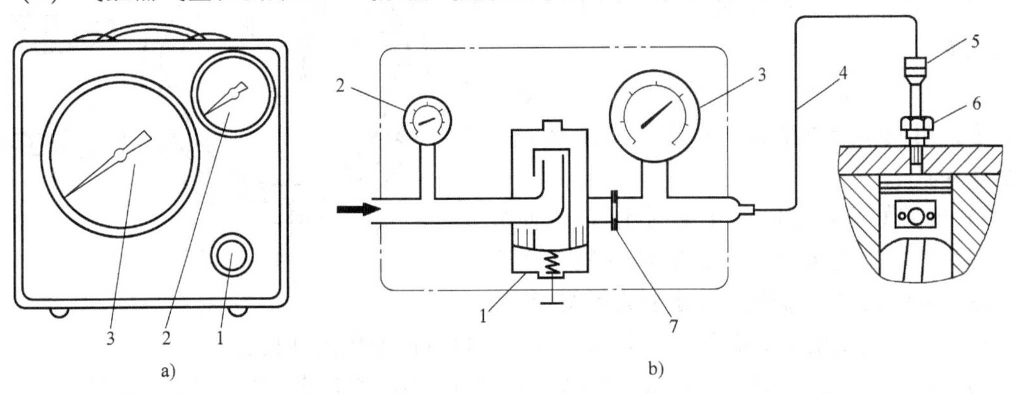

图 4-10　气缸漏气量检测仪及其工作原理

a）外形图　b）工作原理图

1—调压阀　2—进气压力表　3—测量表　4—橡胶软管　5—快换管接头　6—充气嘴　7—校正孔板

测试时，拆下发动机的火花塞，使所测气缸的活塞处于上止点位置，并把检测仪的充气嘴安装在所测气缸的火花塞孔上。外接气源的压力应相当于气缸压缩压力，一般为0.6~0.8MPa，其具体压力值由进气压力表显示；压缩空气进入漏气量检测仪后，经调压阀调压至某一确定压力 p_1（0.4MPa），然后经过校正孔板上的量孔及快换管接头、充气嘴进入气缸。当气缸密封不严时，压缩空气就会从不密封处泄漏，使校正孔板量孔后的空气压力下降至 p_2。该压力值由测量表显示，其压力变化情况 p_1-p_2 即可反映气缸的密封性。

p_1 与 p_2 的关系为

$$p_1-p_2=\rho Q^2/(2\phi^2 A^2) \tag{4-4}$$

式中，Q 为空气流量（m^3/s）；A 为量孔截面面积（m^2）；ρ 为空气密度（kg/m^3）；ϕ 为流量系数，$\phi=1/\sqrt{1+\xi}$，ξ 为量孔局部阻力系数。

当校正孔板量孔截面面积和结构一定时，A 和 ϕ 为常数；而进气压力 p_1 及测试时的环境温度一定时，空气密度 ρ 也为常数。因此，校正孔板量孔后的压力 p_2（由测量表3指示）取决于经过量孔的空气流量 Q。显然，空气流量的大小（漏气量）与气缸的密封程度有关。当气缸、活塞、活塞环和气门、气门座等处磨损过大或因发生故障，致使气缸密封不良时，漏气量 Q 增大而使测量表指示压力 p_2 低于进气压力 p_1 的量增大。因此，根据测量表压力下降值即可判断气缸的漏气量，并据此检测气缸的密封性。

（2）气缸漏气率检测原理　气缸漏气率的检测，无论是使用的仪器、检测的方法，还是判断故障的方法，与气缸漏气量的检测是一致的，区别在于气缸漏气量检测仪的测量表标定单位为kPa或MPa，而气缸漏气率测量表的标定单位为百分数。

气缸漏气率检测仪是这样标定的：接通检测仪外部气源，在检测仪出气口密封的情况下，调节调压阀，使测量表指针指示为0，表示气缸不漏气；打开检测仪出气口，测量表指针回落至最低点，标定为100%，表示气缸内的压缩空气百分之百漏掉。在测量表0~100%之间，把原气缸漏气量检测仪表盘的气压数折合成漏气的百分数，便能直观地指示漏气率了。

（3）气缸漏气量（率）检测步骤　发动机气缸漏气量（率）检测的步骤如下：

1）使发动机预热至正常工作温度。

2）用压缩空气吹净火花塞周围，清除脏物，而后拧下所有气缸的火花塞，并在火花塞孔上装好充气嘴。

3）接好压缩空气源，在检测仪出气口堵塞的情况下，用调压阀调节进气压力，使测量表指针指示0.4MPa。

4）安装好活塞定位盘（见图4-11），使分火头旋转至第一缸跳火位置（此时第一缸活塞到达上止点，第一缸进、排气门均处于关闭位置），然后转动定位盘使刻度Ⅰ对准分火头尖端（分火头也可用专用指针代替）。

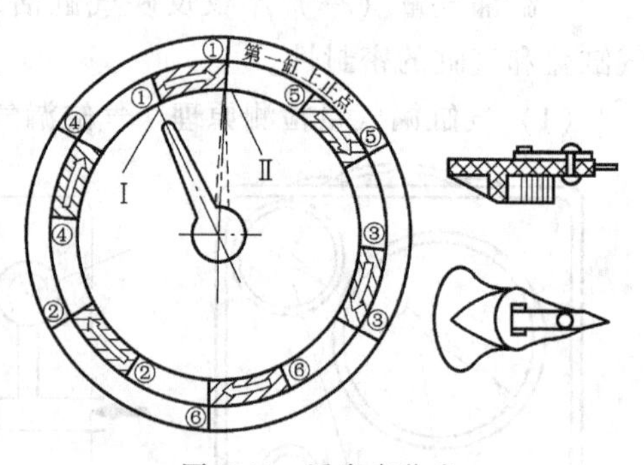

图4-11　活塞定位盘

5）为防止压缩空气推动活塞使曲轴转动，变速器挂高速档，拉紧驻车制动器。

6）把第一缸充气嘴接上快换管接头，向第一缸充入压缩空气，此时测量表上的压力读数或漏气率百分比读数便反映了该缸的密封性。

7）转动曲轴，使分火头（或指针）对准活塞定位盘上下一缸刻度线，按以上方法检测下一缸的漏气量（率）。

8）按以上方法和点火次序检测其余各缸的漏气量（率）。

为使检测结果可靠，各缸应重复检测一次。

（4）气缸漏气量（率）检测标准　对于气缸漏气量（率），我国尚未制定统一的检测诊断标准，气缸漏气量（率）检测标准应根据发动机种类、缸径、磨损情况等因素通过试验确定。

对于缸径为102mm左右的汽油发动机，用气缸漏气量检测仪检测时，在确认进、排气门和气缸垫密封性良好的前提下，若测量表调定初始压力为0.4MPa，测量表上的压力指示值大于0.25MPa，则气缸密封性良好，说明气缸活塞配合副的技术状况较好；而当测量表压力指示值小于0.25MPa时，则气缸密封性较差，说明气缸活塞配合副的技术状况较差。当气缸密封性不良时，应进一步查听漏气部位，找出故障原因。

气缸漏气率检测标准可参考国外经验，见表4-2。对于新发动机，在排气门开始关闭至活塞到达上止点的整个过程中的不同位置，气缸漏气率一般在3%~5%范围内；若大修竣工后，发动机气缸漏气率超过10%，则表明大修质量不佳。当气缸漏气率达到30%~40%时，若能确认气缸衬垫、气缸盖等处均不漏气，则说明气缸活塞摩擦副的磨损临近极限值。

表4-2　气缸漏气率检测标准

气缸密封情况	测量表读数(%)	气缸密封情况	测量表读数(%)
良好	0~10	较差	20~30
一般	10~20	换环或镗缸	30~40

气缸漏气量（率）的检测虽然比较麻烦、费时，但检测全面，指示直观，比气缸压缩压力检测值更能精确地反映气缸密封性。国外使用该种检测仪往往备有全套附件，能快速地连接到当前流行的任何汽车上，应用非常普遍。

4. 曲轴箱窜气量检测

气缸活塞组配合副磨损、活塞环弹性下降或黏结均会使气缸密封性下降，工作介质和燃气将会从不密封处窜入曲轴箱。窜入曲轴箱的气体量越多，表明气缸与活塞、活塞环间不密封程度越高。窜入曲轴箱的废气可以逸出的通道有加机油口、机油尺口和曲轴箱强制通风阀。显然，曲轴箱窜气量与使用工况有关。但在确定工况下，曲轴箱窜气量可反映气缸活塞组的技术状况或磨损程度。图4-12所示为曲轴箱窜气量与功率、油耗的关系。随着曲轴箱窜气量增大，发动机输出功率逐渐下降，而燃油消耗量线性增长。

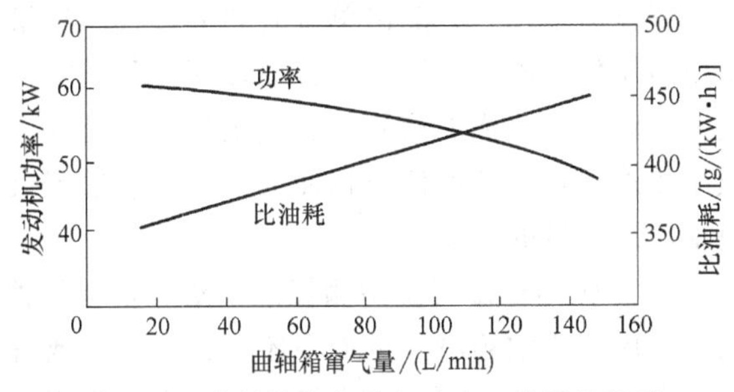

图4-12　曲轴箱窜气量与功率、油耗的关系

因此，检测发动机工作状态下单位时间内窜入曲轴箱的气体量，可评价气缸活塞配合副的密封性。

（1）曲轴箱窜气量的检测方法　曲轴箱窜气量的检测可采用专用气体流量计进行。

图 4-13所示的玻璃气体流量计由 U 形管压力计、流量孔板、刻度板和通往曲轴箱的胶管等组成。使用前，先将曲轴箱密封（堵住机油尺口、曲轴箱通风进出口等），再用胶管从加机油管口处将曲轴箱内的废气导出，接入气体流量计。当气体流过流量孔板时，由于两边存在压力差，使压力计水柱移动，直至气体压力与水柱落差平衡为止。压力计水柱高度可以确定窜入曲轴箱的气体量。流量孔板备有不同直径的小孔，可以根据窜气量的大小调节选用。

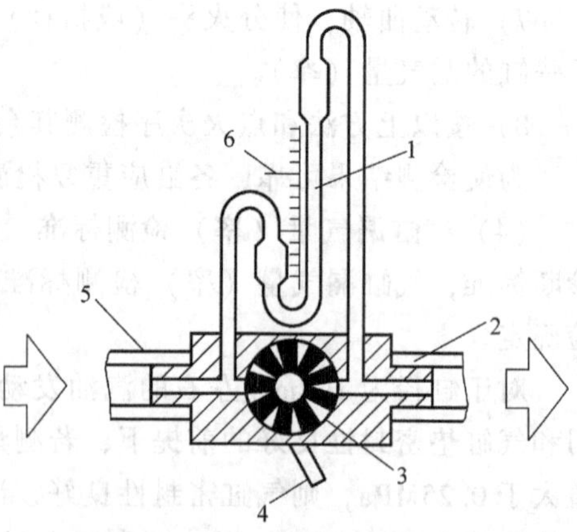

图 4-13 玻璃气体流量计

1—U 形管压力计 2—通大气管 3—流量孔板 4—流量孔板手柄 5—通曲轴箱胶管 6—刻度板

检测步骤如下：

1）打开电源开关，按仪器使用说明书的要求对检测仪进行预调。

2）密封曲轴箱，即堵塞机油尺口、曲轴箱通风进出口等，将取样探头插入机油加注口内。

3）起动发动机，待其预热至正常工作温度且运转平稳后，仪表箱仪表的指示值即为发动机曲轴箱在该转速下的窜气量。

曲轴箱窜气量除与发动机气缸活塞副技术状况有关外，还与发动机转速和负荷有关。因此在检测时，发动机应加载，节气门全开（或柴油机最大供油量），在最大转矩转速（此时窜气量最大）测试。发动机加载可在底盘测功机上实现。测功机的加载装置可方便地通过滚筒、驱动车轮和传动系统对发动机进行加载，使发动机在全负荷工况下在最大转矩转速至额定转速内的任一转速下运转，因此，可用曲轴箱窜气量检测仪检测出任一工况下曲轴箱的窜气量。

曲轴箱窜气量也可采用曲轴箱窜气量检测仪检测。曲轴箱窜出的废气经集气头、软管输送到气体流量计，并测出单位时间流过气体流量计的废气流量。目前，曲轴箱窜气量检测仪使用微压传感器，当废气流过取样探头孔道时，在测量小孔处产生负压，微压传感器检测出负压并将其转换成电信号。流过集气头孔道的废气流量越大，测量小孔处产生的负压越大，微压传感器输出的电信号越强。该信号输送到仪表箱，由仪表指示出废气流量大小，以反映曲轴箱窜气量的大小。

（2）曲轴箱窜气量检测标准　对于发动机曲轴箱窜气量，还没有制定统一的检测标准；同时，由于曲轴箱窜气量大小还与缸径、缸数有关，很难把众多车型的发动机曲轴箱窜气量综合在一个检测标准内。维修企业和汽车检测站常常通过积累具体车型发动机的曲轴箱窜气量检测数据资料，经分析整理制定企业标准，作为检测的参考依据。

有些国家以单缸平均漏气量（测得值除以气缸数）作为诊断参数标准，也可以借鉴表 4-3 中单缸平均漏气量作为参考性诊断参数标准。

曲轴箱漏气量大，一般是气缸、活塞、活塞环磨损量大，活塞环对口、结胶、积炭、失去弹性、断裂或缸壁拉伤等原因造成的，应结合使用、维修和汽车配件质量等方面情况，进行深入分析诊断，找出具体原因，采取换件、维护、修理等措施，直至恢复气缸密封性。

表 4-3 曲轴箱单缸平均漏气量参考标准

发动机技术状况	单缸平均漏气量/(L/min)	
	汽油发动机	柴油发动机
新发动机	2~4	3~8
需大修发动机	16~22	18~28

4.1.4 曲柄连杆机构主要零件的检修

1. 气缸体和气缸盖的检修

在发动机工作时，气缸体和气缸盖是在高温、高压、骤冷和交变载荷条件下工作的，在使用过程中容易发生损伤。其损伤的主要形式有气缸体和气缸盖的变形和裂纹、气缸的磨损、螺孔损坏和水道边缘处的腐蚀等。这些损伤将破坏零件的正确几何形状，造成漏气、漏水，影响发动机的装配质量和工作能力。

(1) 气缸体和气缸盖变形的检修　气缸体和气缸盖在使用中的变形现象是普遍存在的，而引起变形的原因主要包括拆装螺栓时力矩过大或不均匀，或不按顺序拧紧及在高温下拆卸气缸盖等。

气缸体变形主要表现为上平面、端面的翘曲变形和配合表面的相对位置误差增加；气缸盖变形主要表现为下平面和进、排气歧管侧平面的翘曲变形。

1) 气缸体和气缸盖翘曲变形的检修。气缸体、气缸盖的翘曲变形可用平板进行接触检测，或者用直尺和塞尺检测。用直尺和塞尺检测气缸盖平面翘曲的方法为在长宽和对角线方向上进行测量，求得其平面度误差，如图 4-14 所示。如捷达、桑塔纳发动机气缸盖在全长上的最大允许误差为 0.10mm，气缸体上平面在全长上的最大允许误差为 0.05mm。

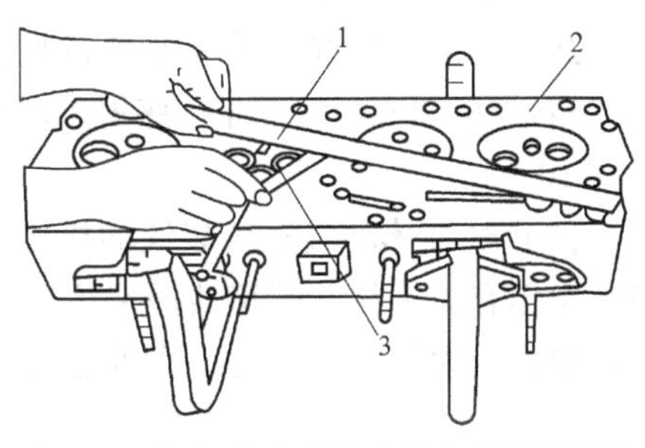

图 4-14 气缸盖变形的直尺和塞尺检测法
1—平板 2—气缸盖 3—塞尺

气缸体和气缸盖变形后，可根据变形程度采取不同的修理方法。平面度误差在整个平面上不大于 0.05mm 或仅有局部不平时，可用刮刀刮平；平面度误差较大时，可采用平面磨床进行磨削加工修复，但加工量不能过大，为 0.24~0.50mm，否则会影响压缩比。对于经过磨修的气缸盖，一般应检查其燃烧室容积，燃烧室容积不得小于标定容积的 95%，同一缸盖各缸燃烧室容积差不大于平均容积的 1%~2%，否则应更换气缸盖。

燃烧室容积的简易测量法为：彻底清除燃烧室内的积炭和污垢，将修平的气缸盖放置在工作台上，用水平仪找好水平；将火花塞装在气缸盖上，用量杯加入 80%煤油和 20%机油的混合油，加入量约为燃烧室容积的 95%，然后将剩下的混合油徐徐加入至液面与气缸盖平面平齐，用玻璃板覆盖在燃烧室平面上，此时检查液面并略微增减油量至液面与玻璃板接触，总注入量即为燃烧室容积。如果活塞顶部有凹坑，还应测量凹坑的容积。若燃烧室容积减少，应采用铣削方法，去掉燃烧室内金属较厚的部分，至调整合适为止。

气缸体变形还将导致气缸轴线垂直度、主轴承座孔同轴度等位置误差发生变化，因此在条件允许时，可进行位置误差的测量。

2）气缸体轴线与主轴承座孔轴线垂直度的检测。用垂直度检测仪对气缸体与主轴承座孔轴线的垂直度进行检测的方法如图 4-15 所示。检测仪用定心器支承在气缸中，并用调整螺钉轴向支承定位于气缸体的上平面。测量时，用手转动手柄，测量头便水平转动与定心轴前、后两点接触，表针在两点的示值差，即为气缸轴线与主轴承座孔轴线的垂直度误差。一般不大于 0. 05mm。

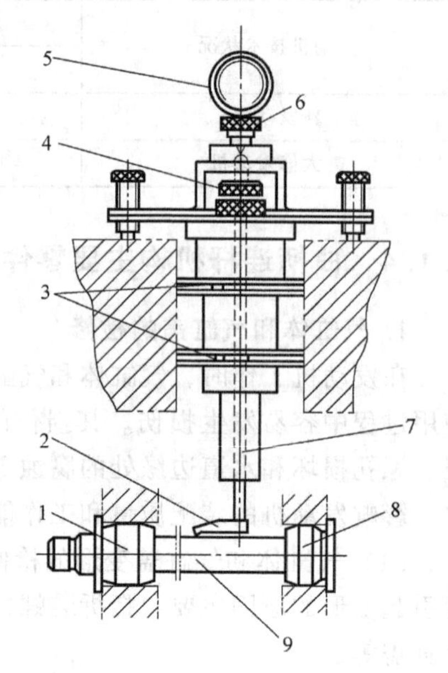

图 4-15　气缸体与主轴承座孔轴线垂直度检测

1—后定心轴套　2—测量头　3—气缸定心器　4—转动手柄　5—百分表　6—百分表测量头　7—柱塞　8—前定心轴套　9—定心轴

3）气缸体主轴承座孔同轴度的检测。以气缸体前、后两主轴承座孔为测量基准，用专用检测仪进行检测，如图 4-16 所示。在轴承座孔中装入定心轴套，定心轴支承在轴套内，可轴向滑动。在定心轴上装有本体、等臂杠杆及百分表。

测量时，使等臂杠杆的球形测头触及被测孔的表面。当转动定心轴时，如果孔不同轴，等臂杠杆的球形测头便产生径向移动，移动量经杠杆传给百分表，便能指示出孔的同轴度误差。

其要求是：所有主轴承座孔的同轴度误差不大于 0. 15mm，相邻两个主轴承座孔的同轴度误差不大于 0. 10mm。

（2）气缸体和气缸盖裂纹的检修　气缸体与气缸盖产生裂纹的部位与结构、工作条件、使用操作有关。如曲轴箱共振裂纹，水套的冰冻裂纹，气缸套修理尺寸级数过多、镶装气缸套过盈量过大和压装工艺不当等造成的裂纹。

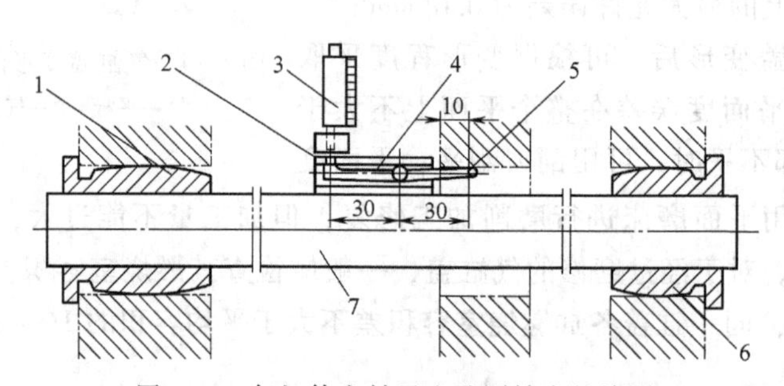

图 4-16　气缸体主轴承座孔同轴度的检测

1、6—定心轴套　2—本体　3—百分表　4—等臂杠杆　5—球形测量头　7—定心轴

裂纹会引起发动机漏气、漏水、漏油，影响发动机正常工作，必须及时检修。

气缸体和气缸盖的裂纹通常采用水压试验法进行检验，如图 4-17 所示。将气缸盖和气缸衬垫装在气缸体上，将水压机出水管接头与气缸前端水泵入水口连接好，并封闭所有水道口，然后将水压入水套，要求在 0. 3~0. 4MPa 的压力下保持约 5min，没有任何渗漏现象。

镶配气门座圈、气门导管、气缸套时，若过盈量大，可能造成新的裂纹，应在这些工序后再进行一次水压试验。

裂纹的修理方法有粘接法、焊接法等几种，在修理中应根据裂纹的大小、部位、损伤程度等情况进行选择。

（3）气缸磨损的检测 活塞在气缸中做高速运动，长时间工作后会产生磨损，当磨损达到一定程度后，将引起发动机动力性、经济性明显下降。

气缸磨损的特征是不均匀磨损，如图 4-18 所示。气缸孔沿高度方向磨损成上大下小的倒锥形，最大磨损部位是活塞处于上止点时第一道活塞环对应的气缸壁位置，而该位置以上几乎无磨损，形成明显的“缸肩”。气缸沿圆周方向的磨损形成不规则的椭圆形，其最大磨损部位一般是前后或左右方向。

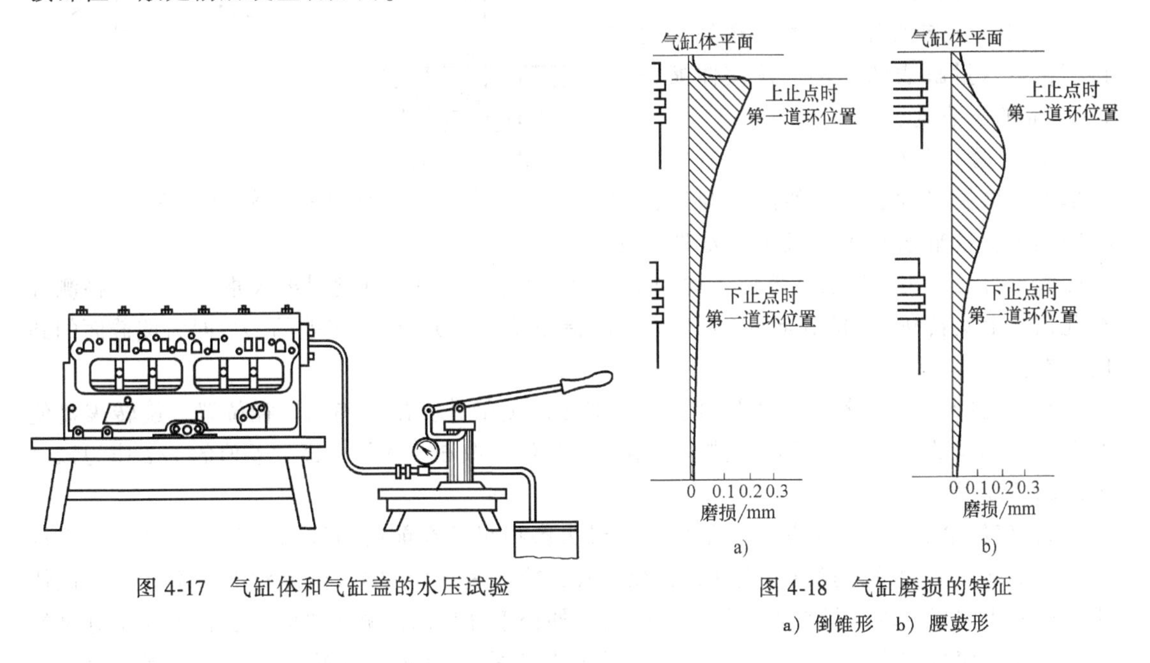

图 4-17 气缸体和气缸盖的水压试验

图 4-18 气缸磨损的特征
a）倒锥形 b）腰鼓形

造成上述不均匀磨损特征的原因是：在理想情况下缸体与活塞环、活塞的润滑状态是液体润滑，但在发动机实际工作时，液体润滑条件难以保证。其磨损特征产生的原因主要可从影响液体润滑的因素来分析。从活塞环负荷方面来分析，受气缸内工作气体压力的影响，活塞在上止点附近时各道环的背压最大；与各道环相比，第一道环的背压最大，以下逐道减小。从润滑油方面来分析，由于采用飞溅润滑，气缸上部的实际供油情况差，可燃混合气燃烧时润滑油也会有部分烧损；气缸上部温度比下部高，气缸上部润滑油黏度降低；气缸上部接近进气口，进气的冲击作用可能使润滑油分布不均匀。这些因素都不利于液体润滑的建立，从而增加了摩擦，加剧了磨损。此外，燃烧废气还会引起腐蚀磨损，特别是发动机水温较低时，低温进气对气缸壁的激冷可能产生电化学腐蚀磨损；进气中带进的硬质颗粒会导致磨料磨损，严重时会使气缸磨损成上下小，中间大的“腰鼓”形。

气缸的磨损程度一般用圆度和圆柱度表示，也可以用标准尺寸和气缸磨损后的最大尺寸的差值来衡量，如桑塔纳、捷达等汽车。圆度误差是指同一横截面上磨损的不均匀性，用同一横截面上不同方向测得的最大直径与最小直径差值的一半作为圆度误差。圆柱度误差是指沿气缸轴线的轴向截面上磨损的不均匀性，用被测气缸表面任意方向所测得的最大直径与最小直径差值的一半作为圆柱度误差。

在进行测量时，测量部位的选择很重要，气缸的测量位置和要求如图 4-19 所示，在气缸体上部距气缸上平面 10mm 处，气缸中部和气缸下部距缸套下口 10mm 处的三个截面，按 A、B 两个方向分别测量气缸的直径。测量时，通常使用量缸表，其具体方法如下：

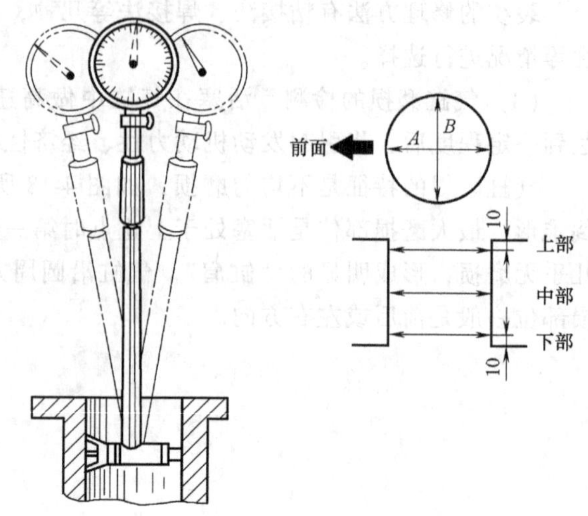

图 4-19　气缸的测量位置和要求

1）气缸圆度的测量

① 根据气缸直径的尺寸，选择合适的接杆，装入量缸表的下端，并使伸缩杆有 1~2mm 的压缩量。

② 将量缸表的测杆伸入到气缸中的相应部位，微微摆动表杆，使测杆与气缸中心线垂直，量缸表指示的最小读数即为正确的气缸直径。用量缸表在部位 A 向测量，旋转表盘使“0”刻度对准大指针，然后将测杆在此截面上旋转 90°（即 B 向），此时指针所指刻度与“0”刻度之差的 1/2 即为该截面的圆度误差。

2）气缸圆柱度的测量。用量缸表在上部 A 向测量并找出正确的直径位置，旋转表盘使“0”刻度对准大指针。然后依次测出其他 5 个数值，取 6 个数值中最大差值的 1/2 作为该气缸的圆柱度误差。

3）气缸磨损尺寸的测量。一般发动机最大磨损尺寸在前后两缸的上部。测量时，用量缸表在上部 A 向测量并找出正确气缸直径位置，旋转表盘使“0”刻度对准大指针，并记住小指针所指位置。取出量缸表，将测杆放置于外径千分尺的两测头之间，旋转外径千分尺的活动测头，使量缸表的大指针指向“0”，且小指针指向原来的位置（在气缸中所指示的位置）。此时，外径千分尺的尺寸即为气缸的磨损尺寸。

（4）气缸的维修　当发动机中磨损量最大，一个气缸的圆柱度或圆度超过规定标准（如一般汽油机的圆柱度超过 0.175mm，或圆度超过 0.05mm；柴油机的圆柱度超过 0.25mm，或圆度超过 0.063mm；或如桑塔纳、捷达等汽车，其标准尺寸和气缸磨损后的最大尺寸的差值超过 0.08mm）时，则应进行镗缸或更换缸套修理。

气缸的维修通常采用机械加工的方法，即修理尺寸法和镶套修复法。

修理尺寸法是指在零件结构、强度和强化层允许的条件下，将配合副中主要零件的磨损部位经过机械加工至规定尺寸，恢复其正确的几何形状和精度，然后更换相应的配合件，得到尺寸改变而配合性质不变的修理方法。修复后的尺寸称为修理尺寸，对于孔件，尺寸是扩大的，对于轴件，尺寸是缩小的。

镶套修复法是对于经多次修理，直径超过最大修理尺寸，或气缸壁上有特殊损伤时，可对气缸做圆整加工，用过盈配合的方式镶上新的气缸套，使气缸恢复到原来尺寸的修理方法。

1）气缸镗磨尺寸的确定。气缸镗削加工常采用同心加工法，其修理尺寸的确定方法分两步：

① 按式（4-5）计算得到加工后气缸直径的计算值，即

$$D_r = D_m + 2(\rho\delta + C) \tag{4-5}$$

式中，D_r为气缸修理尺寸计算值；D_m为气缸的基准尺寸（标准尺寸或上次修理后的修理尺寸）；ρ 为磨损不均匀系数，范围为 0.5~1，其值根据气缸磨损程度而定；δ 为气缸磨损量；C 为单侧加工余量，包括镗削余量和磨削余量。

② 将上述计算值与汽车制造厂规定的气缸修理尺寸比较，选择大于计算值的最小修理尺寸作为该缸的修理尺寸。注意，同一缸体同一次修理时，各气缸修理尺寸应统一，即选用各缸中的最大一级修理尺寸作为该缸体的修理尺寸，以保证各缸工作性能的一致性。部分车型发动机气缸维修尺寸见表 4-4。

表 4-4 部分车型发动机气缸维修尺寸 （单位：mm）

尺寸 \ 发动机型号	大众 AFE/AJR/BKT/BYJ	奥迪 A4 BPJ	东风本田 K24A4	别克君威 L34
标准尺寸	81.01	82.51	87.00	86.00
维修尺寸	81.51	83.01	87.25	86.50

2）气缸的镗磨加工。气缸的镗磨工艺如图 4-20所示。

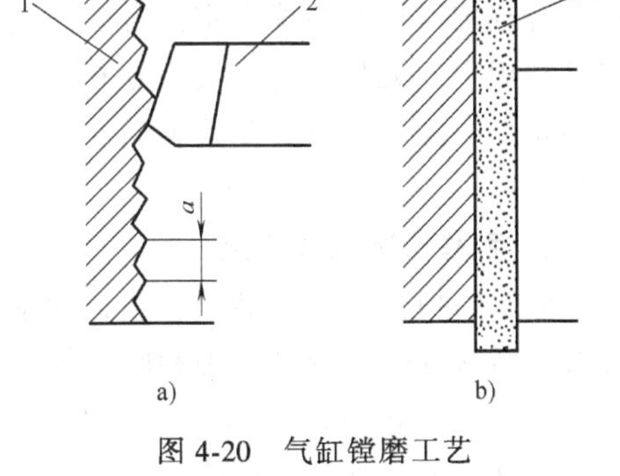

图 4-20 气缸镗磨工艺

a）镗磨 b）珩磨

1—气缸壁 2—镗刀 3—珩磨头

① 气缸的镗削加工。因为活塞和气缸的配合要求较高，所以都是采用修配法加工，即按活塞的实际尺寸进行气缸的镗削加工。

气缸镗削加工质量要求：缸壁表面粗糙度应不大于 Ra2.5μm；干式缸套圆度应不大于 0.005mm，圆柱度应不大于 0.0075mm；湿式缸套圆柱度一般应不大于 0.0125mm；气缸轴线对两端主轴承座孔轴线的垂直度不大于 0.05mm；气缸上口应留有倒角；有 0.03~0.05mm 的磨缸余量。

② 气缸的珩磨。气缸镗削加工后，表面存在螺旋形的细微刀痕，必须进行珩磨加工。通过珩磨，气缸应具有合理的表面粗糙度和配合特性，并具有良好的磨合性能。

气缸珩磨后的技术要求：表面粗糙度不高于 Ra0.63μm；干式缸套圆度不大于 0.005mm，圆柱度不大于 0.0075mm；湿式缸套圆柱度一般应不大于 0.0125mm；如有锥度，应上小下大；与活塞的配合间隙应符合出厂要求。气缸珩磨后的磨痕如图 4-21 所示。

③ 气缸激光热处理。为提高气缸耐磨性，延长发动机使用寿命，近年来在气缸维修中推广应用激光热处理工艺。

采用激光热处理工艺，能在气缸表面形成超细化的淬火托氏体，表面硬度可达 60HRC 左右，淬火层可达 0.10~0.35mm，从而使气缸的耐磨性大为提高，使用寿命可延长 2~3 倍。气缸激光热处理需在专用淬火机床上进行，其工艺流程是镗缸→珩磨→磷化→激光淬火→珩磨，直到尺寸符合要求。

3）气缸镶套。气缸用修理尺寸法修理超过最后一级时，可用镶套法恢复至原始尺寸。

① 干式缸套镶配工艺要点与技术要求。缸套的支承孔内径应为原设计尺寸或同一级修理尺寸，孔表面粗糙度应不超过 $Ra1.25\mu m$；配合过盈量应符合规定，无规定者，一般为 0.05～0.10mm，有凸缘的气缸套，可取 0.05～0.07mm，无凸缘的气缸套可取 0.07～0.10mm；镶配时应在配合表面涂上机油；压入时应放正，防止压偏；压入过程中若突然增加阻力，应查明原因，以防压坏缸体或缸套；气缸套上平面应不低于气缸体上平面，也不得高出 0.10mm；压入气缸套前后应对气缸体进行水压试验。

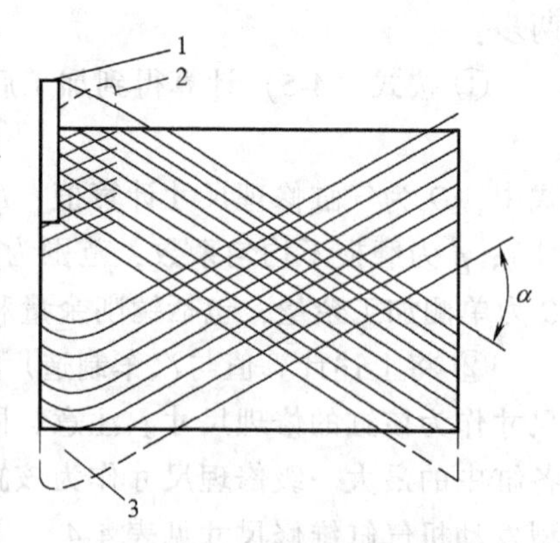

图 4-21　气缸珩磨后的磨痕
1—开始时的珩磨头砂条位置
2—返回终了时砂条位置
3—前进终了时的珩磨头砂条位置
α—磨痕交叉角

② 湿式缸套镶配工艺要点与技术要求。首先清除支承孔与缸套各配合表面处的铁锈、积垢，直至露出光洁表面；检查定位台肩状况，腐蚀严重时应锪平加垫，对铝合金缸体应加软铝垫，勿用铜垫；检查缸套上平面，缸套上平面应高出气缸体上平面，并符合规定，无规定时，一般高出量为 0.13～0.18mm，各缸高出差应不大于 0.03～0.05mm；不符合规定时可视情况在定位台阶处用垫片调整或车削缸套上平面；缸套与支承孔配合间隙应符合规定，无规定者一般为 0.05～0.15mm；防水圈装入缸套槽中应无扭曲，高出槽 0.8～1.0mm，推入气缸时应在其表面涂肥皂水进行润滑，缸套应用手压入；装入后应进行水压试验。

2. 活塞的选配和检测

活塞的损伤主要是磨损，包括活塞环槽的磨损、活塞裙部的磨损、活塞销座孔的磨损。其次是活塞刮伤、顶部烧蚀和脱顶等非正常的损伤形式。

（1）活塞的选配　当气缸的磨损超过规定值及活塞发生异常损坏时，必须对气缸进行修复，并且要根据气缸的修理尺寸选配活塞。

选配活塞时要注意以下几点：

1）选用同一修理尺寸和同一分组尺寸的活塞。活塞裙部的尺寸是以镗磨气缸的直径为依据的，即气缸的修理尺寸是哪一级，也要选用哪一级修理尺寸的活塞。由于活塞分组，只有在选用同一分组活塞后，才能按选定活塞的裙部尺寸进行镗磨气缸。

2）同一发动机必须选用同一厂牌的活塞。活塞应成套选配，以保证其材料和性能的一致性。

3）在选配的成套活塞中，尺寸差和质量差应符合要求。成套活塞中，其尺寸差一般为 0.02～0.025mm，质量差一般为 4～8g，销座孔的涂色标记应相同。

新型汽车的活塞与气缸的配合都采用选配法，在气缸的技术要求确定的前提下，重点是选配相应的活塞。活塞的修理尺寸级别一般分为 +0.25mm、+0.50mm、+0.75mm、+1.00mm四级，有的只有 1～2 个级别。在每一个修理尺寸级别中又分为若干组，通常分为 3～6 组不等，相邻两组的直径差为 0.010～0.015mm。选配时，要注意活塞的分组标记和涂色标记。

【小提示】

有的发动机为薄型气缸套，活塞不设置修理尺寸，只区分标准系列活塞和维修系列活塞，每一系列活塞中也有若干组供选配，活塞的修理尺寸级别代号常打印在活塞顶部。

(2) 活塞裙部尺寸的检测 镗缸时，要根据选配活塞的裙部直径确定镗削量，活塞裙部直径的测量方法如图 4-22 所示。在活塞下部离裙部底边约 15mm 与活塞销垂直方向处用千分尺测量活塞裙部直径。

(3) 配缸间隙的检测 活塞与气缸壁之间的间隙称为配缸间隙，此间隙应符合标准。检测时可用量缸表测量气缸的直径，用外径千分尺测量活塞的直径，两者之差即为配缸间隙。也可如图 4-23 所示，将活塞（不装活塞环）放入气缸中，用塞尺测量其间隙值。

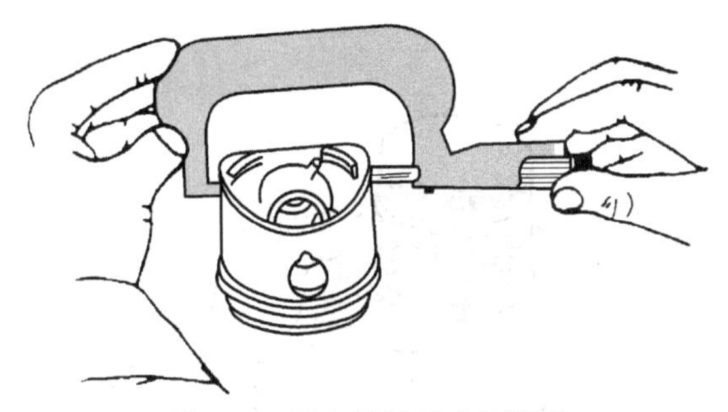

图 4-22 活塞裙部尺寸的测量

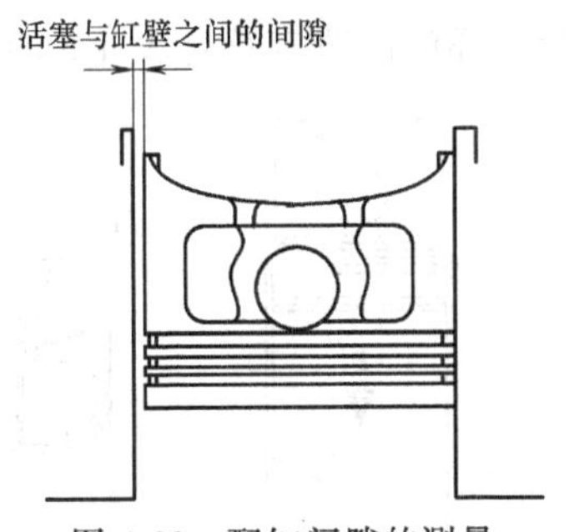

图 4-23 配缸间隙的测量

3. 活塞环的选配和小修

活塞环的损伤主要是磨损。随着活塞环磨损的加剧，活塞环的弹力逐渐减弱，端隙、侧隙、背隙增大。此外，活塞环还可能折断。

(1) 活塞环的选配 除有标准尺寸的活塞环以外，还有与各级修理尺寸气缸、活塞相对应的加大尺寸的活塞环。发动机修理时，应按照气缸的标准尺寸或修理尺寸，选用与气缸、活塞同级别的活塞环。

在大修时，优先使用活塞、活塞销及活塞环成套供应配件。

对活塞环的要求除了与气缸、活塞的修理尺寸一致外，还应具有规定的弹力，环的漏光度、端隙、侧隙、背隙应符合原厂规定。几款常见车型汽车发动机活塞环的装配间隙见表 4-5。

表 4-5 常见车型发动机活塞环的装配间隙 （单位：mm）

活塞环名称 \ 发动机型号		大众 AFE/AJR/BKT/BYJ	奥迪 A4 BPJ	别克君威 L34
活塞环开口间隙	第一道气环	0.20~0.40	0.20~0.40	0.30~0.50
	第二道气环	0.20~0.40	0.20~0.40	0.30~0.50
	油环	0.25~0.50	0.25~0.50	0.40~1.40
活塞环侧隙	第一道气环	0.06~0.09	0.06~0.09	0.02~0.04
	第二道气环	0.06~0.09	0.06~0.09	0.02~0.04
	油环	0.03~0.06	0.03~0.06	0.01~0.03

1）活塞环端隙的检测。活塞环端隙是指活塞环装入气缸后在开口处呈现的间隙。

检查活塞环端隙时，先将活塞环放入气缸内，再把活塞倒置装入气缸，把活塞环推到正常行程的下极限位置，抽出活塞，把塞尺插入活塞环开口间检查，如图 4-24 所示。

活塞环端隙的大小与气缸直径和活塞环的材料等因素有关。

常见车型活塞环的端隙（即活塞环开口间隙）应符合表 4-5 的规定。端隙大于规定时，应另选活塞环；小于规定时，可对环口的一端加以锉修。锉修时，应注意环口平整，锉修后环口应去掉毛刺，以防锋利的环口刮伤气缸。

2）活塞环侧隙的检测。活塞环侧隙是活塞环在相应的活塞环槽内上、下方向的间隙。

检测活塞环侧隙时，将活塞环放入环槽内，围绕环槽滚动一周，应能自由滚动，既不松动，又无阻滞现象。用塞尺按图 4-25 所示的方法测量，其值应符合要求。常见车型发动机活塞环的侧隙应符合表 4-5 的规定。

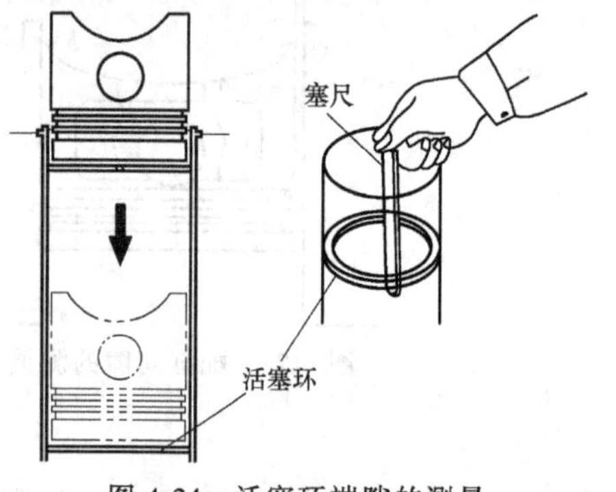

图 4-24　活塞环端隙的测量

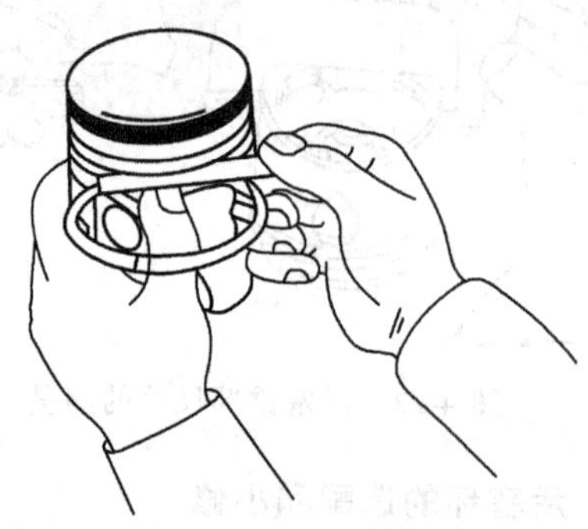
图 4-25　活塞环侧隙的测量

如侧隙过小，可将活塞环放在有平板的砂布上研磨，不允许加工活塞；如侧隙过大，则应另选活塞环。

3）活塞环背隙的检测。活塞环的背隙是指活塞环安装在活塞上放入气缸以后，活塞环因弹性而伸展紧贴气缸壁时活塞环背面与环槽底之间的间隙。

活塞环的背隙难以直接测量，在实际测量中，活塞环背隙通常以槽深和环厚之差来表示。活塞环的背隙一般为 0~0.35mm。

检测活塞环背隙的经验方法是：将活塞环置入环槽内，如活塞环低于环槽岸，能转动自如，且无松旷感觉，则背隙合适。

4）活塞环弹力的检测。活塞环的弹力是指活塞环端隙达到规定值时作用在活塞环上的径向力。

活塞环的弹力是保证气缸密封的必要条件。弹力过弱，气缸密封性变差，燃油和机油消耗增加，燃烧室积炭严重，发动机动力性、经济性降低。弹力过大会使环的磨损加剧。活塞环的弹力可用活塞环弹力检测仪检测，也可用简易检测法检测，如图 4-26 所示。

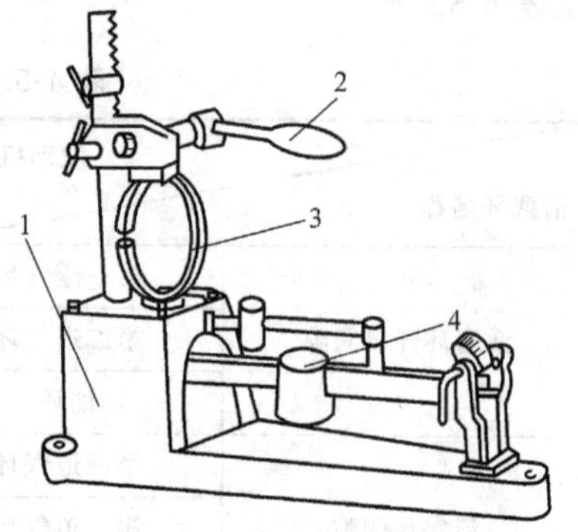

图 4-26　活塞环弹力的检测

1—弹簧秤　2—施压手柄

3—活塞环　4—法码

5）活塞环漏光度的检测。活塞环漏光度用于检查活塞环的外圆与缸壁贴合的良好程度。漏光度的检查方法如图 4-27 所示，将活塞环平正地放入气缸内，用活塞顶部把它推平，在气缸下部放置一个发亮的灯泡，在活塞环上放一个直径略小于气缸内径，能盖住活塞环内圆的盖板，然后从气缸上部观察漏光处及其对应的圆心角。

一般要求活塞环局部漏光处不大于25°；最大漏光缝隙不大于0.03mm；每环漏光处不超过2个，每环总漏光度不大于45°；在活塞环开口处30°范围内不允许有漏光现象。

（2）活塞环的小修　使用经验证明，活塞环的磨损失效寿命比气缸短，因此，在发动机的一个大修周期内应更换一次（一般只允许一次）活塞环。

通常在气缸磨损达到每100mm缸径0.18~0.22mm时，应更换活塞环，以改善发动机的动力性能和经济性。

图4-27　活塞环漏光度的检查方法
1—遮光板　2—活塞环
3—气缸　4—灯泡

在更换活塞环时，应注意以下几点：

1）检查活塞环的端隙应在活塞环行程内的最低位置进行，不能在磨损严重的气缸上部检验，也不要在活塞环行程区域以外检验。

2）活塞环与环槽的配合间隙也可放宽要求。侧隙可放宽到0.125mm；气环背隙可放宽到0.80mm，油环背隙可放宽到1.00mm。

3）在拆下活塞连杆组前，应用刮刀刮除缸肩，并用砂布将缸口磨光。若气缸磨损比较严重，造成在活塞环行程最低位置也有明显的台阶时，也应刮除和磨光。

4）在气缸磨损量不严重时，更换的活塞环只能使用原标准（或修理）尺寸的活塞环，禁止使用加大级别的活塞环。

4. 连杆的检修

连杆在工作中，会发生杆身的弯曲和扭曲变形损伤，发生大小端内孔出现椭圆和锥形及连杆大头侧面磨损等损伤，其中杆身的弯曲和扭曲变形最为常见，如图4-28所示。

（1）连杆变形的检验　连杆变形的检验应该在连杆检验仪上进行，如图4-29所示。

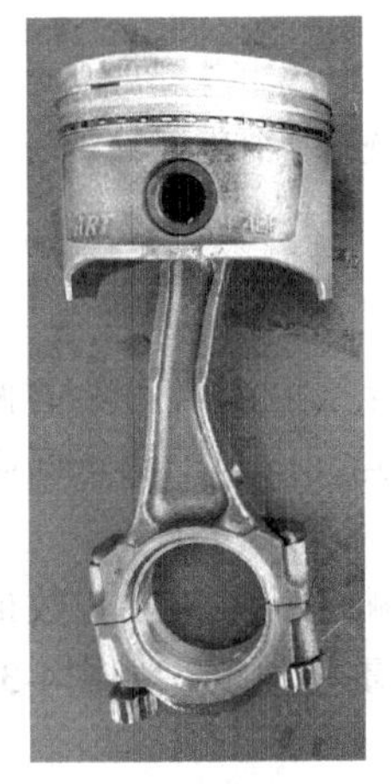

图4-28　杆身弯曲的连杆

a)

b)

图4-29　连杆检验仪
a）DTJ 110连杆检验仪　b）DTJ 75-3连杆检验仪

检验仪上的菱形支承轴能保证连杆大端轴承孔轴向与检验平板垂直。测量工具是一个带V形槽的三点规（K形规），三点规上的三点构成的平面与V形槽的对称平面垂直，两下测点的距离为100mm，上测点与两下测点连线的距离也是100mm。

连杆弯曲和扭曲变形的检验方法如下：

1）将连杆大头的轴承盖装好（不装轴承），按规定力矩拧紧螺栓，检查连杆大头孔的圆度和圆柱度应符合要求，并装上已修配好的活塞销。

2）把连杆大头装在检验仪的支承轴上，拧紧调整螺钉使定心块向外扩张，把连杆固定在检验仪上。

3）将V形检验块两端的V形定位面靠在活塞销上，观察三点规的三个接触点与检验平板的接触情况，即可检查出连杆的变形方向和变形量。

① 三点规的三个测点都与平板接触，说明连杆没有变形。

② 若上测点与平板接触，两个下测点不接触且与平板距离一致；或两个下测点与平板接触而上测点不接触，表明连杆弯曲。用塞尺测出测点与平板的间隙，即为连杆在100mm长度上的弯曲度，如图4-30所示。

③ 若只有一个下测点与平板接触，另一个下测点与平板不接触，且间隙为上测点与平板间隙的两倍，这时下测点与平板的间隙即为连杆在100mm长度上的扭曲度，如图4-31所示。

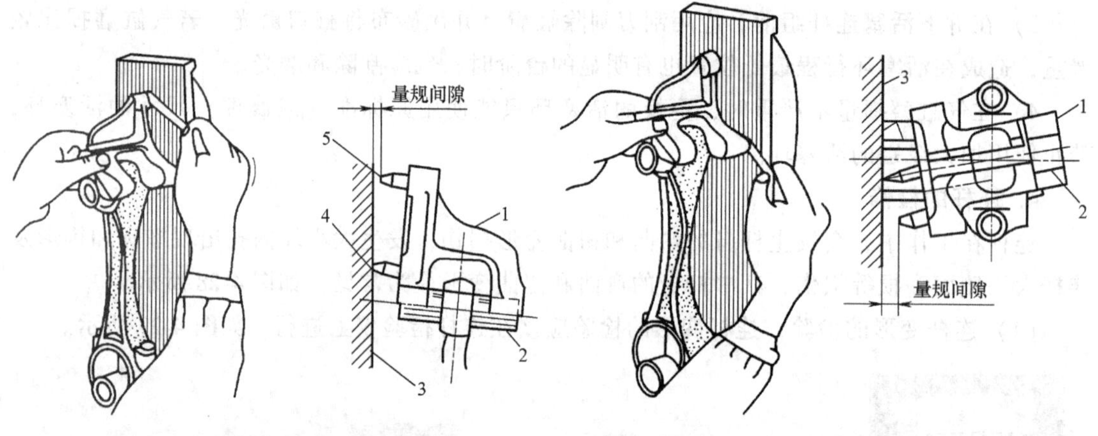

图4-30　连杆弯曲变形量的检验
1—量规　2—活塞销　3—检验平板
4—下量脚　5—上量脚

图4-31　连杆扭曲变形量的检验
1—量规　2—活塞销　3—检验平板

④ 如果一个下测点与平板接触，但另一个下测点与平板的间隙不等于上测点间隙的两倍，这说明连杆弯扭并存。下测点与平板的间隙为连杆的扭曲度，上测点间隙与下测点间隙一半的差值为连杆的弯曲度。

⑤ 测出连杆小头端面与平板的距离 S，然后将连杆翻转180°后再测此距离 S'，若数值不相等，即说明连杆有双重弯曲，两次测量数值之差 $|S-S'|$ 即为连杆双重弯曲度，如图4-32所示。

（2）连杆变形的校正　在汽车维修标准中对连杆的变形做了如下规定：连杆小端轴线与大端应在同一平面，在该平面上的平行度公差为100：0.03，该平面法向平面上的平行度公差为 100∶0.06。若连杆的弯曲和扭曲度超过公差值时应进行校正。连杆的双重弯曲通常不予校正，直接更换。因为连杆大小端对称平面偏移的双重弯曲极难校正，对曲柄连杆机构的工作极为有害。如弯扭变形同时存在，一般先校正扭曲，后校正弯曲。这样做的原因是在校正扭曲时可能产生少量弯曲，而发动机对连杆直线度的要求高于扭曲度。

1）连杆扭曲的校正。连杆扭曲的校正可将连杆夹在台虎钳上，用扭曲校正器、长柄扳钳或管子钳进行校正，用扭曲校正器校正连杆扭曲的方法如图 4-33 所示，对连杆扭曲的反方向施加一定转矩，并持续一定时间，将其校正。

2）连杆弯曲的校正。连杆弯曲的校正可在压力机或弯曲校正器上进行，用弯曲校正器校正连杆弯曲的方法如图 4-34 所示，对连杆弯曲的反方向施加一定弯矩，并持续一定时间，将其校正。

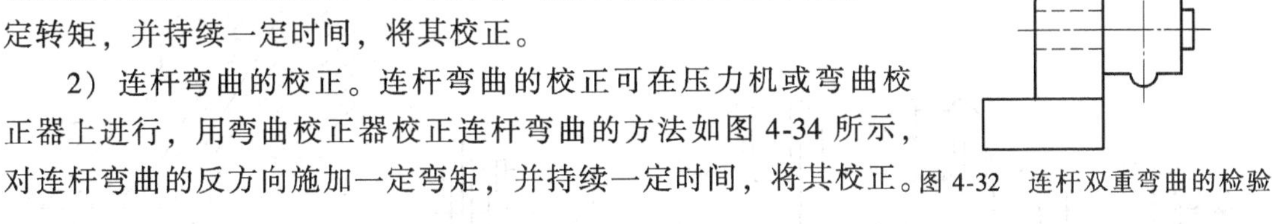

图 4-32 连杆双重弯曲的检验

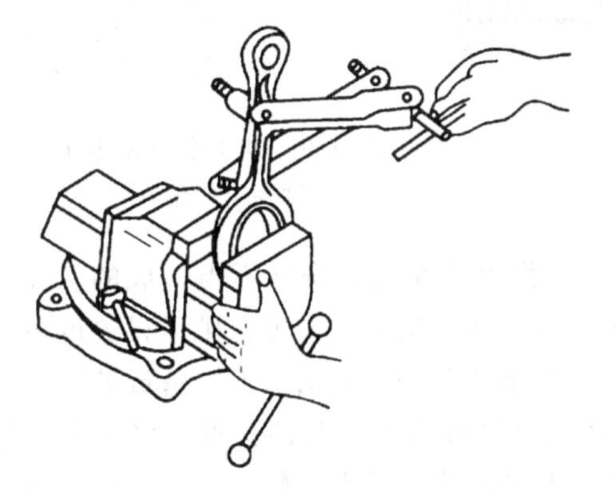
图 4-33 连杆扭曲的校正方法

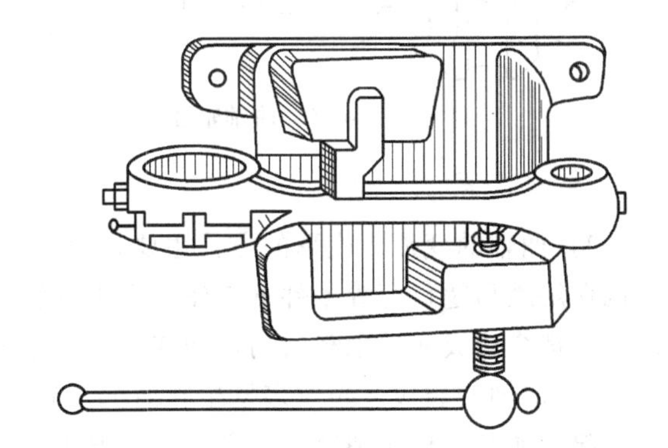
图 4-34 用弯曲校正器校正连杆弯曲的方法

冷校后的连杆，由于残余应力未能消除，经过一段时间后会恢复变形，因此校正后应进行时效处理，即将连杆加热到 400～500℃，保温 0.5～1h，然后用石棉纸包好，在空气中冷却。

当连杆变形过大时，可采用热校。用氧炔焰均匀加热校正部位至 450～600℃，然后进行校正。校正后用石棉纸包好，在空气中冷却。

【小提示】

说明：校正后的连杆杆身与小端的过渡区应无裂纹，表面无碰伤，必要时采用磁力探伤检验连杆的裂纹。如有裂纹，禁止继续使用，并立即更换。另外如果连杆下盖损坏或断裂时，也要同时更换连杆组合件。连杆螺栓应无裂纹，螺纹部分完整，无滑牙和拉长等现象。

当选用新的连杆螺栓时，其结构参数及材质应符合规定，禁止用直径相同的普通螺栓代用，连杆螺栓的自锁螺母不许重复使用。

5. 曲轴的检修

（1）曲轴的损伤形式　曲轴的主要损伤形式有轴颈磨损，曲轴主轴线的弯曲、扭曲变形以及曲轴产生裂纹甚至折断。

1）曲轴的磨损。磨损主要发生在曲轴主轴颈和连杆轴颈的部位，且磨损是不均匀的，但是曲轴的磨损有一定规律性，如图 4-35 所示。主轴颈和连杆轴颈径向最大磨损部位相互对应，即各主轴颈的最大磨损靠近连杆轴颈一侧；而连杆轴颈的最大磨损部位在主轴颈一侧。另外，曲轴轴颈沿轴向还有锥形磨损，在与连杆轴颈油道的油流相背的一侧磨损严重，如图 4-36 所示。各轴颈不同方向的磨损，导致主轴颈同轴度精度被破坏，容易造成曲轴断裂。

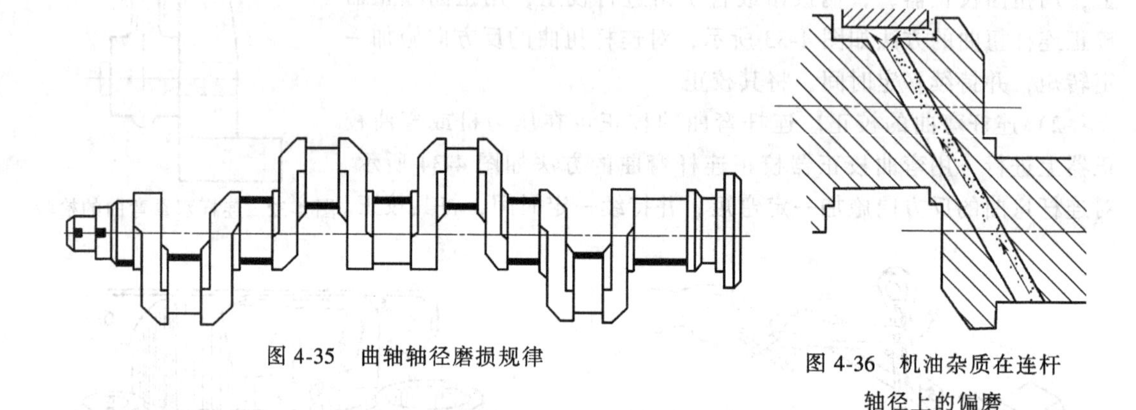

图 4-35　曲轴轴径磨损规律

图 4-36　机油杂质在连杆轴径上的偏磨

2）曲轴的变形。变形的方式主要是弯曲和扭曲，是由于使用和修理不当造成的。如发动机在爆燃和超负荷等条件下工作，个别气缸不工作或工作不均衡，各道主轴承松紧度不一致等，都会造成曲轴承载后的弯曲变形。扭曲变形主要是烧瓦和个别活塞卡缸造成的。

3）曲轴的裂纹。裂纹多发生在曲柄与轴颈之间的过渡圆角处以及油孔处，多由应力集中引起。前者是横向裂纹，危害极大，严重时可造成曲轴断裂；后者为轴向裂纹，沿斜置油孔的锐边轴向发展，同时存在危害性，必要时也应更换曲轴。

4）曲轴其他部位损伤。曲轴的其他部位损伤现象有曲轴前后油封轴颈磨损、曲轴后凸缘盘螺栓孔磨损和凸缘盘中间支承孔磨损等。

（2）曲轴磨损的检修

1）轴颈磨损的检验。曲轴轴颈磨损情况的检验主要是用外径千分尺测量轴颈的直径、圆度误差和圆柱度误差。一般根据圆柱度误差确定轴颈是否需要修磨，同时也可确定修理尺寸。

测量通常是按磨损规律进行的，先在轴颈磨损最大的部位测量，找出最小直径，然后在轴颈磨损最小的部位测量，找到最大直径。

曲轴轴颈磨损的检测如图 4-37 所示。

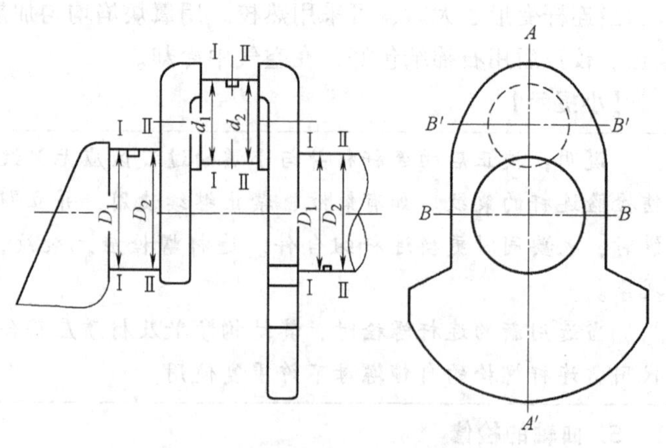

图 4-37　曲轴轴径磨损的检测

① 在每一道轴颈上选取两个截面Ⅰ—Ⅰ和Ⅱ—Ⅱ，在每一道截面上取与曲柄平行和垂直的两个方向 $A—A'$、$B—B$，用外径千分尺分别进行测量，并用内径量表检测各轴颈对应的轴瓦尺寸。

② 根据检测结果，计算轴颈磨损后的圆度、圆柱度、最大磨损量及与轴瓦的配合间隙。

圆度误差 $=(D_{A\max}-D_{B\max})/2$

圆柱度误差 $=(D_{\mathrm{I}\max}-D_{\mathrm{II}\min})/2$

或 $(D_{\mathrm{II}\max}-D_{\mathrm{I}\min})/2$

最大磨损量=轴颈标准直径-磨损后的最小直径

与轴瓦的配合间隙=（轴瓦的最大直径-轴颈的最小直径）/2

主轴颈和连杆轴颈磨损后，其圆度和圆柱度误差超出标准要求时（如大众 AFE 发动机曲轴主轴颈和连杆轴径的圆度和圆柱度误差标准值为 0.01mm，其磨损极限为 0.02mm），应进行曲轴的光磨修理。

2）轴颈的修磨。在发动机小修时，轴颈某些表面存有较轻的损伤，可用磨石、细锉刀或砂布加以修磨。

当发动机大修时，对轴颈磨损已超过规定的曲轴，可用修理尺寸法对曲轴主轴颈和连杆轴颈进行光磨修理。其修理尺寸一般以每缩小 0.25mm 为一级。常见车型的发动机曲轴主轴颈、连杆轴径的标准尺寸和维修尺寸见表 4-6。磨削加工设备通常采用专用曲轴磨床，各道主轴颈和连杆轴颈分别磨成同一级修理尺寸，以便选择统一的轴承。

表 4-6 常见车型的发动机曲轴主轴径、连杆轴径的标准尺寸和维修尺寸

（单位：mm）

发动机类型	轴径	标准尺寸	维修尺寸			
			等级Ⅰ	等级Ⅱ	等级Ⅲ	等级Ⅳ
大众 AFE/AJR	曲轴主轴径	$\phi54.00_{-0.042}^{-0.022}$	$\phi53.75_{-0.042}^{-0.022}$	$\phi53.50_{-0.042}^{-0.022}$	$\phi53.25_{-0.042}^{-0.022}$	—
	连杆轴径	$\phi47.80_{-0.042}^{-0.022}$	$\phi47.55_{-0.042}^{-0.022}$	$\phi47.30_{-0.042}^{-0.022}$	$\phi47.05_{-0.042}^{-0.022}$	—
大众 BKT/BYJ	曲轴主轴径	$\phi54.00_{-0.037}^{-0.017}$	$\phi53.75_{-0.037}^{-0.017}$	$\phi53.50_{-0.037}^{-0.017}$	$\phi53.25_{-0.037}^{-0.017}$	—
	连杆轴径	$\phi47.80_{-0.042}^{-0.022}$	$\phi47.55_{-0.042}^{-0.022}$	$\phi47.30_{-0.042}^{-0.022}$	$\phi47.05_{-0.042}^{-0.022}$	—
奥迪 A4 BPJ	曲轴主轴径	$\phi48.00_{-0.037}^{-0.017}$	$\phi47.75_{-0.037}^{-0.017}$	$\phi47.50_{-0.037}^{-0.017}$	$\phi47.25_{-0.037}^{-0.017}$	—
	连杆轴径	$\phi42.00_{-0.042}^{-0.022}$	$\phi41.75_{-0.042}^{-0.022}$	$\phi41.50_{-0.042}^{-0.022}$	$\phi41.25_{-0.042}^{-0.022}$	—
别克君威 L34	曲轴主轴径	$\phi58.00_{-0.026}^{-0.005}$	$\phi57.75_{-0.018}^{-0.005}$	$\phi57.20_{-0.018}^{-0.005}$	—	—
	连杆轴径	$\phi49.00_{-0.030}^{-0.012}$	$\phi48.75_{-0.030}^{-0.012}$	$\phi48.50_{-0.030}^{-0.012}$	—	—

轴颈光磨除了要恢复轴颈的尺寸精度和形状精度外，还必须注意恢复各轴颈的同轴度、平行度、曲柄半径以及各连杆轴颈间的夹角等相互间的位置精度。同时还应保证曲轴中心线的位置不变，以保证曲轴原有的平衡性。

（3）曲轴变形的检修

1）曲轴弯曲变形的检验。检验弯曲变形应以两端主轴颈的公共轴线为基准，检查中间主轴颈的径向圆跳动误差，如图 4-38 所示。

检验时，将曲轴两端主轴颈分别放置在检验平板的 V 形架上，将百分表测头垂直地抵在中间主轴颈上，慢慢转动曲轴一圈，百分表指针所指示的最大读数与最小读数之差，即为中间主轴颈的径向圆跳动误差值。

【小提示】

> 注意：因为轴颈存在不均匀磨损，测量弯曲时，百分表不要放在轴径中间，而尽量放在轴颈的一端，即未与轴瓦磨损的部位。

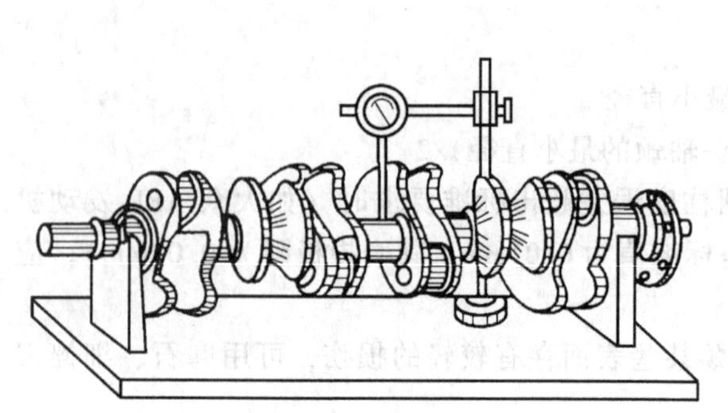

图 4-38 曲轴弯曲变形的检查方法

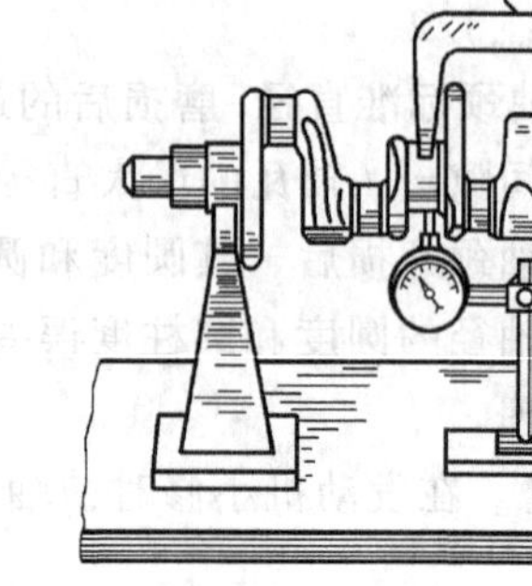

图 4-39 曲轴弯曲变形的冷压校正

2）曲轴弯曲变形的校正。曲轴的径向圆跳动误差不得大于 0.15mm，否则应进行校正。一般采用冷压校正或敲击校正法，当变形量不大时，可采用敲击校正法，即用锤子敲击曲柄边缘的非工作表面，使被敲击表面产生塑性残余变形，达到校正弯曲的目的。冷压校正是将曲轴用 V 形架架住两端主轴颈，用液压机沿曲轴弯曲相反方向加压，如图 4-39 所示。由于钢质曲轴的弹性作用，压弯量应为曲轴弯曲量的 10~15 倍，并保持 2~4min，为减小弹性后效作用，最好采用人工时效法消除。

当曲轴弯曲变形量较大时，校正必须分步、反复多次进行，直到符合要求为止。校正后的曲轴径向圆跳动误差不得大于 0.05mm。

3）曲轴扭曲变形的检验。曲轴扭曲变形检验的支承方法和弯曲检验一样，将曲轴两端主轴颈分别放置在检验平板的 V 形架上，保持曲轴水平，使两端同一曲柄平面内的两个连杆轴颈位于水平位置，用百分表测量两轴颈最高点至平板的高度差 ΔA，据此求得曲轴主轴线的扭曲角 θ 为

$$\theta=\frac{360\Delta A}{2\pi R}=\frac{57\Delta A}{R} \tag{4-6}$$

式中，R 为曲柄半径（mm）。

4）曲轴扭曲变形的校正。当曲轴扭曲角 θ 大于 0°30′时可进行校正，可直接在曲轴磨床上结合对连杆轴颈磨削时予以修正。

（4）曲轴裂纹的检修　曲轴裂纹常采用的检验方法有磁力探伤法、浸油敲击法和荧光粉探伤法。检验前把曲轴清洗干净。

1）磁力探伤法。用磁力探伤仪的磁性夹头夹住曲轴的两端，曲轴被磁化。磁力线不能直接通过裂纹，在裂纹处形成磁极。在曲轴上撒上铁粉，铁粉被磁化，吸附在裂纹处，显现出裂纹的形状和大小。而没有裂纹部位，磁力线直接穿过，不形成磁极，铁粉不被吸附。

2）浸油敲击法。将曲轴在煤油中浸泡片刻，取出擦净表面煤油，然后撒上白粉。用锤子分段敲击每道曲柄臂。有明显油迹渗出的部位，说明有裂纹。

3）荧光粉探伤法。把荧光粉调成糊状，均匀涂抹于曲轴表面。然后擦净表面，用紫外线灯光照射曲轴，发光处显示裂纹形状。

曲轴出现裂纹一般应更换曲轴。

（5）曲轴轴向和径向间隙的检查与调整

1）曲轴轴向间隙的检查与调整。为了适应发动机机件正常工作的需要，曲轴必须留有合适的轴向间隙，间隙过小，会使机件因受热膨胀而卡死；轴向间隙过大，曲轴工作时将产生轴向窜动，加速气缸的磨损，活塞连杆组也会不正常磨损，还会影响配气相位和离合器的正常工作。因此，曲轴装到气缸体上之后，应检查其轴向间隙。

曲轴轴向间隙的检查可采用百分表或塞尺进行。将百分表测头顶在曲轴平衡重上，用撬棒前后撬动曲轴，观察表针摆动数值，即为曲轴轴向间隙，如图 4-40 所示。或者用撬棒将曲轴撬向一端，再用塞尺检查推力轴承和曲轴止推面之间的间隙，即为曲轴轴向间隙，如图 4-41 所示。

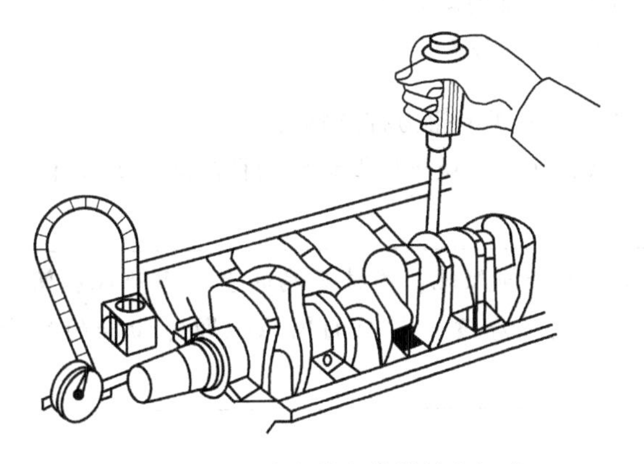

图 4-40 用百分表检查曲轴轴向间隙

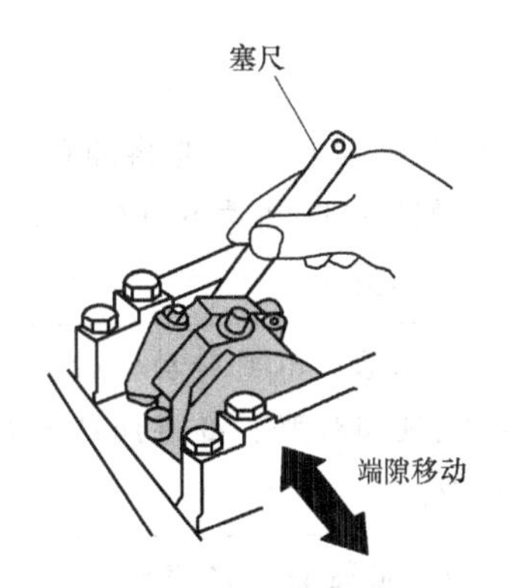

图 4-41 用塞尺检查曲轴轴向间隙

此间隙应符合规定，当轴向间隙过小或过大时，应更换不同厚度的止推垫片进行调整。部分大众车型发动机的曲轴轴向间隙和径向间隙尺寸见表 4-7。

表 4-7 部分大众车型发动机的曲轴轴向间隙和径向间隙尺寸 （单位：mm）

发动机类型	曲轴的间隙类别	尺寸范围	磨损极限值
大众 AFE	轴向间隙	0.07~0.17	0.25
	径向间隙	0.03~0.08	0.17
大众 AJR	轴向间隙	0.07~0.21	0.30
	径向间隙	0.01~0.04	0.15
大众 BYJ	轴向间隙	0.07~0.23	0.30
	径向间隙	0.02~0.04	0.15

2）曲轴径向间隙的检查与调整。曲轴的径向也必须留有适当间隙，因为轴承的适当润滑和冷却取决于曲轴径向间隙的大小。曲轴径向间隙过小会使阻力增大，加重磨损，使轴瓦划伤。曲轴径向间隙太大，曲轴会上下敲击，并使机油压力减小，曲轴表面过热并与轴瓦烧熔到一起。曲轴的径向间隙可用塑料间隙规检查，如图 4-42 所示。

首先清洁曲轴主轴颈、连杆轴颈、轴瓦和轴承盖，将塑料间隙规（或软金属丝）放置

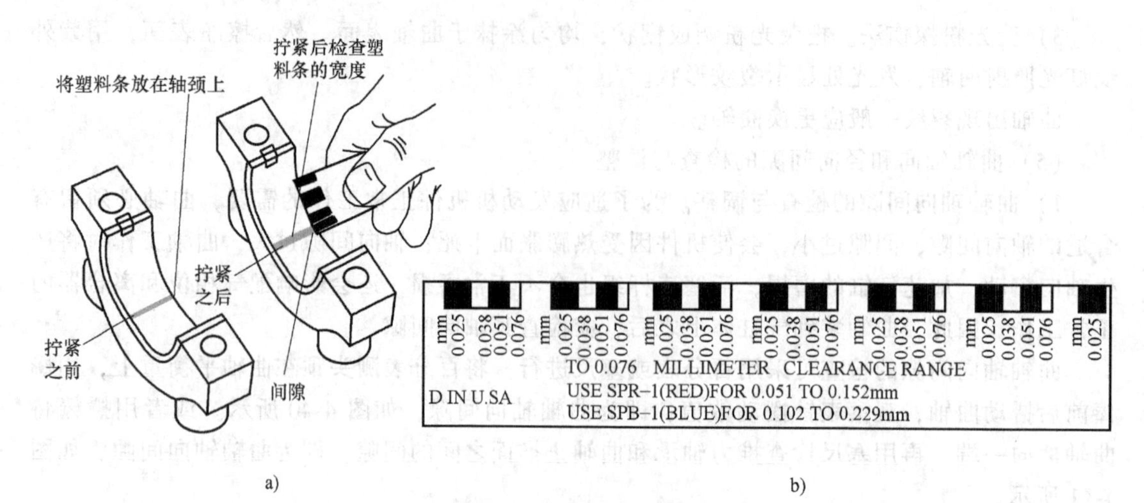

图 4-42 用塑料间隙规检查曲轴径向间隙

a）检查方法 b）塑料间隙规

在曲轴轴颈上（不要将油孔盖住），盖上轴承盖并按规定扭力拧紧螺栓。

如果径向间隙不符合规定，应重新选配轴承。部分大众车型发动机的径向间隙见表 4-7。

【小提示】

注意：不要转动曲轴。然后取下轴承盖和塑料间隙规，用被压扁的塑料间隙规和间隙条宽度相对照，查得间隙条宽度（或测量软金属丝厚度）对应的间隙值即为曲轴的径向间隙。

6. 曲轴轴承的选配

曲轴轴承在工作中会发生磨损、合金层疲劳剥落或黏着咬死等；轴承径向间隙的使用限度超限后，因轴承对机油流动阻尼能力减弱，可使主油道压力减小而破坏轴承的正常润滑；发生上述情况应更换轴承。当发动机总成修理时，也应更换全部轴承。

轴承的选配包括选择合适内径的轴承，以及检测轴承的高出量、自由弹开量、定位凸点和轴承钢背表面质量等内容。

（1）选择轴承内径 根据曲轴轴承的直径和规定的径向间隙选择合适内径的轴承。

现代发动机曲轴轴承制造时，根据选配的需要，其内径已制成了一个尺寸系列。

（2）检测轴承钢背质量 要求定位凸点完整，轴承钢背应光整无损。

（3）检测轴承自由弹开量 要求轴承在自由状态下的曲率半径大于座孔的曲率半径，保证轴承压入座孔后，可借轴承自身的弹力作用与轴承座贴合紧密，如图 4-43 所示。

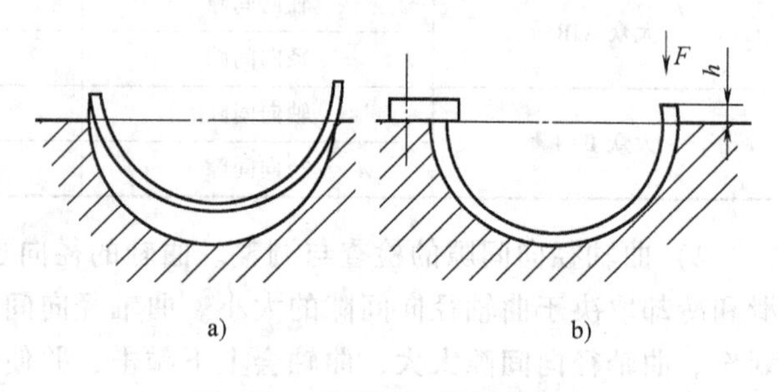

图 4-43 曲轴轴承的检查方法

a）检查弹出量 b）检查高出量

（4）检测轴承的高出量 轴承装入座孔内，上、下两片的每端均应高出轴承座平面 0.03～0.05mm，称为高出量。

曲轴轴承高出座孔，以保证轴承与

座孔紧密贴合，提高散热效果。

4.1.5 配气机构主要零件的检修

配气机构必须按照配气凸轮型线所确定的规律定时开闭进、排气门。气门开启要迅速，落座应平稳，无反跳和抖动，确保燃烧室密封，并有较高的充气效率和较低的振动和噪声，工作可靠，寿命长。

在配气机构的各组成件中，有些受高温气体的作用，有些受交变载荷的冲击，有些润滑条件极差，长期使用后，这些运动件将发生磨损、熔蚀或变形，其技术性能和配合关系会被破坏，从而导致气门关闭不严、配气机构异响和配气相位失准等故障，严重的还出现机件损坏。因此，对配气机构主要零部件的检修就显得尤为重要。

1. 气门与气门座配合的要求

气门与气门座的配合是配气机构的重要环节，它影响到气缸的密封性，对发动机的动力性和经济性关系极大。

气门与气门座的配合要求如下：

1）气门与气门座圈的工作锥面角度应一致。为改善气门与气门座圈的磨合性能，当磨削气门的工作锥面时，其锥面角度比座圈小0.5°~1°。

2）气门与座圈的密封带位置在中部靠内侧。过于靠外，使气门的强度降低；过于靠内，会造成与座圈接触不良。

3）气门与座圈的密封带宽度应符合原设计规定，一般为1.2~2.5mm。排气门大于进气门的宽度，柴油机大于汽油机的宽度。密封带宽度过小，将使气门磨损加剧；宽度过大，容易烧蚀气门。

4）气门工作面与杆部的同轴度误差应不大于0.05mm。

5）气门杆与导管的配合间隙应符合原厂规定。

2. 气门的检修

发动机运转过程中，气门的工作环境十分恶劣，要承受冲击性交变载荷和燃烧气体的热负荷作用，尤其是排气门还要受到高温气流的冲刷和腐蚀，加之气门相对运动的部位润滑条件极差，使气门产生下列损伤：气门工作面出现烧蚀、开裂、斑点或凹坑，工作面受磨损起槽、变宽，气门杆弯曲、磨损和端部偏磨等。气门不能进行修理，只能进行更换和研磨。

（1）气门工作面的检修　气门工作面磨损起槽或烧蚀出现斑点，应进行光磨。

气门光磨是在气门光磨机上进行的，光磨后，气门工作锥面的径向圆跳动误差一般应不大于0.01mm，表面粗糙度值应小于$Ra1.25\mu m$。

（2）气门杆的检修

1）用外径千分表检测气门杆的磨损，测量部位如图4-44所示。通常与气门杆尾端未磨损部分对比测量，若超过0.05mm，或用手触摸有明显的阶梯形成感觉时，应更换气门。

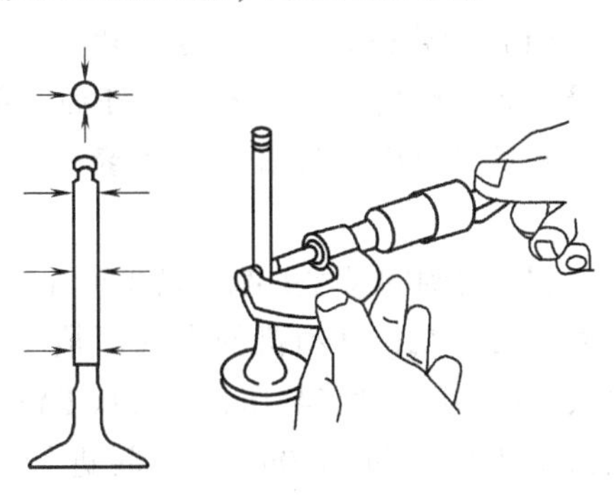

图4-44　气门杆直径的检查方法

2）用千分表检查气门杆的弯曲变形，如图4-45所示，若表针摆差超过0.06mm，应校直或更换。

3）气门杆尾端磨损凹陷应磨平，气门全长及磨削量应符合规定要求，具体尺寸可参考各车型维修手册，如大众 AJR 发动机气门尺寸如图 4-46 所示和见表 4-8。

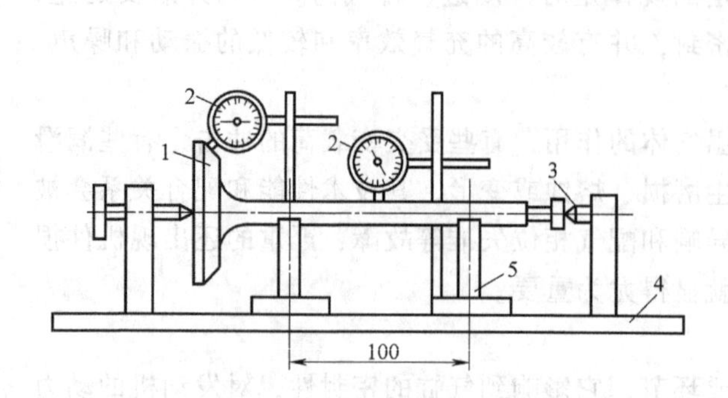

图 4-45　气门杆弯曲的检查方法

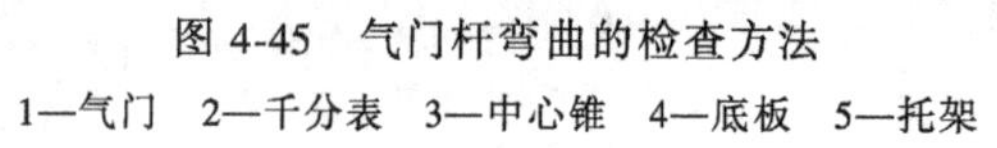

1—气门　2—千分表　3—中心锥　4—底板　5—托架

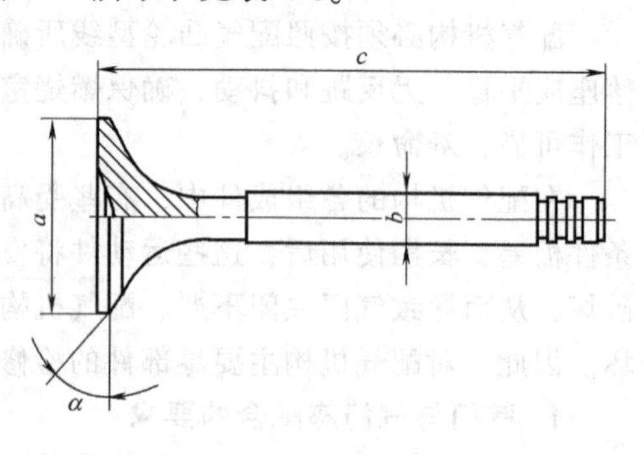

图 4-46　大众 AJR 发动机气门尺寸

表 4-8　大众 AJR 发动机进、排气门尺寸　（单位：mm）

尺寸	进气门	排气门
ϕa	39.5±0.15	32.9±0.15
ϕb	6.980±0.007	6.965±0.007
c	91.85	91.15
α	45°	45°

3. 气门座的修复和镶换

气门座的耗损主要是磨料磨损和由于冲击载荷造成的硬化层脱落，以及受高温气体的腐蚀，使得密封带变宽，气门与气门座关闭不严，气缸密封性降低。如果出现这些现象，一般应修复气门座。

气门座修复所需专用工具有深度仪和气门座修复工具。如果气门有泄漏，仅仅更换或修复气门座和气门是不够的，必须检查气门导管有无泄漏，特别是对那些有很高里程数的发动机。

（1）计算最大允许修复尺寸　在进行修复前应检查最大允许修复尺寸。将气门杆插入并压紧到气门座上，测量气门杆与气缸盖上边缘的距离 a，如图 4-47 所示。

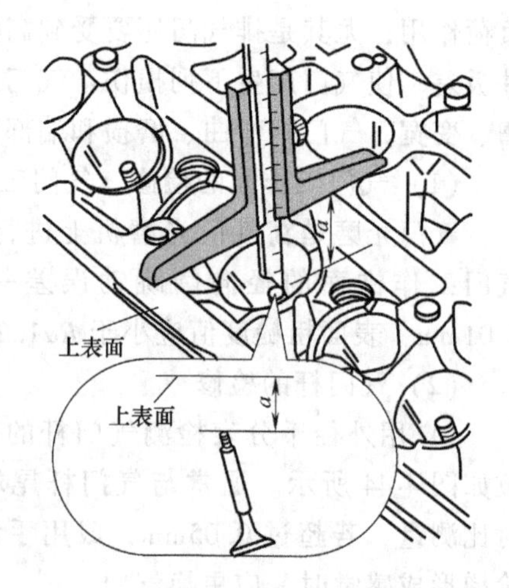

图 4-47　测量气门杆末端与气缸盖上表面间的距离 a

测量得到的尺寸 a 减去最小尺寸即为最大允许修复尺寸。大众 AJR 发动机的进气门最小尺寸为 33.8mm，排气门最小尺寸为 34.1mm；大众 BYJ 发动机的外侧进气门最小尺寸为 31.0mm，中间进气门的最小尺寸为 32.2mm，排气门的最小尺寸为 31.9mm。

如果最大允许修复尺寸等于或小于 0，则采用新的气门重新进行测量。如果更换新气门后重新测得的数据仍然等于或小于0，则应更换气缸盖。因为超过修复尺寸，将无法保证液压气门间隙补偿功能，故必须更换新的气缸盖。

（2）气门座铰削　气门座圈与气门头部的配合为锥形，目的是使气体流通阻力小，且有自行对正中心的作用。在长期工作后工作面出现烧蚀、斑点、孔洞、凹陷和硬化层等缺陷，影响气缸的密封性时，应对气门座圈进行铰削修整，同时修整或换气门。

气门座通常用一组气门座铰刀进行加工。气门座铰刀由多只不同直径、不同锥角和把手及导杆组成，如图4-48所示。

气门座上通常加工有三个不同锥角的斜面，可用一组与其相应不同角度的气门铰刀进行加工，如大众BYJ发动机气门座的倾斜角度分别为30°、45°和60°，如图4-49所示，其进、排气座的修复尺寸见表4-9。

图4-48　气门座铰刀组

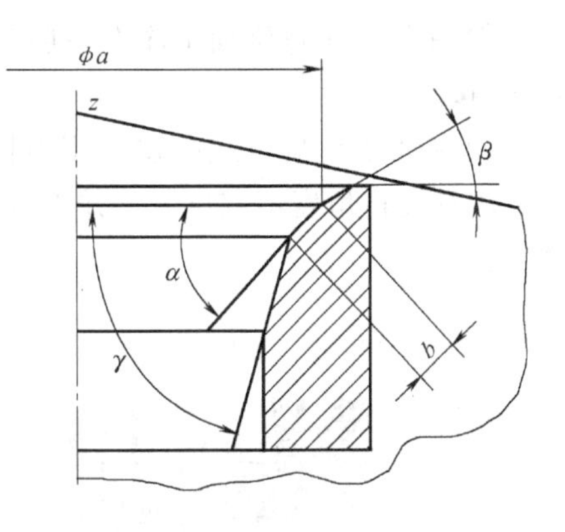

图4-49　气门座的修复尺寸

表4-9　大众BYJ发动机进、排气门座修复尺寸

尺寸	进气门座	排气门座
ϕa/mm	26.2	29.0
b/mm	1.5~1.8	1.8
z	气缸盖下边缘	
气门座角度 α/(°)	45	45
气门座上部的修正角 β/(°)	30	30
气门座下部的修正角 γ/(°)	60	60

气门座圈的铰削通常手工进行。要求检修气门导管后，再进行气门座圈的铰削。

铰削时，首先根据气门导管内径选择铰刀导杆，铰刀是以插入气门导管内的导杆来定中心的，导杆以易于插入气门导管内，无旷动量为宜。为此，导杆插入导管内部分有的加工成约有0.025mm的锥形，以保证气门座工作锥面轴线与导管轴线重合。在此基础上，把砂布垫在与气门锥角相同的铰刀下，磨除座口硬化层，用与气门工作锥角相同的粗铰刀铰削工作锥面，直至凹陷和斑点全部除去并形成2.5mm以上的完整锥面为止。铰削时两手用力要均衡并保持顺时针方向转动。

（3）气门座磨削　气门座铰削完毕后，一般还要进行磨削，磨削工艺如下：

1）根据气门工作面锥度和尺寸选用砂轮。

2）修磨砂轮工作面达到平整并与轴孔同轴度公差在0.025mm之内。

3）选择合适的定心导杆，卡紧在气门导管内，磨削时，导杆应不转动。

4）光磨时应保证光磨机正直，并轻轻施加压力，光磨时间不宜太长，要边磨边检查。

（4）气门的研磨　气门工作面经光磨或更换新件，气门座经过磨削后，为使它们达到密合，还需要相互研磨。

气门的研磨有两种方法，一种是手工操作，另一种是使用气门研磨机进行。图4-50所示为电动式气门研磨机。

1）手工研磨

① 研磨前应先用汽油清洗气门、气门座和气门导管，将气门按顺序排列或在气门头部打上记号，以免气门位置错乱。

② 在气门工作锥面上涂上一层薄薄的粗研磨砂，同时在气门杆上涂以机油，插入气门导管内。

③ 利用螺钉旋具或橡皮捻子按图4-51所示将气门做往复和旋转运动与气门座进行研磨，注意旋转角度不宜过大，并不时地提起和转动气门，变换气门与座相对位置，以保证研磨均匀。

图4-50　电动式气门研磨机

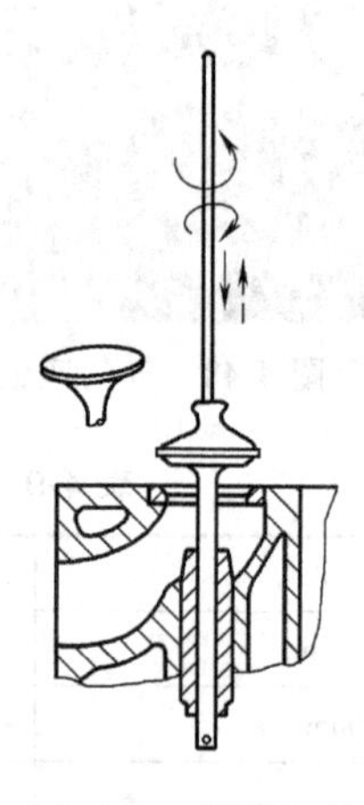

图4-51　研磨气门

【小提示】

注意：在手工研磨中，不宜过分用力，也不要提起气门在气门座上用力拍击，否则会将气门工作面磨宽或磨成凹槽。

④ 当气门工作面与气门座工作面磨出一条较完整且无斑痕的接触环带时，可以将粗研磨砂洗去，换用细研磨砂继续研磨。当工作面出现一条整齐灰色的环带时，再洗去细研磨砂，涂上机油，继续研磨几分钟即可。

2）机器研磨。将气缸盖清洗干净，安放在气门研磨机工作台上。在已配好的气门工作面涂上一层研磨膏，在气门杆部涂上机油并装入气门导管内，调整各转轴，对正气门座孔。连接好研磨装置，调整气门升程，进行研磨。一般研磨10~15min即可。研磨好的工作面应成为一条光泽完整的圆环。

（5）气门的密封性检查　气门和气门座经过修理后，都要进行密封性检查，其方法如下：

1）划线法。检查前将气门及气门座清洗干净，在气门工作面上用2B铅笔沿径向均匀地划上若干条线，如图4-52a所示。然后与相配气门座接触，略压紧并转动气门45°～90°，取出气门，查看铅笔线条，如铅笔线条均被切断（见图4-52b），则表示密封良好，否则，应重新研磨。

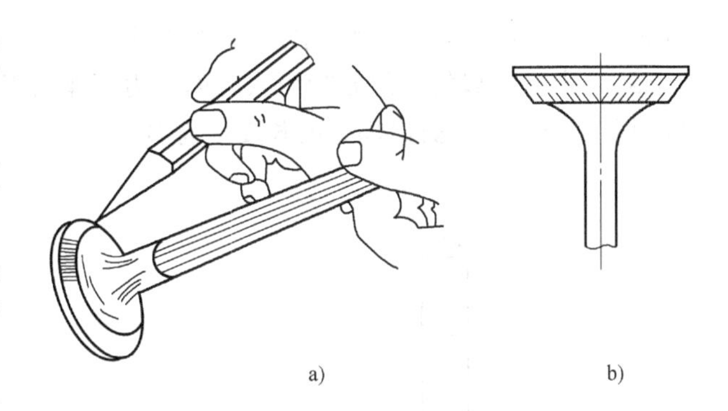

图4-52 划线法检查气门的密封性
a）用铅笔在气门上划线 b）检查气门上所划的线是否全部断开

2）拍击法。将气门与相配气门座轻轻敲击几次，查看接触带，如有明亮的连续光环，即为合格。

3）涂轴承蓝或红丹油。在气门工作面上涂抹上一层轴承蓝或红丹油，然后用橡皮捻子吸住气门在气门座上旋转90°，再将气门提起，若轴承蓝或红丹油布满气门座工作面一周而无间断，又十分整齐，即表示密封良好。

4）渗油法。可用煤油或汽油浇在气门顶面上，5min内查看气门与座接触处是否有渗漏现象，如无渗漏即为合格。

（6）气门座的镶换 当气门座有裂纹、松动、烧蚀或磨损严重时，或经多次加工修理，使新气门装入后，气门头部顶平面仍低于气缸盖燃烧室平面2mm以上，应镶换新的气门座。

气门座的镶换工艺要点如下：

1）拆卸旧气门座。拆卸过程中不要损伤气门座支承孔。

2）选择新气门座。用外径千分尺测量气门座外径，用内径量表测量气门座支承孔内径，并根据气门座和缸盖支承孔的材质选择合适过盈量（一般在0.07～0.17mm）。

3）气门座的镶换。将检查合格的新气门座进行冷却，时间不少于10min，同时加热气门座支承孔，然后在气门座外侧涂上一层密封胶，将气门座压入支承孔中。

4. 气门导管的检修

在更换气门后，若它与气门导管的配合间隙仍然较大，应检修气门导管。配合间隙的检查方法是：将气门提起至气缸盖平面上的一定高度（一般为气门导管长度的一半），用百分表测头抵在气门头的边缘处，如图4-53所示；然后往复摆动气门，用百分表测得一个摆差，即为气门导管的磨损情况。一般进气门摆差不得超过1.00mm，排气门摆差不得超过1.30mm。

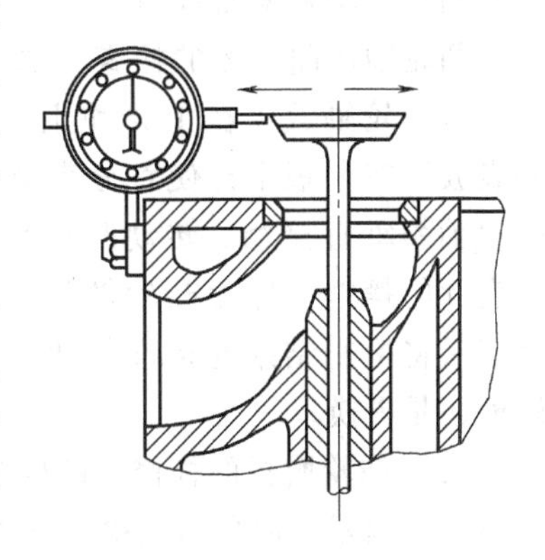

图4-53 气门导管与气门杆间隙的测量

气门导管过度磨损后应更换。新气门导管的选择，要求气门导管的内径应与气门杆的尺寸相适应，其外径与气门导管支承孔的配合应有一定的过盈量，通常取过盈量为导管外径的2%～3%。气门导管的过盈量可用新旧气门导管对比的办法进行测量，新气门导管要比压出来的旧气门导管长0.01～0.02mm。

更换气门导管的方法是：用专用工具将旧气门导管从

气缸盖压出（见图 4-54），将选定的新气门导管外壁涂上一层机油，压入导管支承孔内（见图 4-55）。带有台肩的气门导管压入时的压力不能大于 10kN，否则会使台肩断裂。不带台肩的气门导管压入后，露出部分的长度应符合规定。

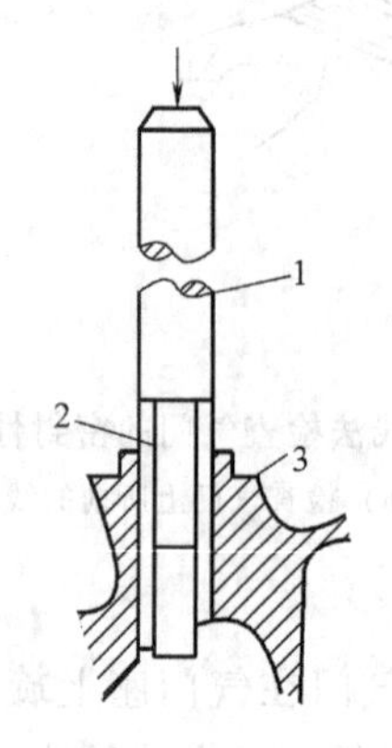

图 4-54　气门导管的拆卸

1—铜冲　2—气门导管　3—气缸盖

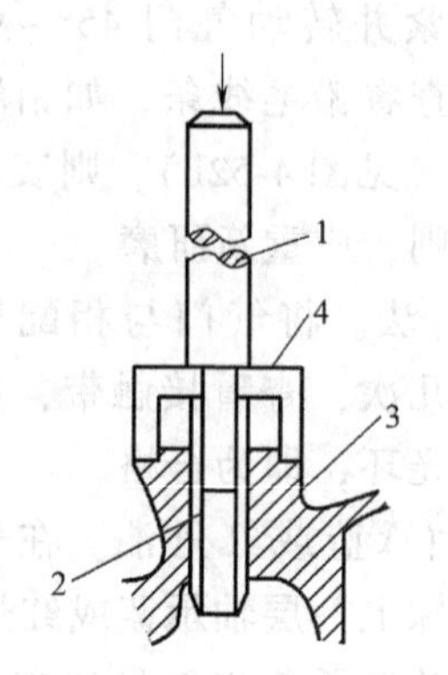

图 4-55　气门导管的安装

1—铜冲　2—气门导管

3—气缸盖　4—支架

气门导管更换后，应检查气门杆与气门导管的配合间隙是否符合要求（正常值为0.02~0.04mm）。其经验检查方法是将气门杆和导管孔擦净，在气门杆上涂一薄层机油，放入导管内，上下拉动几次后拉出，松手后气门能借自身重量徐徐下降落座，则认为配合适当。

如果气门与气门导管的配合间隙过小，可用铰削的方法进行扩孔。

5. 凸轮轴的检修

凸轮轴常见的损伤是凸轮轴的弯曲变形、凸轮轮廓磨损、支承轴颈表面的磨损以及正时齿轮驱动件的耗损等。这些耗损会使气门的最大开度和发动机的充气系数减小，配气相位失准，并改变气门上下运动的速度特性，从而影响发动机的动力性和经济性等。

（1）凸轮轴弯曲变形的检修　凸轮轴的弯曲变形是以凸轮轴中间轴颈对两端轴颈的径向圆跳动误差来衡量的。

凸轮轴弯曲变形的检查方法如图 4-56 所示，将凸轮轴放置在 V 形块上，V 形块和百分表放置在平板上，使百分表测头与凸轮轴中间轴颈垂直接触。转动凸轮轴，观察百分表表针的摆差，即为凸轮轴的弯曲度。检查完毕后将检查结果与标准值比较，以确定是修理还是更换。

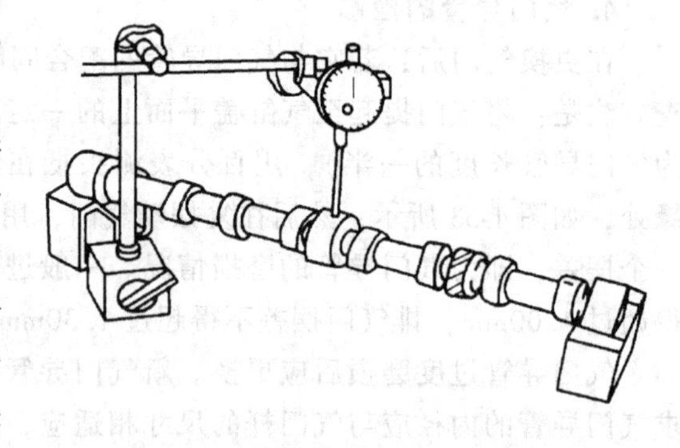

图 4-56　凸轮轴弯曲变形的检查方法

（2）凸轮磨损的检修　凸轮的磨损使气门的升程规律改变和最大升程减小，因此凸轮的最大升程减小值是凸轮检验分类的主要依据。

当凸轮最大升程减小值大于 0.40mm 或凸轮表面累积磨损量超过 0.80mm 时，则更换凸轮轴；当凸轮表面累积磨损量小于 0.80mm 时，可在凸轮轴磨床上修磨凸轮。但是，现代汽车发动机凸轮轴的凸轮均为组合线型，由于加工精度极高，修理成本高，所以目前极少修复，一般更换凸轮轴。

(3) 凸轮轴轴颈的检修　用千分尺测量凸轮轴轴颈的圆度误差和圆柱度误差。凸轮轴轴颈的圆度误差不得大于0.015mm，各轴颈的同轴度误差不得超过0.05mm。否则应按修理尺寸法进行修磨。

(4) 凸轮轴轴承的检修　当凸轮轴轴承的配合间隙超过使用极限时，应更换新轴承。

(5) 凸轮轴轴向间隙的检查调整　采用止推凸缘进行轴向定位的发动机在检查轴向间隙时，用塞尺插入凸轮轴第一道轴颈前端面与止推凸缘之间或正时齿轮轮毂端面与止推凸缘之间，塞尺的厚度值即为凸轮轴轴向间隙。一般为0.10mm，使用极限为0.25mm，如间隙不符合要求，可用增减止推凸缘的厚度来调整。

采用轴承翻边进行轴向定位的发动机检查轴向间隙时，要在不装液压挺柱的情况下进行(可只装第一、五道轴承盖)，用百分表测头顶在凸轮轴前端，轴向推拉凸轮轴，百分表的摆动量即为凸轮轴的轴向间隙，如图4-57所示。当大众AJR发动机凸轮轴的轴向间隙超出使用极限0.15mm时，则更换凸肩的凸轮轴轴承。

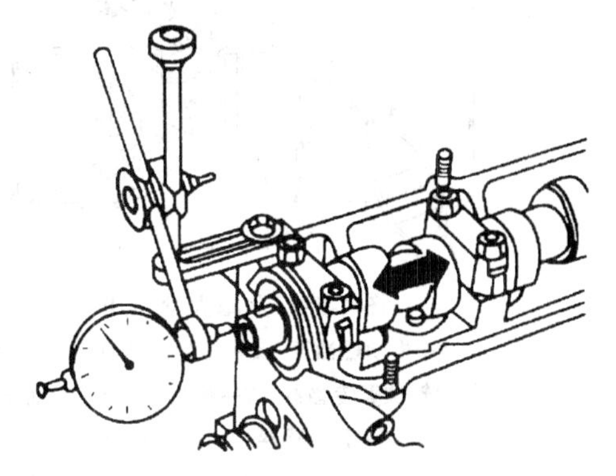

图4-57　凸轮轴轴向间隙的测量

4.2　汽油发动机电控系统的诊断与维修

4.2.1　概述

全球能源紧缺、环境保护和交通安全等问题，促使汽车油耗法规和排放法规的要求不断提高，同时电子技术水平的不断提高，促进了汽车发动机电子控制技术的发展，如汽油发动机采用电子控制燃油喷射技术和微机控制点火技术，能够精确地控制空燃比、点火时刻和实现闭环控制，如果再加装三元催化转化器，不仅能够节油5%~10%，还可使发动机有害排放物降低95%以上，使发动机的动力性和排气净化性能大大提高。

汽油发动机电控系统的主要控制功能是燃油控制（控制喷油量和喷油正时）和点火控制（控制点火提前角、闭合角和爆燃控制）。除此之外，还有控制发动机起动、怠速转速、空燃比、减速断油、燃油蒸发、排气再循环、闭缸工作、进气增压、爆燃、发电机输出电压、电动燃油泵和系统故障自诊断测试等辅助控制功能，从而提高了发动机的动力性、经济性和排放性能。根据空气计量方式的不同，电控燃油喷射系统分为D-Jetronic系统和L-Jetronic系统，以及集电子点火和电控汽油喷射于一体的Motronic数字式发动机集中控制系统，图4-58所示为上海大众AJR型发动机所用的M型发动机电控系统示意图。

汽油发动机电控系统一般由四个子系统组成，即空气供给系统、燃油供给系统、电子控制系统和电控点火系统。

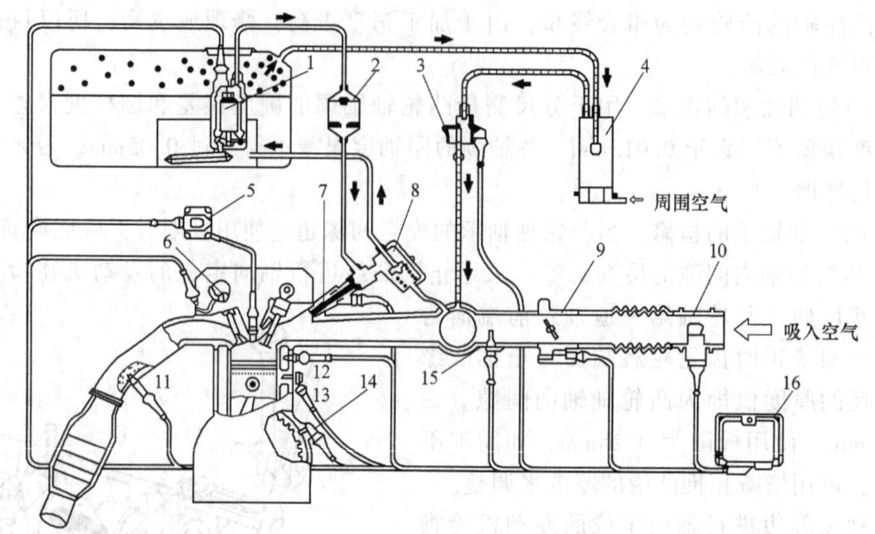

图 4-58　上海大众 AJR 型发动机所用的 M 型发动机电控系统示意图

1—电动燃油泵　2—燃油滤清器　3—活性炭罐电磁阀　4—活性炭罐　5—点火控制组件
6—凸轮轴位置传感器　7—喷油器　8—燃油压力调节器　9—节气门控制组件　10—空气流量传感器
11—氧传感器　12—冷却液温度传感器　13—爆燃传感器　14—曲轴位置传感器
15—进气温度传感器　16—发动机电控单元（ECU）

1. 空气供给系统

空气供给系统的作用是向发动机提供与负荷相适应的清洁的空气，同时测量和控制进入发动机气缸的空气量，使它们在系统中与喷油器喷出的汽油形成空燃比符合要求的可燃混合气。

空气供给系统除了空气滤清器、进气总管和进气歧管外，还有电控系统特有的空气计量装置、节气门体、节气门位置传感器、进气温度传感器和怠速控制阀等，如图 4-59 所示。

2. 燃油供给系统

燃油供给系统的功用是由电动燃油泵向喷油器提供足够压力的汽油，喷油器根据来自 ECU 的控制信号，向进气歧管内进气门上方喷射定量的汽油。燃油供给系统的组成如图4-60

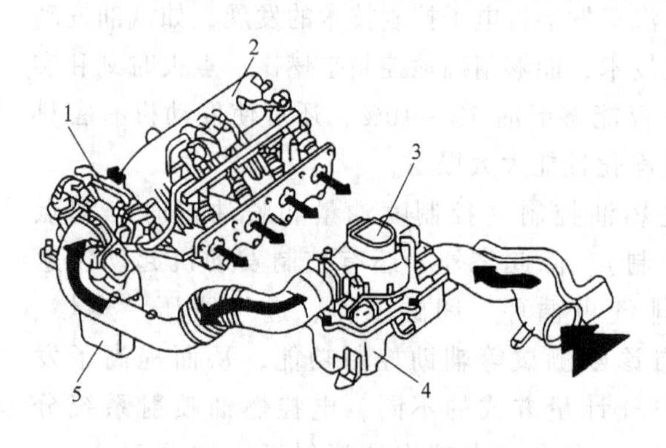

图 4-59　空气供给系统的组成

1—节气门　2—进气歧管　3—空气流量传感器
4—空气滤清器　5—动力腔

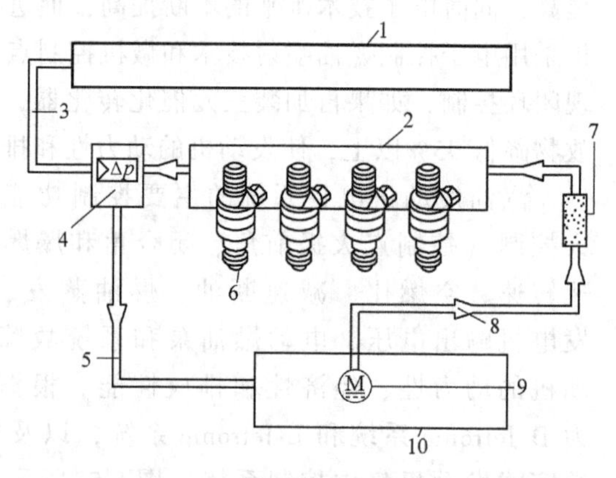

图 4-60　燃油供给系统的组成

1—进气歧管上体　2—燃油分配管　3—进气管压力
4—燃油压力调节器　5—回油管　6—喷油器
7—燃油滤清器　8—进油管　9—燃油泵　10—燃油箱

所示。燃油供给系统一般由燃油箱、电动燃油泵、燃油滤清器、燃油压力调节器、喷油器和供油总管等组成。

3. 电子控制系统

电子控制系统由各种传感器、ECU和执行器三部分组成，上海大众AJR型发动机电子控制系统的组成如图4-61所示。电子控制系统的功用是根据发动机和汽车不同的运行工况，对喷油时刻、喷油量以及点火时刻等进行确定和修正，检测各传感器的工作情况，并将工作参数进行储存和输出。

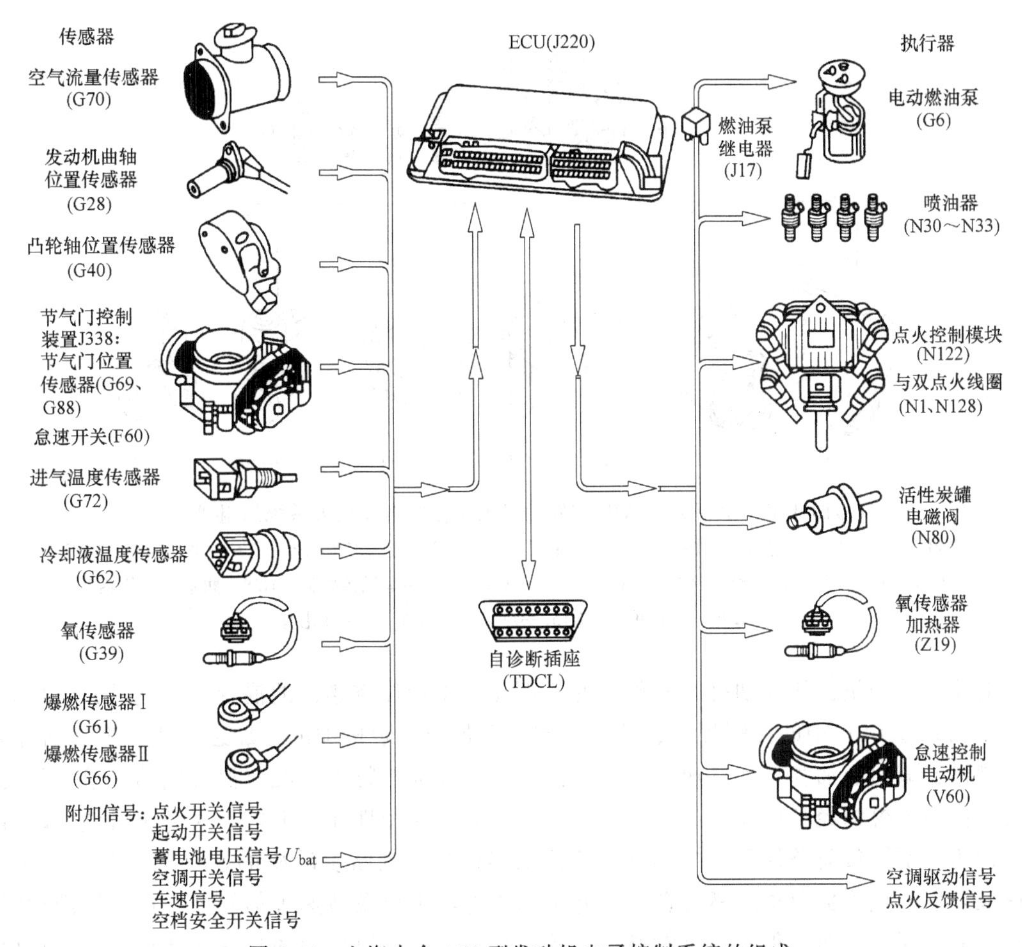

图4-61 上海大众AJR型发动机电子控制系统的组成

4. 电控点火系统

电控点火系统主要由凸轮轴位置（上止点位置）传感器CIS、曲轴位置（曲轴转速与转角）传感器CPS、空气流量（负荷）传感器AFS、节气门位置（负荷）传感器TPS、冷却液温度传感器CTS、进气温度传感器IATS、车速传感器VSS、爆燃传感器DS、各种控制开关、ECU、点火控制器、点火线圈以及火花塞等组成，上海大众AJR型发动机电子控制直接点火系统的组成如图4-62所示。

汽油发动机电控系统以ECU为控制中心，利用安装在发动机不同部位上的各种传感器来检测发动机的各种工作参数。根据这些参数选择ECU中设定的程序，通过控制喷油器，

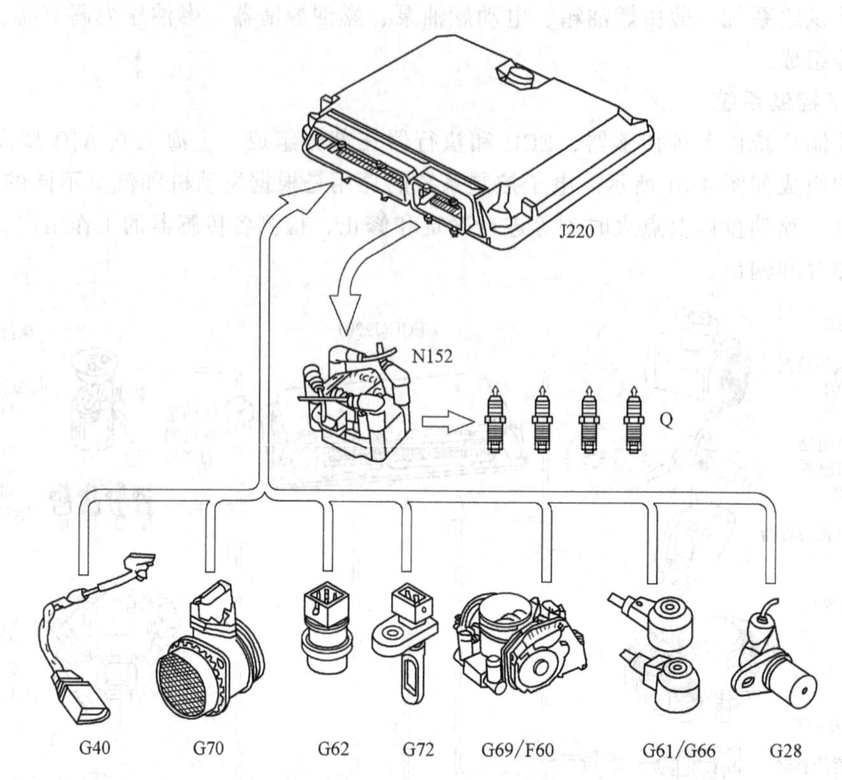

图 4-62　上海大众 AJR 型发动机电子控制直接点火系统的组成
G40—凸轮轴位置传感器　G70—空气流量传感器　G62—冷却液温度传感器　G72—进气温度传感器
G69—节气门位置传感器　F60—怠速触点开关　G61、G66—爆燃传感器　G28—曲轴位置传感器
J220—电控单元　N152—点火控制组件　Q—火花塞

精确地控制喷油量，使发动机在各种工况下都能获得最佳空燃比的混合气。此外，电控燃油喷射系统通过 ECU 中的控制程序，还能实现起动加浓、暖机加浓、加速加浓、全负荷加浓、减速调稀、减速断油和自动怠速控制等功能，满足发动机特殊工况对混合气的要求，使发动机获得良好的燃油经济性和排放性，也提高了汽车的使用性能。电控点火系统可使发动机在不同转速和不同负荷条件下，根据各相关传感器信号，判断发动机的运行工况和运行条件，选择最理想的点火提前角点燃混合气，并根据蓄电池电压及转速等信号控制点火线圈初级电路的通电时间，从而改善发动机的燃烧过程，使发动机输出最大的功率和转矩，而将油耗和排放降低到最低限度。此外，电控点火系统还能进行爆燃控制。

汽油发动机电控系统故障诊断的基础是熟悉整个控制系统的组成与工作原理，熟悉每个组成元件的结构、工作原理及参数变化对发动机性能的影响。同时，还要掌握电控系统故障诊断的思路与方法，从故障的现象入手，分析每一步检测的结果，最后检查出故障的具体部位。在诊断过程中要紧紧抓住汽油发动机正常工作的三个要素：气缸密封性能的好坏、空燃比的好坏、点火性能的好坏。每个元件、部件或子系统发生故障，都是通过上述三个要素对发动机产生影响。

汽油发动机电控系统不同的故障引发的原因也不尽相同，故障部位一般有空气流量传感器、节气门体、冷却液温度传感器、汽油泵、汽油滤清器、燃油压力调节器、喷油器、火花塞、高压线、点火线圈、点火控制器、氧传感器、ECU 和 EGR 阀等。

4.2.2 汽油发动机电控系统的使用与维护

1. 汽油发动机电控系统使用注意事项

汽油发动机电控系统在使用过程中，切不可将以往的化油器型发动机车辆的操纵习惯用在电控发动机的汽车上，在具体的操纵及使用过程中应特别注意以下几点：

1）汽油发动机电控系统具有冷起动加浓和暖机加浓装置，能够保证发动机冷车和热车工况下顺利起动，因此在发动机起动过程中，不能将加速踏板踩到底，否则电控系统将进入断油模式，从而导致发动机无法起动。

2）汽油发动机电控系统的加速踏板控制的是节气门开度的大小，喷油量即是由 ECU 检测到的进气量和发动机转速等运行参数计算确定的，因此，在发动机起动前或起动中，不可采用反复快速踩加速踏板的方法来增加喷油量。

3）当汽车仪表板的燃油低油位警告灯亮（见图 4-63）及油箱存油不足时，应尽快加油，不可强行长时间运行发动机，防止汽油泵烧毁。

图 4-63 燃油低油位警告灯

4）若发动机在热车条件下无法顺利起动，有可能是气缸内存油过多淹湿火花塞（常称为发动机“淹缸”）所致，此时，可将加速踏板踩到底，用起动机带动发动机运转，利用电控系统的“清除溢流”功能排除气缸内过多的燃油，然后再起动发动机。

5）不能在发动机运转情况下拔插电控系统的任何插头或接线，以免导致人为的故障码产生，影响发动机正常工作和故障判别。

6）当发动机出现部分气缸因断火不工作时，应立即停车检查，排除故障后再起动和运转，以免在缺火情况下烧毁氧传感器。

7）为保证 ECU 不受电磁干扰，不要在汽车上装大功率的无线电设备。如果因使用需要确实需要安装，那么无线电设备的天线应尽可能远离 ECU 和线束，以防无线电波对 ECU 产生干扰。

2. 汽油发动机电控系统维护保养注意事项

汽车电控系统对高压、高湿和高温特别敏感，因此，在使用维修中应特别注意以下几点：

1）无论发动机是否运转，当点火开关处于接通状态，千万不可将任何电压为 12V 电器设备的插接器拔下，以免因电器设备线圈的自感作用，产生瞬时高压，对电控系统造成严重损害。

2）当发动机故障警告灯闪烁时，切不可断开蓄电池电路，以免造成故障码及有关资料信息的丢失，如图 4-64 所示。

3）当电控系统有故障并对控制系统进行检修，需要从车上拆下某一部件时，应先关闭点火开关，拔下插接器，并切断蓄电池搭铁线。若仅对电控系统进行检查，则只需关闭点火开关即可。

a) b)

图 4-64 燃油供给系统的组成
a）发动机故障警告灯点亮 b）雪铁龙 C4L 轿车发动机故障警告灯

4）除特别指明外，切不可用指针式万用表检测 ECU 和传感器，应使用汽车专用万用表（高阻抗数字万用表）进行检测。严禁用传统试灯法检测与电控系统有关的电器设备。

5）用跨接方法起动其他车辆或用其他车辆跨接的方式起动本车时，必须先断开点火开关，才能拆卸跨接线。

6）在 ECU 或传感器等电控元件附近进行电弧焊接作业时，应先切断 ECU 的电源，并采取特别的保护措施（如隔热和防磁等）。

7）电子控制系统电源电压、参考电压（基准电压）和信号电压均属低电平，对电阻特别敏感，维护保养应特别注意插接器的清洁，配线与电器设备的连接必须牢固可靠。

8）当拆换蓄电池时，应特别注意蓄电池的搭铁特性，且必须是负极搭铁。

4.2.3 汽油发动机电控系统的故障诊断方法

发动机电控系统设有故障自诊断系统。故障自诊断系统是由 ECU 控制的，能时刻监测电控系统各部件工作情况，并将发现的故障以代码的形式存入微机存储器内的一种自我诊断系统，具有故障诊断和处理功能。自从 1979 年美国通用汽车公司首次在电控燃油喷射系统中正式使用故障自诊断系统以来，美、欧、日等国相继采用，给越来越复杂的电控系统的故障诊断带来了方便。

故障自诊断系统在检测到故障后，一方面通过一定的显示方式通知汽车驾驶人，告知发动机电控系统出现了故障，另一方面立即启用应急备用系统，对喷油和点火等按预先编好的程序进行简单控制，以利驾驶人将故障车辆开到汽车修理厂或 4S 店。

1. 用故障自诊断系统诊断故障

（1）故障自诊断系统的功能　在汽车运行过程中，各控制系统的 ECU 根据不同传感器和控制开关输入的信号，按照预先设定的控制程序进行数学计算和逻辑判断，并向各种执行器发出相应的控制指令完成不同的控制功能。如果某个传感器或控制开关发生故障，就不能向 ECU 输送正常信号，汽车性能就会变坏甚至无法运行。如果执行机构发生故障，那么，其监测电路反馈给 ECU 的信号就会出现异常，汽车性能也会变坏甚至无法运行。因此，在使用汽车时，一旦接通点火开关，自诊断电路就会投入工作，实时监测各种传感器、控制开关和执行器的工作状态。一旦发现某个传感器或控制开关信号异常，或执行机构监测电路反馈的信号异常，就会立即采取相应措施。

故障自诊断系统的功能包括三个方面：一是监测控制系统工作情况，一旦发现某个传感器或执行器参数异常，就立即发出报警信号；二是将故障内容编成代码（称为故障码）并储存在随机存储器 RAM 中，以便维修时调用或供设计参考；三是启用相应的备用功能，使控制系统处于应急状态运行。

1）发出报警信号。在电控系统运转过程中，当某个传感器、控制开关或执行器发生故障时，ECU 将立即接通仪表盘上的故障指示灯电路，使指示灯发亮或闪亮，如图 4-64 所示。目的是提醒驾驶人控制系统出现故障，应立即检修或送修，以免故障范围扩大。

2）储存故障码。当故障自诊断系统发现某个传感器、控制开关或执行器发生故障时，其 ECU 会将监测到的故障内容以故障码的形式储存在随机存储器 RAM 中。只要存储器电源不被切断，故障码就会一直保存在 RAM 中，即使是汽车在运行中偶尔出现一次故障，自诊断电路也会及时检测到并记录下来。在每一辆汽车的自诊断系统电路中，都设置有一个专用的故障诊断插座（1994 年以后均为 16 端子插座，如图 4-65 所示），当诊断排除故障或需要了解电子控制系统的运行参数时，使用制造厂商提供的专用故障诊断仪或通用的诊断仪，就可通过故障诊断插座将存储器中的故障码和有关参数读出，为查找故障部位了解系统运行情况和改进控制系统的设计提供依据。

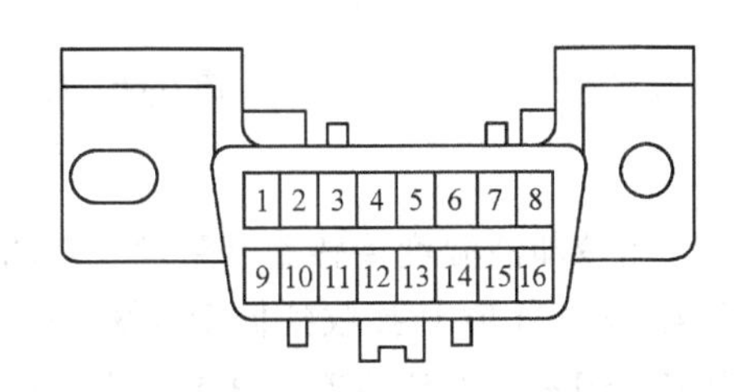

图 4-65　OBD-Ⅱ的故障诊断插座

3）启用备用功能。备用功能又称为失效保护功能。当自诊断系统发现某只传感器、控制开关或执行器发生故障时，其 ECU 将以预先设定的参数取代故障传感器、控制开关或执行器工作，使控制系统继续维持控制功能，汽车将进入故障应急状态运行并维持基本的行驶能力，以便将汽车行驶到修理厂修理。电子控制系统的这种功能称为备用功能或失效保护功能。

当发动机电控系统在备用功能工作状态下，由于发动机的性能将受到不同程度的影响。因此，某些车型的发动机自诊断系统还将自动切断空调和音响等辅助电气系统电路，以便减小发动机的工作负荷。

（2）故障自诊断系统的工作原理　当发动机电控系统工作时，ECU 输入和输出信号的电平是在规定范围内变化的。如果某一输入信号超出规定范围，ECU 就判定该路信号出现故障。

1）微机系统的故障自诊断原理。微机系统一般不容易发生故障，但偶尔发生故障时会影响控制程序正常运行，使汽车不能正常行驶。为此，在电控系统中设有监视回路，监视微机的工作是否正常。在监视回路中还设有监视计时器，用在正常情况下按时对微机复位。

当微机系统发生故障时，控制程序不能正常返回，这时如果监视计时器的定期清除不能按时使微机复位，表明微机系统发生故障并予以显示。在微机系统中还设有应急回路，当该回路收到监视回路发出的异常信号时，立即启用应急备用系统，使汽车保持一定运行能力。

2）传感器的故障自诊断原理。在运转中的发动机如果电控系统的传感器出现了故障，其输出信号就超出了规定范围。比如，当发动机的冷却液温度传感器电路断路或短路时，ECU 按固定温度值控制喷油器喷油。当冷却液温度传感器工作正常时，冷却液温度一般设定在-30~120℃，其输出信号电压在 0.3~4.7V 范围内变化，如图 4-66 所示。

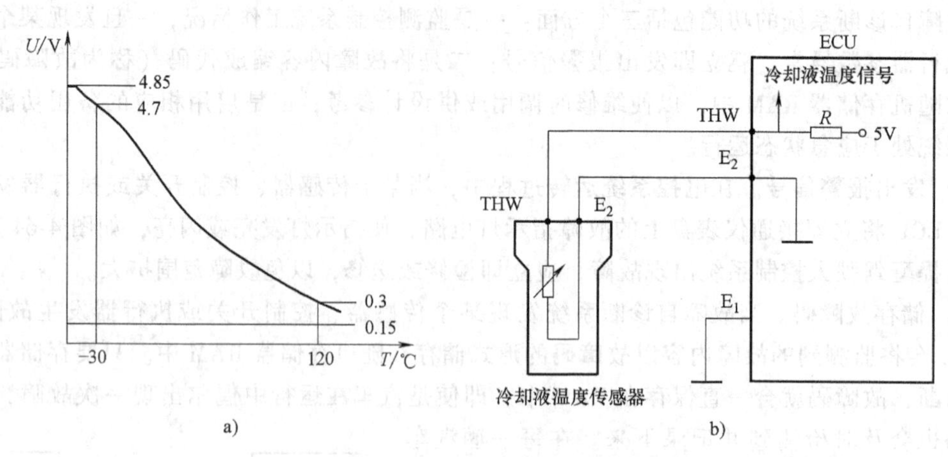

图 4-66 冷却液温度传感器的自诊断原理图

a）输出特性 b）工作电路

当冷却液温度传感器电路发生短路或断路故障时，其输出的信号电压会低于 0.3V 或高于 4.7V，当 ECU 接收到低于 0.3V 或高于 4.7V 的冷却液温度信号时，故障自诊断系统就会判定冷却液温度传感器及其电路有短路或断路故障，并立即启用备用功能，按固定温度值控制喷油器喷油。

有时，即使冷却液温度传感器本身没有故障，但电路断路或短路，故障自诊断系统同样会显示冷却液温度传感器有故障。因此，在判断故障时，除了检查传感器外，还要检查线束、插接件（插接器）和传感器与 ECU 间的电路，如上海大众 AJR 型发动机的冷却液温度传感器或其电路发生“断路”故障时，ECU 一方面控制接通故障指示灯电路使指示灯发亮报警，另一方面将按冷却液温度为 80℃ 的工作状态控制喷油器喷油，并将故障内容编成代码储存在随机存储器 RAM 中，以便检测维修时调用。当冷却液温度传感器或其电路发生“短路”故障时，ECU 一方面控制接通故障指示灯电路使指示灯发亮报警，另一方面将按冷却液温度为 19.5℃ 的工作状态控制喷油器喷油，并将故障内容编成代码储存在随机存储器 RAM 中，以便检测维修时调用。

【小提示】

需要指出的是：故障自诊断系统对于偶尔出现一次的不正常信号，并不立即判定是故障，只有不正常信号保持一定时间或次数后才被视为故障。

3）执行器的故障自诊断原理。执行器是在 ECU 不断发出各种指令情况下工作的。如果执行器出现了问题，监视回路把故障信息传输给 ECU，ECU 会做出故障显示和故障储存，并采取应急措施，确保发动机维持运转或停止运转。监控执行器故障一般都设有专用监测电路，监测点火器的自诊断电路如图 4-67 所示。

当发动机转速变化时，ECU 发出与转速同步变化的点火脉冲控制指令，点火控制器内部功率管导通与截止的频率随发动机转速变化而同步变化，点火监控电路将从功率管的集电极接收到高、低电平且交替变化的同步信号。当发动机运转而点火线圈初级电路一直接通或一直断开时，监控电路就接收不到交替变化的信号，反馈到 ECU 的监控信号将保持高电平或低电平不变。当 ECU 连续发出 6 个点火脉冲控制指令而点火监控反馈信号仍保持不变时，

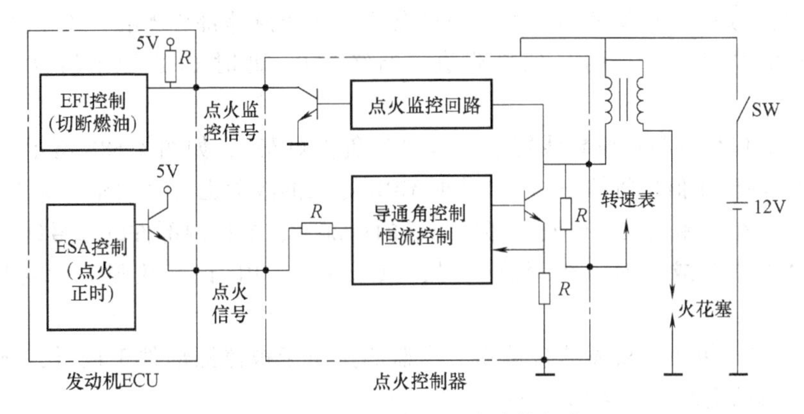

图 4-67 监测点火器的自诊断电路

ECU 就会判定点火系统发生故障，立即发出控制指令使喷油器停止喷油，并将故障内容编成代码储存在随机存存储器 RAM 中，以便检修时调用。

（3）故障自诊断系统的故障监测原理 在一般情况下，自诊断系统能够识别出故障类型，如无信号（断路）、对地短路（搭铁）和对正极短路等。但是，由于电控系统控制部件的结构、电路连接以及故障原因各有不同，因此，某些类型的故障自诊断系统难以区别出来。下面分别以故障自诊断监测点位于被监测部件正极的自诊断和监测点位于被监测部件负极的自诊断测试情况为例说明。

1）监测点位于被监测部件正极的自诊断。在汽车电控系统中，各种传感器的故障自诊断监测点一般都位于传感器的正极。

①搭铁和对负极短路故障的自诊断。当监测点位于被监测部件正极时，传感器搭铁或对负极短路故障的自诊断电路如图 4-68 所示。

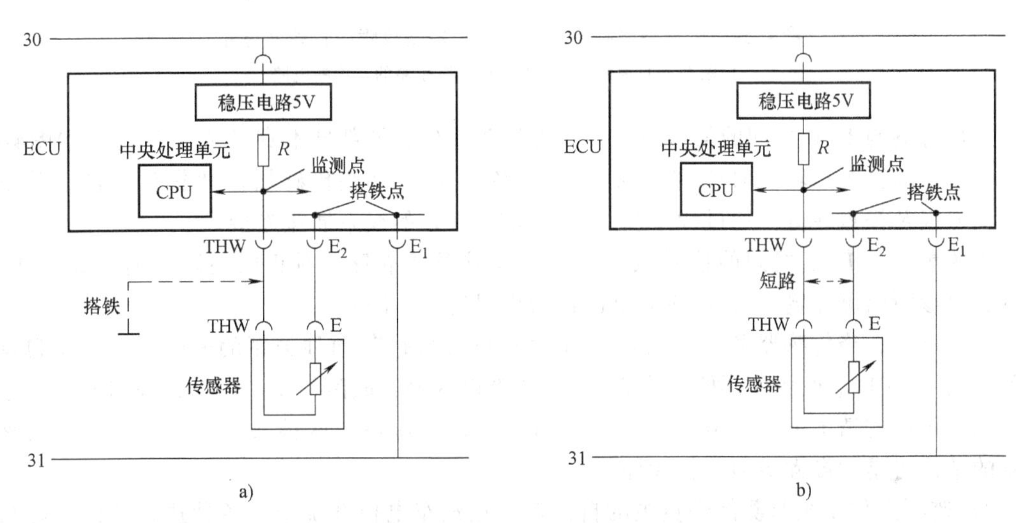

图 4-68 传感器搭铁或对负极短路故障的自诊断电路

a）搭铁的自诊断电路 b）对负极短路的自诊断电路

当传感器及控制系统正常时，自诊断电路从自诊断监测点测得传感器输入 ECU 的 CPU 中的信号电压为 0.3~4.7V，表示该传感器工作正常，故障自诊断结果无故障记录。

如果传感器与ECU之间的信号线、插接器插头或传感器部件本身“搭铁”，如图4-68a所示，则自诊断监测点输入CPU的检测值将始终为0，此时CPU记录的故障为“对地短路”，即搭铁。

如果传感器信号线与负极导线短接，即“对负极短路”，如图4-68b所示，则自诊断监测点输入CPU的检测值也将始终为0，此时CPU记录的故障也为“对地短路”。

综上所述，在监测点位于被监测部件正极的情况下，当控制部件的信号线、插接器插头或部件本身“搭铁”或“对负极短路”时，ECU中的CPU记录故障为“对地短路”，即搭铁。

② 断路与对正极短路故障的自诊断。当监测点位于被监测部件正极时，断路与对正极短路故障的自诊断电路如图4-69所示。

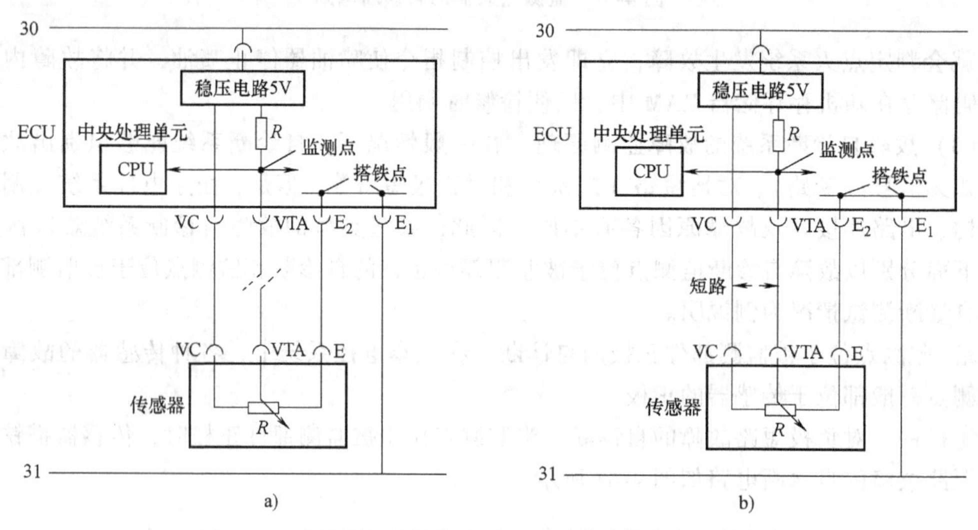

图4-69　传感器电路断路或对正极短路故障的自诊断电路

a）断路的自诊断电路　b）对正极短路的自诊断电路

当传感器与ECU之间的信号线、插接器插头或传感器部件本身“断路”时，如图4-69a所示，自诊断监测点输入CPU的检测值将始终为5V。某些传感器需要提供电源，其电源线、信号线及搭铁线等均通过线束插头或插座与ECU的线束插座连接。

当传感器与ECU之间的信号线、线束插头或部件本身“对正极短路”时，如图4-69b所示，自诊断监测点输入CPU的电压也将始终保持5V不变。

由此可见，当传感器发生“断路”和“对正极短路”两种类型的故障时，由于自诊断监测点输入CPU的检测值都始终为5V，CPU难以区分其故障类型。因此，在监测点位于被监控部件正极的情况下，当出现“断路”和“对正极短路”两种故障之一时，CPU自诊断记录的结论将是“断路或对正极短路”。

2）监测点位于被监测部件负极的自诊断。在汽车电控系统中，各种执行器的故障自诊断监测点一般都设在执行器的负极，以便驱动回路驱动执行器动作。

① 对电源线短路或对正极短路故障的自诊断。当自诊断监测点位于被监测部件负极时，对电源线短路或对正极短路故障的自诊断电路如图4-70所示。

当执行器及控制系统正常时，CPU向输出回路（即驱动电路）发出一定频率的脉冲控

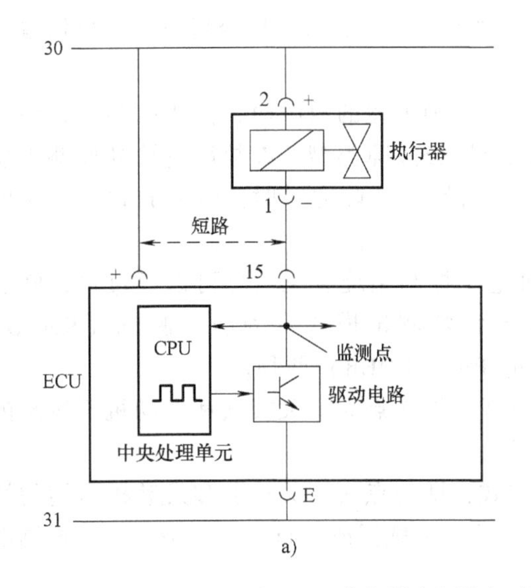

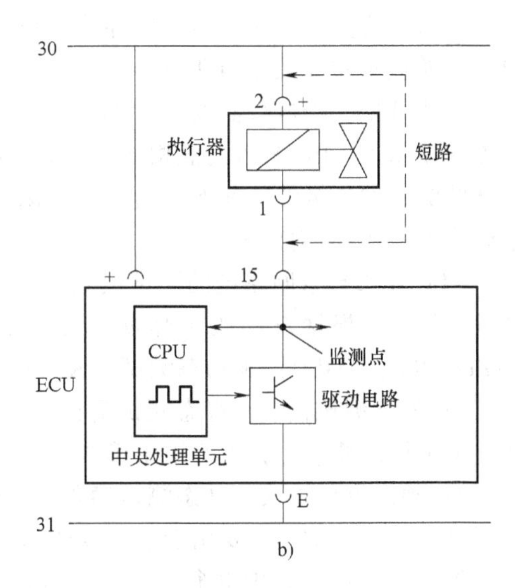

图 4-70 执行器电源线短路或对正极短路故障的自诊断电路

a）对电源短路的自诊断电路 b）对正极短路的自诊断电路

制信号驱动执行器动作，自诊断电路从自诊断监测点可以测得交替变化的脉冲信号并反馈到CPU，从而说明控制系统工作正常，此时 CPU 无故障记录。

当执行器负极导线、插接器插头或部件本身对电源线短路或对部件正极导线短路时，如图 4-70 所示，自诊断监测点反馈输入到 CPU 的监测值将始终等于电源电压。因此，CPU 自诊断记录的结论将是“对正极短路”。

② 断路与搭铁故障的自诊断。当自诊断监测点位于被监测部件负极时，断路与搭铁（又称为对地短路）故障的自诊断电路如图 4-71 所示。

当执行器负极导线、插接器插头或部件本身与 ECU 之间的导线发生断路故障时，如图 4-71a 所示，自诊断监测点反馈输入 CPU 的监测值将始终等于 0。

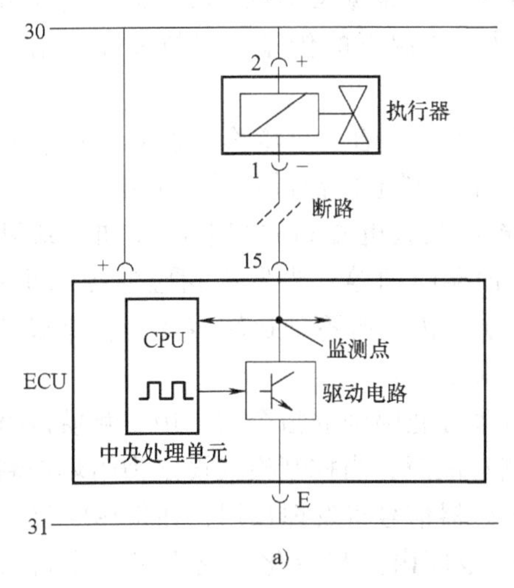

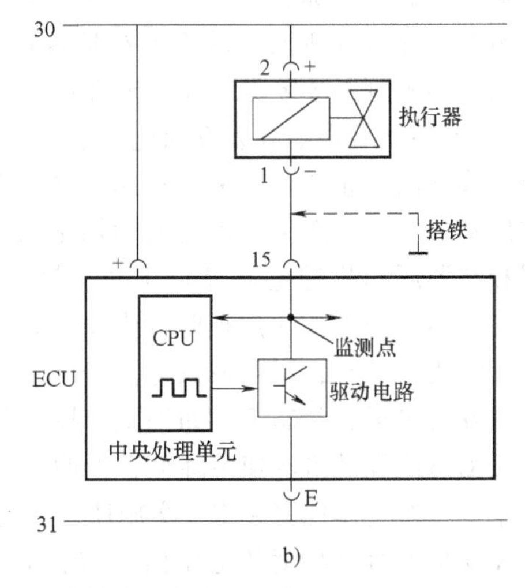

图 4-71 执行器电路断路或对负极短路故障的自诊断电路

a）断路的自诊断电路 b）对负极短路的自诊断电路

当执行器负极导线、插头或部件本身搭铁时，如图 4-71b 所示，自诊断监测点反馈输入 CPU 的检测值也将始终等于 0。

由此可见，当执行器发生“断路”和“搭铁”两种类型的故障时，由于故障自诊断监测点反馈输入 CPU 的监测值相同，因此，CPU 难以区分故障类型。在故障自诊断监测点位于被监测部件负极的情况下，当出现“断路”和“搭铁”故障之一时，CPU 自诊断记录的结论将是“断路/对地短路”。

（4）故障自诊断系统的测试模式　汽车各种电子控制系统有无故障可以通过自诊断测试进行诊断。根据发动机工作状态不同，故障自诊断测试模式分为静态测试（Key ON Engine OFF，KOEO）和动态测试（Key ON Engine Run，KOER）两种。

1）静态测试模式。静态测试简称为 KOEO 方式，即在点火开关接通和发动机不运转的情况下进行诊断测试，主要用于读取或清除故障码。

2）动态测试模式。动态测试简称为 KOER 方式，即在点火开关接通和发动机运转的情况下进行诊断测试，主要用于读取或清除故障码、检测传感器或执行器工作情况及其控制电路是否良好以及与 ECU 进行数据通信等。

（5）故障自诊断系统的测试内容

1）读取故障码。读取故障码是诊断汽车电控系统故障最常用的故障测试方法。

汽车在使用过程中，只要蓄电池正极柱和负极柱上的电缆端子未曾拆下，ECU 中储存的故障码就能长期保存。将故障码从 ECU 中读出，即可知道故障部位或故障原因，为诊断排除故障提供依据。

读取故障码的方法有两种：一种是利用故障诊断仪读取，另一种是利用特定的操作方法读取。

2）数据传输。当发动机运转时，利用故障诊断仪将 ECU 内部的控制参数和计算结果等数值以数据表和串行输出方式在诊断仪屏幕上一一显示出来，这一过程称为数据传输，常称为“数据通信”或“读取数据流”。

通过数据传输，各种传感器输出电压信号的瞬时值、ECU 内部的计算与判断结果、各执行器的控制信号都能一目了然地显示在诊断仪屏幕上。根据发动机运转状态和传输数据的变化情况，即可判断控制系统工作是否正常，将特定工况下的传输数据与标准数据进行比较，就能准确判断故障类型和故障部位。

3）监控执行器。在发动机熄火状态下或运转过程中，通过故障诊断仪向执行器发出强制驱动或强制停止指令，来监测执行器动作情况，用以判定执行器及其控制电路有无故障，如在发动机熄火状态下，控制电动燃油泵运转、控制某只电磁阀或继电器（如冷却风扇继电器和空调压缩机继电器等）工作、控制某只喷油器喷油等。当发出相应的控制指令后，如电磁阀不工作（用手触摸时没有振动感）、燃油泵不转（听不到运转声音）、冷却风扇或空调压缩机不转动，说明该执行器或控制电路有故障。

在发动机运转状态下，如果发出控制某只喷油器停止喷油的指令后，用手触摸该喷油器仍有振动感或发动机转速不降低，说明其控制电路有故障；当控制模式设定为闭环控制模式时，系统将对空燃比（A/F）实施闭环控制，氧传感器信号将发挥作用，如果诊断仪屏幕上表示发动机混合气浓度的电压信号将在 0.1~0.9V 范围内交替变化，说明闭环控制系统正常，如果显示的电压为 0.45V 左右时，说明氧传感器失效。发动机的曲轴在起动机的驱动下长时间旋转，但燃油系统压力过低，甚至没有压力，则说明燃油供给系统的油压过低。

(6) 故障自诊断系统的测试工具　自诊断测试工具有“故障诊断仪”等。

2. 用传统方法诊断故障

由以上介绍的检测诊断方法可以看出，汽车发动机电控系统的故障自诊断系统，利用故障码诊断故障，具有故障部位明确，针对性强，能实现快速诊断等优点，给越来越复杂电控系统的故障诊断带来了方便。因此，当电控系统发现故障时，只要显示故障码，就应该首先按自诊断系统检测诊断故障的程序和方法进行快速诊断。但是，自诊断系统检测并储存故障的能力是有限的，不可能把所有故障都包括在内。对于那些没有包括在自诊断系统之内的故障和虽包括在自诊断系统之内但故障码不显示或显示正常码而故障又确实存在的情况，则无法再使用自诊断系统检测诊断故障，而应采用传统的方法，即在问询用户有关问题后，采用外观检查、基本检查、参考常见故障诊断流程和采用故障征兆模拟试验、对比试验等传统方法，把故障诊断出来并排除。

(1) 倾听用户故障描述　首先向汽车用户了解故障的现象、出现的时机和条件等情况，并咨询该车在此之前是否找其他厂家检修过以及检修的具体内容等问题。

总之，要注意倾听汽车用户对故障的陈述、意见和要求，以作为故障诊断的参考性依据之一。

(2) 进行外观检查　外观检查也称为目视检查，目的在于发现并消除从发动机外部能看得见的破损、脱落、老化和泄漏等问题，特别要注意检查管、线和插接件的连接状况，必要时可驾车路试，以体验汽车的运行状况，发现问题及时消除。

(3) 进行基本检查　主要对蓄电池电压、曲轴转动情况、发动机起动情况、怠速运转情况、空气滤清器堵塞情况、进气歧管与气缸密封性、点火正时、燃油压力、高压线跳火和火花塞技术状况等进行检查与测量，发现问题及时解决。

(4) 常见故障诊断流程　电控燃油喷射发动机的常见故障有不能起动、起动困难、怠速运转不好和发动机失速等。当发动机出现故障时，如果自诊断系统不显示故障码或显示正常码，在基本检查中也未发现问题，而故障又确实存在，就可参考常见故障诊断流程，针对该故障现象按照诊断流程的先后次序进行诊断并排除故障。

(5) 疑难故障诊断流程及故障征兆模拟法　经过以上检查、测试和分析判断后，一般情况下故障就能被诊断出来了。但是，有些故障的征兆不明显，而故障又确确实实存在，这就成为故障诊断中最难以处理的情况，称为疑难故障（有些属于偶发性故障或间歇性故障）诊断。

对于疑难故障，诊断时可参考疑难故障诊断流程，根据流程中的检查要素和顺序进行。必要时可进行故障征兆模拟试验，再现故障出现的环境和条件，进行全面分析判断，总能把故障诊断出来。故障征兆模拟试验也适用于用故障自诊断系统检测诊断故障的程序和方法（在试验状态下进行）。

进行故障征兆模拟试验以前，最好能把可能发生故障的电路、插接器、传感器、执行器或相关部件的范围缩小，以缩短试验和诊断的时间。

在汽车静止发动机运转的情况下，进行发动机故障征兆模拟试验，其方法主要有以下四种：

1）振动法。当怀疑是振动引起故障的主要原因时，使用振动法进行模拟试验。对于插接器及配线，可在垂直和水平方向轻轻摇动，以检验它们是否接触不良。对于零件和传感器，可用手指轻轻拍动，检验是否失灵。切不可用力拍打继电器，否则可能会使继电器断路。

2）加热法。当怀疑某一部位因受热而发生故障时，使用加热法进行模拟试验。用电吹风之类的工具对怀疑的零件进行加热，检查故障是否能够重现。

【小提示】

> 注意：加热温度不能超过60℃，更不能直接加热ECU中的元件，否则会造成新的故障。

3）淋水法。当故障可能是由雨天等高湿环境引起时，使用淋水法进行模拟试验。将水喷淋到车辆上，检查故障是否重现。

【小提示】

> 注意：喷水前应对电子设备尤其是ECU加以保护，以免因渗水而损坏。不可将水直接喷在发动机零部件上，而应喷在散热器前面，间接改变温度和湿度。

4）电负荷满载法。当怀疑故障可能是因为用电负荷过大而引起时，使用电器全部接通法来模拟。接通所有的电气负载，包括加热器鼓风机、前后灯、空调和后窗除霜器等，检查故障是否重现。

（6）进行对比试验　对比试验是用性能良好的同一型号新部件，替换下被怀疑有故障旧部件的一种试验。替换后如果故障排除，说明原旧部件有故障。

综上所述，汽油发动机电控系统的故障诊断方法如图4-72所示。

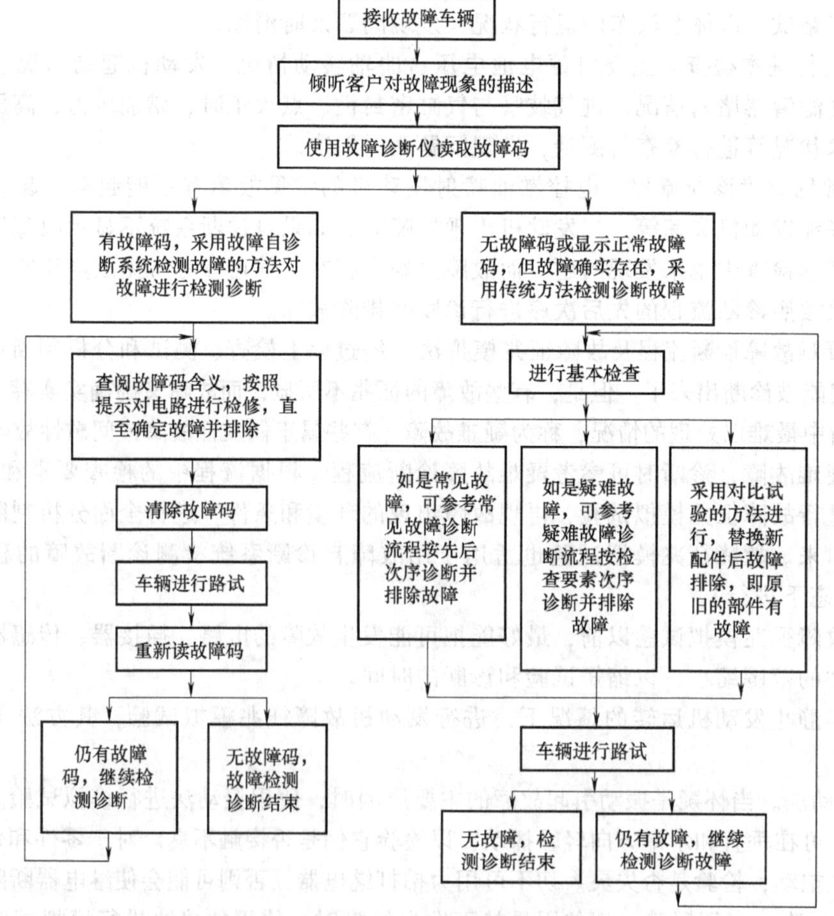

图4-72　汽油发动机电控系统的故障诊断方法

4.2.4 汽油发动机电控系统常见故障诊断

根据发动机的故障性质与现象特征，可以将发动机电控系统的常见故障分为汽油压力过低、汽油压力过高、混合气过浓、混合气过稀和高压火工作不良等局部故障，以及发动机不能起动、发动机怠速不良、发动机动力不足、发动机耗油量大，以及发动机冷起动困难等疑难故障。

1. 汽油压力过低

（1）故障现象　发动机的曲轴在起动机的驱动下长时间旋转，但燃油系统压力过低，甚至没有压力。

（2）故障主要原因及处理方法　引起燃油系统压力过低的部位一般为汽油泵、油泵继电器、汽油滤清器、燃油压力调节器（又称为油压调节器）以及相关元件的电路。电路故障的处理方法一般为检修，电控系统元件故障的处理方法一般为更换。

（3）故障诊断流程　汽油压力过低的故障诊断流程图如图 4-73 所示。

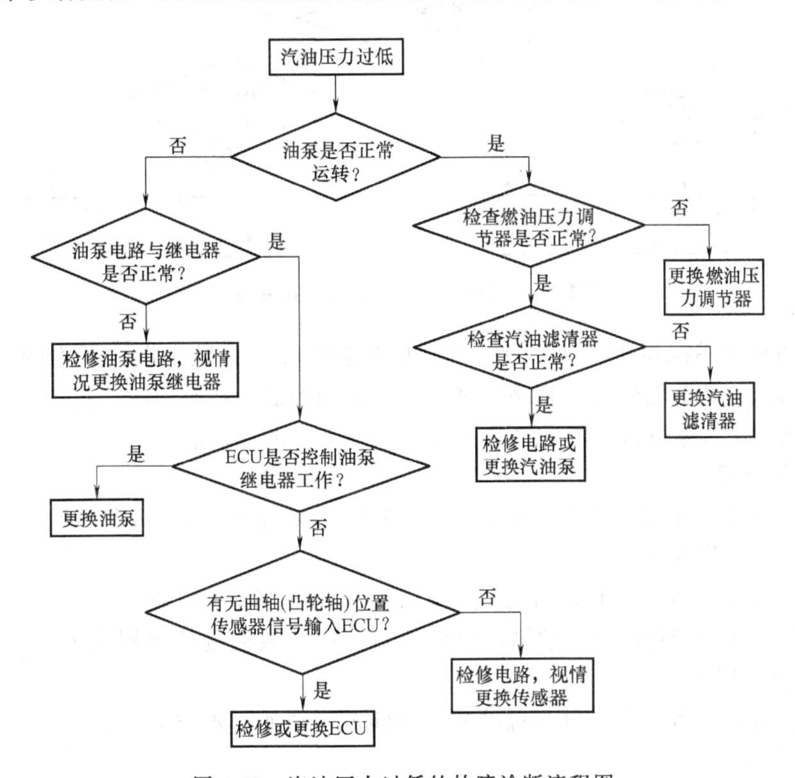

图 4-73　汽油压力过低的故障诊断流程图

（4）故障诊断情况说明　多点喷射式发动机在怠速运转时，燃油系统压力一般为 250kPa 左右，突然加大节气门开度时，油压会瞬时增高后回落，如果真空管脱落，燃油系统的压力会接近 300kPa。

采用叶片式空气流量传感器的发动机，在流量传感器上有一个油泵触点，起动和运转时，触点会导通，使油泵正常工作。其他发动机一般采用 ECU 控制主继电器的方式控制油泵的工作。有些发动机在点火开关旋转到“ON”位置时，主继电器工作 3～5s 后停止，使油泵在发动机运转前提前泵油，当发动机运转时，主继电器一直工作。

有些发动机无燃油压力调节器和回油管，油泵输出的油压是恒定的，不能根据负荷的变化而变化。

2. 汽油压力过高

(1) 故障现象　发动机在起动或怠速运转时，燃油系统压力过高。

(2) 故障主要原因及处理方法　引起燃油系统压力过高的部位一般为燃油压力调节器、燃油压力调节器真空管路、回油管路以及相关元件的电路。电路故障的处理方法一般为检修，电控系统元件故障的处理方法一般为更换。

(3) 故障诊断流程　汽油压力过高的故障诊断流程图如图 4-74 所示。

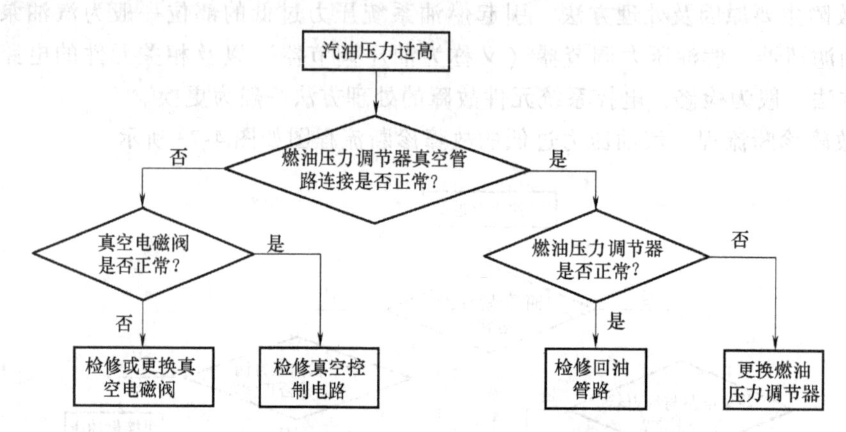

图 4-74　汽油压力过高的故障诊断流程图

(4) 故障诊断情况说明　油压过高的故障比较少见，多数由燃油压力调节器引起。部分发动机燃油压力调节器的真空管路通过一个电磁阀控制，在起动时，真空管路关闭，使油压增高，以增加喷油量并改善雾化效果，有利于发动机的起动。

3. 混合气过稀

(1) 故障现象　用尾气分析仪检测到的过量空气系数大于 1，火花塞发白，有时伴有加速回火或发动机过热现象。

(2) 故障主要原因　引起混合气过稀的部位一般为喷油器、燃油压力调节器、空气流量传感器或进气歧管绝对压力传感器、氧传感器、冷却液温度传感器和 ECU 等，也可能是上述元件的电路故障。

(3) 故障诊断流程　混合气过稀的故障诊断流程图如图 4-75 所示。

4. 混合气过浓

(1) 故障现象　用尾气分析仪测量的过量空气系数小于 1，或发动机怠速时突然加大节气门开度，排气管冒黑烟，或者火花塞发黑。

(2) 故障主要原因　引起混合气过浓的部位一般为喷油器、燃油压力调节器、空气流量传感器或进气歧管绝对压力传感器、氧传感器、冷却液温度传感器和 ECU 等，也可能是上述元件的电路故障。

(3) 故障诊断流程　混合气过浓的故障诊断流程图如图 4-76 所示。

5. 高压火工作不良

(1) 故障现象　发动机曲轴在起动机的驱动下能正常旋转，但所有火花塞都无高压火，

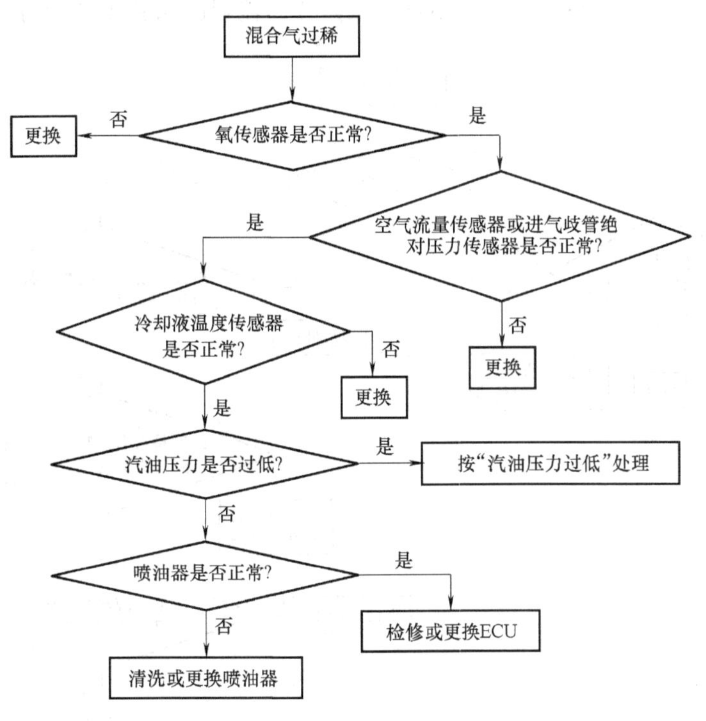

图 4-75　混合气过稀的故障诊断流程图

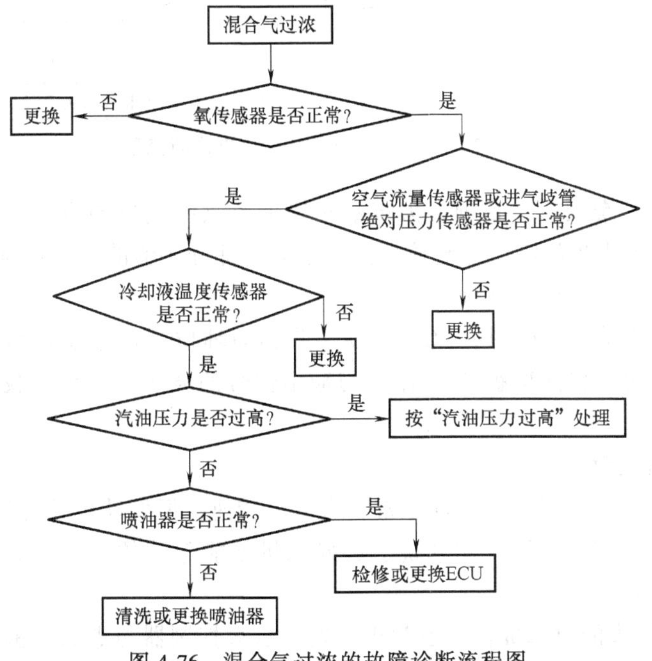

图 4-76　混合气过浓的故障诊断流程图

或高压火弱，致使发动机运转不正常。

(2) 故障主要原因　引起点火系统高压火不良的部位一般为点火控制器、点火线圈、曲轴位置传感器（或凸轮轴位置传感器）和 ECU 等，也可能是上述元件的电路故障。

(3) 故障诊断流程　高压火工作不良的故障诊断流程图如图4-77所示。

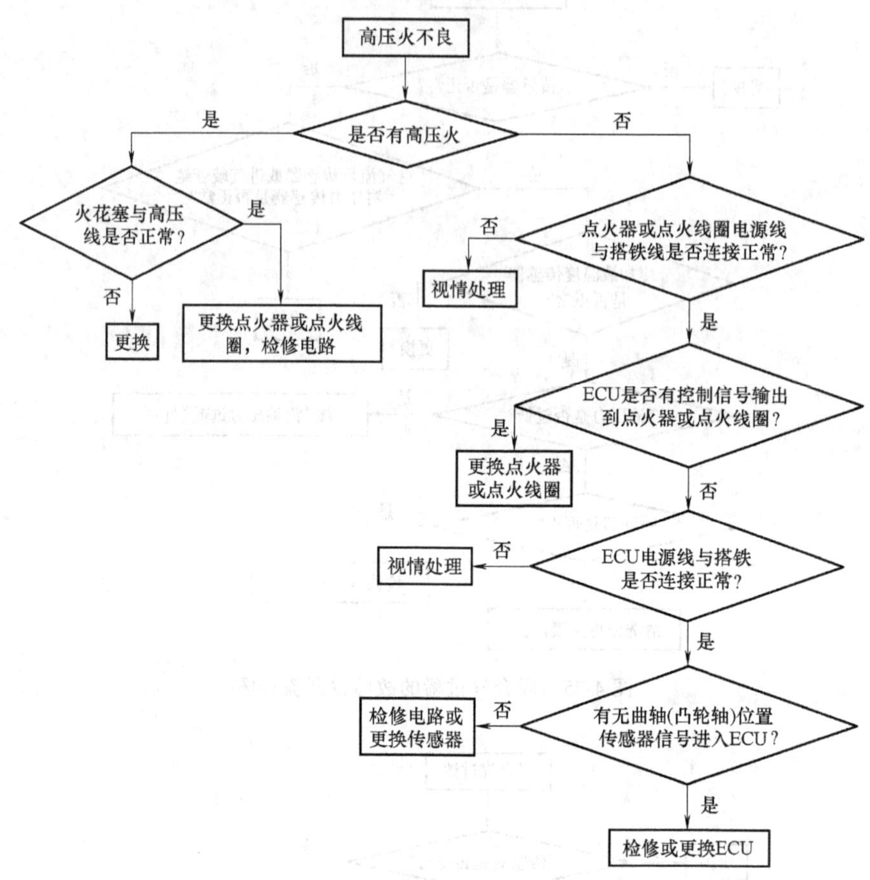

图4-77　高压火工作不良的故障诊断流程图

(4) 故障诊断情况说明　目前，大多数车辆的点火控制器与点火线圈集成在一起，形成一个点火模块，若出现故障，应整体更换。也有一部分车辆的点火控制器集成在ECU中，可单独对点火线圈进行检查和更换。

在正常情况下起动发动机时，ECU只要接收到曲轴位置传感器信号就会控制点火器和点火线圈点火，采用示波器观察ECU输入与输出信号的波形，很容易找到无高压火故障的部位。

6. 发动机不能起动

(1) 故障现象　发动机曲轴转动正常，有起动转速，但发动机长时间不能起动。

(2) 故障主要原因　电子控制系统引起发动机不能起动的原因有无高压火、点火正时严重失准和不喷油等。

1) 引起无高压火的故障部位一般为火花塞、点火控制器与点火线圈、曲轴位置传感器(或凸轮轴位置传感器)、ECU以及上述元件的电路故障。

2) 引起点火正时严重失准的故障部位一般为曲轴位置传感器（或凸轮轴位置传感器）及电路。

3) 引起不喷油的故障原因一般为喷油器及其电路、汽油泵及其电路、燃油压力调节器故障或点火信号丧失等。

(3) 故障诊断流程 发动机不能起动的故障诊断流程图如图4-78所示。

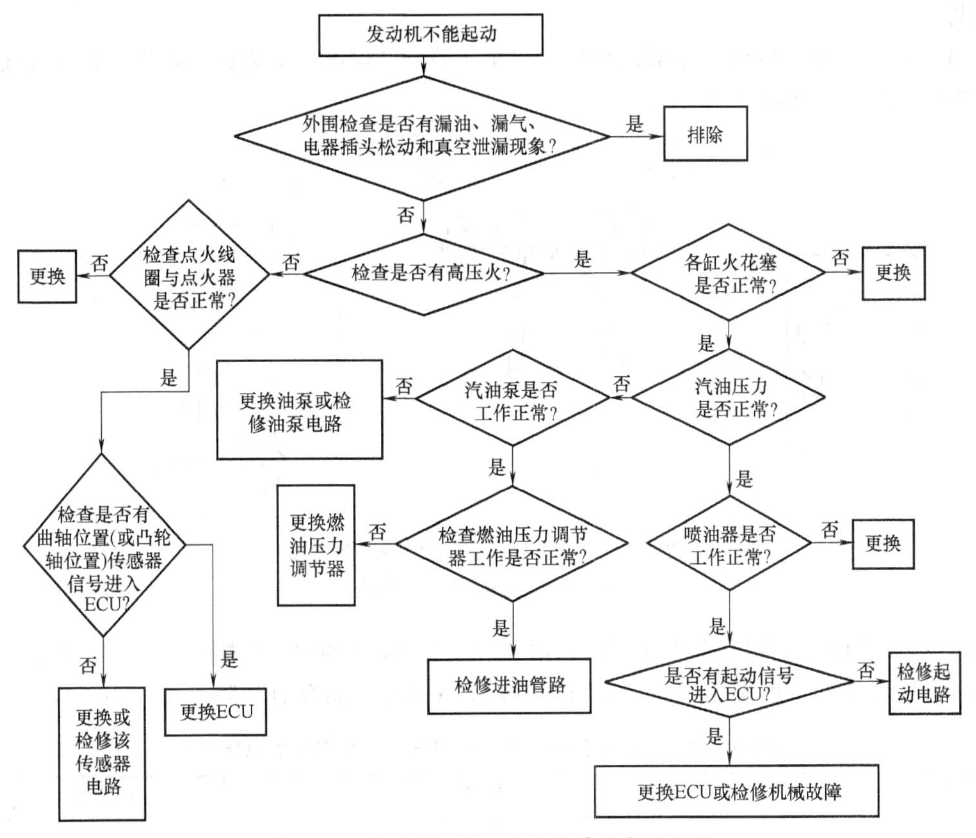

图4-78 发动机不能起动的故障诊断流程图

(4) 故障诊断情况说明 点火控制器与点火线圈在很多车型上是合在一起的，可以综合在一起进行检查。

在电子控制系统都正常的情况下，故障发生在机械部分，如气缸压力过低和分电器装配错位等将造成发动机无法起动。

4.2.5 汽油发动机电控系统主要传感器的检修

传感器是汽车各种电子控制系统的信息源，一旦传感器发生故障，控制系统就无法正常工作。汽油发动机电控系统中各种传感器的检修方法各不相同，下面介绍几种典型传感器的检修方法。

1. 空气流量传感器的检修

空气流量传感器又称为空气流量计，功用是检测发动机进气量的大小，并将空气流量信号转换成电信号输入ECU，以供ECU计算确定喷油时间和点火时间。常用的空气流量传感器有叶片式空气流量传感器、卡门旋涡式空气流量传感器、热线与热膜式空气流量传感器四种类型。

空气流量传感器是发动机ECU计算喷油时间和点火时间的主要依据，当空气流量传感器出现故障时，ECU 就接收不到正确的进气量信号来控制喷油量，混合气就会过浓或过稀，从而导致发动机运转失常。在空气流量传感器检修或拆卸时，应细心操作，切忌碰撞，以免损伤其零部件。

（1）叶片式空气流量传感器的检修　以丰田汽车 2JZ-FE 型发动机的叶片式空气流量传感器为例，测量图如图 4-79 所示。

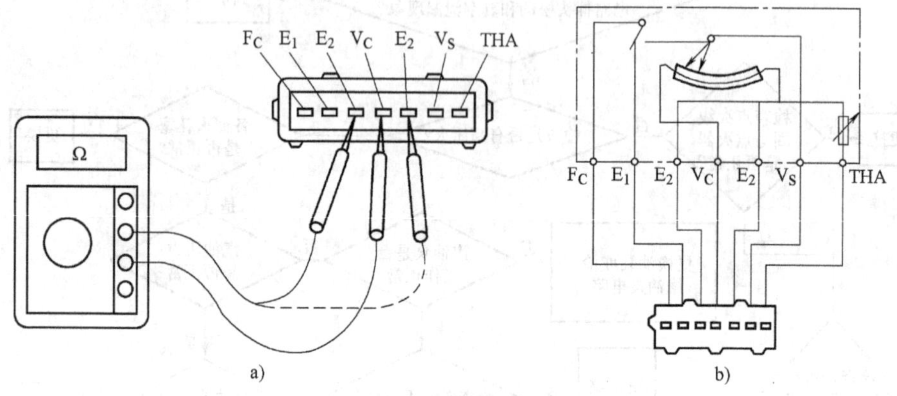

图 4-79　叶片式空气流量传感器测量图

a）测量示意图　b）电路图

1）电压检测。使用汽车专用万用表电压档测量 ECU 的 V_C-E_2 端子和 V_S-E_2 端子，其标准电压值见表 4-10。如果无电压，说明叶片式空气流量传感器有故障。

表 4-10　2JZ-FE 型发动机叶片式空气流量传感器的电压测量

端子	测量条件		标准电压/V
V_C-E_2	点火开关打开至 ON 位置		4~6
V_S-E_2		测量叶片全关	3.7~4.3
		测量叶片全开	0.2~0.5
	怠速		2.3~2.8
	3000r/min		0.3~1.0

2）电阻检测。在车上就车检测电阻时，应先脱开叶片式空气流量传感器的导线插接器，再用汽车专用万用表电阻表检测叶片式空气流量传感器上各端子间的电阻值。各端子间的标准电阻值见表 4-11。

表 4-11　2JZ-FE 型发动机叶片式空气流量传感器的电阻测量（车上测试）

端子	测量温度/℃	标准电阻/Ω
V_S-E_2		200~600
V_C-E_2		200~400
THA-E_2	-20	10~20
	0	4~7
	20	2~3

（续）

端 子	测量温度/℃	标准电阻/Ω
THA-E_2	40	0.9～1.3
	60	0.4～0.7
FC-E_1		∞

在车下检测电阻时，应先拆下叶片式空气流量传感器，再用汽车万用表电阻表根据测量板不同开度检测 F_C-E_1、V_S-E_2端子间的电阻值。各端子间的标准电阻值见表 4-12。

表 4-12 2JZ-FE 型发动机叶片式空气流量传感器的电阻测量（车下测试）

端子	测量叶片位置	标准电阻/Ω
F_C-E_1	全关	∞
	非全关	0
V_S-E_2	全关	200～600
	从全关到全开	20～1200

不管在车上还是在车下检测电阻值，只要不符合要求，就应更换叶片式空气流量传感器，并重新连接好导线插接器。

3）波形分析。利用汽车专用示波器可以观测到空气流量传感器输出信号电压（或频率）的变化情况。

把汽车专用示波器的 COM 测针连接到空气流量传感器的搭铁线上，把 CH_1测针连接到空气流量传感器的信号输出线（通往 ECU）上，关闭发动机所有附件，起动发动机，即可观测到空气流量传感器输出信号电压（或频率）波形的变化情况。在节气门从全闭到全开再到全闭动作过程中，叶片式空气流量传感器（模拟式）输出信号电压的正常变化情况如图 4-80 所示。

（2）卡门旋涡式空气流量传感器的检修 卡门旋涡式空气流量传感器的测量图如图4-81所示。

1）电压检测。接好空气流量传感器的线束插接器，用万用表电压档检测发动机 ECU 的 THA-E_2、V_C-E_1、K_S-E_1间的电压，其标准电压值见表 4-13。

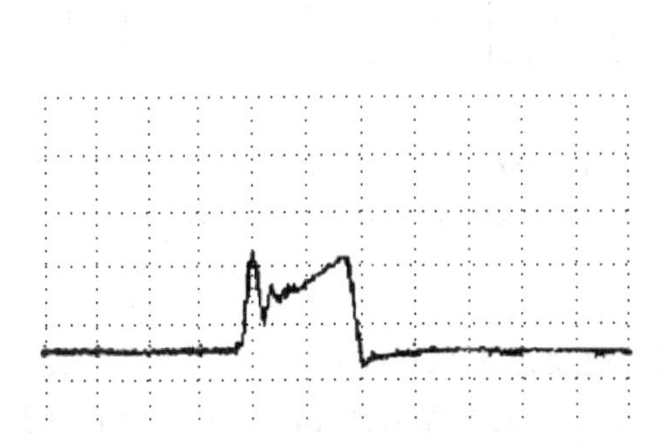

图 4-80 丰田汽车 2JZ-FE 型发动机的叶片式空气流量传感器电压输出波形图

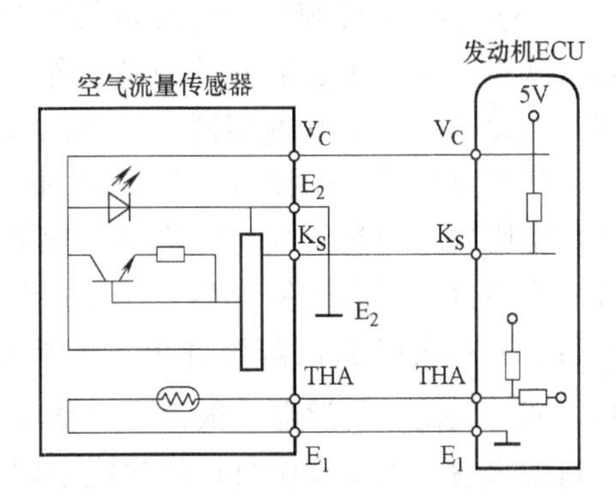

图 4-81 卡门旋涡式空气流量传感器的测量图

表 4-13　卡门旋涡式空气流量传感器的电压测量

端子	测量条件	标准电压/V
$THA\text{-}E_2$	怠速，进气温度 20℃	0.5~3.4
	点火开关至 ON 位置	4.5~5.5
$K_S\text{-}E_1$	怠速	2.0~4.0(脉冲信号)
$V_C\text{-}E_1$	点火开关至 ON 位置	4.5~5.5

若电压不符合要求，应首先检查空气流量传感器与 ECU 间的导线及线束插接器，视情修理或更换；若导线及线束插接器正常，$V_C\text{-}E_1$间的电压不正常，应检修或更换 ECU；若导线及线束插接器正常，$V_C\text{-}E_1$间的电压也正常，仅 $THA\text{-}E_2$或 $K_S\text{-}E_1$间的电压不正常，则应更换空气流量传感器。

2）电阻检测。将点火开关置于 OFF 位置，拆开空气流量传感器的线束插接器，用万用表电阻档测量端子 THA 与 E_1之间的电阻，其标准值见表 4-14。如果电阻值不符合标准值，说明进气温度传感器有故障，应更换空气流量传感器。

表 4-14　卡门旋涡式空气流量传感器的电阻测量

端 子	测量温度/℃	标准电阻/kΩ
$THA\text{-}E_2$	-20	10.0~20.0
	0	4.0~7.0
	20	2.0~3.0
	40	0.9~1.3
	60	0.4~0.7

3）波形分析。把汽车专用示波器的 COM 测针连接到空气流量传感器的搭铁线上，把 CH_1测针连接到空气流量传感器的信号输出线（通往 ECU）上，关闭发动机所有附件，起动发动机，即可观测到空气流量传感器输出信号频率波形的变化情况。

在节气门从全闭到全开再到全闭动作过程中，卡门旋涡式空气流量传感器（数字式）输出信号频率的正常变化情况如图 4-82 所示。

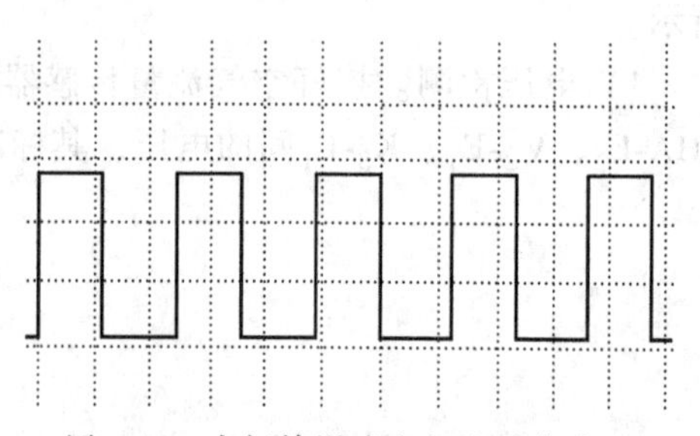

图 4-82　卡门旋涡式空气流量传感器输出信号频率变化波形图

（3）热线与热膜式空气流量传感器的检修　热膜式空气流量传感器的结构及工作原理与热线式空气流量传感器基本相同，不同之处在于热线式空气流量传感器的测量元件是采用铂丝热线制成的电阻器，而热膜式空气流量传感器的测量元件不采用价格昂贵的铂丝热线，它用热膜代替了热线，并将热膜镀在陶瓷片上，制造成本较低。热线式空气流量传感器一般都有自洁功能，发动机转速超过 1500r/min，关闭点火开关使发动机熄火后，控制系统自动将热线电阻器加热到 1000℃ 以上并保持约 1s，以便将附在热线电阻器上的粉尘烧掉。此外，热膜式空气流量传感器的测量元件不直接承受空气流的作用力，其使用寿命较长。热膜式空气流量传感器的结构和工作原理如图 4-83 所示。

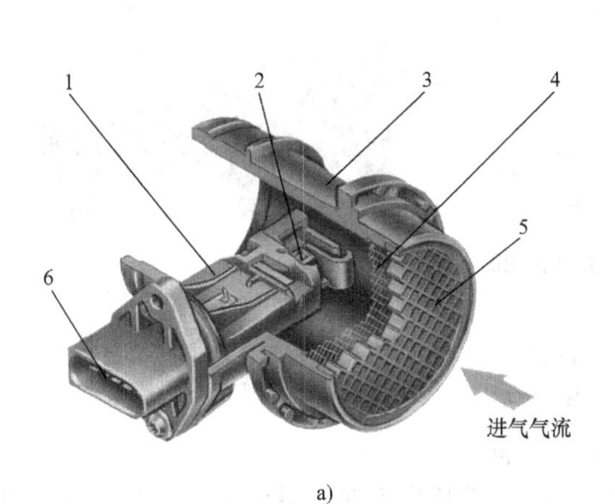

a)

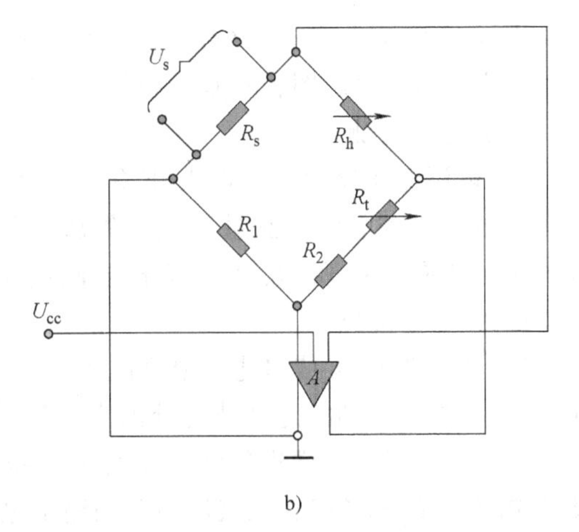

b)

图 4-83 热膜式空气流量传感器的结构和工作原理

a）实物结构图 b）工作原理图

1—混合电路盒 2—金属热膜元件 3—壳体 4—滤网 5—导流格栅 6—插头

热膜式空气流量传感器的电路图如图 4-84 所示。

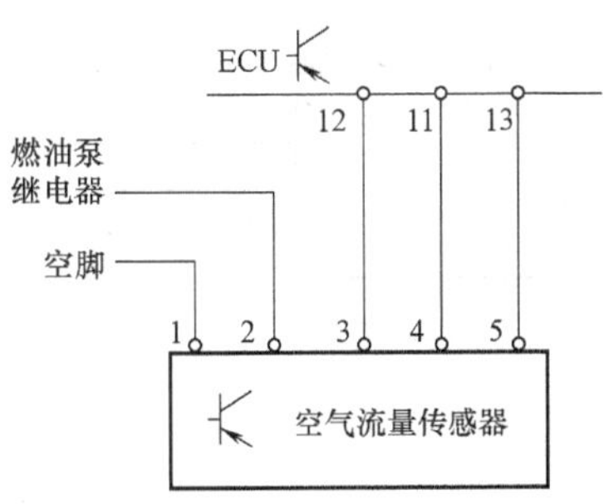

图 4-84 热膜式空气流量传感器的电路图

1）电压检测。打开点火开关，空气流量传感器与 ECU 处于连接状态，检测端子 2，电压应为 12V。若无电压，则继续检测汽油泵继电器、ECU 电源电压及相关配线。

拔下 ECU 与传感器插接器，检测 ECU 侧的端子 11 与 12 间的电压，电压值应为 5V。检测传感器侧的端子 3、5 可得进气流量电压信号（端子 3、12 为信号负线，端子 5、13 为信号正线）。

2）波形分析。在发动机运转时，用示波器测量热膜式空气流量传感器的信号输出端子 3 与 5 之间的电压波形，应为一条水平的直线，随着节气门开度的增大，直线应在最小值与最大值间连续移动，波形应在最小值与最大值间呈现一条单调上升的直线或曲线。

3）热线式空气流量传感器自洁功能的检测。在检测热线式空气流量传感器自洁功能时，需安装好热线式空气流量传感器及其线束插接器，拆下空气流量传感器的防尘网，起动发动机并加速到 2500r/min 以上。当发动机停转后 5s，从空气流量传感器进气口处可以看到热线自动加热烧红（约 1000℃）约 1s，如无此现象发生，则需检查自洁信号或更换空气流量传感器。

自洁信号的检查方法是在发动机达到正常工作温度、转速超过 2500r/min 后，测量自洁信号端子与搭铁端子之间的电压。当关闭点火开关时，电压应回零并在 5s 后又跳跃上升，1s 后再回零，否则说明自洁信号不良；自洁信号不良说明电路或 ECU 有故障，但若自洁信号正常，而看不到热线自动加热烧红的现象，说明空气流量传感器有故障。

2. 进气歧管绝对压力传感器的检修

进气歧管绝对压力传感器安装在进气歧管内，用于测量进入气缸的空气压力，将空气压力变成电信号传输给电子控制器 ECU，进气歧管绝对压力传感器实物图如图 4-85 所示。

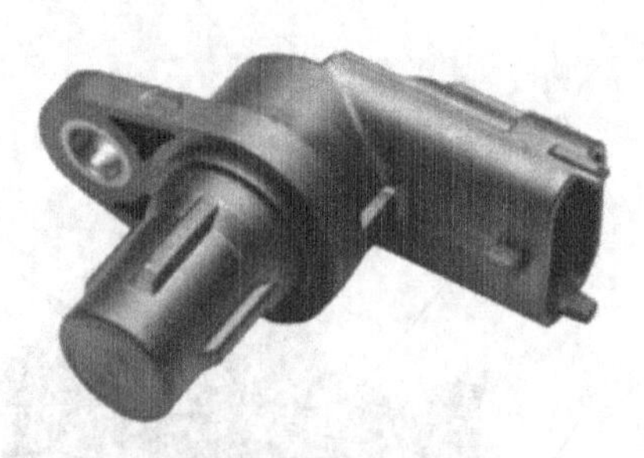

图 4-85 进气歧管绝对压力传感器实物图

图 4-86 所示为丰田 2JZ-GE 型发动机所用进气歧管绝对压力传感器电路图，其测量图如图 4-87 所示。

（1）电压检测

1）电源电压检测。将点火开关置于 ON 位置，用汽车专用万用表电压档测量进气歧管压力传感器的电源电压，如图 4-87 所示，V_{CC}端子与 E_2端子间的标准电压应为 4.5~5.5V。

2）传感器输出信号电压检测。将点火开关置于 ON 位置，拆下发动机进气歧管处的真空软管，用汽车专用万用表电压档测量进气歧管压力传感器 ECU 端插接器 PIM 与 E_2端子间在大气压力下的输出电压。然后，用手动真空泵对进气歧管绝对压力传感器施加 13.3~66.7kPa 的真空度，再测 ECU 端插接器 PIM 与 E_2端子间的电压降，该电压降应符合表 4-15 中所列值，否则应更换进气歧管绝对压力传感器。

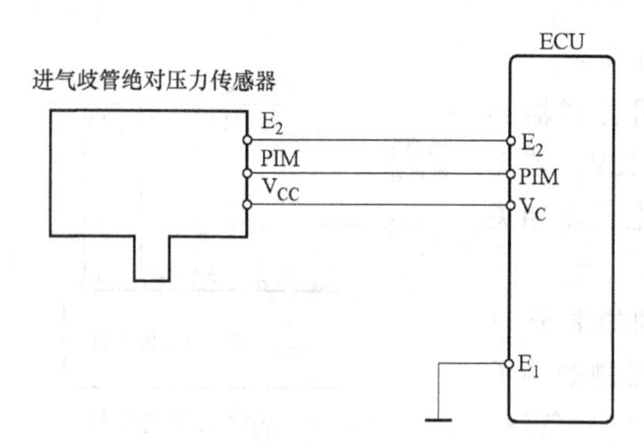

图 4-86 丰田 2JZ-GE 型发动机所用进气歧管绝对压力传感器电路图

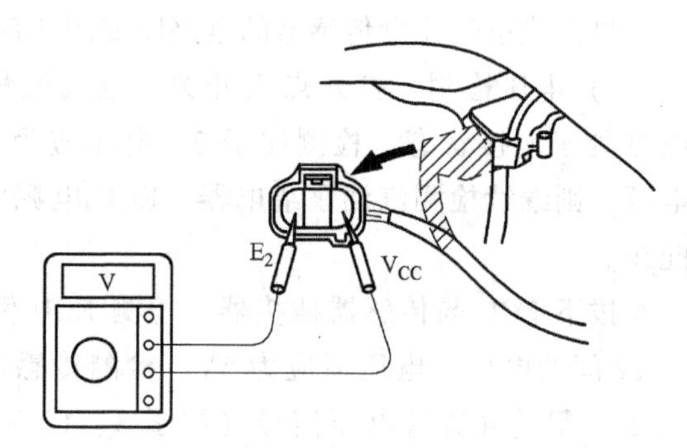

图 4-87 进气歧管绝对压力传感器电源电压测量

表 4-15 进气歧管绝对压力传感器在不同真空度下的电压值

手动真空泵施加的真空度/kPa	PIM-E_2间的电压值/V
13.3	0.3~0.5
26.7	0.7~0.9
40.0	1.1~1.3
53.5	1.5~1.7
66.7	1.9~2.1

（2）波形分析　利用汽车专用示波器可以观测到进气歧管绝对压力传感器在不同真空度下的输出信号电压或频率变化情况。进气歧管绝对压力传感器有压敏电阻式进气歧管绝对压力传感器（即模拟式输出信号）和电容式进气歧管绝对压力传感器（即数字式输出信号）两种型式。

一般情况下，进气歧管绝对压力传感器输出信号电压的变化范围，在怠速下是 1.25V 左右，节气门全开时最大幅值可达 5.0V 左右。

在节气门从全闭到全开再到全闭动作过程中，模拟式进气歧管绝对压力传感器输出的电压信号波形图如图 4-88a 所示，数字式进气歧管绝对压力传感器输出的频率信号波形图如图 4-88b 所示。

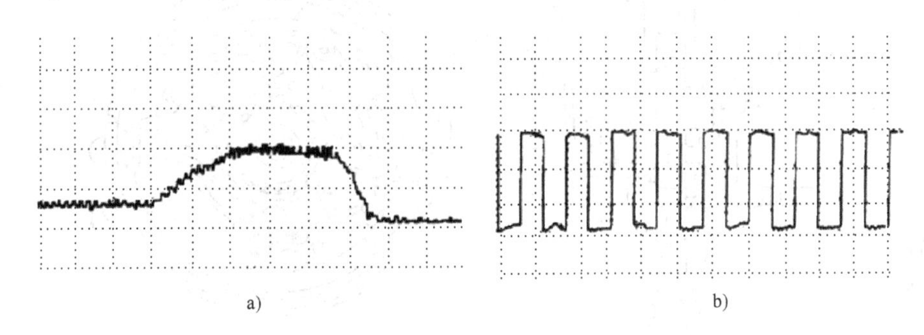

图 4-88　进气歧管绝对压力传感器的信号波形图

a）模拟式进气歧管绝对压力传感器输出的电压信号波形图

b）数字式进气歧管绝对压力传感器输出的频率信号波形图

可以看出，随着进气量增加，模拟式进气歧管绝对压力传感器输出信号电压是逐渐增大的，数字式进气歧管绝对压力传感器输出信号频率也是增大的。如果发动机在加速和减速过程中信号电压或信号频率无变化或变化微小，说明进气歧管绝对压力传感器或其相关电路有故障。

3. 曲轴位置传感器和凸轮轴位置传感器的检修

曲轴位置传感器（有时称为转速传感器）用来检测曲轴转角位移，给 ECU 提供发动机转速信号和曲轴转角信号（Ne 信号），作为燃油喷射控制和点火控制的主控制信号。凸轮轴位置传感器给 ECU 提供曲轴转角基准位置（第一缸压缩上止点）信号（G 信号），作为燃油喷射控制和点火控制的主控制信号。

曲轴位置传感器和凸轮轴位置传感器的结构和工作原理基本相同，只是各车型安装位置不同，但必须安装在与曲轴有精确传动关系的位置处，如曲轴、凸轮轴、飞轮或分电器处。

曲轴位置传感器和凸轮轴位置传感器可分为电磁式、霍尔式和光电式三种类型，此处仅以电磁式和霍尔式为例介绍曲轴位置传感器和凸轮轴位置传感器的检修。

（1）丰田 2JZ-GE 型发动机电磁式曲轴位置传感器和凸轮轴位置传感器的检修　丰田 2JZ-GE 型发动机曲轴位置传感器与凸轮轴位置传感器的结构如图 4-89 所示。传感器分为上、下两部分，上部分为凸轮轴位置传感器，由一个齿的 G 转子和两个感应线圈 G_1 和 G_2 组成，用以产生第一缸上止点基准信号；下部分为曲轴位置传感器，由一个 24 齿的 Ne 转子和一个 Ne 感应线圈组成，用以产生曲轴转角信号，其电路图如图 4-90 所示。

1）电压检测。拆开曲轴位置传感器和凸轮轴位置传感器的线束插接器，当发动机转动时，用汽车专用万用表的电压档测量曲轴位置传感器上 G_1-G_- 、G_2-G_- 、Ne-G_- 端子间是否有脉冲电压信号输出。如没有脉冲电压信号输出，则应更换凸轮轴位置传感器与曲轴位置传感器。

2）电阻检测。将点火开关置于 OFF 位置，拆下曲轴位置传感器和凸轮轴位置传感器的线束插接器，用汽车专用万用表的电阻档测量曲轴位置传感器上各端子间的电阻值，标准值见表 4-16。如所测电阻值不在规定的范围内，必须更换曲轴位置传感器与凸轮轴位置传感器。

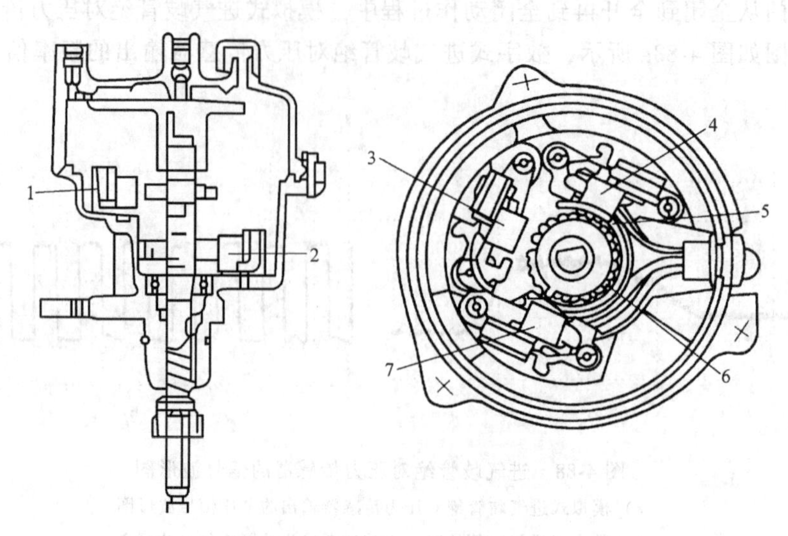

图 4-89　丰田 2JZ-GE 型发动机曲轴位置传感器与凸轮轴位置传感器的结构

1—G 信号发生器　2—Ne 信号发生器　3—Ne 传感线圈　4—G_1 传感线圈

5—No. 2 信号转子　6— No. 1 信号转子　7—G_2 传感线圈

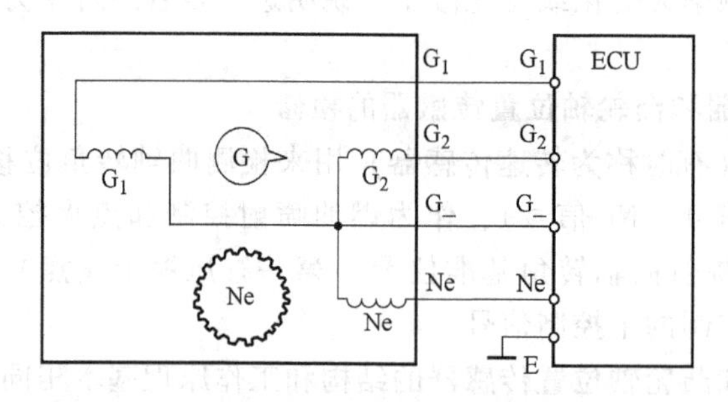

图 4-90　电磁式曲轴位置传感器与凸轮轴位置传感器电路图

表 4-16　电磁式曲轴位置传感器和凸轮轴位置传感器的电阻测量

端 子	测量条件	标准电阻/Ω
G_1-G_-	发动机热态情况下	125~200
	发动机冷态情况下	160~235
G_2-G_-	发动机热态情况下	125~200
	发动机冷态情况下	160~235
Ne-G_-	发动机热态情况下	155~250
	发动机冷态情况下	190~290

3）感应线圈与转子的间隙测量。如图 4-91 所示，用塞尺测量凸轮轴位置传感器和曲轴位置传感器转子与感应线圈凸出部分的间隙，其间隙应为 0.2~0.4mm。若间隙不符合要求，则应更换分电器壳体总成。

4）波形分析。电磁式曲轴位置传感器和凸轮轴位置传感器输出的是模拟交流电压信号，从汽车专用示波器上看到的是一正弦波，波形幅值和频率均随转速的升高而升高，随转速的降低而降低，正常波形如图 4-92 所示。

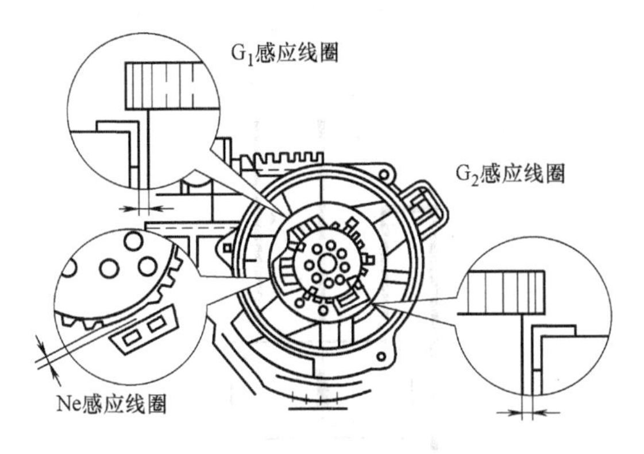

图 4-91 感应线圈与转子的间隙测量

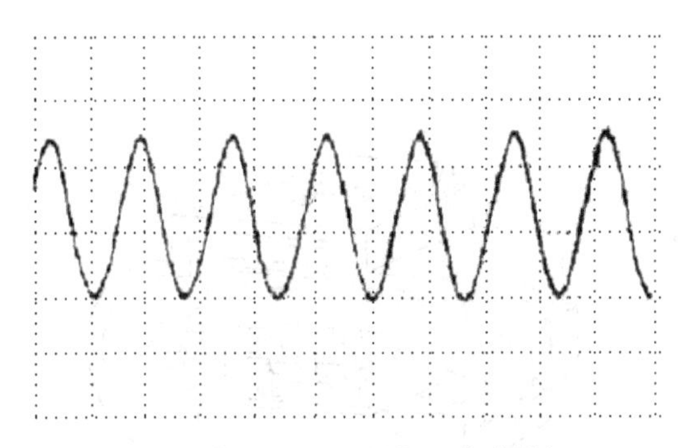

图 4-92 电磁式曲轴位置传感器与凸轮轴位置传感器波形图

(2) 上海大众 AJR 发动机电磁式曲轴位置传感器的检修 AJR 发动机曲轴传感器 (G28) 安装在发动机气缸体的左侧靠近飞轮处，传感器的齿圈安装在飞轮与曲轴之间，与曲轴一起转动，如图 4-93 所示。

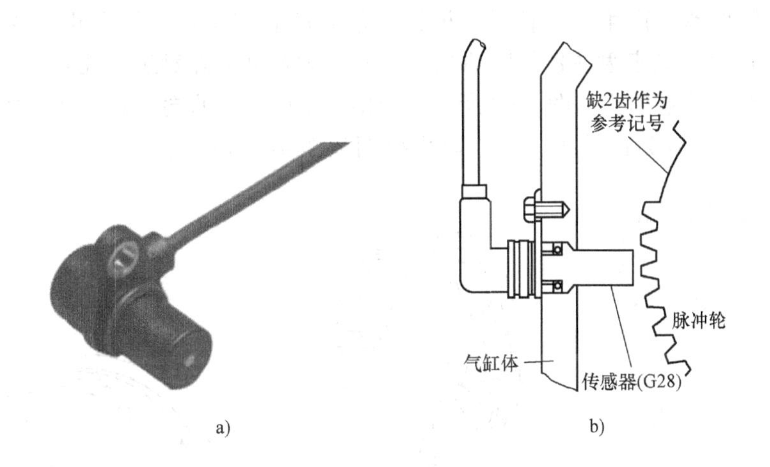

图 4-93 AJR 型发动机的电磁式曲轴位置传感器 (G28)

a) 实物图 b) 在发动机上的安装位置示意图

ECU (J220) 上的端子 56 为点火正时/转速信号线，端子 63 为信号线 (-)，曲轴位置传感器插头的端子如图 4-94 所示，曲轴位置传感器的电路图如图 4-95 所示。

1) 电阻检测。将点火开关置于 OFF 位置，拆下曲轴位置传感器线束插接器的插头，用汽车专用万用表的电阻档测量曲轴位置传感器插座上端子 2 与端子 3 间的电阻值，其标准值为 480~1000Ω。如所测电阻值不在规定的范围内，必须更换曲轴位置传感器。

2) 线路通断检测。将点火开关置于 OFF 位置，拆下曲轴位置传感器线束插接器的插头，用汽车专用万用表的电阻档测量 ECU 与曲轴位置传感器间的电路是否短路或断路。

(3) 上海大众 AJR 发动机霍尔式凸轮轴位置传感器的检修 AJR 发动机霍尔式凸轮轴位置传感器 G40 安装在气缸盖前端凸轮轴的正时链轮之后，如图 4-96 所示。

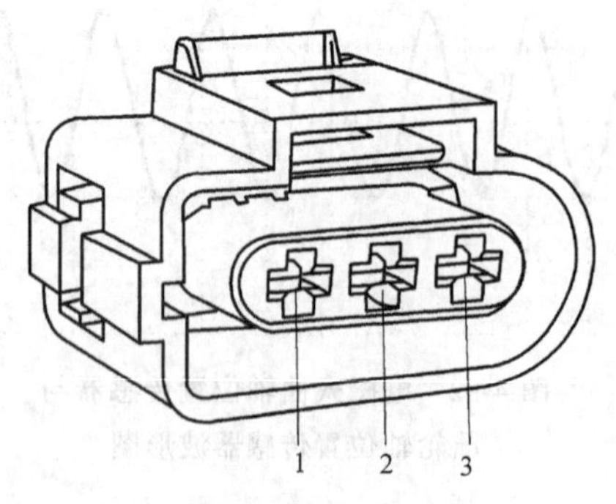

图 4-94 曲轴位置传感器插头的端子

1—搭铁 2—传感器信号线（-） 3—传感器信号线（+）

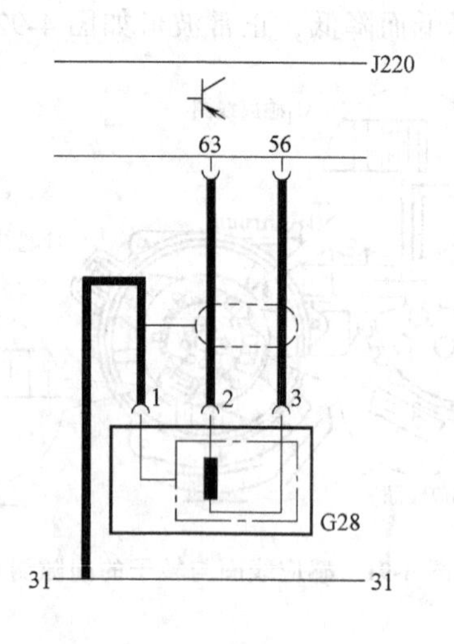

图 4-95 曲轴位置传感器的电路图

霍尔传感器是利用霍尔效应原理制成的电子开关。霍尔传感器转子上有一个 180°的缺口，故曲轴每转两圈便产生一个信号，根据此信号就确定了第一缸上止点的位置。发动机 ECU 根据这个信号，确定喷油器的喷油顺序，同时对各缸的爆燃进行控制。

凸轮轴位置传感器插头如图 4-97 所示。ECU（J220）上的端子 62 为电源线，端子 67 为信号线（-），端子 76 为信号线（+），其电路图如图 4-98 所示。

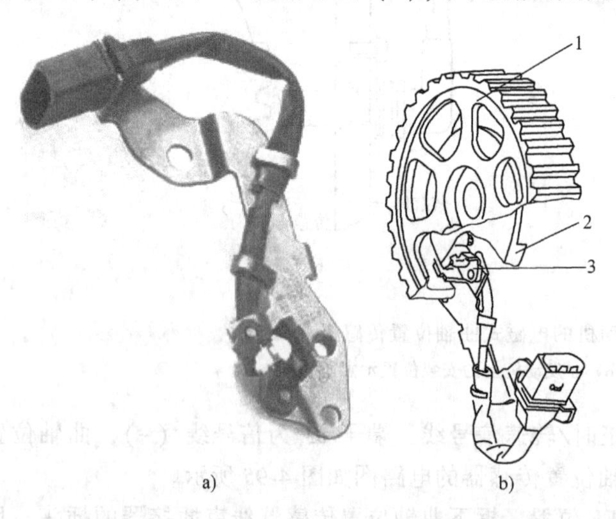

图 4-96 AJR 型发动机的霍尔式凸轮轴位置传感器（G40）

a）实物图 b）在发动机上安装位置示意图

1—凸轮轴同步带轮 2—霍尔传感器转子 3—霍尔传感器

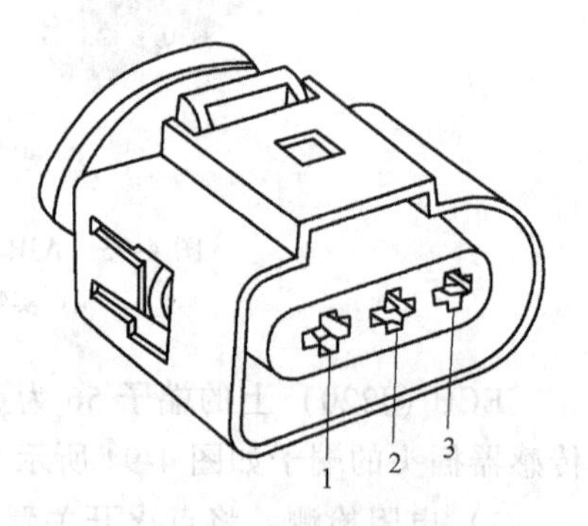

图 4-97 凸轮轴位置传感器插头

1—电源线 2—传感器信号线（+）

3—传感器信号线（-）

1）电压检测。将点火开关置于 OFF 位置，拆下凸轮轴位置传感器线束插接器的插头，如图 4-97 所示。再将点火开关置于 ON 位置，用汽车专用万用表的电压档测量插头端子 1 与端子 3 之间的电压，其标准值为接近 5V。

如果所测电压不符合标准值，应更换凸轮轴位置传感器。

2）波形分析。当发动机运转时，用汽车专用示波器测量凸轮轴位置传感器插头端子 2 与端子 3 之间，其波形为方波，幅值在 0~5V 范围内，且随发动机转速的增加，其波形的频率增加，幅值不变，如图 4-99 所示。

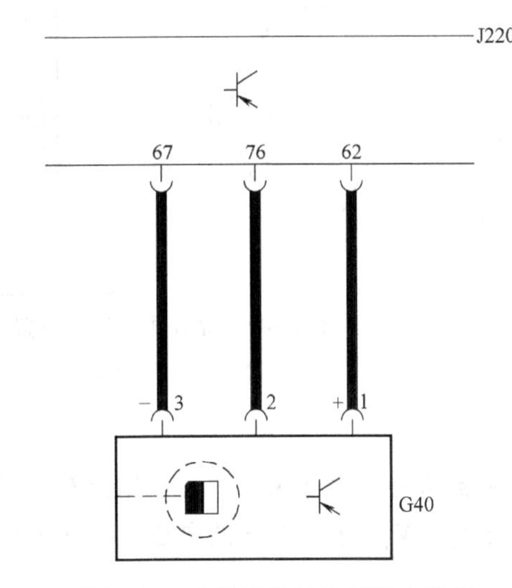

图 4-98　凸轮轴位置传感器电路图

1—电源线　2—传感器信号线（+）　3—传感器信号线（−）

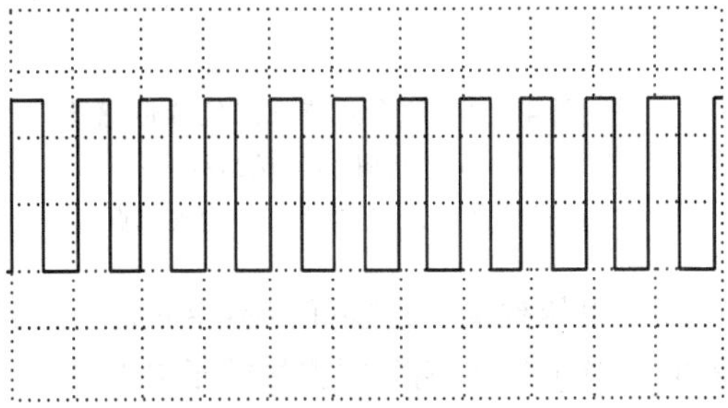

图 4-99　霍尔式凸轮轴位置传感器波形图

如果所测波形与标准波形不符合，则应更换凸轮轴位置传感器。

【小提示】

> AJR 发动机的凸轮轴位置传感器没有输出信号，且无其他信号代替时，发动机 ECU 将不再区分一缸或四缸。
>
> 由于采用双缸同时点火，所以发动机仍能起动并运转，只是爆燃控制关闭，点火提前角推迟，发动机输出功率将下降。

4. 节气门位置传感器的检修

节气门位置传感器是用来检测节气门开度及开度变化的传感器，如图 4-100 所示。当发动机工作时，ECU 主要根据节气门位置传感器信号判断发动机负荷的大小及变化情况，以便根据发动机负荷的大小及变化情况进行燃油喷射控制及其他辅助控制（如 EGR 和开闭环控制等）。

图 4-100　节气门位置传感器实物图

节气门位置传感器安装在节气门体上，由节气门轴驱动，可分为电位计式、触点式和综合式三种。此处仅以综合式为例介绍节气门位置传感器的检修。

综合式节气门位置传感器通常由一个电位计和一个怠速触点组成，如图 4-101 所示。综合式节气门位置传感器电路图如图 4-102 所示。

（1）怠速触点检测　将点火开关置于 OFF 位置，拆开节气门位置传感器的线束插接器，用汽车专用万用表电阻档测量传感器线束插接器的 IDL 端子与 E_2 端子导通情况：当节气门全闭时，IDL端子与E_2端子应导通（电阻为0）；当节气门在任意开启位置时，IDL端子与E_2端子间应不导通（电阻为∞），否则应更换节气门位置传感器。

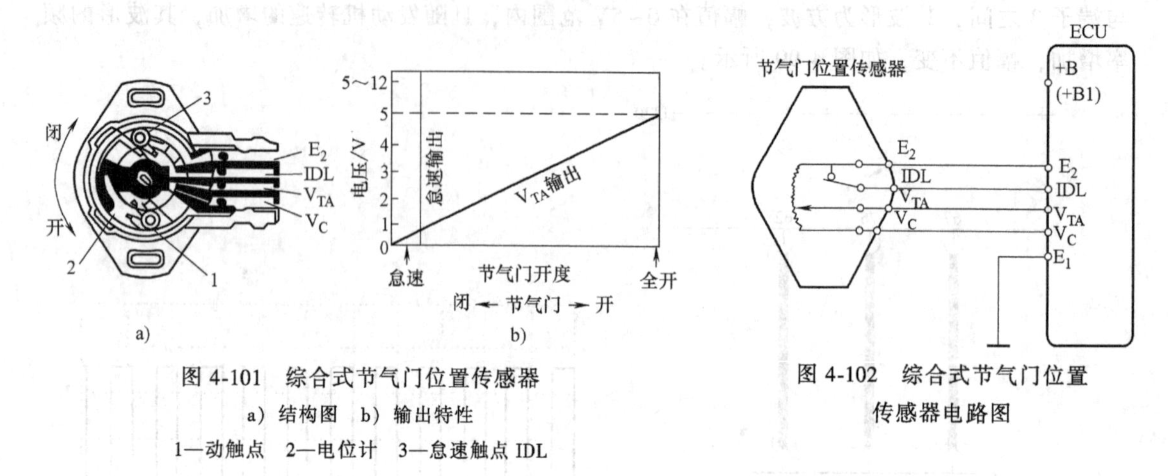

图4-101 综合式节气门位置传感器

a）结构图 b）输出特性

1—动触点 2—电位计 3—怠速触点IDL

图4-102 综合式节气门位置传感器电路图

（2）电压检测 连接好传感器的线束插接器，将点火开关置于ON位置，用汽车专用万用表电压档在ECU侧分别测量端子IDL与E_2、V_C与E_2、V_{TA}与E_2之间的电压。电压值应符合标准，见表4-17。

表4-17 综合式节气门位置传感器的电压值

端子	测量条件	标准电压值/V
IDL-E_2	节气门全开	9.0~14.0
V_C-E_2		4.0~5.5
V_{TA}-E_2	节气门全闭	0.3~0.8
	节气门全开	3.2~4.9

（3）电阻检测 将点火开关置于OFF位置，拆开节气门位置传感器的线束插接器，用汽车专用万用表的电阻档测量传感器线束插接器的V_{TA}端子与E_2端子之间的电阻，该电阻应能随节气门开度增大而呈正比增大。

在节气门限位螺钉和限位杆之间插入适当厚度的塞尺，用汽车专用万用表电阻档测量传感器线束插接器各端子之间的电阻，电阻值应符合标准，见表4-18。

表4-18 综合式节气门位置传感器的电阻值

端子	测量条件	标准电阻值/kΩ
IDL-E_2	限位螺钉与限位杆间插入0.45mm的塞尺	0.5或更小
	限位螺钉与限位杆间插入0.55mm的塞尺	∞
V_C-E_2		3.10~7.20
V_{TA}-E_2	节气门全闭	0.34~6.30
	节气门全开	2.40~11.20

（4）波形观测 利用汽车专用示波器可以观测到节气门位置传感器输出信号电压的变化情况。

一般情况下，节气门位置传感器输出信号电压的变化范围，在打开点火开关但不起动发动机的情况下，节气门从全关到全开，信号电压幅值在 1.0~5.0V 范围内变化；在发动机运转中，怠速下信号电压一般低于 1.0V，节气门全开运转时信号电压一般低于 5.0V，且波形应连续，不应有向下的尖波、大的跌落或断点。要特别注意信号电压达到 2.8V 左右时的波形，此处是节气门位置传感器滑动触点最易损坏或断裂之处。

模拟式节气门位置传感器在发动机怠速运转时测得的波形是一条较为稳定的直流电压波形，如图 4-103 所示。在节气门从全闭到全开再到全闭动作过程中，输出信号电压的正常变化情况如图 4-104 所示。

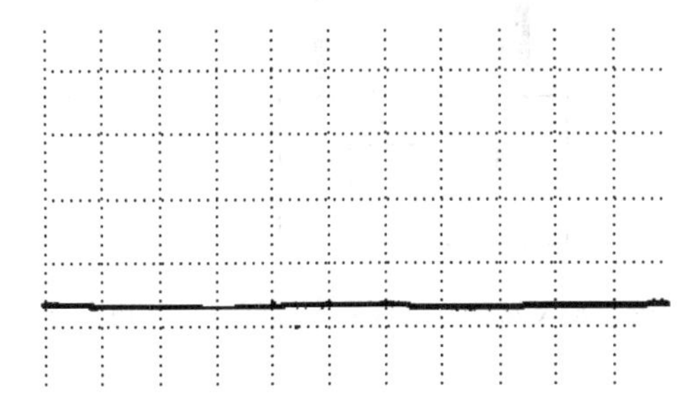

图 4-103　模拟式节气门位置传感器怠速运行时的波形图

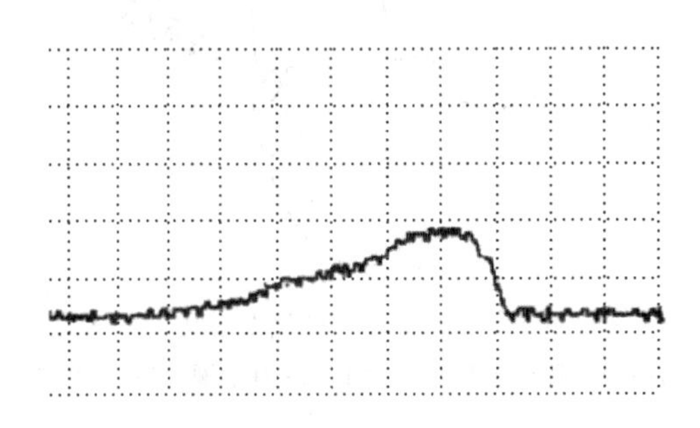

图 4-104　模拟式节气门位置传感器正常的输出电压波形图

5. 进气温度传感器的检修

进气温度传感器的功用是给 ECU 提供进气温度信号，作为燃油喷射控制和点火控制的修正信号，如图 4-105 所示。

进气温度传感器一般安装在空气滤清器内、空气流量传感器内或进气歧管上。进气温度传感器通常采用负温度系数的热敏电阻作为测量元件，如图 4-106 所示。传感器壳体内装有一个热敏电阻，当进气温度变化时，热敏电阻的阻值发生变化，由其特性图可见，随进气温度升高，阻值减小。此处以上海大众 AJR 发动机进气温度传感器 G72 为例介绍进气温度传感器的检修。

图 4-105　进气温度传感器实物图

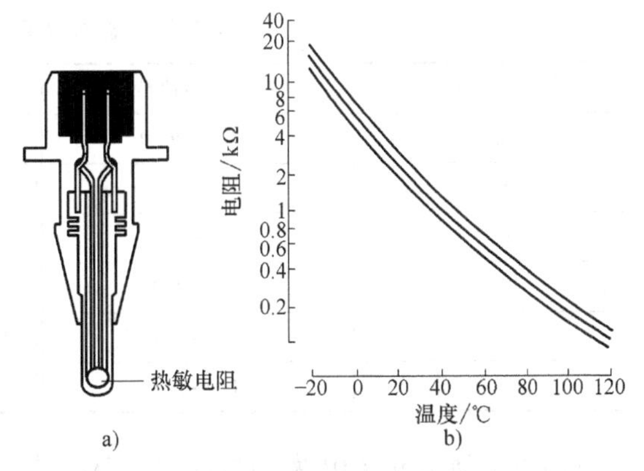

图 4-106　进气温度传感器的结构及工作特性

a）结构图　b）输出特性

AJR 发动机的进气温度传感器 G72 安装在进气歧管上，如图 4-107 所示。传感器插座上有两个接线端子，信号输出端子 1 与 ECU 端子 54 连接，传感器负极端子 2 与 ECU 端子 67 连接，如图 4-108 所示。

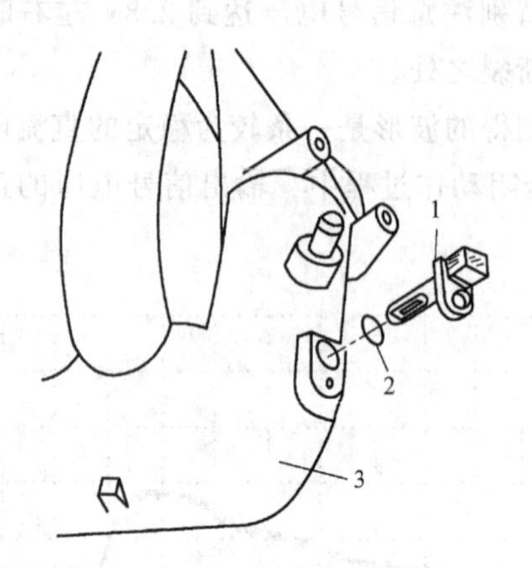

图 4-107 AJR 发动机进气温度传感器 G72

1—进气温度传感器（G72） 2—O 形圈 3—进气歧管

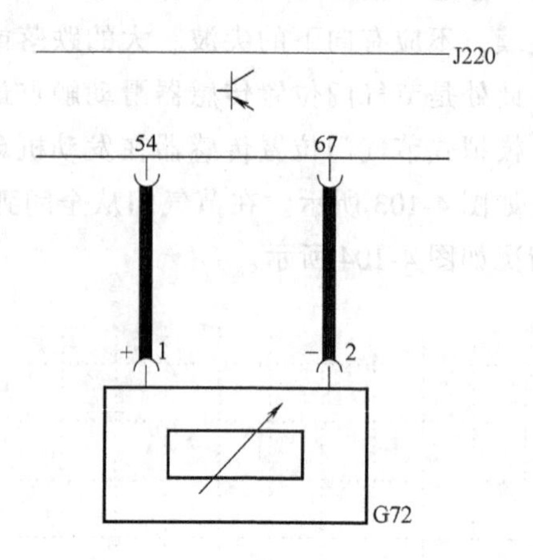

图 4-108 AJR 发动机进气温度传感器 G72 电路图

在对其进行电阻检测时，如图 4-109 所示，将汽车专用万用表的两只表笔分别连接传感器插座上的信号输出端子与传感器搭铁端子，测得标准阻值见表 4-19。如果检测结果与标准值不符，则应更换进气温度传感器。

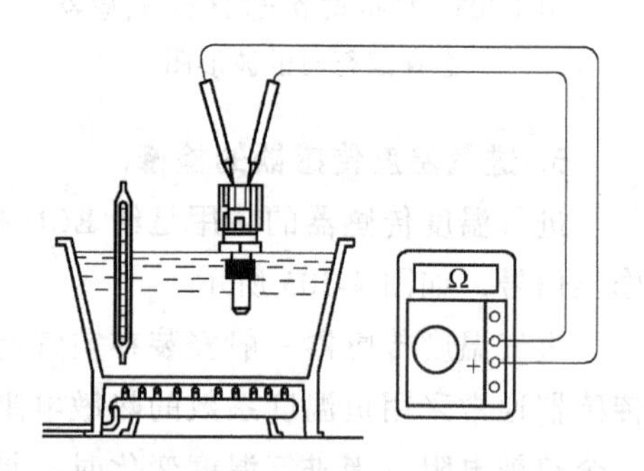

图 4-109 进气温度传感器的电阻检测

6. 冷却液温度传感器的检修

冷却液温度传感器一般安装在气缸体水道上或冷却液出口处，其功用是给 ECU 提供发动机冷却液温度信号，作为燃油喷射控制和点火控制的修正信号。冷却液温度传感器信号也是其他控制系统（如 EGR 等）的控制信号。

表 4-19 进气温度传感器的电阻值

测试温度/℃	标准电阻值/kΩ	测试温度/℃	标准电阻值/kΩ
-20	14.0~20.0	50	0.72~1.0
0	5.0~6.5	60	0.53~0.65
10	3.3~4.2	70	0.38~0.48
20	2.2~2.7	80	0.28~0.35
30	1.4~1.9	90	0.21~0.28
40	1.0~1.4	100	0.17~0.20

下面以上海大众 AJR 发动机冷却液温度传感器为例介绍冷却液温度传感器的检修。

AJR 发动机的冷却液温度传感器 G62 与仪表系统的冷却液温度传感器 G2 一起组装在一个壳体内，安装在气缸盖后端的出水管上，如图 4-110 所示。传感器插座上有四个接线端子，G62 连接 1、3 端子，G2 连接 2、4 端子。冷却液温度传感器 G62 的信号输出端子 3 与 ECU 端子 53 连接，传感器负极端子 1 与 ECU 端子 67 连接。

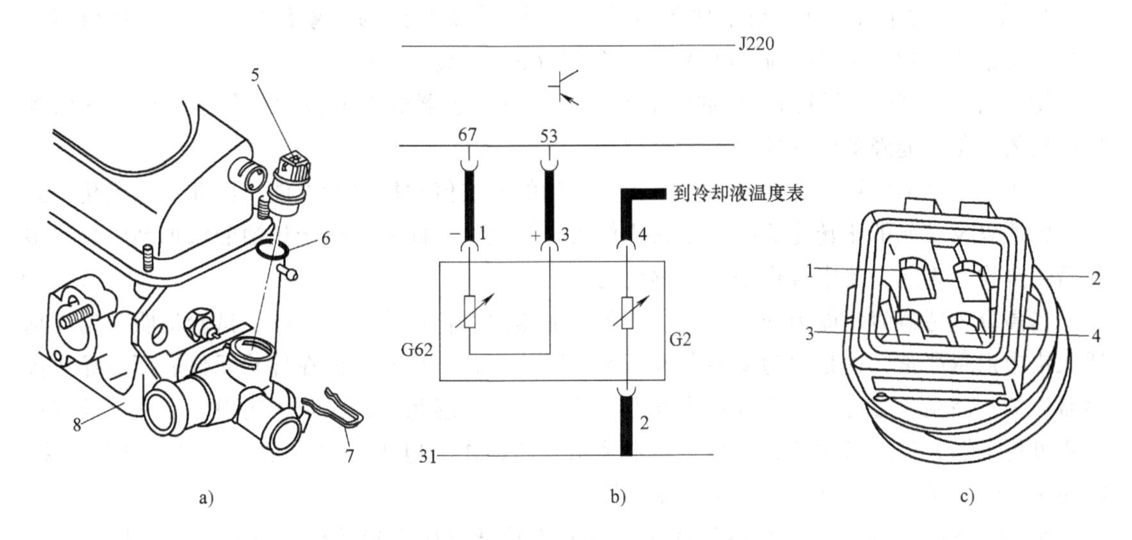

图 4-110　冷却液温度传感器

a）安装位置　b）电路图　c）传感器插头

1—G62 信号（-）　2—G2 信号（-）　3—G62 信号（+）　4—G2 信号（+）

5—冷却液温度传感器　6—O 形圈　7—卡簧　8—气缸盖

在检测冷却液温度传感器的电阻时，将汽车专用万用表的两只表笔分别连接传感器插座上的信号输出端子与传感器搭铁端子。当温度为 30℃时，阻值应为 1.5～2.0kΩ；当温度为 80℃时，阻值应为 0.275～0.375kΩ。如阻值偏差过大、过小或为无穷大，说明冷却液温度传感器失效，应更换新品。

7. 氧传感器的检修

氧传感器安装在发动机排气管内，能检测出排气中的氧气含量，并转变成电信号传输给 ECU，以便把混合气的空燃比控制在理论空燃比（A/F=14.7）附近很窄范围内，使三元催化转化器达到最佳净化效果，形成发动机电控燃油喷射系统闭环控制。

氧传感器有氧化锆式和二氧化钛式两种类型，根据它们是否需要加热又分为加热型和非加热型。图 4-111 所示为加热氧化锆型氧传感器。

图 4-111　加热氧化锆型氧传感器

（1）氧传感器的使用及维护　当汽车行驶一定里程（一般为 80000km）后，应当更换氧传感器。

氧传感器失效的原因主要是传感元件老化和中毒。

1）氧传感器老化。氧传感器老化的主要原因是传感元件局部表面温度过高。

在发动机利用氧传感器进行闭环控制过程中，混合气的空燃比总是控制在理论空燃比附近，排气中几乎没有过剩的燃油，但是在发动机刚起动（尤其是冷起动）之后，或大负荷状态工作时，为了快速预热发动机，或增大发动机输出功率，需要供给足够多的燃油，排气中过剩的燃油就会在氧传感器的表面产生燃烧反应，一方面是形成碳粒而造成氧传感器表面的保护层剥落，另一方面是使传感元件局部表面温度过高（超过1000℃）而加速传感器老化。

2）氧传感器中毒。氧传感器的传感元件受到污染而失效的现象称为中毒。氧传感器中毒主要是指铅（Pb）中毒、硅（Si）中毒和磷（P）中毒。

① 铅中毒。燃油或机油添加剂中的铅离子与氧传感器的铂电极发生化学反应，导致催化剂钻的催化性能降低的现象，称为铅中毒。

由于含铅汽油中添加有四乙基铅来提高汽油的辛烷值和抗爆燃性能，因此配装氧化锆式氧传感器以及三元催化转化器的汽车禁止使用含铅汽油。此外，由于机油的添加剂中含有多种铅化合物，因此，铅中毒也是不可避免的。

提高氧传感器耐铅能力的方法：一是采用加热型氧化锆式氧传感器，试验证明，温度越低，铅中毒越严重，这是因为低温条件下铅为固体颗粒，容易沉淀在传感元件表面而导致传感器失效，高温状态时，大部分铅为气态，难以穿过传感元件；二是采用阻值变化型的氧化钛式氧传感器，虽然氧化钛式氧传感器也采用金属铂作为电极，但只是为了实现电器连接，即使受到铅离子污染，其性能也不会受到影响。

② 硅中毒。硅离子与氧传感器的铂电极发生化学反应而导致催化剂铂的催化性能降低的现象，称为硅中毒。

发动机上的硅密封胶、硅树脂成形部件、铸件内的硅添加剂等都含有硅离子，这些硅离子会污染氧传感器的外侧电极，氧传感器内部端子处密封用的硅橡胶会污染内侧电极。由于氧化钛式氧传感器没有安装内侧电极，且外侧铂电极只是为了实现电器连接，因此硅中毒程度比氧化锆式传感器要轻得多。

由此可见，无论氧化锆式氧传感器，还是氧化钛式氧传感器，其传感元件老化和中毒都是不可避免的。因此，当汽车行驶一定里程（一般为80000km）后，应当更换氧传感器。

【小提示】

> 当更换氧传感器时，一定要用专用防粘胶液刷涂氧传感器安装螺纹，否则下次检修时很难拆卸。
>
> 当刷涂防粘胶液时，切勿涂到氧传感器的透气孔中。

（2）氧传感器的检修方法　下面以上海大众AJR型发动机氧传感器G39为例说明氧传感器的检修。AJR发动机氧传感器的结构、电路图及插头（传感器侧）如图4-112所示。

1）外观检查。从排气管上拆下氧传感器，观察端部的颜色可以判断其技术状况的变化及变化的原因，检查方法如下：

① 当端部为淡灰色时，氧传感器技术状况正常。

② 当端部为黑色时，是由积炭造成的，在清除积炭并排除气缸上机油和混合气过浓等原因后，可继续使用。

③ 当端部为棕色时，是由铅污染（铅“中毒”）造成的，应更换氧传感器并应避免使用含铅汽油。

④ 当端部为白色时，是由硅（维修中使用硅密封胶或燃油、机油中的硅化合物燃烧后生成的二氧化硅）污染造成的，应更换氧传感器并应避免使用硅密封胶。

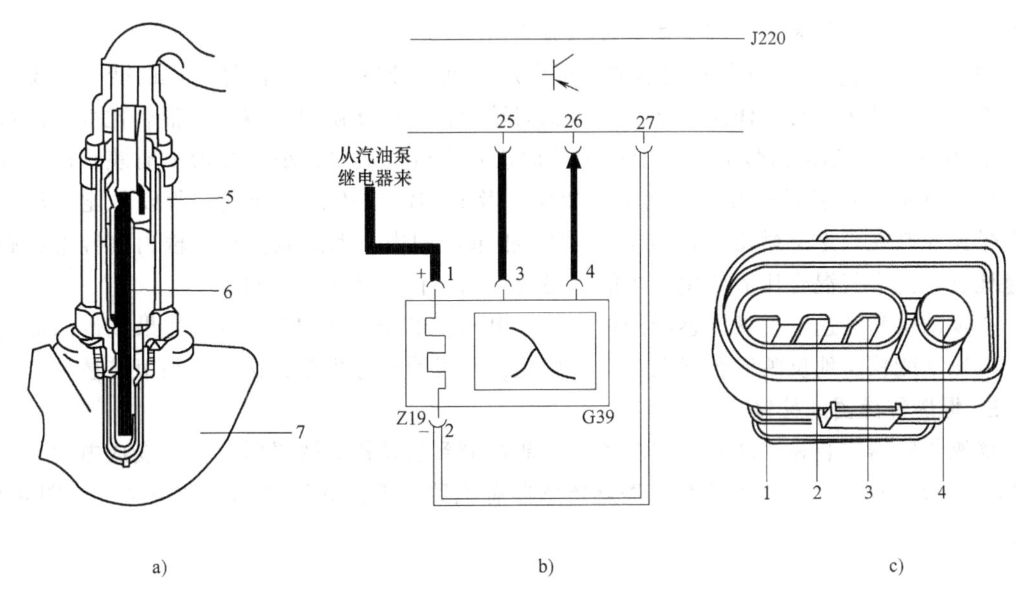

图 4-112　AJR 发动机氧传感器的结构、电路图及插头

a）结构　b）电路图　c）传感器插头（传感器侧）

1—加热器 Z19 正极　2—加热器 Z19 负极　3—氧传感器 G39 信号（-）　4—氧传感器 G39 信号（+）

5—氧传感器（G39）　6—氧传感器加热器（Z19）　7—排气管

处于排气气流中的氧传感器，如果在使用过程中被积炭、铅和硅等污染而无法与氧气接触，将逐渐失效。

2）电压检测。氧传感器加热元件的电压为整车电源电压，当接通点火开关使燃油泵继电器触点接通时，加热元件的电源即被接通。当检测加热元件的电压时，拔下氧传感器插头，起动发动机，用汽车专用万用表的电压档检测插接器插座上端子 1、2 之间的电压应不低于 11V。如电压为零，说明熔断器断路或燃油泵继电器触点接触不良，分别检修即可。

当检测氧传感器信号电压时，将其插头与插座连接，汽车专用万用表连接到氧传感器端子 3、4 连接的导线上，当接通点火开关时，其电压应为 0.45~0.55V；当发动机浓混合气（加速踏板踩到底）时，信号电压应为 0.7~1.0V；当发动机稀混合气（拔下空气流量传感器至发动机之间的真空管）时，信号电压应为 0.1~0.3V，否则说明氧传感器失效，应更换氧传感器。

检测氧传感器的信号电压也可将一只发光二极管和一只 510Ω/0.25W 电阻串联在氧传感器端子 3、4 连接的导线间进行测试。二极管正极连接到导线端子 4 上，二极管负极经 510Ω 电阻插接到插接器导线端子 3 上。当发动机怠速或部分负荷运转时，发光二极管应当闪亮。如电源电压正常，但二极管不闪亮，说明氧传感器故障，应更换氧传感器。发光二极管闪亮频率应不低于 10 次/min，如二极管不闪或闪亮频率过低，说明氧传感器加热元件失效、氧传感器壳体上的透气孔堵塞和氧传感器热负荷过重等导致氧传感器失效，需要更换氧传感器。

3）电阻检测。加热元件的电阻值在常温条件下为 1~5Ω，当温度上升很少时，阻值就会显著增大。因此，在室温环境下，可用汽车专用万用表电阻档进行检测。检测时，拔下氧传感器线束插头，检测插头上端子 1、2 之间的阻值常温下应为 1~5Ω。如常温下阻值为无穷大，说明加热元件断路，应更换氧传感器。

4）波形分析。利用汽车专用示波器可以观测到氧传感器输出信号电压的变化情况。如上所述，在发动机正常工作温度下，氧传感器输出信号电压随可燃混合气混合比变化的范围为0.1~0.9V。当输出信号电压大于0.45V时表示混合气变浓，小于0.45V时表示混合气变稀。ECU根据氧传感器输出信号电压的变化，及时加浓或稀释混合气，所以总能把混合气的空燃比控制在理论空燃比（14.7：1）附近很窄范围内。因此氧传感器输出信号电压必须快速地反映混合气混合比的变化，才能满足燃油闭环控制系统的要求。

在发动机高转速下，氧传感器的输出信号电压波形如图4-113所示。如果氧传感器输出信号电压不能快速地反映混合气混合比的变化，则说明已经失效，必须更换氧传感器。

8. 爆燃传感器的检修

爆燃传感器安装在气缸体或气缸盖上，能检测到发动机爆燃界限，并转变成电信号传输给ECU，以实现发动机爆燃控制。爆燃传感器有磁致伸缩式和压电式两种类型，如图4-114所示。

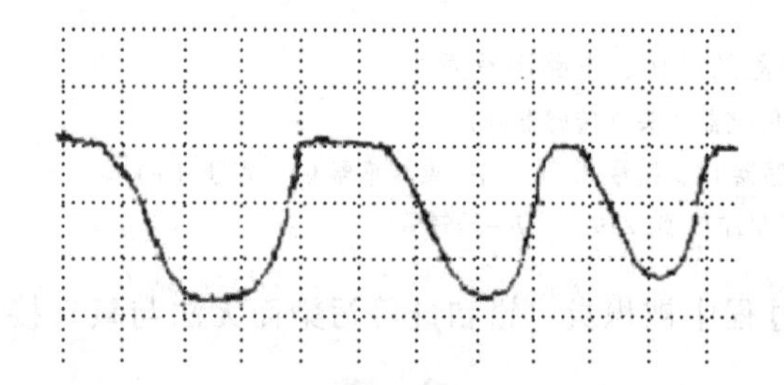

图4-113 氧传感器的输出信号电压波形

图4-114 爆燃传感器实物

（1）爆燃传感器的使用与维护　爆燃传感器是发动机爆燃控制系统必不可少的传感器，一旦爆燃传感器信号异常，ECU就不能正确判定发动机是否发生爆燃，爆燃控制系统随之失效。因此，在使用与维护过程中应当注意以下几点：

1）不同发动机使用的共振型爆燃传感器不能互换使用。共振型爆燃传感器的显著特点是传感器的共振频率与发动机爆燃的固有频率相匹配，因此，共振型爆燃传感器只适用于特定的发动机，不能与其他发动机互换使用。

2）非共振型爆燃传感器的拧紧力矩不得随意调整。非共振型爆燃传感器虽然在理论上可用于所有的发动机，但其输出信号电压与传感器上作用力的大小有关，即与传感器固定螺栓的拧紧力矩有关，调整固定螺栓的拧紧力矩便可调整传感器输出的信号电压。因此，传感器的输出特性出厂时都已调好，使用中拧紧力矩不得随意调整。当更换传感器需要调整固定螺栓的拧紧力矩时，必须按规定的数值进行调整，如上海大众AJR发动机的爆燃传感器安装标准力矩为（25±5）N·m。

（2）爆燃传感器的检修方法　AJR发动机爆燃传感器的电路及传感器插座如图4-115所示，发动机每两个缸用一个爆燃传感器。爆燃传感器Ⅰ（G61，其插头为白色）用于第1、2缸；爆燃传感器Ⅱ（G66，其插头为蓝色）用于第3、4缸。传感器Ⅰ（G61）和传感器Ⅱ（G66）的端子1为信号输出线，传感器Ⅰ（G61）和传感器Ⅱ（G66）的端子2为信号负极线，传感器Ⅰ（G61）和传感器Ⅱ（G66）的端子3为屏蔽线。

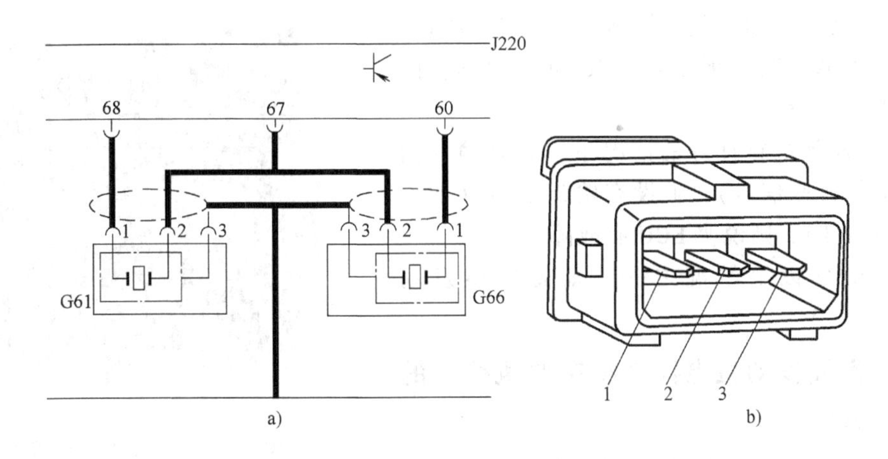

图 4-115 AJR 发动机爆燃传感器的电路及传感器插座

a）电路图 b）传感器插座

1—信号（+） 2—信号(-) 3—屏蔽端子

1）电阻检测。检测时，将点火开关置于 OFF 位置，拔下爆燃传感器线束插头，用汽车万用表电阻档测量接线端子 1 与 2 间的电阻值，如果检测的电阻值为 0，即表明已经导通，应更换爆燃传感器。

2）波形分析。将点火开关置于 ON 位置，不起动发动机，用橡胶锤敲击发动机缸体或缸盖，通过汽车专用示波器可以看到爆燃传感器输出的类似正弦波的交流电压信号。敲击越重，波形振幅和频率越大。汽车路试中当发动机产生爆燃时，随着发动机转速和负荷的增加，汽车专用示波器显示波形的振幅和频率也增加。当爆燃传感器检测到一个短暂的爆燃信号时，汽车专用示波器显示的波形如图 4-116 所示。

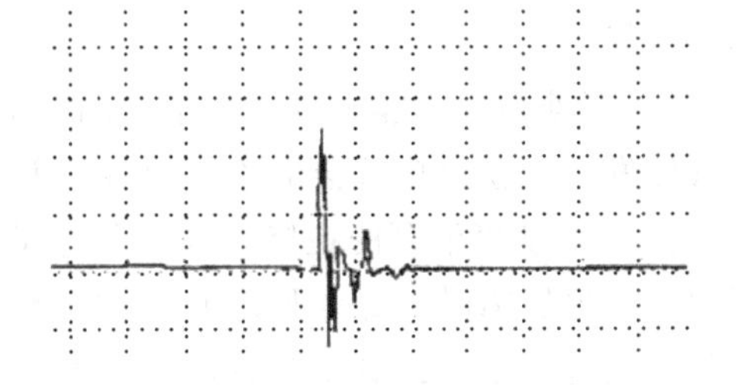

图 4-116 爆燃传感器短暂的爆燃信号输出波形

4.2.6 汽油发动机电控系统 ECU 的检修

对于发动机电控系统 ECU 的检修，一般首先检查 ECU 的供电与搭铁是否良好，只有在 ECU 的供电与搭铁良好的前提下，分析 ECU 的工作性能才有意义。ECU 的供电电路至少有两条：一条是常火线，即有一条电路从蓄电池直接通到 ECU，不受点火开关或继电器的控制；另一条是受点火开关控制的供电电路，通过点火开关或经继电器供电。ECU 的搭铁线至少有两条：一条是 ECU 功率输出控制的搭铁，另一条是传感器的搭铁，在 ECU 检查时要将其区分开。

用汽车专用万用表的电压档测量 ECU 连接插头处的电源线电压，其值应为蓄电池电压值，再检查 ECU 连接插头处的搭铁线，应为 0。如果测量结果与上述不符，则电路中有接触不良或断路现象，需要检修或更换。

如图 4-117 所示，由于 ECU 的内部电路相当复杂，一般没有直接的方法来检测，在检修过程中，经常采用间接法或排除法，方法如下：

1）间接法。检测的前提是 ECU 供电、搭铁、故障指示灯及电路良好。将点火开关转至 ON 位置，查看位于仪表中的故障警告灯是否点亮，如点亮后不熄灭，则说明 ECU 有故障。

2）接上故障诊断仪，输入对应的车型信息后，如果故障诊断仪无法与ECU进行通信，则ECU电路有故障。

3）在外围电路良好的情况下，如有输入信号（如曲轴转速信号），但没有输出信号（如点火或喷油信号），则说明ECU有故障。

如果出现以上情况之一，则需更换发动机ECU。

图4-117　发动机ECU实物

4.2.7　汽油发动机电控系统主要执行器的检修

执行器是电子控制系统的执行机构，一旦发生故障，就无法执行ECU发出的指令，电控系统就会失去正常的工作能力。汽油发动机电控系统执行器的检修方法各有不同，下面介绍几个常见执行器的检修方法。

1. 电动燃油泵的检修

电动燃油泵（又称为电动汽油泵，简称汽油泵）是一种由小型直流电动机驱动的燃油泵，其作用是给电控燃油喷射系统提供具有一定压力的燃油。电动燃油泵的电动机与燃油泵连成一体，密封在同一壳体内。

（1）电动燃油泵使用注意事项　电动燃油泵在使用中，必须注意以下两点：

1）旧油泵不能干试。当电动燃油泵从车上拆下后，由于泵壳内剩余有汽油，因此在通电试验时，一旦电刷与换向器接触不良，就会产生火花引燃泵壳内汽油而引起爆炸，其后果不堪设想。

2）新油泵也不能干试。由于电动燃油泵电动机密封在泵壳内，干试时通电产生的热量无法散发，电枢过热就会烧坏电动机，因此必须将油泵浸泡于汽油中进行试验。

（2）电动燃油泵的检修方法　各电动燃油泵的检修方法基本相同。当电控系统的电动燃油泵发生故障时，发动机ECU检测不到故障信息，利用故障诊断仪也读取不到故障信息。当蓄电池电压正常，电动燃油泵熔丝也正常时，接通点火开关，在汽车尾部燃油箱附近应能听到燃油泵起动并工作约2s的声音。

当点火开关置于ON位置，如听不到燃油泵运转声，则断开点火开关，检查中央继电器盒上的电动燃油泵继电器以及电动燃油泵熔丝是否良好。

如电动燃油泵熔丝良好，则插好电动燃油泵熔丝，再从中央电路板上拔下电动燃油泵继电器，用汽车专用万用表检测继电器插座上电源端子与搭铁端子之间的电压，标准电压应为12V左右。

当检查电动燃油泵的输油量时，需将点火开关置于OFF位置，从燃油分配管上卸下进油管，将燃油压力表连接到进油管一端，油压表的出油管伸入量瓶，接通电动燃油泵电路（将蓄电池正极加到燃油泵继电器电源端子上）30s，当蓄电池电压为10～12V、油压为300kPa时，其泵油量应为490～670mL。

可见，燃油供给系统油压越高，泵油量越大；油泵电源电压越高，油泵转速就越高，泵油量也就越大。如油压过高，应更换燃油压力调节器；如油压过低，则应检查油管是否弯折，油路或汽油滤清器是否堵塞。

2. 燃油压力调节器的检修

发动机喷油器的喷油量取决于喷油器的喷孔截面、喷油时间和喷油压力差。在发动机电控系统中，ECU 通过控制喷油器的喷油时间，以实现对喷油量的控制。因此，要保证燃油供给系统的燃油喷油量精确控制，在喷油器结构一定的情况下，必须保持恒定的喷油压力差。当喷油器将燃油喷入进气管内，喷油压力差就是指输油管内燃油压力和进气管内气体压力的差值，而进气管内的气体压力是随发动机节气门开度和转速的变化而变化的，若要保持恒定的喷油压力差，则必须根据进气管内的压力变化来调节燃油压力。燃油压力调节器就是调节燃油压力，使喷油系统的喷油压力差保持恒定。

燃油压力调节器的检修主要包括供油压力和保压能力两个方面检查。

（1）供油压力的检测　为了保证发动机在各种工况下燃油供给系统都能供给足够数量的燃油，因此，需对燃油供给系统的供油压力进行控制。

在不同工作条件下，供油系统实际供给的燃油压力并非为一固定值。当电源电压正常条件下，将燃油压力表连接到燃油分配管进油口处，起动发动机并怠速运行时，燃油压力表压力额定值应为 250kPa；当节气门开度突然加大时，燃油压力表压力应迅速增大到 300kPa 左右；当拔下燃油压力调节器上的真空管时，燃油压力表压力必须升高到 300kPa。

如油压不符合上述规定，说明供油系统故障，应检修或更换有关部件。

导致油压过高的原因是燃油压力调节器损坏，应更换新品。导致油压过低的原因是油管接头或油管漏油、燃油滤清器堵塞、蓄电池电压过低或燃油压力调节器损坏。

（2）保压能力的检查　当电源电压正常，起动发动机并怠速运行，使燃油压力表压力达到额定值后，将点火开关置于 OFF 位置，等待 10min 后，燃油压力表压力必须高于 200kPa。

如所测压力低于 200kPa，则再次起动发动机并怠速运转使压力达到额定值后，断开点火开关，并用钳子夹住回油管，同时观察燃油压力表压力，等待 10min 后，如表压力高于 200kPa，说明油压调节器失效，应更换。如表压力低于 200kPa，说明输油管和喷油器有泄漏或燃油泵单向阀故障或喷油器进油口 O 形密封圈失效，需逐项进行检修。

当拔下喷油器检查其漏油情况时，在油压正常的情况下，每分钟滴油应不超过两滴。

3. 怠速控制装置的检修

怠速控制装置常安装在节气门体上，在 ECU 作用下，能自动控制怠速运转时进入发动机的空气量，实现对怠速转速的控制，保证怠速时稳定运转。ECU 通过发动机转速传感器监测怠速转速，并根据自动变速器空档起动开关、蓄电池充电指示灯和空调压缩机电磁离合器开关等信号，不断将实际怠速与预置的目标怠速进行对比，根据对比出的转速差值，控制怠速控制装置调节空气通道的空气通过量进行怠速补偿，使怠速转速保持在目标怠速范围内。

怠速控制装置大致分为两种：一种为控制节气门全关闭位置的节气门直动式；另一种为控制节气门旁空气通道空气通过量的旁通式（又称为旁通道式怠速控制阀）。

到目前为止，仍有不少汽车发动机电控系统控制怠速转速的都是设置一个旁通空气道，用旁通空气阀来调节怠速转速，使怠速稳定，但其缺点是结构设计复杂、占用空间大和故障率较高。上海大众 AJR 发动机怠速转速的控制方式就采用了节气门直动式，取消了通向节气门的旁通空气道，由节气门控制组件 J338 对发动机的怠速转速进行综合控制。下面以节气门控制组件 J338 为例介绍怠速控制装置的检修。

节气门控制组件 J338 由怠速开关 F60、怠速节气门位置传感器（节气门定位电位计）G88、怠速控制电动机 V60 和节气门位置传感器（节气门电位计）G69 等组成，其结构、电路连接如图 4-118 和图 4-119 所示。

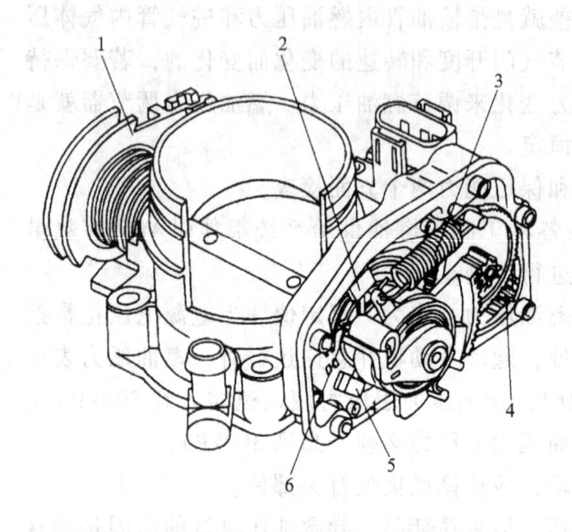

图 4-118　节气门控制组件 J338 的结构

1—节气门拉索轮　2—怠速节气门位置传感器 G88　3—紧急运行弹簧　4—怠速控制电动机 V60　5—节气门位置传感器 G69　6—怠速开关 F60

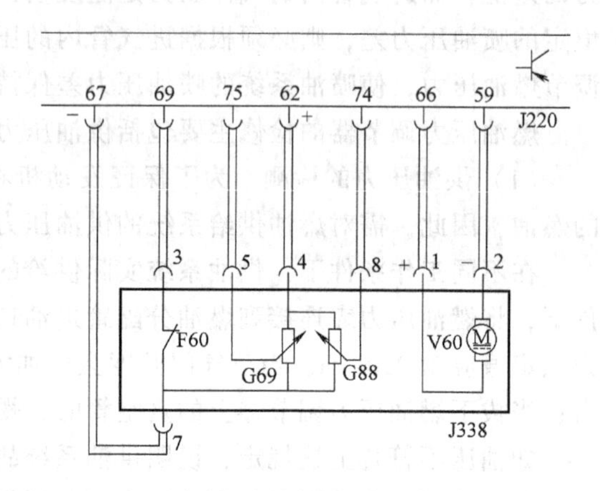

图 4-119　节气门控制组件 J338 的电路图

F60—怠速开关　G69—节气门位置传感器　G88—怠速节气门位置传感器　V60—怠速控制电动机　J220—发动机 ECU

节气门位置传感器 G69 和怠速节气门位置传感器 G88 均为线性电位器，怠速开关为触点开关。

节气门位置传感器 G69 和怠速节气门位置传感器 G88 都起着节气门位置传感器的作用。怠速控制电动机 V60 起着控制怠速的作用，能适度地开大或关小节气门。所以，采用节气门控制组件 J338 的轿车没有配置怠速控制阀。怠速开关、怠速节气门位置传感器以及节气门位置传感器的功用是向发动机 ECU J220 提供节气门当前位置信息。在怠速范围内，发动机 ECUJ220 根据这些信息通过控制怠速电动机来调节怠速时的节气门开度。

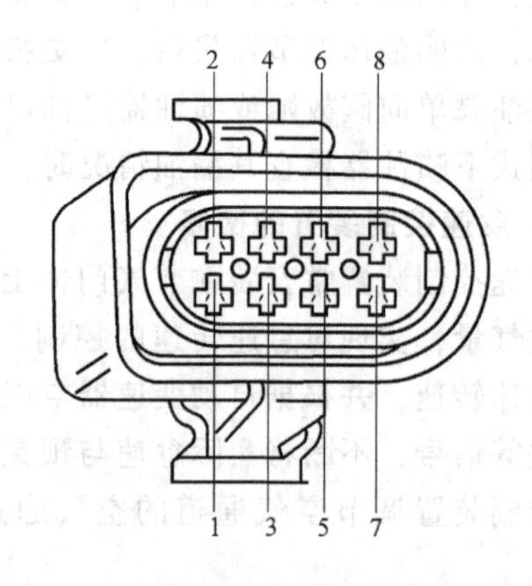

图 4-120　节气门控制组件 J338 的插头

1—怠速控制电动机正极端子　2—怠速控制电动机负极端子　3—怠速开关信号输出端子　4—节气门位置传感器和怠速节气门位置传感器电源端子　5—节气门位置传感器信号端子　6—备用端子　7—搭铁　8—怠速节气门位置传感器信号端子

节气门控制组件 J338 插接器与发动机 ECU J220 插接器插头为 8 端子插头，端子排列位置如图 4-120 所示。

（1）检修注意事项　当检修节气门控制

组件时，需要注意以下几点：

1）节气门控制组件为一整体结构，壳体不允许打开。

2）怠速参数的基本设定已由制造厂设定在 ECU 中，不需要人工调整。

3）拆装或更换节气门控制组件后，必须用大众汽车专用的故障诊断仪重新进行一次基本设定。当进行基本设定时，如有下列情况，则发动机怠速仍不能正常工作：

① 节气门轴因油泥沉积等原因而转动不灵活时。

② 节气门拉索调整不当时。

③ 蓄电池电压过低（低于 11V）时。

④ 节气门控制组件线束或插接器不良时。

（2）怠速开关 F60 的检修　拔下节气门控制组件 8 端子插头，用汽车专用万用表检测端子 3 与 7 之间怠速开关的电源电压，当接通点火开关时，其电压至少应为 9.0V。

将汽车专用万用表的两只表笔用导线连接到发动机 ECU J220 的 67 与 69 号插孔连接的导线上，检查怠速开关的电阻值。当节气门关闭时，怠速触点的接触电阻应当小于 1.5Ω，然后慢慢打开节气门，电阻值应为∞。如电阻值不符合上述规定，拔下节气门控制组件上的 8 端子插头，检测各导线有无短路或断路故障。

用汽车专用万用表电阻档检测导线有无断路故障时，两只表笔分别连接控制组件 J338 插头上端子 3 与发动机 ECU J220 插接器插孔 69、控制组件 J338 插头上端子 7 与发动机 ECU J220 插接器插孔 67，导线电阻应当小于 1.5Ω。如电阻值为无穷大，说明该导线断路，应检修。

当检测导线有无短路故障时，两只表笔分别连接控制组件 J338 插头上端子 3 与发动机 ECU J220 插接器插孔 67 或控制组件 J338 插头上端子 7 与发动机 ECU J220 插接器插孔 69，电阻值应为∞。如阻值为 0，说明导线短路，应检修。

在上述检测中，如怠速触点接触电阻不正常而导线良好，说明怠速触点接触不良，应更换节气门控制组件。

（3）怠速节气门位置传感器 G88 和节气门位置传感器 G69 的检修　拔下节气门控制组件的插头，用汽车专用万用表检测 J338 端子 4 与 7 之间怠速节气门位置传感器和节气门位置传感器的电源电压，当接通点火开关 ON 档时，电源电压至少应为 4.5V。

将点火开关旋至 OFF 位置，拔下节气门控制组件 J338 插接器插头和发动机 ECU J220 插接器插头，用万用表检测控制组件 J338 插头上各端子与发动机 ECU J220 插头上各插孔之间有无短路或断路故障。如有短路或断路，则应更换导线。

（4）怠速控制电动机 V60 的检修　将点火开关置于 OFF 位置，拔下节气门控制组件线束插头，用汽车专用万用表的电阻档，使两只表笔分别连接节气门控制组件插座上的端子 1、2，检测怠速控制电动机绕组电阻值应为 3～200Ω。如阻值不符合规定，则说明怠速控制电动机有故障，需更换节气门控制组件。

4. 喷油器的检修

喷油器是发动机电控系统的执行元件之一。喷油器的功用是根据发动机 ECU 的指令，控制燃油喷射量，汽油发动机电控系统的喷油器均采用的是电磁式喷油器。

（1）工作情况检查　在发动机起动或正常运转时，把听诊器按在喷油器上，逐缸听诊喷油器是否有喷油声及喷油声频率与发动机转速频率是否相一致。

也可用手捏住喷油器，通过感觉到的振动来判断其是否工作。如果听诊不到声音或感觉不到喷油器在工作，则应检查导线连接及插头情况、喷油器电磁线圈的电阻和 ECU 发来的喷油信号等项目。

（2）电压检测　喷油器电源电压可用汽车专用万用表检测。

检测时，分别拔下各喷油器上的两端子插头，将点火开关置于 ON 位置，发动机不起动，检测插头上两个端子与发动机缸体间的电压，高电平应为 12V 左右（喷油器电源电压为整车电源电压），低电平为零。如检测电压均为 0，说明电源电路不通，应当检修燃油泵继电器和燃油喷射熔丝。

（3）电阻测量　脱开喷油器导线插头，用汽车专用万用表电阻档测量喷油器两端子间的电阻。在 20℃时，低阻值喷油器应为 2～3Ω，高阻值喷油器应为 13～16Ω。如果电阻值不符合要求，应更换喷油器。测量之后连接好喷油器导线插头。

（4）喷油量及喷油雾化状态的检测　用带流量测定功能的专用喷油器清洗检测仪进行。在规定转速下喷油器标准喷油量为（40～50mL）/15s，各喷油器喷油量之差不大于 5mL，且喷油器不得有滴漏现象。

如果实际输油量低于下限值，应当检查供油系统油压是否正常。压力过高应当更换燃油压力调节器；压力过低应当检查油管（燃油滤清器）是否堵塞或弯曲压扁。如果仅有某只喷油器的喷油量没有达到额定值，则更换该喷油器。

喷油器的喷雾形状应为圆锥雾状，喷雾的圆锥角度应当小于 35°，且发动机的各只喷油器喷雾形状应当相同，否则应更换有故障的喷油器。

（5）波形分析　用汽车专用示波器可以观测到喷油器的喷油波形，其标准波形如图 4-121所示。图 4-121a 所示为饱和开关型喷油器的标准喷油波形图，该种喷油器多适用于多点燃油喷射系统；图 4-121b 所示为峰值保持型喷油器的标准喷油波形图，这种喷油器多适用于单点燃油喷射系统。

标准喷油波形上各段的含义如下：

1——喷油器未喷油时的波形，电压为直流 12V。

2——ECU 的喷油信号到达，喷油器控制回路搭铁，喷油器开始喷油。

3——喷油器喷油。

由于喷油器控制回路搭铁（电压降至 0V），喷油器线圈流入 4A 电流产生最大磁力使喷

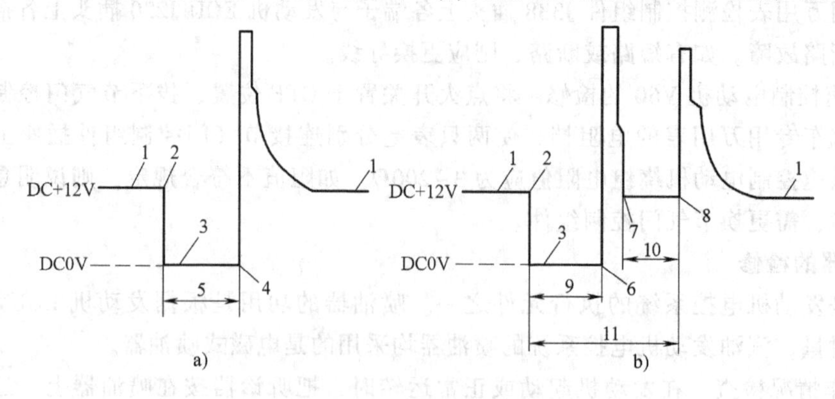

图 4-121　喷油器喷油波形

a）饱和开关型喷油器的标准喷油波形图　b）峰值保持型喷油器的标准喷油波形图

油器针阀全开向外喷油。该段波为喷油波形上的喷油区，对应的时间为喷油时间，如图4-121a所示。图4-121b中该段为基本喷油量，对应的时间为基本喷油时间，约为0.8~1.1ms。

4——ECU停止喷油信号到达，喷油器控制回路电流切断，喷油结束，喷油器线圈因内部电场消失而产生自感脉冲，幅值约为35V。

5——喷油时间。

当燃油控制系统能正确控制混合气浓度时，喷油时间将根据发动机的工况和氧传感器的输出电压发生变化。通常情况下，怠速下的喷油时间一般为1~6ms；发动机起动时或大负荷时的喷油时间一般为6~35ms。

6——峰值保持型喷油器基本喷油量结束，喷油器控制回路的电流由4A立即转换到一个带限流电阻的电路，使电流减小到1A但仍维持喷油器针阀在开启中，以便转入加浓补偿量喷油。由于电流的减小，引起喷油器内线圈电场的减小，故产生自感脉冲，幅值约为35V。

7——峰值保持型喷油器在加速、大负荷和大气校正等工况时开始加浓补偿量喷油。

8——ECU停止喷油信号到达，加浓补偿量喷油结束，喷油器线圈产生自感脉冲，幅值约为30V。从开始加浓补偿量喷油到加浓补偿量喷油结束，对应的时间为加浓补偿量喷油时间，约为1.2~2.5ms。

9——基本喷油时间。

10——加浓补偿量喷油时间。

11——总喷油时间。

峰值保持型喷油器的总喷油时间应从图4-121b中的2开始算起，至8结束，包括其中间产生的自感脉冲对应的时间段。中间产生的自感脉冲并不影响喷油器的针阀处于开启中，且自感脉冲对应的时间正是ECU运算增加或减少喷油时间的时间段。峰值保持型喷油器总喷油时间在怠速、起动或大负荷时的长度，同于饱和开关型喷油器的喷油时间长度。

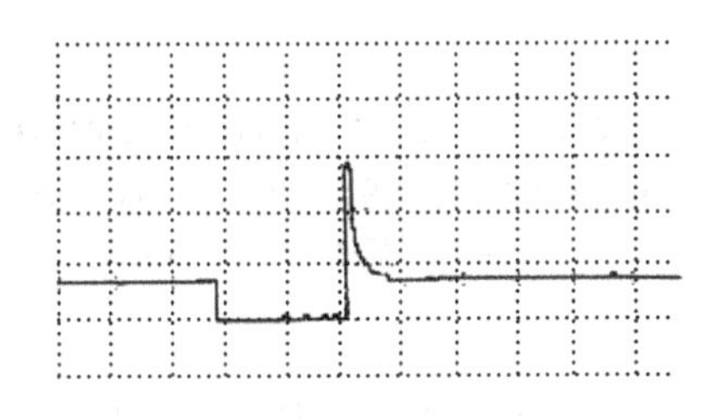

图4-122 实车测得的多点燃油喷射系统正常喷油波形

由分析可知，观测并分析喷油波形，不仅可以检测出喷油器的技术状况，而且可以分析和判断出燃油控制系统的工作是否正常，图4-122所示为实车测得的多点燃油喷射系统正常喷油波形。

5. 点火控制器的检修

发动机电控系统的电控点火系统执行元件是控制系统的功率输出级，任何一个点火执行元件发生故障，点火系统都无法正常点火，发动机就不能正常工作。电控点火系统执行元件主要包括点火控制器、点火线圈和火花塞等。由于各型汽车点火执行元件的结构各不相同。因此，下面以上海大众AJR发动机的点火控制组件N152为例介绍电控点火系统点火控制器的检修方法。

AJR发动机采用了直接点火系统，每两个气缸共用一只闭磁路式点火线圈，四个气缸共用两只点火线圈。两只点火线圈与点火控制器组装成一体，称为点火控制组件，固定在发动机缸体上，整体结构如图4-123所示。在使用过程中，当任何一只点火线圈或点火控制器发生故障时，只能更换点火控制组件总成。

在点火控制组件 N152 壳体上标注有各缸高压插孔标记 A、B、C、D，分别表示发动机第一、二、三、四缸高压线插孔。点火控制组件 N152 的内部电路如图 4-124 所示，两个线圈初级电路的接通与切断由点火控制器 N122 根据发动机 ECU J220 发出的指令进行控制。第一、四缸共用一个点火线圈 N128，初级电流回路由发动机 ECU J220 的端子 71 发出的信号进行控制；第二、三缸共用一个点火线圈 N，初级电流回路由发动机 ECU J220 的端子 78 发出的信号进行控制。当每个线圈初级绕组的电流切断时，次级绕组中产生的高压电同时分配到两个气缸的火花塞跳火。

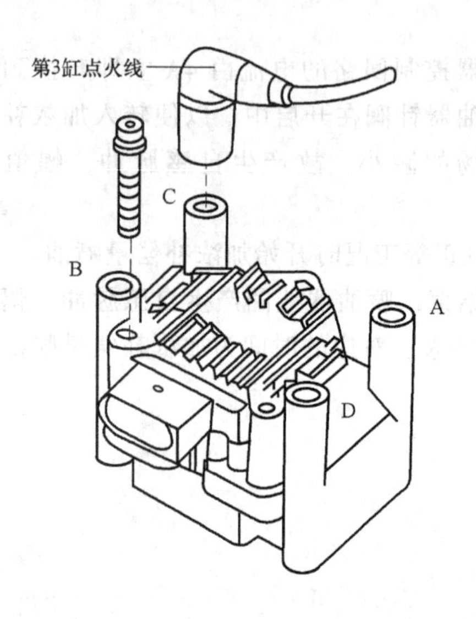

图 4-123 点火控制组件 N152 的结构

A—第一缸高压线插孔 B—第二缸高压线插孔

C—第三缸高压线插孔 D—第四缸高压线插孔

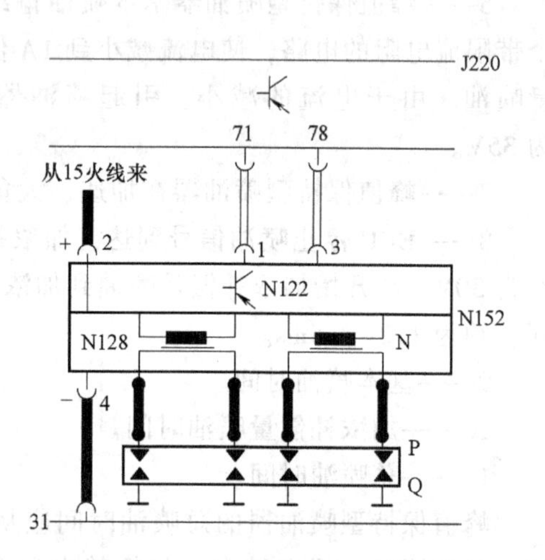

图 4-124 点火控制组件 N152 的内部电路

J220—发动机 ECU N152—点火控制组件

N122—点火控制器 N128—第一、四缸点火线圈

N—第二、三缸点火线圈 P—火花塞插头 Q—火花塞

（1）点火控制组件的电压检测 点火控制组件 N152 的检测条件如下：

1）蓄电池电压必须高于 11.5V。

2）发动机转速传感器和凸轮轴位置传感器工作正常。

当检测点火控制组件 N152 的电源电压时，从点火线圈组件上拔下四端子线束插头，如图 4-125 所示。将汽车专用万用表的两只表笔分别连接插头上的端子 2 与端子 4，当点火开关转至 ON 档时，电源电压标准值应当大于或等于 11.5V。如电源电压为零，说明点火控制组件至中央电路板（中央继电器盒）15 号电源线之间的电路断路，应逐段进行检修。

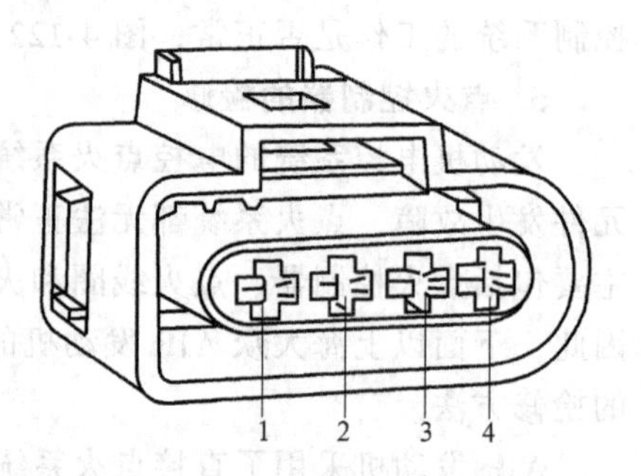

图 4-125 点火控制组件 N152 插头

1—第二、三缸点火控制信号端子

2—N152 电源正极端子 3—第一、四缸点火控制信号端子 4—搭铁端子

（2）ECU 对点火控制组件的控制功能检测 检测发动机 ECU J220 对点火控制组件 N152 的控制功能是检查 J220 是否向 N152 发送控制脉冲信号。控制功能可用一个发光二极管 LED 与串联 510Ω/0.25W 电阻组

成的 LED 调码器检测。

下面以简易的 LED 调码器检测为例说明检测方法。在检测过程中，不要触摸点火控制组件及检测导线。

检测时，首先拔下中央电路板上的燃油泵熔丝，使燃油泵停止转动（即停止泵油），然后拔下点火控制组件 N152 线束插头，将 LED 调码器分别连接线束插头 1、4 端子以及 3、4 端子，分别检测第一、四缸和第二、三缸点火线圈的控制信号。当起动发动机时，如发光二极管闪亮，说明发动机 ECU J220 的点火控制功能正常。当电控点火系统发生故障时，如点火控制组件 N152 电源电压和发动机 ECU J220 的控制功能都正常，就说明点火控制组件 N152 有故障，需要更换新品。

在检测发动机 ECU J220 控制功能时，如发光二极管 LED 不闪亮，说明发动机 ECU J220 至点火控制组件 N152 之间的导线断路或 ECU 故障。可用汽车专用万用表检测线束插头上端子 1 至 ECU71 号插孔、端子 3 至 ECU78 号插孔之间的电阻值，标准阻值应当小于 1.5Ω。如阻值为∞，说明导线断路，检修并排除断路故障即可。再检查插头上端子 1 至 ECU78 号插孔或插头上端子 3 至 ECU71 号插孔之间的导线有无短路故障，阻值为∞，则说明导线良好；阻值为 0，则说明导线短路，检修并排除断路故障即可。

在检查 ECU 的控制功能时，如果发光二极管不闪亮，检查导线又无断路或短路故障，说明发动机 ECU J220 故障，应更换新品。

6. 点火线圈的检修

检测电控点火系统点火线圈的次级绕组的电阻值时可参考图 4-123 进行，为了防止损坏点火控制器，检测必须使用汽车专用万用表。

检测第一、四缸线圈次级绕组的阻值时，将万用表的两只表笔分别连接高压插孔 A、D；检测第二、三缸点火线圈次级绕组时，将万用表的两只表笔分别连接高压插孔 B、C。

在环境温度 20℃ 条件下，第一、四缸或第二、三缸点火线圈次级绕组的标准阻值均应为 4.0~6.0kΩ。如阻值不符合规定，应更换点火控制组件。

4.2.8 燃油供给系统的油压检测

燃油供给系统的检修主要是检测供油系统的供油压力、密封性能、喷油器喷油量和喷雾形状。

各车型汽车发动机燃油供给系统的检修方法基本相同，下面以上海大众 AJR 发动机燃油供给系统的油压检修为例说明。

1. 燃油供给系统的油压测试条件

1）电动燃油泵继电器和电动燃油泵工作均正常。

2）蓄电池电压正常（高于 11.5V）。

2. 燃油供给系统的油压及密封性能检测

为了保证燃油供给系统在发动机各种工况下都能供给足够数量的燃油，燃油供给系统实际供给的燃油压力并非为一固定值。

供油压力及密封性能的检测方法如下：

1）拆开进油管接头。拆油管前，在燃油分配管附近铺垫一块棉布，以便吸收流出的燃油。

2）将燃油压力表串接在进油管路中，如图 4-126 所示。

3）打开燃油压力表开关，起动发动机并怠速运转，燃油压力表显示的供油压力应为250kPa。

4）踩一下加速踏板，其燃油压力应在280~300kPa范围内跳动。

5）拔下燃油压力调节器上的真空管，燃油压力表压力标准值应接近于300kPa。

6）接上燃油压力调节器的真空管，将点火开关转至OFF位置，利用燃油压力表显示的压力降低值检查油路密封性和压力保持能力。

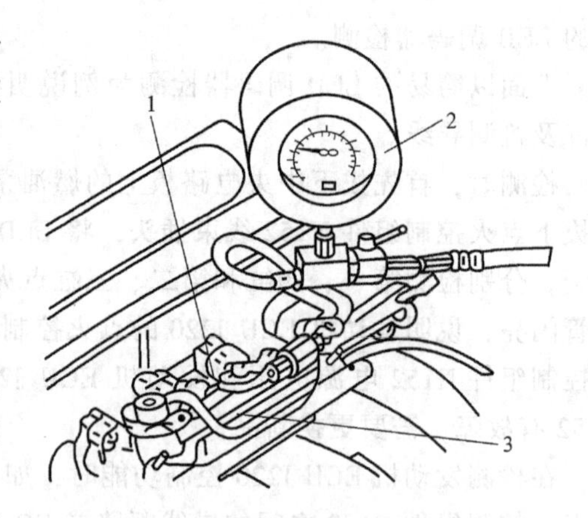

图4-126 燃油压力表测量燃油系统油压
1—进油管 2—燃油压力表 3—回油管

将点火开关置于OFF档10min后，燃油压力应当保持在200kPa以上。如果压力低于200kPa，则需检查燃油管路是否泄漏以及燃油分配管与喷油器的O形密封圈密封是否良好；如果管路无泄漏，密封圈也密封良好，则继续检查油压调节器。

7）起动发动机怠速运转，待燃油压力升高到300kPa左右后，将点火开关置于OFF位置，同时用钳子夹住回油管观察压力表读数。如果压力在10min后低于200kPa，说明燃油压力调节器失效，需要更换新品；如果燃油压力保持在200kPa以上，说明燃油泵单向阀失效，需要更换电动燃油泵。

上海大众AJR型发动机燃油供给系统检测项目的技术标准见表4-20。

表4-20 上海大众AJR型发动机燃油供给系统检测项目的技术标准

检测项目		检测条件	技术标准
怠速转速/(r/min)		不可调整	800±50
最高断油转速/(r/min)			6000~7000
怠速工况的燃油压力/kPa		不拔下燃油压力调节器真空管	250±20
		拔下燃油压力调节器真空管	300±20
燃油保持压力最低值/kPa		接回燃油压力调节器真空管，点火开关置于OFF位置后10min	200
喷油器	电阻值/Ω	环境温度为20℃	14~16
	发动机工作时的电阻增量/Ω		4~6
	15s的喷油量/mL		40~50
	喷油雾化形状		小于35°圆锥雾状
	正常油压下的漏油量		每分钟不多于两滴

4.3 柴油机电控系统的诊断与维修

4.3.1 概述

与汽油机电控系统一样，柴油机电控系统也是在解决能源危机和排放污染两大难题的背景下，在飞速发展的电子控制技术条件下发展起来的。柴油机电控系统先后经历了电控喷油泵技术、电控泵喷油器技术和高压共轨喷射技术，后两种技术是现在最主要的柴油机电控喷射技术。虽然电控泵喷油器技术具有喷油压力非常高（可以达到200MPa），可实现分段式预喷射，且预喷量很小等特点，但其喷油压力受柴油机转速影响。使用蓄压式共轨燃油喷射系统的高压共轨技术可以解决这个问题，且控制灵活、排放性能好、适应任意缸数的发动机喷油压力调节，其使用范围越来越广。因此，电控蓄压式共轨燃油喷射系统是现代柴油机应用最多的电控燃油喷射系统。本节仅介绍电控蓄压式共轨柴油发动机。

电控蓄压式共轨燃油喷射系统的组成如图4-127所示，其可分为燃油供给系统和电子控制系统两大部分。

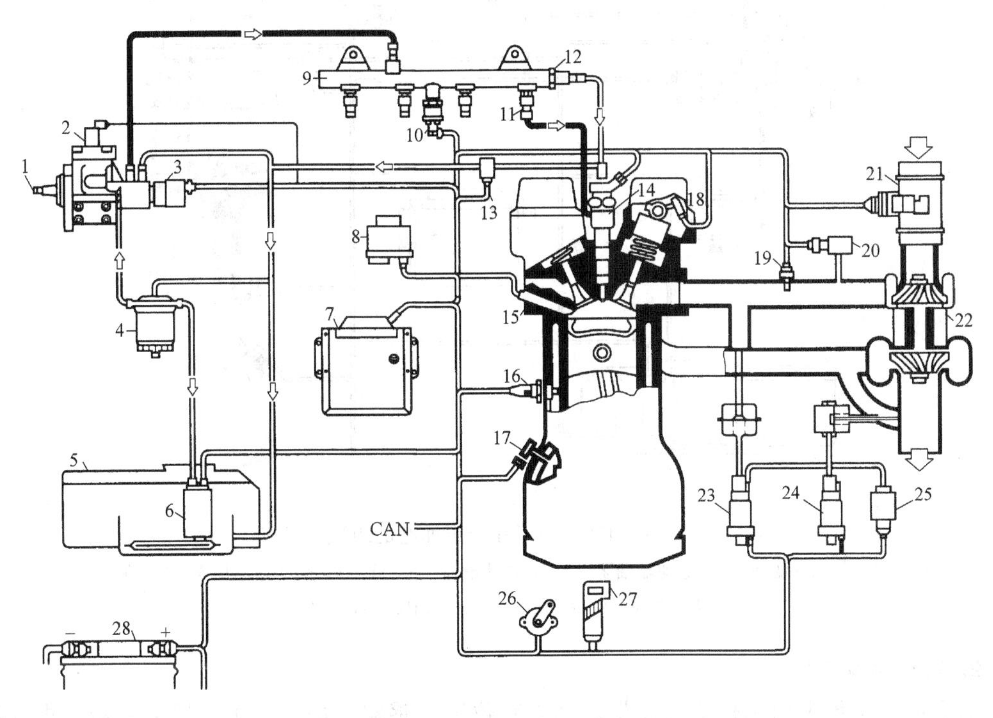

图4-127　电控蓄压式共轨燃油喷射系统的组成

1—高压泵　2—柱塞切断电磁阀　3—油压调节阀　4—燃油滤清器　5—油箱　6—电动输油泵　7—ECU
8—预热时间控制器　9—油轨　10—油轨压力传感器　11—流量限制器　12—限压阀　13—燃油温度传感器
14—喷油器　15—预热塞　16—冷却液温度传感器　17—曲轴位置传感器　18—凸轮轴位置传感器
19—进气温度传感器　20—增压压力传感器　21—空气流量传感器　22—涡轮增压器　23—EGR调节器
24—增压压力调节器　25—真空泵　26—加速踏板位置传感器　27—诊断显示/诊断接口　28—蓄电池

1. 燃油供给系统

燃油供给系统主要由低压油路和高压油路组成。其中，低压油路由输油泵、低压油管、燃油滤清器及回油管组成，高压油路由高压泵、高压油管、油轨（共轨）、限压阀和流量限制器组成。

低压油路中的电动输油泵负责向高压泵提供一定压力的燃油，压力约为0.05~0.15MPa，油路中的燃油滤清器对燃油进行过滤，多余的燃油通过回油管流回油箱。电动输油泵由ECU通过继电器控制，当点火开关转到ON档时，输油泵将工作5~6s，当发动机起动和工作时，输油泵连续泵油。

当发动机旋转时，高压泵在曲轴的带动下转动，高压泵向高压管路提供高达135MPa的高压燃油，燃油经油轨分配给各缸的高压油管和喷油器，当压力过高时，通过限压阀泄压。在发动机工作时，油轨中始终充满着高压燃油，ECU根据传感器的信号通过油压调节阀控制油轨中的燃油压力，通过喷油器控制各缸的喷油量与喷油时刻。高压和低压油路的组成如图4-128所示。

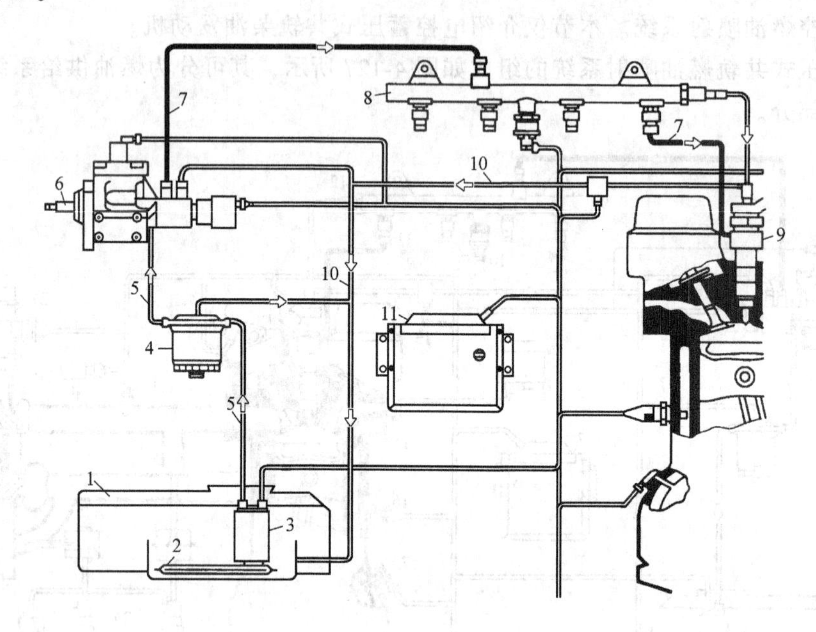

图4-128 高压和低压油路的组成

1—燃油箱 2—滤网 3—电动输油泵 4—燃油滤清器 5—低压油管 6—高压泵 7—高压油管 8—油轨 9—喷油器 10—回油管 11—ECU

2. 电子控制系统

电子控制系统由曲轴位置传感器、凸轮轴位置传感器、加速踏板位置传感器、进气温度传感器、冷却液温度传感器、燃油温度传感器、空气流量传感器、油轨压力传感器、增压压力传感器、油压调节阀、喷油器、EGR调节器、增压压力调节器以及ECU等组成。图4-129所示为博世电控共轨燃油喷射系统的电子控制系统组成示意图。

4.3.2 柴油机电控系统常见故障诊断

电控共轨柴油发动机的故障可能发生在机械部分和电控部分两个部分。对电控发动机的机械部分故障诊断方法与传统发动机的机械故障诊断相差不大。一般来说，如果要诊断和排除一个可能涉及电控系统的柴油机故障，应先按传统柴油机检查可能引起故障的各个方面。下面仅列举部分典型故障：

1. 发动机不能起动或起动困难

（1）故障现象 发动机的曲轴能正常转动，而且有起动转速，但发动机长时间不能起动或尝试多次才能着火起动。

（2）故障主要原因及处理方法 要使电控柴油发动机能正常起动，要满足足够的气缸

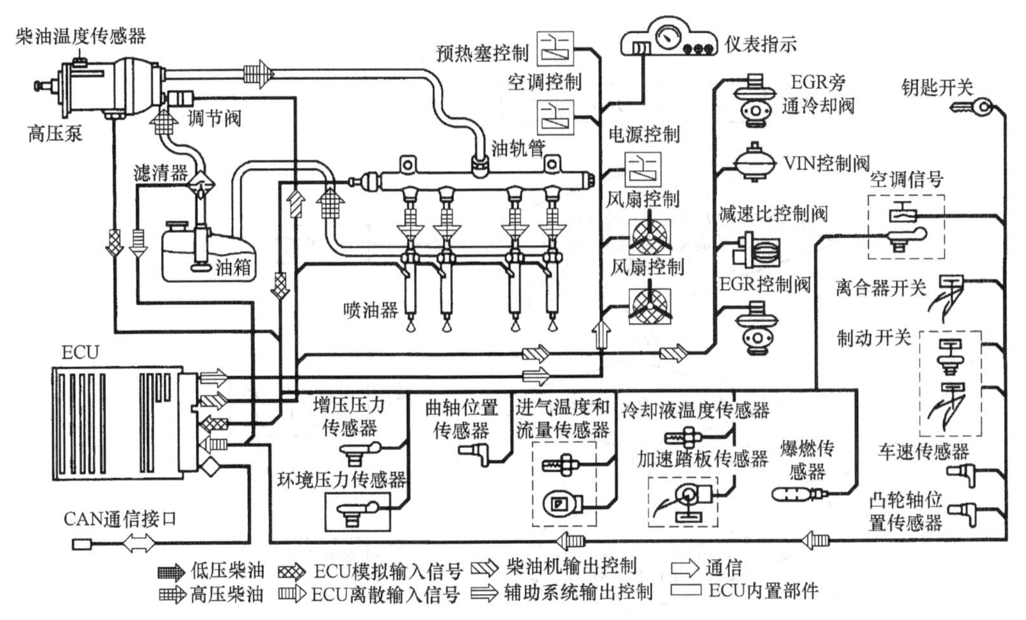

图 4-129 博世电控共轨燃油喷射系统的电子控制系统组成示意图

压力、合适的喷油量与喷油时刻、预热系统工作正常几个条件。

由电控系统引起发动机不能起动或起动困难的主要部位包括曲轴位置传感器、凸轮轴位置传感器、喷油器、燃油压力调节器、预热塞、油轨压力传感器和 ECU 等，以及这些元件的电路故障。

电路故障的处理方法一般为检修，元件故障的处理方法一般为更换。

(3) 故障诊断流程 发动机不能起动或起动困难的故障诊断流程图如图 4-130 所示。

(4) 故障诊断情况说明 如果没有曲轴位置传感器信号，发动机肯定起动不了。

如果没有凸轮轴位置传感器信号，有的发动机不能起动，有的能起动，但起动时间会延长。

如果在发动机运转时突然失去曲轴信号，发动机将熄火，但如果运转时突然失去凸轮轴位置传感器信号，发动机不会熄火。

燃油压力调节器故障将使发动机无法起动。

2. 发动机动力不足

(1) 故障现象 车辆加速时速度增加缓慢，有踩空加速踏板的感觉。

(2) 故障主要原因及处理方法 检修柴油发动机动力不足可以从供油、供气、发动机机械部分及其电控系统等方面去考虑。

常见故障的原因有进气堵塞、排气背压过高、增压系统压力不足、增压器工作失常、中冷器损坏或漏气、燃油管路漏油或堵塞、配气或供油定时不对、油底壳机油面过高、气缸垫漏气、活塞环磨损断裂、缸套与活塞间磨损过大或拉缸。

电控系统引起发动机动力不足的主要故障部位有加速踏板位置传感器、油轨压力传感器、增压压力传感器、增压压力调节器、空气流量传感器、冷却液温度传感器、进气温度传感器和 ECU 等，以及这些元件的电路故障。

电路故障的处理方法一般为检修，元件故障的处理方法一般为更换。

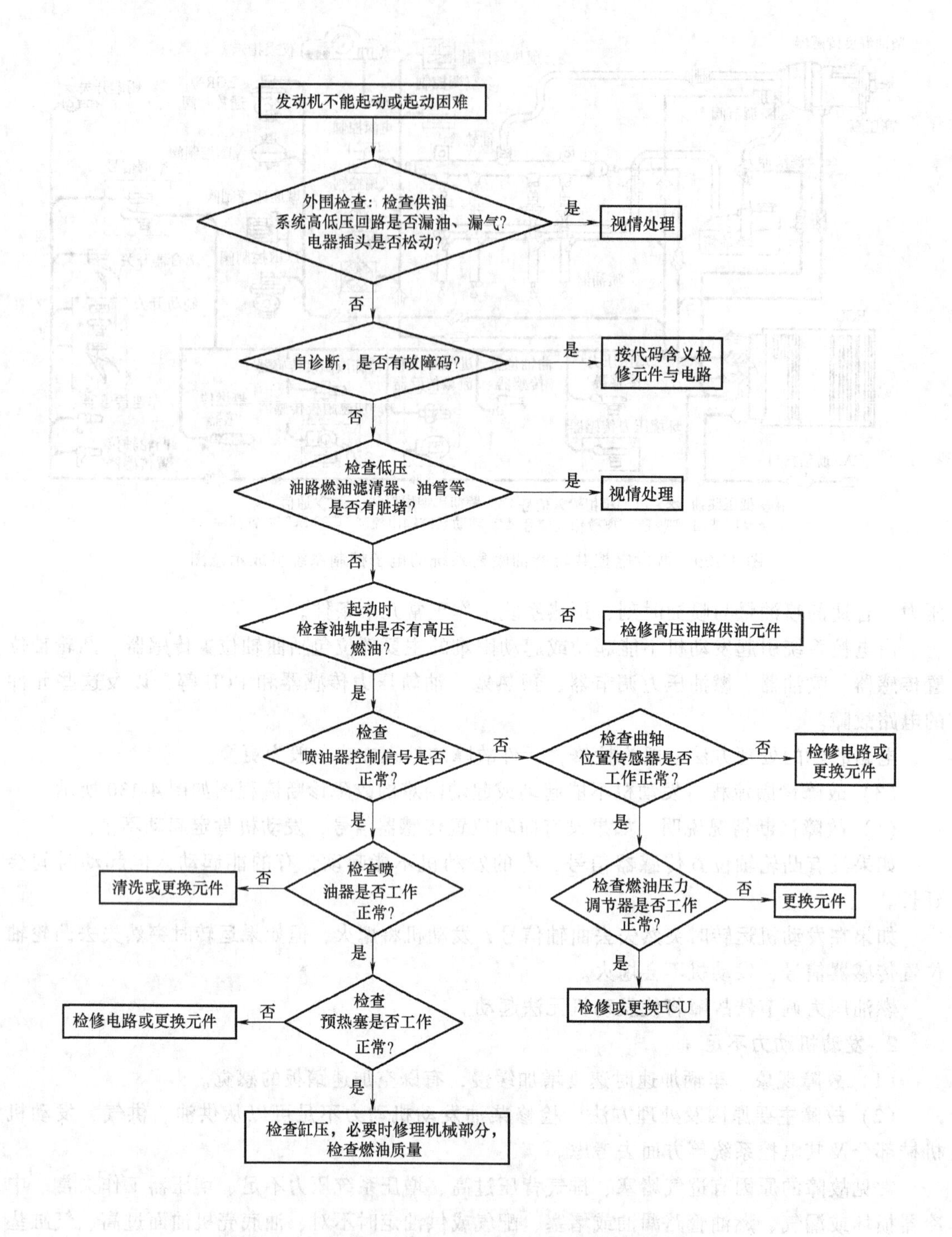

图 4-130 发动机不能起动或起动困难的故障诊断流程图

（3）故障诊断流程 发动机动力不足的故障诊断流程图如图 4-131 所示。

4.3.3 柴油机电控系统主要元件的检修

柴油机电控系统与汽油机电控系统有诸多相似之处，在电控共轨燃油喷射系统上所用的

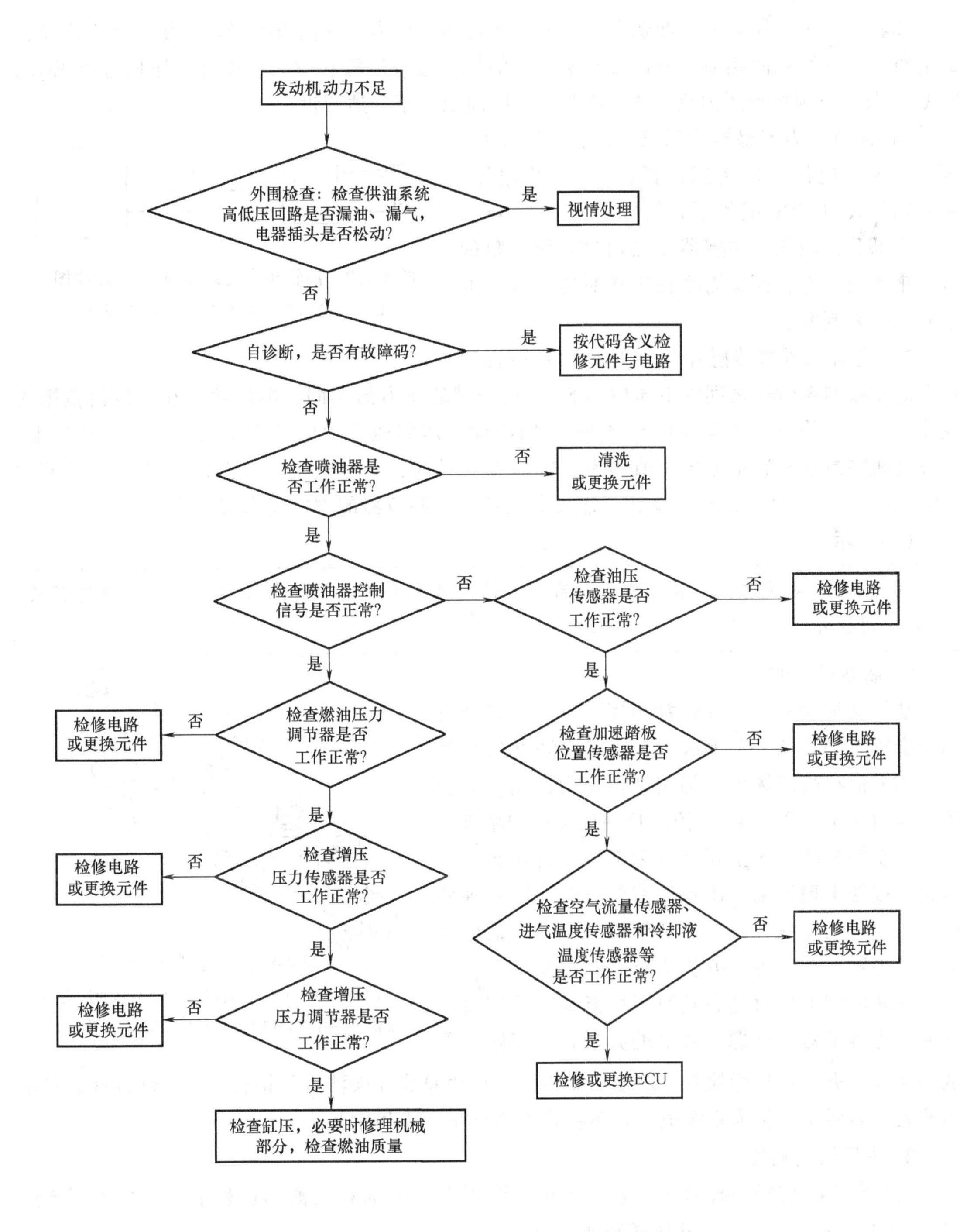

图 4-131　发动机动力不足的故障诊断流程图

传感器中，如空气流量传感器、曲轴位置传感器、凸轮轴位置传感器、燃油温度传感器、进气温度传感器、冷却液温度传感器等与汽油机电控系统都是一样的；而柴油机上的电动输油泵、继电器等执行器和 ECU 与电控汽油机上的检修方法也是相似的。

1. 油轨压力传感器的检修

油轨压力传感器安装在油轨上，反映油轨燃油的压力。它内有半导体压敏应变电阻型桥式电路，可将受到的燃油压力信号转换成电信号，经过运算和放大，输出电压信号给 ECU，ECU 将据此控制燃油压力调节阀，使之修正燃油压力至合适程度。

1）油轨压力传感器采用三线式，如图 4-132 所示。两根电源线向传感器提供 5V 工作电压，一根信号线向 ECU 提供压力信号。

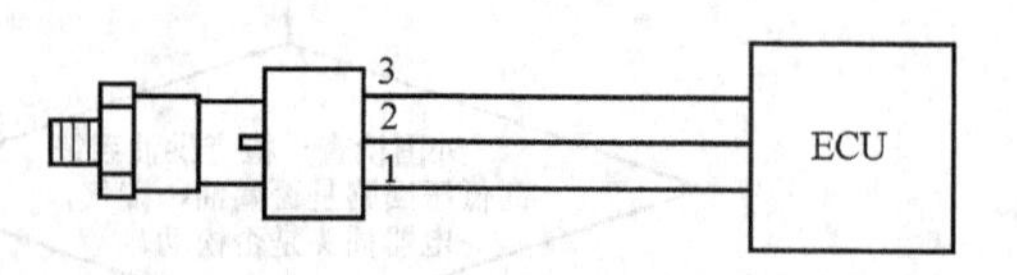

图 4-132　油轨压力传感器与 ECU 连线图

1—5V 电源线　2—信号线　3—搭铁线

大部分油轨压力传感器无法通过测量电阻的方式来判断好坏，而是需要在工作时通过输出的信号电压来判断。

2）当油轨压力传感器工作时，用万用表测量电源正极与搭铁线之间的电压应为 5V。根据燃油压力的不同，电压信号在一定值范围内变化，并由求值电路放大到 0.5~4.5V。如博世高压共轨柴油电控系统的油轨压力传感器，当发动机在怠速时，信号电压值约为 1.0V，急加速时，信号电压值会从 1.0V 急剧升高到约 3.5V 后回落。当然，油压的变化是靠控制燃油压力调节器的占空比来实现的。

【小提示】

> 安装过程需注意：一般来讲，油轨压力传感器需要避免强振与安装变形，以维持其良好的使用性能。

2. 油轨的检修

油轨又称为共轨、共轨蓄压器，是一个高强度铝合金管，如图 4-133 所示。它固定安装在气缸体上，用来储存高压燃油，抑制燃油压力波动，保持燃油压力稳定，以使 ECU 控制喷油计量更加精确。

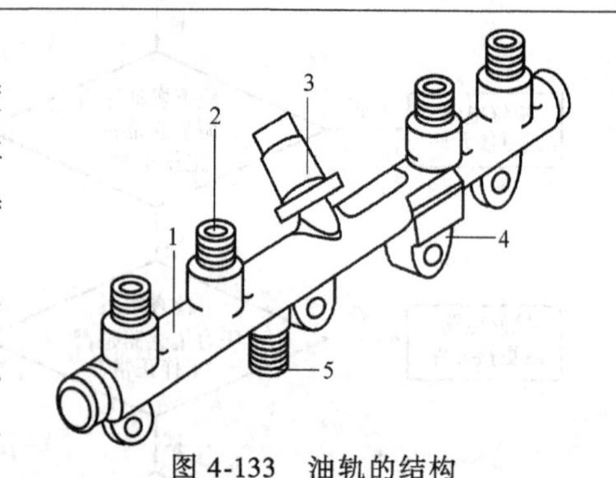

图 4-133　油轨的结构

1—油轨　2—电控喷油器接口　3—燃油压力传感器　4—回油管接头固定点　5—高压进油口

油轨的故障形式主要是有关部件及管接头在与油轨连接处出现泄漏。出现泄漏的可能原因是油轨内燃油压力太高或有关部件和管接头安装在油轨上的拧紧力矩偏小，也有可能是密封垫片损坏。

油轨内燃油压力过高其原因可能是限压阀打不开或压力传感器有问题。解决的办法是：将限压阀从油轨管上拆下后进行检查，对于压力传感器可用总成互换法进行检查。有关部件和管接头的拧紧力矩要符合标准规定值。密封垫片不用铜垫而换用钢垫。

3. 高压泵的检修

高压泵是三腔径向柱塞泵，在三个柱塞泵不断地吸油和压油的过程中，使高压泵产生 25~135MPa 的高压燃油，并压送至油轨中。

高压泵的结构如图 4-134 所示。当发动机运转时，驱动轴带动三瓣偏心轮转动，使三个柱塞泵的柱塞上下往复运动，产生吸油和压油作用，转动一周总泵油量约为 0.7mL。由燃油滤清器吸来的干净燃油，从进油口经进油阀吸入泵腔，压缩后经出油阀进入油轨内。过量的燃油经燃油压力调节器和回油管流回燃油箱；少量的燃油，经过安全阀的节流孔进入高压泵

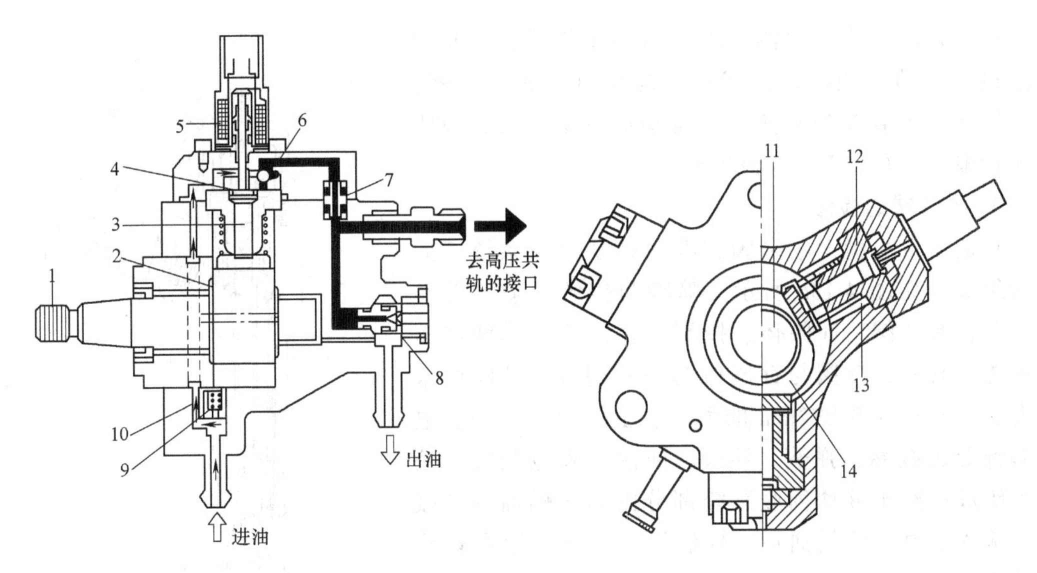

图 4-134　高压泵的结构

1—带凸轮的驱动轴　2—多边环　3—柱塞　4—进油阀　5—柱塞偶件切断电磁阀　6—出油阀　7—套　8—调压阀　9—节流阀　10—燃油供给油道　11—驱动轴　12—气缸　13—柱塞　14—三瓣偏心轮

内腔，以润滑和冷却油泵本体。

高压泵的检修项目如下：

1）检查低压油路是否堵塞和漏气。脱开高压泵的出油管，打开点火开关，外接电源给输油泵通电泵油，观察燃油喷射距离。燃油喷射距离应大于一固定值；若燃油喷射距离远小于某固定值，则表明低压油路存在堵塞和漏气现象。

2）检查高压泵回油道和出油道的情况

① 在不通电的情况下，脱开高压泵的出油管和回油管，然后让输油泵通电泵油，此时高压泵的回油口应有回油，出油口应不出油。若回油口不回油，则表明高压泵内的回油油道堵塞；若出油口出油，则表明柱塞偶件切断电磁阀处卡滞，关闭不严。

② 接通点火开关但不起动发动机，让输油泵泵油，观察高压泵出油口的出油情况。此时应出油，若不出油，则表明柱塞偶件切断电磁阀无法开启或高压泵内出油油道堵塞。

③ 电控发动机在熄火后，燃油管路内仍保持着较高的燃油压力。因此，在对电控发动机燃油系统进行维修时，特别是在拆卸高压泵与燃油管道时，以及拆卸和更换喷油器等部件时，应该先释放掉燃油管道内的油压，以免松开油管接头时大量燃油高速喷出，造成人身伤害或火灾。

4. 流量限制器的检修

流量限制器的作用是防止喷油器可能出现的持续喷油现象。为此，油轨至喷油器的四根高压油管中均装有流量限制器，如图 4-135 所示。当油轨流出的油量超过最大油量时，流量限制器将自动关闭流向相应喷油器的进油管口，停止继续喷油。

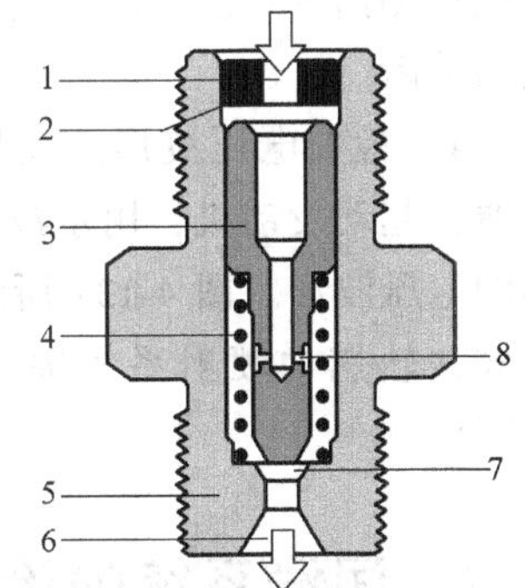

图 4-135　流量限制器的结构

1—通往油轨的接头　2—锁紧垫圈　3—柱塞　4—压力弹簧　5—外壳　6—通往喷油器的接头　7—座面　8—节流孔

流量限制器的检修与维护方法如下：

拆下某缸流量限制器下游侧的高压管接头，起动发动机，发动机能起动，其他缸应该可以正常工作，如果拆下的油管漏油较多，且发动机着不了火，说明该流量限制器有故障，应该更换。

5. 喷油器的检修

喷油器由喷嘴、电磁阀和液压继动伺服系统三大部分组成，如图 4-136 所示。喷嘴与传统的喷油器类似，包含有针阀、针阀体、控制柱塞、柱塞弹簧和压力腔等。其中，针阀与针阀体为一对偶件，针阀体末端有 5 个直径为 0.272mm 的喷孔，上端有压力腔；电磁阀部分由线圈、弹簧、导阀、回油管和电磁阀插接器等组成；液压继动伺服系统部分由高压燃油进口接头、输入油道、控制油道、控制区、控制通道和球形阀等组成。

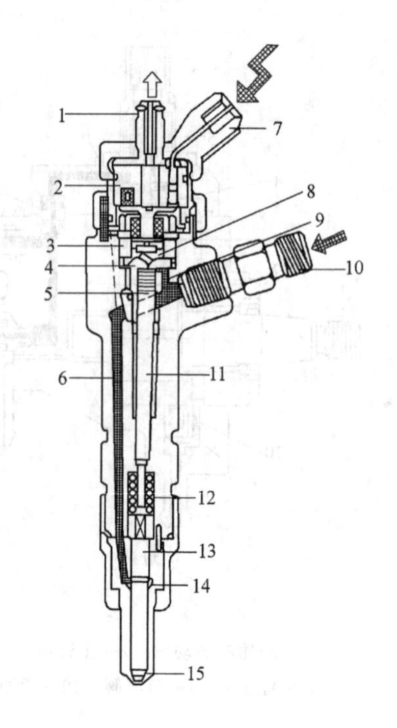

图 4-136　喷油器的结构

1—回油管　2—线圈　3—导阀　4—球形阀　5—控制区　6—输入油道　7—电磁阀插接器　8—控制通道　9—控制油道　10—高压燃油进油接头　11—控制柱塞　12—柱塞弹簧　13—针阀　14—压力腔　15—喷嘴

可以通过单缸断油法来初步判断喷油器的好坏，断油时只能拔下喷油器的插头，观察发动机的运行情况，而不能通过拧松喷油器的油管接头进行断油。

喷油器的检修内容如下：

1）性能检查。喷油器的性能检查应在专门的试验台上进行，主要检查油束的形状、喷油器是否滴漏和喷油量大小是否合适等性能。

2）测量电阻。脱开喷油器连接插头，测量喷油器线圈的电阻，其阻值应在规定范围内。该喷油器是峰值保持型，电阻很小，有的只有 0.3~0.5Ω，禁止将蓄电池电压直接加在喷油器，以判断喷油器是否能工作。

3）检查电路。检查 ECU 与各喷油器线束侧插接器之间的电路有无断路或短路故障。

4）检查电压波形。连接喷油器插接器，起动发动机，用示波器检查喷油器的电压波形。图 4-137 所示为电控蓄压式共轨燃油喷射系统喷油器电压波形图。

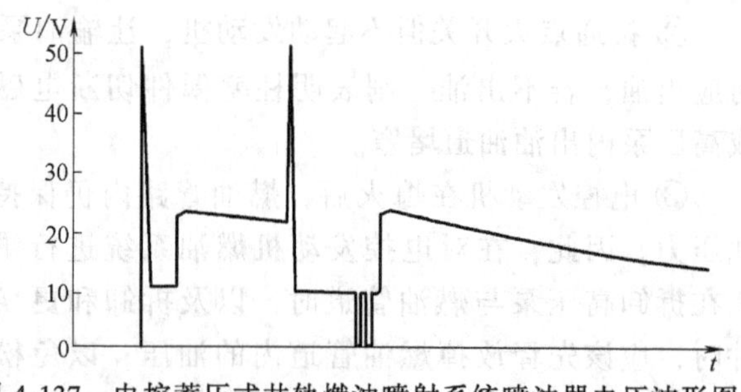

图 4-137　电控蓄压式共轨燃油喷射系统喷油器电压波形图

4.4　润滑系统的诊断与维修

4.4.1　概述

当发动机在工作时，零件的相对运动表面之间必然会产生摩擦。摩擦不仅使零件工作表面迅速磨损，而且产生大量的热可能导致零件工作表面烧蚀，致使发动机无法正常运转，同时还增大发动机的内部功率消耗。因此，发动机必须进行润滑，以减轻磨损，降低功率消耗，延长发动机使用寿命。发动机润滑是由润滑系统来完成的。

润滑系统主要由机油泵、机油滤清器、限压阀、旁通阀、集滤器、机油压力表和机油尺等组成。图 4-138 所示为大众 AFE 型发动机润滑系统的示意图。

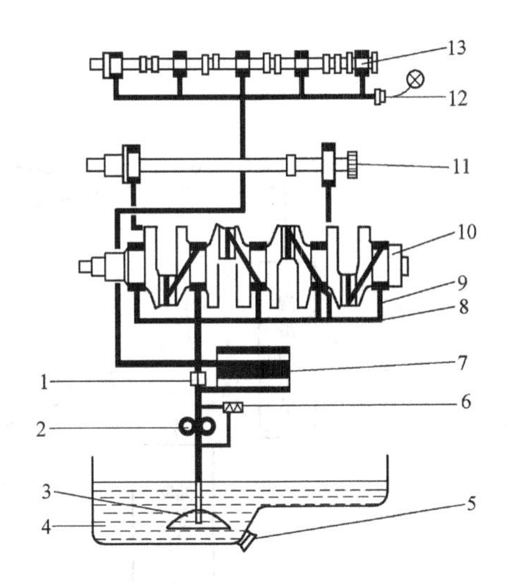

图 4-138 大众 AFE 型发动机润滑系统的示意图
1—旁通阀 2—机油泵 3—集滤器 4—油底壳 5—放油塞 6—安全阀 7—机油滤清器 8—主油道 9—分油道 10—曲轴 11—中间轴 12—压力开关 13—凸轮轴

润滑系统的常见故障为润滑油压力过低、润滑油压力过高、润滑油变质和润滑油消耗异常等。

润滑系统的维护包括润滑油油量的检查、润滑油油质的检查、润滑油和机油滤清器的更换等。

润滑系统主要的故障部位为机油泵和机油滤清器。

4.4.2 润滑系统的故障诊断

1. 润滑油压力过低

(1) 故障现象 发动机在正常工作温度和转速下，机油压力表读数低于规定值或油压报警器报警。

(2) 故障主要原因及处理方法

1) 机油集滤器网堵塞，清洗机油集滤器。

2) 机油滤清器堵塞，清洗或更换机油滤清器。

3) 油底壳内润滑油油面过低，按规定补充润滑油。

4) 润滑油黏度降低，更换润滑油。

5) 机油限压阀弹簧失效或调整不当，更换弹簧或重新调整。

6) 润滑油油管接头漏油或进入空气，检修润滑油管路，排出空气。

7) 润滑油道堵塞，清洗润滑油道。

8) 机油泵性能不良，检修或更换机油泵。

9) 曲轴主轴承、连杆轴承或凸轮轴轴承间隙过大，必要时光磨曲轴、凸轮轴或更换轴承。

10) 机油压力表或其传感器工作不良，检修或更换机油压力表及其传感器。

(3) 故障诊断流程 润滑油压力过低故障诊断流程图如图 4-139 所示。

2. 润滑油压力过高

(1) 故障现象 发动机在正常工作温度和转速下，机油压力表读数高于规定值。

(2) 故障主要原因及处理方法

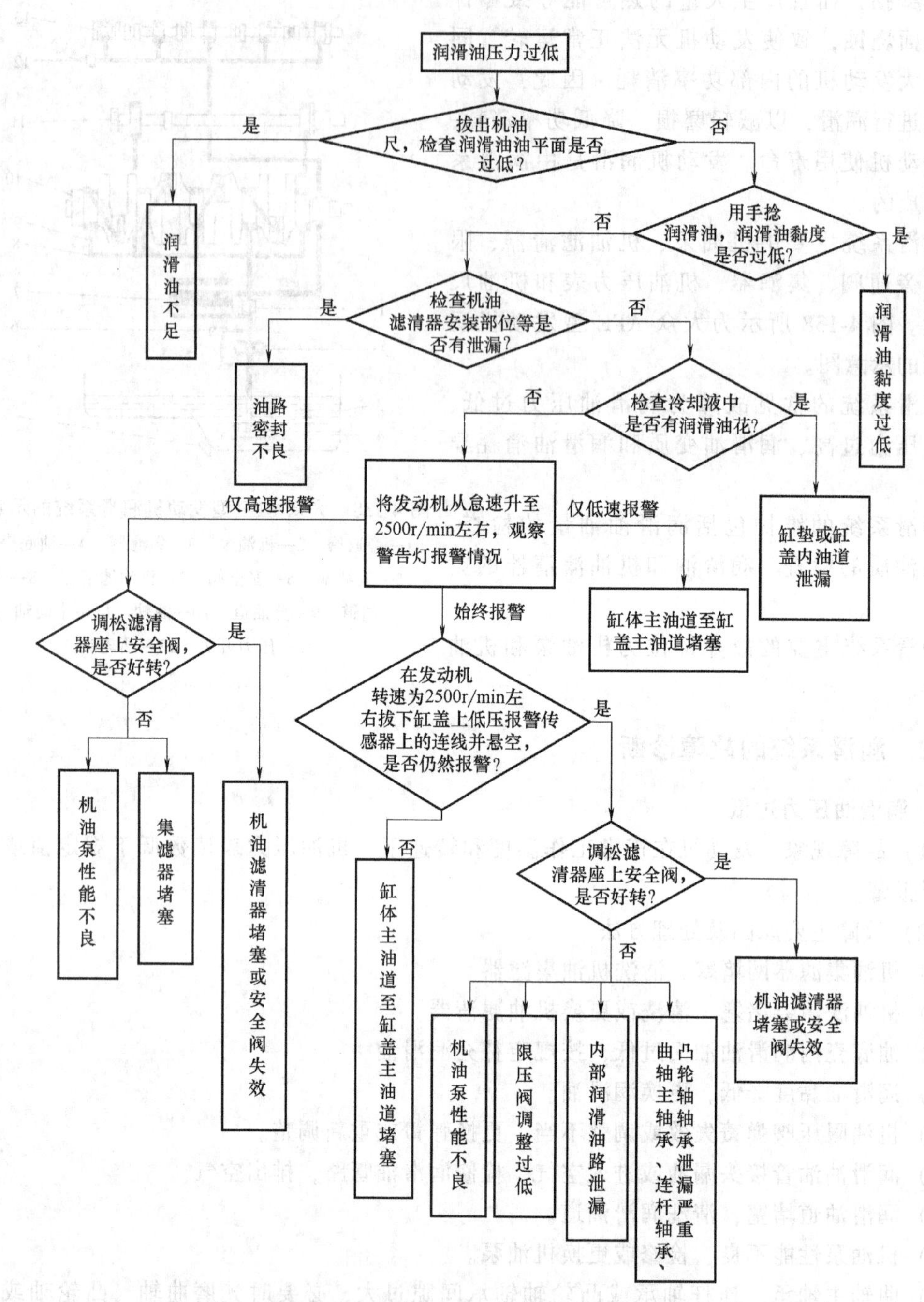

图 4-139　润滑油压力过低故障诊断流程图

1）润滑油黏度过大，更换润滑油或重新选用润滑油。

2）机油限压阀弹簧压力调整过大，重新调整弹簧压力。

3）机油限压阀的润滑油道堵塞，清洗润滑油道。

4）曲轴主轴承、连杆轴承或凸轮轴轴承间隙过小，必要时光磨曲轴、凸轮轴或更换轴承。

5）机油压力表或其传感器工作不良，检修或更换机油压力表及其传感器。

3. 润滑油变质

（1）故障现象　润滑油颜色变黑，黏度下降或上升；添加剂性能丧失，含有水分；润滑油乳化，呈乳浊状并有泡沫。

（2）故障主要原因及处理方法

1）活塞、活塞环与气缸壁的密封不良，检修活塞、活塞环和气缸。

2）润滑油使用时间太长，更换润滑油。

3）滤清器性能不良，更换滤清器。

4）曲轴箱通风不良，检修曲轴箱的通风装置。

5）发动机缸体或缸垫漏水，检修发动机缸体或更换发动机缸垫。

（3）故障诊断方法　润滑油变质可通过手捻、鼻嗅和眼观的人工经验法检验。如润滑油发黑、变稠一般由润滑油氧化造成，如润滑油发白则证明润滑油中有水，如润滑油变稀则为汽油或柴油稀释引起。

为精确分析润滑油变质原因，最好使用油质仪和滤纸斑点试验法进行润滑油品质检查。

4.4.3　润滑系统的维护

1. 润滑油、机油滤清器的检查

（1）发动机润滑油量的检查　检查润滑油油量时至少需要停机10min，并且将汽车停放在平坦的路面。将点火开关拧到关闭位置，把驻车制动杆放到制动位置，把变速杆放到空档位置。打开发动机舱盖，抽出机油尺（见图4-140a），用抹布将机油尺上的润滑油油迹擦干净后重新插入机油尺导孔，然后拔出机油尺查看油量。

油位在上刻线（F或max）与下刻线（L或min）范围内为正常（见图4-140b）。若超出上刻线，则应放掉一部分润滑油；若在下刻线以下，则应从加油口处加注一些润滑油，待10min后，再次检查油位。

（2）发动机润滑油质量的检查　在使用过程中，由于杂质污染、燃油稀释、高温氧化、

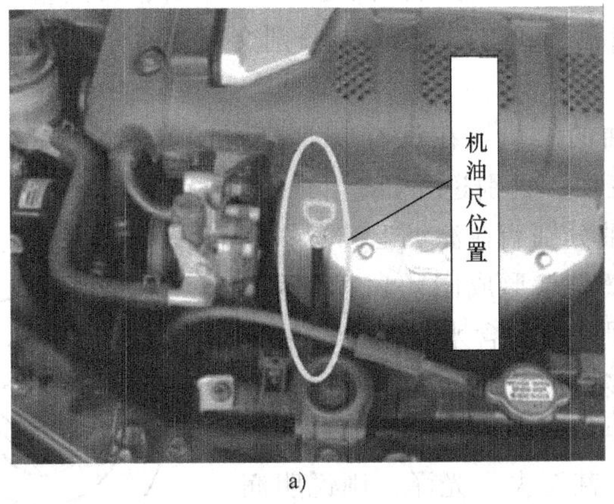

a)

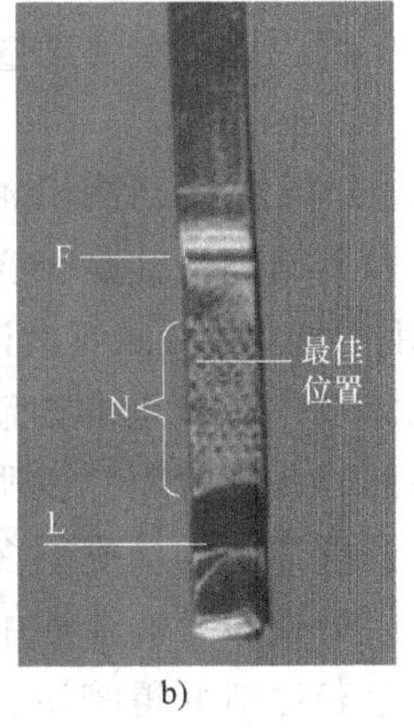

b)

图4-140　润滑系统机油尺安置位置及机油尺刻度

a）机油尺安装位置　b）机油尺油面刻度标志

F—最高刻度线　N—正常范围　L—最低刻度线

添加剂消耗或性能丧失等原因，润滑油品质会逐渐变坏。润滑油品质变坏会使发动机润滑变差，磨损加剧，甚至引发严重的机械故障。因此，在检查润滑油油量时，应注意检查润滑油的污染程度，当润滑油达到使用的间隔里程或其他换油指标时，应及时更换润滑油，以保证发动机良好润滑。更为重要的是，通过对润滑油品质的检测，可分析并监控发动机技术状况的变化。

1）利用润滑油质分析仪检测润滑油的质量。图 4-141 所示为 RZJ-2A 型润滑油质分析仪，其关键元件为安装在油槽底部的螺旋状电容，润滑油为电容的介质，当润滑油的介电常数变化时，电容值也随之改变。电容作为传感器是检测电路的一部分，传感器电容变化引起电路中的电量变化，电信号通过专用的数字电路，将其变成数字信号，送入 ECU 处理并与参考数字信号进行比较。

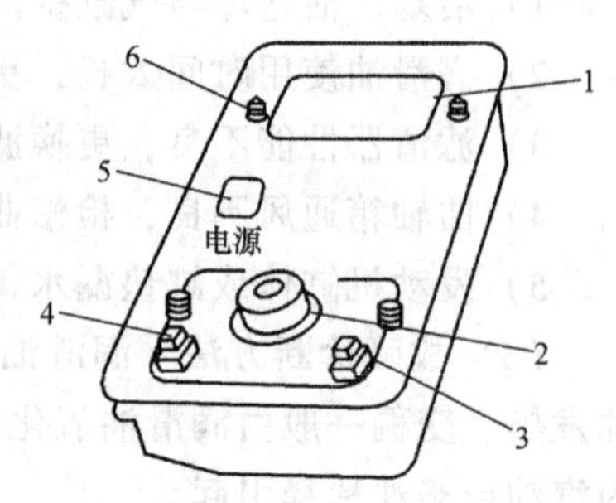

图 4-141 RZJ-2A 型润滑油质分析仪
1—数字显示屏 2—润滑油传感器
3—清零按钮 4—测量按钮
5—电源开关 6—固定螺钉

若数字信号与参考信号相等，则显示为零，表示润滑油无污染；若数字信号大于或小于参考信号，则显示不为零，表示润滑油的介电常数发生改变，说明润滑油中存在一定程度的污染，显示值越偏离零值表明润滑油污染程度越大。

检测润滑油质量的具体操作步骤如下：

① 打开电源，仪器应依次显示“+00.00”“+11.1”…“99.9”“00.0”之后，出现“-0”，表示自检结束，仪器正常工作，可以测量。

但若中间出现的数字与上述数字不符，表示仪器有问题，需进一步检查。

② 用脱脂棉彻底清洁传感器油槽，将 3~5 滴与被测润滑油同牌号的清洁润滑油置于油槽中，使油充满油槽底部。

③ 等油扩散完毕 2~5s 后，按清零按钮，仪器自动标定零位，显示“±0.00”。4s 后再清除润滑油，清洁传感器油槽。

④ 将 3~5 滴被测润滑油置于油槽中，等油扩散完毕 2~5s 后，按测量按钮，显示综合测量值，约 30s 后，显示水分含量范围，以后每隔 2s 分别交替显示水分含量范围与综合测量值。

2）用经验分析法检测润滑油的质量。在没有专业检测仪器的情况下，可以通过看、闻、捏三个步骤判断润滑油是否变质，判别过程如下：

① 看。用机油尺取两滴润滑油分别滴在滤纸上和塑料纸上，10min 后，仔细查看两滴油滴的形状和光泽度。滤纸上的油滴斑点形成图 4-142 所示的环状图，三环的界线越模糊，说明油中的含水量越少；油环颜色越深说明润滑油中的杂质越多；扩散环越宽说明润滑油的寿命越长，因为这层是润滑油中的清净添加剂。塑料纸上的油滴上层颜色若逐渐变得暗淡，甚至失去光泽，则说明润滑油内的添加剂已失效。

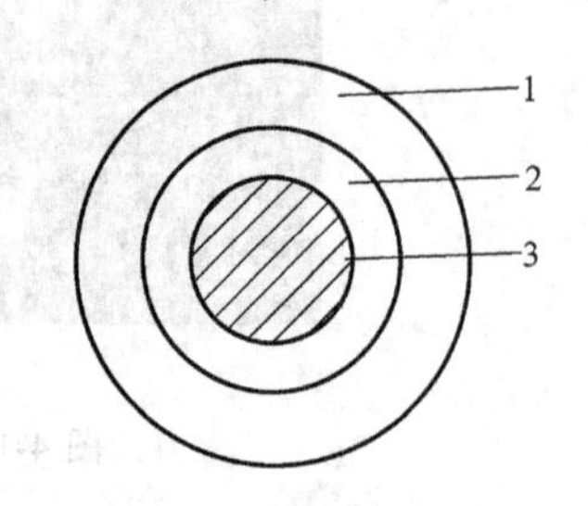

图 4-142 滤纸斑点环状图形
1—油环 2—扩散环 3—沉积环

检查机油尺上的润滑油，不应有变色的现象（润滑油变黑除外）。多级油在使用时容易变黑，属于正常现象。

② 闻。靠近滤纸上的润滑油扩散斑点闻气味，若闻到汽油的味道，说明润滑油里含有汽油。

③ 捏。取一滴润滑油放在食指和拇指间搓捏，若有细粒感，说明润滑油内含杂质较多；两指分开，若润滑油丝长度大于3mm，则表示润滑油黏度过大；两手指搓捏，若无滑腻感，且润滑油丝长度小于2mm，则说明润滑油过稀。

也可利用油迹对比法检测润滑油质量。检测时，可取两片洁净的白纸，在纸上分别滴下同种新润滑油和正在使用的润滑油各一滴，比较二者变化情况。如果在用润滑油中间黑点里有较多的硬沥青颗粒及炭粒等，表明机油滤清器的过滤作用不良，但并不说明润滑油已经变质；如果润滑油中间黑点较小且颜色较浅，周围的黄色油迹较大，油迹的界线不很明显而且是逐渐扩散的，说明润滑油中洁净分散剂尚未耗尽，仍可继续使用；如果黑点较大，且油是黑褐色、均匀无颗粒，黑点与周围的黄色油迹界线清晰，有明显的分界线，则说明其中的洁净分散剂已经失效，表明润滑油已变质，应及时更换。

2. 润滑油、机油滤清器的更换

(1) 发动机润滑油的排放

1) 把车辆停在平整的地面上，起动发动机，进行发动机暖机。

2) 关闭发动机，拉紧驻车制动器，打开汽车发动机舱盖和润滑油加油口盖。

3) 在车辆停靠到位的基础上，放置举升托臂。托臂的安装位置需要对齐车辆的举升记号。

4) 操纵举升机，将车轮举离地面，然后停止举升并以一定的力量按动车辆前后部，检查车身是否稳定。确定车辆稳定后方可继续下面的操作，不然需要重新降车，重新检查车辆停靠位置和举升托臂的安装位置。

5) 检查车身稳定的情况下，继续操纵举升机，将车辆举升到适合操作的最高位置，举升完毕。

6) 清洁地面，防止有水或油造成打滑，影响安全操作。

7) 拆卸放油塞，并将润滑油排入一个容器中。此时需要特别注意防止热车后的润滑油将手烫伤，另外还需要放置好容器位置，防止漏油。

8) 放完润滑油后，更换放油塞密封垫，按规定力矩拧紧。

(2) 机油滤清器的更换

1) 利用机油滤清器扳手拆卸旧的机油滤清器。

2) 检查并清洗气缸体与机油滤清器的安装表面。

3) 检查新的机油滤清器部件编号是否与旧编号相同。

4) 将新的机油滤清器加满润滑油，用发动机润滑油涂抹在新机油滤清器的O形环上，如图4-143a所示。

5) 用手把新的机油滤清器拧在机油滤清器支座上，直到滤油器O形环与安装表面接触，用机油滤清器扳手再把滤清器拧紧3/4转，如图4-143b所示。为了恰当地拧紧机油滤清器，注意识别滤清器O形环与安装表面初始接触的精确位置。

(3) 加注新的发动机润滑油

1) 从举升机上放下车辆。

2) 从发动机润滑油加注口注入车辆制造商规定黏度的高品质汽油发动机专用润滑油，

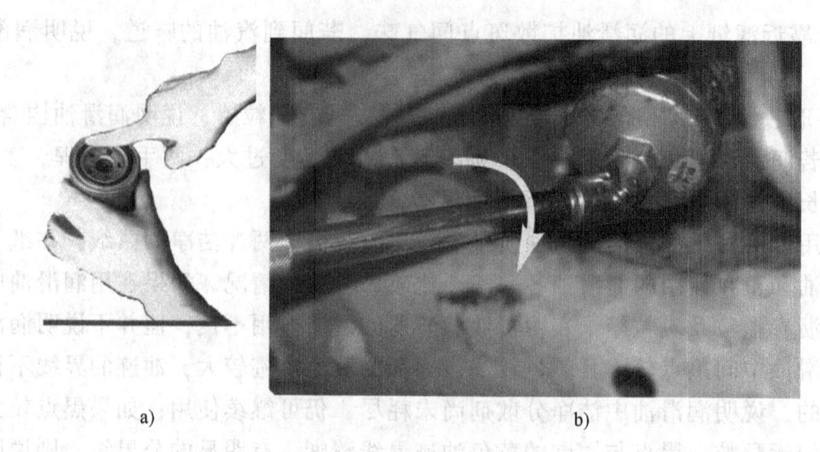

图 4-143　安装新的滤清器

a）在新机油滤清器的 O 形环上涂抹润滑油　b）机油滤清器的安装

直至润滑油量达到机油尺上的满油位标记才可停止加注。

3）盖上润滑油加注口盖，使发动机怠速空转 5min 后停止运转。再等待 3min 后拔出机油尺检查油位是否处在正常位置。

油位不足时再加油，超过最高油位标记时需放出过量润滑油。

4）安装润滑油加注口盖。

5）起动发动机并检查是否漏油。

6）重新检查发动机润滑油量。

7）检查漏油情况，发动机润滑系统漏油情况的检查主要包括发动机各种区域的接触面、油封处和放油塞。

【小提示】

注意：

1）检查完毕后对润滑油加注口及油底壳进行清洁。

2）加注新润滑油时必须注意防止润滑油外漏，以免对传感器和执行器等造成损坏。

3）长时间及重复接触矿物油会导致皮肤脱落，致使干燥、刺激和病变。另外，废发动机润滑油含有潜在的有害杂质，会引起皮肤癌。

4）为了缩短时间及降低油与皮肤接触的频率。穿上防护服并戴上手套。用肥皂和水彻底清洗皮肤，或使用清洁剂去除发动机润滑油，禁止使用汽油、稀释剂或溶剂清洗。

5）为了保护设备，只能在指定的清除位清除废发动机润滑油和废机油滤清器。

4.4.4　润滑系统机油泵的检修

机油泵的作用是为提供压力润滑的压力和保证润滑油循环流动而建立一定的油压。机油泵一般安装在发动机机体的下部，由发动机驱动。

大众 AFE 型发动机的机油泵为齿轮泵（见图 4-144），由中间轴上的螺旋齿轮驱动，安装在气缸体底平面第 3 缸附近设计的平台上。泵的出口直接向上通向气缸体润滑油道，进入安装在气缸体侧面的机油滤清器支架内，泵的进口与集滤器相连，限压阀装在泵盖上。

1. 齿轮式机油泵的分解与清洗

1）拆下机油泵盖。

2）拆下机油泵紧固螺钉，分开泵盖和泵壳，取下衬垫和从动齿轮。

3）如要更换传动齿轮，应用锉刀锉掉传动齿轮横销头部，铣出横销，压下传动齿轮。

4）清洗分解后的全部零件，以便对零件进行检测。

2. 齿轮式机油泵主要零件的检修

1）泵壳的检修。检查油泵轴孔的磨损程度，螺孔是否损坏，泵壳有无裂纹。机油泵主动轴孔与轴的配合间隙应为0.03~0.075mm，最大不得超过0.20mm。间隙超过规定或晃动泵轴有明显松旷感觉时，可将主动轴涂镀加粗，或用镶套法修复；泵壳破裂则应更换。

2）齿顶与泵壳内侧间隙的检测。如图4-145a所示，测量相隔180°或120°的2~3个间隙，取平均值，其值一般应在0.05~0.20mm范围内。

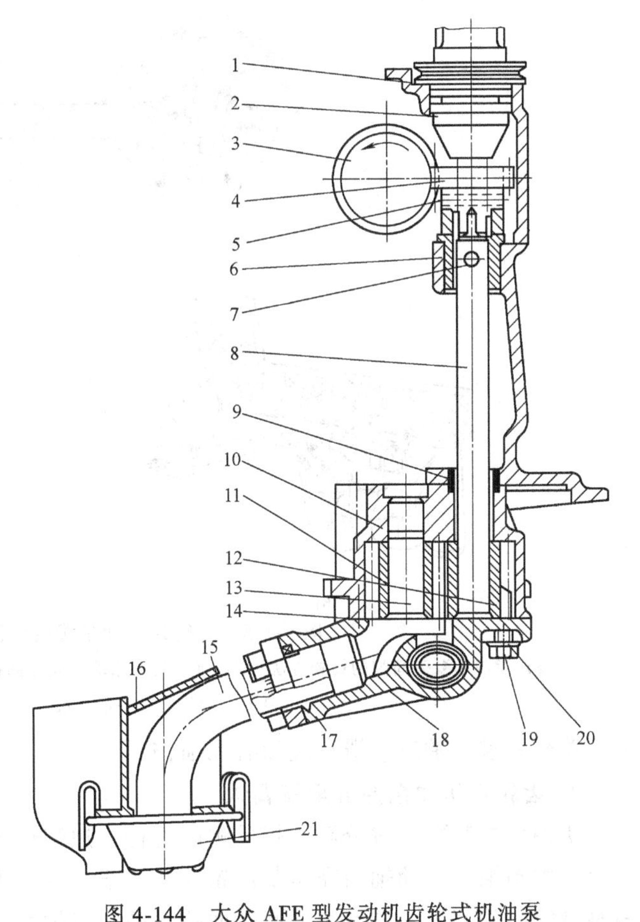

图4-144 大众AFE型发动机齿轮式机油泵

1—密封垫片 2—分电器轴 3—中间轴驱动齿轮 4—分电器从动齿轮 5—定位销 6—机油泵轴上支承座 7—定位螺孔 8—机油泵轴 9—机油泵轴下支承及定位套 10—机油泵壳体 11—机油泵从动齿轮 12—机油泵的主动齿轮 13—从动齿轮轴 14—衬垫 15—吸油管 16—吸油管支承管 17—O形圈 18—机油泵盖 19—短螺栓 20—垫片 21—集滤器

3）泵盖的检修。当齿轮式机油泵的驱动齿轮啮合时，产生的轴向力一般都向下，它使齿轮端面与泵盖内表面磨损。泵盖如有磨损或翘曲，凹陷超过0.05 mm，应以车削或研磨等方法进行修复。泵盖凹陷量可用塞尺检查，如图4-145b所示，端面间隙过大，会导致内漏，使润滑油压力降低。

4）齿轮啮合间隙的检修。检查主动、从动齿轮啮合间隙的方法为用塞尺在互成120°处分三点测量，如图4-145c所示。齿隙增大的原因是由于齿轮的磨损或主动轴与泵壳、从动轴与齿轮轴孔之间的磨损引起的。如果齿轮磨损不严重，可将齿轮转面使用；如磨损超过使用限度，应成对更换齿轮。主动、从动齿轮与传动齿轮齿面上如有毛刺，可用磨石光磨。

5）齿轮泵其他零部件的检修

① 泵轴的检查。用百分表检查泵轴是否弯曲，如果指针摆差超过0.06mm，应进行校正或更换。

② 泵轴与轴承的配合间隙检查。可用千分尺和内径千分尺分别测量轴颈和衬套的尺寸，两者之差即为间隙，应符合标准。

③ 限压阀的检查。检查限压阀总成各零件有无损伤，限压阀弹簧有无异常变形、弹力

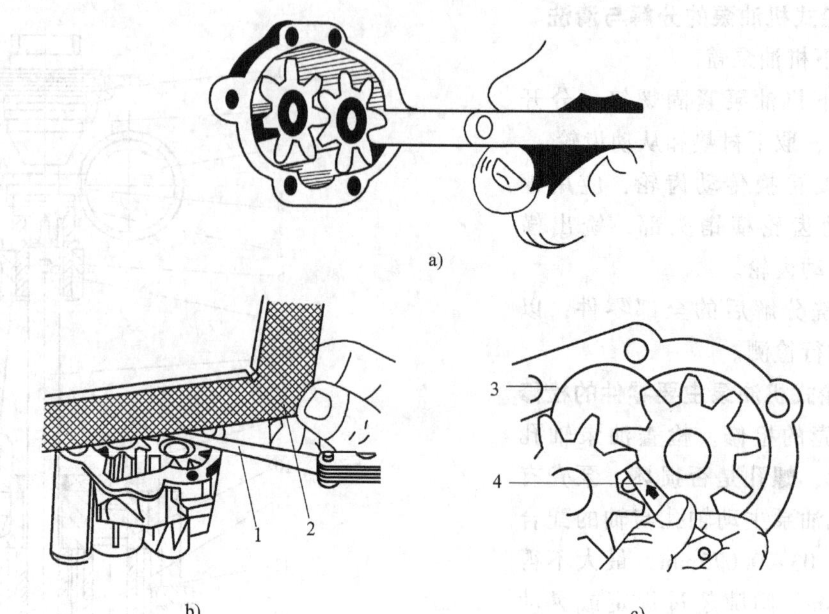

图 4-145 齿轮式机油泵配合间隙的检查方法

a）齿顶和泵壳间隙的检查方法 b）泵盖与齿轮端面间隙的检查方法 c）齿轮啮合间隙的检查方法

1、4—塞尺 2—钢直尺 3—机油泵壳

是否符合要求，油道、滑动表面有无损伤。

3. 齿轮式机油泵的装配与调试

机油泵的装配则按分解的相反顺序进行，边装配边复查各部位配合情况，如齿轮的啮合间隙，主动轴、从动轴与壳体及齿轮轴孔的配合等。更重要的是应检查调整主动、从动齿轮与泵盖之间的间隙，该间隙可通过增减泵盖与壳体之间的衬垫厚度加以调整。

机油泵装复后是否恢复了技术状态，必须经过试验确定。通常采用经验检查法，用手转动装复后的机油泵传动轴，应转动自如，无卡阻现象。将润滑油灌入机油泵内，用拇指堵住出油孔，转动泵轴应有润滑油压出，并感到有压力。这样就说明机油泵的性能良好。

机油泵装在车上后，应通过机油压力表观察发动机润滑油压力。在发动机温度正常的情况下，怠速时，润滑油压力应不低于0.15MPa，当发动机高速运转时，润滑油压力应不大于0.45MPa。对无机油压力表的汽车，发动机起动运转时压力警告灯应熄灭。如不符合标准，应调整限压阀。其调整方法是：润滑油压力过低，可增大弹簧张力，若弹簧张力增大受限制，可以在限压阀弹簧一端加厚垫圈；若润滑油压力过高，可减小弹簧张力，若弹簧张力减小受限制，可在限压阀螺塞与泵盖之间加垫片。如果由于球阀（或柱塞阀）关闭不严而影响润滑油压力，应更换新件。

4.5 冷却系统的诊断与维修

4.5.1 概述

当汽车发动机在工作时，燃料的燃烧以及各运动零件间的相互摩擦产生大量的热量，使零件强烈受热，尤其是直接与燃烧气体接触的零件温度更高，如果没有适当冷却，将不能保证发动机的正常工作。为此发动机均设有冷却系统，以维持发动机在最适宜的温度下工作。

现代汽车发动机广泛采用水冷冷却方式。水冷冷却系统一般由散热器、水泵、水管、水套、节温器、膨胀水箱、冷却液温度表和风扇等组成，如图 4-146 所示。

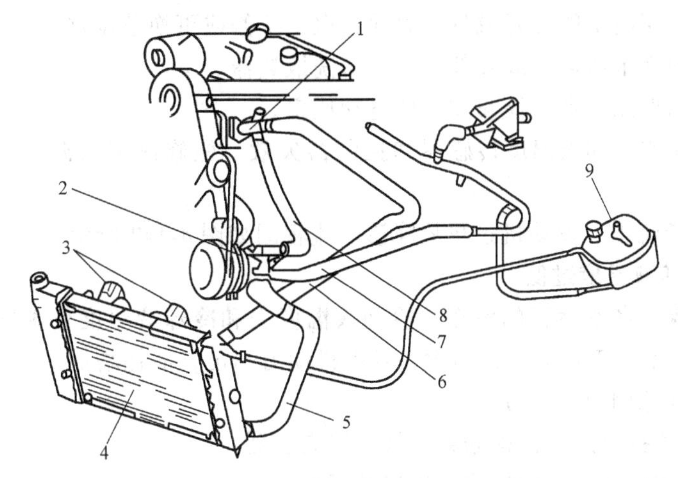

图 4-146　大众 AFE 型发动机冷却系统的示意图

1—缸盖出水处　2—水泵　3—风扇　4—散热器　5—散热器出水管　6—缸盖大循环时出水管　7—暖气回气进水泵冷却液管　8—旁通水管　9—膨胀水箱

根据风扇驱动方式的不同可分为机械风扇式冷却系统和电动风扇式冷却系统。汽车机械风扇式冷却系统普遍采用硅油式或电磁式风扇离合器；现代轿车广泛采用电动风扇式冷却系统，其电动风扇由温控开关或控制器控制，且配有膨胀水箱。

冷却系统的常见故障为发动机过热（即发动机冷却液温度过高）、发动机冷却液温度过低和冷却液消耗过多等。

冷却系统的维护主要是冷却液的检查、补充与更换，冷却系统的清洁，风扇传动带的检查与调整，冷却系统密封性检测。

冷却系统常见故障部位为节温器、电动风扇或风扇传动带、温控开关、散热器和水泵。

4.5.2　冷却系统的故障诊断

1. 发动机过热（即发动机冷却液温度过高）

（1）故障现象　运行中的汽车，冷却液温度表指针经常指在 100℃以上；燃烧室内出现“炽热点”，发动机熄火困难；汽油机易发生爆燃或早燃，柴油机易发生早燃使工作粗暴。出现这些现象，可判定发动机有过热的故障存在，即发动机冷却液温度过高。

（2）故障主要原因及处理方法

1）冷却液不足，按规定补充冷却液。

2）风扇传动带松弛、沾油打滑或断裂，调整风扇传动带的松紧度或更换传动带。

3）混合气过稀，调整混合气浓度。

4）水套和分水管积垢或堵塞，清理水套和分水管。

5）水泵工作性能不良，检修或更换水泵。

6）点火时间不当，调整点火提前角。

7）燃烧室内积炭过多，清洗燃烧室。

8）风扇离合器接合时间过晚或打滑，检修或更换风扇离合器。

9）散热器的进水管或出水管凹瘪，检修或更换散热器水管。

10）节温器主阀门不能打开或打开时间过迟，检修或更换节温器。

11）散热器内部水垢堵塞或外部过脏，清洗散热器。

12）电动风扇性能不良，检修或更换电动风扇。

13）温控开关或冷却液温度传感器和控制器失效，检修或更换温控开关、冷却液温度传感器或控制器。

（3）故障诊断流程　发动机过热故障诊断流程图如图 4-147 所示。

2. 发动机冷却液温度过低

（1）故障现象　冬季运行的汽车，冷却液温度表和冷却液温度传感器技术状况完好的情况下，发动机达不到正常的工作温度；发动机动力不足，油耗增加。

（2）故障主要原因及处理方法

1）风扇离合器接合过早，检修或更换风扇离合器。

2）温控开关闭合太早，检修或更换温控开关。

3）冷却液不足，按规定补充冷却液。

3. 发动机冷却液消耗过多

冷却液消耗过多是指冷却液比正常情况下消耗过快的现象。其主要原因有冷却系统内部渗漏，冷却系统外部渗漏和散热器盖开启压力过低。

通常通过目测检查外部有没有漏水的痕迹，确定有无外部渗漏；通过检查机油是否发白（乳化）或在发动机冷却液温度正常时排气是否冒白烟确定内部是否渗漏。

此外还可用专用手动压力测试器进行就车检测，其方法如图 4-148a 所示。在冷却系统中注满冷却液，用专用接头将测试器和散热器水箱密封连接，用手推测试器，使测试器压力表指示 0.10MPa，保持不动，在 5min 内压力不应下降，同时观察冷却系统外部各密封处有无渗漏现象。渗漏处即为不密封部位，若外部无渗漏现象，而压力下降过快，则说明内部有泄漏。

若无内外渗漏，则让发动机冷机起动，在升温过程中，观察在冷却液温度表或报警器指示冷却液温度正常的情况下散热器是否有蒸气逸出，若有则散热器盖蒸气阀有故障。

同样也可使用上述专用手动压力测试器进行散热器盖或补偿罐盖的检查，如图 4-148b 所示。将盖与测试器装在一起，用手推测试器，使压力升高，检查密封性能和阀的开启压力。在散热器检修中也可使用该测试器进行散热器密封性的检查。

4.5.3　冷却系统的维护

在正常使用中，每月至少检查一次冷却液的液面高度。在炎热的夏天，检查次数应更多些。设有膨胀水箱或补偿罐的冷却系统，检查冷却液液面高度不用打开散热器盖，只需观察膨胀水箱或补偿罐中的液面即可。一般的膨胀水箱或补偿罐上都标有液面高度标记，如大众汽车用的补偿罐上的“max”（上限）和“min”（下限）刻度，如图 4-149 所示。如液面位于下限，即应该往膨胀水箱或补偿罐中加注冷却液，直到液面达到规定位置。

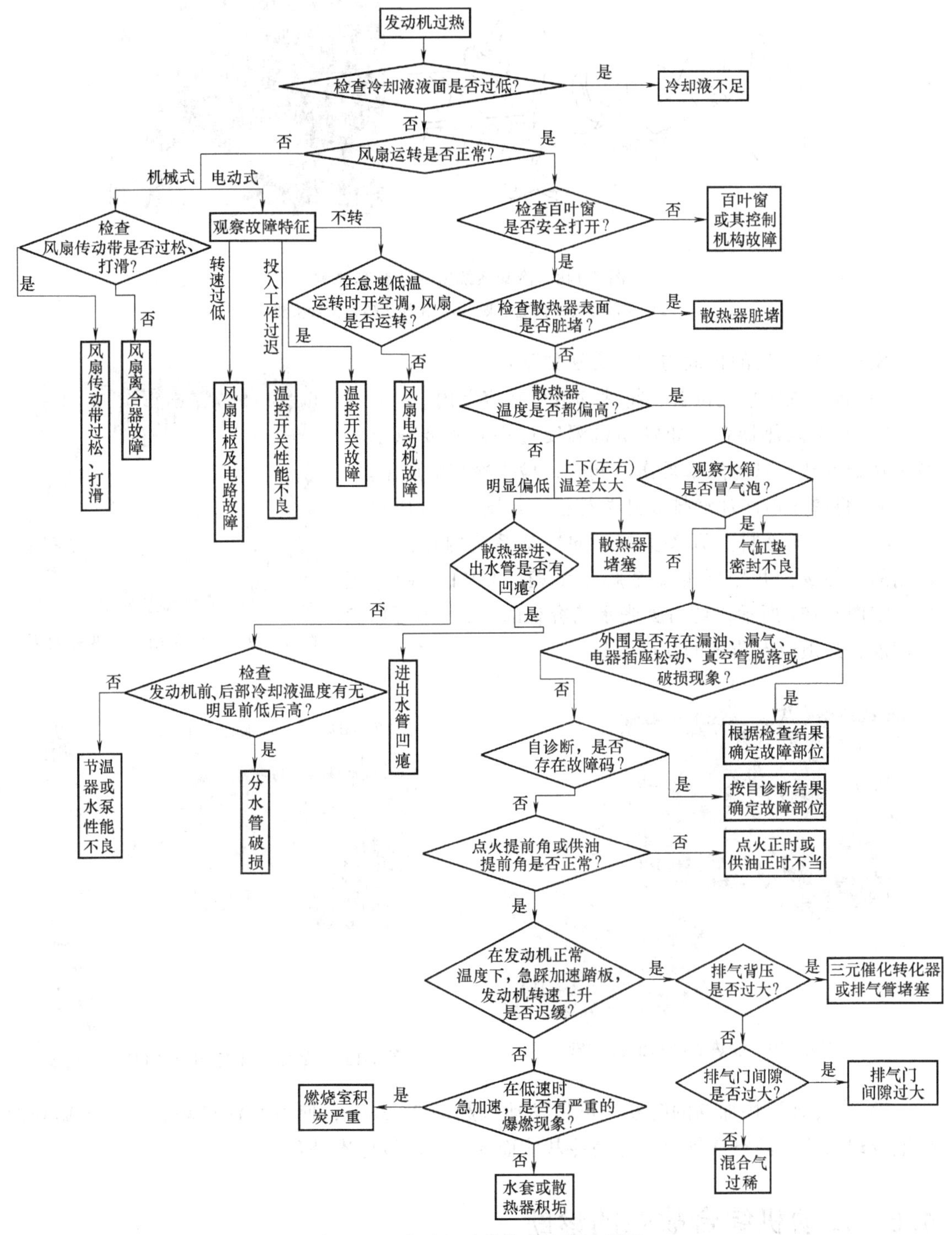

图 4-147　发动机过热故障诊断流程图

补充冷却液时应注意，目前车用冷却液中都加有防腐、防冻、防沸、防垢、防穴蚀和润滑添加剂，尽可能使用厂方推荐的冷却液，并按厂方推荐的使用方法使用，不可随意往冷却液中直接加水。一般情况下，应尽量少打开散热器盖，防止冷却液损失和空气进入冷却系统。

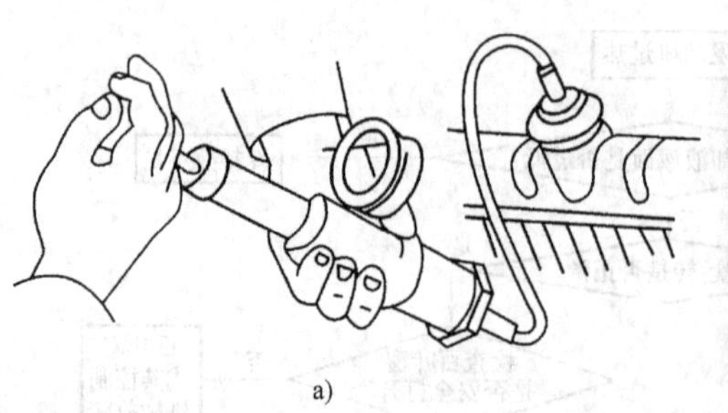
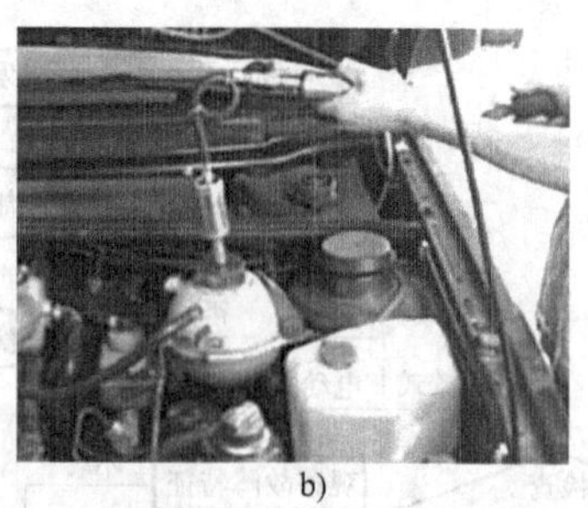

图 4-148　冷却系统密封性就车检测

a）在散热器盖位置检测　b）在补偿罐盖位置检测

发动机冷却液的排放与加注方法如下：

1）将车放在平地位置，将冷却液放在容器内。

2）拧下散热器盖，如发动机温度过高则不要急于将散热器盖打开，以防热水烫伤。同时，检查冷却液质量。

3）将散热器冷却液排放开关拧松，如图 4-150 所示。

4）将冷却液排放开关关好，向冷却系统内注满四季通用的冷却液，并按标准加至膨胀水箱“FULL”的标记处，如图 4-151 所示，约占膨胀水箱容积的 2/3。不可加满冷却液，必须留有蒸气的膨胀余地。

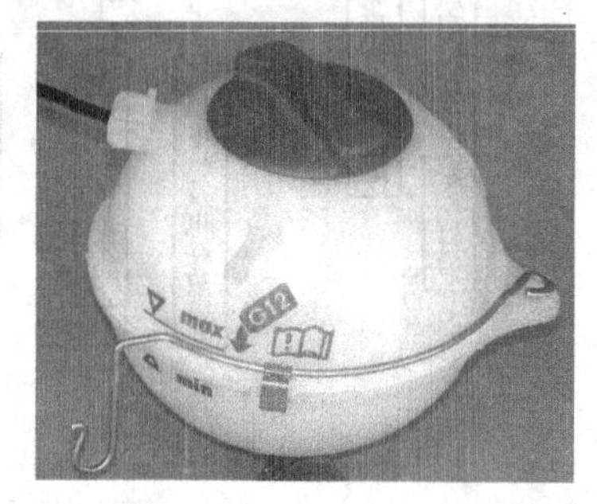

图 4-149　大众车用冷却液补偿罐

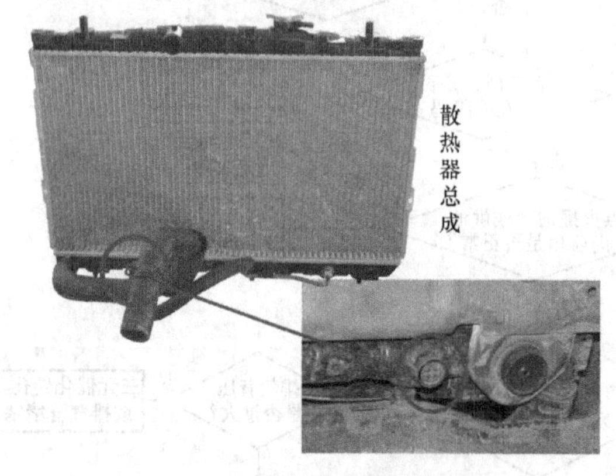

图 4-150　散热器冷却液排放管

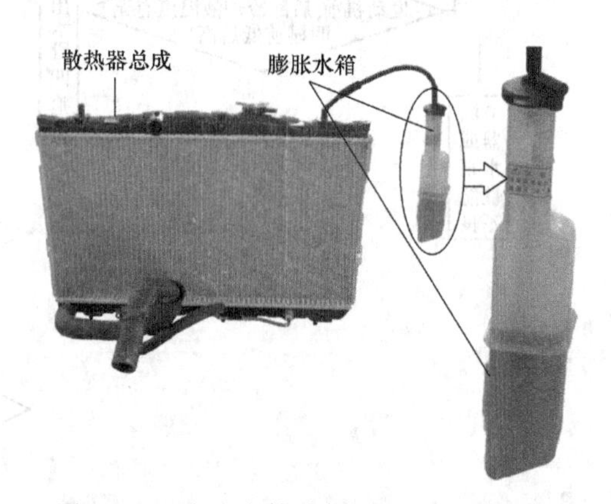

图 4-151　膨胀水箱冷却液“FULL”刻度

5）在冷却液快加满的时候，可将发动机起动 2～3min，使冷却液循环，冷却液循环时会把冷却系统内的空气排出，并使冷却液面降低，应按标准补足。

4.6　发动机综合故障的诊断

4.6.1　发动机常见异响的诊断

当发动机在运转过程中产生的响声强度超过技术文件规定的强度时，称为发动机的异响。

技术状况良好的发动机，运转中仅能听到均匀的排气声和轻微的噪声，这是正常响声。如果发动机在运转中出现异常响声，即异响，表明有关部位出现了故障。对于有异响的发动机，应根据故障现象，分析产生原因，找出异响部位，准确地将异响诊断出来。

1. 发动机常见异响的类型及影响因素

（1）发动机常见异响的类型　发动机常见的异响主要有机械异响、燃烧异响、空气动力异响和电磁异响等。

1）机械异响。机械异响主要是运动副配合间隙太大或配合面有损伤，运动中引起冲击和振动造成的。

因磨损、松动或调整不当造成运动副配合间隙太大时，运转中引起冲击和振动，产生声波，并通过机体和空气传给人耳，于是人们听到了响声，如曲轴主轴承响、连杆轴承响、凸轮轴轴承响、活塞敲缸响、活塞销响、气门响和正时齿轮响等，多是因配合间隙太大造成的。但有些异响也可能是配合面（如正时齿轮齿面）损伤、加工精度太低、热处理变形或使用中变形（如连杆发生弯曲和扭转变形）等原因造成的。

2）燃烧异响。燃烧异响主要是发动机不正常燃烧造成的，如发动机产生爆燃或表面点火时，气缸内均会产生极高的压力波。这些压力波相互撞击并撞击燃烧室壁和活塞顶，发出了强烈类似敲击金属的声响，是典型的燃烧异响。

3）空气动力异响。空气动力异响主要是在发动机进气口、排气口和运转中的风扇等处，因气流振动造成的。

4）电磁异响。电磁异响主要是发电机、电动机和某些电磁器件内，由于磁场的交替变化，引起机械中某些部件或某一部分空间产生振动而造成的。

（2）发动机异响的影响因素和诊断条件　异响与发动机的转速、温度、负荷和润滑等条件有关。

1）转速。一般情况下，转速越高机械异响越强烈。但高转速时各种响声混杂在一起，诊断某些异响反而不易辨清。因而诊断转速时不一定要求高速，要具体对待，如听诊气门脚响和活塞敲缸响时，在怠速下或低速下就能听得比较明显；当主轴承响、连杆轴承响和活塞销响较为严重时，在怠速和低速下也能听到。所以诊断异响应在响声最明显的转速下进行，并尽量在低转速下运行，以减少不必要的噪声和损耗。

2）温度。有些异响与发动机温度有关，而有些异响与发动机温度无关或关系不大。在机械异响诊断中，对于热膨胀系数大的配合副要特别注意发动机的热状态，其最典型的异响为活塞敲缸响。在发动机冷起动时，该响声非常明显，然而一旦温度升高，响声随即消失或减弱。所以，诊断该响声应在发动机低温下进行。热膨胀系数小的配合副所产生的异响，如曲轴主轴承响、连杆轴承响和气门脚响等，此时发动机温度的变化对异响的影响不大，因而对诊断温度无特别要求。

发动机温度也是引起燃烧异响的因素之一。当汽油机过热时，易产生点火敲击声现象；柴油机过冷时，易产生工作粗暴现象。

3）负荷。许多异响都与发动机的负荷有关，如曲轴主轴承响、连杆轴承响、活塞敲缸响、气缸漏气响和汽油机爆燃响等，均随负荷的增大而增强，随着负荷的减小而减弱；但是柴油机工作粗暴声随着负荷的增大反而减小。而有些异响与负荷无关，如气门脚响，负荷变化时此异响不变化。

4）润滑条件。无论什么形式的机械异响，当润滑条件不佳时，异响一般都显得特别严重。有些异响本身会引起润滑条件的恶化，如较严重的曲轴主轴承响和连杆轴承响常伴有机油压力降低。

由上可知，异响的影响因素即为异响的诊断条件。异响的传播是物体的振动产生声波而传播的。在发动机上，对于不同的机件、部位和工况，声源所产生的振动是不同的，因而发出的异响在音调、音高、音强、出现的位置和次数等方面均不同。因此，掌握异响的这些特点和规律，运用正确的诊断条件，按照合理的诊断程序和方法即可快速、准确地诊断发动机产生异响的原因及部位。

2. 机械异响的诊断

本节仅讨论发动机常见的机械异响诊断方法，其诊断流程图如图 4-152 所示。

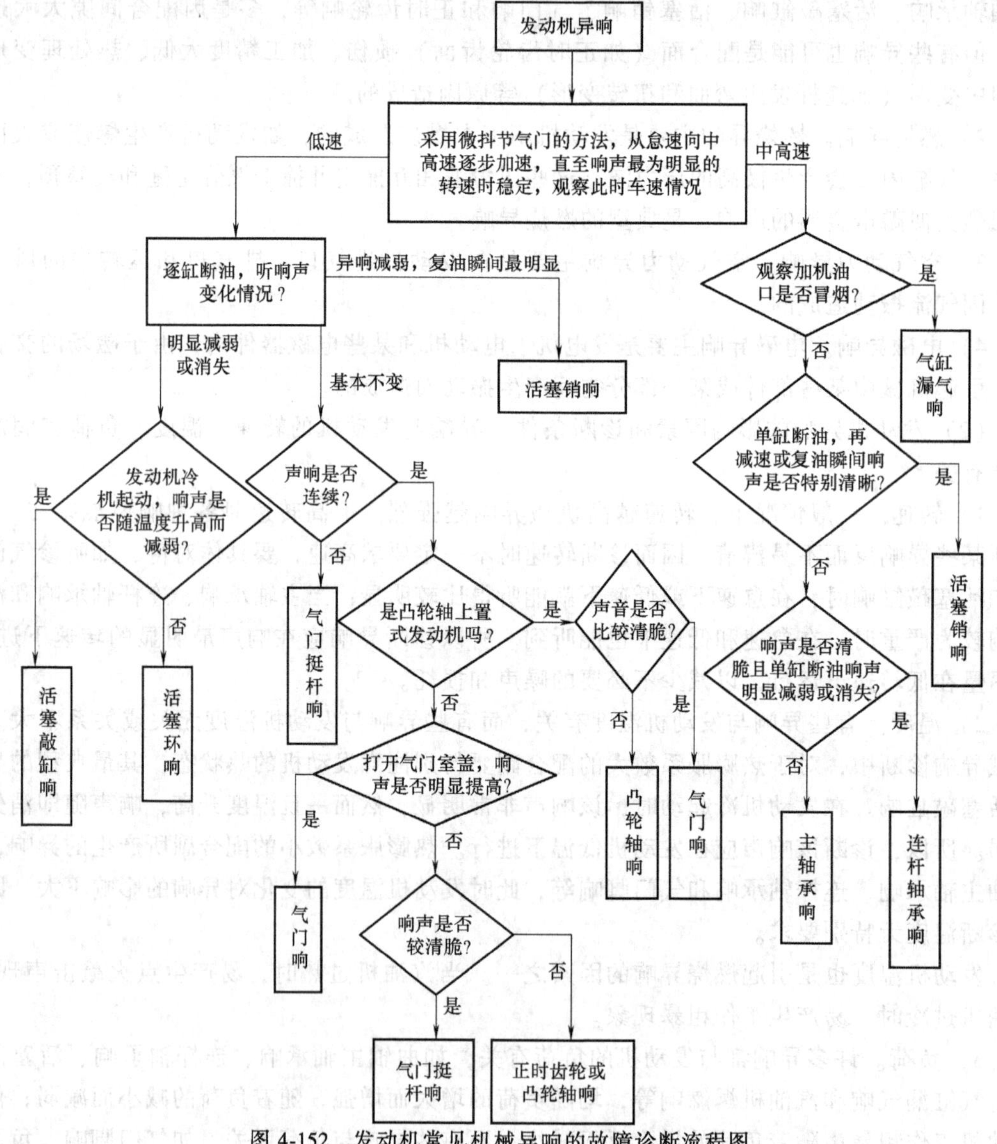

图 4-152　发动机常见机械异响的故障诊断流程图

（1）曲轴主轴承响

1）故障现象。当汽车加速行驶或发动机空转加速时，发动机发出沉重而有力“铛铛”的金属敲击声，严重时机体发生振动。响声随发动机转速的提高而增大，随负荷的增加而增强，产生响声的部位在曲轴箱上与曲轴轴线齐平处。当单缸断火时响声无明显变化，相邻两缸同时断火时，响声明显减弱或消失，温度变化时响声变化不明显，响声严重时，机油压力明显降低。

2）故障的主要原因

① 曲轴主轴承减摩合金烧毁或脱落。

② 曲轴主轴承和轴颈磨损过度、轴向止推装置磨损过度，造成径向和轴向间隙过大。

③ 曲轴弯曲未得到校正，发动机装合时不得不将某些主轴承与轴颈的配合间隙放大。

④ 机油压力太低、黏度太小或机油变质。

⑤ 曲轴主轴承盖固定螺钉松动。

3）诊断方法。曲轴主轴承响的诊断流程图，如图 4-153 所示。

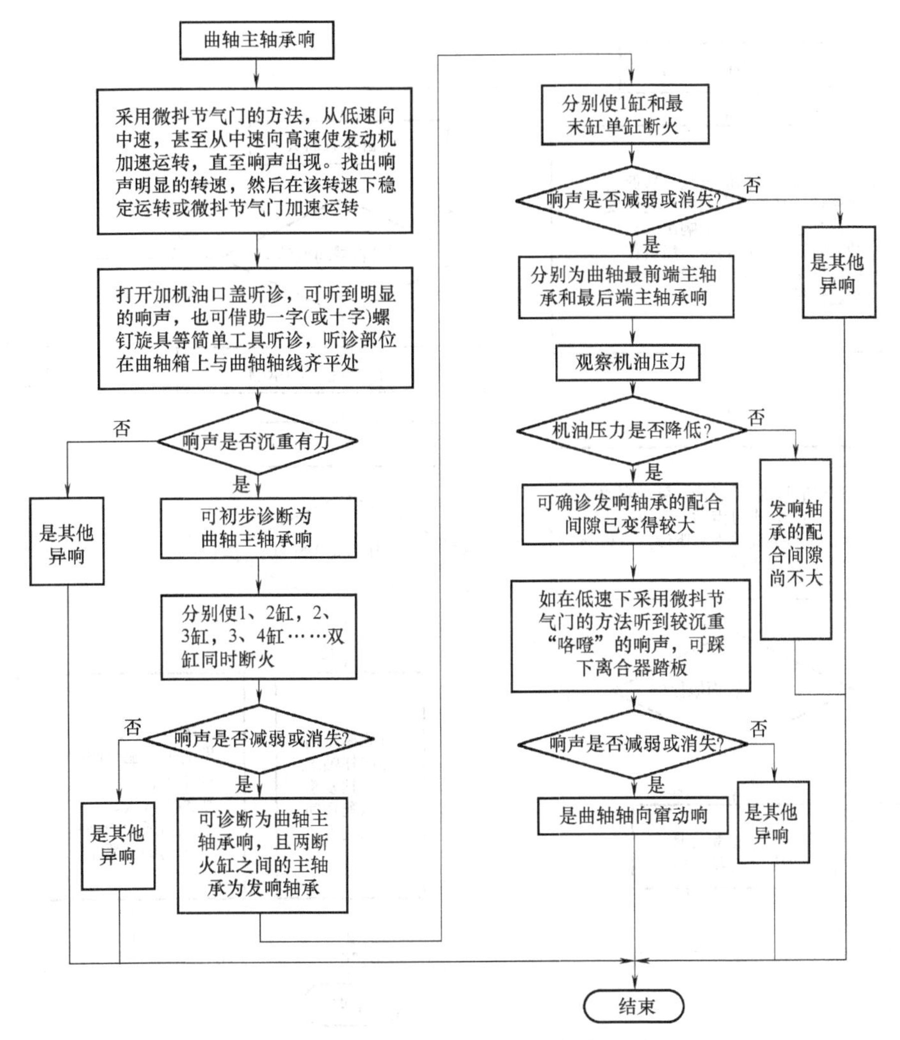

图 4-153 曲轴主轴承响的诊断流程图

（2）曲轴连杆轴承响

1）故障现象。当汽车加速行驶和发动机空转加速时，发动机发出“铛铛”连续明显、轻而短促的金属敲击声。当连杆轴承严重松旷时，怠速运转也能听到明显的响声且机油压力降低。当发动机温度变化时，响声变化不明显，响声随发动机转速的提高而增大，随负荷的增加而增强。产生响声的部位在曲轴箱上部，单缸断火，响声明显减弱或消失，但复火时重新出现，即具有所谓响声“上缸”现象。

2）故障的主要原因

① 曲轴连杆轴承减摩合金烧毁或脱落。

② 曲轴连杆轴承和轴颈磨损过度，造成径向间隙太大。

③ 曲轴内通连杆轴颈的油道堵塞。

④ 机油压力太低、黏度太小或机油变质。

⑤ 曲轴连杆轴承盖的固定螺栓松动或折断。

3）诊断方法。曲轴连杆轴承响的诊断流程图如图 4-154 所示。

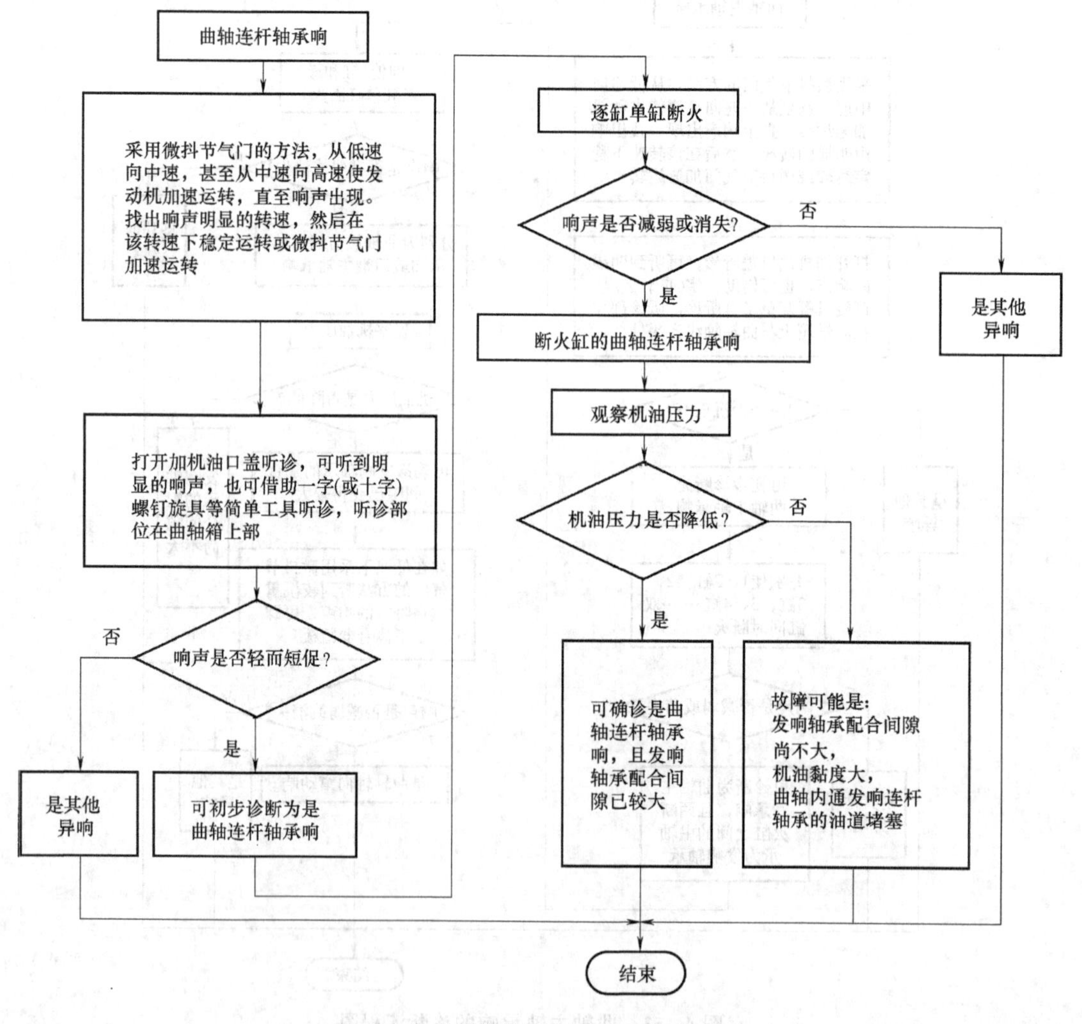

图 4-154　曲轴连杆轴承响的诊断流程图

（3）活塞敲缸响

1）故障现象。当发动机在怠速或低速运转时，在气缸的上部发出清晰而明显“嗒嗒”的金属敲击声，而中速以上运转时响声减弱或消失。

当发动机温度变化时，其响声也随之变化。发动机冷车情况下响声明显，热车时响声减弱或消失。负荷越大响声也越大，响声严重时，机油压力不降低。单缸断火，响声减弱或消失。

2）故障的主要原因

① 活塞与气缸壁润滑状况太差。

② 活塞与气缸壁配合间隙太大。

③ 活塞销与活塞销座孔装配过紧。

④ 活塞销与连杆小头衬套装配过紧。

⑤ 连杆轴承装配过紧。

3）诊断方法。按图 4-155 所示的诊断流程图进行诊断。

（4）活塞销响

1）故障现象。发动机在怠速、低速和从怠速、低速向中速微抖节气门时，可听到清脆而连贯“嗒嗒”的金属敲击声。其异响声随转速的升高而增大，随负荷的增大而加强。

当发动机温度变化时，对响声稍有影响。当响声严重时，机油压力不降低。单缸断火时响声明显减弱或消失，复火瞬间响声又立即出现，甚至连续出现两次响声。

2）故障的主要原因

① 活塞销与连杆小头衬套配合松旷。

② 衬套与连杆小头轴承孔配合松旷。

③ 活塞销与活塞销座孔配合松旷。

3）诊断方法。活塞销响的诊断流程图如图 4-156 所示。

（5）气门响

1）故障现象。发动机怠速或低速运转时发出连续不断的、有节奏的“嗒嗒”（在气门脚处）或“啪啪”（在气门落座处）的金属敲击声。

转速增高时响声也随之增高，但负荷变化时响声不变化、温度变化时响声不变化。单缸断火时响声不减弱。若有数只气门响，则声音显得杂乱。

气门脚响和气门落座响统称为气门响。

2）气门脚响的故障原因

① 气门脚间隙太大。

② 气门脚间隙调整螺钉松动或气门脚间隙处两接触面磨损异常。

③ 配气凸轮轴上凸轮的外形加工不准或磨损过度，造成缓冲段效能下降，加重了挺杆对气门脚的冲击。

④ 气门脚处润滑不良。

3）气门落座响的故障原因

① 气门杆与其导管配合间隙太大。

② 气门头部与其座圈的工作面接触不良。

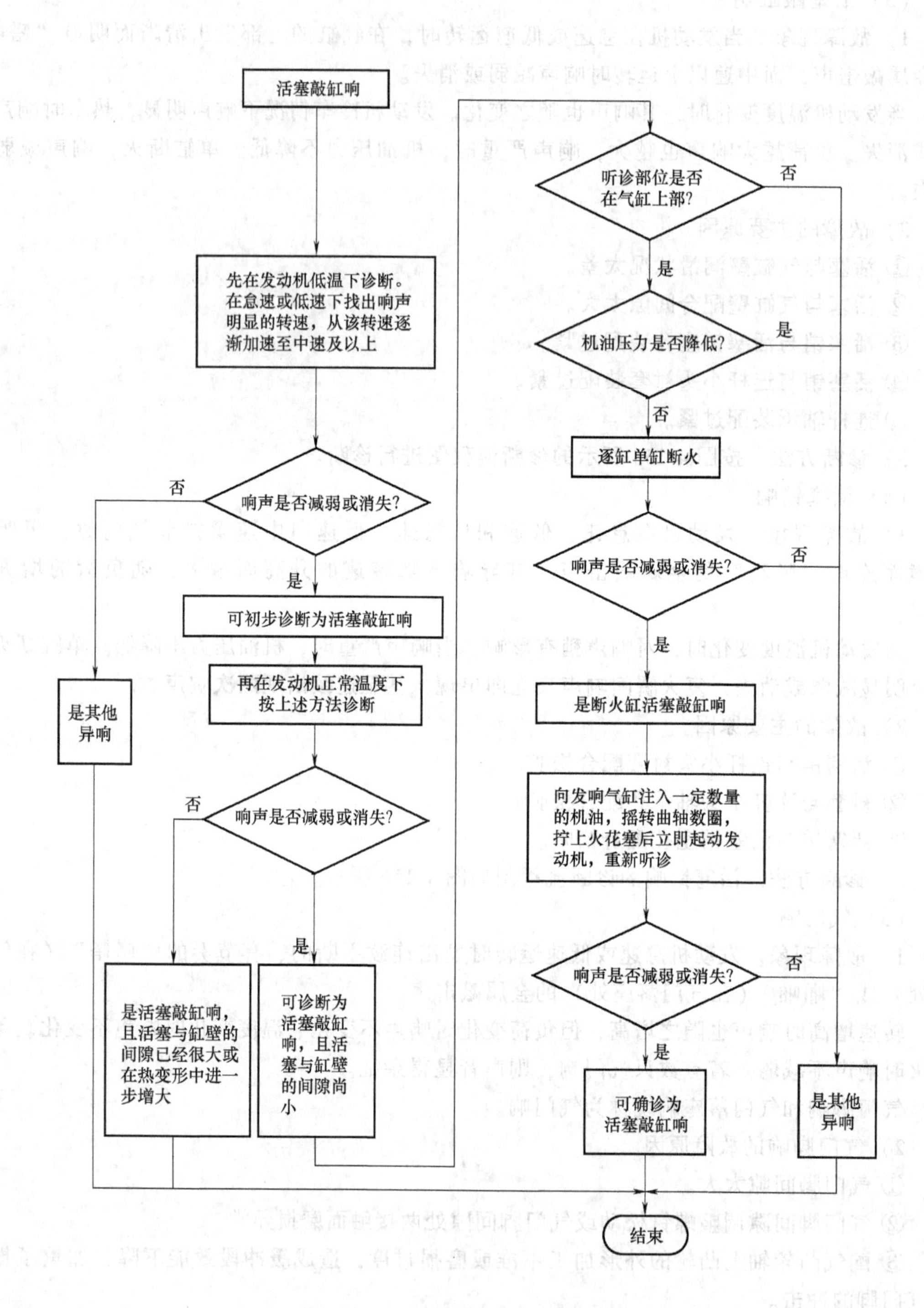

图 4-155 活塞敲缸响的诊断流程图

③ 气门座圈松动。

④ 气门脚间隙太大。

4）诊断方法。按图 4-157 所示的诊断流程图进行诊断。

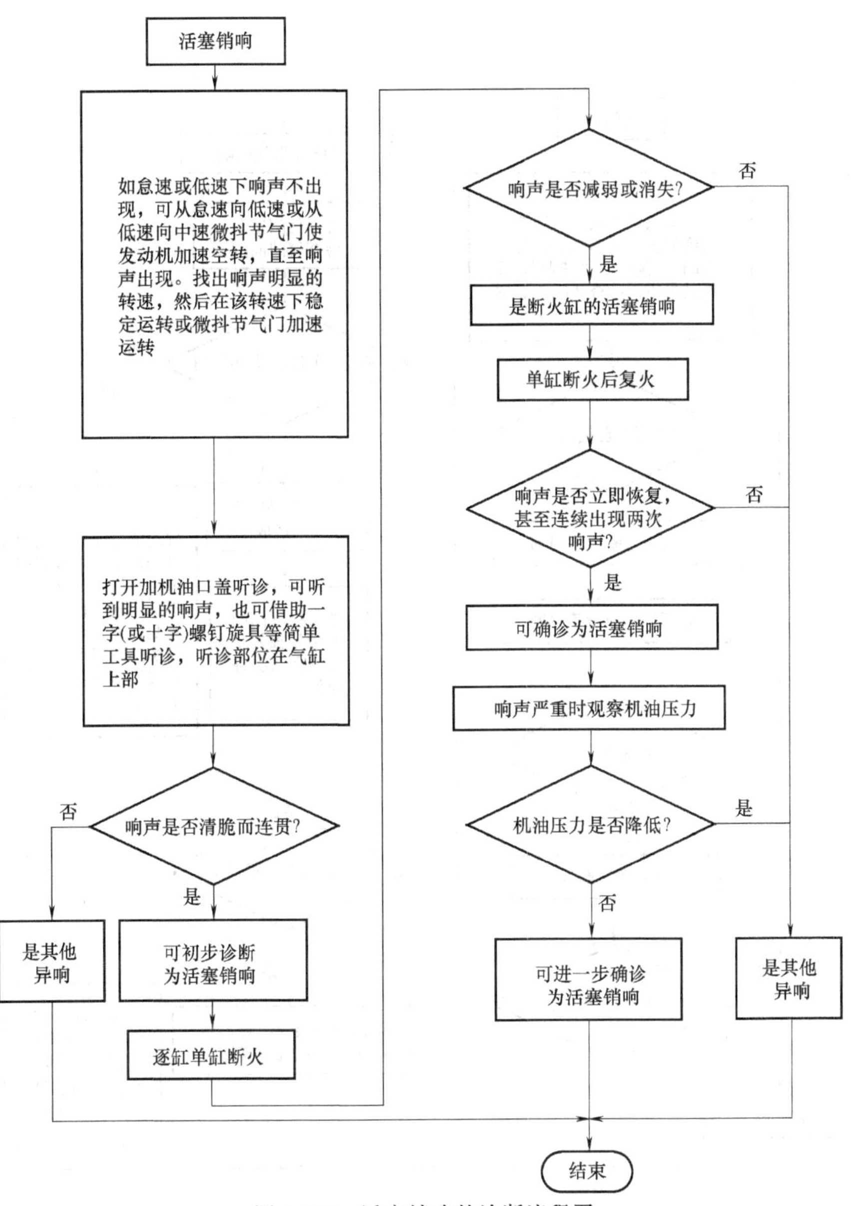

图 4-156 活塞销响的诊断流程图

4.6.2 发动机故障的波形分析

在发动机故障的诊断过程中，波形分析也是常见的诊断方法之一，尤其是在对发动机点火系统、电子控制系统传感器和执行器的诊断中应用较为广泛。

常见的波形术语主要有幅值、频率、脉冲宽度以及占空比等。其含义如图 4-158～图 4-160所示。

1. 波形显示方式与识别

(1) 波形界面显示方式 波形界面常见的有单通道、双通道或四通道波形，如图 4-161 和图 4-162 所示。

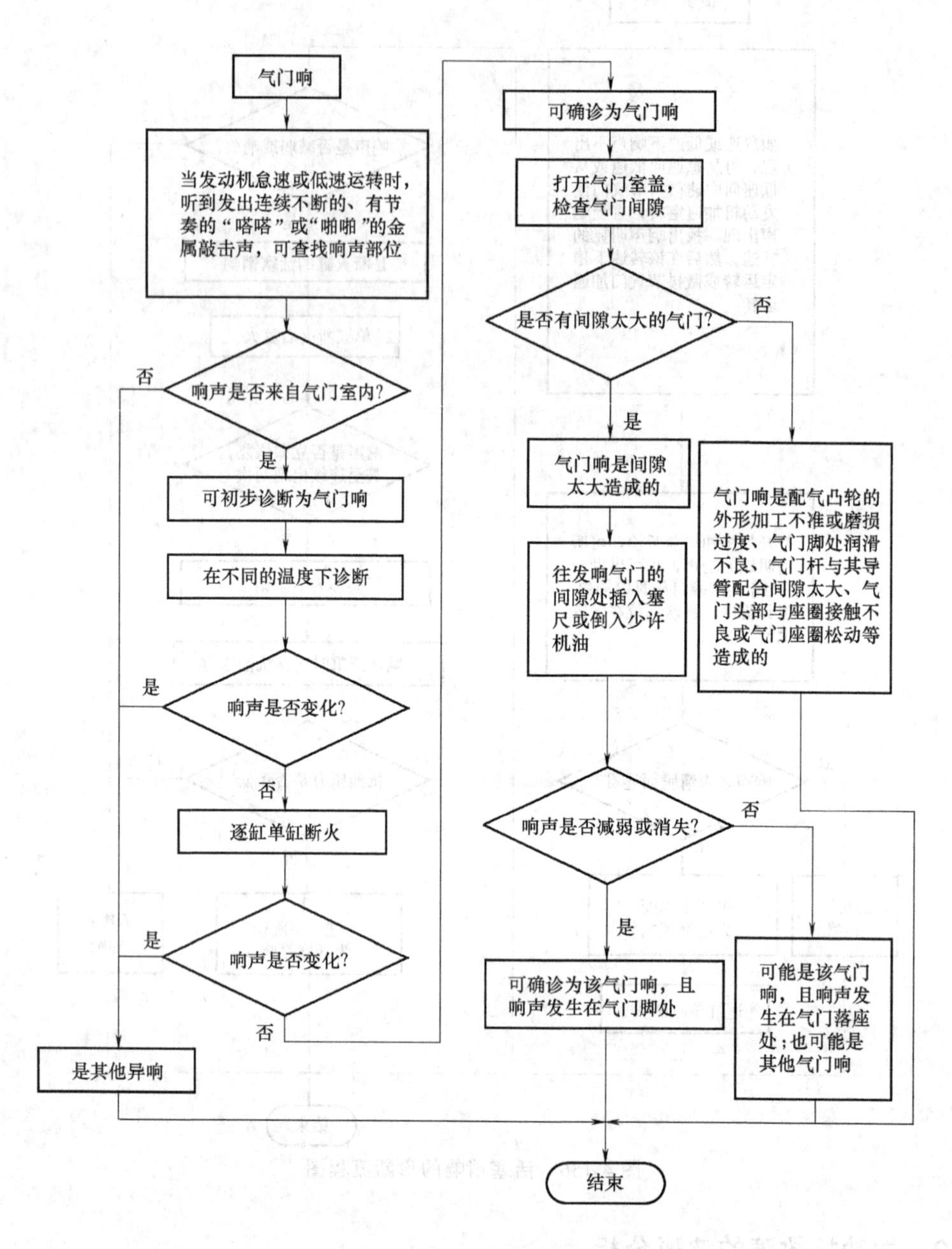

图 4-157　气门响的诊断流程图

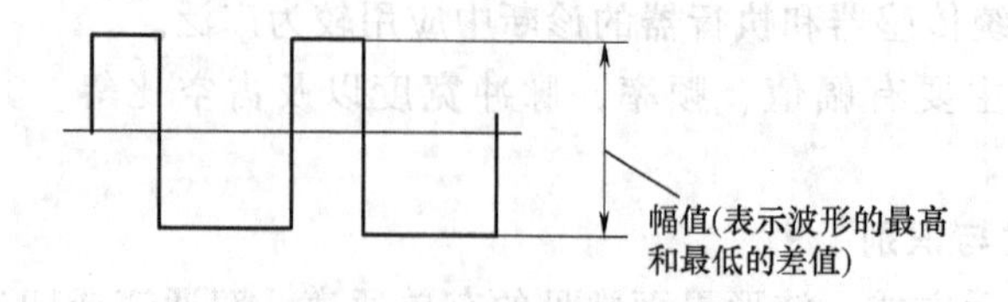

图 4-158　幅值波形示意图

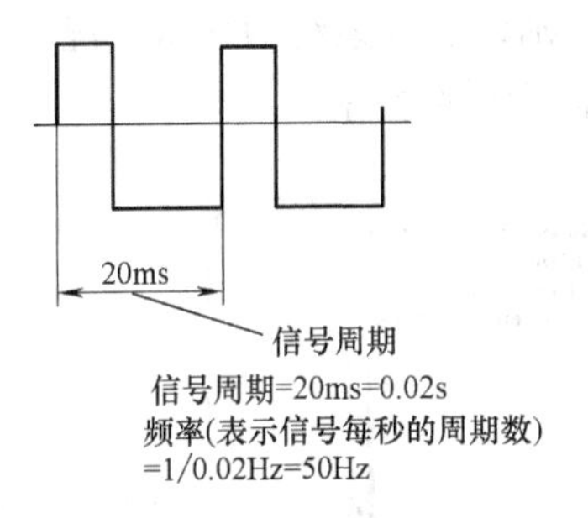

图 4-159 频率波形示意图

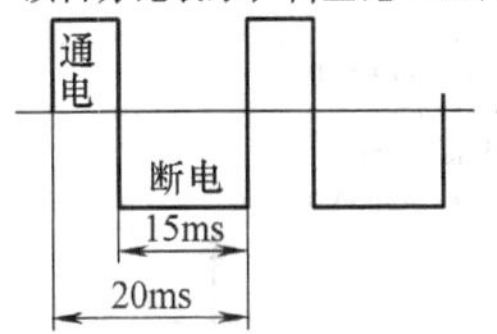

图 4-160 占空比和脉冲信号波形示意图

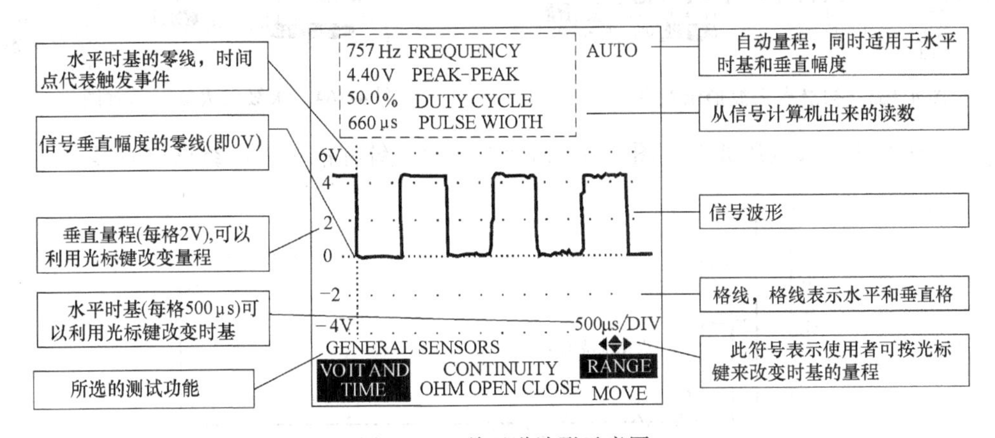

图 4-161 单通道波形示意图

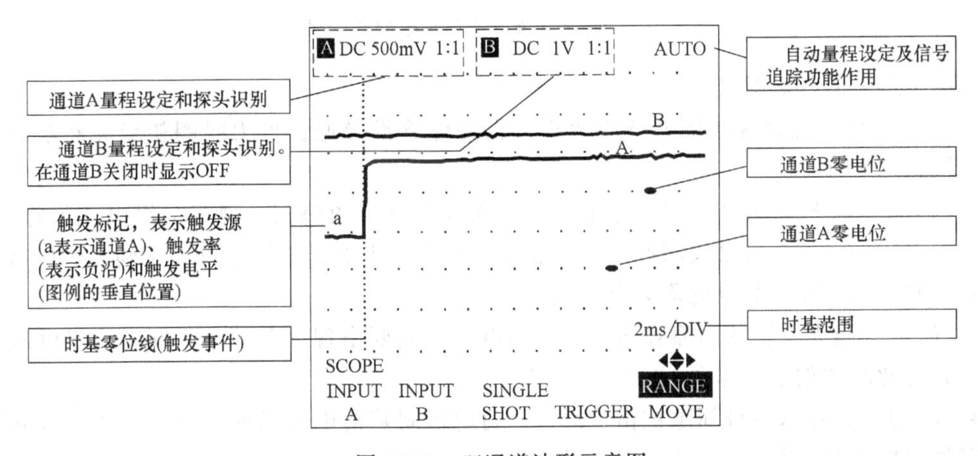

图 4-162 双通道波形示意图

（2）常见波形的识别 常见的波形有点火波形、传感器信号波形和执行器信号波形等。传感器和执行器信号波形前面章节已做了介绍，此处仅以发动机的点火波形分析为例，图 4-163 所示为初级点火波形示意图，图 4-164 所示为次级点火波形示意图。

2. 点火系统的次级电压波形分析法

点火系统的波形诊断方法有初级电压波形分析法和次级电压波形分析法。次级电压波形分析法较为常用，而初级点火波形分析法比较适合于单独点火方式的点火系统。通过将实测的初级、次级电压波形与标准的波形进行对比分析，可以确定点火系统的技术状况，确定故障部位及原因，还能有效地检测出发动机机械部件和燃油系统的故障。

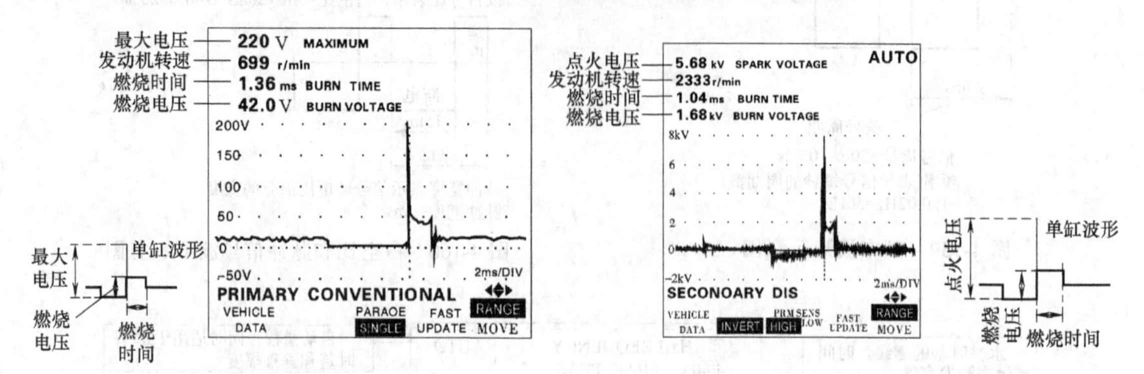

图 4-163　初级点火波形示意图

图 4-164　次级点火波形示意图

（1）标准的次级电压波形　图 4-165 所示为点火系统标准单缸次级点火波形。

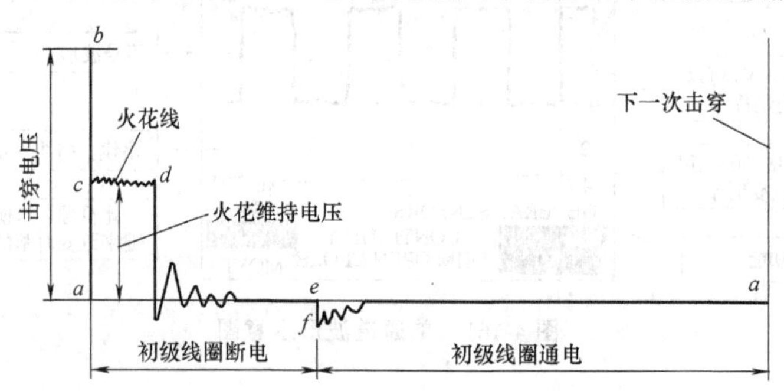

图 4-165　点火系统标准单缸次级点火波形

标准波形上的各点意义如下：

1）*a* 点。断电器的触点断开或点火控制器晶体管没导通，点火线圈初级突然断电，使次级电压急剧上升。

2）*ab* 段。*ab* 段为火花塞的击穿电压，在断电器打开的瞬间，由于初级电流下降至零，磁通也迅速减小，于是次级线圈产生的高压急剧上升，当次级电压还没有达到最大值时，就将火花塞的间隙击穿，所以也称为点火线。

3）*bc* 段。当火花塞的间隙被击穿时，两电极之间要出现火花放电，同时次级电压骤然下降，*bc* 为此时的放电电压。

4）*cd* 段。火花塞电极间隙被击穿后，通过电极间隙的电流迅速增加，致使两极间隙中的可燃气体粒子发生电离，引起火花放电。

cd 的高度表示火花放电的电压，*cd* 的宽度表示火花放电的持续时间，*cd* 被称为火花线。

5）*de* 段。当保持火花塞持续放电的能量消耗完毕，火花消失，点火线圈和电容器中的残余能量在电路中维持一段衰减振荡，这段振荡也叫作第一次振荡。

6）*ef* 段。断电器触点闭合或点火控制器晶体管导通，是点火线圈初级突然闭合，初级电流开始增加，引起次级电压突然增大。

值得注意的是：在 *a* 点，初级电流是急剧减小的，而在 *e* 点电流是逐渐增加的，所以这两点感应次级电压的方向相反，而且大小也不同。

7）*fa* 段。触点闭合后，因初级电流接通而引起回路电压出现衰减振荡，称为第二次振荡。第二次振荡逐渐变化到零，当至 *a* 点时，触点又打开，次级电路又产生点火电压。

整个波形中，从 *a* 点至 *e* 点，对应于初级电流不导通、次级线圈放电阶段，对于传统点火系统为断电器触点张开阶段，即触点打开段；从 *e* 点至 *a* 点对应于初级电流导通，线圈储能阶段，也是传统点火系统的触点闭合时间，即触点闭合段。触点的打开段加上闭合段等于一个完整的点火循环。

（2）点火波形的排列方式　为提高故障诊断速度，发动机综合分析仪和汽车专用示波器一般都具有以下实测点火波形显示方式：

1）多缸平列（陈列）波形。从左至右按点火顺序将所有各缸点火波形首尾相连在同一屏幕上显示的方式，如图 4-166a 所示。主要用于各缸火花塞击穿电压的测量及其一致性初步检查，发现各缸共性问题或找出工作不良的个别缸。

2）多缸并列（阶梯或三维）波形。将各单缸波形之首对齐且从上（前）到下（后）按点火顺序将所有各缸点火波形在同一屏幕上显示的方式，如图 4-166b 所示。主要用于观测各缸闭合角的变化范围，大致观察各缸点火波形。

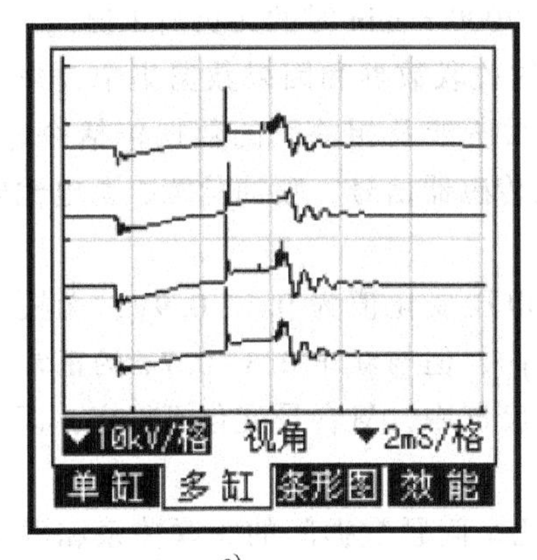

a)

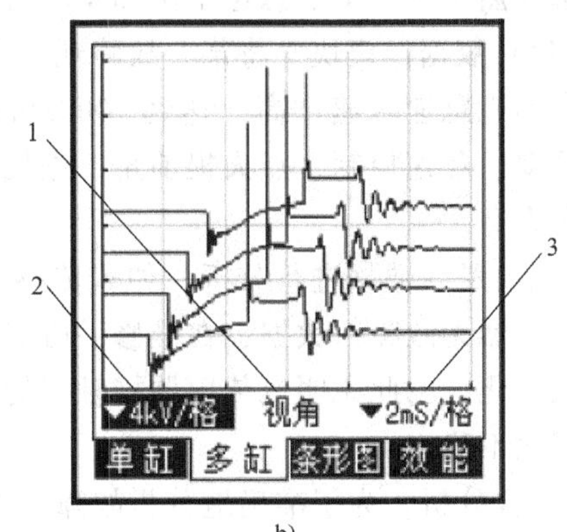

b)

图 4-166　点火系统标准多缸波形

a）多缸平列波形　b）多缸并列波形

1—三维视角设置　2—电压量程　3—时基

3）多缸重叠波形。将各单缸波形之首对齐并重叠在一起且在同一屏幕上显示的方式。主要用于观察各缸闭合角的变化范围。

4）单缸波形。全屏只显示一个单缸波形的方式。一般用于在多缸平列波形或并列波形上发现问题后，对点火系统进行深入分析。

【小提示】

> 需要说明的是：在实际检测诊断中并非每种波形显示方式都要用到，一般先用多缸平列波形或并列波形大致观察各缸情况，若发现个别缸工作不良再用单缸波形进行深入诊断。

（3）实测点火系统次级波形结果分析　图 4-167 所示为某车实测的点火次级电压波形。图中次级电压达到最大值后，没有明显的火花线，紧接着就是衰减振荡，则表明次级电压未能有效击穿火花塞电极间隙。

4.6.3 发动机故障的数据流分析

数据流分析是运用各种测试手段对电控系统各类相关数据进行综合分析的过程。在现代汽车故障诊断过程中，数据流分析是解决汽车疑难故障的方法之一。使用汽车故障诊断仪，可以得到大量的汽车运行数据，使用和分析这些数据，可以分析故障并找到原因。

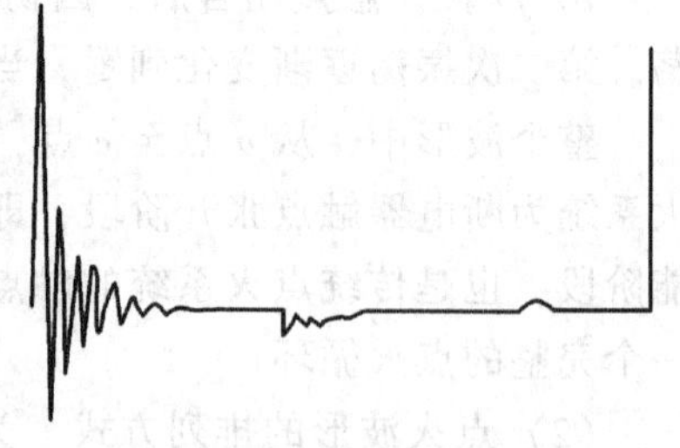

图 4-167 某车实测的点火次级电压波形

1. 数据流分析的步骤

一般数据流分析法的步骤是：当发动机自诊断系统无故障码存在时，可从故障现象入手，通过汽车故障诊断仪获取相关参数数据，根据发动机电子控制系统的结构和工作原理，对相关参数数据进行综合分析，从而确定故障部位和原因。

1）读取发动机数据流。当系统中没有故障码时，利用汽车故障诊断仪读取数据流，测量的数据包括进气量、点火正时、发动机转速、发动机冷却液温度和进气温度等。通常测量工况应选择热车状态下的怠速工况和发动机转速在 2000 r/min 时的无负荷工况。

2）建立数据群模块。将某一故障现象所涉及的关联数据和因果数据集中起来，逐一分析，如发动机怠速转速过高，达到 1000r/min，那么所涉及相关联的数据包括冷却液温度、节气门开度、怠速控制、点火提前角、进气量、氧传感器信号、喷油脉宽、蓄电池电压和燃油系统压力等。

3）找出疑问数据进行分析。如氧传感器信号电压变化值为 0.1~0.9V，无故障码。简单看氧传感器无故障，数据也在维修手册规定范围内，但与新车 0.3~0.7V 的正常值相比却有了很大变化。由此说明氧传感器接触到的发动机废气中，氧含量变化不稳定，即燃烧的混合气空燃比不稳定。

4）综合分析。为了准确地分析故障，需要将几个问题数据间的关联关系和因果关系逐一进行分析，如发动机出现怠速抖动现象，其故障原因分析为：部分燃油不能有效燃烧→发动机怠速抖动→废气中的 HC 值过高→氧传感器信号电压偏低→发动机油耗增加→发动机动力不足→三元催化转化器温度过高→发动机 ECU 记录失火故障。

数据的测量手段是获取数据值的具体途径，数据通常采用 ECU 通信方式进行测量。ECU 通信方式是通过电控系统在 OBD 诊断座 DLC 中的数据通信线将 ECU 的实时数据以串行方式传送给汽车故障诊断仪。在数据中包括故障码的信息、ECU 的实时运行参数、ECU 与汽车故障诊断仪之间的相互控制指令。汽车故障诊断仪在接收到这些信号数据后，按照预定的通信协议将其显示为相应的文字和数码，方便维修人员观察系统当时的运行状态并分析这些内容，发现其中不合理或不正确的信息，进行故障的诊断。汽车故障诊断仪有通用型汽车故障诊断仪和专用型汽车故障诊断仪两种。

2. 数据流分析方法

通过数据测量后，找出可疑数据，依据数据流分析法对其数据进行综合分析。数据流常用分析方法有数值分析法、时间分析法、因果分析法、关联分析法和比较分析法等。

（1）数值分析法　数值分析是对数据的数值变化规律和数值变化范围进行分析。在电控系统运行时，ECU 将以一定的时间间隔不断接收各个传感器的输入信号和向各个执行器发出控制指令，对某些执行器的工作状态还根据相应传感器的反馈信号加以修正。可通过汽车故障诊断仪读取这些信号参数的数值并加以分析。

数值分析主要通过维修手册给出的不同工况下各个传感器输入和执行器输出数值的大小区间来判定是否发生异常，如奥迪 A6 轿车发动机空气流量传感器输出信号在怠速时的数值应该为 2.0~4.0g/s，如果数据流显示在此工况下的实际数值大于或小于规定值域，如实测达到 7.0g/s，则说明空气流量传感器测试数据异常，应该进一步检查空气流量传感器及其电路的状况是否正常。又如某些车型冷却风扇的控制不是采用安装在散热器上的温控开关，而是发动机 ECU 接收冷却液温度传感器的电压信号，判断冷却液的温度变化，当达到规定温度点时，ECU 将控制风扇继电器接通，使风扇工作。如一辆克莱斯勒汽车，发动机冷车起动后不久，冷却风扇就开始工作，但此时凭手感测得冷却液温度只有 40~50℃，由资料查得该车的风扇是由发动机 ECU 控制的，故接上汽车故障诊断仪并没有故障码出现，但在观察冷却液温度数据时发现，ECU 读到的冷却液温度为 115℃。根据该车维修手册内容获知，发动机电动冷却风扇正常的工作点为 102~105℃，停止点为 96~98℃。所以，可以判断 ECU 对风扇的控制电路是能够正常工作的，问题在于 ECU 得到的温度信号不正确，这可能是由于冷却液温度传感器本身、导线插接器或 ECU 本身有故障。经检查发现传感器的阻值不正确，更换新件后一切正常。至于没有故障码，是因为该车在故障码的设定条件中，只规定了断路（信号值一般为-35℃以下）和短路（信号值一般为 120℃以上）两种状态。

又如，发动机系统工作电压在发动机未起动时，其值大约为当时的蓄电池电压，在起动后约等于该车充电系统的电压，通过诊断仪测试蓄电池电压的一组数据后，若出现不正常的数值，表示充电系统或电控系统可能出现故障（因有些车型的充电系统是由发动机 ECU 控制的），有时甚至是 ECU 内部的电源部分出现故障。

采用数值分析法的关键是有被诊断车型的标准数据，将实际检测值和标准数据进行比较，便可以非常直观地判断故障所在。

（2）时间分析法　时间分析是对数据变化的频率和变化周期进行分析。

当 ECU 在分析某些数据参数时，不仅要考虑传感器的数值，而且要判断其响应速度，以获得最佳控制效果。

时间分析法最典型的应用是氧传感器在闭环控制时的数值变化频率。在发动机热车时，氧传感器的输出信号在 0.45V 上下变化次数必须大于 4 次/10s，这是电控燃油喷射反馈控制系统正常工作的数值，可见，氧传感器的信号不仅要求有信号电压的变化，而且在一定时间内信号电压的变化要超过一定次数，当小于此值时，就会产生故障码，表示氧传感器响应过慢。当变化次数并未小于限定值，而已经出现响应迟缓时，不会产生故障码，这时仔细体会，能感到一些故障症状。此时可以接上汽车故障诊断仪观察氧传感器的相关数据流，如奥迪轿车，当氧传感器的响应迟缓时，在 1600~1800r/min 出现转速自动波动（加速踏板不动）约 100~200r/min。这是由于氧传感器响应迟缓，导致空燃比变化过大，造成转速的波动。

（3）因果分析法　因果分析是对相互联系的数据间响应情况和响应速度进行分析。

在各个系统的控制中，许多参数之间是有因果关系的，如 ECU 得到一个输入，肯定要根据此输入给出下一个输出。在认为某个过程有问题时，可以将这些参数连贯起来观察，以判断故障出现在何处。

如一辆丰田凯美瑞轿车慢加速后松加速踏板发动机易熄火，转速下降至400r/min以下。读取数据流时发现：怠速时，节气门位置传感器的怠速开关为“闭合”状态，节气门位置传感器信号电压为0.3V，较标准信号电压0.5V稍微偏低，怠速步进电动机的步数为30步；当踩下加速踏板进行加速时，步进电动机步数从30步下降至2步，怠速开关的状态依然为“闭合”；当发动机转速上升至1800r/min时，怠速开关从“闭合”转为“断开”，此时步进电动机步数从2步迅速上升至50步左右。

这里节气门开度数据、怠速开关状态和步进电动机步数之间具有因果关系：在正常情况下，怠速开关在发动机怠速运转状态下处于“闭合”，一旦踩加速踏板加速，怠速开关便立即由“闭合”转换为“断开”，以向ECU传输发动机脱离怠速状态的信息；正常情况下，当车辆由怠速状态开始加速时，ECU依据怠速开关状态信号控制怠速步进电动机将怠速通道打开，以增大进气量，所以怠速步进电动机步数应该由怠速时的步数提高到50~70步，为车辆的减速做好缓冲准备。

根据以上因果关系及所测的数据流，可以发现：当发动机转速到1800r/min时，怠速开关状态由“闭合”转为“断开”后，步进电动机步数便从2步迅速上升到50步左右，所以在1800r/min以前ECU一直认为车辆是在怠速工况，虽然车辆在加速，但是ECU是以怠速开关信号为准，即进行怠速稳定控制，因此当发动机转速上升时，ECU便发出指令控制怠速步进电动机关小进气量，以促使转速下降，由于踩下加速踏板使节气门有了一定开度，大量气体从主进气道流入气缸，使发动机转速上升，而步进电动机将怠速气道几乎关闭，当继续加速至发动机转速大于1800r/min时，怠速开关打开，ECU认为车辆此时进入加速工况，为满足加速工况的要求，ECU将步进电动机步数增加，加大进气量。

从上述的因果关系分析中不难发现，该车的故障是由于节气门位置传感器固定位置不准确引起的，对节气门位置传感器进行调整，使怠速开关在节气门刚开启时即打开。节气门位置传感器初始信号电压为0.5V之后，故障排除。

（4）关联分析法　关联分析是对互为关联的数据间存在的比例关系和对应关系的分析。

ECU有时对故障的判断是根据几个相关传感器信号的比较，当通过数据检测发现它们之间的关系不合理时，数据值显示该信号不在正常范围内。此时不要轻易断定是该传感器不良，而要根据它们之间的相互关系做进一步检测，以得到正确结论。

如发动机进气压力传感器与节气门位置传感器之间有着相互关联的关系：当节气门开度小时，节气门位置传感器输出信号低，进气真空度就高，进气压力传感器的输出信号电压就低，反之，节气门开度大时，进气真空度就低，进气压力传感器的输出电压就高。这是一组有着关联的数据信号，根据这组数据信号可以判断两个传感器的输出信号是否发出异常。又如汽车车速在90km/h、发动机转速在3000r/min、进气歧管压力在65kPa是准确的，由这三个参数确定的空气流量与空气流量传感器测定值不一致，可判断空气流量传感器工作不正常。

（5）比较分析法　比较分析是对相同车种及系统在相同条件下的相同数据组进行对比分析。

在很多时候，没有足够的技术资料和详尽的标准数据，无法准确地断定某个器件的好坏。此时可与同类型车或同类系统数据加以比较。当然在具体的检修过程中，很多检修人员会使用替换试验进行判断，这也是一种简单的对比法，但在进行时，应注意首先做一个基本诊断，在基本确定故障范围后，再替换被怀疑有问题的器件，不可一上来就换这换那，其结果可能是换了所有的器件，但仍未发现问题。此外，要注意的是用于替换的器件一定要确认是良好的，而不一定是新的，因新的未必是良好的。这是做替换试验的基本准则。

如一辆一汽奥迪 A6 1.8L MT 轿车尾气有异味，轻微冒黑烟，但油耗为 10L 并没有增加，用汽车故障诊断仪 V.A.G 1552 检测到发动机 ECU 中没有故障码。由于该车冒黑烟说明混合气调整超出极限，于是查看与氧传感器有关的数据，01-08-007 组数据在发动机怠速运转时第 1 区和第 2 区数据分别为-25%～-24%和 0.810～0.825V，见表 4-21。

表 4-21 奥迪 A6 1.8L 轿车发动机系统 007 组实测数据（第 1 区和第 2 区）

混合气氧控制(%)	氧传感器电压/V
-25	0.815
-24	0.825
-24	0.805
-25	0.810
-24	0.815

第 1 区为混合气形成控制值，正常为-10%～+10%，且随氧传感器对供油量的修正而稍有波动，该车为-25%，表明发动机 ECU 在减少供油量。第 2 区为氧传感器电压，其值应随混合气的浓稀在 0.2～0.8V 内频繁变化，并且稀混合气电压为 0.2～0.4V，浓混合气电压为 0.6～0.8V。该车氧传感器电压为 0.815V，表示混合气过浓，与冒黑烟的事实相吻合。

电控发动机氧传感器判定为混合气过浓，不减少供油量以形成适宜混合气的原因如下：发动机的喷油时间主要取决于发动机进气量和发动机转速，而氧传感器仅在一定范围内对供油量进行修正。该车在怠速时氧传感器使得供油量减少 25%，已远远超过了-10%～+10%的标准值。由于发动机 ECU 根据氧传感器信号的调节已达到极限，但混合气还是过浓，为此把问题集中到决定供油量的空气流量传感器上，用汽车故障诊断仪 V.A.G 1552 读取 01-08-002 组数据，见表 4-22。

表 4-22 奥迪 A6 1.8L 轿车实测数据和正常车辆数据比较

数据类型	01-08-002 组数据				01-08-003 组数据第 3 区 冷却液温度/℃
	第 1 区 发动机转速 /(r/min)	第 2 区 发动机负荷/ ms	第 3 区 喷油脉宽 ms	第 4 区 进气量/ (g/s)	
故障车 实测数据	830	3.7	3.52	7.8	98
	825	3.6	3.40	7.7	98
正常车 实测数据 1	850	1.63	2.56	3.1	91
	860	1.68	2.58	3.1	91
正常车 实测数据 2	840	1.51	2.82	3.0	95
	820	1.48	2.75	2.9	94
维修后 实测数据	820	1.47	2.74	2.8	98
	835	1.50	2.81	3.0	96

表 4-22 所列 01-08-002 组第 4 区数据的进气量为 7.7~7.8g/s，而在怠速下标准值为 2.0g/s，其值明显偏大；第 2 区为曲轴每转内的理论喷油时间；第 3 区为发动机每工作循环的实际喷油时间。实际喷油时间是在理论喷油时间的基础上经过修正而来的，大约是理论喷油时间的 2 倍，而该车却相差无几。经过和正常车辆的实测数据进行比较分析，证明空气流量传感器信号过大，理论喷油时间较长，而经修正后实际喷油时间明显缩短。但由于修正超过了极限，仍不能形成适宜的混合气。虽然混合气过浓，但油耗还是显示正常。再次读取 01-08-007 组数据，在发动机怠速时，第 1 区和第 2 区为-25.0%和 0.815V，而踩下加速踏板后，其值变为-2.0%~3.7%和 0.2~0.8V，这说明在其他工况下混合气正常。而车辆一般情况下在怠速工况运行时间较短，怠速时混合气过浓，对油耗影响并不大。经过上述分析认为空气流量传感器损坏，更换空气流量传感器后故障排除。

3. 具体车型数据组的数据流分析

下面以奥迪车系发动机 ECU 中部分数据组的数据流分析来说明如何进行数据流分析，见表 4-23 和表 4-24。

表 4-23　奥迪发动机控制单元数据流 002 组数据分析

显示界面	显示内容	显示数值范围	数据分析
02 显示组号的显示界面 Read measuring value block 2 → 800r/min 2.2ms 3.48ms 2.9g/s 1 2 3 4	1—发动机转速	0~6800r/min	正常显示范围
		(800±30)r/min	怠速时的正常范围
		小于 770r/min	①发动机有额外的负荷 ②节气门控制单元卡死或损坏
		大于 830r/min	①怠速开关(F60)没有关上或损坏 ②有较大漏气(可能是没有怠速稳定平衡) ③节气门控制单元卡死或损坏 ④空调装置没有关闭
	2—发动机负荷(曲轴每转喷射持续时间)	1.00~2.50ms	发动机负荷的喷射时间是一个纯计算的理论值 在怠速下的发动机负荷是指发动机克服自身摩擦力和附件驱动装置所需的喷射时间,此喷射时间是基本喷油量,仅与发动机曲轴转速和负荷有关,不包括喷油修正量
		小于 1.00ms	较小的数值仅在超速断油时出现
		大于 2.50ms	①空气流量传感器损坏 ②节气门控制单元损坏 ③转向盘位于左、右极限位置 ④大负荷用电设备工作

（续）

显示界面	显示内容	显示数值范围	数据分析
02 显示组号的显示界面 Read measuring value block 2 → 800r/min 2.2ms 3.48ms 2.9g/s 1 2 3 4	3—发动机负荷（曲轴每工作循环喷射持续时间）	2.00~5.00ms	怠速时，正常显示范围 喷油脉宽是指发动机完成一个工作循环，即曲轴转2圈得出的喷油时间。显示区域3喷油脉宽的值不是显示区域2发动机负荷的2倍，而是一个经修正过的实际喷油时间。其影响因素如下： ①氧调节 ②活性炭罐的混合气浓度 ③空气温度与密度 ④蓄电池电压 如果发动机吸入未被计量的空气，则在显示区域2发动机负荷中的计算值会变化，每个工作循环的实际喷油时间将通过调节保持在允许值上
		小于2.00ms（怠速时）	①来自活性炭罐系统高的燃油量 ②带较大流量的喷油器故障
		大于5.00ms（怠速时）	电器设备、空调设备、自动变速器档位选择及动力转向泵在极限位置等引起的发动机负荷加大
	4—吸入空气流量	(2.0~4.0)g/s	怠速时，正常显示数值 在节气门控制部件故障引起的紧急运行状态下，发动机以高怠速运转，此时进气量显示为4.5 ~5.5g/s 如果发动机控制单元识别出空气质量传感器有故障，则将节气门电位计的替代值(g/s)显示出来
		小于2.0g/s（怠速时）	在进气歧管和空气质量传感器之间的大量未计量空气量
		大于4.0g/s（怠速时）	①自动变速器档位选择 ②发动机由于辅助设备而增加负荷

表4-24 奥迪发动机控制单元数据流003组数据分析

显示界面	显示内容	显示数值范围	数据分析
03 显示组号的显示界面 Read measuring value block 3 → 800r/min 14.000V 93.6℃ 39.1℃ 1 2 3 4	1—发动机转速	0~6800r/min	正常显示范围
		(800±30)r/min	怠速时的正常范围
		小于770r/min	①发动机有额外的负荷 ②节气门控制单元卡死或损坏
		大于830r/min	①怠速开关(F60)没有关上或损坏 ②有较大漏气（可能是没有怠速稳定平衡） ③节气门控制单元卡死或损坏 ④空调装置没有关闭

（续）

显示界面	显示内容	显示数值范围	数据分析
03 显示组号的显示界面 Read measuring value block 3 → 800r/min 14.000V 93.6℃ 39.1℃ 1 2 3 4	2—蓄电池电压	10.00~14.50V	正常显示范围 发动机控制系统中没有专门的传感器来测量蓄电池的电压，而是ECU根据某些电源提供电路中的参数计算出蓄电池电压，蓄电池电压参数是ECU自检的重要内容，如果蓄电池电压过低或过高，ECU都将改变运行模式或变更某些功能 例如：蓄电池电压低于最小规定值，ECU将提高怠速，以便加大充电量，这将影响怠速控制、燃油计量和点火时间的参数读值
		小于10.00V	①发动机故障，蓄电池耗电太快 ②蓄电池起动后不久，由于大电流或用电设备负载太大 ③发动机控制单元的电流供给和搭铁线接触不良 ④当点火开关关闭时，蓄电池漏电
		大于14.50V	①交流发电机上的电压调节器故障 ②由于突然起动或快充电设备而产生过电压
	3—冷却液温度	80~105℃	正常显示数值范围
		小于80℃	①发动机过冷 ②冷却液温度传感器同发动机控制单元的导线连接
		大于105℃	①发动机冷却系统的散热器受污染 ②冷却风扇不工作 ③节温器故障 ④冷却液温度传感器同发动机控制单元的导线连接
	4—进气温度	环境温度~90℃	正常显示数值范围
		恒定19.5℃	①识别出进气温度传感器（G42）故障 ②进气温度传感器（G42）的导线连接故障

4.7 发动机的装配、磨合与评定

4.7.1 发动机的装配

发动机的装配是把已修好的零件（或新件）、组合件和辅件（总成）按一定的工艺顺序和技术要求装合成一台完整的发动机。

发动机的装配质量将直接影响发动机的修理质量，影响发动机的动力性、经济性和可靠性。为确保发动机的装配质量，必须根据一定的原则，按照一定的要求进行发动机的装配。

1. 发动机装配的一般原则

发动机装配应贯彻边清洁、边检查、边润滑、边调整和边组装的原则。

1）清洁是指在零件安装前应清洗和擦拭干净，避免在装配过程中将外部的硬质颗粒带入配合面，加剧工作时的磨料磨损；同时通过清洗，确保润滑油道的畅通。

2）检查是指在安装重要配合副之前，应检查其配合间隙，装配过程中的检验是对各种零件和组合件进行检查的最后一次机会，任何装配过程中的疏忽大意均有可能造成发动机早期故障或缩短发动机工作寿命。另外更为重要的是，零件修理过程中着重于某一配合副配合关系的恢复。当几个零件串联安装时，在各配合副配合关系满足技术要求的情况下，它们的累计误差有可能达不到技术要求，而且这一累计误差情况也只能在组装过程中才能测量。

3）润滑是指在安装前在动配合副零件的工作表面必须涂上机油，保证在发动机总装完成开始试验时，各配合副之间就有一定的润滑，避免干摩擦的发生。

4）调整主要是针对检查过程中发现的问题进行的。

2. 发动机装配的注意事项

1）装配前，所有零部件和总成均应经过检验或试验，确保质量。

2）装配前，所有零部件、总成、润滑油路及工具、工作台等应彻底清洗，并用压缩空气吹干。

3）装配前，检查全部螺栓和螺母，不符合要求的应更换；气缸垫、衬垫、开口销、锁片、锁紧钢丝和垫圈等在大修时应全部更换。

4）不可互换的零部件，如各缸活塞连杆组、轴承盖和气门等，应按相应位置和方向装配，不得装错。

5）各配合件的配合应符合技术要求，如气缸活塞间隙、轴瓦轴颈间隙、曲轴轴向间隙和气门间隙等。

6）有关部件间的装配关系务必正确，工作协调无干涉，如配气相位、供油提前角和点火时刻等必须准确无误。

7）发动机上的重要螺栓和螺母，如缸盖螺母、连杆螺栓和飞轮螺栓等，必须按规定扭矩依次拧紧，必要时还应加以锁定。

8）各相对运动的配合表面，装配时应涂上清洁的润滑油。

9）保证各密封部位的严密性，无漏油、漏水和漏气现象。

【小提示】

> 应当注意：大部分的发动机上有许多重要的螺栓采用的是塑性变形扭力螺栓。
>
> 所谓“塑性变形扭力螺栓”就是把螺栓按规定的初扭矩拧紧之后，将螺栓相对连接件再拧转一个规定的角度，使螺栓产生一个规定的变形，并且使螺栓具有一定的预应力，起到自锁防松的目的。

4.7.2　发动机的磨合

大修的发动机组装后，为改善零件摩擦表面质量和性能，检验维修质量而进行的运转过程称为磨合。总成磨合是总成从修理装配状态转入工作状态的过渡，磨合质量对总成修理质量和大修间隔里程有着重大的影响，是修理工艺过程的一个重要工序。

因此，大修的发动机必须进行磨合。

1. 发动机磨合的目的

(1) 形成适应工作条件的配合性质

1) 扩大配合表面的实际接触面积。新修理的发动机各摩擦副的零件多为新加工或换用的新件，摩擦副工作表面比较粗糙，实际接触面积小，如果直接投入使用，微观接触面在高应力、高摩擦热作用下就容易产生塑性变形和黏着磨损。摩擦副工作面经过合理的磨损处理，使实际接触面积不断扩大，可在短期内形成适应正常工作条件的配合表面，保证发动机在额定载荷下的正常工作，延长发动机使用寿命。

2) 改善零件表面粗糙度。零件加工的表面粗糙度与工作条件的要求差距甚大，只有在磨合中才能形成适应工作条件的表面粗糙度。

3) 消除在加工和装配过程中的误差。零件在加工和装配过程中都存在误差，使零件不能很好地工作。通过合理的磨合处理，予以修正。

4) 改善配合性质。磨合磨损不仅形成了适应工作条件的实际接触面积和表面粗糙度，而且修正了零件工作表面的几何形状，使配合间隙增大到适应正常工作条件的配合间隙，改善了机油的泵送性能，改善了配合副的润滑效能。

(2) 提高发动机的可靠性与耐久性　金属在低于或接近于疲劳极限时，磨合一定的时间，实现“次负荷锻炼”，可以明显提高金属零件的抗疲劳能力，从而提高机械的可靠性与耐久性。

(3) 全面检查发动机修理质量　通过磨合及时发现并排除故障，以提高发动机工作的可靠性。

2. 发动机磨合的规范

发动机的磨合必须按照技术规范进行，磨合技术规范的主要内容是磨合时发动机的转速、负荷、在某一转速和负荷下的运行时间及机油性能。发动机的磨合常分为冷磨合和热磨合两个过程。

(1) 发动机的冷磨合　冷磨合是用其他动力带动发动机以不同的转速运转，进行磨合的过程。

冷磨合主要是对气缸、活塞环和曲轴轴承等主要配合表面的磨合，一般在专用设备上进行。发动机冷磨合的规范及注意事项如下：

1) 发动机冷磨合时需拆除汽油机的火花塞或柴油机的喷油器。

2) 在冷磨合过程中，通常用20号机械油作为机油。

3) 发动机冷磨合的起始转速一般为400~600r/min，然后以200~400r/min的级差逐级增加转速，冷磨合终了转速一般为1000~1200r/min。冷磨合的总时间一般为1.5~2h，具体的磨合时间应根据零件加工质量和装配情况确定。

4) 冷磨合时冷却液一般不要循环（拆除水泵传动带，使水泵不转动），冷却液温度最好控制在70℃左右，若冷却液温度达到90℃时应及时使用风扇冷却。

5) 冷磨合时注意检查机油压力是否正常，发现异常现象，应立即停机检查，排除故障后才能继续磨合。

6) 检查各机件工作情况是否正常，若有漏水、漏油或摩擦副表面附近过热、有异响等现象，应及时查找原因，予以排除。

7）冷磨合后应将发动机进行部分分解，检查活塞、活塞环或气缸内壁的接触情况，各轴承与轴颈的磨合是否正常。然后排除发现的故障，并将拆检的机件清洗干净，按规定标准装合拆检的发动机。

（2）发动机的热磨合　热磨合是以发动机本身产生的动力进行磨合的过程。发动机经冷磨合后，装上发动机的全部附件，起动发动机，利用发动机本身产生的动力进行热磨合。

热磨合又可分为无负荷热磨合和有负荷热磨合两个阶段。

1）无负荷热磨合。无负荷热磨合的目的除进一步磨合外，还要对发动机的油、电路进行必要的检查和调整，排除故障。其磨合规范及注意事项如下：

① 采用该发动机冬季用机油。

② 按规定程序起动发动机，在空载情况下，以规定转速600~1000 r/min运转1h。

③ 调整润滑系统、燃料系统、冷却系统和点火正时等，使其符合标准和达到最佳状态。

④ 检查机油压力是否正常，否则应立即停机排除故障。

⑤ 检查发动机的冷却液温度和机油温度是否正常，否则应检查排除。

⑥ 若发现异响，特别是当发动机运转阻力增大时，应立即停机检查，及时排除故障。

⑦ 当发动机热磨合时，各部位应无漏水、漏油、漏气和漏电等现象，否则应查找原因并排除。

2）有负荷热磨合。所谓有负荷热磨合就是用试验台的加载装置对发动机加载增速进行磨合。一般增加的载荷约为发动机额定负荷的10%~15%。有负荷热磨合的目的是进一步改善摩擦副工作表面的微观不平度，检验新修发动机的功率恢复情况。进行有负荷热磨合时的注意事项如下：

① 观察冷却液温度、油压和油温应符合原厂规定。

② 发动机在各种工况（负荷）下应运转平稳、无异响。发现故障及时排除。

③ 及时调整点火提前角至最佳值。

发动机热磨合结束之后，还必须拆检主要机件。检查气缸压力（或真空度）应符合大修规定；抽出活塞连杆组，检查气缸有无拉伤和偏磨；检查活塞裙部的接触面是否磨合正常，活塞环的外表面与气缸的磨合痕迹应不小于外表面积的90%，环的开口间隙不大于装配间隙的25%；检查主轴承和连杆轴承的磨合情况；拆除凸轮轴，检查轴承、凸轮及挺杆等各摩擦副的配合情况。经过检查，若发现不正常的现象，应进行排除，必要时重新磨合。

随着发动机配件质量的提高和零件修复工作量的减少，发动机冷磨合在实际修理工作中的应用日趋减少。当前许多轿车发动机在装配后可直接进行无负荷热磨合和热试验。在进行热磨合和热试验前及其过程中，应进行点火正时和怠速转速的检查和调整，查听有无不正常的撞击声和漏电、漏水现象，检查各仪表的工作是否正常，如发现问题应及时停机检查。如无问题，应根据磨合情况适当调整转速，并进行短时中、高速试验，热磨合和热试验一般应进行2~3h。发动机热试验后应能达到验收要求。达到验收要求的发动机热磨合和热试验后可直接装车使用。

4.7.3 发动机修理竣工质量的评定

大修的发动机经磨合调整后，需进行发动机的验收。根据GB/T 15746—2011《汽车修理质量检查评定方法》，汽车发动机修理竣工质量的评定应包括发动机外观及装备检查，起动性能、运转性能检查，动力性、经济性、排放性能检测等。主要评定项目及技术要求见表4-25。

表 4-25 汽车发动机修理竣工质量评定的项目及技术要求

序号	评定项目	技术要求
1	发动机外观及装备	
1-1	外观	发动机的外观应整洁、无油污，各部无漏油、漏水、漏气和漏电现象
1-2	装备	发动机装备应齐全、有效
1-3	机油（润滑脂）及冷却液	发动机应按原设计规定加注机油、润滑脂及冷却液
2	起动性能	
2-1	冷机起动	当汽油发动机在环境温度不低于-5℃，柴油发动机在环境温度不低于5℃时，应能顺利起动。允许起动3次，每次不超过5s
2-2	热机起动	在正常工作温度下，发动机应能在5s内一次顺利起动
3	发动机运转状况	
3-1	怠速运转性能	从起动后到正常工作温度，发动机怠速应运转稳定，其怠速转速应符合原设计规定
3-2	运转状况	发动机在各种工况下应运转稳定，改变工况时应过渡圆滑
3-3	加速或减速	发动机在急加速或减速时，不应有突爆声
3-4	异响	发动机在正常工况下运转时，不应有异常响声
4	进气歧管真空度	在正常工作温度和标准状态下，发动机怠速运转时，进气歧管真空度应符合原设计规定；其波动范围：6缸汽油发动机一般不超过3kPa，4缸汽油发动机一般不超过5kPa
5*	气缸压缩压力	在正常工作温度下，气缸压缩压力应符合原设计规定；其压力差汽油机应不超过各缸平均压力的5%，柴油机应不超过8%
6	机油压力	正常工作温度和规定转速下，机油压力应符合原设计要求
7	紧急停机装置	柴油发动机紧急停机装置应可靠有效
8	额定功率	应符合GB/T 3799.1—2005和GB/T 3799.2—2005的要求，即在标准状态下，发动机额定功率不得低于原设计标定值的90%
9	额定转矩	应符合GB/T 3799.1—2005和GB/T 3799.2—2005的要求，即在标准状态下，发动机额定转矩不得低于原设计标定值的90%
10	额定消耗量	发动机最低燃料消耗率不应大于原设计标定值的105%
11*	排放性能	发动机排放装置齐全有效，车载诊断系统（OBD）应工作正常，排气污染物排放应符合国家标准的规定

注：序号中标“*”为关键项，其余为一般项。

【本章小结】

本章主要介绍了发动机曲柄连杆机构和配气机构的基本组成、常见故障的诊断、气缸密封性能的检测、曲柄连杆机构和配气机构主要零部件的检修；主要介绍了汽油发动机电控系统的使用与维护、常见故障的诊断、汽油发动机电控系统的检修、燃油供给系统的油压检测；简要介绍了柴油发动机电控系统的组成及工作原理、常见故障的诊断、柴油发动机电控系统的检修；介绍了发动机冷却系统的组成及工作原理、常见故障的诊断；介绍了冷却系统的维护、主要零部件的检修；介绍了发动机润滑系统的组成及工作原理、常见故障的诊断；主要介绍了发动机异响的类型及诊断、发动机故障的波形分析法、发动机故障的数据流分析法；简要介绍了发动机的装配和磨合，介绍了发动机修理竣工质量的评定标准。

思 考 题

1. 曲柄连杆机构和配气机构的常见故障有哪些？试述其故障现象、故障原因及处理方法、诊断流程。

2. 简述气缸密封性能的诊断方法有哪些？

3. 如何利用气缸压力表检测气缸压缩压力？如何依据检测结果分析其发动机性能？

4. 如何进行进气歧管真空度检测？如何依据检测结果分析发动机性能？

5. 气缸磨损的特征是什么？导致不均匀磨损的原因有哪些？

6. 如何进行气缸磨损的检测？如何确定其修理尺寸？如何进行气缸的镶套？

7. 发动机的活塞和活塞环如何进行选配？

8. 如何对连杆变形进行检测？如何校正？

9. 如何对气门座进行修复和镶换？

10. 叙述发动机电控系统故障自诊断系统的功能，阐述其工作原理。

11. 汽油发动机电控系统的常见故障有哪些？试述其故障现象、故障主要原因及处理方法、故障诊断流程。

12. 汽油发动机电控系统的传感器如何进行检修？试列举2~3个主要传感器进行详细说明。

13. 汽油发动机电控系统的执行器如何进行检修？试列举1~2个主要执行器进行详细说明。

14. 叙述燃油供给系统的油压测试条件。如何进行燃油系统的油压测试？结合检测结果如何分析燃油供给系统的密封性能？

15. 发动机润滑系统的常见故障有哪些？试述其故障现象、故障主要原因及处理方法、故障诊断流程。

16. 简述发动机润滑系统中润滑油的使用注意事项。如何进行润滑油、机油滤清器的检查和更换？

17. 如何检修润滑系统的机油泵？

18. 发动机冷却系统的常见故障有哪些？试述其故障现象、故障主要原因及处理方法、故障诊断流程。

19. 发动机冷却系统的维护作业有哪些？如何进行维护？

20. 发动机异响的类型有哪些？其影响因素有哪些？

21. 叙述发动机故障的波形显示方式与识别。

22. 叙述数据流分析的步骤以及方法。

23. 简述发动机磨合的目的及规范。

24. 叙述汽车发动机修理竣工质量评定的项目及技术要求。

第5章 汽车底盘的诊断与维修

【本章教学要点】

知识要点	掌握程度	相关知识
传动系统的组成、故障诊断和维修	掌握传动系统的组成,掌握典型故障诊断和重要部件的检测维修方法	传动系统各部件工作原理和典型故障的成因分析
行驶系统的组成、故障诊断和维修	掌握行驶系统的组成,掌握典型故障诊断和重要部件的检测维修方法	行驶系统的组成、车轮定位和典型故障的成因分析
转向系统的组成、故障诊断和维修	掌握转向系统的组成,掌握典型故障诊断和重要部件的检测维修方法	转向系统的组成和典型故障的成因分析
制动系统的组成、故障诊断和维修	掌握制动系统的组成,掌握典型故障诊断和重要部件的检测维修方法	制动系统的组成和典型故障的成因分析

【导入案例】

一辆累计行驶3万km的福特福克斯自动档轿车，行驶过程中底盘异响，车速在中高速时明显，低速不响，而左右转弯变道时异响忽高忽低。没有故障码。异响部位在发动机舱附近。

根据经验，底盘异响的主要原因如下：

1）齿轮或花键缺少润滑或啮合间隙不对。

2）轴承缺少润滑或者磨损。

3）万向节磨损。

4）杆系球铰处磨损或者缺少润滑。

5）故障可能发生在传动系统，也可能发生在行驶系统。

那么上述故障到底发生在什么部位呢？原因是什么呢？

汽车底盘是汽车装配与行驶的主体，其作用是支承、安装发动机、车身等其他总成与部件，形成汽车的整体造型，并接受发动机输出的动力，使汽车产生运动且保证汽车正常行驶。

汽车底盘由传动系统、行驶系统、转向系统和制动系统四部分组成。

汽车底盘的故障包括动力性故障、操纵稳定性故障、制动性故障和舒适性不良故障，故障原因包括机件磨损老化、机件异响和装配调整不当等。

5.1 传动系统的诊断与维修

5.1.1 概述

汽车传动系统包括机械式传动系统、液力机械式传动系统、静液式传动系统和电力式传动系统四种类型。非工程机械使用的有机械式、液力机械式和电力式（电动汽车）。机械式传动系统由离合器、变速器、分动器（多轴驱动）、传动轴和万向节、主减速器、差速器和半轴等部件组成，液力机械式传动系统用液力变矩器代替离合器，使用自动变速器代替手动变速器。图 5-1 所示为机械式传动系统组成和传动路线的示意图。

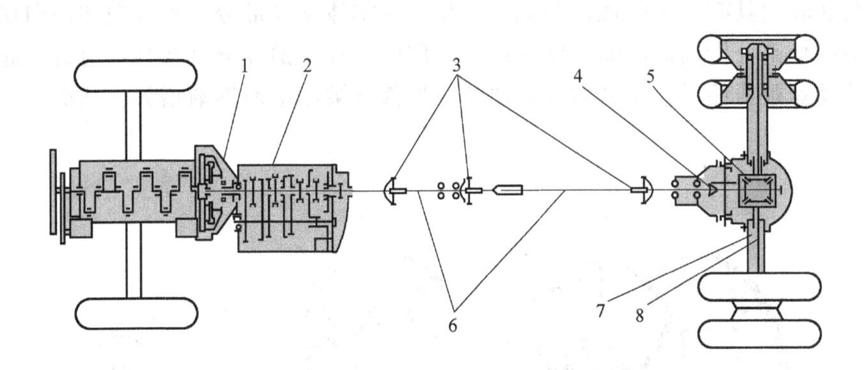

图 5-1 机械式传动系统组成和传动路线的示意图

1—离合器 2—变速器 3—万向节 4—主减速器 5—差速器 6—传动轴 7—桥壳 8—半轴

5.1.2 离合器的故障诊断与检修

离合器位于发动机飞轮和变速器之间，用于将发动机动力传给后面的变速器等传动系统部件，如图 5-2 所示，其功用为平顺接合动力，保证汽车平稳起步；临时切断动力，保证换档时工作平顺；防止传动系统过载。

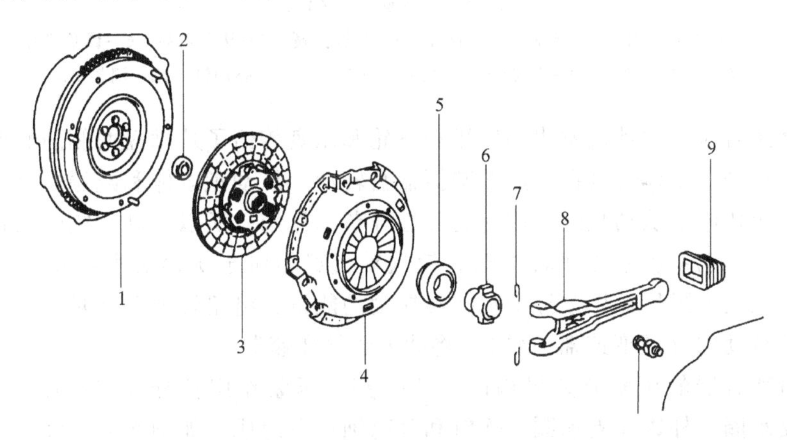

图 5-2 膜片弹簧离合器

1—飞轮 2—导向轴承 3—离合器片 4—离合器盖 5—分离轴承 6—放松套圈 7—线夹 8—分离叉 9—罩套

离合器的常见故障部位主要有飞轮与从动盘接触面、从动盘、压盘、膜片弹簧（或分离杠杆）、分离叉、分离套筒和工作行程等。

离合器的常见故障主要包括离合器打滑、离合器分离不彻底、离合器接合不稳和离合器异响。

1. 离合器的组成

离合器由主动部分、从动部分、压紧机构和操纵机构组成。

离合器主动部分由飞轮、离合器盖和压盘构成。压盘是离合器的主动部件，始终随飞轮旋转，通常可以通过凸台、键或销传动，使其与飞轮一同旋转，同时压盘又可以相对飞轮向后移动，使离合器分离。

从动部分包括从动盘和从动轴。从动盘的结构如图 5-3 所示。为了使离合器接合柔和，需要从动盘在轴向具有一定弹性。为此，在从动盘本体圆周部分，沿径向和周向切槽，再将分割形呈的扇形部分沿周向翘曲呈波浪形，两侧的两片摩擦片分别与其对应的凸起部分相铆接，这样从动盘被压缩时，压紧力随翘曲的扇形部分被压平而逐渐增大，从而达到接合柔和的效果。

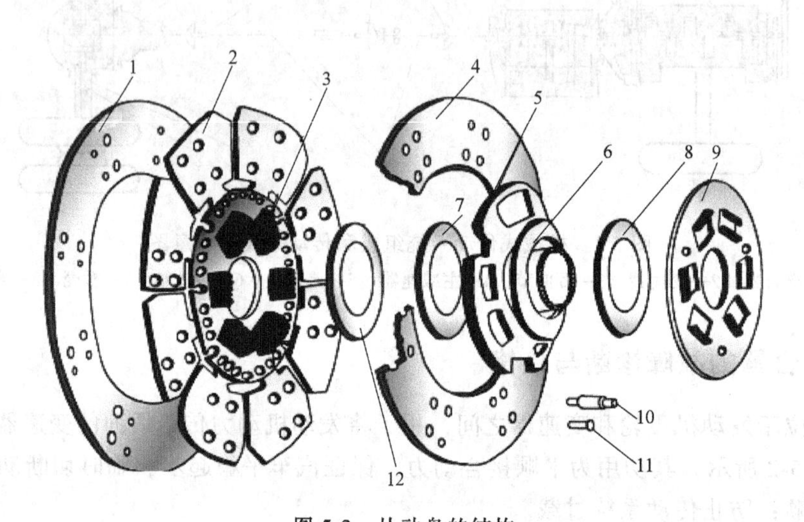

图 5-3 从动盘的结构

1、4—摩擦衬片 2—波浪形弹簧钢片 3—减振弹簧 5—从动盘毂 6—调整垫片
7、8—摩擦垫圈 9—减振器盘 10—支承销 11—空心铆钉 12—调整垫圈

当离合器接合时，发动机发出的转矩经飞轮和压盘传给了从动盘两侧的摩擦片，带动从动盘本体和与从动盘本体铆接在一起的减振器盘转动。从动盘本体和减振器盘又通过六个减振器弹簧把转矩传给了从动盘毂。因为有弹性环节的作用，所以传动系统受的转动冲击可以在此得到缓和。传动系统中的扭转振动会使从动盘毂相对于从动盘本体和减振器盘来回转动，夹在它们之间的阻尼片靠摩擦消耗扭转振动的能量，将扭转振动衰减下来。从动盘毂有内花键，驱动从动轴（即变速器一轴），将动力传给变速器。

膜片弹簧离合器的压紧分离机构由膜片弹簧（压紧作用及分离杠杆作用）、分离弹簧钩、内钢丝支承圈、外钢丝支承圈、铆钉和分离轴承等组成，如图 5-4 所示。

膜片弹簧为碟形，其上开有若干个径向开口，形成若干个弹性杠杆。弹簧中部有钢丝支承圈，用铆钉将其安装在离合器盖上。当用螺栓将离合器盖固定到飞轮上时，离合器盖通过后钢丝支承圈把膜片弹簧中部向前移动了一段距离。由于膜片弹簧外端位置没有变化，所以膜片弹簧被压缩变形。膜片弹簧外缘通过压盘把从动盘压靠在飞轮后端面上，这时离合器为接合状态。在分离离合器时，分离轴承前移，膜片弹簧将以前钢丝支承圈为支点，其外缘向后移动，在分离弹簧钩的作用下，压盘离开从动盘后移，离合器就变为分离状态了。

离合器操纵机构是驾驶人借以使离合器分离，而后又使之柔和接合的一套机构。操纵机构包括离合器踏板、分离拉杆、分离叉、分离套筒、分离轴承和分离杠杆。按照分离离合器

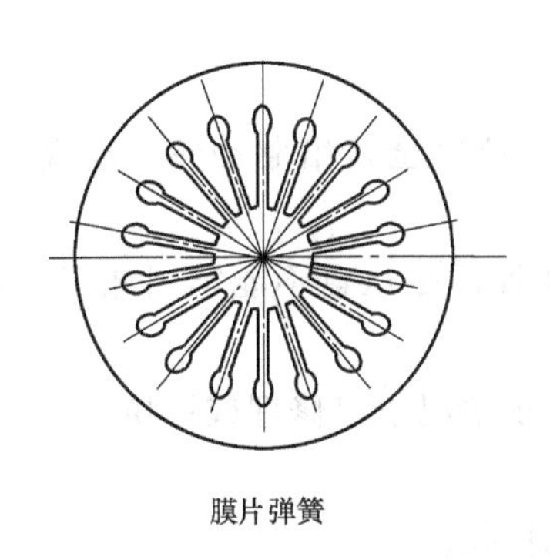

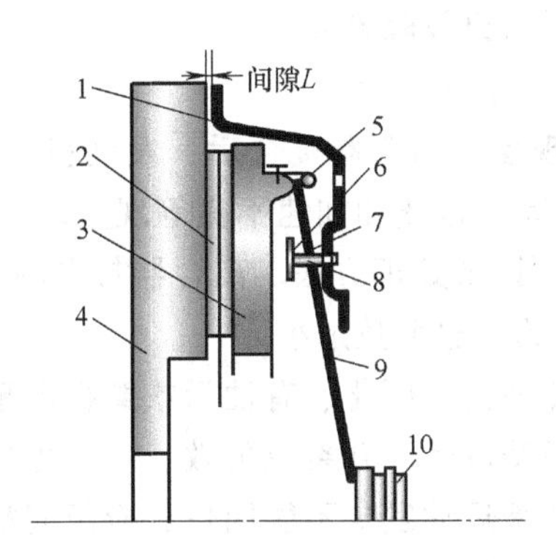

图 5-4 膜片弹簧离合器的压紧分离机构

1—离合器盖 2—从动盘 3—压盘 4—飞轮 5—分离弹簧钩 6—内钢丝支承圈 7—外钢丝支承圈 8—铆钉 9—膜片弹簧 10—分离轴承

所用传动装置的型式区分有机械式、液压式和助力器式。

机械式操纵机构以驾驶人的体力作为唯一的操纵能源，它有杆系和绳索传动两种型式。图 5-5 所示为绳索式人力操纵机构。

液压式操纵机构是通过液压主缸将驾驶人施于踏板上的力放大，以操纵离合器传动装置，其特点是摩擦阻力小、质量小、布置方便、接合柔和、不受车身外形影响，常用于中、高级轿车和轻型客车。图 5-6 所示为液压式人力操纵机构。

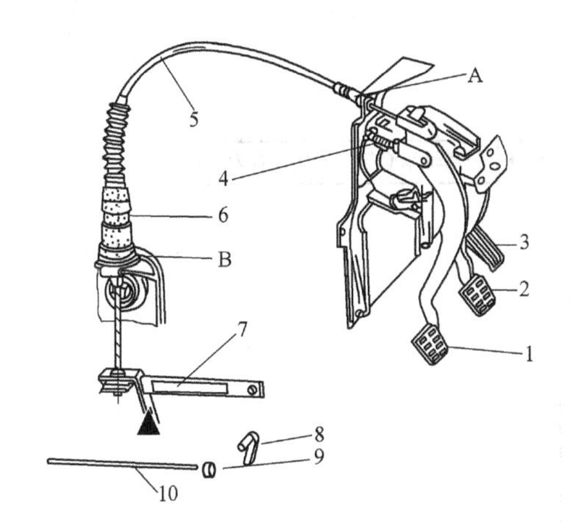

图 5-5 绳索式人力操纵机构

1—离合器踏板 2—制动踏板 3—加速踏板 4—弹簧 5—绳索 6—自动调整装置 7—操纵臂 8—分离臂 9—分离轴承 10—分离推杆 A、B—固定点

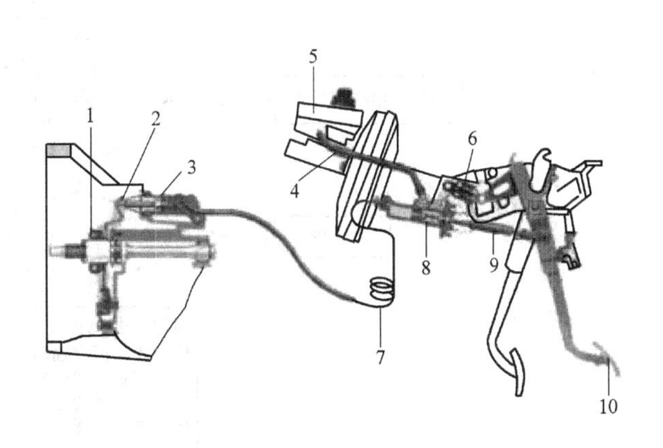

图 5-6 液压式人力操纵机构

1—分离轴承 2—分离板 3—工作缸 4—低压油管 5—储液罐 6—助力弹簧 7—高压油管 8—主缸 9—推杆 10—离合器踏板

汽车离合器类型很多，按从动盘的数目可以分为单盘式离合器（只有一个从动盘）和双盘式离合器（有两个从动盘，摩擦面数目多，可传递的转矩较大）。按压紧弹簧的结构型式可分为螺旋弹簧离合器（压紧弹簧是常见的螺旋弹簧）和膜片弹簧离合器（压紧弹簧是膜片弹簧）。

2. 离合器常见故障诊断

(1) 离合器打滑

1) 故障现象。离合器接合后，发动机动力不能完全传给驱动轮，出现汽车起步困难、油耗上升、发动机过热和加速不良等现象。

2) 故障原因及处理方法。离合器打滑的根本原因是压盘不能牢固地压在从动盘摩擦片上，或摩擦片的摩擦系数过小。

① 摩擦片烧损、硬化、有油污或磨损严重，视情况予以修理或更换。

② 膜片弹簧疲劳、开裂或失效，应予更换。

③ 分离轴承运动发卡不能回位，应予润滑或更换。

④ 压盘或飞轮变形、磨损，应予磨平或更换。

⑤ 离合器操纵机构调整不当，导致离合器踏板自由行程过小，应予调整。

⑥ 拉索发卡需润滑。

3) 故障诊断方法

① 检查离合器踏板有无自由行程。若无自由行程或自由行程不正确，则应检查操纵系统是否调整不当或卡滞，踏板回位弹簧是否失效，分离轴承是否不能回位，膜片弹簧（或分离杠杆）内端是否调整过高。

② 若自由行程正常，则应拆下离合器壳，检查摩擦片是否烧损、有油污或磨损过大，膜片弹簧是否失效，飞轮或压盘有没有变形等。

离合器打滑的故障诊断流程图如图 5-7 所示。

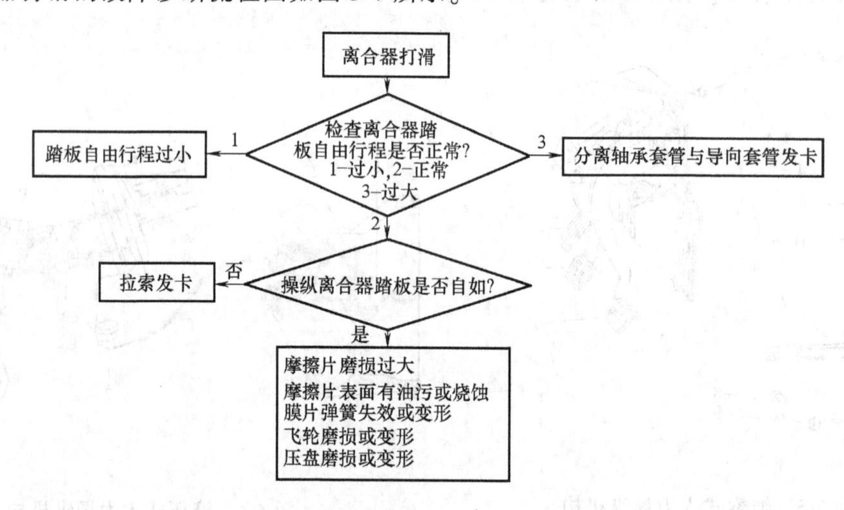

图 5-7　离合器打滑的故障诊断流程图

(2) 离合器分离不彻底

1) 故障现象。当发动机怠速运转时，踩下离合器踏板，挂档有齿轮撞击声，且难以挂入；如果勉强挂上档，则在离合器踏板尚未完全放松时，发动机熄火。

2) 故障原因及处理方法

① 离合器踏板自由行程过大，分离轴承推动分离杆前移的行程缩短，压盘后移的行程也随之缩短，从而使离合器不能彻底分离，应予调整。

② 双片式离合器调整螺钉与中间主动盘之间的距离过小，造成中间主动盘后移不足，

使之与前面的摩擦片分离不彻底；反之，调整螺钉与中间主动盘距离过大，中间主动盘后移过多，与后面的摩擦片相碰也会使离合器分离不彻底，应予调整。

③ 前压盘弹簧的长度与刚度相差比较大或损坏，弹簧的孔深不等以及内、外离合器盘总成翘曲，铆钉松动等，导致离合器总成的径向圆跳动和轴向圆跳动超过规定，使其处于断续接触状态，视情况予以修理或更换。

④ 液力操纵式离合器的液压缸活塞与推杆的间隙调整不当，应予调整。

⑤ 离合器从动盘装反，使得从动盘卡在飞轮上，应重新装配调整。

⑥ 离合器从动盘内花键和输出轴的花键磨损打毛，使从动盘发卡不能退出，视情况予以修理或更换。

3）故障诊断方法

① 检查液力操纵式离合器踏板的自由行程，将其调整到规定范围。

【小提示】

> 液力操纵式离合器踏板的自由行程是由主缸活塞与推杆间隙和分离杠杆内端面与分离轴承间隙两部分组成的。该行程依靠改变工作缸活塞推杆的长度来调整。

② 从动缸活塞推杆长度调整后，若仍感到离合器踏板自由行程不足，往往是液力操纵系统中渗有空气，应及时将油液中空气排除。

③ 液力操纵式的离合器，应检查主缸液压缸的油平面。如果踏下离合器踏板时感觉软弱无力，说明油液管路中进有空气，应将管路中的空气排净。

密封皮碗磨耗或发胀变形造成工作缸油液泄漏时，应予以更换。

④ 双片式离合器的中间主动盘与前面的摩擦片分离不彻底或与后面的摩擦片相碰时，应对主动盘调整螺钉按规定进行调整，但必须在离合器接触状态下分别旋动三个调整螺钉进行调整。

离合器分离不彻底的故障诊断流程图如图 5-8 所示。

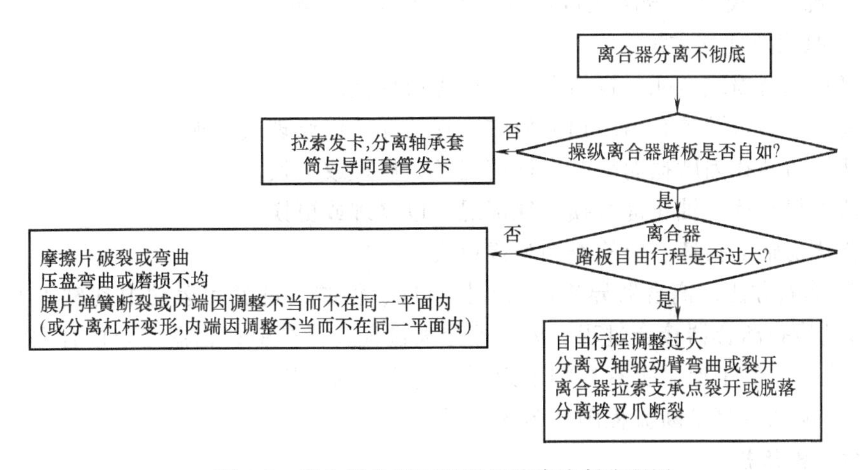

图 5-8　离合器分离不彻底的故障诊断流程图

（3）离合器接合不稳（起步发抖）

1）故障现象。当汽车用低速档起步时，按操作规程逐渐放松离合器踏板并徐徐踩下加速踏板，离合器不能平稳接合且产生抖振，严重时甚至整车产生抖振现象。

2）故障原因及处理方法

① 压盘或从动盘翘曲不平或磨损出槽，视情况予以修理或更换。

② 摩擦衬片破裂变形、有油污或铆钉外露，视情况予以修理或更换。

③ 弹簧弹力不均，视情况予以修理或更换。

④ 从动盘毂与从动轴花键因锈蚀、积污而不能滑动自如，视情况予以修理或更换。

⑤ 分离杠杆调整不当，各外端高度不一致，不在同一平面内，应检查调整。

3）故障诊断方法。起步发抖可从起步时离合器在接合过程中不平稳来考虑，即发动机在匀速转动，而由于离合器接合不平稳使离合器的从动部分转动不平稳，从而反映为离合器乃至整车的抖振。

离合器接合不稳的故障诊断流程图如图 5-9 所示。

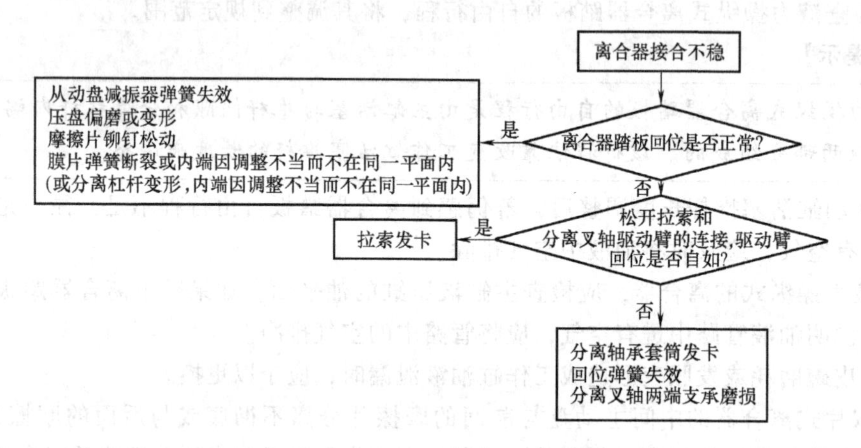

图 5-9　离合器接合不稳的故障诊断流程图

（4）离合器异响

1）故障现象。离合器分离或接合时发出不正常的响声。

2）故障原因及处理方法

① 分离轴承磨损或卡死，视情况予以修理或更换。

② 分离杠杆销以及销孔因磨损而松旷，视情况予以修理或更换。

③ 传动销与销孔因磨损而松旷，视情况予以修理或更换。

④ 从动盘毂与从动轴花键磨损，视情况予以修理或更换。

⑤ 离合器前轴承损坏，应检查调整或更换。

3）故障诊断方法。离合器异响可从磨损过度、松旷、过紧和运动中刮碰等方面加以考虑。可以通过检查离合器接合过程、离合器分离过程、行车中离合器完全接合和空档怠速离合器踏板完全踩下等工况是否有异响来判断异响发生的部位。

离合器异响的故障诊断流程图如图 5-10 所示。

3. 离合器的维护

汽车离合器的维护项目主要是检查和调整离合器踏板自由行程、检查离合器储液罐液面高度等。

（1）离合器踏板自由行程的检查与调整　将有刻度的钢直尺支在驾驶室地板上，首先测量出踏板完全放松时的高度，再用手轻轻推压踏板，当感觉阻力增大时即为分离轴承端面

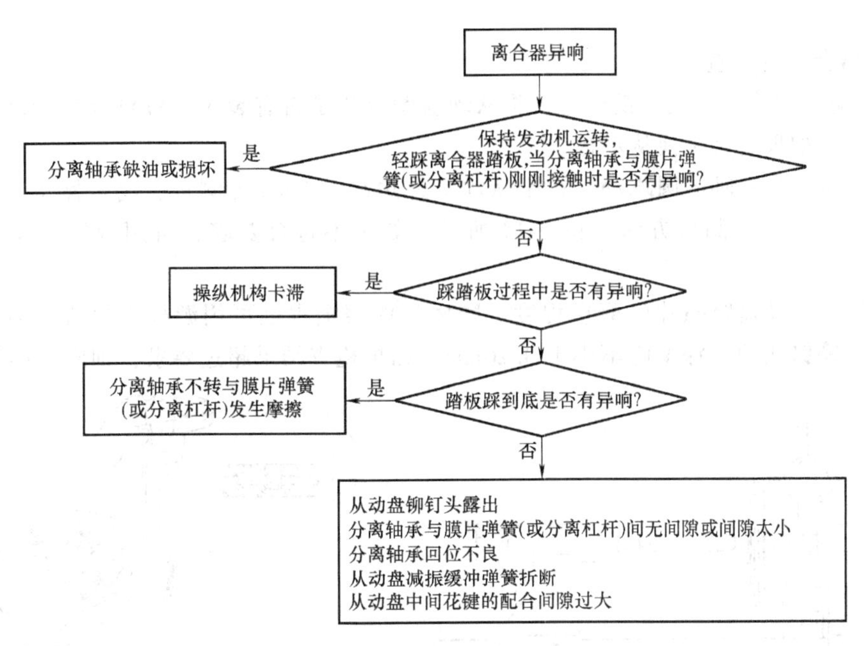

图 5-10　离合器异响的故障诊断流程图

与分离杠杆内端面刚好接触，此时停止推压，再测出踏板高度，两次测量的高度之差即为离合器踏板的自由行程，如图5-11 所示。

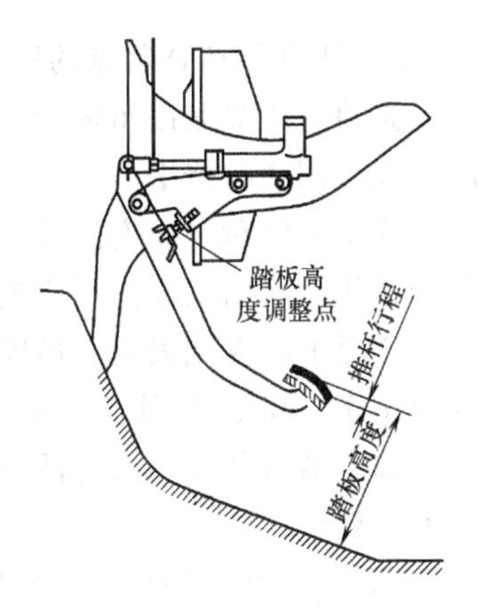

图 5-11　离合器踏板自由行程的检查与调整

按其结构型式的不同离合器自由行程调整方法有以下两种：

1）机械式操纵机构的调整。旋动离合器拉杆上的调整螺母，然后用止动螺母锁紧。

2）液压式操纵机构的调整。分两步调整，先调整主缸活塞与推杆间隙，然后调整分离杠杆端面与分离轴承之间的间隙。

按 GB/T 15746—2011《汽车修理质量检查评定方法》附录 A 中 A. 2 汽车整车修理竣工质量评定的要求，离合器踏板力不大于 300N，踏板自由行程应符合原设计规定值。

（2）离合器储液罐液面高度检查　检查主缸储液罐内离合器液（制动液）面的高度，如果低于“max”的标记，则应补加，并要进一步检查离合器液压操纵机构是否有泄漏的部位。

（3）离合器液压操纵机构泄漏检查　液压操纵机构泄漏检查主要是检查主缸与油管、工作缸与油管及油封等部位是否有离合器液的痕迹。

4. 离合器的检修

下面以桑塔纳 2000 轿车的膜片弹簧离合器为例介绍其检修作业项目及内容。

（1）离合器的拆卸　首先拆下变速器。用专用工具将飞轮固定，然后逐渐将离合器压盘的固定螺栓对角拧松，取下离合器盖及压盘总成，并取下离合器从动盘，然后分解离合器各部件。

(2) 离合器的检查

1) 从动盘的检查。先目视检查，看从动盘摩擦片是否有裂纹、铆钉外露和减振器弹簧断裂等情况，如果有则更换从动盘。

再检查从动盘的轴向圆跳动。在距从动盘外边缘2.5mm处测量，离合器从动盘最大轴向圆跳动为0.4mm，测量方法如图5-12所示。如果不符合要求，可用扳钳校正或更换从动盘。

最后检查从动盘摩擦片的磨损程度。摩擦片的磨损程度可用游标卡尺进行测量，如图5-13所示。铆钉头埋入深度应不小于0.20mm。如果检查结果超过要求，则应更换从动盘。

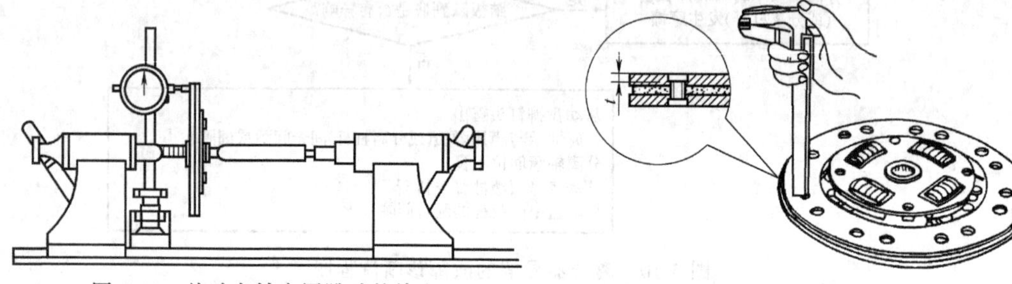

图5-12 从动盘轴向圆跳动的检查

图5-13 摩擦片磨损的检查

2) 压盘和离合器盖的检查。压盘的损伤主要有翘曲、破裂或过度磨损等。

先检查压盘表面粗糙度。压盘表面不应有明显的沟槽，沟槽深度应小于0.30mm。轻微的磨损可用磨石修平。

再检查压盘平面度。检查方法如图5-14所示，用钢直尺压在压盘上，然后用塞尺测量。离合器压盘平面度误差不应超过0.2mm。

压盘平面度或表面粗糙度超过要求时可用平面磨床磨平或车床车平，但磨削、车削的厚度应小于2mm，否则应更换压盘。

离合器盖与飞轮接合面的平面度误差应小于0.5mm，如有翘曲、裂纹和螺纹磨损等应更换离合器盖。

3) 膜片弹簧的检查。先检查膜片弹簧的磨损程度。如图5-15所示，用游标卡尺测量膜片弹簧与分离轴承接触部位磨损的深度和宽度。深度应小于0.6mm，宽度应小于5mm，否则应更换。

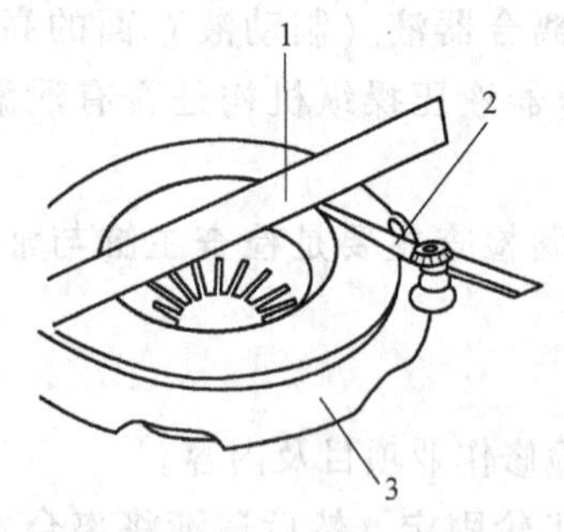

图5-14 压盘平面度的检查

1—钢直尺 2—塞尺 3—压盘

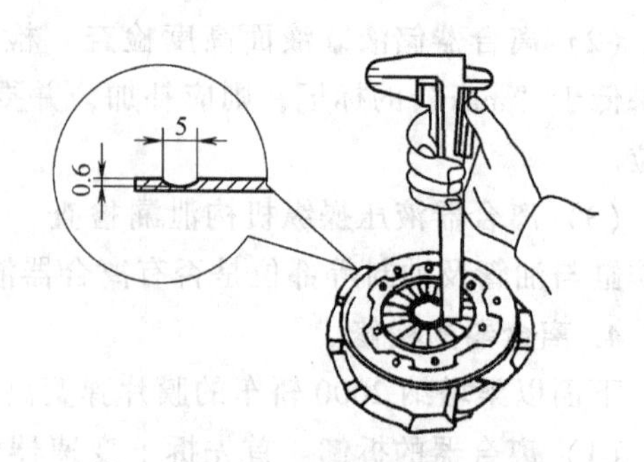

图5-15 膜片弹簧磨损的检查

再检查膜片弹簧的变形。如图 5-16 所示，用专业工具盖住弹簧分离指内端（小端），然后用塞尺测量弹簧分离指内端与专用工具之间的间隙。弹簧分离指内端应在同一平面内，间隙不应超过 0.5mm，否则用维修工具将变形过大的弹簧分离指翘起，以进行调整。

4）分离轴承的检查。如图 5-17 所示，用手固定分离轴承内圈，转动外圈，同时在轴向施加压力，如有阻滞或有明显间隙感时，应更换分离轴承。

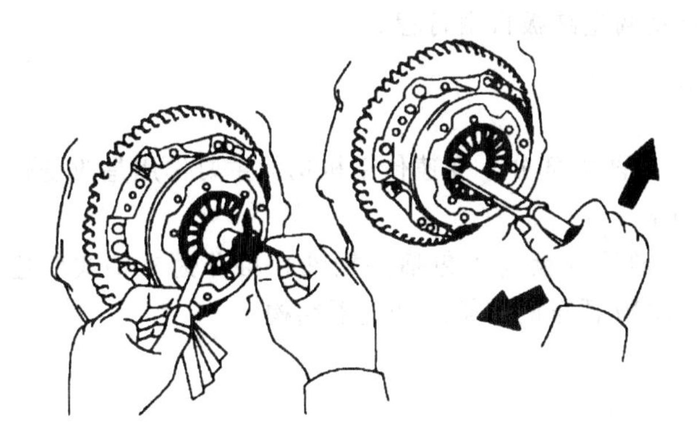

图 5-16 膜片弹簧变形的检修

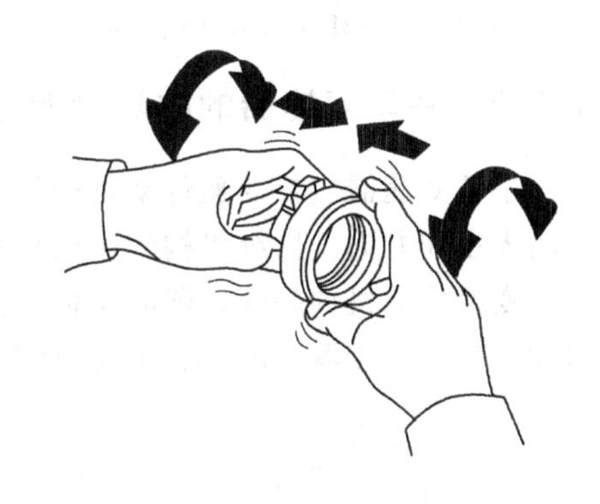

图 5-17 分离轴承的检查

分离轴承通常是一次性加注润滑脂。维护时切勿随意拆卸清洗，若有脏污，可用干净抹布擦净表面。

5）飞轮的检查。首先进行目视检查，检查齿圈轮齿是否磨损或打齿，检查飞轮端面是否有烧蚀、沟槽、翘曲和裂纹等，如果有则应修理或更换飞轮。

再检查飞轮上轴承。如图 5-18 所示，用手转动轴承，在轴向加力，如果有阻滞或有明显间隙感，则应更换轴承。

最后检查飞轮轴向圆跳动。将百分表安装在发动机机体上，百分表表针抵在飞轮的最外圈，转动飞轮，测量飞轮的轴向圆跳动，应小于 0.1mm。如果轴向圆跳动超过标准，应修磨或更换飞轮。

飞轮每次拆卸后，应更换联接螺栓。当将飞轮安装到曲轴上时，应按对角线逐次以规定的力矩拧紧。

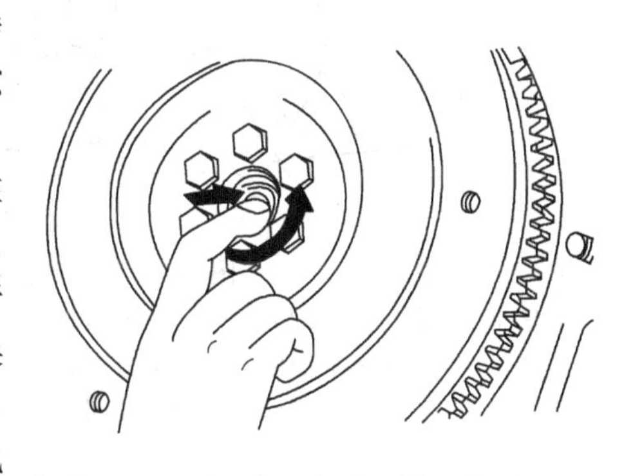

图 5-18 飞轮上轴承的检查

（3）离合器的安装 用专用工具将飞轮固定。用专用工具将离合器从动盘定位于飞轮和压盘中心。装上紧固螺栓，并用 25N·m 的力矩对角逐渐旋紧。

（4）离合器液压式操纵机构的检修 主缸和工作缸是离合器液压操纵系统的主要部件，其工作性能的好坏直接影响离合器的工作性能。当出现缸筒内壁磨损超过 0.125mm，活塞与缸筒的间隙超过 0.20mm，皮圈老化及回位弹簧失效等情况时，应更换相应零件。

（5）离合器液压系统中空气的排出 液压系统进入空气后，会缩短主缸推杆行程，即踏板工作行程，从而使离合器分离不彻底。因此，液压系统检修后要排除液压系统中的空气。

排除方法如下：

1）用千斤顶顶起汽车，然后用支架将汽车支住，将储液罐中的制动液加至规定高度。

2）在工作缸的放气阀上安装一根软管，接到一个盛有制动液的容器内。

3）排空气需要两个人配合工作，一人慢慢地踩离合器踏板数次，感到有阻力时踩住不动，另一个人拧松放气阀直至制动液开始流出，然后再拧紧放气阀。

4）连续按上述方法操作几次，直到流出的制动液中不见气泡为止。

5）空气排除干净之后，需要再次检查及调整踏板自由行程。

5.1.3 手动变速器的故障诊断与检修

手动变速器包括变速传动机构和操纵机构两大部分。变速传动机构的主要作用是改变转矩的大小和方向，操纵机构的作用是实现换档。

变速传动机构是变速器的主体，按工作轴的数量（不包括倒档轴）可分为二轴式变速器和三轴式变速器。图 5-19 所示为桑塔纳 2000 轿车的二轴式变速器结构。

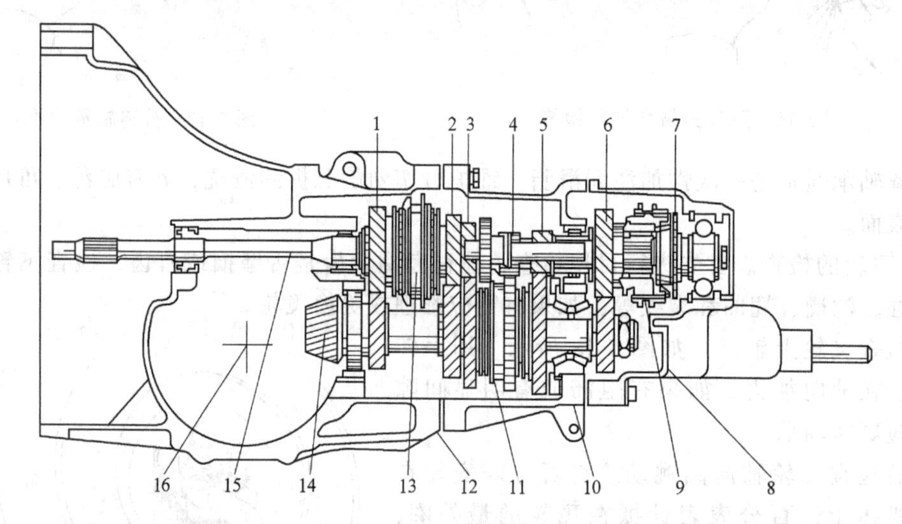

图 5-19 桑塔纳 2000 轿车的二轴式变速器结构

1—四档齿轮 2—三档齿轮 3—二档齿轮 4—倒档齿轮 5—一档齿轮 6—五档齿轮 7—五档接合齿圈 8—换档机构壳体 9—五档同步器 10—齿轮箱体 11—一、二档同步器 12—变速器壳体 13—三、四档同步器 14—输出轴 15—输入轴 16—差速器

桑塔纳 2000 轿车二轴式变速器具有五个前进档和一个倒档，全部采用锁环式惯性同步器换档。输入轴上有一～五档主动齿轮，其中一、二档主动齿轮与轴制成一体，三～五档主动齿轮通过滚针轴承空套在轴上。输入轴上还有倒档主动齿轮，与轴制成一体。三、四档同步器和五档同步器也装在输入轴上。输出轴上有一～五档从动齿轮，其中一、二档从动齿轮通过滚针轴承空套在轴上，三～五档齿轮通过花键套装在轴上。一、二档同步器也装在输出轴上。在变速器壳体的右端还装有倒档轴，通过滚针轴承套装有倒档中间齿轮。

壳体上开有加油口，壳体底部有放油塞。油面高度即由加油口位置控制，一般应超过输出轴的中心线。工作时齿轮转动将齿轮油甩起来，使变速器内部充满油雾和油滴，实现对各工作表面的润滑。在轴承盖内安装了油封总成，轴承盖内孔中有回油槽，可以防止漏油。为防止变速器工作时油温升高、气压增大而造成齿轮油渗漏，在变速器壳体上面装有通气塞。

当三个同步器（接合套）都位于花键毂中央时，变速器处于空档状态，如图 5-20 所示。

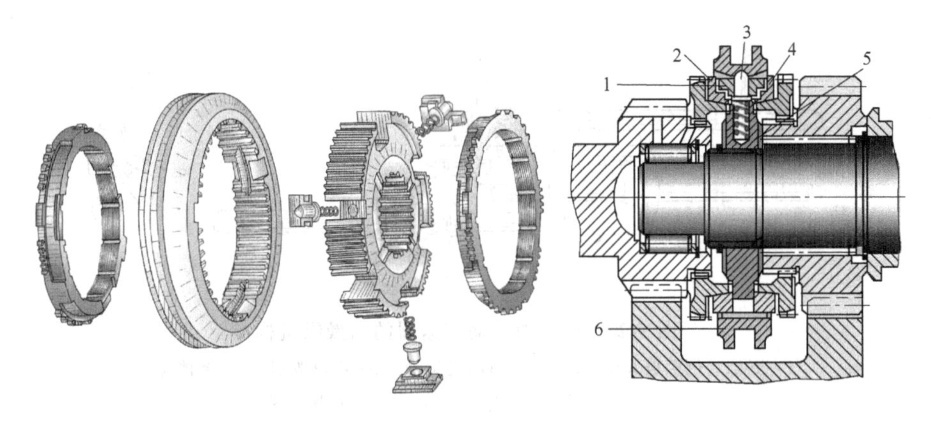

图 5-20 同步器的结构

1—滑块 2、4—锁环 3—定位销 5—花键毂 6—啮合套

固定在一轴上的一档、二档齿轮随着一轴一起转动，驱动二轴的相应齿轮转动，但是这两个齿轮是空套在二轴上的，因此二轴不会转动；一轴的倒档齿轮也随着一轴转动，但是倒档轴齿轮与它不啮合，造成二轴的倒档齿轮不转；同时一轴的三~五档齿轮是空套在一轴上的，当然也不会驱动二轴转动。总之，一轴和二轴上的传动齿轮总有一个是空套在轴上的，因此空档时二轴不转。当变速器操纵机构将输出轴花键毂上接合套向左推时，一档从动齿轮与输出轴连为一体，动力由输入轴经一档主动、从动齿轮传到输出轴。当此接合套位于中间位置时，其上边齿轮正好与输入轴倒档齿轮相对。当变速器倒档轴上的倒档齿轮被拨到与这两个齿轮相啮合位置时，输入轴上的动力就会经倒档齿轮传到输出轴上。挂其余各档的情况与挂一档的情况相类似。

手动变速器的操纵机构分为内外两部分。外操纵机构如图 5-21 所示。内操纵机构如图 5-22所示。

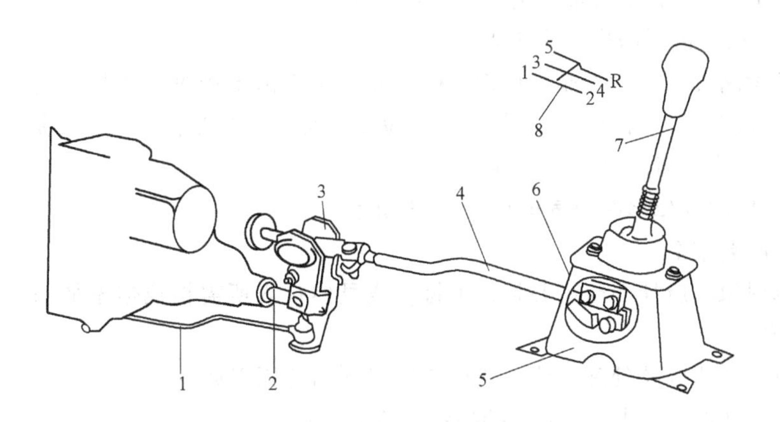

图 5-21 手动变速器外操纵机构

1—支承杆 2—内变速杆 3—换档接合器 4—外变速杆 5—换档手柄罩壳 6—换档手柄支架 7—换档手柄 8—换档档位标记

1. 手动变速器常见故障诊断

手动变速器常见故障有跳档、乱档、挂档困难和异响等。

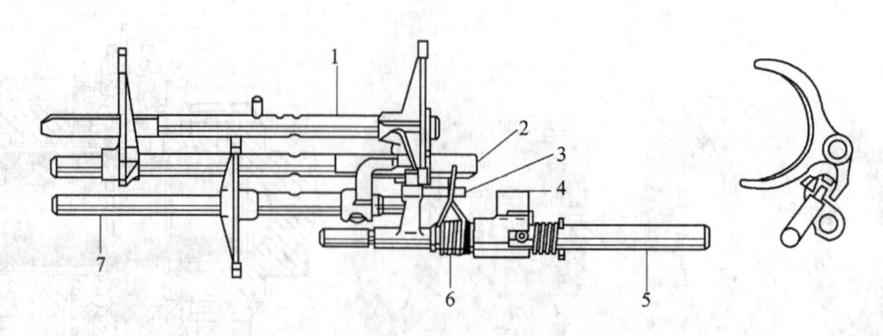

图 5-22 桑塔纳手动变速器的内操纵机构

1—五档、倒档拨叉轴 2—三、四档拨叉轴 3—定位拨销 4—倒档薄块 5—内变速杆 6—弹簧 7—一、二档拨叉轴

（1）变速器跳档

1）故障现象。在汽车行驶过程中，尤其是加速或爬坡时，变速杆自动跳回到空档位置。

2）故障主要原因及处理方法。造成变速器跳档的根本原因是啮合齿轮在传力时产生较大的轴向作用力，从而脱离啮合位置；或啮合齿轮未能全齿长啮合，当载荷突变时导致跳档。

具体原因如下：

① 操纵装置变形或松旷，应予调整检修。

② 接合器与换档器连接调整不当，应予调整。

③ 拨叉弯曲或磨损，应予修理或更换。

④ 自锁装置失效，应予修复或更换。

⑤ 齿轮轴向间隙过大，应予调整。

⑥ 相啮合的齿轮在啮合部位磨损成锥形，应予更换。

⑦ 同步器接合齿圈磨损，应予更换。

3）故障诊断方法。检查操纵机构，确定故障是否由于操纵机构杆件变形、松旷或接合器与变速杆连接调整不当引起的。若否，则检查拨叉是否弯曲，自锁装置是否失效，齿轮间隙是否过大，同步器齿圈是否装反等。

变速器跳档的故障诊断流程图如图 5-23 所示。

（2）变速器乱档

1）故障现象。所挂档与需要档位不符，或虽然挂入所需档位但不能退回空档，或一次挂入两个档位。

2）故障主要原因及处理方法。造成变速器乱档的原因如下：

① 操纵机构部分杆件变形或连接松动，应予检修。

② 变速杆下端面磨损过大，造成长度不足，应予更换。

③ 互锁装置失效，应予修复。

④ 手柄支承球头座松动，应予检修或更换等。

3）故障诊断方法。检查手柄是否可靠连接，操纵装置的杆件是否有变形或松动现象，否则应检查互锁装置是否漏装或失效等。

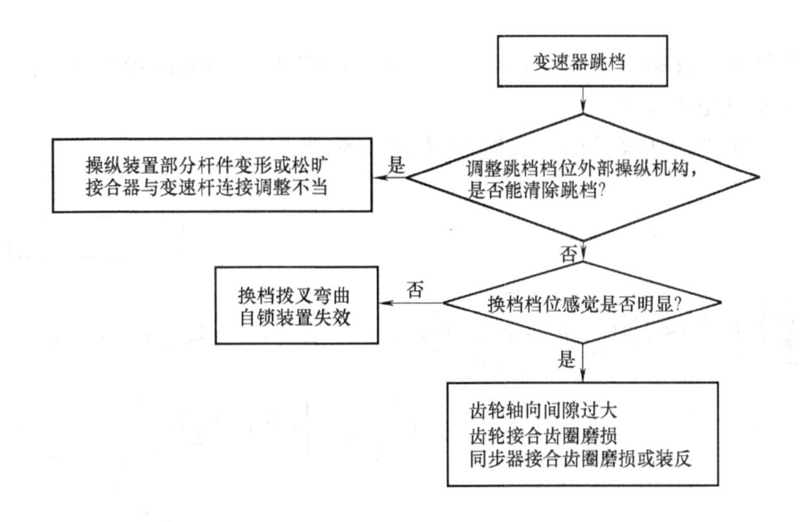

图 5-23 变速器跳档的故障诊断流程图

变速器乱档的故障诊断流程图如图 5-24 所示。

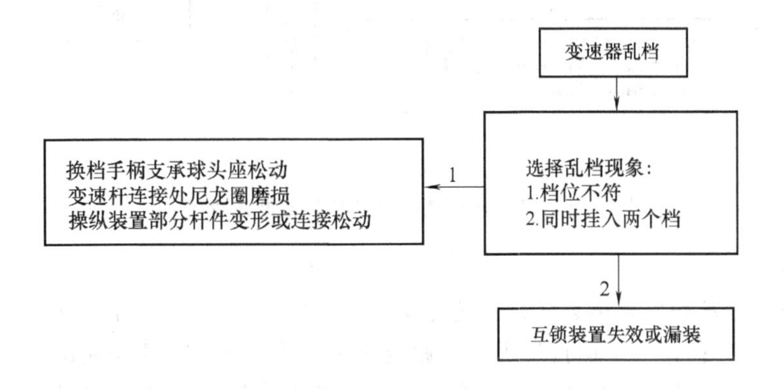

图 5-24 变速器乱档的故障诊断流程图

（3）变速器挂档困难

1）故障现象。挂档时，不能顺利挂入档位，常发生齿轮撞击声，或完全挂不上档。

2）故障主要原因及处理方法。造成变速器换档困难或挂不上档的根本原因是汽车换档时待啮合齿的圆周速度不相等，或换档拨叉移动时的阻力过大。

具体原因如下：

① 离合器调整不当或分离不彻底，应予调整检修。

② 变速杆弯曲变形或操纵机构调整不当，应予调整检修。

③ 拨叉轴弯曲变形，与导向孔配合过紧或因缺油锈蚀，应予调整检修。

④ 同步器滑块塞堵，应予更换。

⑤ 自锁、互锁装置卡死，应予检修。

3）故障诊断方法。换档手柄的进档感觉明显而不能顺利换档，常由拨叉的固定销钉脱落造成；没有明显的进档感觉，则应检查自锁、互锁装置是否卡死，换档操纵机构杆件是否弯曲变形。

换档时有异响，在排除了离合器分离不彻底的原因后，检查同步器是否损坏，齿轮油油量是否充足或质量是否合格。

变速器换档困难的故障诊断流程图如图5-25所示。

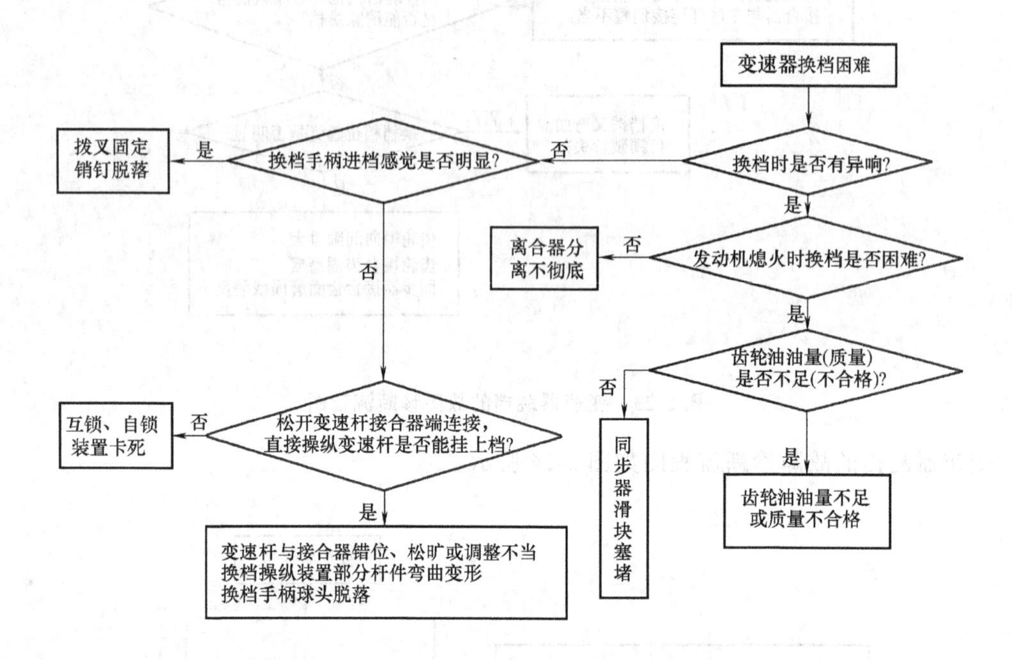

图5-25　变速器换档困难的故障诊断流程图

（4）变速器异响

1）故障现象。发动机怠速运转，变速器空档有异响，踩下离合器踏板后声响消失，多为常啮齿轮啮合不良；在汽车运行过程中车速变化时声响严重，则说明输出轴前后轴承响。

2）故障主要原因及处理方法。造成变速器异响的根本原因是轴承等因磨损、损坏、润滑不良而造成松旷，齿轮或花键等啮合不正确。

具体的原因如下：

① 变速器缺油或齿轮油规格不对，应选用正确的齿轮油，并调整到规定高度。

② 齿轮轮齿磨损严重，啮合间隙过大，应予更换。

③ 齿轮内孔磨损严重，配合松旷，应予更换。

④ 齿轮轮齿折断或齿面剥落、缺损，应予更换。

⑤ 齿轮轴向圆跳动超标，应予更换。

⑥ 轴承磨损严重，引起内外圈松动或滚珠（针）碎裂，滚道损坏，应予更换。

⑦ 第一、二轴和中间轴弯曲变形，应予校正或更换。

⑧ 花键过度磨损，应予更换。

⑨ 自锁装置损坏，应予修复。

⑩ 同步器滑块塞堵，应予修复或更换。

3）故障诊断方法。检查齿轮油油量是否不足或齿轮油规格是否不对，若否，按下列的响声特征判断故障：

汽车行驶中，变速器在任何档位均发出无节奏的“呼隆”声，且车速越快响声越大，但在空档时踩下离合器踏板，响声消失，故障为第一轴轴承响。如果空档时不响，故障为第二轴或中间轴响。汽车行驶中挂档时有撞击声，说明同步器或自锁装置损坏。

发动机怠速运转，空档时有尖锐的金属撞击声。如果响声均匀，则是常啮合齿轮齿面磨损过甚，造成啮合或配合间隙过大；如果响声不均匀，则是常啮合齿轮齿面损伤变形，齿轮折断或齿轮轴变形。

发动机怠速运转，空档时不响，但挂入其他一些档位时响。如果响声均匀，是相应档齿轮齿面磨损过甚，造成啮合或配合间隙过大；如果响声不均匀，是相应档齿轮齿面损伤变形，齿轮折断或齿轮轴变形。

变速器异响的故障诊断流程图如图 5-26 所示。

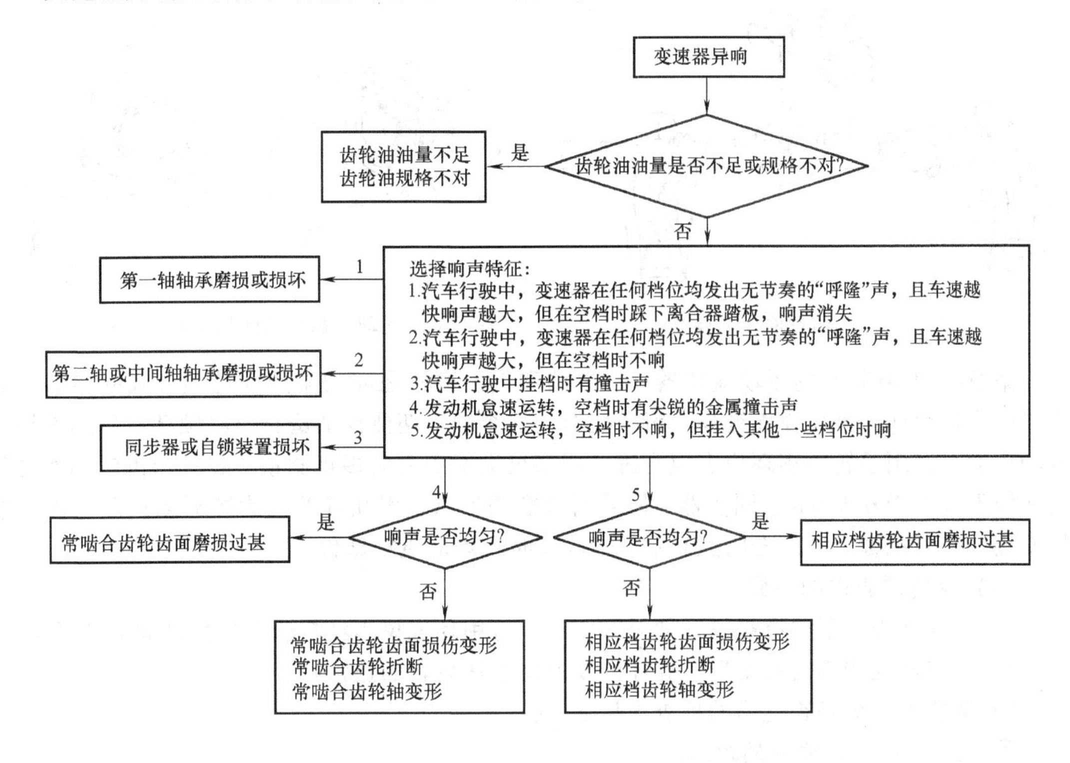

图 5-26 变速器异响的故障诊断流程图

2. 手动变速器的维护

手动变速器的维护工作主要是检查齿轮油液面高度及密封情况，检查操纵机构，清洁通气孔。

3. 手动变速器的检修

（1）变速器齿轮与花键的检修

1）当齿面斑点小时，可用磨石修磨后继续使用。

2）齿轮端面磨损长度应小于齿长的 15%，否则更换。

3）齿轮啮合面应在齿高中部，接触面积应大于 60%。

（2）轴的检修

1）变速器的输入轴与输出轴不得有裂纹，各轴颈磨损不超过 0.03mm，输入轴前花键与离合器从动盘花键毂的配合间隙不得大于 0.20mm。与轴制成一体的齿轮应无裂纹和齿面疲劳剥落，腐蚀斑点面积不超过单齿面积的 15%，齿厚磨损不大于 0.20mm，齿端缺损沿齿长方向不超过 1/10，齿端缺损沿齿高方向不超过 1/5。主动锥齿轮损伤齿数不多于 2 个，且不相邻，否则应更换相应的齿轮轴。用百分表检查输入轴与输出轴的径向圆跳动应不大于 0.05mm，如图 5-27 所示，否则应更换。

2）用千分尺检查轴颈磨损程度，磨损超过规定值，可堆焊后修磨、镀铬修复或更换。

（3）同步器的检修　图 5-28 所示为锁环式同步器的检修方法：用塞尺测量锁环和换档齿轮端面之间的间隙。奥迪、桑塔纳的标准间隙是 1.1~1.9mm，磨损极限是 0.5mm。

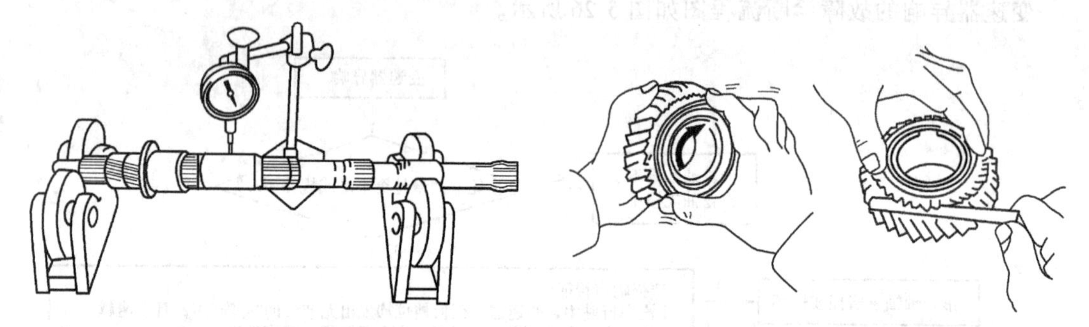

图 5-27　轴的弯曲变形检查　　图 5-28　锁环式同步器的检修方法

桑塔纳 2000 轿车的手动变速器一、二档和三、四档之间均采用惯性锁环式同步器，其主要损伤是锁环内锥面齿圈键齿及滑块配合的三个缺口两侧面的磨损。将锁环压靠到换档齿轮的锥面上，用手转动锁环应有阻力感。用塞尺沿圆周方向多点测量，锁环与齿轮端面之间的间隙不应小于 0.50mm。同步器齿圈及滑块磨损严重，滑块弹簧弹力减弱或折断，键齿磨损使接合套与花键齿的配合间隙超过 0.50mm 时，均应更换新件。

（4）变速器壳体的检修

1）变速器壳体不得有裂纹。如果有裂纹，可用环氧树脂粘接或焊接修复或更换壳体。

2）变速器壳体不得有变形。壳体的变形将破坏齿轮的正常啮合。

3）变速器壳体是否变形的检查项目如下：

① 上、下两孔轴线间的距离。

② 上、下两孔轴线的平行度。

③ 上孔轴线与上平面间的距离。

④ 前、后两端面的平面度。

二轴式变速器壳体由前、后两部分组成，其变形主要是检查输入轴与输出轴的平行度以及前后壳体接合面的平面度。超过规定时要进行修复。

4）当轴承孔磨损超限、变形时，可采用镶套、刷镀的方法修复或更换；当壳体平面度误差超限时，可采用铲、刨、锉、铣等方法修复或更换。

5）壳体上所有联接螺纹孔的螺纹损伤不得多于两牙。螺纹孔的损伤可用换加粗螺栓或焊补后重新钻孔的方法修复。

（5）变速器盖的检修　变速器盖应无裂纹，其与变速器壳体接合面的平面度公差超限时，可采用铲、刨、锉、铣等方法修复。

当拨叉轴与轴承孔的间隙超限时，应更换。

(6) 轴承的检修　轴承应转动灵活，滚动体与内外圈不得有麻点、麻面、斑疤和烧灼等，保持架完好，否则，更换。

桑塔纳2000轿车的手动变速器齿轮轴支承轴承内圈与轴颈配合间隙大于0.02mm，滚道出现疲劳剥落及烧蚀现象，输入轴后轴承的轴向、径向间隙过大，轴承空转卡滞或发响时，均应更换新件。各滚针轴承出现断裂、疲劳剥落，轴承磨损使齿轮与轴的配合间隙大于0.15mm时，应更换滚针轴承。

(7) 操纵机构的检修　变速器操纵机构工作频繁，其损伤常表现为磨损、变形、连接松动和弹簧失效等。

下面以桑塔纳2000轿车手动变速器操纵机构的检修为例。

1) 检查变速杆及内变速杆的磨损情况。

当内换档轴颈磨损严重或其前端销钉轴间宽度磨损超过0.20mm时，应换用新件。

2) 检查各连接部位不应松旷，否则应换用新件。

3) 检查换档拨叉的弯曲、扭曲及拨叉下端的磨损情况，有严重弯曲、扭曲变形或拨叉下端磨损超过0.20mm，拨叉与拨叉槽的配合间隙超过0.50mm时，均应予以更换。

4) 检查拨叉轴的直线度及磨损情况。

将拨叉轴放在平板上，用塞尺检查，直线度误差应不大于0.20mm，否则应更换。拨叉轴上定位及互锁凹槽磨损不大于0.30mm，拨叉轴与壳体的配合间隙不大于0.20mm，否则更换拨叉轴。

5.1.4 自动变速器的故障诊断与检修

按结构和控制方式，自动变速器分为液力机械自动变速器（Automatic Transmission，AT）、无级自动变速器（Continuously Variable Transmission，CVT）以及双离合变速器（DCT或DSG）。以下所称的自动变速器是指液力机械自动变速器。

自动变速器包括液力变矩器、行星轮变速器、液压控制系统、电子控制系统和冷却滤油装置等，图5-29所示为电控自动变速器的基本组成。

自动变速器的换档执行机构包括单向离合器、离合器和制动器，用来对行星轮机构的太阳轮、行星架或者齿圈进行传动或者固定，以得到需要的传动比。自动变速器的阀板包括主调压阀、换档阀、节气门阀、手控阀、单向阀、节流阀、强制降档阀、速控阀和蓄压器等控制阀和油路，阀板下方是油底壳和滤油冷却装置，变速器油的冷却则由冷却器或者散热器来实现。

变速器的故障是由于电控系统的传感器故障或换档执行机构的离合器和制动器的磨损造成的。图5-30~图5-32所示为换档执行机构的结构图。

自动变速器中离合器的主、从动片是易损件，操作不当、漏油或行驶中的打滑是常见故障。在离合器工作的档位时，发动机突然加速而车速变换缓慢，这可能是由离合器打滑造成的。压紧回位弹簧，压板与卡簧间的间隙即为自由间隙。间隙过大，传力时易打滑，说明离合器片已磨薄；间隙过小，造成分离不彻底，可更换主、从动片来调整。

制动器有带式和多片式两种结构型式。多片式制动器的结构与多片式离合器相同。不同

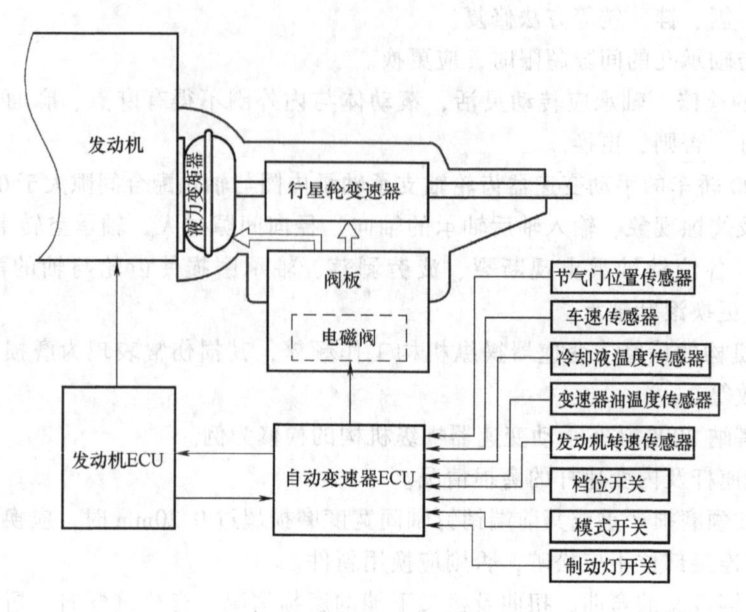

图 5-29　电控自动变速器的基本组成

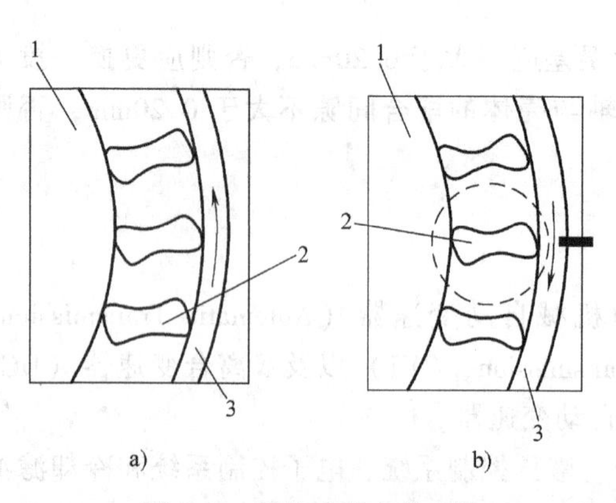

图 5-30　楔块式单向离合器

a）锁止状态　b）打滑状态

1—内圈　2—楔块　3—外圈

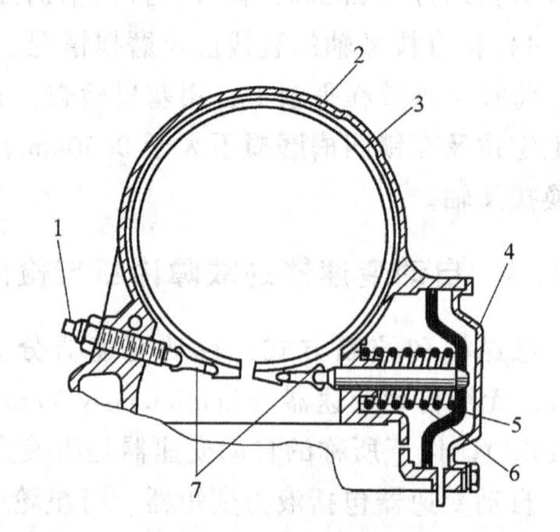

图 5-31　带式制动器

1—调整螺栓　2—制动带　3—制动鼓　4—制动液压缸

5—活塞　6—弹簧　7—顶杆

之处是制动器从动片的外圆花键齿与固定的变速器外壳连接，可轴向移动，接合时将主动件制动，使行星轮机构改组换档。该种制动器接合的平顺性好，间隙无须调整，其缺点是轴向尺寸大。带式制动器由制动带、液压缸、活塞和调整件组成，如图 5-31 所示。调整点多在制动带的支承端，可在体外调整或拆下油底壳调整。拧动调整螺栓来调整（旋紧再松 2~3 圈），调好后再用锁紧螺母锁紧。

液压控制系统利用弹簧和滑阀配合，根据车速、节气门开度和变速杆位置自动控制主油压（管道压力），保证各液压系统油压稳定，并控制在一定范围内。如果主油压过高，会造成换档冲击；而主油压过低，离合器和制动器会打滑而烧坏。蓄压器主要用于缓冲换档时油压的冲击。由于液压油的油压始终作用于蓄压器的反压力侧，其压力和弹簧张力一起，将活塞向下推动。当液压油的油压作用于操作一侧时，活塞将克服另一侧压力和弹簧张力，缓慢

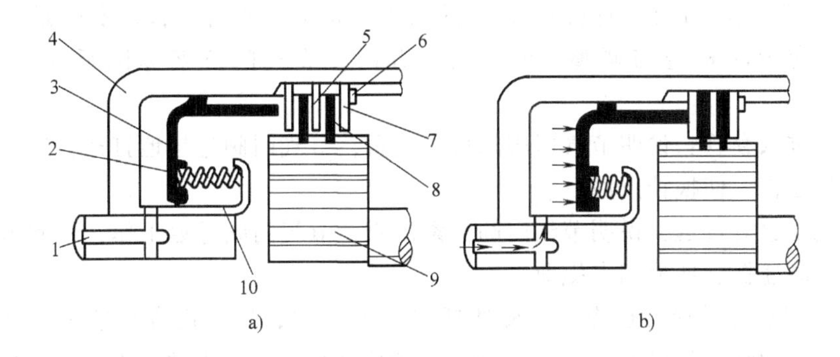

图 5-32　多片湿式离合器

a）分离状态　b）接合状态

1—涡轮轴　2—回位弹簧　3—活塞　4—壳体　5—主动片　6—卡环　7—压盘　8—从动片　9—花键毂　10—弹簧保持座

地向上移动，消耗一定能量减少换档冲击。每个前进档都有一个相应的蓄压器，换档执行元件按先快后慢的过程进行，从而减小了换档冲击。

电控单元（ECU）接收各种监测汽车行驶状况和发动机工况传感器的信号，精确控制自动变速器的换档正时、锁定正时，控制换档时发动机的转矩，还能实现主油压控制。在ECU 的存储器中，已存入了每一种行驶模式下锁止离合器工作情况的程序。根据这些程序，ECU 通过车速信号和节气门开度信号使锁止电磁阀开或关，控制锁止正时和调节锁止离合器的液压压力，从而使锁止离合器平顺地接合和脱开。

ECU 具有自诊断功能，能监测和识别电子控制元件的故障，并通过 O/D OFF 指示灯以故障码的形式将这些故障信息输出。另外，ECU 在车辆出现某些故障时能执行失效防护功能，以保证车辆能继续行驶。

1. 自动变速器检修步骤

1）根据驾驶人的故障叙述进行确认操作。

2）根据确认的故障进行直观检查。

3）利用汽车故障诊断仪或自诊断系统，读取故障码。如果有故障码，按故障码进行故障的范围检查；如果无故障码，进行下一步检查。

4）根据故障的现象，进行必要的试验操作，确定故障的性质和具体的范围。

5）根据上一步的试验结果，按范围和部位检修自动变速器。

6）进行道路试验，检验故障是否排除。

2. 自动变速器的初步检查

初步检查的目的是检测自动变速器是否具备正常工作的能力。

（1）油平面高度的检查　将汽车停放在平坦的地方，起动发动机，使自动变速器的油温上升至 70~80℃。在发动机怠速状况下，将变速杆从 P 位至 L 位逐档稍微停留一下，再返回 P 位，然后拔出机油尺查看油平面。

（2）节气门开度的检查　将加速踏板踩到底，节气门应该全开，否则，当高速大负荷时，功率输出不足，汽车达不到最高行驶速度；由于加速性能变差，影响强制低档投入工作时机。处理方法是对传动系统进行调整。

(3) 节气门拉索（杆）的检查　拉索的松或紧是由于车身和自动变速器相对位置的移动所造成的，应及时检查与调整。节气门全开时，节气门拉索标记距其套管的距离为0~1mm。

限位标记进入套管：说明节气门阀的拉索过紧，节气门阀过早地打开，致使车速异常高时才能换入高速档，使换档点滞后。

限位标记距套管过远：说明节气门阀拉索过松，节气门阀过迟工作，致使车速在异常低速时才能换上高速档，使换档点提前。

(4) 发动机怠速转速的检查　当变速杆位于N位时，发动机应在怠速。当空调未打开时，怠速转速在600~800r/min。若怠速过低，档位转换时，由于动力不足，轻则引起车身振动，重则发动机熄火。若怠速过高，变速杆位于D、R位，不踩加速踏板汽车就“爬行”，换档时发动机出现冲击和振动。对功率大的发动机或空车来说，有点轻微的“爬行”是正常的。

(5) 超速档控制开关的检查　当自动变速器油温正常（50~80℃）时，将发动机熄火，打开点火开关，接通超速档（O/D）开关，查听变速器中的电磁阀有无操作声，再进行路试，当接通O/D开关时，车速应有明显提高。

3. 失速试验

失速试验是全面检查发动机和变速器油的性能，因试验时发动机和变速器均为满负荷，所以应严格遵守以下规定：

试验时间每次绝不要超过5s。若进行重复试验，须间隔3min左右，以防止变速器油油压过高。试验中如发现发动机转速超过失速转速太多时，是变速器中离合器打滑现象的显示，应立即停止试验，否则将造成变速器损坏。

(1) 试验方法　图5-33所示为失速试验方法示意图，失速试验步骤如下：

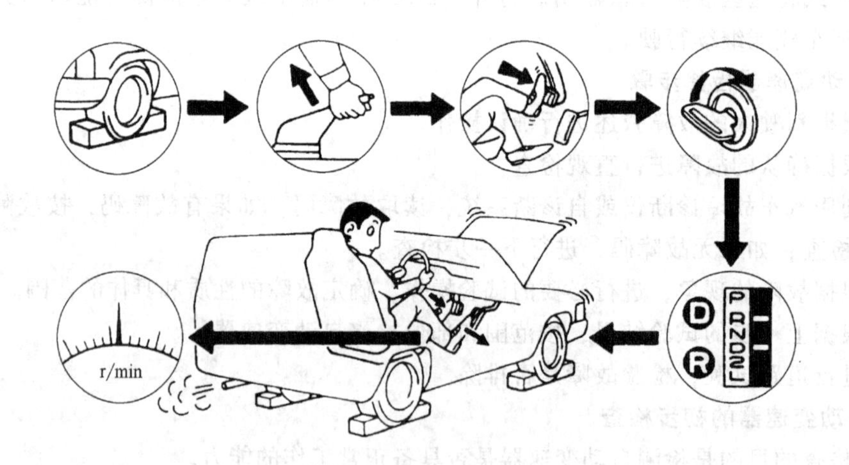

图5-33　失速试验方法示意图

1) 选择一块宽敞平整的场地，停放车辆。

2) 用驻车制动器或制动踏板将车轮抱死。

3) 变速杆分别处在D位或R位。

4) 起动发动机，使变速器油油温在50~80℃范围内。

5) 用三角木将四个车轮前后均堵住，防止车辆窜动。

6）发动机怠速运转，猛踩一脚加速踏板，使节气门全开，转速上升至稳定时，迅速读取转速数据，这个转速就是失速转速。然后分别在 D 位和 R 位各读取一个失速转速数据，试验结果应进行分析。

（2）试验结果分析　试验所测结果比标准数据低，原因有以下几个方面：发动机输出功率不足；变矩器中导轮的单向自由轮打滑；如果试验数据比标准失速转速低 600r/min 以上时，可能是变矩器故障。

试验所测结果比标准数据高，原因有以下几个方面：变速器控制油压偏低；因漏油或磨损造成离合器打滑；如果失速转速高于规定值 500r/min 以上，可能变矩器已损坏。

4. 时滞试验

（1）试验方法　测试升降档的时间差是对失速试验进一步的验证，其试验步骤如下：

1）起动发动机，待自动变速器的油温升至 50℃以上时，调整怠速，拉紧驻车制动。

2）保持发动机怠速运转，将档位由 N 位换到 D 位，开始计时，当感觉到上档的轻微振动时，计时终止。这个时间即“D”位上档滞后的时间。

3）仍保持发动机怠速运转，将档位由 N 位换至 R 位，开始计时，当感觉到上档的轻微振动时，计时终止。这个时间即“R”位上档滞后的时间，如图 5-34 所示。试验一般进行三次，取平均值，每次间隔约 1min。

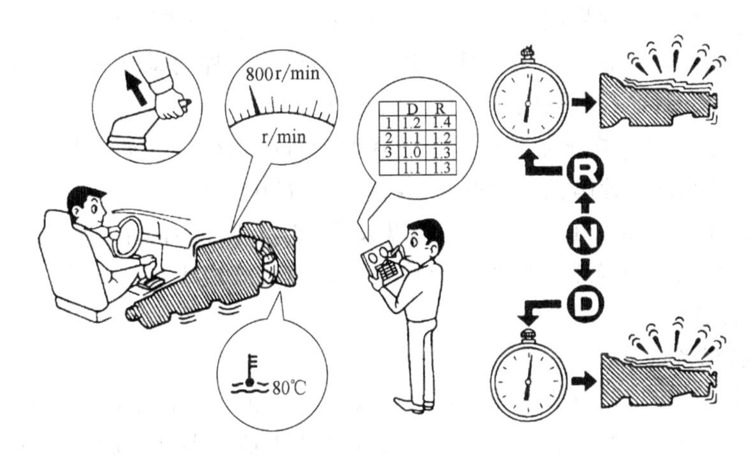

图 5-34　时滞试验

（2）试验结果分析　对试验结果分析如下：N-D 标准值为 1.2s，N-R 标准值为 1.5s。时滞过长是由于控制油压太低，前进离合器活塞漏油，离合器片磨损等；时滞过短是由于控制油压过高，摩擦片间和制动带鼓间隙调整不当。

5. 油压试验

测量液压控制系统管路中的油压，用以判断各种泵和阀的工作性能好坏。

（1）试验方法

1）拔去变速器壳体上的检查接头塞，接上压力表。

2）起动发动机，拉紧驻车制动，在自动变速器油油温正常（50～80℃）时进行试验，并用三角木将四个车轮前后均堵住。

3）踩下制动踏板，换入 D 位，先测怠速下主油路管道的压力。

4）将加速踏板踩到底，测发动机达到失速转速时油路的最高压力。

5）在R位重复试验，将测得的数值与规定值比较。

（2）试验结果分析

1）任何范围油压均高于规定值：故障原因可能是节气门拉索调整不当，节气门阀失效，调整阀失效。

2）任何范围油压均低于规定值：故障原因可能是节气门拉索调整不当，节气门阀失效，调压阀失效，油泵失效，O/D直接离合器损坏。

3）只在D位油压低：原因可能是D位油路漏油，前进离合器故障。

4）只在R位油压低：原因可能是R位油路漏油，直接离合器故障或倒档制动器故障。

6. 道路试验

道路试验的目的是进一步检查自动变速器的使用性能和换档性能，重点放在升档、降档、换档冲击、振动和打滑等方面。重现故障的现象，分析故障的原因，从而确定故障的部位并将其排除。

路试前必须排除发动机和底盘的故障，使自动变速器的油温在50~80℃范围，分项进行试验。

由于路试需要凭操纵者的感觉和记录车速表、转速表的速度才能检查其性能，因此最好选择技术熟练的操纵者，并将记录下的数据与此车型的换档规律图进行对照。

（1）D位试验　在正常和动力模式下进行，档位按顺序自动变速，属正常情况。如果不能顺序自动变速，可能是电磁阀故障和换档阀故障等。

（2）S位/L位试验　放开加速踏板，检查发动机制动效能。如果没有，则一档与倒档制动器有故障。反复踩加速踏板，检查变速器不正常的响声。

（3）检查锁止离合器　在D位O/D档以大约75km/h（不同车型的锁止车速可能略有不同）车速稳定行驶。轻轻踩下加速踏板检查发动机转速应无突然改变。如果发动机转速有很大变化，则无锁止。

7. 手动换档试验

自动变速器可采用手动换档试验，来确定故障出在电子控制系统还是其他部位。

该试验是将电控自动变速器所有换档电磁阀的线束插接器全部脱开，此时ECU不能控制换档，自动变速器处于失效保护模式，其档位取决于变速杆的位置。

【小提示】

> 不同车型电控自动变速器在脱开换档电磁阀线束插接器后的档位和变速杆的关系不完全相同。具体可以参考各车型的维修手册。

手动换档试验的步骤如下：

1）脱开电控自动变速器所有换档电磁阀的线束插接器。

2）起动发动机，将变速杆拨至不同位置，然后进行道路试验。

3）观察发动机转速和车速的对应关系，以判断自动变速器所处的档位。

4）若变速杆位于不同位置时自动变速器所处的档位相同，说明电控自动变速器的阀板及换档执行元件工作正常。否则，说明自动变速器的阀板或换档执行元件有故障。

5）试验结束后接上电磁阀线束插接器。

6）清除电控自动变速器 ECU 中的故障码，防止因脱开电磁阀线束插接器而产生的故障码保存在 ECU 中，影响自动变速器的故障自诊断工作。

8. 自动变速器常见故障诊断

（1）自动变速器不能换档

1）故障现象。汽车行驶中自动变速器始终保持在一档，不能升入二档及高速档。

在汽车行驶中，升档车速明显高于标准值，升档前发动机转速偏高；必须采用松加速踏板提前升档的操纵方法才能使自动变速器升入高档。

2）故障原因。

① 节气门拉索或节气门位置传感器调整不当。

② 节气门位置传感器损坏。

③ 调速器阀卡滞（液力自动变速器）。

④ 调速器阀弹簧预紧力过大。

⑤ 调速器阀壳体螺栓松动或输出轴上的调速器阀进出油孔处的密封环磨损。

⑥ 真空式节气门阀推杆调整不当。

⑦ 真空式节气门阀的真空软管破裂或真空膜片室漏气。

⑧ 主油路油压或节气门阀调节油压太高。

⑨ 强制降档开关短路。

⑩ ECU 或传感器有故障。

3）故障诊断方法。

① 先进行故障自诊断操作，读取自动变速器的故障码。如有故障码，则按故障码查找故障原因。

② 检查节气门拉索或节气门位置传感器的调整情况。如不符合标准，应重新予以调整。

③ 测量节气门位置传感器的电阻。如不符合标准，应予以更换。

④ 对于采用真空式节气门阀的自动变速器，应拔下真空式节气门阀上的真空软管，检查在发动机运转中真空软管内有无吸力。如果没有吸力，说明真空软管破裂、松脱或堵塞，对此，应予以修复。

⑤ 检查强制降档开关。如有短路，应予以修复或更换。

⑥ 测量怠速时的主油路油压，并与标准值进行比较。若油压太高，应通过减小节气门阀推杆长度的方法予以调整。若调整无效，应拆检主油路调压阀或节气门阀。

⑦ 用举升机将汽车升起，使驱动轮悬空，然后起动发动机，挂上前进档，让自动变速器运转，同时测量调速器油压。调速器油压应能随车速的升高而增大。将不同转速下测得的调速器阀油压与标准值进行比较。若油压值低于标准值，则说明调速器有故障或调速器阀油路有泄漏。对此，应拆卸自动变速器，检查调速器阀固定螺栓有无松动、调速器阀油路上的各处密封圈有无磨损漏油、调速器阀芯有无卡滞或磨损过度、调速弹簧是否太硬。

⑧ 若调速器油压正常，则升档迟缓的故障原因为换档阀工作不良。对此，应拆检或更换阀板。

自动变速器不能换挡的故障诊断流程图如图 5-35 所示。

（2）自动变速器跳档频繁

1）故障现象。汽车在前进档行驶中，即使加速踏板保持不动，自动变速器仍然会经常

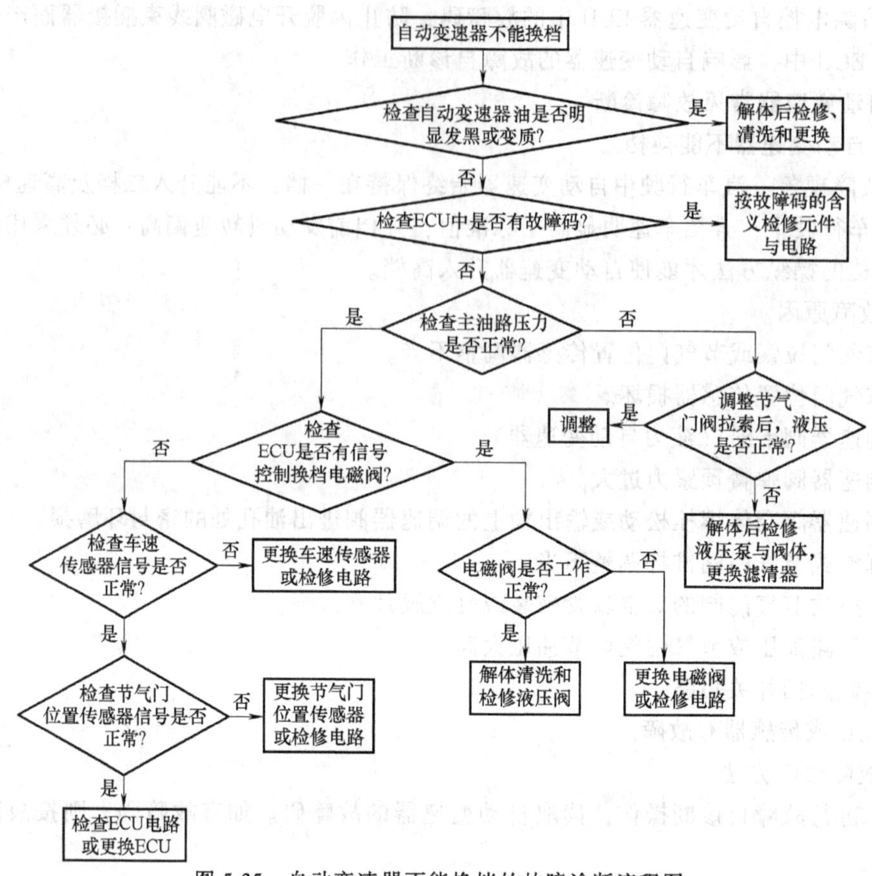

图 5-35　自动变速器不能换档的故障诊断流程图

出现突然降档现象，降档后发动机转速异常升高，并产生换档冲击。

2）故障原因。

① 节气门位置传感器有故障。

② 车速传感器有故障。

③ 控制系统电路搭铁不良。

④ 换档电磁阀接触不良。

⑤ ECU 有故障。

3）故障诊断方法。

① 先进行故障自诊断。如有故障码出现，则按显示的故障码查找故障原因。

② 测量节气门位置传感器，如有异常，则予以更换。

③ 测量车速传感器，如有异常，则予以更换。

④ 检查控制系统电路各条搭铁线的搭铁状态，如有搭铁不良现象，应予以修复。

⑤ 拆下自动变速器油底壳，检查各个换档电磁阀线束插头的连接情况，如有松动，应予以修复。

⑥ 检查控制系统电路各接线脚的工作电压，如有异常，应予以修复或更换。

⑦ 换一个新的阀板或 ECU，如果故障消失，则说明原阀板或 ECU 损坏，应更换。

⑧ 更换控制系统所有线束。

自动变速器频繁跳档的故障诊断流程图如图 5-36 所示。

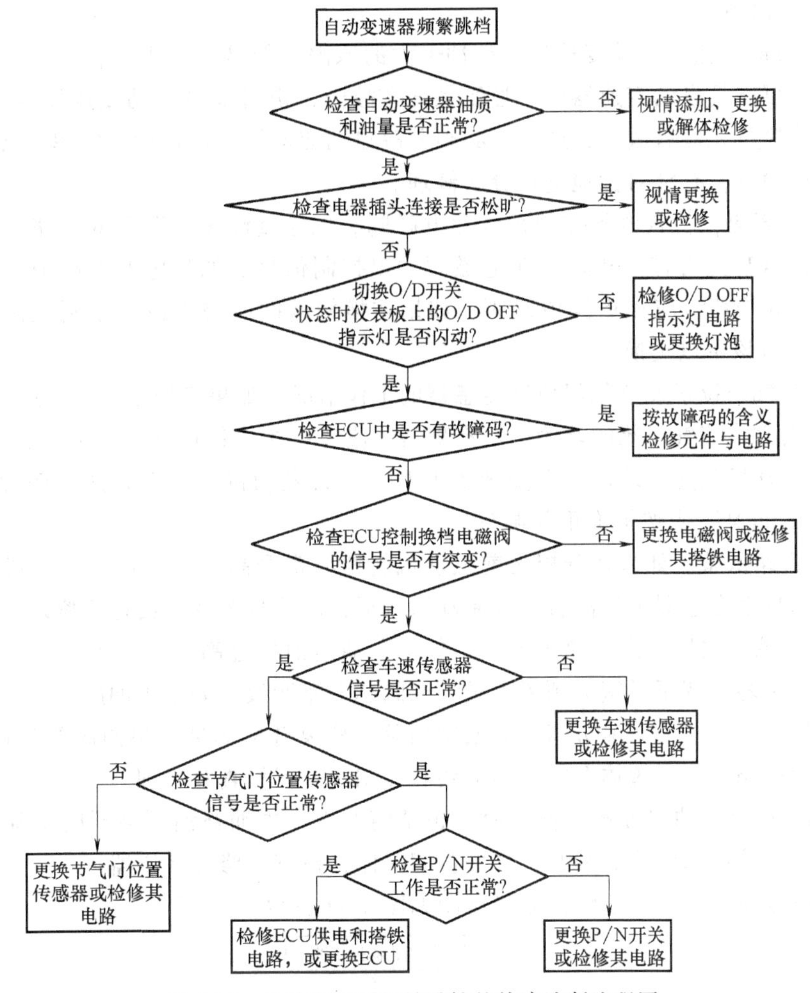

图 5-36　自动变速器频繁跳档的故障诊断流程图

(3) 自动变速器换档时冲击较大

1) 故障现象。在汽车起步时，由停车档（P 位）或空档（N 位）挂入倒档（R 位）或前进档（D 位）时，汽车振动较严重；在汽车行驶过程中，在自动变速器升档的瞬间汽车有较明显的闯动。

2) 故障原因。

① 发动机怠速过高。

② 节气门拉索或节气门位置传感器调整不当，使主油路油压过高。

③ 升档过迟。

④ 真空式节气门阀的真空软管破裂或松脱。

⑤ 主油路调压阀有故障，使主油路油压过高。

⑥ 减振器活塞卡住，不能起减振作用。

⑦ 单向阀钢球漏装，换档执行元件（离合器或制动器）接合过快。

⑧ 换档执行元件打滑。

⑨ 油压电磁阀不工作。

⑩ ECU 有故障。

3）故障诊断方法。自动变速器换档冲击大的原因可能是调整不当，为此，只要重新调整即可排除；可能是自动变速器电子控制系统有故障，也可能是自动变速器内部的控制阀、减振器或换档执行元件有故障，此时，必须分解自动变速器，进行检查修理。必须按下列步骤按部位进行检查，有针对性地进行分解修理。

① 读取故障码，检查电子控制系统和电磁阀。先检查油压电磁阀的电路以及电磁阀工作是否正常，ECU 是否在换档瞬间向电磁阀发出控制信号。如果电路有故障，应该进行修复；如果电磁阀损坏，应该更换电磁阀；如果在换档瞬间电磁阀没有收到控制信号，说明 ECU 有故障，应该予以更换。

② 检查节气门拉索或节气门位置传感器的工作情况。如果工作不正常，应该重新调整。

③ 检查真空式节气门阀的软管。若有破裂，应该更换；若有松动，应该重新夹紧。

④ 检查发动机怠速。装用自动变速器的汽车，其发动机的怠速转速一般为 600~800r/min。如果怠速过高，应按标准重新调整。

⑤ 进行道路试验。如果在升档之前发动机转速异常升高，使得在升档的瞬间产生较大冲击，则说明自动变速器中的离合器或制动器打滑，应该分解变速器进行修理。

⑥ 检测主油路油压。当怠速工况时，如果主油路油压过高，说明主油路调压阀或节气门阀有故障，可能是调压弹簧的预紧力过大或阀芯卡滞所致；如果主油路油压正常，但是起步进档时有较大冲击，说明前进离合器或倒档及高档离合器的进油单向阀阀球损坏或漏装。为此，应该拆卸阀体，对阀体上的控制油路和控制阀进行检查并修理。

⑦ 检测换档时主油路油压。换档时，正常情况下，主油路油压会瞬时下降。如果没有下降，说明蓄压器活塞卡滞。因此，需要拆卸阀体，检查并修理蓄压器。

自动变速器换档冲击的故障诊断流程图如图 5-37 所示。

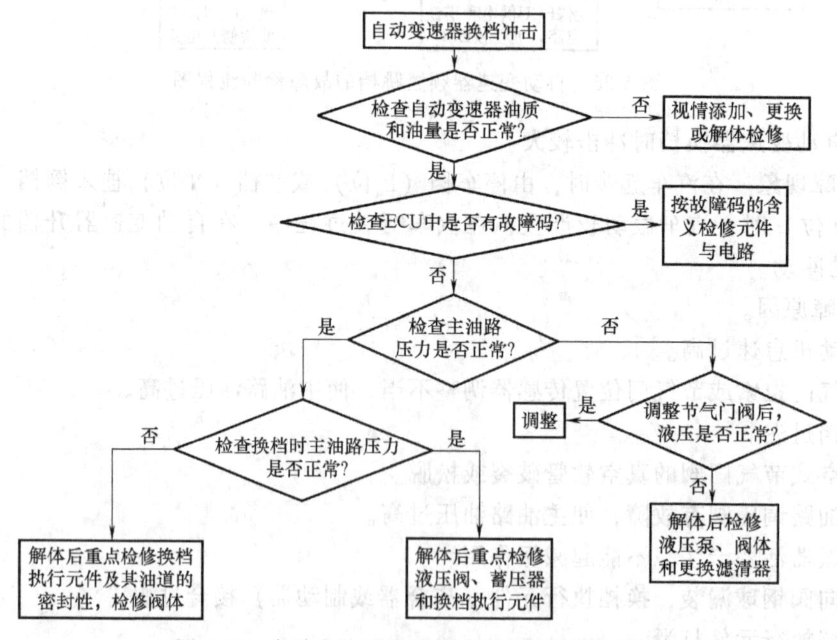

图 5-37 自动变速器换档冲击的故障诊断流程图

（4）自动变速器打滑

1）故障现象。汽车起步时踩下加速踏板，发动机转速很快升高，但车速升高缓慢；当汽车行驶中踩下加速踏板加速时，发动机转速升高但车速没有很快提高；汽车平路行驶基本正常，但上坡无力，且发动机转速异常高。

2）故障原因。

① 自动变速器油油面太低。

② 自动变速器油油面太高，运转中被行星轮机构剧烈搅动后产生大量气泡。

③ 离合器或制动器摩擦片、制动带磨损过度或烧焦。

④ 液压泵磨损过度或主油路泄漏，造成油路油压过低。

⑤ 单向离合器打滑。

⑥ 离合器或制动器活塞密封圈损坏，导致漏油。

⑦ 蓄压器活塞密封圈损坏，导致漏油。

3）故障诊断方法。自动变速器打滑是自动变速器最常见的故障之一。虽然自动变速器打滑都伴有离合器或制动器摩擦片严重磨损甚至烧焦等现象，但如果只是简单地更换磨损的摩擦片而没有找出打滑的真正原因，则会使修理后的自动变速器使用一段时间后又出现打滑现象。因此，对于出现自动变速器打滑的故障现象，不要急于拆卸分解，应先做各种检查测试，以找出造成打滑的真正原因。

① 对于出现打滑现象的自动变速器，应先检查自动变速器油的油面高度和品质。若油面过高或过低，应先调整至正常后再做检查；若油面调整至正常后自动变速器不再打滑，可不拆修自动变速器。

② 检查自动变速器油的品质。若自动变速器油呈棕黑色或有烧焦味，说明离合器或制动器的摩擦片或制动带有烧焦，应拆修自动变速器。

③ 进行路试，以确定自动变速器是否打滑，并检查出现打滑的档位和打滑的程度。若自动变速器升至某一档位时发动机转速突然升高，但车速没有相应地提高，即说明该档位有打滑。打滑时发动机的转速越升高，说明打滑越严重。

根据出现打滑的规律和变速器各档传动路线，可以判断产生打滑的是哪一个换档执行元件：若自动变速器只在超速档时有打滑现象，则为超速档制动器打滑；若自动变速器在倒档和高档时都有打滑现象，则为倒档及高档制动器打滑；若自动变速器在倒档和一档时都有打滑现象，则为一档及倒档制动器打滑。

④ 在拆卸分解之前，应先检查自动变速器的主油路油压，以找出造成自动变速器打滑的原因。自动变速器不论前进档或倒档均打滑，其原因往往是主油路油压过低。若主油路油压正常，则只要更换磨损或烧焦的摩擦元件即可。若主油路油压不正常，则在拆卸自动变速器的过程中，应根据主油路油压，相应地对液压泵及阀板进行检修，并更换自动变速器的所有密封圈及密封环。

自动变速器打滑的故障诊断流程图如图 5-38 所示。

（5）自动变速器油容易变质

1）故障现象。更换后的自动变速器油在短时间里就易变质，或者油温过高，有烧焦味，有的甚至从加油口可以看到冒烟。

2）故障原因。

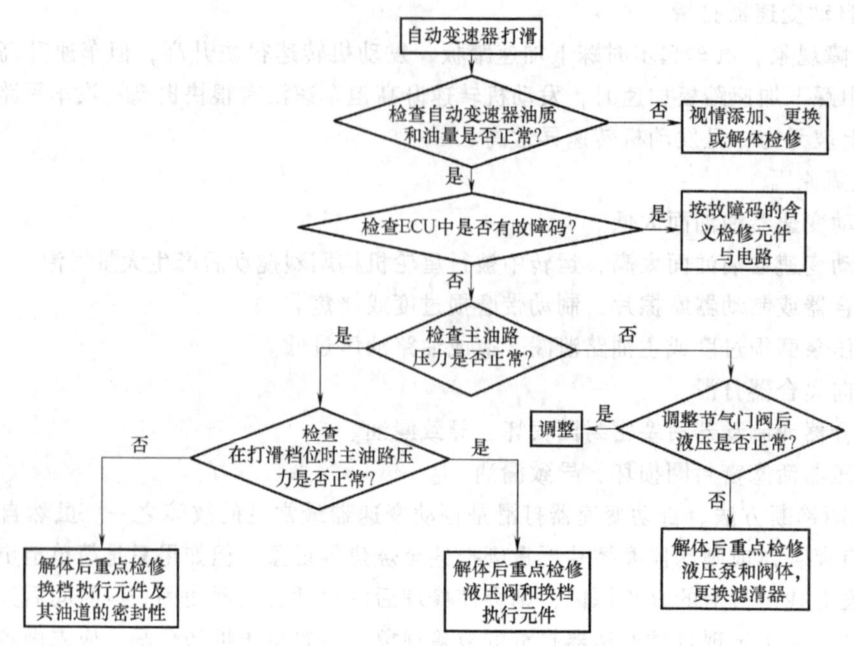

图 5-38 自动变速器打滑的故障诊断流程图

① 使用不当造成油温过高而导致变速器油过早变质，如过于频繁地急加速，经常超负荷行驶，经常超速行驶。

② 自动变速器油质量不佳或受到污染，使变速器油达不到一定的使用期限或换油周期过长、进水。

③ 变速器至自动变速器油散热器通道阻塞，使自动变速器油得不到及时冷却而导致油温过高，如通向散热器的油管堵塞，散热器的限压阀卡滞。

④ 变速器中离合器或制动器的间隙过小，不工作时依然相互摩擦，造成油温过高而变质。

⑤ 主油路的油压过低，使得离合器和制动器在工作时压不紧而打滑，造成油温过高。

⑥ 变矩器打滑或不能进入锁止状态。

⑦ 密封件老化，摩擦材料剥落。

3）故障诊断方法。

① 首先，使汽车以中低速行驶 5~10min，当自动变速器达到正常工作温度时，在发动机运转的情况下检查自动变速器油散热器的温度，正常情况下温度为 60℃ 左右。如果散热器温度过低，说明变速器至自动变速器油散热器通道有阻塞，应检修其相通的油管、散热器和限压阀；如果散热器的温度过高，说明离合器或制动器的间隙过小，需要拆检自动变速器；如果散热器的温度正常，则需要检测主油路的压力是否正常。

② 若上述检查均为正常，则可能是自动变速器使用不当或自动变速器油质量有问题。应该将自动变速器油全部放出，清洗干净后，加入规定牌号和级别的自动变速器油。

4）自动变速器油颜色判别经验法。

① 红色或粉红色透明液体——正常。

② 暗红色或褐色（伴随焦味）——过热破坏（超负荷工作）。

③ 牛奶状（芝麻酱）——冷却液通过散热器进入变速器。

④ 深黑色（与旧机油相似，伴有烧焦煳状）——离合器、制动器严重打滑。

⑤ 有泡沫——油面过高或过低。

⑥ 含有金属杂质——金属件磨损。

5.1.5 万向传动装置的故障诊断与检修

万向传动装置是用来在工作过程中相对位置不断改变的两根轴间传递动力的装置。

万向传动装置主要由万向节和传动轴组成。对于传动距离较远的分段式传动轴，为了提高传动轴的刚度，还设置有中间支承。

万向节按其速度特性分为不等速万向节（普通十字轴式万向节）、准等角速万向节（双联式、三枢轴式等）和等角速万向节（球笼式、组合式等），如图 5-39 所示。

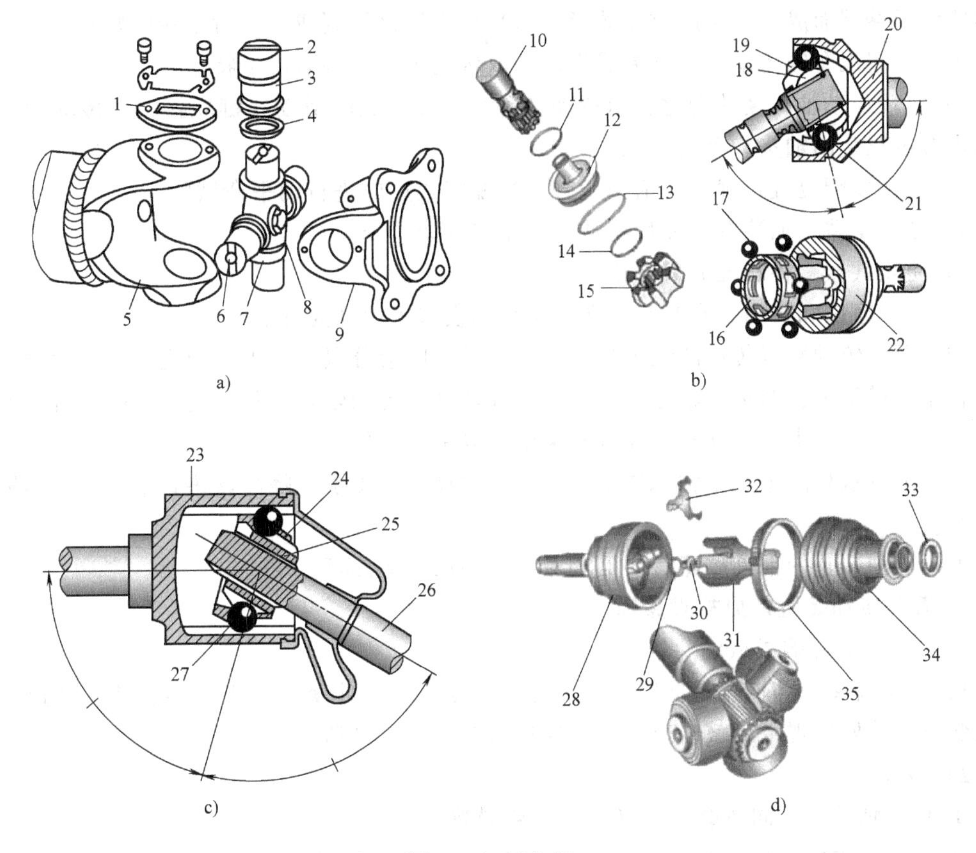

图 5-39 万向节

a）十字轴式万向节 b）球笼式万向节 c）伸缩球笼式万向节 d）三枢轴式万向节

1—轴承盖 2—套筒 3—滚针 4—油封 5、9—万向节叉 6—注油嘴 7—十字轴 8—安全阀 10—主动轴 11、13—钢带箍 12—外罩 14—卡环 15、18、25—星形套（内滚道） 16、19、24—保持架（球笼） 17、21、27—钢球 20、22—球形壳（外滚道） 23—筒形壳（外滚道） 26—主动轴 28—外座圈 29—垫圈 30—止推块 31—叉形元件 32—锁定三角架 33—橡胶紧固件 34—保护罩 35—保护罩卡箍

万向节按其刚度大小，可分为刚性万向节和柔性万向节。

十字轴式万向节具有不等角速特性：当十字轴式刚性万向节的主动叉是等角速度转动

时，从动叉是不等角速度的。单个普通万向节的不等速性会使从动轴及与其相连的传动部件产生扭转振动，产生附加的交变载荷及振动噪声，影响零部件的使用寿命。为避免这一缺陷，在汽车上均采用两个普通万向节，且中间以传动轴相连，利用第二个万向节的不等速效应来抵消第一个万向节的不等速效应，从而实现输入轴与输出轴等角速传动。

为实现等角速传动，可将两个普通十字轴式刚性万向节按一定的排列方式安装。满足下述两个条件，输出轴与输入轴的角速度就相等：

1）第一个万向节的从动叉和第二个万向节的主动叉与传动轴相连，且传动轴两端的万向节叉在同一平面内。

2）输入轴、输出轴与传动轴的夹角相等。

传动轴是连接变速器（或分动器）与驱动桥的部件，其作用是将变速器（或分动器）传来的转矩传给驱动桥，传动轴有空心轴和实心轴两种，多数是做成空心的，一般由厚薄均匀的薄钢板卷焊而成，对于超重型载货汽车采用无缝钢管制成，而对于转向驱动桥、断开式驱动桥或微型汽车的传动轴通常制成实心的。传动轴的结构有以下特点：

1）实现传动轴长度的变化，由滑动叉和花键轴组成的滑动花键联接，在传动轴的两端分别焊有带花键的轴头和万向节叉。

2）保证装配位置正确，有箭头记号。装配完成后应进行动平衡试验。

3）减少摩擦，加装有注油嘴、油封、堵盖和防尘套。

4）防止共振，将长轴分成两段。

5）减少摩擦和磨损，有些汽车在花键槽内设置了滚动元件。

如果万向传动装置传递的动力较远，传动轴中间会分段，并加中间支承。通常中间支承安装在车架横梁上，对传动轴起支承作用，并能补偿传动轴轴向和角度方向的安装误差，以及汽车行驶过程中由于发动机窜动或车架变形等引起的位移。

常见的有双列圆锥滚子轴承式中间支承、摆动中间支承、蜂窝软垫式中间支承和轴式中间支承。

万向传动装置的常见故障有异响和振动、润滑脂泄漏等。

1. 万向传动装置常见故障诊断

（1）前轮处异响或振动

1）故障现象。当汽车转向时，外侧万向节处出现“咔嗒、咔嗒”声，或在加速或减速时内侧万向节处出现金属敲击声，汽车加速时有振动或抖动。

2）故障原因。

① 传动轴外侧万向节磨损（转向时产生异响）。

② 传动轴内侧万向节磨损（速度变化时产生异响和振动）。

3）故障诊断方法。

① 驾驶汽车进行试验，先使车轮直行，并轻轻加速，然后向一个方向转向，再向另一个方向转向，若转向时噪声变大，可能是外万向节有故障。

② 若车轮直行时，万向节处发出“咔嗒”声或产生振动，一般为万向节严重磨损。

③ 将汽车加速直线前进或上坡，若出现振动或抖动表明内侧万向节发卡，出现金属敲击声表明万向节磨损。发生在行驶中，振动与车速成正比关系。

（2）后驱车型底盘异响或振动

1）故障现象。在汽车起步和突然改变车速时，万向传动装置发出“抗、抗”的响声；在汽车缓行时，发出“咣当、咣当”的响声。

汽车运行中出现一种连续的“呜呜”响声，车速越高响声越大。

在万向节和滑动叉技术状况良好时，汽车行驶中发出周期性的响声；速度越高响声越大，甚至伴随有车身振动，握转向盘的手感觉麻木。

2）万向节、传动轴伸缩叉响的故障原因。

① 万向节凸缘盘联接螺栓松动。

② 万向节主、从动部分游动角度太大。

③ 万向节轴承、十字轴磨损严重。

④ 万向节、传动轴伸缩叉磨损松旷。

3）中间支承松旷的原因。

① 滚动轴承缺油烧蚀或磨损严重。

② 中间支承安装方法不当，造成附加载荷而产生异常磨损或支架连接松动。

③ 橡胶圆环损坏。

④ 车架变形，造成前后连接部分的轴线在水平面内的投影不同线而产生异常磨损。

4）传动轴振动的原因。

① 传动轴弯曲或传动轴管凹陷、传动轴上的平衡块脱落。

② 传动轴管与万向节叉焊接不正或传动轴未进行过动平衡试验和校准。

③ 伸缩叉安装错位，造成传动轴两端的万向节叉不在同一平面内，不满足等角速传动条件。

④ 中间支承吊架固定螺栓松动或万向节凸缘盘联接螺栓松动，使传动轴偏斜。

5）松旷或松动故障诊断。

① 用锤子轻轻敲击各万向节凸缘盘连接处，检查其松紧度。太松旷则异响由联接螺栓松动引起。

② 用双手分别握住万向节、伸缩叉的主、从动部分转动，检查万向节有无松动。若万向节在任一个方向上的可见游动量超过规定值，则异响由此引起；若伸缩叉游动量超过规定值，则异响由此引起。

③ 给中间支承轴承加注润滑脂，响声消失，则异响由缺油引起。

④ 检查中间支承吊架固定螺栓和万向节凸缘盘联接螺栓是否松动，若有松动，则异响由此引起。

（3）润滑脂泄漏

1）故障现象。因防尘罩破裂，而造成润滑脂从传动轴防尘罩中溢出。

2）故障诊断方法。

① 用举升机将汽车举升起来。

② 使一个车轮的前端向外偏转，使外侧防尘罩完全显露出来，边旋转轮胎，边用手指放在防尘罩的折叠处检查有无裂缝或撕裂痕迹；当防尘罩出现破损和泄漏时，还需要检查万向节润滑脂的污损情况。若润滑脂里有硬粒，则需进一步检查万向节，有可能需要更换万向节。

③ 把内侧防尘罩的折叠部分拉开进行彻底检查。

④ 重复上述步骤检查另一根传动轴。

2. 万向传动装置的检修

(1) 万向传动装置的拆卸　拆卸传动轴之前，车辆应用举升机举起或停在水平路面上，并楔住前、后轮，在每个万向节凸缘上做好记号，以便原位装复。否则会破坏传动轴平衡。

拆卸时，应从传动轴后端与驱动桥开始。先把与后桥凸缘联接的螺栓拧松取下，然后将与中间传动轴凸缘联接的螺栓拧下，拆下传动轴总成。

松开中间支承支架与车架的联接螺栓，最后松下前端凸缘盘，拆下中间传动轴。

(2) 传动轴径向圆跳动的检查　检查传动轴径向圆跳动是否超过规定值（见表 5-1），若超限，表明传动轴弯曲或轴上的十字轴或节叉与套管不对中，则振动由此引起。

表 5-1　传动轴的径向圆跳动公差　（单位：mm）

传动轴长	<600	600~1000	>1000
径向圆跳动(商用车)	0.6	0.8	1.0
径向圆跳动(乘用车)	0.4	0.6	0.8

就车检查传动轴径向圆跳动的步骤如下：

① 把变速器置于空档，并放松驻车制动器。在举升机或举升台上牢固地支承并举升汽车，使驱动轮能够自由旋转。

② 清除传动轴中部及距离两端各约 75mm 处的灰尘和铁锈。

③ 把百分表安装到汽车底板上，放置表头，使其直接指向传动轴的轴线。

④ 转动传动轴直到百分表指针显示最低读数；调整指针到零位，然后转动传动轴直到百分表指针显示最高读数。

⑤ 记录传动轴上读数最高点的位置和读数，重复步骤④，测量传动轴其他几个位置的径向圆跳动。

⑥ 检查传动轴上是否有凹陷或平衡片脱落，如有，则振动由此引起。

⑦ 检查伸缩叉安装是否正确，不正确，则振动由此引起。

⑧ 拆下传动轴进行动平衡试验，动不平衡，则振动由此引起。

⑨ 松开夹紧橡胶圆环的所有螺钉，待传动轴转动数圈后再拧紧，若响声消失，则故障由中间支承安装方法不当引起，否则故障可能是橡胶圆环损坏，或滚动轴承技术状况不佳，或车架变形等引起。

(3) 万向传动装置的装配　当万向传动装置装配时，要按做好的记号原位装复。

① 清洗零件。先用煤油清洗十字轴油道、轴颈和滚针轴承，再用压缩空气吹干。装配时，防止磕碰，并检查平衡片是否脱落。

② 核对零件的装配标记。万向节和伸缩节等处有装配记号。当安装传动轴时，注意传动轴两端的万向节叉应位于同一平面内。

③ 十字轴的安装。十字轴上的润滑脂油注油嘴要朝向传动轴，并在一条直线上，以便加注润滑脂和保持传动轴平衡。

④ 中间支承的安装。中间支承和中间梁上的固定螺栓和中间支承轴承盖的螺栓先不要拧。

⑤ 加注润滑脂。

5.1.6　驱动桥的故障诊断与检修

驱动桥是位于传动系统末端能改变来自变速器的转速和转矩，并将它们传递给驱动轮的机构。驱动桥一般由主减速器、差速器、车轮传动装置和驱动桥壳等组成，转向驱动桥还有等速万向节。另外，驱动桥还要承受作用于路面和车架或车身之间的垂直力、纵向力和横向力，以及制动力矩和反作用力。

驱动桥分为整体式与断开式两大类。

当驱动车轮采用非独立悬架时，应选用整体式驱动桥。整体式驱动桥也称为非断开式驱动桥，如图5-40所示，它由驱动桥壳、主减速器、差速器和半轴组成。其半轴套管与主减速器壳均与轴壳刚性地相连一个整体梁，驱动桥两端通过悬架与车架连接，左右半轴始终在一条直线上，即左右驱动桥不能相互独立地跳动。当某一侧车轮因地面升高或下降时，整个驱动桥及车身都要随之发生倾斜。

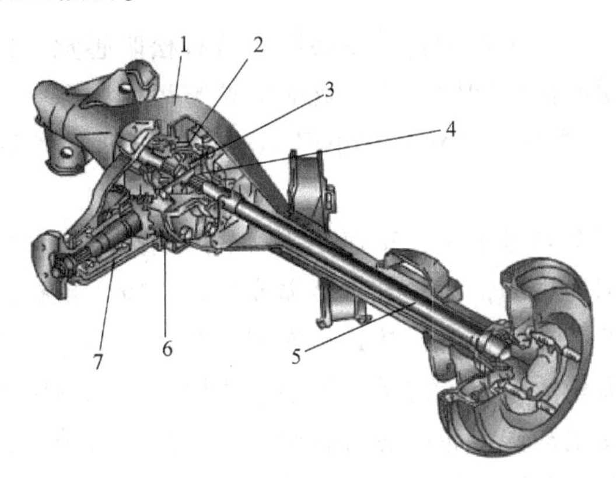

图5-40　整体式驱动桥

1—后桥壳　2—差速器壳　3—差速器行星轮　4—差速器半轴齿轮　5—半轴
6—主减速器从动齿轮齿圈　7—主减速器主动小齿轮

发动机前置前轮驱动轿车的驱动桥将变速器、主减速器和差速器均安装于一个三件组合的外壳（常称为变速器壳）之内，称为变速器驱动桥。这样传动系统的体积有效地减小，由于取消了贯穿前后的传动轴，简化结构，使轿车自重减轻，而且动力直接传给前轮，提高了传动效率。

汽车行驶时，驱动桥的受力情况特别复杂。各传递动力的零件，由于接近最终传动，其所受的各种应力远远大于传动系统的其他部件。后轮驱动的汽车，其驱动桥壳要承受相当一部分的载质量；以前轮驱动的轿车，半轴暴露在外，两端万向节的防尘罩长期使用后的老化都会使驱动桥的技术状态发生变化，造成传动间隙增大而出现异响、主减速器和差速器壳温度过高、漏油等现象，影响汽车的正常使用。

1. 驱动桥常见故障诊断

（1）驱动桥异响

1）故障现象。汽车行驶时，在驱动桥处有异响，且车速越高响声越大，当低速或滑行时，响声减小或消失。

2）故障原因。

① 齿轮或轴承严重磨损或损坏。

② 主、从动齿轮配合间隙过大。

③ 从动齿轮或螺栓松动。

④ 差速器齿轮、半轴内端和半轴齿轮花键槽磨损、松旷。

3）故障诊断方法。

① 行驶时有异响，脱档时异响减弱或消失，车速越快，响声越大，故障原因与齿轮副啮合情况有关：

当起步、换档或急剧改变车速时，有明显的敲击声，车速稳定后为连续的噪声，则为主、从动齿轮啮合间隙过大，应予调整啮合间隙。

高速行驶时有“嗞、嗞”声，脱档滑行时消失，则为主、从动齿轮啮合不良，应对主、从动齿轮啮合间隙及印痕进行检查，并检查从动齿轮是否偏摆，应予调整齿轮啮合印痕及啮合间隙。

在传动轴停止转动后，用手转动传动轴凸缘，若有松旷感觉，则为齿侧间隙过大；如没有感到一点活动量，则说明齿侧间隙过小，此时应调整齿侧间隙。

② 行驶有异响，而脱档滑行时异响减小但不消失，故障原因多与轴承磨损松旷或预紧度过大有关：

当行驶中发出不规则金属敲击声，车速变化时响声明显，晃动传动轴万向节时，主动锥齿轮凸缘能随之转动，则为主动锥齿轮轴承磨损或松旷，应予更换或调整轴承预紧力。

当汽车低速行驶，尤其在脱档滑行接近停车时，发出“硬、硬”声，且车辆伴有振动，则为差速器轴承松旷或齿轮油不足，应予更换轴承或调整轴承预紧力，按标准添加齿轮油。

支起驱动桥用手转动主动锥齿轮凸缘时感到费劲，高速行驶时，出现尖锐噪声，并伴有主减速器壳过热，则为轴承预紧力过大，应调整轴承预紧力。

③如汽车在转弯时发响，多为差速器行星轮齿侧间隙过大或半轴齿轮及键槽磨损，严重时应拆下来修理。

顶起驱动桥变速器置于空档位置，转动一侧车轮，两轮转向不同且有异响，则为行星轮表面损伤或折断；若两轮转向相同，则为行星轮与行星轮轴卡滞，应予检修。

④ 在行驶中突然听到驱动桥有响声，多为齿轮损坏，应立即停车检查排除。如继续行驶，将会打坏齿轮，使汽车停驶。

驱动桥异响的故障诊断流程图如图 5-41 所示。

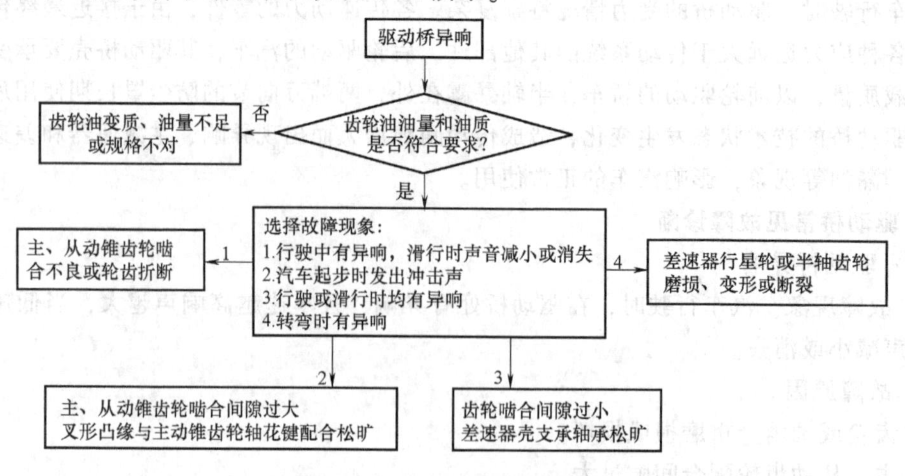

图 5-41　驱动桥异响的故障诊断流程图

(2) 驱动桥过热

1) 故障现象。汽车行驶一段路程后，用手触摸驱动桥时有烫手的感觉。

2) 故障原因。

① 轴承装配过紧。

② 齿轮齿侧间隙过小。

③ 齿轮油太少或黏度不对。

3) 故障诊断方法。应结合发热部位，逐项检查予以排除：

① 主动锥齿轮轴承部位发热，说明轴承预紧力过大或齿轮油不足、变质。

② 主、从动锥齿轮轴承座部位发热或油温过高，说明主、从动齿轮啮合间隙过小或轴承外圈松动。

③ 当轮毂轴承过紧时，常伴有起步费劲，行驶中发沉和滑行不良等现象。

驱动桥过热的故障诊断流程图如图 5-42 所示。

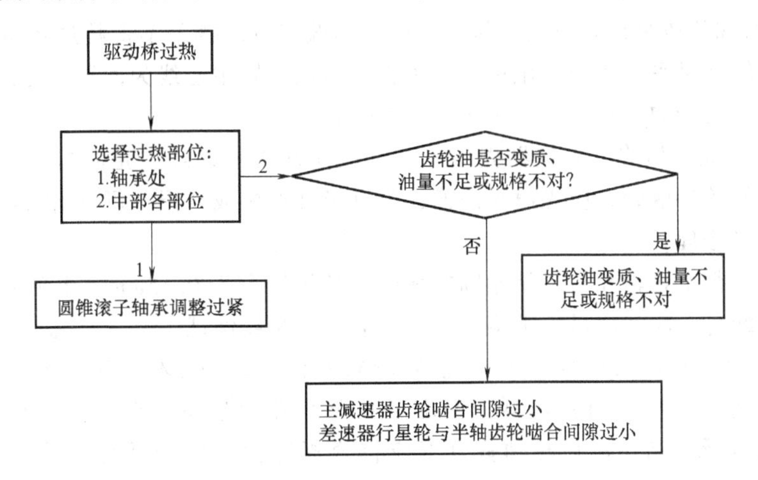

图 5-42 驱动桥过热的故障诊断流程图

(3) 驱动桥漏油

1) 故障现象。齿轮油经后桥主减速器油封或衬垫向外渗漏。

2) 故障原因。

① 主减速器油封或半轴油封损坏。

② 与油封接触的轴颈磨损，表面有沟槽。

③ 衬垫损坏或紧固螺栓松动。

④ 齿轮油加注过多。

3) 故障诊断方法。

① 齿轮油自半轴凸缘周围渗出，说明半轴油封不良。

② 主减速器主动齿轮凸缘处漏油，说明该处油封不良或凸缘轴颈磨损，产生沟槽。

③ 其他部位漏油可根据油迹查明原因，并予排除。

2. 驱动桥主要零件的检修

(1) 桥壳和半轴套管的检修　驱动桥壳常发生弯曲变形和断裂等损伤，驱动桥壳经检查弯曲变形超过大修允许极限值时，应进行校正。弯曲变形的检查应在上、下方向，也可在前、后方向。

1）用比桥壳长50mm、直径比桥壳内径小2mm的钢管插入壳内，如能自动转动，即为符合要求。

2）用细线穿过壳体两端，并拴上重物，细线如能与壳壁贴合，即为符合要求。为提高检验准确度，可使壳体每转过45°测量一次。

3）可用检视或敲击法检查，如有裂纹则予以更换。

（2）半轴的检修

1）半轴内端花键齿或半轴齿轮花键齿磨损，会使半轴齿轮与半轴花键配合间隙变大，应予以更换。

2）半轴不得有裂纹或断裂，否则应予更换。

3）半轴凸缘螺纹孔磨损应予修复。

4）半轴内端键齿扭斜应予更换。

5）半轴弯曲检查采用百分表测量半轴中部的偏转量。摆差不得超过2mm，否则应予更换或校正；半轴凸缘平面应与半轴中心线垂直，当以半轴中心线为回转中心，检查半轴凸缘平面时，半轴应无弯曲，偏摆量应不大于0.20mm。

（3）差速器壳的检修　差速器壳不允许有任何性质的裂纹，壳体与行星轮垫片、差速器半轴齿轮之间的接触处，应光滑无沟槽；若有轻微沟槽或磨损，可修磨后继续使用，否则应予更换或予以修理。

差速器壳上行星轮轴孔与行星轮轴的配合间隙不得大于0.15mm，半轴齿轮轴颈与壳孔的配合为间隙配合，应无明显松旷感觉，否则应予更换或修理。

（4）主减速器壳体的检修　主减速器壳体应无裂纹，壳体上各部螺纹损伤应不得多于两牙，否则应予更换。与差速器壳两端轴承配合孔为过盈配合，且两轴承孔同轴度应符合规定。两轴承孔与主动齿轮轴垂直度应符合规定值，两轴承孔与前端面平行度应符合规定值。

（5）主减速器锥齿轮副的检修　检查齿面磨损情况、啮合印痕以及齿轮锥面径向圆跳动，检查轴颈与轴承、轴承与轴承孔。

从动锥齿轮的紧固螺栓不得松动。如果一个齿轮磨损严重，主、从动齿轮必须成对更换。

（6）轮毂的检修　轮毂应当无裂纹，螺纹不得有损坏；轮毂与半轴凸缘及制动鼓的接合端面对轴承孔轴线的径向圆跳动应符合规定；轴承孔误差应符合规定。

（7）差速器的检修　壳体不得有裂纹，锥齿轮背面与差速器壳体接触面应光滑，检查齿轮齿面，行星轮轴与差速器壳体配合应符合规定。

3. 驱动桥的装配与调整

驱动桥的装配精度要求高，装配质量对总成性能影响大，当内部零件配合不当时，将会发生不正常的响声，加速零件的磨损，严重时甚至会打坏齿轮，烧坏轴承。

桑塔纳2000型轿车用主减速器如图5-43所示。

在检修变速器时，只要更换了影响主减速器性能的零件，就需要按表5-2中的划“√”项目进行调整。如果重新调整了输入齿轮，则也应重新调整行星轮架和离合器间的间隙。

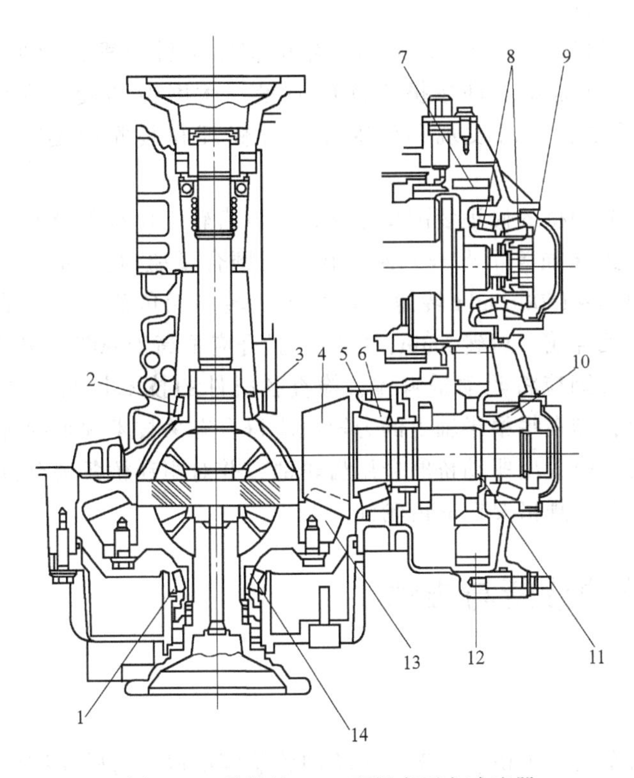

图 5-43 桑塔纳 2000 型轿车用主减速器

1—冠状齿轮的调整垫片 S_1 2—差速器的锥形滚柱轴承 3—冠状齿轮的调整垫片 S_2 4—小齿轮 5—小齿轮的调整垫片 S_3 6—小齿轮的大锥形滚柱轴承 7—输入齿轮 8—输入齿轮的锥形滚柱轴承 9—输入齿轮调整垫片 10—小齿轮的小锥形滚柱轴承 11—小齿轮的调整垫片 S_4 12—输出齿轮 13—冠状齿轮 14—差速器的锥形滚柱轴承

表 5-2 主减速器需要调整的项目

被更换的零部件	需要调整的项目				
	冠状齿轮 S_1+S_2	冠状齿轮 S_1	传动小齿轮 S_3+S_4	传动小齿轮 S_4	调整输入齿轮
变速器壳体	√		√		√
输入齿轮的锥形滚柱轴承					
输入齿轮和输出齿轮是成对更换				√	√
传动小齿轮、冠状齿轮总是成对更换	√		√		
不带冠状齿轮的差速器	√				
传动小齿轮的锥形滚柱轴承			√		
差速器的锥形滚柱轴承	√				
主减速器盖板		√			
传动小齿轮盖板、传动小齿轮套筒、驻车锁止齿轮、间隔管				√	

4. 驱动桥的磨合试验

驱动桥磨合试验的目的是为了扩大运动副的实际接触面积，为驱动桥承受使用负荷做好准备。通过磨合可提高零件摩擦表面的质量、耐磨性和疲劳强度等，同时可检查驱动桥修理装配的质量，及时发现和清除在零件修理和装配中偏离技术条件而引起的缺陷和故障。

在磨合试验中，驱动桥的修理装配质量通常是以齿轮工作有无异响，各轴承部位是否发热和各接合密封处有无漏油等情况来判断。在进行磨合试验时要加注规定的齿轮油，并在（载货汽车）主轴 1400～1500r/min 转速下进行正反转、无负荷和有负荷的阶段磨合试验，试验时驱动桥运转应无异响，运转 5min，各轴承温升应不高于 60℃，用手摸外壳及轴颈处，不应有过热的感觉，否则应将驱动桥解体，检查各机件的技术状况，并加以相应修理及调整。加载磨合试验时，加在每根半轴上的力矩值应符合有关技术规范的规定。

磨合试验合格后，应放出驱动桥磨合用齿轮油，并对驱动桥各磨合机件及壳体用煤油或柴油清洗，最后加注符合规格要求的齿轮油。

5.2 行驶系统的诊断与维修

5.2.1 概述

汽车行驶系统由车架、车桥、悬架、车轮和轮胎等组成。行驶系统的驱动轮接受发动机传动系统传来的转矩，并通过与路面间附着作用，产生路面对汽车的牵引力；行驶系统传递并承受路面作用于车轮上的各种作用力，缓和各种冲击和振动，并且与汽车转向系统很好地配合，保证汽车操纵稳定性。

车架是全车装配的基体，其功用是支承连接汽车各部件并保证其正确的相对位置，承受来自车内外的各种载荷。车架有边梁式、中梁式、综合式以及承载式车身等几种。车架在使用过程中会出现变形（包括弯曲变形和扭转变形）、裂纹、锈蚀、螺栓和铆钉松动等失效形式。由于车架是汽车的装配基体，并承受各种载荷的作用，在某些情况下有可能出现车架的弯曲和扭转变形。车架的变形会导致汽车各总成之间的装配、连接位置发生变化，使得各系统出现故障。

车桥通过悬架和车架（或承载式车身）相连，两端安装汽车车轮，其功用是传递车架（或承载式车身）与车轮之间各方向作用力及其所产生的弯矩和扭矩。

为了保证汽车直线行驶的稳定性和操纵的轻便性，减少轮胎和其他机件的磨损，车轮、车轴与车架的安装应保持一定的相对位置关系，这种安装位置称为车轮定位。

转向轮定位参数包括主销后倾、主销内倾、前轮外倾和前轮前束，其中主销后倾、主销内倾与转向后的自动回正能力有关，后两个参数与轮胎磨损情况有关。现代汽车，尤其是乘用车，除转向轮进行定位外，后轮也进行定位。四轮定位是为了适应汽车高速行驶状态下的稳定性和舒适性的要求。

车轮总成主要由车轮和轮胎两部分组成。车轮由轮毂、轮辋和轮辐组成。轮辋主要有深槽轮辋、平底轮辋和对开式轮辋三种型式。轮胎有无内胎轮胎和有内胎轮胎两种，无内胎轮胎温升小，适合高速行驶。

悬架连接车轮和车桥，一般由弹性元件、减振器和导向装置（纵向推力杆、横向推力杆、横向稳定杆）组成，分为两侧车轮同步运动的非独立悬架和两边车轮可以各自独立运动的独立悬架两种。弹性元件有钢板弹簧、螺旋弹簧、扭杆弹簧、空气弹簧、油气弹簧和橡胶弹簧等多种型式，对路面的冲击起到缓冲作用；减振器可以衰减振动，一般是双向作用筒式减振器，还有充气式减振器和阻力可调式减振器等新型的先进减振器。减振器可调的悬架称为半主动悬架，减振器和弹簧刚度均可调的为主动悬架，两者皆为电控悬架，可以改善汽车的操纵稳定性、舒适性和通过性。

独立悬架的导向装置类型很多，有麦弗逊式、烛式、单横臂式、双横臂式、纵臂式、斜臂式和多连杆式等多种类型。为增强车轮与地面的附着力，独立悬架都设置有横向稳定杆。

行驶系统的故障主要是车架损坏、平顺性不良、行驶跑偏、异响和轮胎的异常磨损等。车架的损坏形式是变形和断裂，修理方法主要是拉伸矫正、焊接和铆接等。轮胎的异常磨损可能是轮胎气压不正确或者长期放置造成的，也可能是车轮定位失调、车架车桥变形和悬架损坏造成的。

5.2.2 行驶系统的维护

1. 轮胎的维护

轮胎的维护包括轮胎充气和轮胎换位。

1）规格不同，甚至厂牌不同的轮胎不得同轴使用。

2）选定的轮胎与轮辋应相配。

3）使用中避免超载和紧急制动，合理分配各车轮的负荷。

4）定期检查轮胎气压和外胎表面，清除铁钉和石块等异物。

5）为使轮胎磨损均匀，延长使用寿命，一般每行驶10000km左右应进行一次轮胎换位，轮胎换位的方法如图5-44所示，图5-44a、b所示的交叉换位适用于经常在拱形路面上行驶的汽车，图5-44c、d所示的循环换位适用于经常在平坦路面上行驶的汽车。

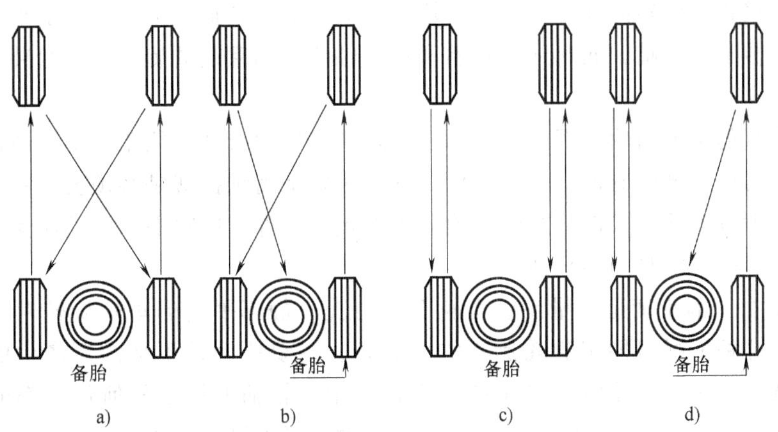

图5-44 轮胎换位方法

a)、b) 交叉换位 c)、d) 循环换位

【小提示】

注意：根据经常行驶的路面情况选择换位方法后，下次仍然要使用该种换位方法。翻新胎、有损伤或磨损严重的轮胎，不得用于转向桥。轮胎花纹有方向的子午线轮胎只能同侧换位。

2. 轮胎的检修

1）外胎内壁应光滑，不得粘有砂石，外胎嵌入石子后应及时清除。如因气压过高等造成损坏，形成破洞，应予修理或更换。

2）轮胎花纹及胎面严重磨损，已暴露出帘布层或胎面，局部损伤超过规定标准，应报废。

3）胎圈钢丝应无松散、折断。若胎圈钢丝露面不超过周长的1/6时，可送厂翻修，否则应更换。

3. 轮胎的装配

1）将外胎内部和内胎外表面擦净，在其相互接触的表面上薄而均匀地涂上一层细滑石粉，将内胎及衬带装入外胎，并将气门嘴对准气门槽孔，将轮胎装到轮辋上。如有挡圈和锁圈，一并装入。

2）将轮胎按规定气压充足气，检查有无漏气现象。

3）将车轮总成装上车，注意不要遮挡到制动毂检视孔。对称地按规定力矩拧紧车轮螺母。

4）对于后轮双车轮，一定要先拧紧内侧车轮的内螺母，然后安装外侧车轮，且相邻的两轮气门嘴应互相错开180°对称排列。双轮间隙适当，高低搭配合适。一般较低的轮胎装于里侧，较高的轮胎装于外侧。

现代乘用车轮胎多采用无内胎结构的真空胎，所以对于内胎也就无须检测。

4. 车轮总成的平衡检查

车轮与轮胎是高速旋转组件，如果不平衡，汽车在超过某一速度行驶时，就会产生共振。特别是高速公路上行驶的车辆，可能造成轮胎爆破，引发交通事故。不平衡也会引起底盘总成零部件损伤，使转向球节上的磨损增加，减振器和其他悬架元件的变形等。就车轮本身而言，由于装有气门嘴，同时还与轮胎和传动轴等传动系统的旋转部件组装在一起，因此必须进行平衡。

新车上安装的车轮与轮胎都经过了平衡，随着车辆的行驶及轮胎的维护或修理，如果检查轮胎有不均匀或不规则磨损、车轮定位失准，车轮平衡维护就是必须要做的工作。当平衡车轮时，沿轮辋分配配重，抵消车轮和轮胎中的重的部件，使它平稳滚动而无振动。有两种车轮不平衡，静不平衡和动不平衡。

（1）静平衡　静平衡是质量围绕车轮等量分配。静不平衡的车轮旋转时造成跳动，也称为角振动，这种情况可能引起轮胎不均匀磨损，主要原因是不平衡所产生的作用。实际上，静平衡就是在车轮静止时是平衡的。不管车轮在轮轴上处于任何位置都能保持不转动时，就达到了静平衡。不管是将车轮垂直装在主轴或平衡机上，还是水平装在气泡式平衡机上，都应该如此。

静不平衡的车轮总有转动趋向，直到重的部分转到下方，才能静止为止。为了对重的部分进行平衡，将一块配重直接加到车轮重的部分的对面。这就是通过增加平衡块来保持平衡。可以将平衡块放在车轮内侧或把平衡块放在车轮外侧，还可以将重的部分对面的车轮内外侧各放一块相等的平衡块。

（2）动平衡　动平衡是在中心线每一侧使质量等量分配。动不平衡的车轮会引起车轮摆动和磨损。动平衡简单地说就是在运动中平衡车轮。一旦车轮开始旋转而处于运动中，由于离心力的作用，其静质量将力图到达车轮旋转的真实平面。当存在着不平衡时，静质量力图到达旋转的真实平面，迫使主轴倒向一侧，即静不平衡。

图 5-45　离车式车轮平衡机

为纠正动不平衡，在不平衡点处，互成180°处放置相等的平衡块，一块在车轮内侧，另一块在车轮外侧。这可纠正不平衡质量而致使车轮摆动的力偶作用。注意，既要达到动平衡而又使静平衡不受影响。

做车轮动平衡需要从车上卸下轮胎/车轮组件装到平衡机主轴上，如图 5-45 所示。

有些电动机/静平衡机可用来对装在车上的车轮和轮胎进行动平衡。控制台上的开关用来设置动平衡试验或静平衡试验。当用于静平衡时，车轮旋转直到重区到底部才停下来，如图 5-46 所示。

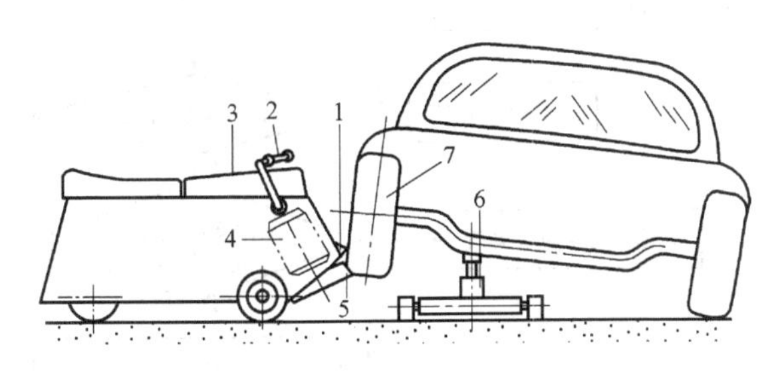

图 5-46　就车式车轮平衡机

1—光电传感器　2—手柄　3—仪表板　4—驱动电动机

5—摩擦轮　6—传感器支架　7—被测车轮

在进行动平衡时，车轮组件以高速旋转。观察平衡刻度，测出必须加的平衡块质量以及位置。按测出的质量，选择平衡块，装夹在一定的位置，这样即可使车轮/轮胎组件达到平衡。

5.2.3　行驶系统的故障诊断

（1）行驶平顺性不良

1）故障现象。汽车行驶时出现振动，加速时出现窜动，驾乘人员感觉很不舒服。

2）故障主要原因及处理方法。

① 横向稳定杆卡座松旷或橡胶支承损坏，应予更换。

② 车轮动平衡超标，应予校正。

③ 减振器或缓冲块失效，应予修理或更换。

④ 传动轴动不平衡，应予校正。

⑤ 弹簧支架衬套磨损松旷，应予更换。

⑥ 车轮轴承松旷或转向横拉杆球头松旷，应予更换。

⑦ 发动机横梁和下摆臂的固定螺栓或衬套松旷，应予修理或更换。

⑧ 半轴内外万向节磨损松旷，应予更换。

⑨ 轮胎气压过高，磨损不均，应予调整或更换等。

3）故障诊断方法。行驶平顺性不良的故障诊断流程图如图 5-47 所示。

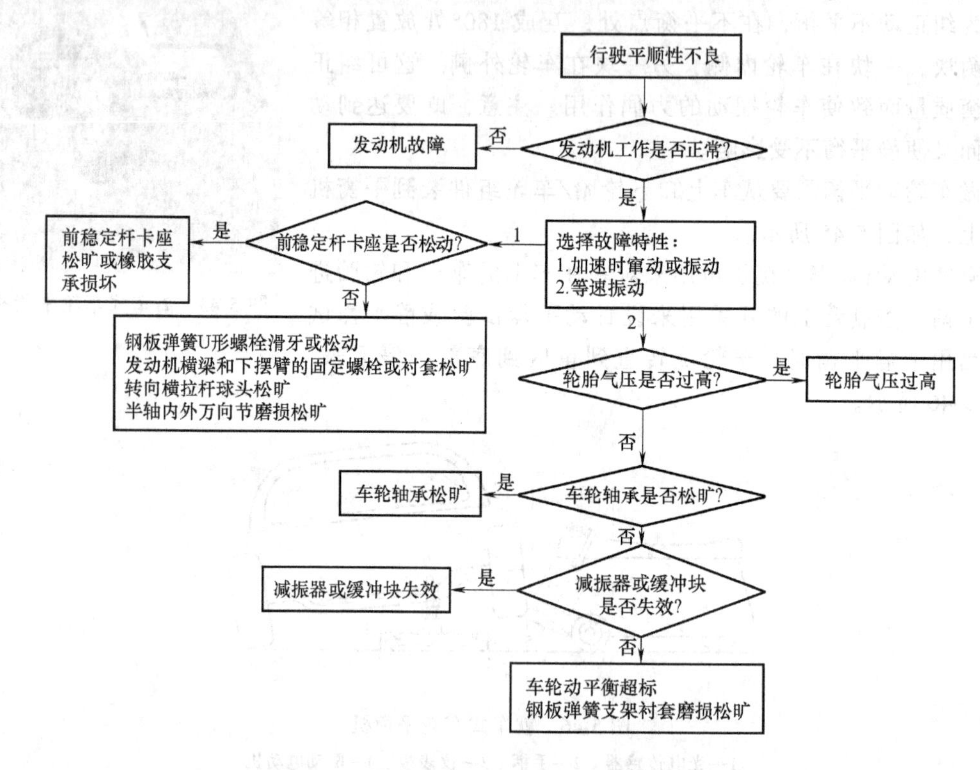

图 5-47　行驶平顺性不良的故障诊断流程图

（2）车身横向倾斜

1）故障现象。汽车车身左高右低或左低右高，出现倾斜。

2）故障主要原因及处理方法。

① 左、右轮胎气压不一致，应按规定充气。

② 左、右轮胎规格不一致，应予更换。

③ 悬架弹簧自由长度或刚度不一致，应予更换。

④ 发动机横梁或下摆臂变形，或发动机横梁和下摆臂的固定螺栓或衬套松旷，应予修理或更换。

⑤ 减振器或缓冲块损坏，应予更换。

⑥ 车身变形，应予整形修复。

3）故障诊断方法。车身横向倾斜的故障诊断流程图如图 5-48 所示。

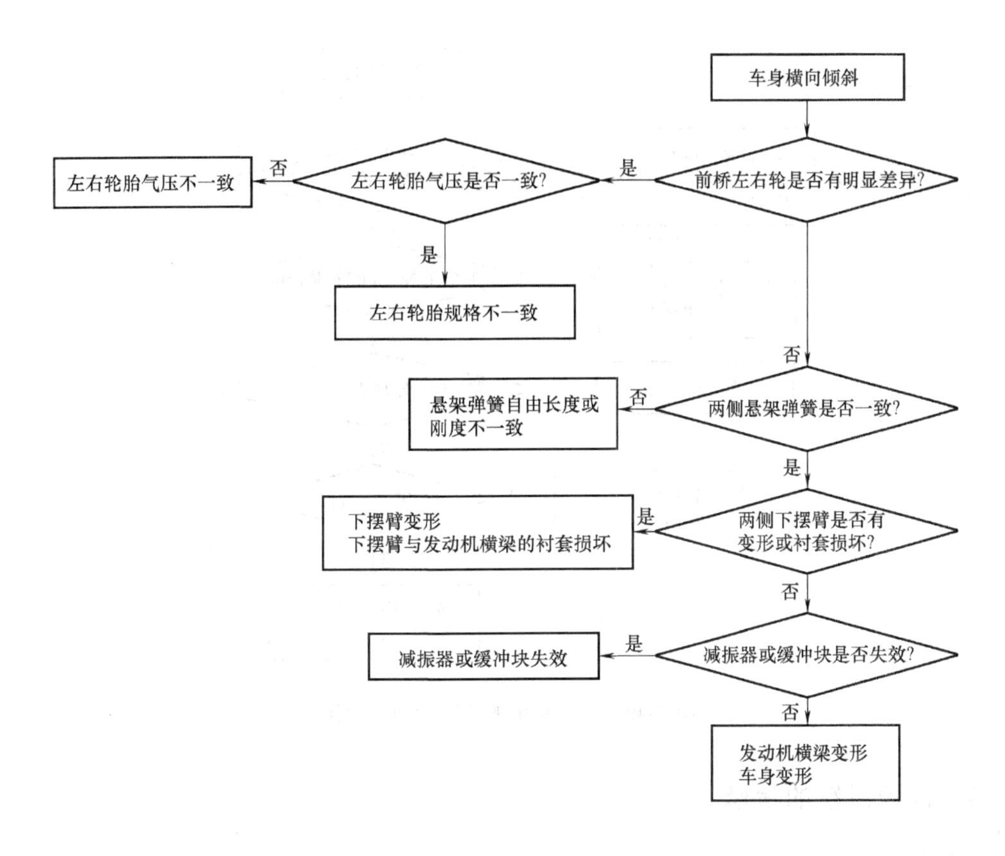

图 5-48　车身横向倾斜的故障诊断流程图

（3）行驶跑偏

1）故障现象。汽车正常行驶，不踩制动时，必须紧握转向盘才能保持直线行驶，若稍有放松便自动跑向一边。

2）故障主要原因及处理方法。造成汽车行驶跑偏的根本原因是汽车车轮的相对位置不正确，两侧车轮受到的阻力不一致。具体原因如下：

① 两前轮轮胎气压不等，直径不一或汽车装载质量左、右分布不均匀，应予调整或更换。

② 左、右两前弹簧弹力不一或单边松动、断裂，应予更换。

③ 前梁、车架发生水平面内的弯曲，应予校正。

④ 汽车两边的轴距不等，应予调整。

⑤ 两前轮轮毂轴承的松紧度不一，应予调整。

⑥ 前轮定位不正确，应予调整或更换部件。

⑦ 车轮有单边制动或拖滞现象，应予检修。

⑧ 转向杆系变形，应予校正或更换。

⑨ 动力转向系统控制阀损坏或密封环弹性减弱，阀芯运动不畅或偏离中间位置，应予调整或更换等。

3）故障诊断方法。行驶跑偏的故障诊断流程图如图 5-49 所示。

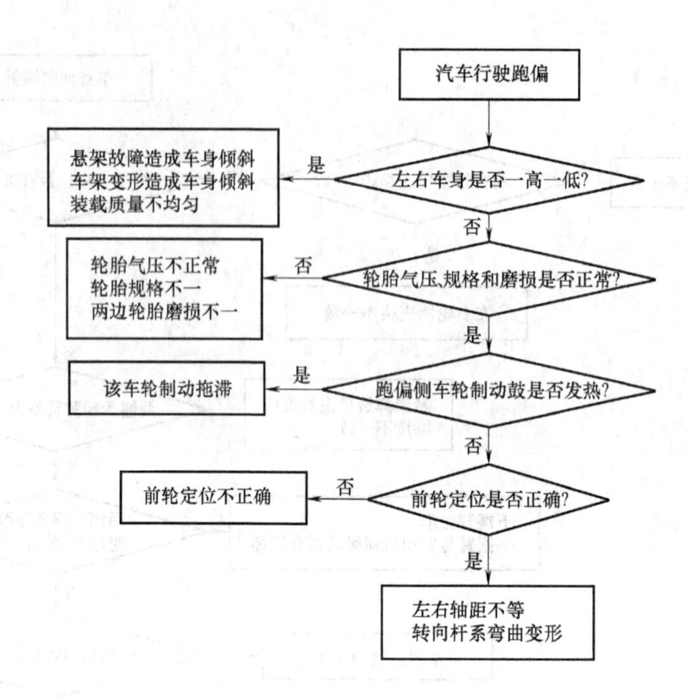

图 5-49　行驶跑偏的故障诊断流程图

5.2.4　行驶系统的检修

1. 悬架的检修

悬架的损坏会造成汽车车身倾斜、异响和振动、行驶不稳等故障。造成故障的主要原因有悬架左、右不对称，各传动或连接处因磨损或装配不当形成过大间隙，润滑不良等。

(1) 轮毂的检修　前轮毂承受静载荷及冲击载荷，车轮轴承和轴承壳及传动轴是容易损伤的部位。检查时，轴承应转动灵活，无卡滞，轴向及径向没有明显的间隙感觉，否则应进行更换。轴承壳应无裂纹，轴承壳变形较小时可以敲击校正，变形较大时应予更换。

(2) 前轮毂的装配

1) 安装弹簧挡圈。将轴承涂上润滑脂，将轴承压到位，装上内弹簧挡圈。用专用工具将轮毂压入轮轴。

2) 安装减振支柱。装上螺旋弹簧、减振器护套和限位缓冲器。用专用工具压紧弹簧，再拧紧螺母盖。拧紧时，用内六角扳手阻止活塞杆转动。

3) 装上螺母盖。在等速万向节花键上涂上一圈防护剂，然后进行传动轴装配。

4) 安装完成 1h 后方可使用汽车。

(3) 钢板弹簧的检修　钢板弹簧的维修作业主要包括以下内容：

1) 清除表面积灰、污物和铁锈等。

2) 检查是否有断裂或错位。

3) 检查弹簧夹箍铆钉是否松动，若是应修复。

4) 检查 U 形螺栓是否有裂纹、断裂或螺纹损伤。

5) 检查钢板长度和弧高及同轴左、右钢板的弧高差是否满足要求。

6）检查各联接螺栓和螺母是否紧固可靠。

7）每隔 5000km 左右用石墨钙基润滑脂或二硫化钼润滑脂润滑钢板弹簧。

（4）减振器的检修

1）行驶 10km 以上的汽车减振器，手摸感觉温度应明显高于环境温度；手用力下压乘用车发动机舱罩或行李舱盖，车身应出现多于一次的连续上下跳动。否则，说明减振器效能降低或已失效。

2）如果拆下减振器，用手拉压，拉伸阻力应大于推压阻力。

3）减振器水平放置 24h，应无漏油现象。

4）在确定减振器有问题或失效后，应先查看减振器是否漏油或有陈旧性漏油的痕迹。油封垫圈和密封垫圈破裂损坏，储油缸盖螺母松动，可能是油封和密封垫圈损坏失效，应更换新的密封件。如果仍然不能消除漏油，应拉出减振器，若感到有发卡或轻重不一时，再进一步检查活塞与缸筒间的间隙是否过大，减振器活塞连杆有无弯曲，活塞连杆表面和缸筒是否有划伤或拉痕。减振器活塞与工作缸的配合间隙应不大于 0.15mm，活塞杆圆度误差不超过 0.10mm，阀片不得缺损或严重变形，否则应更换。

5）如果减振器没有漏油的现象，则应检查减振器连接销、连接杆、连接孔和橡胶衬套等是否有损坏、脱焊、破裂或脱落之处。若上述检查正常，则应进一步分解减振器，检查活塞与缸筒间的配合间隙是否过大，缸筒有无拉伤，阀门密封是否良好，阀瓣与阀座贴合是否严密，以及减振器的伸张弹簧是否过软或折断，根据情况采取修磨或换件的办法修理。

6）减振器在实际使用中会出现发出响声的故障，这主要是由于减振器与钢板弹簧、车架或轴相碰撞，胶垫损坏或脱落以及减振器防尘筒变形，油液不足等原因引起的，应查明原因，予以修理。

2. 轮胎不正常磨损

轮胎的不正常磨损：有一个或者几个轮胎内侧或者外侧不正常地加速磨损，比起另外几个轮胎，某一个轮胎的某个部分磨损得特别快。在检查轮胎的时候可以明显地看出花纹磨损得比别的轮胎或者同一轮胎的另一边磨损得快，很快造成偏磨，导致该轮胎报废。

造成轮胎不正常磨损的原因包括气压过高或过低、四轮定位不准、转向系统故障、车架不正或者不同规格的轮胎混装。

如果四轮定位不准确，会造成四个轮胎不在标准要求的横竖两条直线上，那么同侧的两个车轮在行驶时就会发生不正常磨损现象。当前轮或者后轮不走直线时，车辆自行校正会造成某个轮胎的某个部位对地摩擦力不正常，使磨损量加大，继而加速轮胎的磨损。

图 5-50 所示为轮胎不正常磨损的形态，发生这几种不正常磨损的原因如下：

图 5-50a 所示磨损的原因是过度加速、轮胎气压过高。适当提高轮胎的充气量，可以减小轮胎的滚动阻力，节约燃油。但充气量过大时，不但影响轮胎的减振性能，还会使轮胎变形量过大，与地面的接触面积减小，正常磨损只能由胎面中央部分承担，形成早期磨损。

图 5-50b 所示磨损的原因是转向困难、充气不足，或长期超负荷行驶。当充气量小或负荷重时，轮胎与地面的接触面大，使轮胎的两边与地面接触参加工作而形成磨损。

图 5-50c 所示为轮胎出现斑块磨损。在轮胎的个别部位出现斑块形严重磨损的原因是轮胎平衡性差。当不平衡的车轮高速转动时，个别部位受力大，磨损加快，同时转向发抖，操纵性能变差。若在行驶中发现某一个特定速度方向有轻微抖动时，就应该对车轮进行平衡，

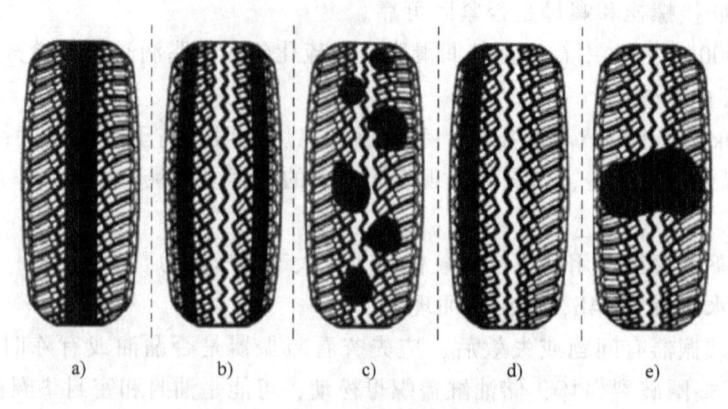

图 5-50 轮胎不正常磨损的形态

a）胎面中央磨损 b）胎肩磨损 c）斑块磨损 d）胎侧偏磨 e）局部磨损

以防出现斑块磨损。

图 5-50d 所示磨损的原因是定位不正确、换位不足。当前轮的外倾角过大时，轮胎的外边形成磨损。当外倾角过小或没有时，轮胎的内边形成磨损。

图 5-50e 所示为紧急制动车轮抱死造成的局部磨损。

3. 电控悬架系统故障诊断与维修

电控悬架一般都具有自诊断功能，也就是说，这种系统能够自行诊断系统本身是否有故障，并点亮故障警告灯，以便于驾驶人或维修人员及时查找故障原因和进行维修。

当电子控制空气悬架系统运行有故障时，电控悬架的 ECU 就检测到并点亮故障指示灯。电控空气悬架系统的诊断与维修过程因不同车辆而不一样，在维修时应参照相应汽车制造商的维修手册或相关资料中提供的步骤进行。

如果自诊断系统显示正常代码，可是电动汽车悬架系统故障仍然出现，此时就应该根据故障的现象进行人工判断排除。电控悬架系统常见的故障就是悬架刚度和阻尼系数控制失灵和高度控制失灵。

（1）悬架刚度和阻尼系数控制失灵

1）LRC（阻尼系数控制开关）指示灯显示状态不变。不管如何操作悬架刚度和 LRC，LRC 指示灯显示状态保持原样不变。故障原因是悬架刚度和 LRC 电路故障或悬架 ECU 有故障。

2）悬架刚度和阻尼系数控制失效。当汽车在行驶时，悬架刚度和阻尼系数不随着行驶状况、路况和电动汽车姿态变化而调节。故障原因是悬架控制执行器电路有故障，悬架控制执行器电源电路故障，T_c 与 T_s 端子电路有故障，悬架刚度和 LRC 电路故障，空气弹簧减振器故障，悬架 ECU 有故障。

3）防侧倾控制失效。汽车在急转弯行驶时有侧倾现象，其他方面正常。故障原因是转向传感器电路故障或者悬架 ECU 有故障。

4）防后坐控制失效。汽车在急加速行驶时车身后部有下沉（后倾）现象。故障原因是节气门位置信号电路故障或者悬架 ECU 有故障。

5）防前倾控制失效。汽车在紧急制动时车身前部有下沉（前倾）现象，其他均正常。故障原因是停车灯开关电路故障，车速传感器电路故障，悬架 ECU 有故障。

6）高速控制失效。汽车在高速行驶时明显感到悬架比较软，操纵稳定性较差。故障原因是车速传感器电路故障或者悬架 ECU 有故障。

（2）高度控制失灵

1）高度控制指示灯的显示不随高度控制开关操作而变化。高度控制开关无论转换在何种模式，高度指示灯显示模式不变。故障原因是高度控制开关电路故障，调节器电路故障，高度控制电源电路故障，高度控制传感器故障，悬架 ECU 有故障。

2）汽车高度控制功能失效。汽车在行驶、驻车、乘员和行李质量变化时，车高没有变化。故障原因是调节器电路故障，高度控制电源电路故障，高度控制开关电路故障，高度控制开关有故障，高度控制传感器故障，悬架 ECU 有故障。

3）高速时汽车高度控制失效。当汽车在高速行驶时，高度不降低而维持原样。故障原因是车速传感器电路故障或者悬架 ECU 有故障。

4）汽车高度变化不符合控制逻辑。汽车在行驶、驻车、乘员和行李质量变化时，车高变化不大或产生相反的变化。故障原因是空气泄漏，高度控制传感器故障，悬架 ECU 有故障。

5）汽车有高度调节作用，但是车高不均匀。汽车在行驶、驻车、乘员和行李质量变化时，车高虽然有变化，但是前后左右高低不均匀。故障原因是高度控制阀、排气阀电路故障，高度控制传感器连接杆调整不当。

6）汽车高度调节值与标准不符。汽车有高度调节作用，但是汽车高度升高或降低不符合规定高度。故障原因是高度控制传感器连接杆调整不当。

7）汽车高度要么特别高要么特别低。当调整车高时，汽车处于非常高或非常低的位置。故障原因是高度控制传感器有故障。

8）关闭了高度控制，汽车高度控制仍起作用。将高度控制开关拨到 OFF 位置，汽车在行驶、驻车、乘员和行李质量变化时，车高依然按控制逻辑进行调节；当点火开关拧到 OFF 位置时，汽车高度并不下降至驻车状态；车门打开后，点火开关在 OFF 位置时，其高度控制不解除。故障原因是高度控制开关有故障，门控制开关电路有故障，高度控制电源电路故障，悬架 ECU 有故障。

9）汽车驻车时汽车高度非常低。当汽车驻车时，片刻或 1~2 天高度下降太多。故障原因是空气泄漏或者空气弹簧减振器故障。

10）空气压缩机的驱动电动机长时间运转不停机。汽车在高度升高后，很长时间压缩机驱动电动机仍在工作不停机。故障原因是空气泄漏，高度控制继电器电路有故障，压缩机驱动电动机电路有故障，悬架 ECU 有故障。

5.3　转向系统的诊断与维修

5.3.1　概述

汽车行驶中，驾驶人通过操纵转向盘，经过一套传动机构，使转向轮在路面上偏转一定的角度，以改变其行驶方向，确保汽车稳定安全地正常行驶。能使转向轮偏转，以实现汽车转向功能的一整套机构称为汽车转向系统。

汽车转向系统分为机械转向系统和动力转向系统两大类。动力转向系统又可分为液压动力转向系统、电液助力式动力转向系统和电动助力动力转向系统，如图 5-51 和图 5-52所示。

汽车转向要求内、外转向轮具有共同的转向中心。内侧车轮偏转角大于外侧车辆的偏转角，这一转向要求可以通过转向梯形来保证。汽车转向系统由转向操纵机构、转向器和转向传动机构组成。转向时驾驶人转动转向盘，转向柱驱动转向器工作，转向器再将转向盘的操纵力放大，通过转向节和转向横拉杆推动转向轮偏转，实现转向。

转向柱管一般是可以伸缩变形甚至断裂，在发生正面碰撞事故时，不至于对驾驶人造成伤害。

常见的转向器是齿轮齿条式和循环球式，前者用于整体式转向桥，后者既可用于独立悬架的整体式车桥也可用于非独立悬架的断开式车桥。这两种转向器的正效率和逆效率都很高，转向系统的角传动比都较大，因此转向轻便而且有明显的路感，转向轮的自动回正能力也较强。可以调整转向系统的各部位间隙，来保证一定的转向盘自由行程。

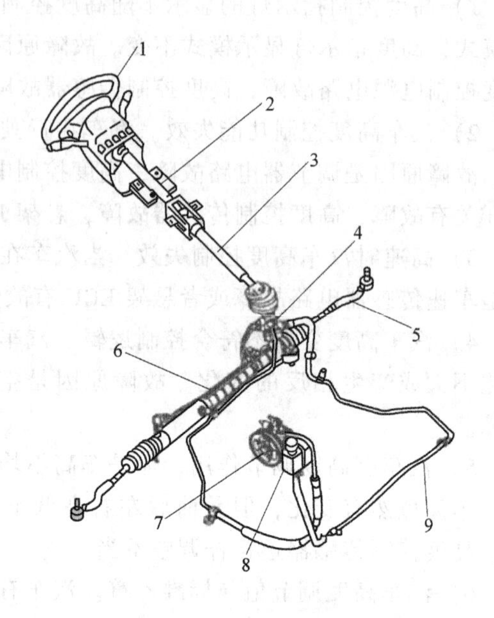

图 5-51　液压动力转向系统

1—转向盘　2—转向轴　3—转向万向传动装置
4—转向控制阀　5—转向横拉杆　6—机械转向器
7—转向液压泵　8—转向油罐　9—油管

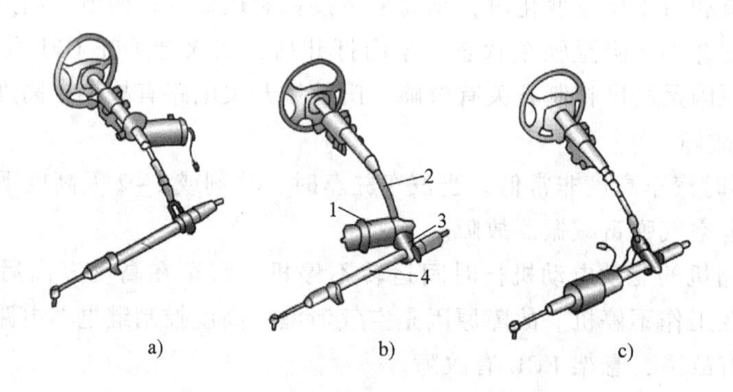

图 5-52　电动助力动力转向系统

a）转向轴助力式　b）齿轮助力式　c）齿条助力式

1—电动机　2—转向轴　3—转向齿轮　4—转向齿条

动力转向系统是使用发动机作为能源，借助液压泵、电动机对转向进行助力。动力转向系统是兼用驾驶人体力和发动机（或电动机）的动力作为转向能源的转向系统。在正常情况下，汽车转向所需能量只有一小部分由驾驶人提供，而大部分是由发动机通过动力转向装置提供的。但在动力转向装置失效时，一般还应当能由驾驶人独立承担汽车转向任务。常用的有常流式液压助力转向和电动助力转向。驾驶人操纵转向盘转过一个小的角度，转向轴的末端带动转向阀转动，打开了液压油的通道，推动助力活塞，给转向横拉杆或者转向摇臂助力。

转向系统的常见故障一般是转向沉重、转向发抖、转向发卡和行驶跑偏。

5.3.2 车轮定位的检测

四轮定位是以车辆的四轮参数为依据，通过调整，以确保车辆良好的行驶性能并具备一定的可靠性。

汽车的转向车轮、转向节和前轴三者之间的安装具有一定的相对位置，这种具有一定相对位置的安装叫作转向车轮定位，也称为前轮定位。前轮定位包括主销后倾（角）、主销内倾（角）、前轮外倾（角）和前轮前束。这是对两个转向前轮而言，对两个后轮来说也同样存在与后轴之间安装的相对位置，称为后轮定位。后轮定位包括车轮外倾（角）和后轮前束。这样前轮定位和后轮定位综合称为四轮定位。

1. 需要做四轮定位的情况

1）车辆的行驶性能受到了影响。驾驶车辆时感到方向转向沉重、发抖、跑偏、不正、不归位或者发现轮胎单边磨损、波状磨损、块状磨损、偏磨等不正常磨损以及驾驶时飘浮、颠颤和摇摆等现象出现时，就应该进行四轮定位检测了。

2）因事故造成底盘及悬架的损伤。

3）车桥以及悬架的零件被拆装过。

4）轮胎气压和轮胎胎面磨损：不均匀的轮胎磨损表示轮胎、转向装置或悬架等某些方面出了故障。

【小提示】

> 轮胎不规则磨损和磨损过快有很多种原因，其中最常见的原因是不适当的充气压力，未定期进行轮胎换位，驾驶习惯不当或原来的四轮定位不正确等。

5）车轮振摆。振摆是由于各种原因引起轮胎不稳定旋转的一种情况，车轮和轮胎的振摆是指不规则的上下或左右运动。左右运动就是指车轮或轮胎的横向振摆，上下运动就是指车轮或轮胎的径向振摆。与振摆有关的振动故障只能通过寻找振摆的来源来消除。

【小提示】

> 振摆的检修通常包括车轮中轮胎的再组装或更换、车轮轴承更换、轮毂的更换或轮胎/车轮平衡等几方面。

6）车轮跑偏。跑偏是指车辆在径直道路上行驶，转向盘在不受任何外力作用的情况下，车辆行驶方向发生偏移。

2. 四轮定位需调整的参数

1）主销后倾，作用是直线稳定性，转向回正。

2）主销内倾，作用是稳定性，转向回正。

3）车轮外倾，作用为增大轮胎接触面，抵消不良影响。

4）前束，作用为抵消车轮外倾（内倾）造成的不利影响。

部分车型的车轮定位参数见表5-3。

表 5-3 部分车型的车轮定位参数

车型＼参数	前轮前束	前轮外倾	主销后倾	主销内倾	后轮前束	后轮外倾
桑塔纳 2000GSi/3000	8′±8′	−15′±15′	1°30′±30′		25′±15′	1°40′±20′
宝来	±10′	−30′±30′	7°30′±30′		20′±10′	1°27′±10′
本田雅阁	−3~3mm	±1°	7°±1°			−25°±30′
丰田皇冠	3~5mm	25′±30′	−45′±45′	7°20′		
宝马 3 系	14′±8′	−43′±20′	5°47′±30′		16′±6′	−2°4′±15′

四轮定位参数不良所造成的行驶系统故障现象，见表 5-4。

表 5-4 四轮定位参数不良所造成的行驶系统故障现象

四轮定位参数	变化状态	故障现象
后倾角	太大	转向时转向盘太重
	太小	直行时转向盘摇摆不定
	不等	转向后转向盘不能自动回正
外倾角	太大	轮胎外缘磨损，悬架零件磨损
	太小	轮胎内缘磨损，悬架零件磨损
	不等	直行时车辆向大外倾角一侧跑偏
前束	前束过大(内八字)	轮胎外缘羽毛状磨损 轮胎内缘磨损，转向盘飘忽不稳定
	负前束(外八字)	轮胎内缘羽毛状磨损 轮胎外缘磨损，转向盘飘忽不定

3. 四轮定位仪

车轮定位的检测可使用四轮定位仪来进行。

四轮定位仪有前束尺、光学水准定位仪、拉线定位仪、CCD 定位仪、激光定位仪和 3D 影像定位仪等几种。其中 3D 影像定位仪、CCD 定位仪和激光定位仪是目前市场上的三大主流产品，3D 产品是市场上最先进的四轮定位，测量方式先进，测量时间仅为传统定位仪的 1/5，已渐渐进入成熟阶段。

4. 四轮定位的检测步骤

(1) 检测前的准备

1) 轮胎气压正常。

2) 前、后轮胎磨损情况基本一致。

3) 悬架完好，无松旷等现象。

4) 汽车前、后高度与标准值的差不大于 5mm。

5) 转向系统调整适当，制动系统工作正常。

6) 将汽车开上举升平台，托起四个车轮，把汽车举升 0.50m。

7) 托起车身适当部位，把汽车举升至车轮能自由转动。

(2) 检测过程

1）将传感器支架安装到轮毂上，再将传感器（定位校正头）安装到支架上，按说明书的规定调整好。

2）开机进入测试程序，输入被检汽车的车型和生产年份。

3）将转向盘处于直线行驶位置，并使每个车轮旋转一周，即将轮辋变形的误差输入了ECU，完成了轮辋变形的补偿。

4）降下汽车，使车轮落到平台上，把汽车前部和后部向下压动4~5次，进行压力弹跳。

5）用制动锁压下制动踏板，使汽车处于制动状态。

6）把转向盘左转至四轮定位仪计算机发出“OK”声，输入左转角度；然后把转向盘右转至四轮定位仪计算机发出“OK”声，输入右转角度。

7）回正转向盘，四轮定位仪计算机屏幕上显示出后轮的前束和外倾角数值。

8）将转向盘处于直线行驶位置，用转向盘锁锁住转向盘，使之不能转动。

9）把安装在四个车轮上的定位校正头调到水平线上，四轮定位仪计算机屏幕上显示出转向轮的主销后倾角、主销内倾角、前轮外倾角和前束。

10）如果数值不正确，可按四轮定位仪计算机屏幕的显示进行调整，并在调整后按上述方法重新检测。

除了采用四轮定位仪外，也可以通过检测车轮侧滑来判断车轮定位是否正确。

5. 前轮定位的调整

以应用最多的双横臂式独立悬架前桥和麦弗逊式独立悬架前桥为例。

（1）双横臂式独立悬架前桥前轮定位的调整方法　采用双横臂式独立悬架结构的前桥，其前轮定位参数均可调整。只要改变上横臂与上臂固定轴间的两种调整垫片的数量，就可实现主销内倾角、主销后倾角和车轮外倾角的调整。

调整时，如果两种垫片的数量同时增加，则上横臂连同上球头销同时向内移动，因而减小了车轮外倾角，主销内倾角相应加大；反之，车轮外倾角加大，主销内倾角相应减小。当增加一种垫片同时减少另一种垫片，则球头销将相对横向中心线后移一段距离，因而加大了主销后倾角；反之，则减小主销后倾角。

前束的调整则通过改变横拉杆的长度来实现。

（2）麦弗逊式独立悬架前桥前轮定位的调整方法　一汽奥迪、上海大众桑塔纳等乘用车皆采用麦弗逊式独立悬架前桥前轮定位的调整方法。各种车型的具体结构不同，但一般而言，前轮定位的四个参数中，并不都能调整。

一汽奥迪乘用车的车轮外倾角由设计保证，不能调整，而其主销后倾和内倾角可通过弹簧支柱座上的三个腰形螺栓孔调整。

桑塔纳乘用车则只能调整车轮外倾角。方法如图5-53所示，松开下悬臂球形接头的固定螺母，将外倾调整杆插入图中箭头所示的孔中，横向移动球形接头，直至达到外倾值。一般是右侧从前面插入调整杆，左侧从后面插入调整杆。

调整后，紧固螺母并再次检查外倾值及前束。

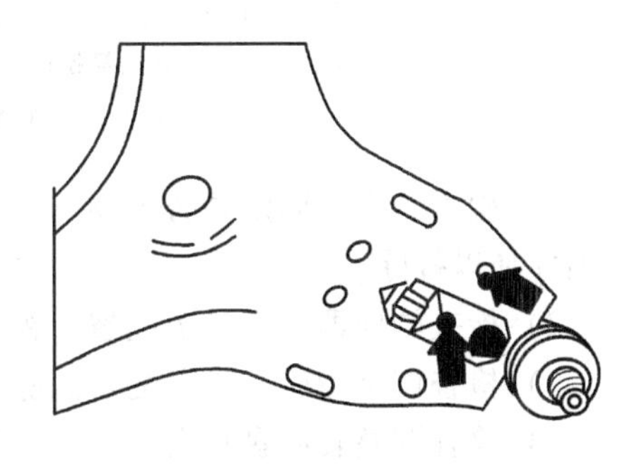
图5-53　调整车轮外倾角

5.3.3 转向系统的维护

1. 机械转向系统的维护

(1) 转向操纵机构的维护 转向操纵机构的维护作业主要包括如下：

1）清洁部件外部。

2）检查转向管柱与转向盘、转向器的花键联接是否松动或磨损，视情况予以更换。

3）检查转向传动轴转向节有无松动、磨损，视情况予以更换。

4）润滑转向节。

(2) 转向器的检查调整 齿轮齿条式转向器的调整主要是调整转向齿轮与转向齿条的啮合间隙，如图5-54所示。调整方法如下：转动齿轮使齿条处于伸缩运动的中间位置，使用扭力扳手和专用套筒将调整螺塞拧到7~15N·m，然后退回30°~40°，保持螺塞位置不变，再拧紧锁紧螺母；专用工具套入齿轮花键端以10~15r/min的速度转动齿轮，测量齿轮齿条啮合预紧度。

当安装连接叉到齿条上时，需注意齿条端面刻线与连接叉刻线要对齐。

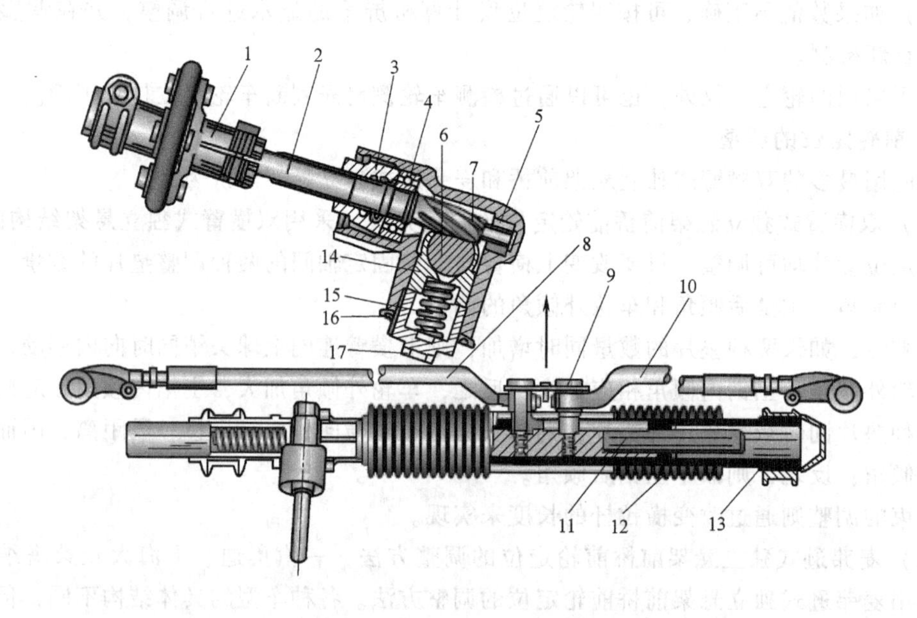

图5-54 齿轮齿条式转向器

1—万向节叉 2—转向齿轮轴 3—调整螺母 4—向心球轴承 5—滚针轴承 6、11—转向齿条 7—转向齿轮 8、10—转向横拉杆 9—固定螺栓 12—防尘套 13—转向器壳体 14—压块 15—压紧弹簧 16—锁紧螺母 17—调整螺塞

1）检查转向器固定是否可靠，有无漏油现象。若有，应将转向器可靠固定，找出漏油原因并加以排除。

2）检查转向器外壳是否破裂，视情况焊补或更换。

3）检查调整齿轮、齿条配合间隙。

4）检查调整转向盘自由行程。松开调整螺栓的锁紧螺母，拧动调整螺栓，使自由行程满足±15°，然后将调整螺栓锁止。

5）紧固。按规定力矩紧固转向器螺钉、转向器与车架的固定螺钉、转向管柱固定螺钉等。

6）润滑。转向油一般每隔 8000km 检查并添加，48000km 更换；每隔 2000km 润滑转向传动轴。

7）检查齿条的摆差、磨损情况。齿条的最大摆差为 0.15mm。检查齿条背面是否磨损或损坏，如有则应更换齿条和衬套。更换时，在新的衬套内侧涂敷二硫化钼锂基润滑脂，将衬套装入转向齿条壳体，并对准内侧的三个孔。

8）检查轴承是否松旷，若磨损严重应更换新轴承。

（3）转向器的装配

1）装配前注意在各密封处和相互运动处加注润滑脂。

2）装配向心球轴承。用专用工具将轴承装到小齿轮上，并装上轴用弹性挡圈。

3）装配转向小齿轮。用专用工具将转向小齿轮装入齿条壳体内，然后装上孔用弹性挡圈，再用专用工具将油封压入齿条壳体内。

4）装配转向齿条。将 2 号二硫化钼锂基润滑脂涂在齿面和整个齿条表面上，再装入转向齿条。注意不要划伤齿条齿套。

5）调整齿条预紧度。用扳手拧紧压簧调整螺塞，紧固力矩为 6.9N·m。前后移动转向齿条约 15 次，使齿条处于稳定状态，然后继续拧紧压簧调整螺塞，拧紧力矩为 12.3N·m。再用扳手将压簧螺塞退回 1/8 圈，接着使用专用工具测量齿条的预紧度是否符合规定值 29.4~58.8N·m。如果没有达到规定值，则应重复以上操作。

6）装配转向齿条接头总成。将转向齿条接头螺母拧入转向齿条接头，将转向齿条接头总成拧入转向齿条。固定转向齿条，拧紧转向齿条接头螺母，紧固力矩为 49~63.7N·m。装上转向齿条防尘罩，装上防尘罩锁簧和防尘罩箍带。

7）装上转向横拉杆接头总成。将锁紧螺母和横拉杆接头总成拧到齿条接头上，直到标记对准。初步拧紧锁紧螺母，在检查调整好前轮前束后，最后拧紧锁紧螺母。

（4）转向传动机构的维护和检查　循环球式转向器和蜗杆曲柄指销式转向器的转向传动机构由转向摇臂、转向直拉杆、转向节臂和转向梯形等零部件共同组成，其中转向梯形由梯形臂、转向横拉杆和前梁共同构成，如图 5-55 所示。各杆件之间都采用球形铰链连接，并设有防止松脱、缓冲吸振和自动消除磨损后的间隙等结构措施。

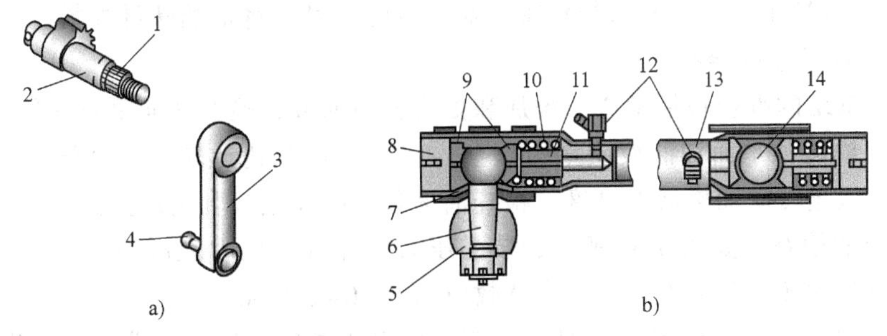

图 5-55　转向传动机构

a）摇臂　b）转向直拉杆

1—带锥度的三角形齿形花键　2—摇臂轴　3、5—转向摇臂　4、6—球头销　7—油封垫　8—端部螺塞　9—球头座　10—压缩弹簧　11—弹簧座　12—注脂嘴　13—直拉杆体　14—转向节臂球头销

1）检查调整转向拉杆球头销的松紧度。

2）检查调整最大转向角。

3）紧固和润滑。

4）检查转向摇臂或上端花键有无裂纹或损坏，若有应更换。

5）检查转向摇臂锁紧螺母有无损伤，若有应更换。

6）各球头销、销座及球碗应无裂纹，球头销颈部磨损不超过1mm，球面磨损失圆不超过0.50mm，否则应更换。

7）球头销螺纹应无损伤，否则应更换；球头销弹簧不应有弹力减弱或折断现象，否则应更换。

8）检查转向节应无裂纹，轴颈与轴承的配合间隙符合要求。

9）检查防尘装置，应齐全、有效。

（5）转向传动机构的拆卸与分解

1）分开转向摇臂与直拉杆。

2）在转向摇臂与摇臂轴之间做好装配记号，拆下转向摇臂。

3）拆下转向直拉杆总成并分解。

4）拆下转向横拉杆总成并分解。

（6）转向传动机构的装配

1）安装转向直拉杆总成。将弹簧座、弹簧和上球头座依次装入转向直拉杆端头的支承孔。将球头销的球头涂以润滑脂，从转向直拉杆侧面的大孔中装入。放入球头座，拧入螺塞；拧紧时先将螺塞拧到底，再退回1/5~1/2圈，然后用开口销锁住调整螺塞，装上油封和护套。装配转向直拉杆的另一端，将转向直拉杆的两个球头销分别装到转向摇臂和转向节上臂锥孔内，按规定力矩拧紧球头销螺母，装好开口销。

2）安装转向横拉杆总成。将转向横拉杆接头夹在台虎钳上，装入上球头座。将球头销涂以润滑脂，使球头销穿过上球头座中心孔后落入球头座，再依次装入球头座、弹簧座和弹簧，拧上螺塞；拧紧时先将螺塞拧到底，再退回1/5~1/2圈，然后用开口销锁住调整螺塞。在球头销端装入油封、密封罩和油封盖，并装配另一端转向横拉杆接头总成。分别将左、右横拉杆接头总成装到横拉杆的两端，并拧紧左右横拉杆接头的四个螺栓。把转向横拉杆总成装到左、右梯形臂的锥孔内，按规定力矩拧紧球头销螺母，装好开口销。

3）将转向摇臂上端套入转向摇臂轴，对正装配记号，将轴端螺母拧紧。

2. 动力转向系统的维护

动力转向系统的维护包括检查、添加和更换转向油液，检查转向泵及其传动带等项目。

（1）转向油罐油平面和油液质量的检查　使发动机怠速运转，转动转向盘，使油温达到40~80℃，检查转向油罐液面高度。检查油液是否有起泡或乳化现象。

（2）油压的检查　如图5-56所示，装上压力表并打开压力表阀门，起动发动机并怠速运转，满方向转动转向盘数次，压力表读数应为6.80~8.20MPa。

（3）转向泵的检查　如图5-57所示，起动发动机并怠速运转，满方向转动转向盘数次，将压力表阀门关闭（不超过5s），压力表读数应为6.80~8.20MPa。清洁转向器及转向油泵外部，并检查是否有漏油痕迹。

（4）各连接油管、接头的检查　检查油管是否漏油，接头连接是否牢固可靠。

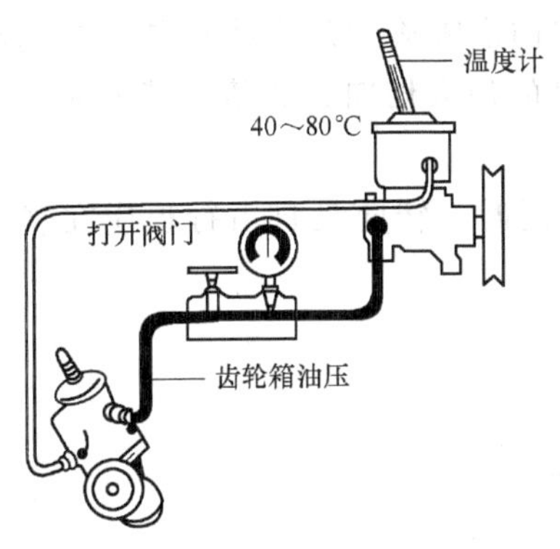

图 5-56 动力转向系统的油压检查

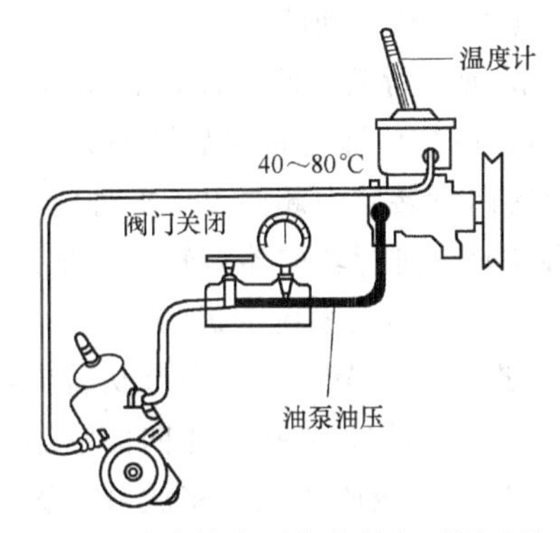

图 5-57 动力转向系统的转向泵压力检查

（5）转向油泵传动带松紧度的检查 松开转向油泵装配支架上的螺母，转动调整螺栓，当传动带中部的挠度为 9～10mm 时，再将螺母锁止。

（6）转向油的更换

1）支起汽车前部，使两前轮离开地面。拧下转向油罐盖，拆下回油管放油。同时起动发动机怠速运转，左右转动转向盘。

2）关闭发动机，在转向油罐中添加规定牌号的转向油至规定高度，满打转向盘 2～3 次，若液面下降则需补充转向油。降下汽车前部，起动发动机怠速运转，满打转向盘 2～3 次。重复以上操作，直到转向油罐液面无明显下降，转向油罐中转向油无气泡和乳化现象为止。

（7）测量转向盘上的转向力 使用转向参数测量仪检测转向盘上的转向力。该仪器是以微机为核心的智能化仪器，可测得转向盘自由转动量和作用在转向盘上的转向力。该仪器由操纵盘、主机箱、连接叉和定位杆四部分组成。操纵盘由螺钉固定在三爪底板上，底板经转矩传感器与连接叉相连，每个连接叉上都有一个可伸缩长度的活动卡爪，以便与被测转向盘相连接，如图 5-58 所示。

转向力的检测一般有原地转向力试验、低速大转角（“8”字形）转向力试验和弯道转向力试验、原地检测法和路试检测法等。目前在实际检测中应用广泛的有原地检测法和路试检测法两种。

图 5-58 转向参数测量仪

1）原地检测法

① 将转向参数测量仪安装在被测车辆的转向盘上，调整转矩为零点。

② 将汽车转向轮置于转角盘上，安装、固定好转向参数测量仪。

③ 通过转向参数测量仪转动转向盘。

④ 转动转向参数测量仪的操纵盘使转向轮达到原厂规定的最大转角，记录全过程中转向力矩的最大值，然后再除以转向盘的直径，即得到最大转向力。

2）路试检测法。将转向参数测量仪按要求正确地安装到被测转向盘上，汽车空载在平坦、干燥及清洁的硬路面上以 10km/h 的速度在 5s 之内沿螺旋线从直线行驶过渡到沿直径为 25m 的圆周行驶，测出此过程中施加于转向盘外缘的最大切向力数值，其值应小于或等于 245N，该数值即为转向盘转向力。

当转向盘转向力超过 245N 时应予以检查维修，同时，转向盘自由行程应在规定范围内。必要时应进行转向器齿轮齿条的间隙调整。

（8）动力转向系统的拆卸

1）拆下转向节，将转向节从转向器中拉出。

2）分别用软管夹夹住通向储液罐和叶片泵的软管。

3）拆下底盘隔声板，将放液盘置于车下。

4）用拉力器将调整杆端头从转向臂上压下。

5）密封好从转向器上取下的软管，并对转向器上露出的螺纹进行保护。

（9）动力转向系统的安装调整　按拆卸的相反顺序进行；软管连接处换用新的密封环；管接头螺栓、支架固定螺栓和限压阀螺塞等处的拧紧力矩严格按照制造商的要求，并添加新的转向油。

【小提示】

> 带动力转向装置的整体式转向器，可靠性较高，一般不需要分解检修；只有确认转向器存在故障且需要检修时，才予以分解。
>
> 此种转向器的常见损坏是漏油和齿轮齿条间隙过大。漏油一般发生在管接头、密封圈和油封等处，齿轮齿条的间隙可通过调节螺钉予以调整。

5.3.4 转向系统的故障诊断与检修

转向系统的常见故障有异响、漏油、方向回位困难、转向沉重和转向发摆。

1. 机械转向系统常见故障诊断

机械转向系统的常见故障主要包括转向沉重、转向盘自由行程过大和转向轮抖动。

机械转向系统的常见故障部位主要有转向盘自由行程、转向传动机构连接处和转向器等。

（1）转向沉重

1）故障现象。汽车在行驶中，当驾驶人向左、向右转动转向盘时，感到沉重费力，无回正感；当汽车低速转弯行驶和掉头时，转动转向盘感到非常沉重，甚至转不动。

2）故障原因及处理方法。转向沉重的根本原因是转向轮气压不足或定位不准，转向系统传动链中出现配合过紧或卡滞而引起摩擦阻力增大。具体原因主要如下：

① 转向轮轮胎气压不足，应按规定充气。

② 转向轮本身定位不准或车轴、车架变形造成转向轮定位失准，应校正车轴和车架，并重新调整转向轮定位。

③ 转向器主动部分轴承调整过紧或从动部分与衬套配合太紧，应予调整。

④ 转向器主、从动部分的啮合间隙调整过小，应予调整。

⑤ 转向器缺油或无油，应按规定添加转向油。

⑥ 转向器壳体变形，应予校正。

⑦ 转向管柱转向轴弯曲或套管凹瘪造成互相碰擦，应予修理。

⑧ 转向纵、横拉杆球头连接处调整过紧或缺油，应予调整或添加润滑脂。

⑨ 转向节主销与转向节衬套配合过紧或缺油，或转向节止推轴承缺油，应予调整或添加润滑脂等。

3）故障诊断方法。转向沉重的故障诊断流程图如图 5-59 所示。

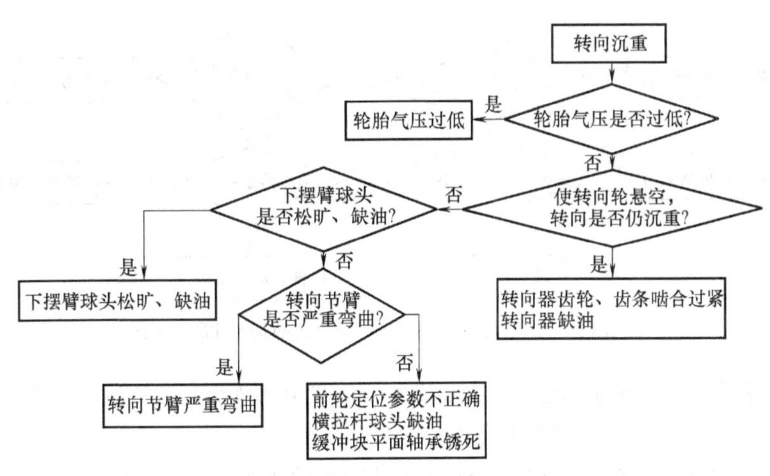

图 5-59 转向沉重的故障诊断流程图

（2）转向轮抖动

1）故障现象。当汽车在某低速范围内或某高速范围内行驶时，出现转向轮各自围绕自身主销进行角振动的现象。尤其是高速时，转向轮摆振严重，握转向盘的手有麻木感，甚至在驾驶室可看到汽车车头晃动。

2）故障原因及处理方法。转向轮抖动的根本原因是转向轮定位不准，转向系统连接部件之间出现松旷，旋转部件动不平衡。具体原因主要如下：

① 转向轮旋转质量不平衡或转向轮轮毂轴承松旷，应予校正动平衡或更换轴承。

② 转向轮使用翻新轮胎，应予更换。

③ 两转向轮的定位不正确，应予调整或更换部件。

④ 转向系统与悬架的运动发生干涉，应予更换部件。

⑤ 转向器主、从动部分啮合间隙或轴承间隙太大，应予调整或更换轴承。

⑥ 转向器垂臂与其轴配合松旷或纵、横拉杆球头连接松旷，应予调整或更换。

⑦ 转向器在车架上的连接松动，应予紧固。

⑧ 转向轮所在车轴的悬架减振器失效或左右两边减振器效能不一，应予更换。

⑨ 转向轮所在车轴的钢板弹簧 U 形螺栓松动或钢板销与衬套配合松旷，应予紧固或调整。

⑩ 转向轮所在车轴的左右两悬架的高度或刚度不一，应予更换等。

3）故障诊断方法。机械转向系统转向抖动的故障诊断流程图如图 5-60 所示。

（3）转向不灵敏且操纵不稳定

1）故障现象。操纵转向盘时感觉松旷量大，汽车在直线行驶时又感觉行驶不稳。

当汽车保持直线行驶位置静止不动时，转向盘左、右转动的游动角度太大。具体表现为

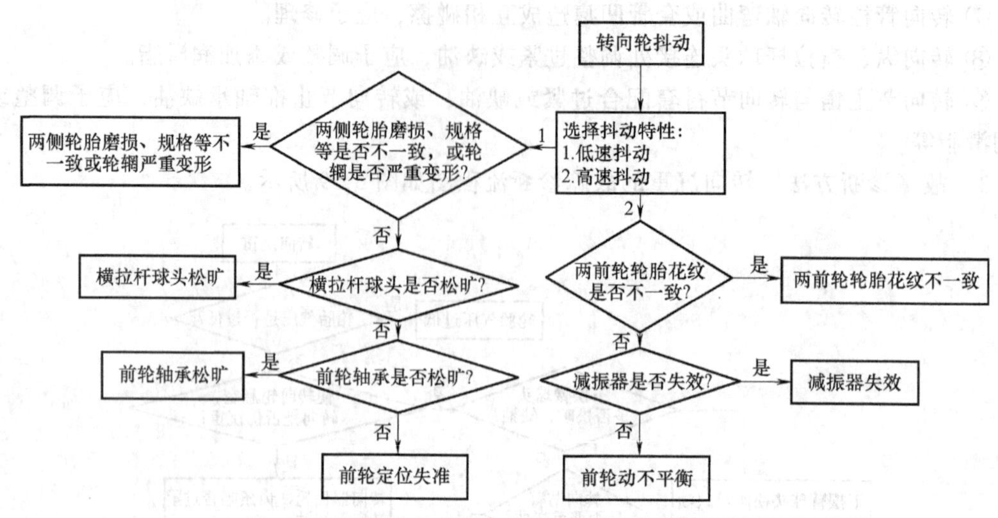

图 5-60 机械转向系统转向抖动的故障诊断流程图

汽车转向时感觉转向盘松旷量很大，需用较大的幅度转动转向盘方能控制汽车的行驶方向；而在汽车直线行驶时又感到行驶方向不稳定。

2）故障原因及处理方法。转向盘自由行程过大的根本原因是转向系统传动链中一处或多处的配合因装配不当、磨损等原因造成松旷。具体原因主要如下：

① 转向器主、从动啮合部位间隙过大或主、从动部位轴承松旷，应予调整或更换。

② 转向盘与转向轴连接部位松旷，应予调整。

③ 转向垂臂与转向垂臂轴连接松旷，应予调整。

④ 纵、横拉杆球头连接部位松旷，应予调整或更换。

⑤ 纵、横拉杆臂与转向节连接松旷，应予调整或更换。

⑥ 转向节主销与衬套磨损后松旷，应予更换。

⑦ 车轮轮毂轴承间隙过大，应予更换等。

（4）汽车行驶跑偏

1）故障现象。汽车在直线行驶时，驾驶人不断向一边轻拉转向盘，否则汽车自动地向另一边跑偏。

2）故障原因及处理方法。故障原因主要由于汽车左右两边几何尺寸或滚动阻力不相等所致。故障诊断与排除方法如下：

① 检查跑偏一侧的制动器。

② 检查轮胎气压和轮毂轴承松紧程度。

③ 检查轮胎规格和气压。

④ 检查钢板弹簧有无松动、断裂，车桥有无歪斜，车架有无变形。

⑤ 检查前轮定位情况。

2. 液压动力转向系统常见故障

液压动力转向系统中常见故障有转向沉重、转向盘自由行程过大、转向无助力单侧沉重、异响、噪声、漏油、转向盘抖动/打手、稳定性差和转向盘回正不良等现象。

（1）转向沉重

1）故障现象。与机械转向系统的故障现象相似。

2）故障原因分析。如果不是机械部分的故障，那故障在液压助力部分：

① 转向油罐内部太脏，滤网被堵或油壶液面低。

② 动力转向系统中有大量空气。

③ 转向系统内有异物造成转向泵流量控制阀卡滞。

④ 轮胎气压不足，转向管柱干涉，转向泵的传动带松动、打滑。

⑤ 油管各连接部位螺栓松动，造成方向助力油泄漏。

⑥ 转向器活塞缸磨损过大，油封密封不良，控制阀黏结或损坏。

3）故障诊断与排除

① 用手压下转向油泵的传动带，检查传动带的松紧度，若传动带过松，应调整。

② 起动发动机，使发动机怠速运转，并突然提高发动机的转速，检查转向油泵传动带有无打滑现象，发现问题后应按照规定更换性能不良的部件。

③ 检查转向油罐内的油液质量和液面高度，若油液变质则应重新更换规定油液。若只是液面低于规定高度，应加油使油面达到规定位置。

④ 检查油路中是否渗入空气，如果发现油罐中的油液有气泡时，说明油路中有空气渗入，应检查各油管接头和接合面的螺栓是否松动，各密封件是否损坏，有无泄漏现象，油管是否破裂等。对于出现故障的部位应进行修整和更换，并进行排气操作，最后重新加入油液。

⑤ 检查各油管接头等处有无泄漏，油路中是否有堵塞，查明故障后按照规定力矩拧紧有关接头或清除污物。

⑥ 对转向油泵进行输出油压检查，如果转向泵输出压力不足，说明转向泵有故障，此时应分解转向泵，检查转向泵是否磨损或内部泄漏严重，安全阀、溢流阀是否泄漏或卡滞，弹簧弹力是否减弱或调整不当，各轴承是否烧结或严重磨损等。对于叶片泵还应检查转子上的密封环或油封是否损坏，对于齿轮泵应检查齿轮间隙是否过大等，查明故障予以修理，必要时更换转向泵。

液压动力转向系统转向沉重的故障诊断流程图如图 5-61 所示。

（2）转向盘自由行程过大

1）故障现象。汽车静止时，两前轮保持直线行驶位置，轻轻地来回转动转向盘感觉游动角度很大，而且左、右转向力不一致。

2）故障原因分析。原因在于转向助力控制阀故障。

① 转向器油封密封不良，油管连接螺栓松动，造成转向液泄漏。

② 转向器控制阀被堵塞或损坏，造成控制阀工作不良。

③ 转向泵控制阀内有异物，造成油泵不能正常工作。

④ 轮胎气压和前轮定位不符合正常行驶要求。

3）故障诊断与排除。

① 从车上取下转向器，检查油封、油管及转向器控制阀，必要时更换动力转向器。

② 清洁油管和转向泵，检查转向泵控制阀内的阀芯是否滑动自如，不要随意分解转向泵，这可能会损坏泵的端盖密封，造成泵漏油。

③ 检查和调整汽车轮胎气压和前轮定位。

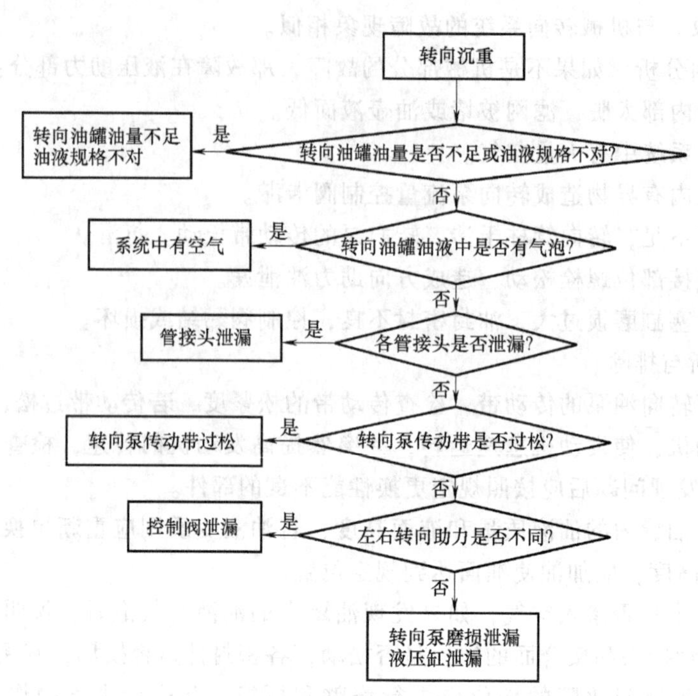

图 5-61 液压动力转向系统转向沉重的故障诊断流程图

(3) 转向系统异响

1) 故障现象。当汽车转向时，转向系统出现过大的响声。

2) 故障原因分析。转向泵异响的主要原因可能是液压泵内存有空气或构成真空状态。通常来说，如果油液量过少，油液中存有气泡都会导致泵内存有空气，进而导致滤油器堵塞，甚至会在汽车中高速行驶的过程中不能持续供油，并形成真空。传动带沾有油渍或过松而造成传动带打滑，在汽车转向过程中也会出现异响。

① 转向油罐的油面过低，系统有漏油或动力转向系统中有空气。

② 转向油罐内的滤网过脏造成转向泵吸油不良。

③ 转向系统内部清洁度差，造成定子、转子、分油盘、端盖和输入轴过度磨损。

④ 油管在安装和连接过程中有堵塞、弯折或产生共振及进出油不畅现象。

⑤ 转向系统因过度负荷运转，造成转向泵内部的定子和转子过度磨损，从而造成泵内的油液不规则运动从而产生异响。

⑥ 发动机其他转动部件，如水泵、空调压缩机、张紧轮和带轮等轴承响。

⑦ 转向泵的安装位置低或汽车的行驶路况极差等，极易造成转向泵的壳体外表堆积大量的泥沙和油垢，这容易造成泵的输入轴及壳体的滚珠轴承在使用过程中被外界的水和酸碱物所腐蚀，若不按期维护整个转向系统，则泵的滚珠轴承极易发生被烧坏或被卡死的现象，同时也极易在此处产生异响。

⑧ 转向器、转向泵在支架上的安装出现松动，转向器内部磨损及齿轮、齿条调整不当。

⑨ 若系统间各部件间的安装位置不合理，易造成管路振动、泵异响和转向失效等故障现象。如若管路减振效果不好，易造成转向高压油管强烈振动、泵异响和转向失效等故障。

3) 故障诊断与排除

① 清洁整个转向系统。

② 检查并维修油管、转向助力储液罐、转向泵和转向器，并更换新的转向油。

③ 排除整个转向系统中的空气。

④ 按规定调整转向器齿轮和齿条间隙。

⑤ 检查其他转动件，在特殊情况下需更换转向泵或转向器总成。

⑥ 更换转向高压油管，可能起到很好的排除故障效果。

3. 电动助力动力转向系统常见故障诊断

电动助力动力转向系统的结构原理图如图 5-62 所示，控制系统由传感器、ECU、电动机、离合器和减速机构组成。汽车在转向时，转矩（转向）传感器会“感觉”到转向盘的力矩和拟转动的方向，这些信号会通过数据总线发给 ECU，ECU 会根据传动力矩、拟转动的方向等数据信号，向电动机控制器发出动作指令，从而电动机就会根据具体的需要输出相应大小的转动力矩，从而产生了助力转向。如果不转向，则控制系统就不工作，处于休眠状态等待调用。

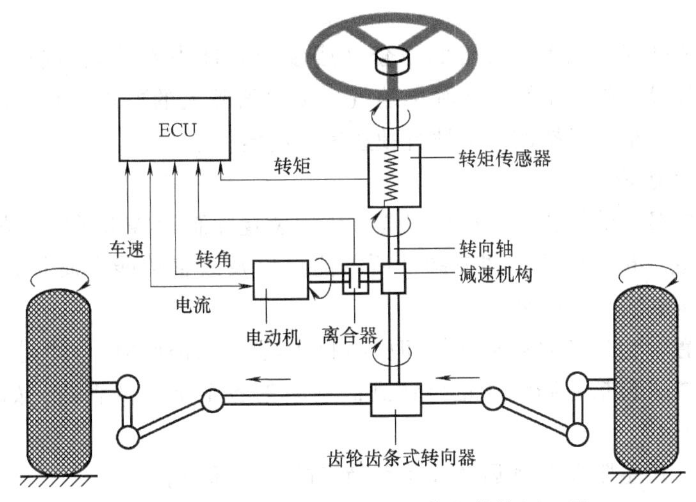

图 5-62　电动助力动力转向系统的结构原理图

(1) 转向无助力

1) 故障现象。当驾驶人转动转向盘时，感觉转向沉重，没有助力效果。

2) 故障原因

① 控制系统线束插接件接触不良。

② 系统熔丝烧断。

③ 继电器损坏。

④ 控制器、电动机或传感器损坏。

3) 故障诊断排除方法

① 检查系统线束插接件是否完全插好。

② 更换熔丝。

③ 更换继电器。

④ 更换控制器、电动机或者转向器总成。

(2) 左、右助力效果不一

1) 故障现象。转向时，左、右的转向力不一样。

2) 故障原因

① 传感器中位输出电压调整有偏差。

② 控制器、电动机或传感器损坏。

3) 故障诊断排除方法

① 断开电动机插接件，松开传感器调整螺钉，调整传感器位置，使其中位电压为(1.65±0.05)V。

② 更换控制器、电动机或者转向器总成。

5.4 制动系统的诊断与维修

5.4.1 概述

汽车制动系统是指在汽车上设置的一套（或多套）能由驾驶人控制、产生与汽车行驶方向相反外力的装置。制动系统使行驶中的汽车按照驾驶人的要求进行适时的减速和停车，让停止的汽车实现驻车，保持汽车下坡行驶速度的稳定性。

1. 制动系统的组成

任何制动系统都由供能装置、控制装置、传动装置和制动器四部分组成。

(1) 供能装置　包括供给、调节制动所需能量以及改善传能介质状态的各种部件，如人力或者产生压缩空气的空压泵等。

(2) 控制装置　包括产生制动动作和控制制动效果的各种部件，如制动踏板。

(3) 传动装置　包括将制动能量传输到制动器的各个部件及管路，如制动主缸、轮缸及连接管路。

(4) 制动器　产生阻碍车辆运动或运动趋势的力的部件。

此外，制动系统还包括制动力调节装置以及报警装置、压力保护装置等。

2. 制动系统的分类

1) 按功用可分为行车制动系统、驻车制动系统、第二制动系统和辅助制动系统。

2) 按制动能源可分为人力制动系统、动力制动系统和伺服制动系统。

3) 按制动能量传输方式可分为机械式、液压式和气压式等。

图 5-63～图 5-65 所示为液压制动系统、气压制动系统和驻车制动系统的组成示意图。

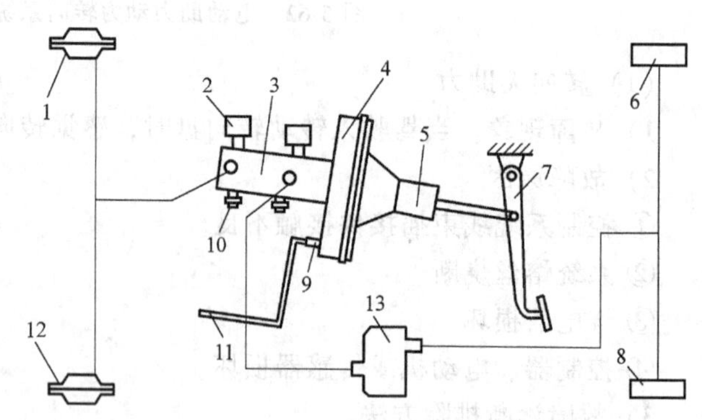

图 5-63　液压制动系统的组成

1、12—前轮制动油缸　2—储液罐　3—制动主缸　4—真空助力器　5—控制阀　6、8—后轮制动油缸　7—制动踏板　9—真空单向阀　10—信号开关　11—接发动机进气管真空管路　13—比例阀

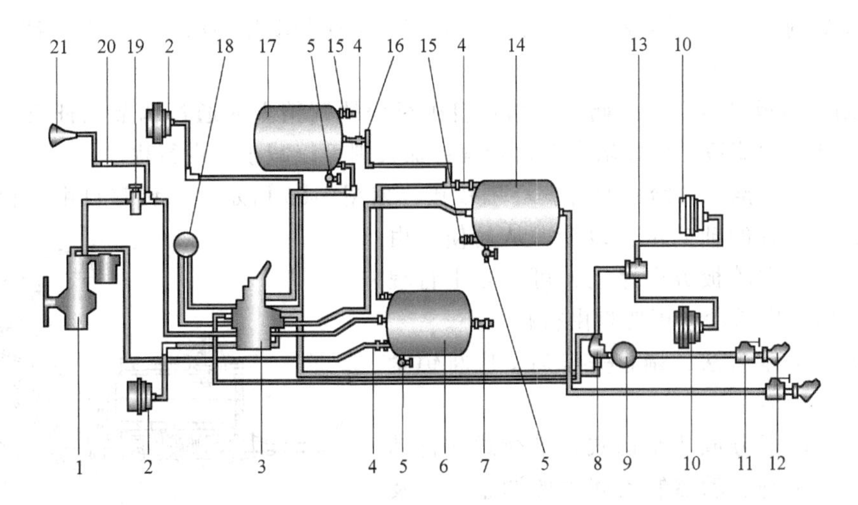

图 5-64　双回路气压制动系统的组成

1—空气压缩机　2—前制动气室　3—双腔制动阀　4—储气罐单向阀　5—放水阀　6—湿储气罐　7—安全阀　8—梭阀　9—挂车制动阀　10—后制动气室　11—挂车分离开关　12—接头　13—快放阀　14—主储气罐　15—低压报警器　16—取气阀　17—主储气罐（供后制动器）　18—气压表　19—调压器　20—气喇叭　21—气喇叭开关

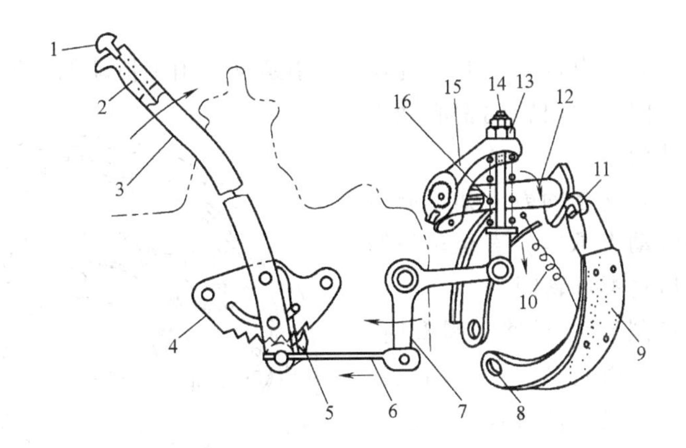

图 5-65　驻车制动系统的组成

1—按钮　2—拉杆弹簧　3—驻车制动杆　4—齿扇　5—锁止棘爪　6—传动杆　7—摇臂　8—偏心支承销孔　9—制动蹄　10—回位弹簧　11—滚轮　12—凸轮轴　13—调整螺母　14—拉杆　15—摆臂　16—压紧弹簧

5.4.2　制动系统的维护

1. 液压制动系统拆装调整

（1）制动踏板自由行程的检查　踏板自由行程是主缸与推杆之间间隙的反应。检查时，可用手轻轻压下踏板，当手感变重时，用钢直尺测出踏板下移的量，该量即为踏板自由行程，应该符合有关技术规定。

踏板的踏下余量，也应该进行检测。将踏板踩到底后，踏板与地板之间的距离，即为踏板余量。踏板余量减小的原因主要是制动间隙过大、盘式制动器自动补偿调整不良、制动管路内进气和缺制动液等。踏板余量过小或者为零，会使制动作用滞后、减弱，甚至失去制动作用。

（2）制动踏板自由行程的调整　踏板自由行程的调整大多通过调节推杆长度的方法来实现。将推杆长度缩短，可以增大自由行程；加长则可以减小自由行程。

还有一些汽车推杆与踏板通过偏心销铰接，如图 5-66 所示。当调整自由行程时，可转动偏心销，使推杆的轴向位置改变，从而使自由行程改变。推杆向踏板方向移动，可使自由行程增大；向主缸方向移动，可使自由行程减小。

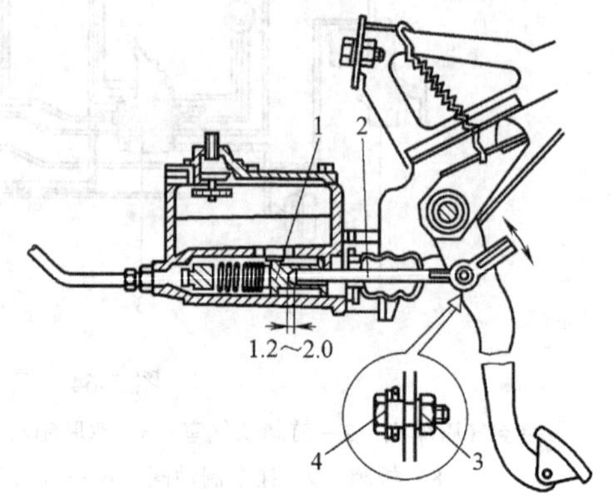

图 5-66　调整制动踏板自由行程

1—皮碗　2—推杆　3—偏心销　4—锁紧螺母

不论何种调整方法，调整完毕后，应将锁紧螺母锁止。

蹄鼓式制动器分成非平衡式、平衡式和自动增力式三种，每种制动器制动间隙的调整方法及部位如下：

1）非平衡式和单向平衡式制动器的调整。当调整制动间隙时，应将制动踏板踩下。松开两个支承销螺母，转动支承销，使制动蹄片与制动鼓贴紧为止，然后将支承销螺母紧固。调整部位如图 5-67 所示。

若放松踏板后，能自由转动，则应锁紧支承销螺母，用手扳动偏心调整轮，使制动蹄与制动鼓紧贴。然后，向反方向转动偏心调整轮至制动鼓刚能转动为止。

放松制动踏板，转动制动鼓。如不能自由转动应朝反方向转动支承销，直至车轮制动鼓转动为止，然后将螺母紧固。

2）双向平衡式制动器调整。调整时，将车桥支起，车轮能自由转动。从制动底板孔拨转调整螺母直至车轮不能转动为止，然后反方向拨转调整螺母，使车轮刚好能自由转动为止。

3）真空助力器的检查与调整

① 真空助力器的就车检查。当检查真空助力器时，将发动机熄火。首先，用力踩几次制动踏板，以消除真空助力器中残留的真空度。

用适当的力踩住制动踏板，并保持在一定的位置，然后起动发动机，使真空系统重新建立起真空，并观察踏板。

若踏板位置有所下降，说明真空助力器正常；若踏板位置保持不动，则说明助力器

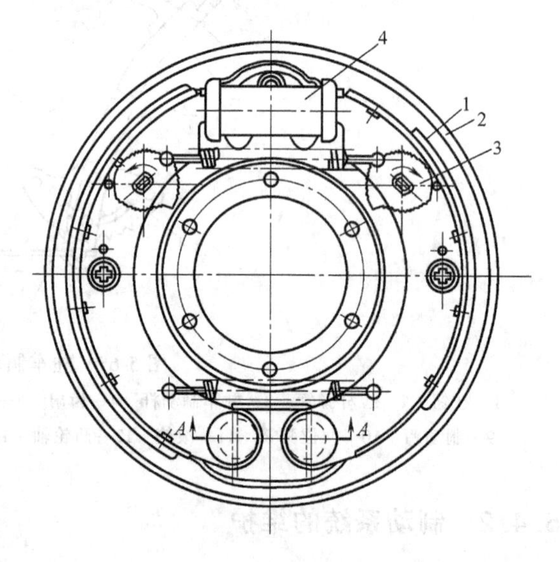

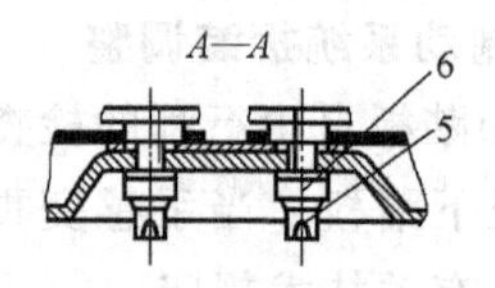

图 5-67　非平衡式车轮制动器的调整

1—制动蹄　2—制动鼓　3—调整凸轮　4—活塞　5—支承销　6—底板

或真空单向阀损坏。

② 就车真空助力器真空试验如图5-68所示。将与进气歧管相连的真空管从助力器单向阀上拔下，用T形管接于真空表、助力器单向阀和与进气歧管相连的真空管之间。起动发动机，怠速运转1min。卡紧与进气歧管相连真空管上的卡紧装置，切断助力器单向阀与进气歧管之间的通路。将发动机熄火，观察真空表的变化，如果在规定时间内真空度下降过多，说明助力器膜片或者真空阀损坏。

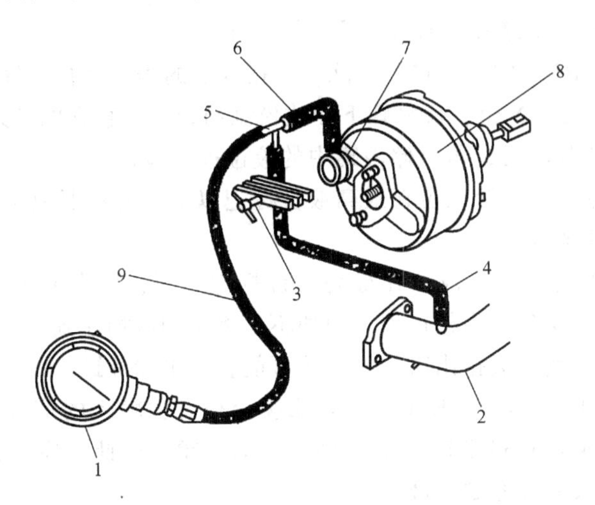

图5-68 就车真空助力器真空试验

1—真空表 2—发动机进气歧管 3—卡紧装置 4、6、9—真空管 5—T形管 7—单向阀 8—真空助力器

③ 真空助力单向阀试验。将与单向阀相连的真空管拆下，将单向阀从助力器上拆下，把手动真空泵软管与单向阀真空源接口相连。

扳动手动真空泵手柄给单向阀加上50.80~67.7kPa的真空度，在正常情况下，真空应保持稳定。如果真空泵指示表上显示出真空度下降，则表明单向阀损坏。

(3) 液压制动系统排气 如图5-69所示，排除液压系统中的空气。

1) 取下放气螺钉的护套，将一根胶管插入放气螺钉上，胶管另一端插入一个玻璃瓶内。

2) 一人坐于驾驶室内，连续踩下制动踏板，直至踩不下去时为止，并且保持不动。

3) 另一人将放气螺钉旋松一下，此时，制动液连同空气一起从胶管喷入玻璃瓶内，然后，尽快将放气螺钉旋紧。

4) 在排出制动液的同时，踏板高度会逐渐降低，在未拧紧放气螺钉之前，决不可将踏板抬起，以免空气再次侵入。

5) 一个轮缸应反复放气几次，直至将空气完全放出(制动液中无气泡)为止，按照由远到近原则，逐个放气。先从制动管路的远端开始，即先后轮再前轮。如果

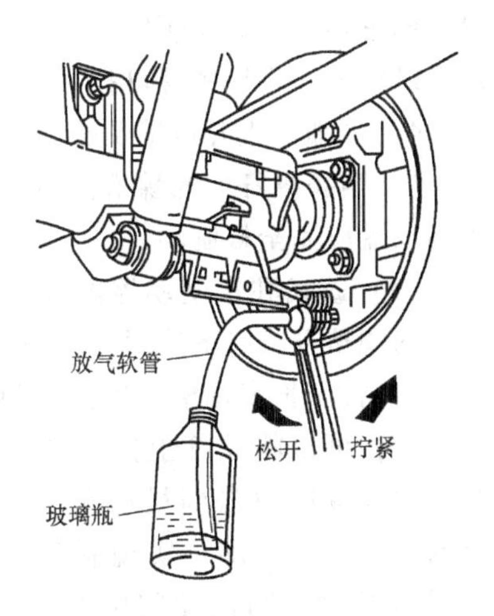

图5-69 排除液压系统中的空气

特别在意，因为制动管路是“X”布局，为了避免新、旧油混合，换油、放气可以从左后或右后开始，比如第一个放左后轮，下一个放右前轮，然后右后轮，最后是左前轮。

6）在放气过程中，应及时向储液室内添加制动液，保持液面的规定高度。

7）四个轮更换完成后路试，如发现制动软，不灵敏，请重复以上步骤操作。

（4）更换ABS（防抱死制动系统）制动液　更换ABS制动液必须按照一定程序才能完成，具体更换步骤如下：

1）先将新制动液加至储液罐的最高液位标记处。

2）如果需要对ABS中的空气进行排除，应按规定的程序进行空气排除。

3）将点火开关置于ON位，反复踩下和放松制动踏板，直到电动泵开始运转为止。

4）待电动泵停止运转后，再对储液罐中的液位进行检查。

5）如果储液罐中的制动液液位在最高液位标记以上，先不要放出过多的制动液，而应重复以上步骤3）和步骤4）。

6）如果储液罐中的制动液液位在最高液位标记以下，应向储液罐再次补充新的制动液，使储液罐的制动液达到最高标记处。但切不可将制动液加注到超过储液罐的最高液位标记，否则，当蓄能器中制动液排出时，制动液可能会溢出储液罐。

在ABS中，ABS电控单元（ECU）通常根据液位开关输入的信号对储液罐的制动液液位进行监测。当制动液液位过低时，ABS将会自动关闭，因此，应定期对储液罐中的制动液液位进行检查，并及时补充制动液。

7）最好通过与车相连接的ECU激活操作系统，通过操作界面可让电磁阀全部打开和关闭，多次踩放配合后，最终确认到放气螺钉管路无气排出即可，再到宽阔地带试下有无制动软的现象。若无即表明成功。

2. 驻车制动系统拆装调整

（1）盘式驻车制动器调整（见图5-70）

1）首先通过调整螺母，调整传动杆。

2）调整调整螺母和调整螺栓，锁紧螺母。

3）将驻车制动操纵杆放到前面最极端位置，调整传动杆的长度，并将传动杆连接到蹄片操纵臂上，将锁紧螺母拧紧。

4）仔细检查开口销及螺母的安装情况。

5）当操纵杆上的棘爪扳动3~5个齿时，驻车制动盘应完全被制动。

（2）鼓式驻车制动器的调整　鼓式驻车制动器的调整方法有下述两种：

1）拉杆长度调整。当驻车制动器蹄鼓间隙过大时，可以将拉杆上的锁紧螺母松开，将驻车制动操纵杆放松到最前端。然后，拧动拉杆上的调整螺母，即可实现制动间隙调整，将调整螺母拧紧，则制动间隙减小。调整完毕后，应将锁紧螺母锁紧。

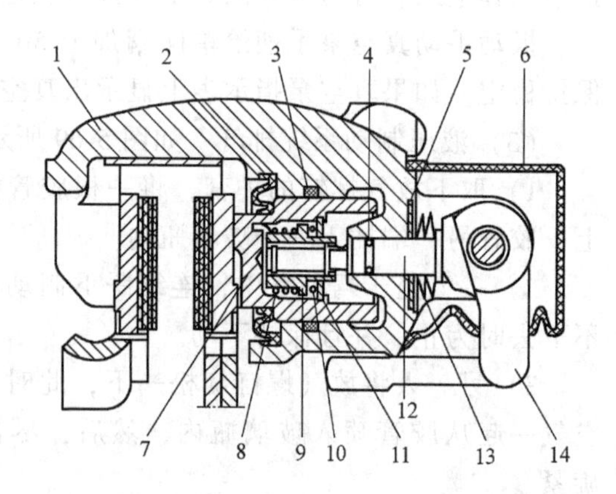

图5-70　凸轮促动式驻车制动装置

1—制动钳体　2—活塞护罩　3—活塞密封圈　4—自调螺杆密封圈　5—膜片弹簧支承垫圈　6—驻车制动杠杆护罩　7—活塞　8—螺母扭簧　9—自调螺母　10—推力球轴承　11—挡片　12—自调螺杆　13—膜片弹簧　14—驻车制动杠杆

2）摇臂与凸轮的相互位置调整

① 将驻车制动杆向前放松至极限位置。

② 将摇臂从凸轮轴上取下，逆时针方向错开一个或数个齿后，再将摇臂装于凸轮轴上，并将夹紧螺栓紧固。

③ 重新调整拉杆的调整螺母，直到有合适的驻车制动拉杆行程为止，调好后，制动间隙应为0.2~0.4mm。

驻车制动器调好后，当完全放松驻车制动杆时，制动间隙为0.2~0.4mm。当向后拉驻车制动杆时，应有两“响”的自由行程；从第三“响”时应开始产生制动；当第五“响”时，汽车应能在规定的坡度上停住。

（3）轿车驻车制动器的调整　轿车驻车制动器大多由后轮制动器兼任，通过一套机械系统操纵。后轮制动器间隙大多为自动调整式，只需调整驻车制动装置拉索长度即可。调整时，先松开驻车制动拉杆，用力踩制动踏板一次，然后将驻车制动拉杆拉紧两个齿，转动拉索上的调整螺母，直到用手不能转动后轮为止。放松驻车制动拉杆后，两后轮应能自由转动。

5.4.3　液压制动系统的故障诊断

1. 制动不灵

1）故障现象。汽车在行驶中，一脚或连续几脚制动，制动踏板均被踩到底，制动失灵。

2）故障原因

① 主缸内无制动液。

② 主缸皮碗破损或踩翻。

③ 轮缸皮碗破损或踩翻。

④ 制动管路严重破裂或接头脱节。

3）故障诊断方法。发生制动失灵的故障，应立即停车检查。首先观察有无泄漏制动液处，如制动主缸推杆防尘套处制动液漏流严重，多属主缸皮碗踩翻或严重损坏；如某车轮制动鼓边缘有大量制动液，说明该轮轮缸皮碗压翻或严重损坏。管路渗漏制动液一般明显可见。若无渗漏制动液现象，则应检查主缸储液室内制动液是否充足。

液压制动系统制动不灵的故障诊断流程图如图5-71所示。

2. 制动拖滞

1）故障现象。当制动后抬起制动踏板时，车辆行驶无力，起步困难，制动鼓或制动钳发热。

2）故障原因

① 制动踏板自由行程、制动间隙、主缸活塞与推杆间隙过小，踏板回位不良等。

② 制动主缸或轮缸活塞卡滞、主缸补偿孔或管路堵塞、活塞回位弹簧弹力减弱。

③ 制动蹄回位弹簧弹力减弱、制动钳支架或制动底板松动、制动盘翘曲变形。

④ 真空助力器内部卡滞。

⑤ 驻车制动装置调整不当或拉索卡滞。

3）故障诊断方法

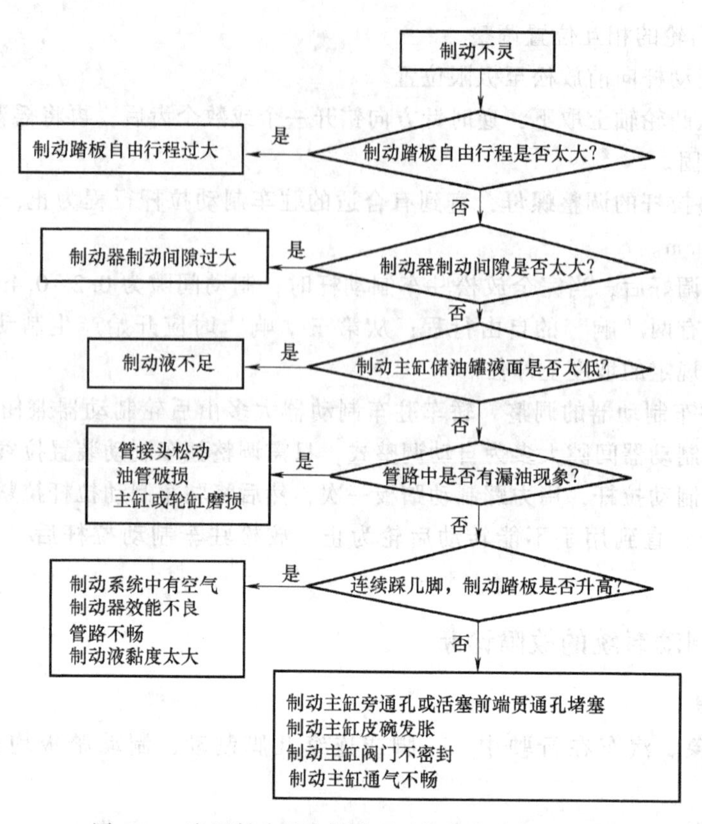

图 5-71 液压制动系统制动不灵的故障诊断流程图

① 检查、调整制动踏板自由行程。

② 停车后检查各车轮制动鼓（制动钳）是否过热，或将车辆支起后检查各车轮转动情况。各车轮均过热或转动不灵活，故障一般在制动主缸之前，应检查制动主缸及真空助力器。

③ 个别车轮存在转动不灵活及过热现象，故障一般在该轮制动器及制动轮缸，应检查车轮制动器及其制动轮缸的工作性能。

液压制动系统制动拖滞的故障诊断流程图如图 5-72 所示。

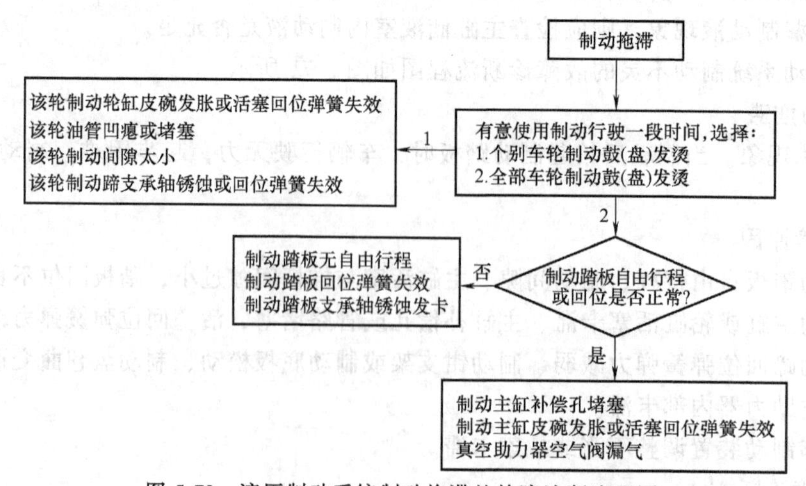

图 5-72 液压制动系统制动拖滞的故障诊断流程图

3. 制动跑偏

1）故障现象。当汽车制动时，向一边偏斜。

2）故障原因

① 两前轮摩擦片的接触面积相差太大，两前轮摩擦片的质量不同，两前轮制动鼓内径相差过多，两前轮制动蹄回位弹簧弹力不等。

② 前轮某侧轮缸活塞与缸筒摩擦过度，某侧前轮轮缸有空气，软管老化或轮缸皮碗不良或前轮某侧制动鼓失圆，两前轮胎气压不一致，某侧前轮摩擦片油污、水湿、硬化、铆钉外露。

③ 两前轮制动蹄支承销偏心套磨损程度不一。

④ 两后轮有上述前三条故障的。

⑤ 车架变形、前轴移位、前束不符合要求、转向机构松旷等。

3）故障诊断方法。检查时先通过路试制动，根据轮胎拖印查明制动效能不良的车轮予以检修。拖印短或没有拖印的车轮即为制动效能不良。可先检视该轮制动管路是否漏油，轮胎气压是否充足。若正常，可检查摩擦片与制动鼓间隙。如仍无效，可查轮缸是否渗入空气。若无空气渗入，即拆下制动鼓，按原因逐一检查制动器各部件。如也正常，说明故障不在制动系统。

应检查车架或前轴的技术状况及转向机构情况。如有制动试验台检查更为方便，看哪个车轮制动力小，即为不良的车轮。

【小提示】

桑塔纳轿车的制动系统是液压式制动系统，但都是钳式制动机构，如若出现故障，则应检查踏板自由行程、制动储液罐的制动液面高度、制动片的厚度，检查制动压力调节器的制动压力等是否合乎要求。

5.4.4 驻车制动系统的故障诊断与检修

驻车制动系统可分为手刹式、脚刹式和电子驻车三种。

驻车制动系统一般易出现的故障有驻车制动器失灵、驻车制动拉杆不能定位、驻车制动拖滞和电子驻车制动系统故障无法起动。

1. 驻车制动器失灵

1）故障现象。拉紧驻车制动器，汽车很容易起步；当在坡道上停车时，拉紧驻车制动器，汽车不能停止而发生溜车现象。

2）故障原因

① 驻车操纵杆的自由行程过大。

② 驻车操纵杆系或绳索断裂、松脱和发卡等。

③ 驻车制动器间隙过大。

④ 驻车制动器摩擦片磨损过度或有油污。

⑤ 驻车制动鼓磨损过度、失圆或有沟槽。

⑥ 驻车制动蹄运动发卡。

⑦ 驻车制动蹄摩擦片与制动鼓的接触面积太小。

3）故障诊断方法

① 将汽车停放在平坦的地面上，拉紧驻车制动器操纵杆，挂入低速档起步，若汽车很容易起步而发动机不熄火，说明驻车制动不良。

② 从驻车制动器操纵杆放松位置往上拉，直至拉不动为止。检查操纵杆的行程，若行程过大，说明操纵杆的自由行程过大，应调整。检查拉动操纵杆时的阻力，若感觉没有阻力或阻力很小，说明操纵杆或绳索断裂或松脱，应更换或修复；若感觉很沉，说明操纵杆或绳索及制动器发卡，应拆检修复。

③ 从检视孔检查中央驻车制动器或后轮制动器的间隙是否符合要求，若制动器间隙过大，应调整。

④ 经上述检查均正常，应拆检驻车制动器。检查制动蹄摩擦片是否磨损过度或有无油污；检查制动鼓是否磨损过度、失圆或有沟槽；检查制动蹄运动是否发卡，若有发卡现象，应修复或润滑；检查制动蹄摩擦片与制动鼓的接触面积是否符合要求，若接触面积过小，应更换或修整。

先按下、松开操纵杆头，握紧、放松操纵杆把柄，进行上、下移动试验，检查操纵杆是否弯曲、卡住或弹簧折断，如果没发现问题，检查扇齿与销是否磨损严重而导致滑牙。

2. 驻车制动拉杆不能定位

1）故障现象。拉起拉杆至某一位置，放手后拉杆又回到初始位置；或拉杆不能拉起。

2）故障原因及处理方法。造成驻车制动拉杆不能定位的原因主要如下：

① 棘爪弹簧失效或折断，应予更换。

② 棘爪与齿板轮齿磨损过度而滑牙，应予更换。

③ 棘爪或拉杆变形卡滞，应予校正或更换。

④ 棘爪或齿板等处铆钉脱落，应予修理等。

3）故障诊断方法。反复按下、松开驻车制动拉杆，观察拉杆能否复位。如果能，故障一般由棘爪弹簧失效或折断，棘爪与齿板轮齿磨损过度而滑牙引起；如果不能，故障一般由棘爪或拉杆变形卡滞，棘爪或齿板等处铆钉脱落引起。

3. 驻车制动拖滞

1）故障现象。变速器挂低速档，松开离合器踏板，放松驻车制动器手柄，汽车难以起步，或虽然起步，但稍减供油，汽车急速降速，或行驶一段路程后，驻车制动鼓发热。

2）故障原因

① 制动蹄摩擦片与制动鼓间隙过小，局部有粘连接触，制动蹄回位弹簧弹力小、过软或折断。

② 制动蹄与制动蹄轴装配过紧、转动困难或锈蚀，导致制动蹄回位缓慢或不回位。由于齿板上限位片丢失或未装，手柄向销放松时，造成制动凸轮反向转动，将蹄片张开与制动鼓接触。

4. 电子驻车制动系统故障，无法起动

此时，电子驻车系统会存有故障码。

1）读取故障码，查找故障部位。故障部位可能在驻车制动电动机及其电路。

2）很可能是制动灯开关出现了问题，造成 ECU 得不到正常的起动通电信号，更换一个制动灯开关就可以解决故障了，这种问题都是出现在自动档车型上面，制动灯开关还肩负着启动电源信号反馈的功能。

5.4.5 ABS 的故障诊断与检修

ABS 主要由传感器、电子控制装置和执行器三个部分组成，如图 5-73 和图 5-74 所示。该装置是当遇到汽车制动时，根据车轮转速，自动调整制动管内的压力大小，使车轮总是处于边抱死边滚动的滑移状态，相当于人们所说的点刹，尤其紧急制动，它将断续制动，即制动—松开—制动，以避免危险。防抱死制动装置以 6~10 次/s 的频率进行制动—松开—制动

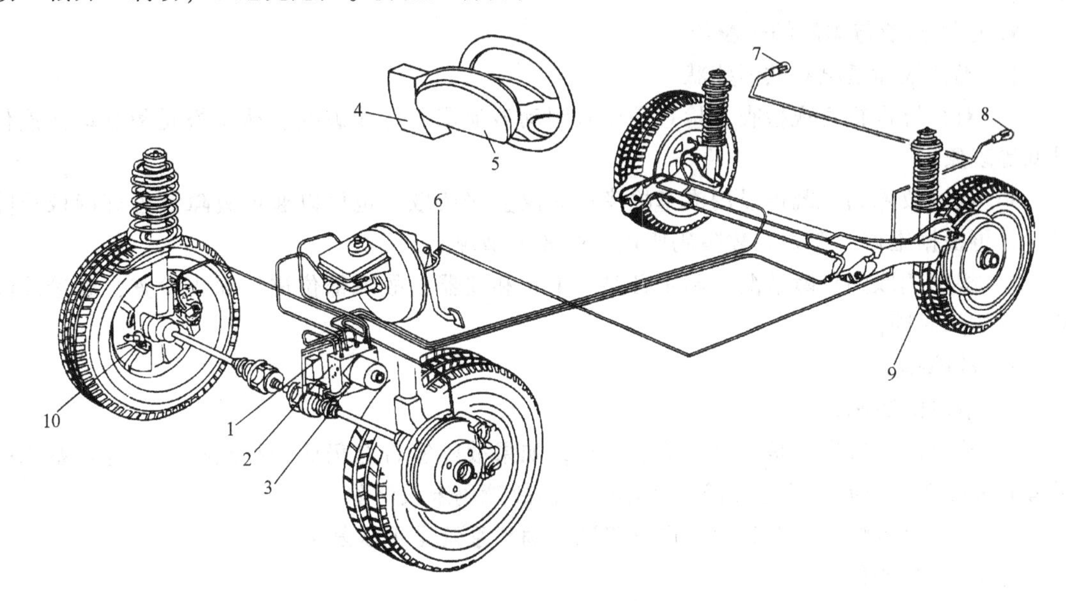

图 5-73 ABS 的组成

1—ABS ECU 2—ABS 液控单元（HCU） 3—电动液压泵 4—ABS 故障警告灯 5—制动装置警告灯 6—制动开关 7—右制动灯 8—左制动灯 9—左后车轮转速传感器 10—右前车轮转速传感器

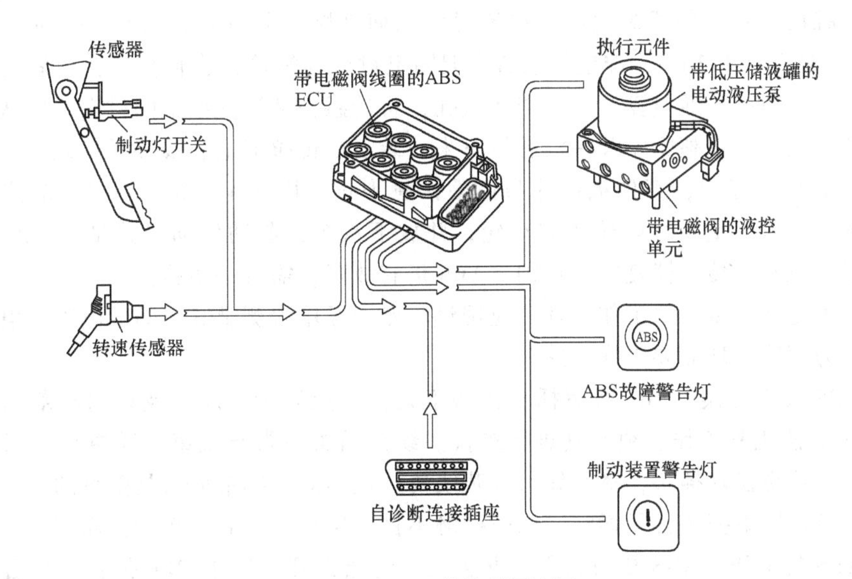

图 5-74 ABS 的控制原理图

的脉式制动，用电子智能控制方式代替人工方式，防止车轮抱死，使车轮始终获得最大制动力，并保持转向灵活。当车轮要抱死时，减小制动力，而车轮不会抱死时，又增加制动力，如此反复动作，使制动效果最佳。

使用该装置可以减小制动距离，保证制动过程中转向操纵依然有效。尤其紧急制动，能充分利用轮胎的峰值附着性能，提高汽车抗侧滑能力，缩短制动距离，充分发挥制动效能。

当 ABS 警告灯持续点亮，或感觉 ABS 工作不正常时，应及时对系统进行故障诊断和排除。

1. 故障诊断与排除的一般步骤

1）确认故障情况和故障症状。

2）对系统进行直观检查，检查是否有制动液泄漏、导线破损、插头松脱和制动液液位过低等现象。

3）读取故障码，既可以用汽车故障诊断议直接读取，也可以通过故障警告灯读取故障码后，再根据维修手册查找故障码所代表的故障情况。

4）根据读取的故障情况，利用必要的工具和仪器对故障部位进行深入检查，确诊故障部位和故障原因。

5）故障排除。

6）清除故障码。

7）检查故障警告灯是否仍然持续点亮，如果故障警告灯仍然持续点亮，可能是系统中仍有故障存在，也有可能是故障已经排除，而故障码未被清除。

8）故障警告灯不再点亮后，进行路试，确认系统是否恢复工作。

2. ABS 的检修

（1）车轮转速传感器的调整　传感器传感头脏污，传感器的空气隙没有达到要求，都会引起传感器工作不良，应对其进行调整，以恢复正常工作状态。拆下相应的前轮轮胎和车轮装置，拧松紧固传感头螺栓，然后沿着 ABS 车轮转速传感器线束拔掉传感器，清除其表面的金属或脏物，并刮传感头端面，在传感头端面粘贴一新纸垫片（做一“F”标记表示轮），纸垫片厚度为 1.3mm，拧松传感器支架固定衬套的螺栓，旋转衬套，给固定螺栓提供一个新的锁死凹痕面，通过盘式制动挡泥板孔，将传感头装进支架上的衬套，确认纸垫片贴在传感头端面上，并在整个安装中没有掉下来，装复后传感器上连线接触良好。推动传感头向传感器齿圈顶端移动，直到纸垫片与齿圈接触为止，用 2.4~4N·m 的力矩拧紧紧固螺栓，使传感头定位。重新装好轮胎和车轮，并放下汽车，起动发动机路试，ABS 故障指示灯不亮为系统正常，传感器良好。否则，ABS 仍有故障，需进一步检修。

若发现车轮转速传感器工作不良，应用汽车专用万用表测量其线圈的电阻。电阻大为断路，电阻小为短路，均需要更换传感头。

（2）ABS 线束更换　ABS 线束插头接触不良，线束腐蚀、断裂及外部屏蔽损坏等，都会导致 ABS 无法正常工作，须对其进行更换。线束插头通常与线束一同更换，当个别线束插头损坏时，可更换新插头，搭铁线与屏蔽线要焊接牢固，线束插头是塑料的，一般只能与线束一同更换。线束插头必须插牢，以防接触不良，插头插接后，将卡销插好。

（3）ABS 的泄压　ABS 常用的泄压方法是：将点火开关置于 OFF 位置，然后反复踩制动踏板，踏板的次数在 20 次以上，当踏板力明显增加，即感觉不到踩踏板的液压助力时，

ABS 泄压完毕。

（4）ABS 的排气　ABS 中如有空气，会严重干扰制动压力的调节，而使 ABS 功能丧失，工作不正常。尤其对 ABS 进行维修之后，需对制动系统进行排气。

（5）液压控制装置的检修　在检修液压控制装置之前，要按一般方法泄压。当拆卸液压控制装置时，拔下电磁阀，取下“O”形环，用干净的制动液润滑电磁阀“O”形环，装用性能完好的电磁阀，用 4～5N·m 力矩交替拧紧固定螺栓，固定好电磁阀，插好接线插头。

（6）液压元件泄漏检查　当检查液压元件泄漏时，接通点火开关，直至液压泵停止运转，接着再等 3min，使整个液压系统处于稳定状态。查看压力表，若 5min 内系统压力下降，表明液压系统有泄漏之处。再检查是液压元件本身泄漏，还是其外部系统泄漏，分别修复，必要时更换磨损部件或总成。

5.4.6 带 ESP 的 ABS 的故障诊断与检修

ESP 是车身电子稳定系统的简称，作为一种牵引力控制系统，与其他牵引力控制系统比较，ESP 不但控制驱动轮，而且控制从动轮。ESP 包含 ABS 及 ASR（驱动防滑转系统），是这两种系统功能上的延伸。ESP 主要由 ECU、转向传感器、车轮转速传感器、侧滑传感器、横向加速度传感器和执行器等组成，如图 5-75 所示。

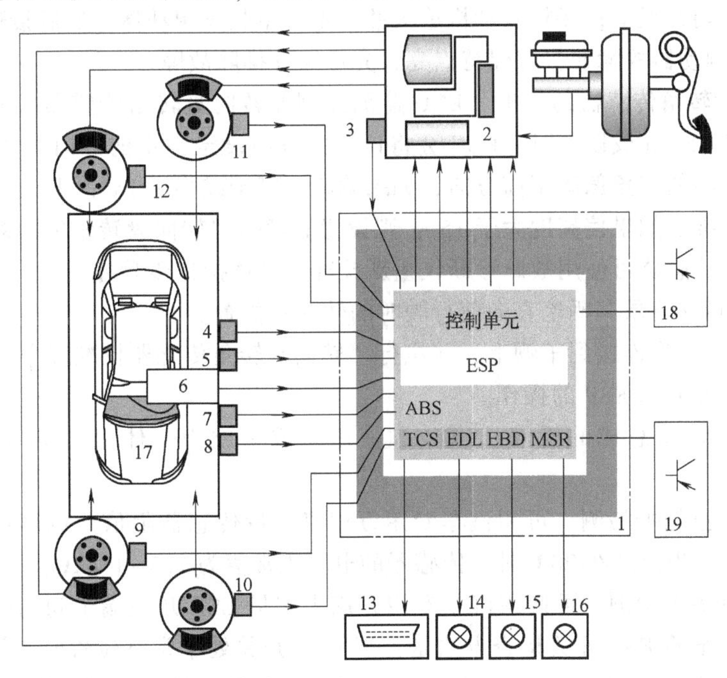

图 5-75　ESP 的组成及控制原理图

1—ESP 电控单元（ECU）　2—ESP 液控单元　3—制动压力传感器　4—横向加速度传感器　5—横向偏摆率传感器　6—ESP/ASR 按钮　7—转向盘转角传感器　8—制动灯开关　9～12—车轮转速传感器　13—自诊断接口　14—制动系统警告灯　15—ABS 警告灯　16—ESP/ASR 警告灯　17—车辆和行驶状态　18—发动机控制调整　19—自动变速器控制调整

1. ESP故障原因

除了外部原因外，ESP自身问题也会导致其发生故障。

1）ESP供电继电器损坏。ESP工作电流太大导致供电继电器触电烧蚀引起供电故障。

2）ESP连接线束破损。此类问题多发生在事故车辆上，由于维修人员粗心大意导致线束人为损坏，在更换主线束时，没有很好固定右后排座椅处的线束，右后座椅压住了主线束，导致右后轮转速传感器线束被压断，ESP无法工作。

3）各个传感器损坏。传感器产生的故障可用车用诊断仪检测出来。当然，有些情况是无法用诊断仪检测到的，如ESP开关故障。当诊断此类故障时，只能通过读取数据流。对于ESP电控单元（ECU）故障的判断要特别注意，在确定ECU损坏前需对车辆ESP的外部元件进行缜密的检查，在确定外部元件都完好的情况下再下结论。

2. ESP的故障检修

（1）自诊断　电子控制系统出现故障后，ECU可记忆相应的故障码。用故障诊断仪可以读取、清除故障码，还可以阅读数据流并进行液压控制单元电磁阀测试、ESP液压回路测试和系统排气测试等。这些功能按故障诊断仪屏幕的提示操作即可完成。在对ABS/TCS(牵引力控制系统)/ESP进行检修之前，应先排除常规制动系统故障。

（2）制动器排气程序　在执行ABS/TCS/ESP制动器排气程序之前，必须完成常规的制动系统排气程序。ABS/TCS/ESP排气操作后，如果仍然感觉制动踏板绵软，检查制动系统是否存在外部或内部泄漏；保持发动机熄火并且不使用驻车制动器，然后接通点火开关，如果驻车制动器/制动器故障警告灯保持点亮，先诊断并排除故障。

（3）转向盘转角传感器的校准　ECU监测并判断转向盘转角传感器的输出信号，当车辆沿直线行驶了15min或以上时，ECU会将该行驶方向设定为正前方向。如果ECU检测到转向盘转角传感器的转角偏离正前方向，如果偏离度等于或小于15°，则ECU自动执行转向盘转角传感器校准。如果偏离度大于15°，则设置故障码“转向盘转角传感器故障”。

转向盘转角传感器可使用故障诊断仪重新校准，具体操作步骤如下：

1）路试车辆并记录车辆笔直向前行驶时的转向盘位置。

2）将故障诊断仪连接到车辆上，并执行“转向盘转角传感器校准程序”中的指示。

3）检查ABS/TCS/ESP的操作。

（4）ECU和液压总成的检修　ECU和液压总成集成为一体，不要拆解ECU和液压总成。

（5）转速传感器的检测　可用汽车专用万用表测量传感器阻值，也可用示波器测量传感器的输出波形。当温度在20℃时，传感器的电阻正常值为1.3~1.8kΩ。

（6）ESP开关的检测　可使用汽车专用万用表测量ESP开关端子间的电阻，以判断其好坏，如别克轿车的ESP开关检查方法是：当ESP开关处于常态位置时，端子3-4间应导通，端子3-5间断路；当按下ESP开关时，端子3-4断路，端子3-5导通；端子2-6之间是照明灯电阻。如果测量结果不在规格范围内，则更换ESP开关。

5.4.7 制动系统主要零件的检修

1. 制动主缸的检修

制动主缸与活塞的检修：如图5-76所示，先检查泵体内孔和活塞表面的划伤和腐蚀，再用内径表检查主缸泵体内孔的直径。用千分尺检查主缸活塞外径，算出泵体与活塞的间隙值，其标准值为0.04~0.106mm，使用极限为0.15mm，超过极限应更换。同时还应检查密封圈的老化、损坏与磨损，并更换。

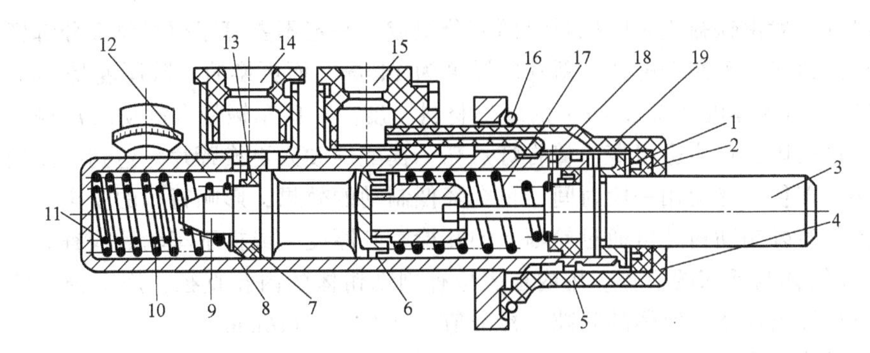

图5-76　串联式双腔制动主缸

1—隔套　2、6、13—密封圈　3—后活塞（带推杆）　4—防尘罩　5—防动圈　7—垫圈　8—皮碗护圈　9—前活塞　10—前活塞弹簧　11—缸体　12—前腔　14、15—进油孔　16—定位圈　17—后腔　18—补偿孔　19—回油孔

2. 制动器的检修

（1）盘式制动器的检修　图5-77所示为桑塔纳2000轿车用前轮盘式制动器的结构。

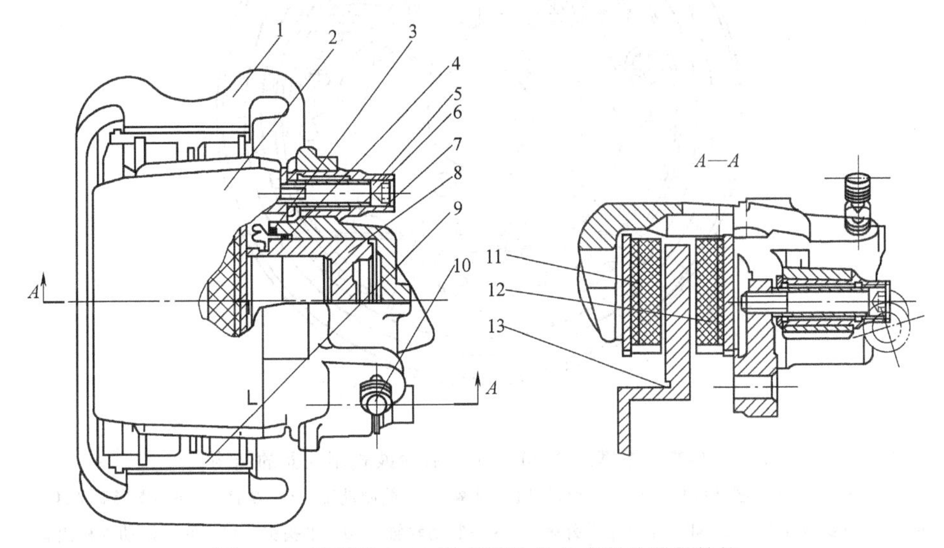

图5-77　桑塔纳2000轿车用前轮盘式制动器的结构

1—支架　2—制动钳壳体　3—活塞防尘罩　4—活塞密封圈　5—螺栓　6—导套　7—导向防尘罩　8—活塞　9—挡圈　10—排气螺栓　11—外摩擦块　12—内摩擦块　13—制动盘

1）制动盘表面磨损厚度的检查。除检查制动盘表面的磨损外，可用卡尺检查制动盘的厚度，标准值为12mm，使用极限为10mm，超过极限应更换。

2）制动盘跳动的检查。用百分表检查制动轴向圆跳动量，使用极限为0.08mm。

3）制动盘的修磨。制动盘在允许厚度的范围内可以修磨其上锈斑和刻痕。当使用砂轮打磨制动盘表面时，打磨的痕迹可以是无方向性的，但打磨痕迹应相互垂直。

4）制动衬片厚度的检查。正常行驶条件下每行驶5000km对制动蹄片检查一次，不仅要检查剩余的厚度，还要检查蹄片磨损的状态，两边磨损的程度是否一样，回位是否自如等，发现不正常情况必须立即处理。

制动蹄片一般由铁衬板和摩擦材料两部分组成，一定不要等摩擦材料部分都磨没了才更换蹄片，如捷达车的前制动蹄片，新片的厚度为14mm，而更换的极限厚度是7mm，其中包括3mm多的铁衬板厚度和将近4mm的摩擦材料厚度。一些车辆带有制动蹄片报警功能，一旦达到了磨损极限，仪表会报警，警告灯点亮，提醒驾驶人更换蹄片。达到了使用极限的蹄片必须更换，即使尚能使用一段时间，也会降低制动的效果，影响行车的安全。

在未拆下时外制动衬片可通过轮辐上的孔检查其厚度，或拆下车轮后检查。

5）制动钳体与活塞的检查。用内径表检查制动钳体的内孔直径，用千分尺检查活塞的外径，并可计算出活塞与钳体的间隙，标准值为0.04~0.116mm。

（2）鼓式制动器的检修　图5-78所示为桑塔纳2000轿车用后轮鼓式制动器的结构。

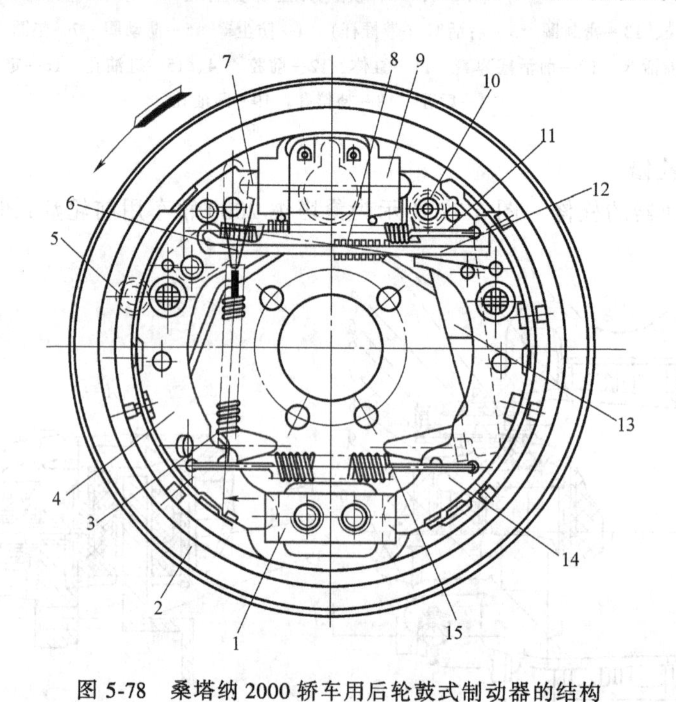

图5-78　桑塔纳2000轿车用后轮鼓式制动器的结构

1—支承板　2—制动底板　3—制动间隙调节弹簧　4—前制动蹄　5—观察孔　6—楔形调节块　7—带耳槽的支承块　8—驻车制动推杆外弹簧　9—制动轮缸　10—平头销　11—驻车制动推杆内弹簧　12—驻车制动推杆　13—驻车制动杠杆　14—后制动蹄　15—制动蹄回位弹簧

1）后制动蹄衬片（摩擦片）厚度检查。用卡尺测量后制动蹄衬片（摩擦片）的厚度，标准值为5mm，使用极限为2.5mm，其铆钉头与摩擦片表面的深度不得小于1mm，以免铆钉头刮伤制动鼓内表面。在未拆下车轮时，后制动蹄摩擦片的厚度可从制动底板的观察孔中检查。

2）后制动鼓内孔磨损与尺寸的检查。应首先检查后制动鼓内孔有无烧损、刮痕和凹陷，若有可修磨加工，并用卡尺检查内孔尺寸，标准值为ϕ180mm，使用极限为ϕ181mm。用工具测量制动鼓内孔的圆度，使用极限为0.03mm，超过极限应更换后制动鼓。

3）后制动蹄衬片（摩擦片）与后制动鼓接触面积的检查。将后制动蹄衬片（摩擦片）表面打磨干净后，靠在后制动鼓上，检查二者的接触面积，应不小于60%，否则应继续打磨衬片（摩擦片）的表面。

4）后制动器定位弹簧及回位弹簧的检查。检查后制动器定位弹簧、上回位弹簧、下回位弹簧和楔形调整板拉簧的自由长度，若增长率达到5%，则应更换新弹簧。

5）后制动轮缸缸体与活塞的检查。首先应检查后制动轮缸（见图5-79）泵体内孔与活塞外圆表面的烧蚀、刮伤和磨损情况，然后测出轮缸泵体内孔孔径和活塞外圆直径，并计算出活塞与泵体的间隙。

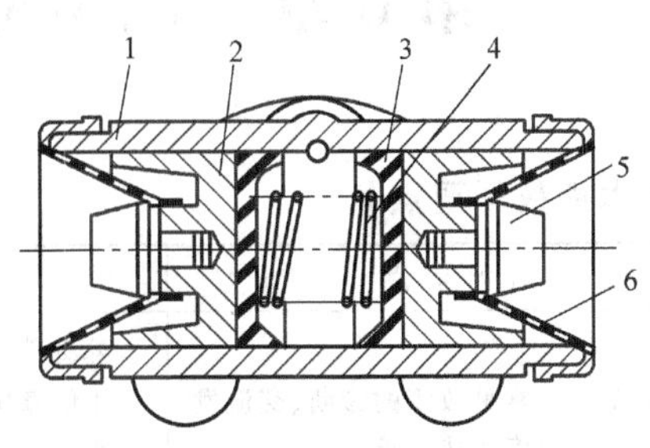

图5-79　制动轮缸

1—缸体　2—活塞　3—皮碗

4—弹簧　5—顶块　6—防护罩

【本章小结】

本章主要介绍了汽车底盘的传动系统、行驶系统、转向系统和制动系统的基本组成，介绍了各系统的维护保养内容和方法，介绍了重要部件的拆装调整和检测数据及方法，简要介绍了常见故障的分析及诊断方法。

思　考　题

1. 传动系统调整内容有哪些？
2. 简述离合器打滑、分离不彻底的故障原因及后果。
3. 分析变速器脱档和乱档的原因。
4. 自动变速器有哪些常见故障？
5. 轮胎非正常磨损的形态有哪些？原因是什么？
6. 四轮定位调整的内容是什么？
7. 四轮定位不准，对汽车行车有什么危害？
8. 机械转向系统和液压动力转向系统的常见故障有哪些？
9. ABS更换制动液的步骤是什么？
10. 液压制动系统的常见故障有哪些？
11. 驻车制动系统的常见故障有哪些？
12. ABS和ESP的功用是什么？

第6章　汽车电气系统的诊断与检修

【本章教学要点】

知识要点	掌握程度	相关知识
汽车蓄电池常见故障的诊断、交流发电机的常见故障及其诊断	熟悉蓄电池、交流发电机的组成 了解蓄电池的日常使用 掌握蓄电池常见故障的诊断 掌握交流发电机常见故障的诊断	蓄电池及交流发电机的组成、蓄电池的日常使用、蓄电池的常见故障、交流发电机的常见故障
起动机的故障诊断与检修	熟悉起动系统的功用与组成 熟悉起动机的组成及结构 掌握起动机常见故障的诊断	起动系统的功用及组成、起动机的作用及组成、起动系统的故障诊断与检修
点火系统常见故障的诊断、主要部件的检修	了解点火系统的组成及工作原理 掌握点火系统常见故障的诊断 掌握点火系统主要部件的检修	汽车点火系统的概述、点火系统的故障诊断与检修
电动车窗、电动座椅以及电动后视镜的故障诊断，主要部件的检修	了解电动车窗、电动座椅及电动后视镜的组成及工作原理 掌握电动车窗的故障诊断 熟悉电动座椅的故障诊断 了解电动后视镜的故障诊断	电动车窗的故障诊断与检修、电动座椅的故障诊断、电动后视镜的故障诊断

【导入案例】

一辆累计行驶40000km的东风日产天籁轿车，某一天，驾驶人在使用电动座椅过程中，发现座椅能前移，但不能向后移动。由于驾驶人侧座椅位置会影响其驾驶视线，当发现座椅出现上述现象后，驾驶人就不敢将座椅继续向前移动，只能将车送至4S店进行检修。

那么上述故障是电动座椅控制开关故障还是线路故障引起的呢？

汽车电气系统是汽车的主要总成之一，其性能好坏将直接影响到汽车的动力性、经济性和安全性等技术指标。汽车技术发展至今，汽车机械系统与电气系统已无法完全分开，在现在的汽车诊断与检修过程中，机械和电气系统故障的排除均采用更换零部件测试的方法。

6.1　汽车电源系统的诊断与检修

6.1.1　概述

汽车电源系统同时拥有蓄电池和交流发电机两个供电装置。汽车起动前，交流发电机不能供电，仅由蓄电池供电；蓄电池容量有限，持续供电必须由交流发电机提供；交流发电机的转速会随发动机转速在大范围变化，导致输出电压波动很大，必须稳定电压后才能使用。

蓄电池是一种可逆的低压直流电源，通过内部物质的化学反应，既可以将化学能转换为电能，供外部电器设备使用，又可以将电能转换为化学能储存起来。铅酸蓄电池的核心部分是正、负极板和电解液。极板上的活性物质可以和电解液产生化学反应，并建立电动势，从而进行放电和充电过程。其结构主要包括极板、隔板、电解液、壳体和电池状态指示器，如图 6-1 所示。

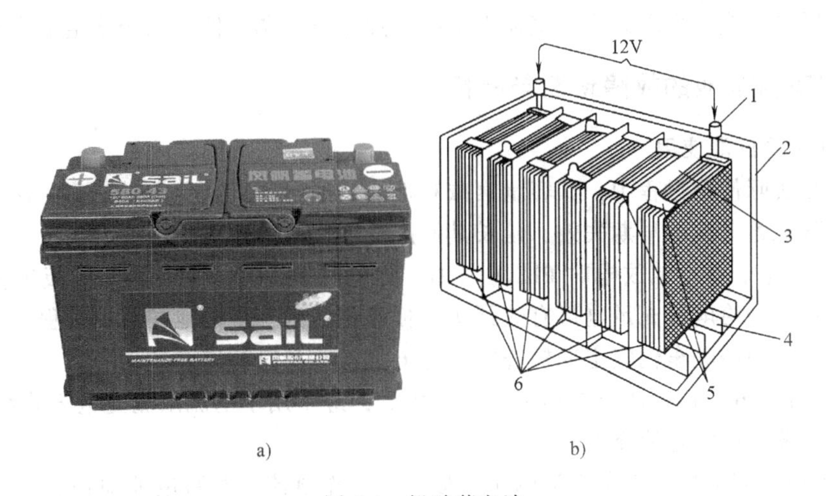

图 6-1　铅酸蓄电池

a）蓄电池实物　b）蓄电池内部结构

1—正、负极柱　2—电池槽　3—间壁　4—沉淀池壁　5—汇流条　6—正、负极板组

常见的汽车用交流发电机主要由转子、定子、整流器和壳体等几大部分组成，如图 6-2 所示。

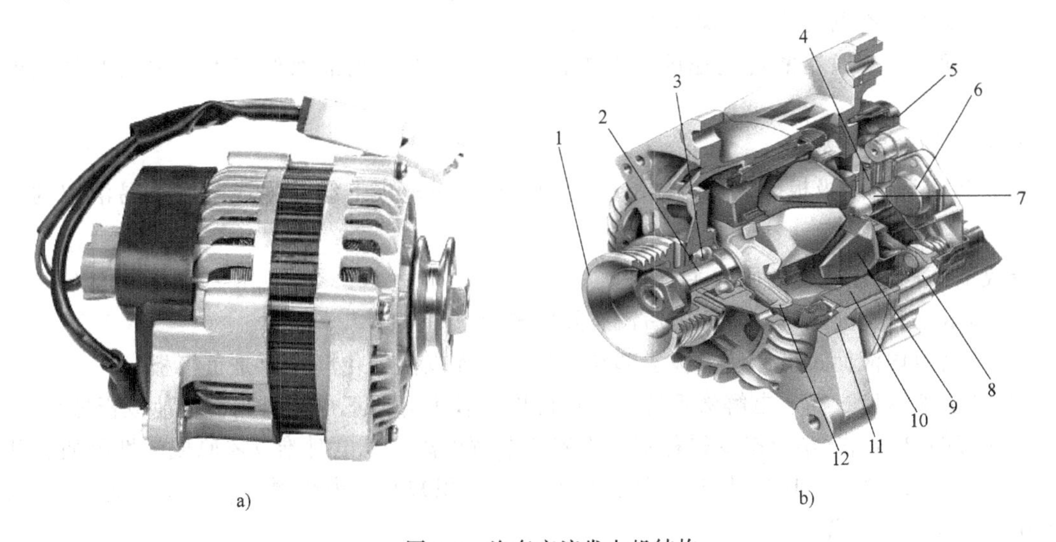

图 6-2　汽车交流发电机结构

a）实物图　b）内部结构解剖图

1—带轮　2—转子轴　3—轴承　4—电刷　5—后罩盖　6—电压调节器　7—集电环

8—后端盖　9—转子　10—定子　11—前端盖　12—风扇

转子轴前端通常装有带轮，用于连接发动机驱动转子旋转，转子轴通过轴承固定在前、

后端盖上。整流器组件上除了包含三相整流桥以外，通常还会集成励磁输入端子和发电输出端子。壳体通常由前后端盖组成。端盖用铝合金铸造成多孔形状，在保证足够支承强度的前提下，既减小质量，又利于散热。

发电机的功率高达数千瓦，全负荷工作时发热量很大。因此，在转子轴上装有风扇，对发电机进行风冷散热。大多数汽车交流发电机会加装电压调节器，用于稳定输出电压。

6.1.2 汽车蓄电池的故障诊断与检修

1. 蓄电池的日常使用

蓄电池在实际使用过程中，其容量衰减和性能衰退是不可避免的。正确的使用和维护方法可以有效避免蓄电池的早期失效，延长其使用寿命。具体注意事项如下：

1）及时充电。蓄电池放电时 $PbSO_4$增加，充电时 $PbSO_4$减少。因此极板硫化主要发生在电池亏电状态，给电池充足电可有效预防极板硫化。汽车蓄电池在使用过程中多处于被充电状态。对于长期停驶车辆应定期检查蓄电池电量，并及时补充。

2）避免过充电。蓄电池充电达到限制电压后，应采用小电流限流充电方式继续充电 2h 左右，不可继续使用大电流充电。

3）正确使用起动机。汽车起动电流是最大的工作电流，对蓄电池损伤较大。汽车起动时应尽量减少次数和时间。每次起动时间不得超过 5s。如果第一次未能成功起动，应间隔 15s 以上再进行第二次起动。连续三次起动不成功，应查明原因，排除故障后再尝试起动。

4）蓄电池应可靠固定，避免振动。

5）冬季对蓄电池做好保温措施。很多车辆在冬季使用时会在蓄电池外面加装防尘保温壳。

6）定期检查蓄电池外表，保持壳体和极柱清洁。

7）定期检查普通铅酸蓄电池的电解液液面高度。如所测液面低于下限要及时补充电解液。

2. 蓄电池的常见故障

（1）极板硫化　极板硫化是指硫酸铅（$PbSO_4$）在极板上结晶生成坚硬不易溶解的白色粗晶粒。

造成蓄电池极板硫化的原因主要有：

1）蓄电池长期充电不足、放电后没有及时充电。

2）蓄电池内液面过低，使极板上部与空气接触而发生氧化（主要是负极板）。

3）电解液密度过高、电解液不纯、环境温度差较大等因素也能引起蓄电池极板硫化。

结晶态的 $PbSO_4$化学形态变得稳定，不容易溶解电离，充电时难以还原成活性物质，从而导致电池容量下降。同时，极板硫化后有效导电面积减小，内阻增大，减小了起动电流，从而引发汽车起动故障。

（2）极板活性物质脱落　活性物质一旦从极板上脱落，就脱离了电路系统，不能再参与充放电循环过程，这会导致蓄电池容量的下降。造成蓄电池活性物质脱落的原因主要有：

1）汽车振动导致脱落。

2）大电流充放电时，极板上的化学反应不均匀容易造成极板变形，导致表面活性物质脱落。温度越低，变形越大，脱落越严重。

3）过充电时水被电解，产生大量气体，气体从极板逸出时导致表面活性物质脱落。

4）过放电时，极板表面沉积过多的 $PbSO_4$，体积膨胀挤压活性物质，导致脱落。

5）冬季电解液结冰，挤压极板导致活性物质脱落。

（3）自放电故障　在未接通外部电路时，蓄电池电能自行消耗的现象称为自放电。轻微的自放电属于正常现象，几乎所有的蓄电池都难以避免。但如果每日自放电量超过额定容量的 2%，则属于自放电故障。

蓄电池自放电故障的原因主要有以下几种：

1）外表脏污导致电极间漏电。

2）壳体底部沉积物过多造成极板之间短路。

3）隔板破裂，造成极板之间短路。

4）电解液不纯，金属杂质形成漏电。

6.1.3　交流发电机的故障诊断与检修

1. 交流发电机输出电压低乃至不发电的故障原因

1）整流二极管烧坏，使发电机输出电压过低，造成发电电流过小或不发电。

2）交流发电机磁场绕组或电枢绕组有短路、断路或搭铁故障，使磁通量过小，造成交流发电机发电电压过低或不发电。

3）电刷与集电环接触不良，磁场绕组励磁电流不稳定或无励磁电流，造成交流发电机电压过低或不发电。

2. 交流发电机解体前的检查

在交流发电机解体前，可以检测整体性能。通过检测发电机各接柱之间的电阻或检测发电机输出电压波形，可以确定发电机是否有故障和故障的大致部位。

（1）检测交流发电机各接柱之间的电阻　根据所测得的电阻值正常与否来判断连接两接线柱之间的部件和电路是否有故障。以内搭铁型发电机（JF132）和外搭铁型发电机（JF1522A）为例，检测其接线柱之间的电阻参数及测量不正常时的可能故障的情况见表 6-1。

表 6-1　JF132、JF1522A 型交流发电机各接线柱之间的电阻

<table>
<tr><th colspan="2" rowspan="2">接线柱</th><th rowspan="2">“F”-“-”</th><th rowspan="2">“F₁/F₂”-“-”</th><th rowspan="2">“F₁”-“F₂”</th><th colspan="2">“B”-“-”</th></tr>
<tr><th>正向</th><th>反向</th></tr>
<tr><td rowspan="2">正常情况</td><td>JF132</td><td>6~8Ω</td><td>—</td><td>—</td><td rowspan="2">40~50Ω</td><td rowspan="2">>1000Ω</td></tr>
<tr><td>JF1522A</td><td>—</td><td>∞</td><td>≈4Ω</td></tr>
<tr><td colspan="2">故障现象及原因</td><td>①电阻值为∞，磁场绕组断路
②电阻值过小，磁场绕组短路
③电阻值过大，电刷与集电环接触不良
④电阻值为零，“F”接柱搭铁或集电环之间短路</td><td>①电阻值未达到MΩ以上，磁场绕组绝缘不良
②电阻值为零，有搭铁故障</td><td>①电阻值为∞，磁场绕组断路
②电阻值过小，磁场绕组短路
③电阻值过大，电刷与集电环接触不良
④电阻值为零，集电环之间短路</td><td colspan="2">①正向电阻过小，有二极管短路
②正向电阻过大，有二极管断路
③正反向电阻都为零，有搭铁故障</td></tr>
</table>

（2）用示波器检测交流发电机输出电压波形　当交流发电机内部的二极管或电枢绕组有断路或短路时，其输出电压波形就会异常。由此可判断发电机内部是否有故障。正常时与各种故障时输出的电压波形如图 6-3 所示。

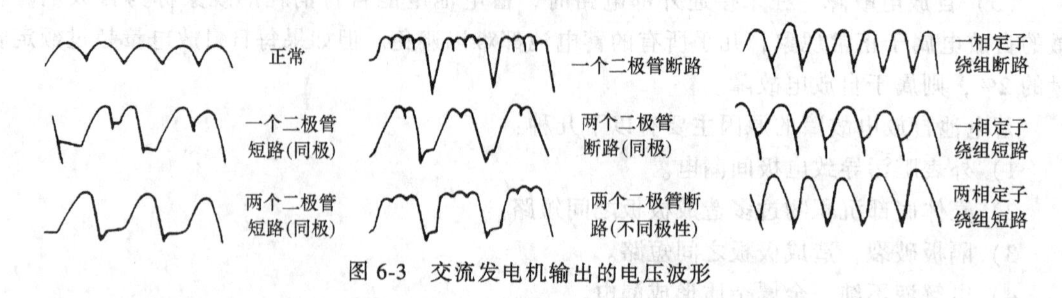

图 6-3　交流发电机输出的电压波形

（3）交流发电机的试验　在专用试验台上测出发电机的空载转速和满载转速，用以判断发电机性能的好坏，测试电路如图 6-4 所示。

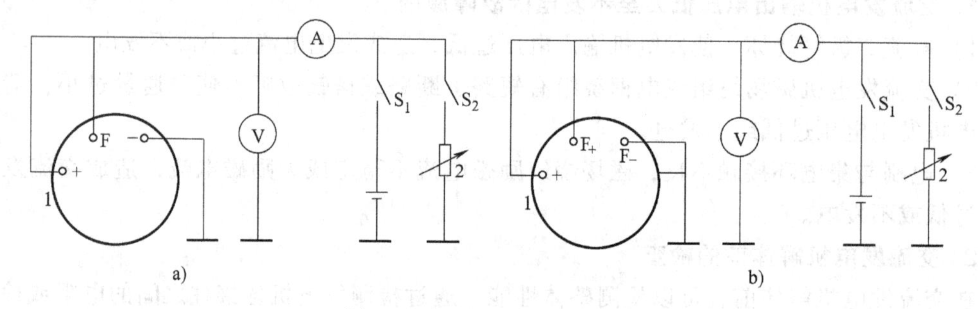

图 6-4　交流发电机测试电路

a）内搭铁型发电机测试电路　b）外搭铁型发电机测试电路

1—交流发电机　2—负载

1）空载试验。将发电机固定于试验台架并按图 6-4 接线，然后闭合 S_1，开动驱动电动机并慢慢调速，使发电机转速逐渐升高，待发电机的电压开始上升时，断开 S_1，并继续慢慢提高发电机的转速。当电压升至额定电压时，发电机的转速即为空载转速。

2）负载试验。测得空载转速后，接通 S_2，在逐渐增大负载的同时，提高发电机的转速，以保持电压稳定在额定值。当电流达到额定值时，发电机的转速即为满载转速。

如果测得的空载转速和满载转速过高，或在规定空载转速下达不到该发电机的额定电压、规定满载转速下达不到该发电机的额定电流，则说明发电机有故障。

3. 交流发电机解体后的检修

当发电机整体检测有故障或发电机性能不良时，就需要解体发电机，对有关部件进行检测，确定具体故障部位。

（1）整流二极管的检测　整流器通常和定子线圈焊接在一起，检测时先需将二者拆开，然后用汽车专用万用表测量每个二极管的正、反向电阻。二极管的正向电阻一般在 8～10Ω 之间，反向电阻则在 10～50kΩ 范围内。如果测量某二极管的电阻值不正常，则需更换该二极管或整流器总成。汽车专用万用表具有测量二极管的档位，可直接测量二极管的导通和断开，判断更为简单。

（2）磁场绕组的检测 用汽车专用万用表测量两集电环之间的电阻，如果电阻值与规定的磁场绕组电阻值不相符，则说明磁场绕组有短路（电阻值过小）或断路（电阻无穷大）。用汽车专用万用表测量集电环与转子铁心（或转子轴）之间的电阻，如果电阻值不为无穷大，则说明磁场绕组绝缘不良或已搭铁。若磁场绕组有短路、断路或搭铁，均需重绕或更换转子总成。

（3）电枢绕组的检测 用汽车专用万用表测量电枢绕组三个引线之间的电阻，如果电阻值无穷大，则说明电枢绕组断路；测量电枢绕组引线与铁心之间的电阻，如果电阻不为无穷大，则说明电枢绕组绝缘不良或已搭铁。若电枢绕组有断路或搭铁，均需重绕或更换定子总成。

（4）电刷与轴承的检修 检查电刷与轴承的磨损情况、电刷弹簧的弹力，若电刷磨损量超过限值、电刷弹簧失效或轴承有明显松旷等，应予以更换。

（5）电子式电压调节器的检修 电子式电压调节器可通过一个可调的直流电源（输出电压0～30V，输出电流3A）和一个测试灯泡（12V或24V，20W）对其进行检验，检测电路如图6-5所示。接通开关S，然后慢慢提高直流电源电压。正常状态下，测试灯会亮起并随电压升高而亮度增加，而当电压上升至调节器的调节电压值（14V电压调节器为13.5～14.5V，28V电压调节器为27～29V）以上时，测试灯会熄灭。如果测试灯一直不亮或不熄灭，表明调节器有故障，应予更换。

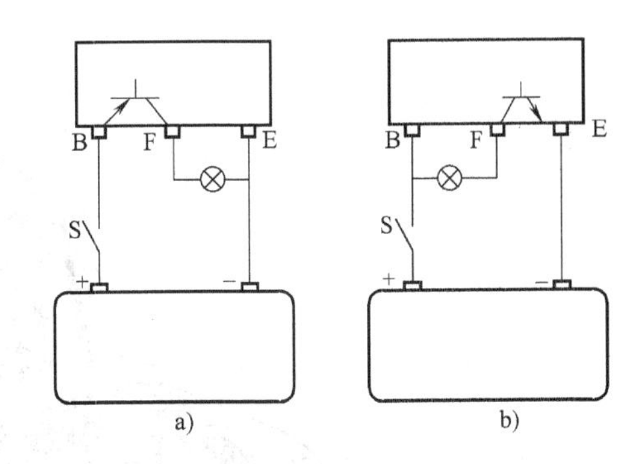

图6-5 电子式电压调节器检测电路
a）内搭铁型 b）外搭铁型

6.2 汽车起动系统的诊断与检修

6.2.1 概述

发动机靠打火和外力转动而点火燃烧，并开始运转的过程称为起动。要使发动机顺利起动，必须克服运转阻力，尤其是压缩行程的压缩气体阻力和各运动件的摩擦阻力。克服这些阻力所需的转矩称为起动转矩。柴油机压缩比比汽油机大得多，起动更困难，需要的起动转矩也更大。

起动系统的基本功用就是按发动机要求，提供一定的转矩，使发动机达到规定的转速，顺利完成起动过程。

起动系统主要由蓄电池、起动机、起动继电器、点火开关等组成。起动机与蓄电池通过电路连接，安装在汽车发动机飞轮壳前端的座孔内，通过齿轮输出，飞轮上有起动齿圈。点火开关一般安装在转向盘的下方。

起动机的作用是将蓄电池的电能转换成机械能以起动发动机。它一般由直流串励式电动机、传动机构和控制装置三部分组成，如图6-6和图6-7所示。

6.2.2 起动机的故障诊断与检修

起动系统出现问题直观表现为起动机故障，故障现象可归纳为：起动机不工作、起动机起动无力和起动机空转等。

图 6-6 起动机实物

1. 起动机不工作

起动机不工作是指当点火开关旋至 ST 档时，起动机不转动，并且电磁开关没有任何动作。具体检查步骤如下：

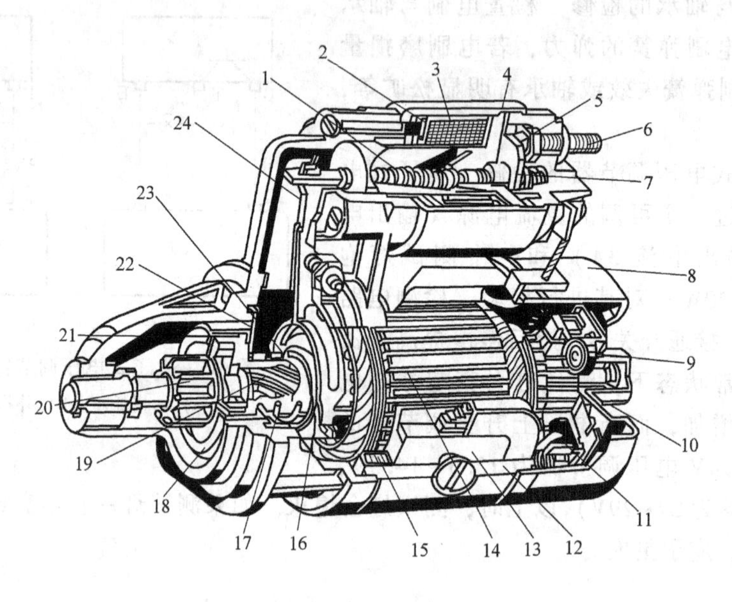

图 6-7 起动机结构

1—回位弹簧 2—保持线圈 3—吸引线圈 4—电磁开关壳体 5—主触点 6—接线柱 7—接触盘 8—后端盖 9—电刷弹簧 10—换向器 11—电刷 12—磁极 13—磁极铁心 14—电枢 15—磁场绕组 16—移动衬套 17—缓冲弹簧 18—单向离合器 19—电枢轴花键 20—驱动齿轮 21—罩盖 22—制动盘 23—传动套筒 24—拨叉

(1) 检查蓄电池 应先检查蓄电池的极柱是否松脱、氧化、腐蚀，检查电缆线及搭铁端是否正常，然后检查蓄电池是否亏电。可以按喇叭，根据喇叭声音的大小可判断蓄电池是否亏电，也可以开前照灯，根据灯光亮度的变化来判断蓄电池是否亏电，如果喇叭声音变小或前照灯灯光变暗，说明蓄电池亏电。如果以上都正常，则进行下一步检查。

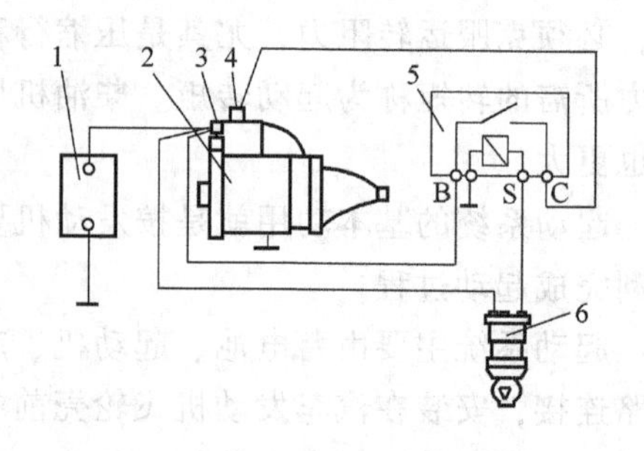

图 6-8 带起动继电器的起动系统的控制电路

1—蓄电池 2—起动机 3—主接线柱 4—起动接线柱 5—起动继电器 6—点火开关

(2) 检查起动机 图 6-8 所示为带起动继电器的起动系统的控制电路，当点火开关旋至 ST

档时，蓄电池经点火开关给起动继电器中的磁化线圈供电（电流很小），使继电器中的常开触点闭合，这样蓄电池电流经主接线柱 3、继电器的触点到起动机电磁开关上的起动接线柱 4，起动机开始工作。

检查时，将起动机上接电缆线的主接线柱 3 与起动接线柱 4 短接，若起动机不能工作，说明起动机的电磁开关等有故障，需拆下起动机检修。如果起动机能正常工作，则进行下一步检查。

（3）检查起动继电器及起动继电器到起动机的线路　如图 6-8 所示，将起动继电器上的“B”（电池）和“S”（点火）两接线柱短接：

1）若起动机正常工作，说明起动继电器及起动继电器到起动机的线路正常，故障在点火开关或点火开关到起动继电器的线路上，进行下一步检查。

2）若起动机不工作，再将起动继电器上的“B”和“C”两接线柱短接，若此时起动机正常工作，故障在起动继电器；若起动机不工作，则故障在起动继电器到起动机的线路上。

2. 起动机起动无力

起动机起动无力是指起动机的驱动齿轮已经与飞轮齿圈啮合，但由于起动机的转速太慢而不能使发动机起动。起动机起动无力一般是由于电路中存在潜在的故障引起的，这些潜在的故障引起额外的压降，使起动电流减小。

起动机起动无力的原因有：

1）蓄电池故障，包括蓄电池亏电，蓄电池极柱松动、氧化或腐蚀等。

2）起动机故障，包括电刷与换向器接触不良、电磁开关中的接触盘烧蚀、串励式直流电动机的励磁绕组或电枢绕组有局部短路等。具体检查步骤如下：

① 检查蓄电池。先检查蓄电池的极柱与电缆线的接触是否有松动、氧化或腐蚀等现象；然后通过按喇叭、开前照灯等方式检查蓄电池是否亏电，如果以上情况都正常，可初步判断故障在起动机。

② 检查起动机。起动机起动无力，如果已判断不是蓄电池和起动电缆线的故障，一般可将起动机从车上拆下，将起动机解体后再进行检查维修。

对于起动机起动无力的故障现象，也可以通过测量起动电路压降的方法确定故障的部位，一般轿车起动电路的规律是：在起动时，每根起动电缆线的压降不大于 0.2V，每个连接点的压降不大于 0.1V，电磁开关内接触盘的压降不大于 0.3V，起动机的工作电压不小于 9V，蓄电池的端电压不小于 9.6V，蓄电池负极柱到发动机缸体之间的电压不大于 0.4V，如图 6-9 所示。

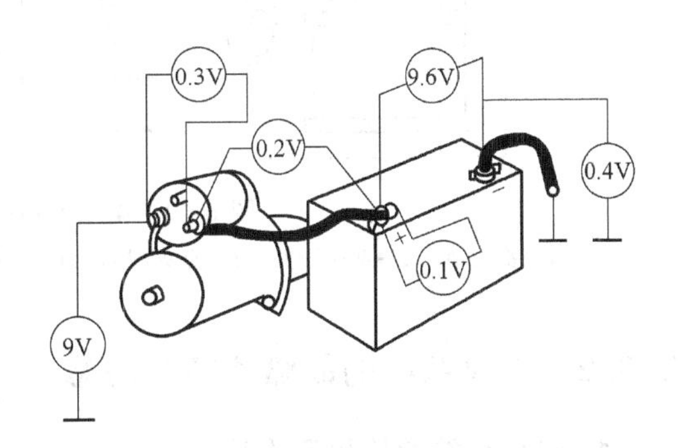

图 6-9　起动机工作时起动电路的压降测试

在检测过程中，如果已确定蓄电池的技术状态完好、电缆线与极柱的连接完好，那么若蓄电池的端电压小于 9.6V，就可初步确定起动无力的故障部位在起动机；然后再测量电磁开关两个主接线柱的压降，若大于 0.3V，说明故障部位在电磁开关；若起动机的工作电压大于9V，说明故障部位在电动机。

3. 起动机空转且有异响

这种故障现象的主要原因可能是单向离合器打滑，或者是飞轮齿圈有部分齿损坏。一般可根据声音判断，声音“轻、尖，且连续”的是单向离合器打滑，应更换单向离合器；声音“沉重、间断”的是飞轮齿圈损坏。也可重新转动曲轴或将车挂上档，前后移动一下汽车，使起动机的驱动齿轮与发动机的飞轮齿圈重新啮合。如果能起动发动机，说明飞轮齿圈的齿轮啮合面部分损伤，若飞轮齿圈损伤轻微，可将飞轮齿圈翻转过来，继续使用；若飞轮齿圈损伤严重，应更换飞轮齿圈。

6.3 汽车点火系统的诊断与检修

6.3.1 概述

在汽油发动机中，点火系统的作用是适时地为发动机气缸内已压缩的可燃混合气提供足够能量的电火花，使发动机能及时、迅速地燃烧做功。适时在气缸燃烧室内产生电火花的装置，称为点火系统。

图6-10所示为桑塔纳轿车装用的霍尔效应式电子点火系统的组成及电路连接图。霍尔效应式电子点火系统，是利用霍尔效应原理制成的信号发生器产生点火信号，触发和控制电子点火系统工作的。如国产的桑塔纳、奥迪、捷达、红旗等轿车的点火系统均采用这种点火装置。霍尔效应式电子点火系统由内装霍尔信号发生器的分电器、点火控制器、点火线圈和火花塞等组成。

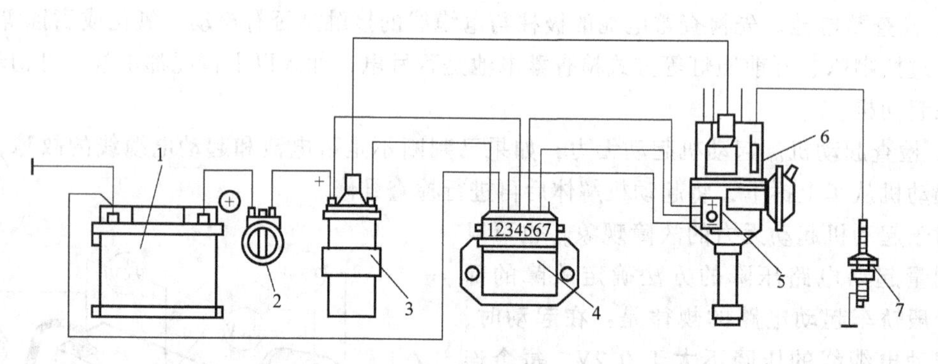

图6-10 霍尔效应式电子点火系统的组成

1—蓄电池 2—点火开关 3—点火线圈 4—点火控制器 5—信号发生器 6—分电器 7—火花塞

6.3.2 点火系统的故障诊断与检修

1. 点火系统的使用及维护

（1）点火正时的确定

1）传统点火系统点火正时的确定。为了保证发动机气缸中的可燃混合气在准确的时刻被点燃，在安装分电器总成时，必须进行“点火正时”确定。点火正时均以第一缸为基准，对于不同的发动机，其调整方法略有差异，但基本步骤相似。

一般步骤如下：

① 检查断电器触点的间隙。触点间隙的大小不仅影响最高次级电压，对点火时间也有较大的影响，如果在点火正时调整完以后再调整触点间隙，就会使调整好的基本点火提前角又有所变化。因此，应首先检查触点的间隙，若不在规定范围内，应先调整至规定值。

② 找出第一缸压缩终了上止点。先拆下第一缸的火花塞，用干净的棉纱堵住火花塞螺孔，转动曲轴，当棉纱被冲出时，即为第一缸压缩行程；再慢慢转动曲轴，使飞轮上的第一缸上止点记号与飞轮壳上的标记对齐。

③ 确定断电器触点刚好打开的位置。松开分电器紧固螺钉，先按顺分电器轴旋转方向转动分电器外壳，使断电器触点处于闭合状态，然后拔出中央高压线，使高压线端距缸体3~4mm，接通点火开关，慢慢地按逆分电器轴旋转方向转动分电器外壳直至高压线端跳火，此时分电器的位置就是断电器触点刚好打开的位置。

如有辛烷选择器时，应先将辛烷选择器调整至“0”的刻度位置上。

④ 按点火顺序接好高压线。此时，在分火头所指的分电器盖旁电极插孔插上第一缸高压线，然后顺着分电器轴旋转的方向，按点火顺序插好其他各缸的高压线。

⑤ 检查点火正时。起动发动机，当发动机温度达到正常工作温度后，在发动机怠速状态下突然加速。如果发动机转速上升滞后，感到沉闷或排气管有突突的声响，说明点火过迟，应按逆分电器轴旋转方向转动分电器外壳，适当调大初始点火提前角；如果在急加速时发动机出现了爆燃（尖锐的金属敲击声），说明点火时间过早，应按顺分电器轴旋转方向转动分电器外壳，使点火提前角适当减小。

⑥ 汽车在行驶中进行检查。在平直路面上，汽车以20km/h行驶时（发动机预热至85℃），突然加速（将加速踏板踩到底）。如果汽车加速过程中有轻微的爆燃，但随车速的升高爆燃很快消失，则点火时间适当；如果加速时发动机爆燃较为严重，或虽无爆燃发生，但加速感到沉闷，则说明点火时间过早或过迟，应对其再进行调整，直至适当为止。

2）电子点火系统点火正时的确定

① 找到第一缸压缩终了上止点的方法与传统点火系统的方法相同。

② 安装分电器。转动分电器轴或分电器外壳，使分电器上的分火头指向分电器壳体上的标记，或将分电器壳体上的标记与缸体上的标记对准，装入分电器，并旋紧固定螺钉。

③ 连接高压导线。将连接第一缸火花塞的高压导线插入分电器盖上的第一缸插孔后，顺着分电器轴旋转方向按点火顺序依次插好其他缸高压导线。

④ 检查点火正时。除了通过突然加大节气门开度观察发动机的工作情况是否良好来检验点火正时是否得当外，还可用点火正时灯（见图6-11）检测其规定转速下的点火提前角，并通过与标准的点火正时参数比较，来判断点火正时正确与否。

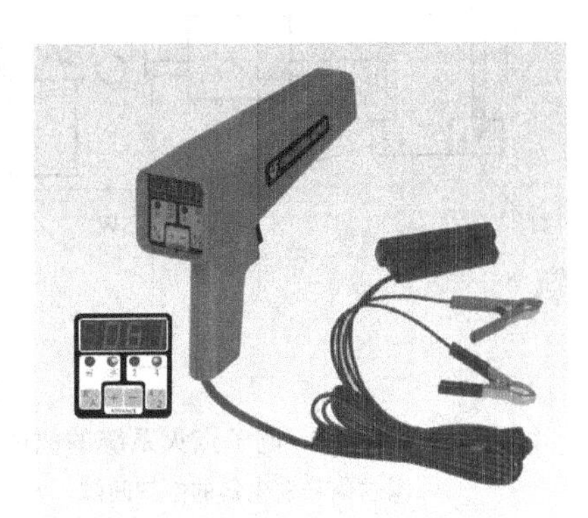

图6-11　点火正时灯

（2）点火系统的使用和维护注意事项

1）由于初级电流较大，必须使用高能点火线圈，不能用普通的点火线圈代替。

2）清洗发动机舱必须在发动机熄火后进行。

3）若进行点火系统的故障检测，应在发动机熄火后，断开点火系统的线路，再连接检测仪表。

4）当点火系统有故障，由其他车辆拖行时，须将点火控制器的插头拔下。

2. 点火系统的故障诊断及主要部件的检修

当发动机有故障时，首先要确定故障部位是在燃油供给系统还是点火系统。可以通过转动曲轴，观察高压线是否跳火来判断点火系统是否有故障。当确定点火系统有故障后，就要确定故障的具体部位。确定故障具体部位的关键，是要确定故障是在低压电路还是在高压电路。

（1）点火系统的故障诊断　不同类型电子点火系统故障诊断的区别主要在于信号发生器的检测，而其检测原理是相同的。

下面以常见的霍尔效应式电子点火系统为例说明电子点火系统的故障诊断与维修。

1）确定故障在低压电路中还是在高压电路中。

① 打开分电器盖，转动曲轴，使分电器转子缺口对正霍尔信号发生器。

② 拔出分电器盖上的中央高压线，使其端部离缸体 5~7mm。

③ 接通点火开关，用螺钉旋具在霍尔信号发生器的间隙中轻轻地插入和拔出，模拟转子在间隙中的动作，如图 6-12 所示。

④ 如果高压线端部跳火，表明低压电路中的霍尔信号发生器、点火控制器及点火线圈性能良好，故障在高压电路；如不跳火，在点火线圈及线路良好的情况下，可确定故障在霍尔信号发生器或点火控制器，应进一步检查。

2）确定霍尔信号发生器和点火控制器的故障位置。如图 6-13 所示，用汽车专用万用表测量分电器上信号发生器的信号端子“S”与搭铁端子之间的电压：转动分电器轴，汽车专用万用表的测量值若在 0.3~0.4V 与 11~12V 之间变化，说明霍尔信号发生器良好，则点火控制器有故障；若测量值与上述值不一致，则说明点火控制器有故障。

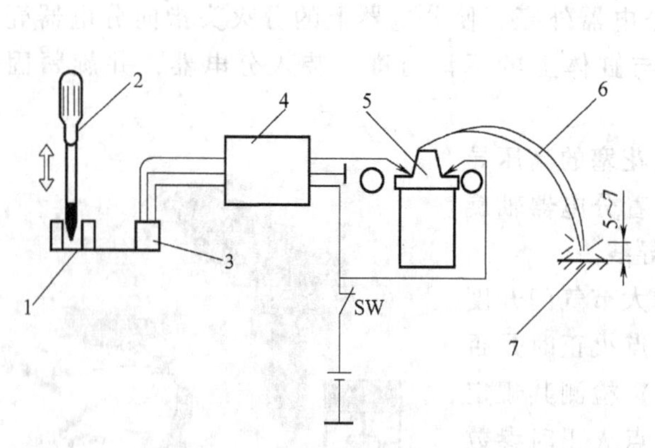

图 6-12　电子点火系统的故障确定

1—霍尔信号发生器的空气间隙　2—螺钉旋具
3—信号发生器插接件　4—点火控制器
5—点火线圈　6—高压导线　7—发动机缸体（搭铁位置）

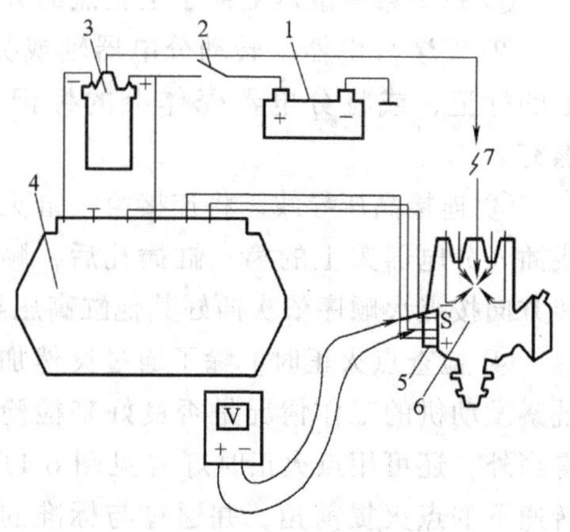

图 6-13　确定霍尔信号发生器和点火控制器的故障位置

1—蓄电池　2—点火开关　3—点火线圈
4—点火控制器　5—信号发生器插接件
6—分电器　7—高压线

(2) 点火系统主要部件的检修

1) 分电器。下面以霍尔式电子点火系统中分电器的检修为例。

① 分电器总成的解体与清洗。拆除分电器屏蔽罩及分电器盖，取下分火头及防尘罩等。拆除挡圈，将两把螺钉旋具通过触发器转子的两相对切槽插至挡圈，以分电器壳为支点，小心地向下压螺钉旋具，取下触发器转子。

拆下真空提前装置及霍尔元件。冲出连接销，拆下分电器驱动齿轮，取出分电器轴及离心提前装置等。解体后，用布或棉纱蘸适量清洗剂清洗各零件。

② 分火头的检修。分火头应无任何裂纹、烧蚀及击穿（分火头顶部金属有一些焦状物是正常的）。

如图 6-14 所示，用汽车专用万用表电阻档检查分火头中心电极与侧电极的电阻值，应在 1～4Ω 之间，否则，应更换分火头。

将分火头倒放在发动机机体上，用发动机高压火进行跳火试验，或用绝缘电阻表进行检测，其电阻∞为正常。否则，更换分火头。

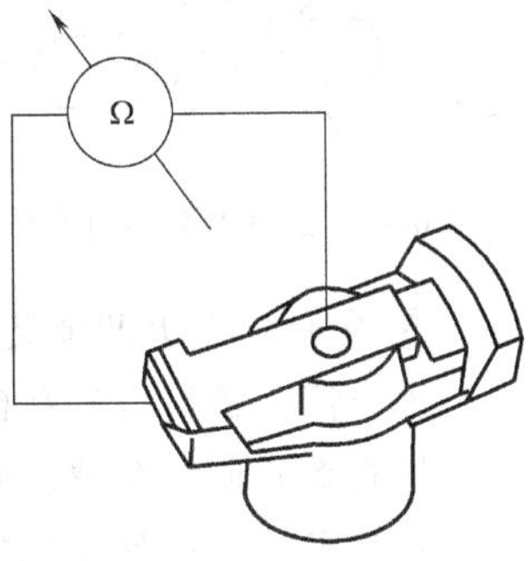

图 6-14　分火头电阻的检查

分火头导电片电阻的检查：用汽车专用万用表检查分火头顶部导电片的电阻，应符合规定，若检查不符合规定，则应更换。

③ 分电器盖的检修。外观检查：用一块干燥的棉布将分电器盖擦拭干净，检查分电器盖，应无裂纹及烧蚀痕迹，其内部各电极应无明显的磨损、腐蚀及烧蚀，否则应更换分电器盖。中心电极应无卡滞，若烧蚀磨损致使其长度比标准长度减小 2mm 以上时，也应更换新件，如图 6-15 所示。

绝缘性能检查：可用绝缘电阻表检测，阻值应为∞，如图 6-16 所示。

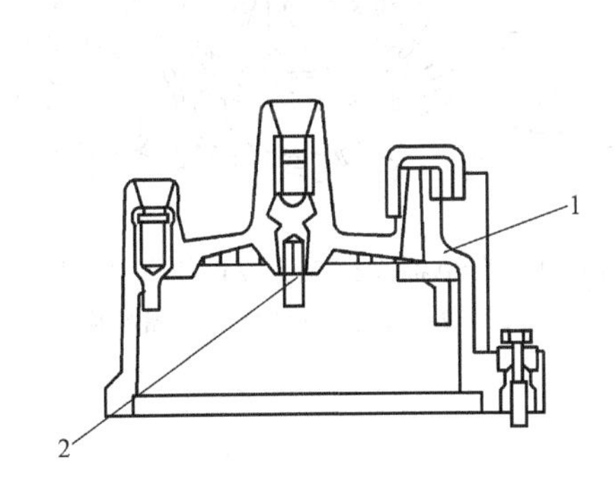

图 6-15　分电器盖中心电极长度的检查
1—分电器盖　2—电极

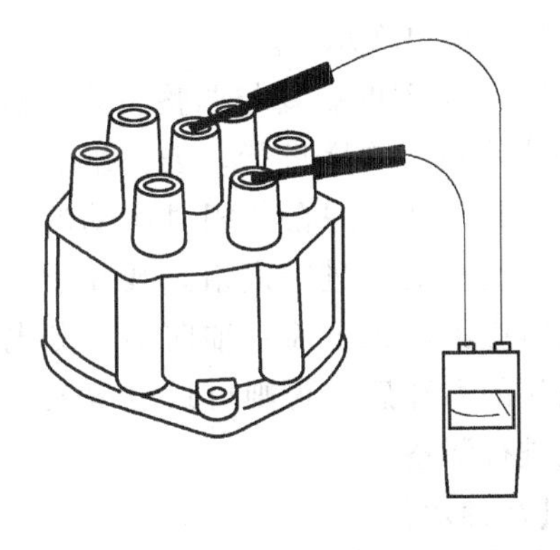

图 6-16　分电器盖的绝缘性检查

④ 分电器轴、衬套及驱动齿轮的检修。检查分电器轴与衬套的配合间隙：如图 6-17 所示，将分电器壳体夹在台虎钳上，使百分表的测头垂直顶到分电器轴上部外圆面上，沿百分表测杆方向晃动分电器轴，检查轴与衬套的配合间隙，应与规定相符，否则更换衬套。

检查分电器轴的直线度误差：如图 6-18 所示，转动分电器轴，观察百分表指针的摆差，分电器轴的直线度误差应与规定相符，否则更换新件。

检查分电器驱动齿轮：轮齿磨损严重、齿面出现明显的疲劳剥落凹坑或出现裂损，应更换。

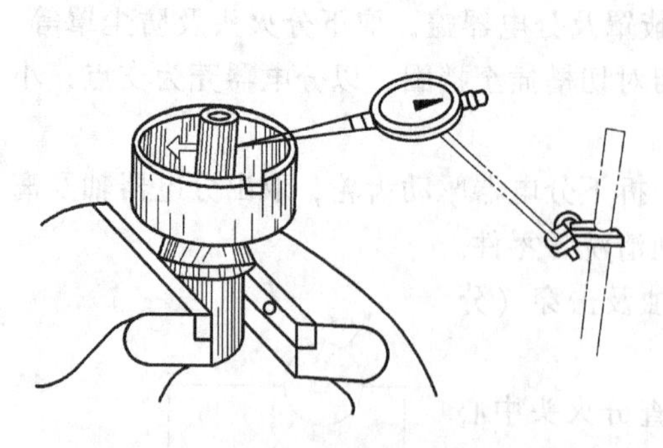

图 6-17　分电器轴与衬套的配合间隙检查

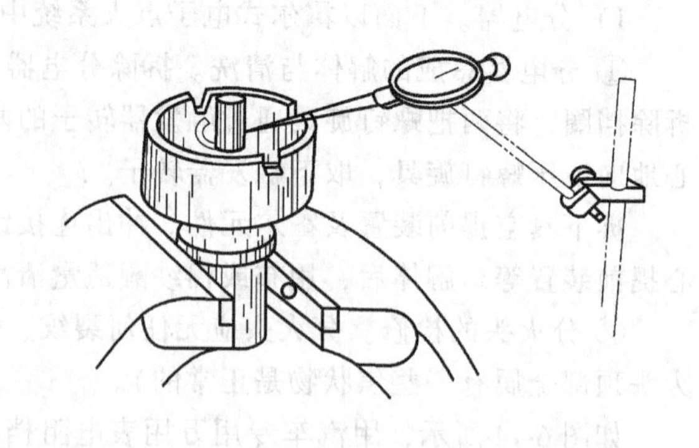

图 6-18　分电器轴的直线度检查

⑤ 离心式点火调节装置的检修。检查离心调节装置的离心块：离心块在轴上应转动自如，无卡滞，销钉与轴孔配合间隙应与规定相符，检查后应加机油润滑。

检查离心调节装置的弹簧拉力：可用弹簧秤检查，拉长 4mm 时，弹力应在 4.5~10.5N 之间；也可采用简易实用的方法测试：先在分电器上组装好离心式点火调节装置，将分电器轴固定好，然后捏住触发器转子或转子轴沿工作时的转动方向拧到极限位置时松手，若转子或转子轴能自动回位，表示弹簧能起作用，否则说明弹簧失效，应更换新件。

⑥ 真空式点火提前装置的检修。真空式点火提前装置主要检查其密封性。使用真空泵和真空表检查漏气量，如图 6-19 所示。当真空度为 33.2kPa 时，在 1min 内，真空度降低不得大于 3.32kPa。在无仪器时，可用嘴吸吮检查，若漏气，应更换总成。

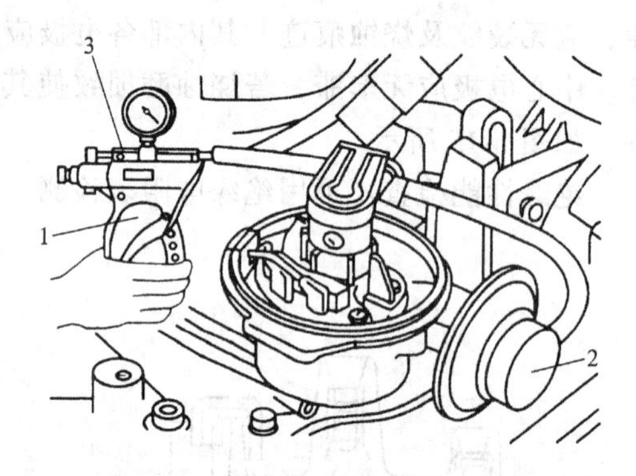

图 6-19　分电器真空提前装置的密封性检查
1—真空泵　2—真空提前装置　3—真空检测仪

⑦ 分电器的装复与调整。分电器的组装可按解体的相反顺序进行。进行组装时，应保证各零件的清洁，并在各相对运动的摩擦表面上涂抹少量润滑脂进行润滑。装复后，转动分电器轴时应灵活无卡滞；轴向推拉分电器轴时应无明显的间隙感，否则可通过改变调整垫片的厚度进行调整。

【小提示】

注意：在进行分电器分火头和分电器盖的漏电检测时，要注意高压电。使用汽车专用万用表检测时，应注意档位的选择。

2）点火线圈

① 外部检验。绝缘盖表面，要求色泽均匀，表面光洁且无气泡、杂质等缺陷，绝缘盖与壳体封装应良好，周围不得有沥青或油溢出。各接线柱焊接应牢固，高压插孔螺钉应密封可靠，高压线插头应能顺利插入和拔出。零件不可缺损，绝缘盖、外壳不得有裂纹，否则应予以更换。

② 初、次级绕组的电阻检验。用汽车专用万用表电阻档测量初级绕组两个端头以及测量次级绕组的两个端头，如测量出现∞说明断路，如阻值在规定范围内，说明正常，如阻值过小说明短路。一般初级绕组在 1～2Ω 之间，一般次级绕组是几千欧。用汽车专用万用表电阻档，一支测量棒测初级绕组一个端头，另一支测量棒测点火线圈外壳，电阻∞为正常。

【小提示】

注意：点火线圈经过检验，如内部有短路、断路等故障，一般均应更换新件。

3）高压阻尼线。如图 6-20 所示，用汽车专用万用表电阻档检查点火线圈与分电器之间高压线的电阻值，应在 0～2.8kΩ 之间，分电器与火花塞之间的高压线组件的电阻值，应在 0.6～0.7kΩ 之间。

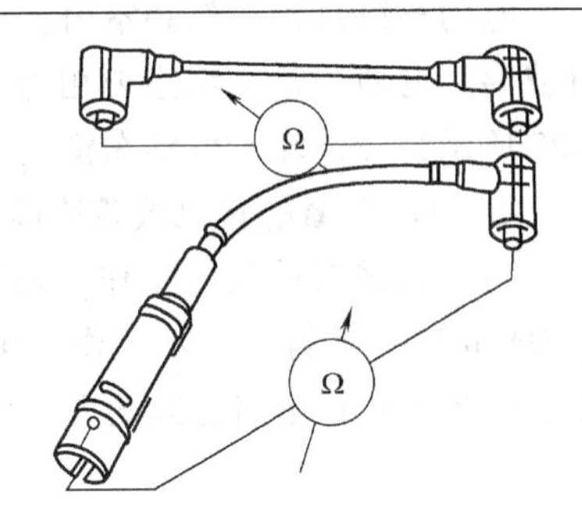

图 6-20　高压阻尼线的电阻检查

如图 6-21 所示，检查抗干扰插头两端的电阻，电阻值应为（1±0.4）kΩ。

如图 6-22 所示，检查火花塞插头的电阻，电阻值应在（1±0.4）Ω（有屏蔽）和（5±0.1）kΩ（无屏蔽）之间。

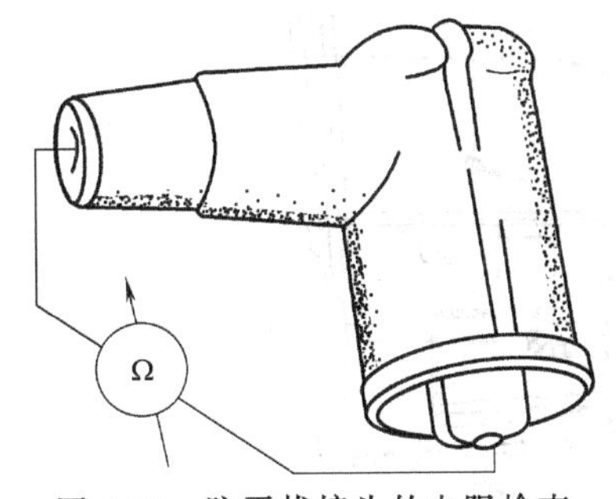

图 6-21　防干扰接头的电阻检查

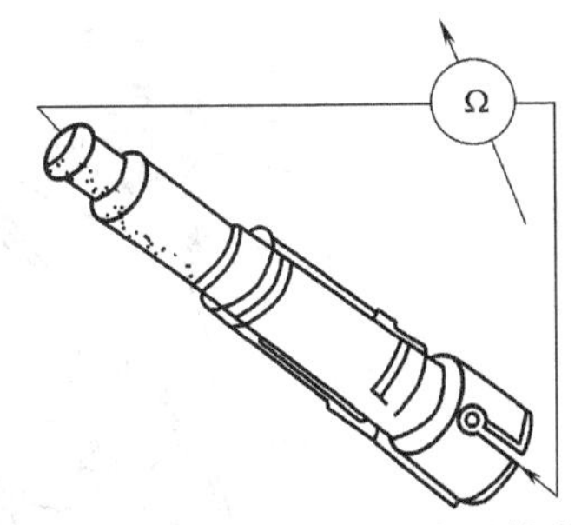

图 6-22　火花塞插头的电阻检查

4）火花塞。如图 6-23 所示，检查火花塞电极，用钢针清理电极间的积炭。如电极烧损严重，应更换。

如图 6-24 所示，检查火花塞电极的间隙，应在 0.7～0.9mm 之间。

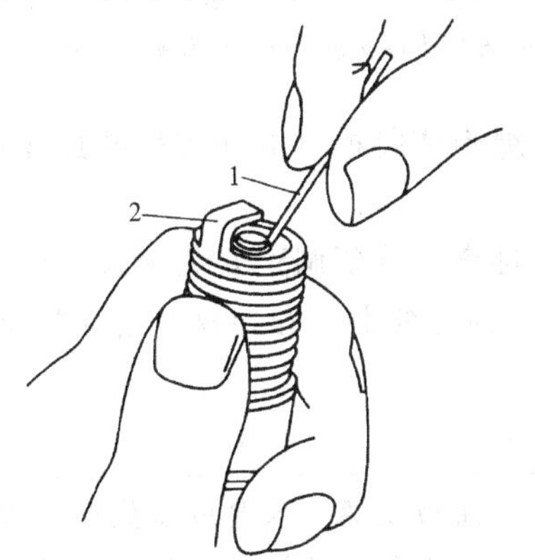

图 6-23　火花塞积炭的清理

1—钢针　2—火花塞电极

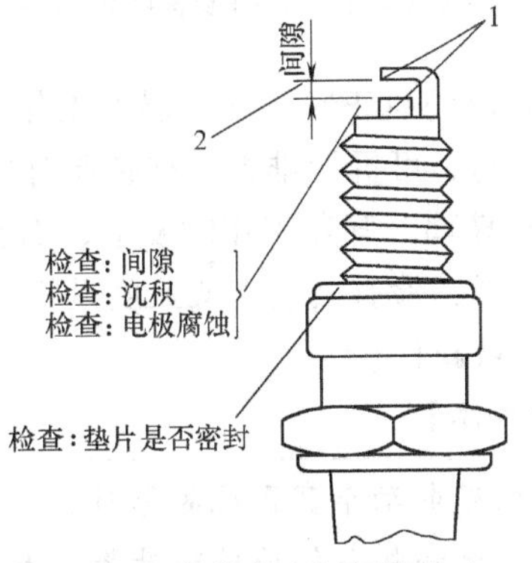

图 6-24　火花塞电极间隙检查

1—火花塞电极　2—火花塞间隙

6.4 汽车辅助电气系统的诊断与检修

6.4.1 电动车窗的故障诊断与检修

1. 电动车窗的功用及组成

电动车窗是指在驾驶室内，用开关控制电动机，驱动升降器，安全、方便地自动升降车窗玻璃。电动车窗系统主要由车窗、车窗升降器、电动机、继电器和开关等装置组成。图6-25所示为奥迪轿车电动车窗的结构。

2. 电动车窗的常见故障诊断

（1）玻璃升降器不工作　玻璃升降器不工作，分全部或部分不工作。若当点火开关置于ON位时，按键按下不工作，可能的原因有：熔丝熔断、线路断路、电动机损坏、开关损坏。可按照先查电路通断的方式进行排查，有必要时把损坏的元器件换新。

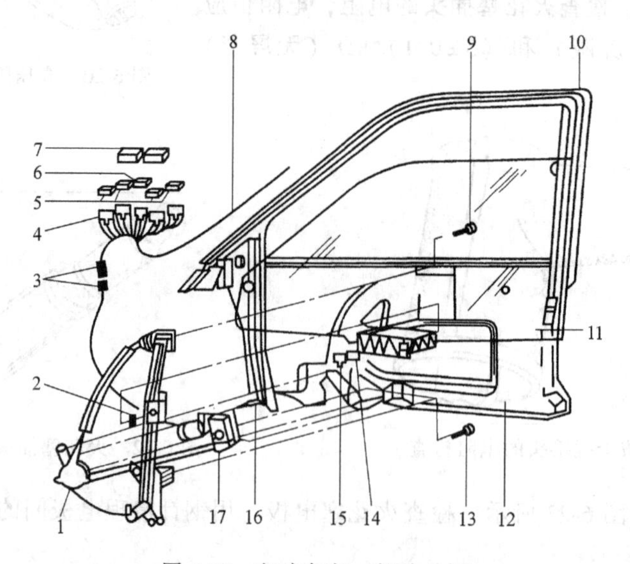

图6-25　电动车窗（驾驶人侧）

1—车窗升降器　2、14—垫　3—电动机插座　4—开关总成插座　5—主开关　6—主开关的断路开关　7—插座架　8—线束　9、13、16—固定螺钉　10—车窗密封条　11—前左车窗玻璃　12—车窗附件支架　15—车窗锁止夹子　17—电动机

（2）电动机正常，升降器不工作　通常是钢丝绳断或跳槽，滑动支架断或支架的传动钢丝夹转动。可拆检排查，有必要时换新件。

（3）玻璃升降器工作时发卡、有异响　可拆检排查，重新调整安装螺钉和卷丝筒内的钢丝绳位置，检查安装支架弧度是否正确，导轨是否损坏变形、有异物，电动机是否损伤，有必要时换新件。

【小提示】

> 在检查电动车窗系统故障时，应按不同方向轻轻摇动玻璃。只要玻璃能向所有方向稍微移动，电动机就能使玻璃升降。如果不是这样，就可能是电动机或电路的故障。通过以上检查可缩小故障诊断的范围。

6.4.2　电动座椅的故障诊断与检修

1. 电动座椅的组成及工作原理

为了提高汽车的乘坐舒适性，一些轿车的座椅空间位置由电动机驱动调整。它主要由双向电动机（两向移动两个，四向四个）、传动装置、座椅调节器等组成，如图 6-26 所示。

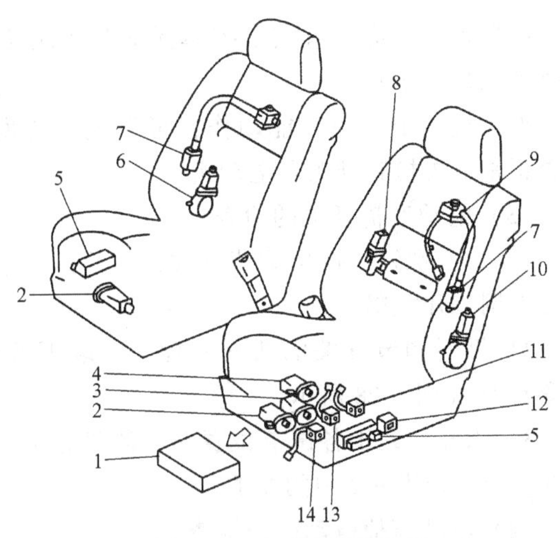

图 6-26　电动座椅的结构

1—电动座椅 ECU　2—滑动电动机　3—前垂直电动机　4—后垂直电动机　5—电动座椅开关　6—倾斜电动机　7—头枕电动机　8—腰垫电动机　9—位置传感器（头枕）　10—倾斜电动机和位置传感器　11—位置传感器（后垂直）　12—腰垫开关　13—位置传感器（前垂直）　14—位置传感器（滑动）

以广州本田雅阁轿车为例，其电动座椅控制电路如图 6-27 所示。

广州本田雅阁轿车驾驶席座椅有八种调节方式：前端上、下调节；后端上、下调节；前、后调节；向前、向后倾斜调节。

2. 电动座椅的常见故障

（1）常见故障　电动座椅完全不能动作的主要原因有：熔断器熔断、线路断路、座椅开关故障等。

电动座椅某个方向不能动作的主要原因有：该方向对应的电动机损坏、开关损坏、对应的线路断路等。

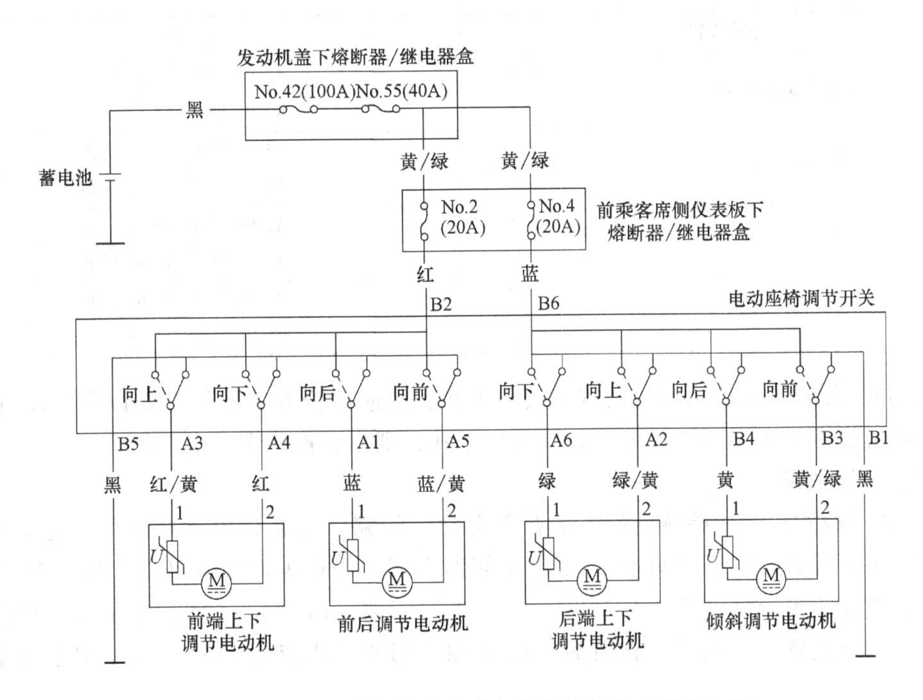

图 6-27　广州本田雅阁轿车电动座椅控制电路（驾驶人侧）

（2）诊断步骤　如果是电动座椅完全不能动作，可以首先检查熔断器是否熔断；若熔断器良好，则应检查所在线路及其插接件是否正常，最后检查开关。对于有状态存储功能的电动座椅系统还应检查其电控单元 ECU 的电源电路及其搭铁线是否正常。

如果是某个方向不能动作，可以先检查所在线路是否正常，再检查开关和电动机。

（3）电动座椅开关的检查

1）拆下螺钉，拔出调节开关，然后从驾驶人座椅处拆下调节开关罩。

2）拆下调节开关的两 6 芯插头，取下调节开关，如图 6-27 和图 6-28 所示。

3）当开关处于各调节位置时，测量各端子的导通情况，应符合表 6-2 中的要求。

（4）电动座椅电动机的检查

1）拆下驾驶席座椅轨道端盖及座椅的固定螺钉。

2）拆开座椅线束插头和线束夹，拆下驾驶席座椅。

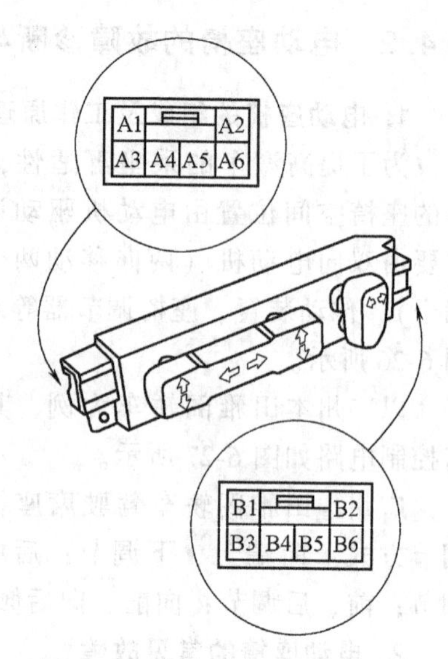

图 6-28　电动座椅开关的检查

3）拆开调节开关的两个 6 芯插头，如图 6-29 所示。

4）将两个 6 芯插头的两端子分别接蓄电池的正、负极，检查各调节电动机的工作情况是否符合表 6-2 的要求。

表 6-2　电动座椅开关正常工作状态（广州本田雅阁轿车）

开关位置		正常结果
前上下调节开关	向上	A3-B2 导通、A4-B5 导通
	向下	A3-B5 导通、A4-B2 导通
滑移调节开关	向前	A5-B2 导通、A1-B5 导通
	向后	A1-B2 导通、A5-B5 导通
后上下调节开关	向上	A2-B6 导通、A6-B1 导通
	向下	A6-B6 导通、A2-B1 导通
倾斜调节开关	向前	B3-B6 导通、B4-B1 导通
	向后	B4-B6 导通、B3-B1 导通

5）如果某调节电动机不运转或运转不平稳，则应检查 6 芯插头与该调节电动机的 2 芯插头之间的线束是否有断路故障。如果线束正常，则应更换该调节电动机。

（5）检测线路

1）电压检测法。如检测前端上下调节电动机线路，可将该电动机上的 2 芯插头拔下，用汽车专用万用表的电压档测量 1、2 端子间的电压。当该电动机的开关未操作时，电压值应为零；当开关置于“向上”位置时，1、2 端子间的电压应为+12V，即 1 端子为正，2 端子为零；当开关置于“向下”位置时，1、2 端子间的电压应为−12V，即 2 端子为正，1 端子为零。

其他电动机线路的检测方法与此相同。

2）电阻检测法。如检测前端上下调节电动机线路，可将该电动机上的 2 芯插头拔下，用汽车专用万用表的电阻档测量相关处的电阻值。当该电动机的开关未操作时，1、2 端子间的阻值应为零；当开关置于“向上”位置时，1端子与电源正极间的阻值应为零，2端子与搭铁线间的阻值也应为零，1、2端子间的阻值为无穷大。当开关置于“向下”位置时，2端子与电源正极间的阻值应为零，1端子与搭铁线间的阻值也应为零，1、2端子间的阻值为无穷大。

其他电动机线路的检测方法与此相同。

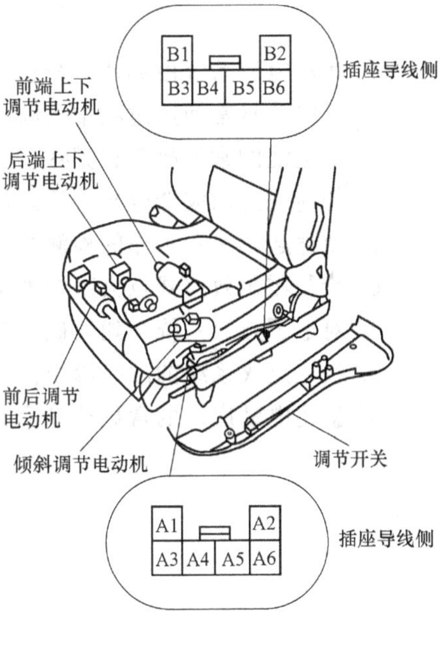

图 6-29　电动座椅电动机的检查

6.4.3　电动后视镜常见故障诊断

1. 电动后视镜的组成

电动后视镜由镜面玻璃（反射面）、双电动机、连接件、传动机构与壳体等组成，如图6-30所示。

控制开关由旋转开关、摇动开关及线束等组成。

2. 电动后视镜的常见故障

电动后视镜故障的直接表现是后视镜不能被操纵，此时可进行如下检测：

1）首先检查熔丝和断电器（过载保护），然后用万用表测试开关总成。

2）如果开关完好，应用12V电源的跨接线检查电动机的工作情况，接线换向时，电动机也应反向转动。

3）如果电动机工作正常，而后视镜仍不能运动，应检查连接后视镜控制开关和车门或仪表板金属件的搭铁情况。

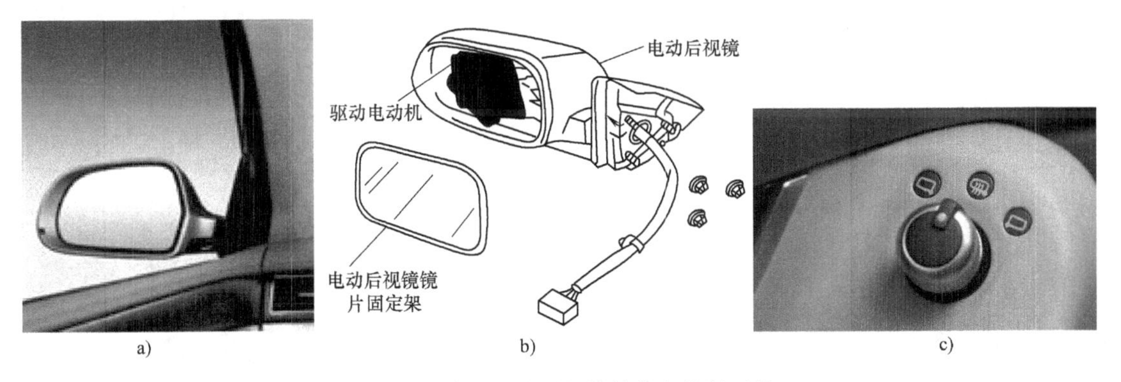

图 6-30　典型电动后视镜结构和控制开关

a）电动后视镜实物　b）结构图　c）控制开关

【本章小结】

本章主要介绍了汽车电源系统常见故障的诊断；汽车起动系统常见故障的诊断；汽车点火系统的使用与维护、常见故障的诊断、主要部件的检修；简要介绍了电动车窗、电动座椅及电动后视镜的故障诊断及检修。

思 考 题

1. 汽车电源系统由哪些部分组成？
2. 蓄电池日常使用过程中有哪些注意事项？
3. 蓄电池的常见故障有哪些？分析其原因。
4. 如何通过示波器分析交流发电机的内部故障？
5. 叙述起动机不工作的检测步骤。
6. 绘制霍尔效应式点火系统的电路图。
7. 对电子点火系统，如何确定其点火正时？分析点火正时不正确对发动机的影响。
8. 叙述点火系统的故障诊断流程。
9. 叙述电动座椅的常见故障及其诊断。

第7章　车载网络系统的故障诊断

【本章教学要点】

知识要点	掌握程度	相关知识
车载网络技术的作用 车载网络技术的类型	了解车载网络技术的作用、分类	车载网络技术的发展，车载网络技术的分类
CAN总线的检测与诊断、MOST总线的检测与诊断	掌握CAN总线的故障类型及诊断 了解MOST总线的检测与诊断	CAN总线的检测与诊断 MOST总线的检测与诊断

【导入案例】

一辆宝马X6轿车，行驶过程中出现驻车制动灯、DSC灯、4×4故障灯均点亮，同时档位自动跳至N位的故障现象。试车过程中，该车在踩制动或加速过程时，有时安全气囊灯、胎压监测系统灯也会点亮，甚至有时会出现刮水器来回摆动的现象。

通过汽车故障诊断仪发现各灯所属系统的ECU存在信息缺失的故障码，结合本款车辆仪表系统、刮水系统的控制单元是通过总线系统连接起来的，并根据经验初步判断：多个控制单元同时传递不正常的数据（或丢失数据）的主要原因是单元内部故障发生错误数据或者线路故障。

那么上述故障原因是如何引起的？通过哪些仪器设备能够对其故障进行诊断分析呢？

汽车电子化是汽车技术发展进程中的一次革命。汽车电子技术已广泛应用于汽车发动机控制、底盘控制、车身控制、故障诊断以及音响、通信、导航等方面。目前，在工业发达国家生产的汽车上，每辆车上电子装置的平均成本已占到整车成本的40%~45%；在一些豪华轿车上，电子产品的成本已占整车成本的60%以上。若继续采用传统的点到点的布线方式，且信号传输的可靠性、信息传送速度均具有不适应性，且信息传输材料成本较高。为了简化线路，提高信息传输的速度和可靠性，降低故障率，车载网络技术应运而生，如控制器局域网（Controlle Area Network，CAN）、局部连接网络（Local Interconnect Network，LIN）等。

一辆汽车不管有多少个电控单元，每个电控单元都只需引出两条线共同接在两个节点上，这两条导线就称为数据总线，也称为网线。构建车载网络系统并对汽车实施网络化控制的技术体系统称为车载网络技术（Vehicle Network Technology）。

7.1　概述

自1980年起，汽车上开始装用车载网络。1983年，日本丰田公司在世纪牌汽车上采用光纤车门多路传输集中控制系统，车身电控单元可对各车门锁、电动车窗进行控制。

1986—1989年，汽车车身系统采用了铜网线，如日产公司的车门多路传输集中控制系统、GM公司的车灯多路传输集中控制系统等，都已处于批量生产阶段。同时，一些汽车网络标准也纷纷推出，如德国 Robert Bosch 公司的 CAN 网络标准、美国汽车工程师学会（Society of Automotive Engineers，SAE）提出的 J1850、马自达的 PALMNET、德国大众的 ABUS 等。

20 世纪 90 年代，由于集成电路技术和电子器件制造技术的迅速发展，用廉价的单片机作为总线的接口端，采用总线技术布线的成本降低，也逐渐进入了实用化阶段。

为了实现音响系统的数字化，建立了将音频数据与信号系统综合在一起的 AV（Audio Video）网络，该网络采用光缆连续地传输大容量的数据。

当汽车引入智能交通系统（Intelligent Transport System，ITS）后，开始使用更大容量的网络，如 DDB（Domestic Digital Bus）协议、MOST（Media Oriented Systems Transport）及 IEEE 1394 等。随着汽车电子技术的发展，欧洲提出了控制系统的新协议 TTP（Time Trigger Protocol）。

2000 年以后，随着车载网络的进一步细分，低端 LIN 网络产生。由于汽车各个系统对数据的传输速率要求不同，汽车上常用的总线分为 CAN 总线和 LIN 总线两大类。CAN 总线用于对数据传输速率和带宽要求较高的场合，如发动机电控单元和 ABS 电控单元等。LIN 总线用于对数据传输速率要求较低的场合，多使用在不需要总线的高带宽和多功能的场合，为车载网络提供辅助功能，如智能传感器和车身系统的通信。

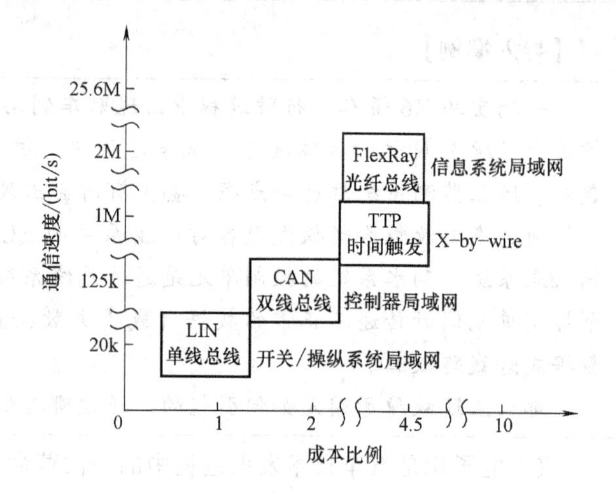

图 7-1　几种典型网络的成本比例及通信速度对比

几种典型车载网络的成本比例及通信速度对比如图 7-1 所示，主要车载网络的名称、适应范围、通信速度与主要车系见表 7-1。

表 7-1　典型车载网络系统一览表

车载网络系统名称	适用范围	传输速率	应用车系
CAN(Controller Area Nerwork)	车身控制系统、动力传动控制系统	1Mbit/s	欧、美、日、韩各大车系均有应用
VAN(Vehicle Area Network)	车身控制系统	1Mbit/s	法国车系
J1850	车身控制系统	10.4~41.6kbit/s	美国车系
LIN(Local Interconnect Network)	车身控制系统	20kbit/s	德国车系
IDB-C(Intelligent Data Bus on CAN)	汽车多媒体系统	250kbit/s~100Mbit/s	
TTP/C(Time Triggered Protocal by CAN)	被动安全系统	2~25Mbit/s	
TTCAN(Time Triggered CAN)	被动安全系统	1Mbit/s	
Byteflight	被动安全系统	10Mbit/s	宝马车系
FlexRay	被动安全系统、行驶动态管理系统	10Mbit/s	宝马车系

（续）

车载网络系统名称	适用范围	传输速率	应用车系
DDB/Optical(Domestic Digital Bus/Optical)	汽车多媒体系统	5.6Mbit/s	奔驰车系
MOST(Media Oriented Systems Transport)	汽车多媒体系统	22.5Mbit/s	德国车系
IEEE1394	汽车多媒体系统	100Mbit/s	美国车系
IDB-1394	汽车多媒体系统		美国车系、日本车系
Bluetooth	无线通信、语音系统、个人娱乐	1Mbit/s	欧、美、日、韩各大车系均有应用
Ethernet	维修时的车辆编程、汽车多媒体系统	100Mbit/s	宝马车系

7.2 典型车载网络系统的故障诊断

7.2.1 CAN 总线的故障诊断

1. CAN 总线的简介

CAN 是 Controller Area Network（控制器局域网）的缩写，是国际标准化的串行通信协议。目前，CAN 总线是车载网络系统中应用最多、最为普遍的一种总线技术。

（1）CAN 总线的结构特点　CAN 总线系统上并联有多个控制单元 ECU，具有以下特点：

1）可靠性高。系统能将数据传输故障（不论是由内部还是外部引起的）准确地识别出来。

2）使用方便。如果某一控制单元出现故障，其他控制单元还可以保持原有功能，继续进行信息交换。

3）数据密度大。所有控制单元在任一瞬时的信息状态均相同，这样就使得两控制单元之间不会有数据偏差。如果系统的某一处有故障，那么总线上所有连接的元件都会得到通知。

4）数据传输快。连成网络的各控制单元之间的数据交换速率必须很快，这样才能满足实时要求。

5）采用双线传输，抗干扰能力强，数据传输的可靠性高。

（2）CAN 总线的传输速率　目前，CAN 总线中的信号是采用数字方式经铜导线传输的，其最大稳定传输速率可达 1Mbit/s。譬如，大众和奥迪公司将最大标准传输速率规定为 500kbit/s。

考虑到信号的重复率及产生出的数据量，CAN 总线系统分为三个专门的系统：

1）驱动 CAN 总线（高速），又称动力 CAN 总线，其标准传输速率为 500kbit/s，可充分满足实时要求，主要用于发动机、变速器、ABS、转向助力等汽车动力系统的数据传输。

2）舒适 CAN 总线（低速），其标准传输速率为 100kbit/s，主要用于空调系统、中央门锁（车门）系统和座椅调节系统的数据传输。

3）信息 CAN 总线（低速），其标准传输速率为 100kbit/s，主要用于对响应速度要求不高的领域，如导航系统、组合音响系统和 CD 转换控制等。

（3）CAN 总线的自诊断功能　由于自身的布置和结构特点，CAN 总线工作时的可靠性很高。如果 CAN 总线系统出现故障，故障就会存入相应的控制单元故障存储器内，可以用故障诊断仪读出这些故障。

1）控制单元具有自诊断功能，通过自诊断功能还可识别出与 CAN 总线相关的故障。

2）用故障诊断仪（如 VAS 5051、VAS 5052 等）读出 CAN 总线故障记录之后，即可按这些提示信息，快速、准确地查寻并排除故障。

3）控制单元内的故障记录用于初步确定故障，还可用于读出排除故障后的无故障说明，即确认故障已经被排除。

4）CAN 总线正常工作的前提条件是车辆在任何工况均不应有 CAN 总线故障记录。

（4）CAN 数据传输系统组成　CAN 数据传输系统由一个控制器、一个收发器、两个数据传输终端以及两条数据传输线组成。除了数据传输线，其他元件都置于控制单元内部。控制单元功能不变，如图 7-2 所示。

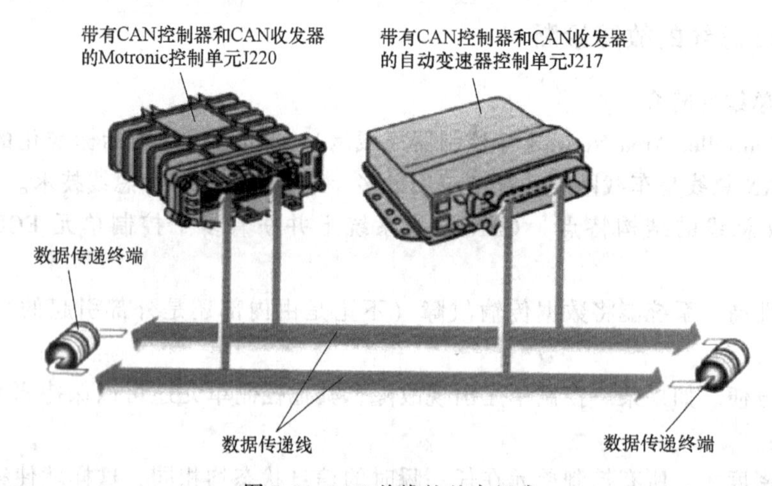

图 7-2　CAN 总线的基本组成

1）CAN 控制器。CAN 控制器的作用是接收控制单元中微处理器发出的数据，处理数据并传给 CAN 收发器。同时，CAN 控制器也接收 CAN 收发器收到的数据，处理数据并传给微处理器。

2）CAN 收发器。CAN 收发器是一个发送器和一个接收器的结合，它将 CAN 控制器提供的数据（逻辑电平）转化为电信号（线路输送电平）并通过数据总线发送出去。同时，它也接收 CAN 总线数据，并将数据传输给 CAN 控制器。

3）数据传输终端。数据传输终端实际上是一个电阻器，其作用是保护数据。它防止数据在线端被反射，以回声的形式返回，影响数据的传输。

4）数据传递线。CAN 数据传递线是传输数据的双向数据线，分为 CAN 高位数据线（CAN-High）和低位数据线（CAN-Low）。为了防止外界电磁波干扰和向外辐射，CAN 数据传递线通常缠绕在一起。这两条线的电位相反，如果一条是 5V，另一条就是 0V，始终保持电压总和为一常数。通过这种办法，CAN 数据总线得到了保护而免受外界的电磁场干扰，同时 CAN 数据总线向外的辐射也保持中性，即无辐射。

（5）CAN 总线数据传输原理与过程

1）CAN 总线传输原理。如图 7-3 所示，CAN 数据总线的数据传输原理在很大程度上类似电话会议的方式。一个用户（控制单元 1）向网络中“说出”数据，而其他用户“收听”到这些数据。一些控制单元认为这些数据对它有用，它就接收并且应用这些数据，而其他控制单元也许不会理会这些数据。故数据总线里的数据并没有指定的接收者，而是被所有的控制单元判断接收及计算。

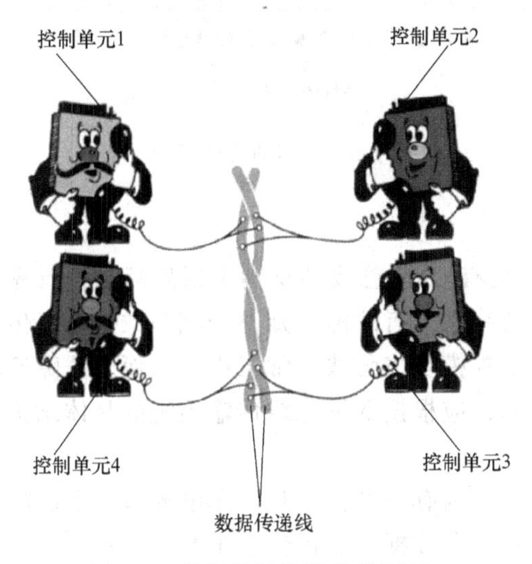

图 7-3 数据总线数据传输原理

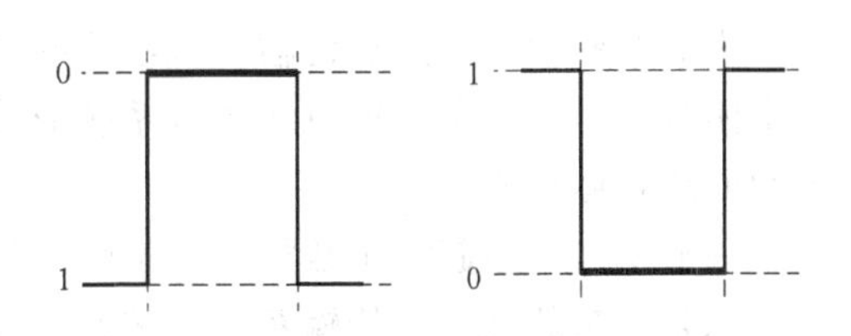

图 7-4 二进制状态图

数据由二进制数构成，即“0”或“1”。“1”表示电路接通，“0”则表示断开。也就是只有“是”或“否”两个状态，状态如图 7-4 所示。

位是信息的最小单位（单位时间电路状态）。1 位数可表示 2 种状态，2 位数则可表示 4 种状态，3 位数可表示 8 种状态，依次类推，最大的数据是 64 位，它可表示的信息量为 2 的 64 次方，用数字表达温度信息的实例见表 7-2。

表 7-2 用二进制数字表达温度信息

1 位数值的变化	产生信息	2 位数值的变化	产生信息	3 位数值的变化	产生信息
0(5V)	10℃	00	10℃	000	10℃
1(0V)	20℃	01	20℃	001	20℃
		10	30℃	010	30℃
		11	40℃	011	40℃
				100	50℃
				101	60℃
				110	70℃
				111	80℃

2）数据传输过程。数据的具体传输过程包括提供数据、发送数据、接收数据、检查数据、接受数据，如图 7-5 所示。

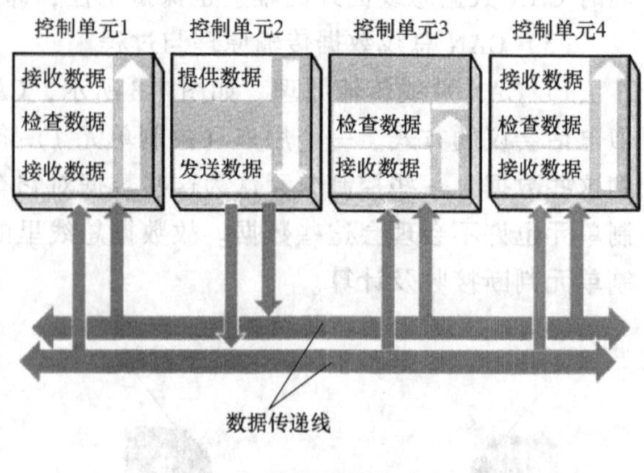

图 7-5　数据的传输过程

① 提供数据。控制单元 2 向 CAN 控制器提供数据用于传输。

② 发送数据。CAN 收发器从 CAN 控制器处接收数据，将其转化为电信号发出。这些数据以数据列的形式进行传输，数据列是由一长串二进制（高电平与低电平）数字组成（0110100100111011…），可以将其分成 7 个区域：开始域、状态域、检验域、数据域、安全域、确认域、结束域。

2. CAN 总线的检测与诊断

（1）CAN 总线的故障类型及常规检测步骤　装有 CAN 总线的车辆出现故障时，首先应检测数据总线传输系统是否正常。因为如果数据总线系统有故障，则整个汽车数据总线传输系统中的有些信息将无法传输，接收这些信息的电控模块将无法正常工作，从而为故障诊断带来困难。对于汽车数据总线传输系统故障的维修，应根据数据总线传输系统的具体结构和控制回路具体分析。

一般说来，引起汽车数据总线传输系统故障的原因有三种：一是汽车电源系统引起的故障；二是汽车数据总线传输系统的链路故障；三是汽车数据总线传输系统的节点故障。

其检测的一般步骤如下：

1）了解车型的汽车数据总线系统特点（包括传输介质、几种子网及汽车数据总线系统的结构型式等）。

2）了解汽车数据总线传输系统的功能，如有无唤醒功能和休眠功能等。

3）检查汽车电源系统是否存在故障，如交流发电机的输出波形是否正常（若不正常将导致信号干扰等故障）等。

4）检查汽车数据总线传输系统的链路是否存在故障，采用波形和跨线法来进行检测。

5）检查汽车数据总线传输系统的节点是否存在故障，采用汽车故障诊断仪进行检测，可以尝试采用替换法进行维修。

（2）奥迪 A4 CAN 数据传输系统诊断与检修

1）自诊断。奥迪 A4 的 CAN 系统的故障可以采用大众专用故障诊断仪 VAS 5051 或 VAS 5052 进行检测诊断，如图 7-6 和图 7-7 所示。

2）波形诊断与分析。数据总线系统的故障大多是因短路、断路或 CAN 高位数据线和 CAN 低位数据线之间短路所致，可利用示波器进行检查排除。现以 VAS 5051 中 DSO（数字储存式示波器）来举例说明。

① 驱动 CAN 总线波形检查。两通道工作情况下 DSO 连线：将发动机电控单元与相对应的检测盒连接，查找相应的电路图，将 DSO 中通道 A 红色的测量线连接 CAN-High 端口，黑色的测量线搭铁；通道 B 红色的测量线连接 CAN-Low 端口，黑色的测量线搭铁，如图 7-8 所示。

DSO 设置如图 7-9 所示：

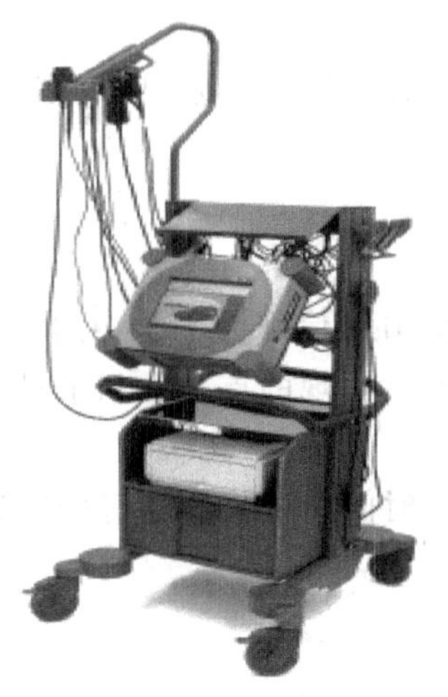

图 7-6　VAS 5051 故障诊断仪

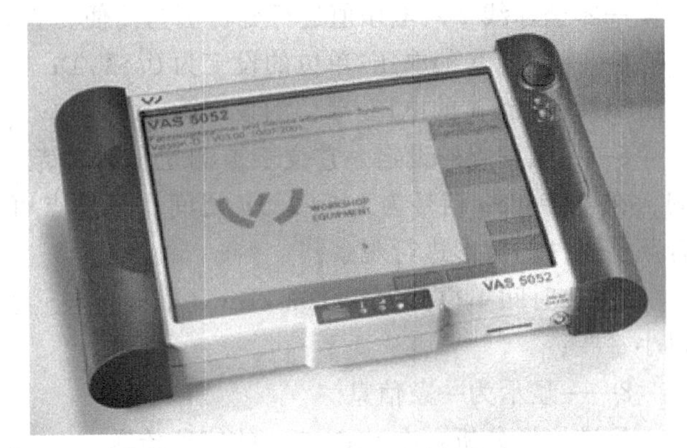

图 7-7　VAS 5052 故障诊断仪

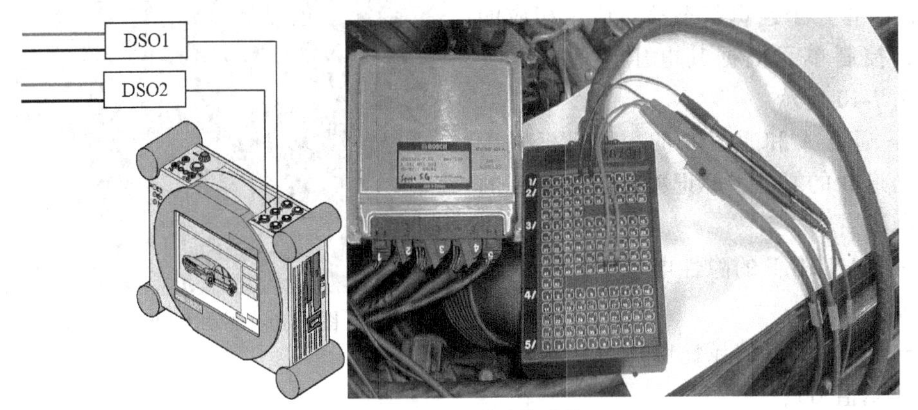

图 7-8　DSO 测量线连接

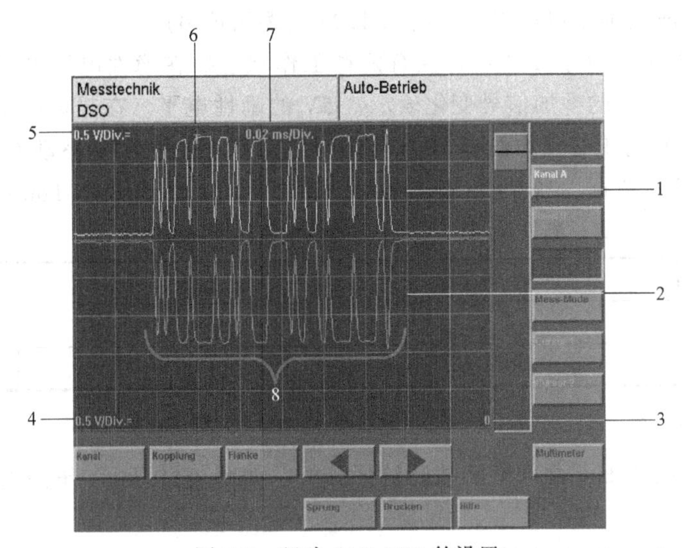

图 7-9　驱动 CAN DSO 的设置

1——通道 A 显示 CAN-High 波形；

2——通道 B 显示 CAN-Low 波形；

3——通道 A 和通道 B 的零线坐标置于等高（黄色的零标记被绿色的零标记所覆盖），在同一零坐标线下对电压值进行分析更为简便、直观；

4——通道 B 的电压/单位的设定为 0.5V/Div（纵坐标）；

5——通道 A 的电压/单位的设定为 0.5V/Div（纵坐标）；

6——触发点的设定，它位于被测定信号的范围内。在 CAN-High 信号为 2.5~3.5V 之间，在 CAN-Low 信号为 1.5~2.5V 之间。触发点可理解为波形开始出现的点，有利于对符合某些条件的波形进行观察；

7——时间单位值为 0.02ms/Div（横坐标）。允许的情况下，时间单位值应尽可能选择得小一些；

8——显示为一条信息。

标准波形分析：在 CAN-Bus 的信息传送是通过两个逻辑状态 0（显性）和 1（隐性）来实现的。每一个逻辑状态都对应于相应的电压值，控制单元根据其电压差值获得数据，如图 7-10 所示：

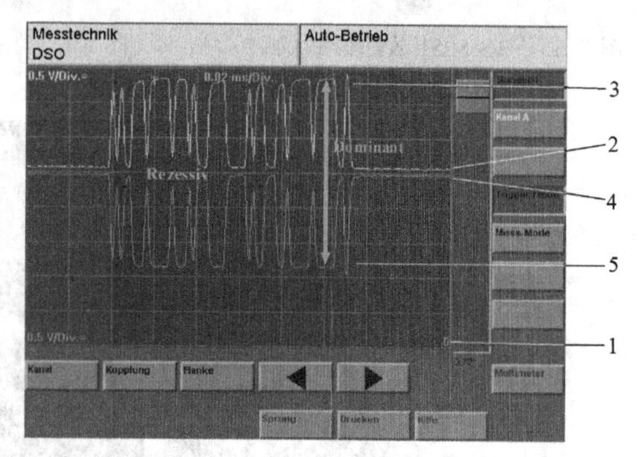

图 7-10　驱动 CAN 标准波形

1——通道 A 和通道 B 的零线坐标置于等高（通道 B 的绿色零标记覆盖了通道 A 的黄色零标记）；

2——CAN-High 的隐性电压电位大约为 2.6V（逻辑值 1）；

3——CAN-High 的显性电压电位大约为 3.8V（逻辑值 0）；

4——CAN-Low 的隐性电压电位大约为 2.4V（逻辑值 1）；

5——CAN-Low 的显性电压电位大约为 1.2V（逻辑值 0）。

分析：正如 DSO 显示，CAN-Bus 仅有两种工作状态。在隐性电压电位时，两个电压值很接近，两个电平之间的叠加信号变化表示 2.5V 的隐性电平。在显性电压电位时，两个电压差值大约为 2.5V 电压值（大约有 100mV 的小波动），见表 7-3。驱动 CAN 总线总是利用两条线的电压差确认数据。当 CAN-High 的电压值上升时，相应 CAN-Low 的电压值下降。

表 7-3　驱动 CAN 总线显性与隐性电压比较

电位	U(CAN-High)	U(CAN-Low)	电压差
显性	3.8V	1.2V	2.6V(2.5V)
隐性	2.6V	2.4V	0.2V(0V)

故障波形分析：

CAN-High 与 CAN-Low 之间短路故障波形分析：如图 7-11 所示，电压电位置于隐性电压值（大约 2.5V）。

CAN-High 对正极短路故障波形分析：如图 7-12 所示，CAN-High 线的电压电位被置于

12V，CAN-Low 线的隐性电压被置于大约 12V。

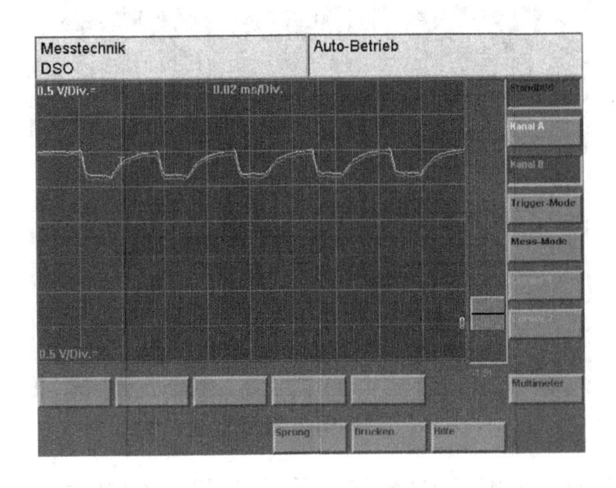

图 7-11 CAN-High 与 CAN-Low 短路故障波形

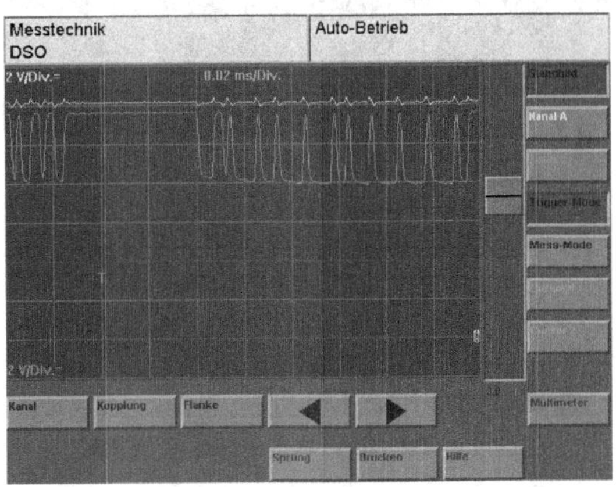

图 7-12 CAN-High 对正极短路故障波形

CAN-High 对地短路故障波形分析：如图 7-13 所示，CAN-High 的电压位于 0V，CAN-Low 的电压也位于 0V，可是在 CAN-Low 线上还能够看到一小部分的电压变化。

CAN-Low 对地短路故障波形分析：如图 7-14 所示，CAN-Low 的电压大约为 0V，CAN-High 线的隐性电压也被降至 0V。

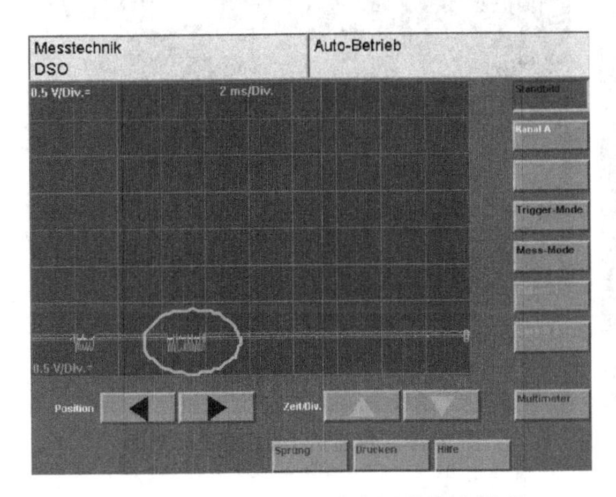

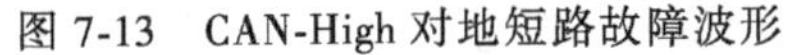
图 7-13 CAN-High 对地短路故障波形

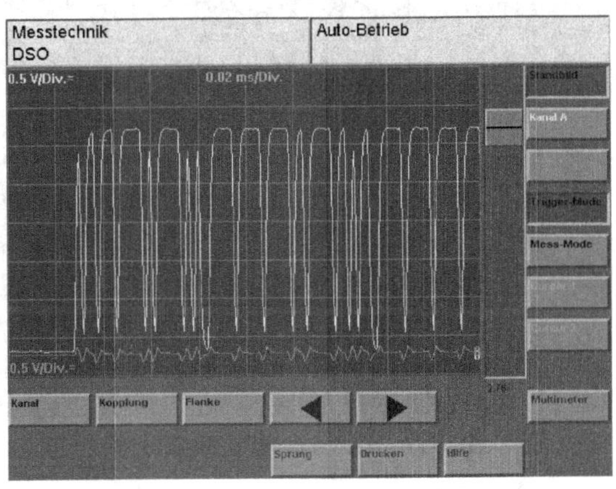

图 7-14 CAN-Low 对地短路故障波形

CAN-Low 对正极短路故障波形分析：如图 7-15 所示，两条总线电压都大约为 12V。故障诊断：当出现以上短路故障波形时，可以通过插拔驱动 CAN 总线上的控制单元接插件，判断是由于控制单元引起的短路还是由于 CAN-High 和 CAN-Low 线路连接引起的短路。若为线路引起的短路，需要将 CAN 线组（CAN-High 和 CAN-Low）依次断开，同时注意 DSO 的图形，当故障线组被取下后，DSO 的图形应恢复正常。

CAN-High 断路故障波形，如图 7-16 所示。

CAN-Low 断路故障波形，如图 7-17 所示。故障诊断：当出现以上断路故障时，用 VAS 5051 上的万用表电阻档来诊断，同时通过插拔驱动 CAN 总线上的控制单元，可以判断出是控制单元故障还是线路故障。

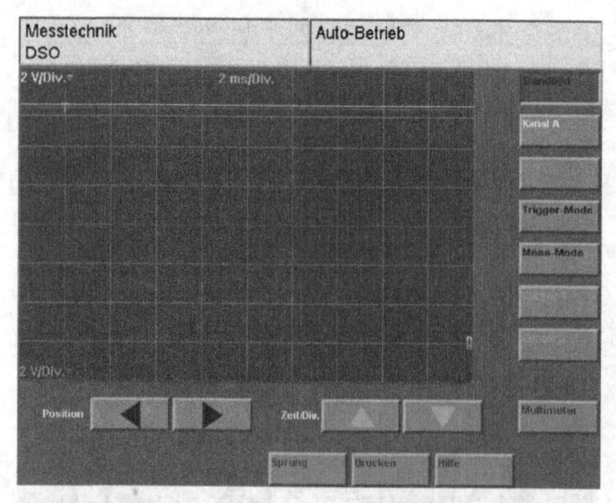

图 7-15　CAN-Low 对正极短路故障波形

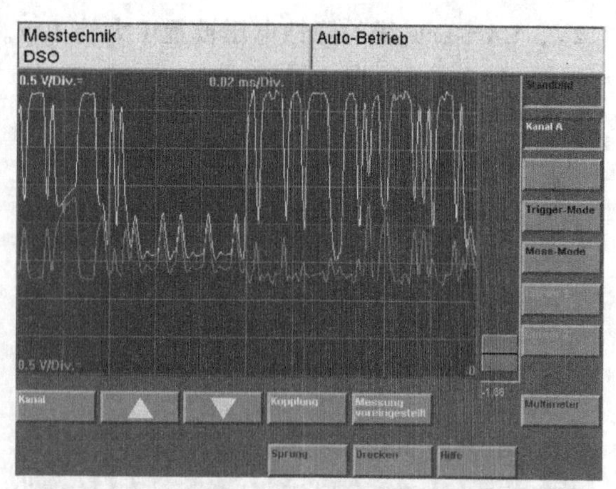

图 7-16　CAN-High 断路故障波形

② 舒适 CAN 与显示/信息娱乐总线波形分析。因舒适 CAN 与显示/信息娱乐 CAN 总线传输原理一样，下面仅以舒适 CAN 总线为例进行说明。

两通道工作情况下 DSO 的连线：将中央舒适控制单元 J393 与相对应的检测盒连接，查找相应的电路图，将 DSO 中通道 A 红色的测量线连接 CAN-High 端口，黑色的测量线搭铁；通道 B 红色的测量线连接 CAN-Low 端口，黑色的测量线搭铁，如图 7-18 所示。

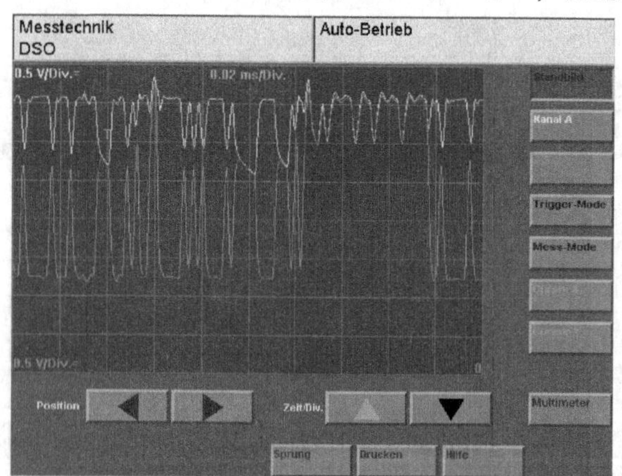

图 7-17　CAN-Low 断路故障波形

图 7-18　两通道 DSO 连线示意图

DSO 设置如图 7-19 所示：

1——通道 A 和通道 B 的零坐标线等高。通道 A 的零标记被通道 B 所覆盖。在读取数值时，可以将零线相互分开；

2——通道 A 显示 CAN-High 波形；

3——通道 A 电压/单位的设定为 0.5V/Div（纵坐标）；

4——通道 B 显示 CAN-Low 波形；

5——通道 B 电压单位值的设定与通道 A 相符，便于电压电位的比较分析；

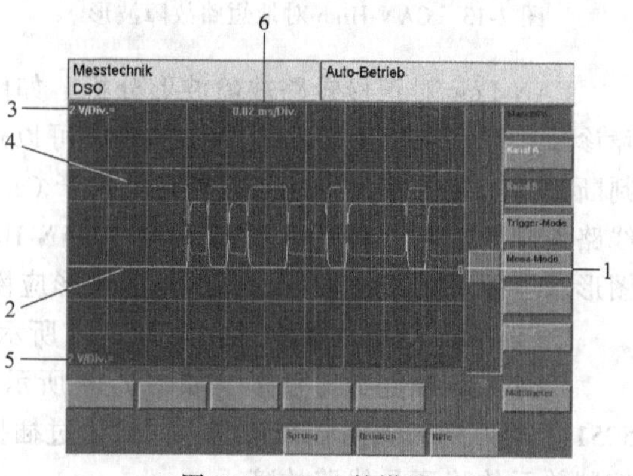

图 7-19　DSO 的设置

6——时间单位值为0.02ms/Div（横坐标），允许的情况下，时间单位值应尽可能选择得小一些。

标准波形分析：舒适CAN和显示/信息娱乐CAN电压电位与驱动CAN显示有所不同。在舒适CAN和显示/信息娱乐CAN的CAN-Low线隐性电位高于CAN-High线。CAN-High线的显性电位高于CAN-Low线。为了清楚地读取数值，将两条零线分开，如图7-20所示。

1——通道B显示CAN-Low波形；

2——通道A显示CAN-High波形；

3——通道B的零线；

4——CAN-Low的显性电压向下没有触及零线坐标；

5——CAN-Low的隐形电压。在总线不工作的状态下，5V的隐形电压电位切换到0V；

6——通道A的零线坐标和CAN-High的隐性电压电位；

7——CAN-High的显性电压电位；

8——一个比特的显示（10μs比特时间）。

分析：舒适CAN总线的脉冲频率为100kbit/s，所以也称为低速CAN总线。为了使低速CAN总线抗干扰能力强且电流消耗低，与驱动高速CAN相比就有了一定的改动。在舒适CAN中使用了单独的功率放大器，这样CAN-High和CAN-Low之间就没有了依赖关系，也就是说CAN-High和CAN-Low不再相互影响，彼此作为独立的电压源工作。这就是舒适CAN可以单线运行而驱动CAN不能单线运行的原因。

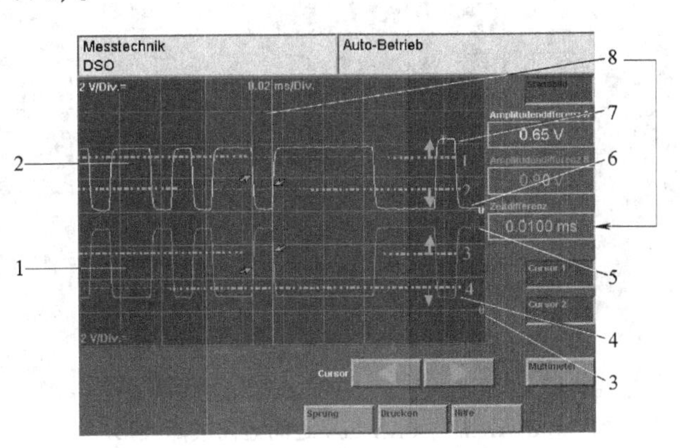

图7-20 舒适CAN标准波形

在正常的工作模式下，控制单元使用的是CAN-High“减去”CAN-Low所得到的信号（差动数据传递与驱动CAN相同），这样对舒适CAN和显示/信息娱乐CAN数据总线的两条导线的干扰和影响降至最低。如果因断路、短路或与蓄电池电压相连而导致两条CAN导线中一条不工作时，就会切换到单线工作模式。在单线工作模式下，只使用完好的CAN导线中的信号，舒适CAN和显示/信息娱乐CAN总线仍可继续工作。

【小提示】

舒适CAN和显示/信息娱乐CAN电压电位必须达到最小的规定区域，在DSO屏幕上用蓝线给出界限值，如图7-21所示。具体数据为：CAN-High的显性电压电位至少大于3.6V，隐性电压至少小于1.4V；CAN-Low的显性电压电位至少小于1.4V，隐性电压至少大于3.6V，见表7-4。如果未达到区域要求范围，控制单元将不能准确地判定电压电位是逻辑值0或1。这将导致出现故障或者处于单线工作状态。

表 7-4　舒适 CAN 和显示/信息娱乐 CAN 电压电位

电位	U(CAN-High)	U(CAN-Low)	电位差
显性	4V(>3.6V 虚线 1)	1V(<1.4V 虚线 4)	3V
隐性	0V(<1.4V 虚线 2)	5V(>3.6V 虚线 3)	−5V

故障波形分析：

CAN-High 与 CAN-Low 之间短路故障波形分析：如图 7-21 所示，与标准波形相比较 CAN-High 波形正常，但 CAN-Low 与 CAN-High 的电压电位完全相同。舒适 CAN 或者显示/信息娱乐 CAN 因此而单线工作。这意味着，通信仅为一条线路的电压电位起作用，控制单元利用该电压电位对地值确定传输数据。

CAN-High 对地短路故障波形分析：如图 7-22 所示，CAN-High 的电压置于 0V，CAN-Low 的电压电位正常。在该故障情况下，舒适 CAN 或者显示/信息娱乐 CAN 变为单线工作。

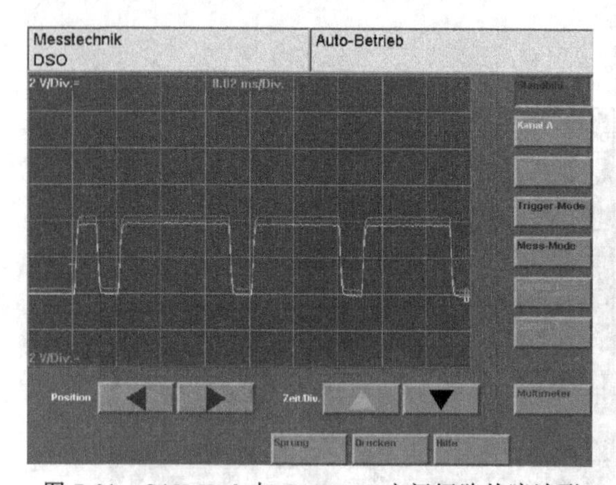

图 7-21　CAN-High 与 CAN-Low 之间短路故障波形

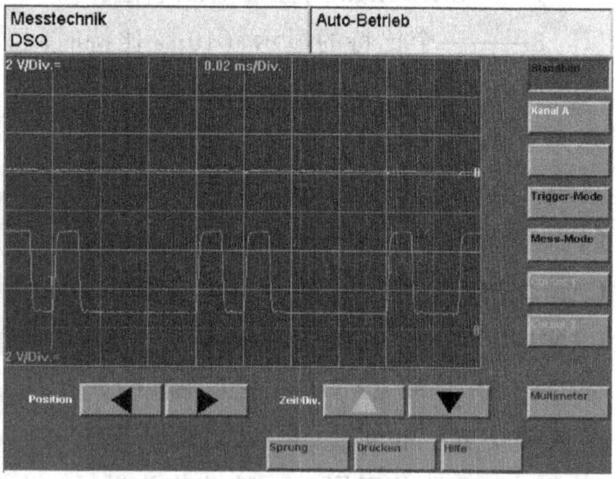

图 7-22　CAN-High 对地短路故障波形

CAN-High 对正极短路故障波形分析：如图 7-23 所示，CAN-High 线的电压电位大约为 12V 或者蓄电池电压，CAN-Low 线的电压电位正常。在该故障情况下，舒适 CAN 或者显示/信息娱乐 CAN 为单线工作状态。

CAN-High 断路故障波形分析：如图 7-24 所示，CAN-High 线的电压电位大约为 0V，CAN-Low 线的电压电位正常。在该故障情况下，舒适 CAN 或者显示/信息娱乐 CAN 变为单线工作。故障诊断：当出现以上故障波形时，可以通过插拔舒适和显示/信息娱乐 CAN 总线上的控制单元，来判断是由于控制单元引起的短路还是由于 CAN-High 和 CAN-Low 线路连接引起的短路。当线路引起短路时，需将 CAN 线组（CAN-High 和 CAN-Low）依次断开，同时注意 DSO 的图形。当故障线组被取下后，DSO 的图形会恢复正常。

7.2.2　MOST 总线的故障诊断

MOST 是媒体信息传送的网络标准。MOST 是采用塑料光缆（POF）的网络协议。将音响装置、电视、全球定位系统及电话等设备相互连接起来，给使用者带来了极大的便利。在 MOST 中，不仅对通信协议给出了定义，而且也说明了分散系统的构筑方法。

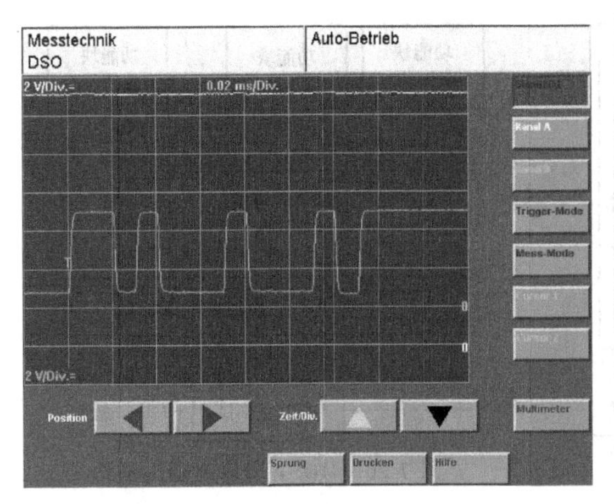

图 7-23　CAN-High 对正极短路故障波形

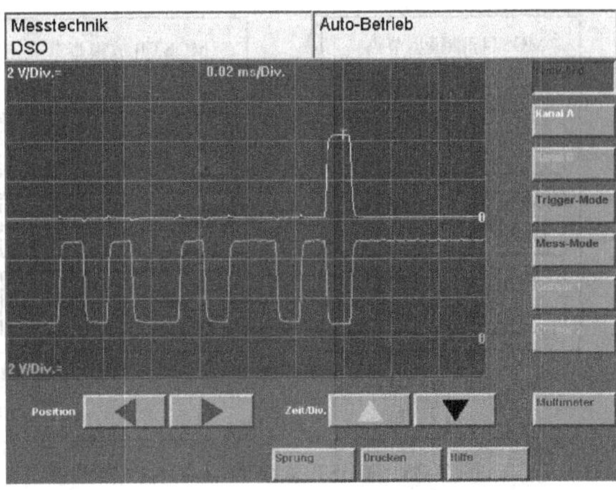

图 7-24　CAN-High 断路故障波形

MOST 为多媒体时代的车载电子设备所必需的高速网络、分散系统的构筑方法、遥控操作及集中管理的方法等提出了方案。BMW 7 系列、戴姆勒-克莱斯勒公司 E 系列已经采用了 MOST，而且奥迪公司的 A8、沃尔沃公司的 XC90 也采用了 MOST。在不久的将来，MOST 将成为汽车用多媒体设备所不可缺少的技术。

1. MOST 总线的简介

MOST 标准的节点结构模型如图 7-25 所示。

MOST 网络可以连接基于不同内部结构和内部实现技术的节点，其拓扑结构可以是环行网、星形网或菊花链。MOST 网络上的设备分享不同的同步和异步数据传输通道，不同类型的数据具有不同的访问机制。

MOST 网络有集中管理和非集中管理两种模式。集中管理模式的管理功能由网络上的一个节点实施，当其他节点需要这些服务时，必须向该节点申请；非集中管理模式的网络管理分布在网络上的节点中，不需要这种中心管理。

MOST 网络的工作机制由 MOST 连接机制、MOST 系统服务和 MOST 设备三个方面决定。MOST 网络启动时，为每一个网络设备分配一个地址。数据传输时，通过同步位流实现各节点的同步。

连接到 MOST 上的任何应用层部分的设备都是 MOST 设备。因为 MOST 设备建立在 MOST 系统服务层上，可应用 MOST 网络提供的信息访问功能以及位流传送的同步频道和数据报文异步传送功能，向系统申请用于实时数据传送的带宽，同时还可以以报文形式访问网络和发送/接收数据。MOST 网络中的设备可以协同工作，同时传送数据流、控制信息和数据报文。

MOST 设备包括节点应用功能块、网络服务接口、发送器/接收器及物理层接口，如图 7-26 所示。

典型 MOST 设备的硬件结构如图 7-27 所示。其中，RX 表示输入信号；TX 表示发送信号；Ctrl 表示控制信号。对于一些简单的设备，可以没有微控制器部分，由 MOST 功能模块（MOST 发送器/接收器）直接将应用系统连接到网络。

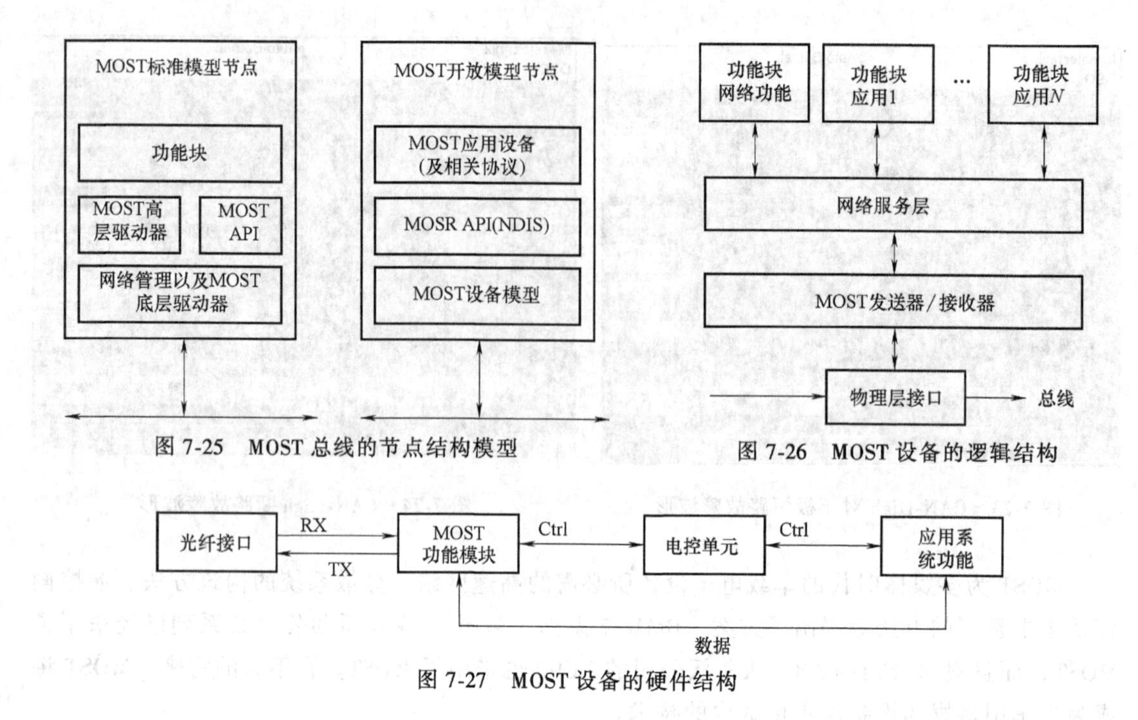

图 7-25　MOST 总线的节点结构模型

图 7-26　MOST 设备的逻辑结构

图 7-27　MOST 设备的硬件结构

MOST 总线电控单元的内部结构如图 7-28 所示。

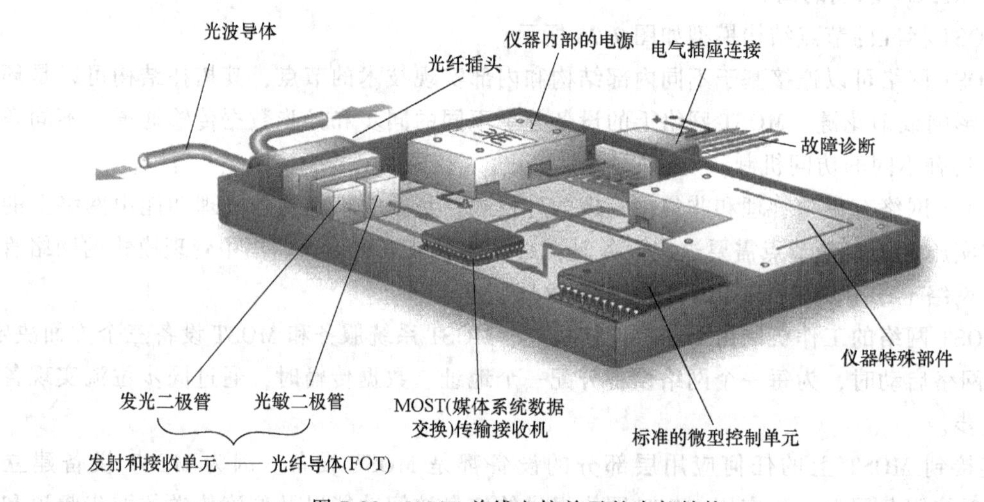

图 7-28　MOST 总线电控单元的内部结构

2. MOST 总线的检测与诊断

(1) 诊断管理器　除系统管理器外，MOST 总线还有一个诊断管理器。

诊断管理器执行环路断开诊断，并将 MOST 总线上的控制单元诊断数据传给诊断控制单元。如在奥迪 A8 汽车上，数据总线诊断接口 J533 就是执行自诊断功能的。

(2) 系统故障　如果在数据传输过程中，MOST 总线上的某一位置处发生数据传输中断，就无法完成正常的数据传输任务。由于 MOST 总线是环形结构，因此将这种数据传输中断称为环路断开，即总线断路。

发生环路断开后，音频和视频播放会终止，通过多媒体操纵单元无法控制和调节影音娱乐系统。同时，诊断管理器的故障存储器中存有故障信息——“光纤数据总线断路”。

光导纤维断路、发射器或接收器控制单元的供电电路故障以及发射器或接收器控制单元本身损坏等原因均可能导致 MOST 总线系统出现环路断开。要想确定出现环路断开的具体位置，就必须进行环路断开诊断。环路断开诊断是诊断管理器执行元件内容的一部分。

（3）环路断开的故障诊断

1）诊断导线与询问脉冲。如果 MOST 总线上出现环路断开，MOST 总线将无法进行数据传输。为准确判断出发生环路断开的具体位置，需要使用诊断导线来进行环路断开诊断。诊断导线通过中央导线连接器与 MOST 总线上的各个控制单元相连，如图 7-29 所示。

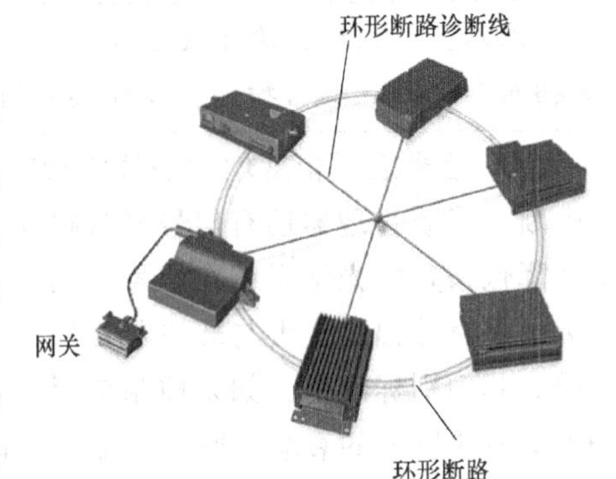

图 7-29　环路断路诊断线与 MOST 环形断路点

环路断开诊断开始后，诊断管理器通过诊断导线向各控制单元发送一个询问脉冲。这个询问脉冲使得所有控制单元用光导发射器（FOT）内的发射单元发出光波信号。

在此过程中，所有控制单元检查自身的供电及其内部的电控功能是否正常，同时，接收环形总线上的前一个控制单元发出的光波信号。

MOST 总线上的各个控制单元会在一定时间内对诊断管理器发出的光波脉冲信号进行应答，其应答时间的长短取决于控制单元的软件。

从环路断开诊断开始，到控制单元进行应答有一段时间间隔，诊断管理器根据这段时间的长短就可判断出哪一个控制单元已经进行了应答。

2）应答的内容。环路断开诊断开始后，MOST 总线上的各个控制单元发送以下两种信息：

① 控制单元电气方面是否正常——本控制单元电气功能是否正常（如电源供电是否正常）。

② 控制单元光学方面是否正常——本控制单元的光敏二极管是否能够接收到环形总线上位于其前面的控制单元发出的光波信号。

诊断管理器通过这些信息就可识别出：

① MOST 总线系统是否有电气故障（供电故障）以及是哪个控制单元出现了电气故障。

② MOST 总线系统中哪两个控制单元之间的数据传输中断了，即是哪两个控制单元之间的光导纤维发生了断路。

这样，就可以准确地判断出环路断开的具体故障性质和故障位置，给 MOST 总线系统的诊断和维修带来极大的方便。

3）故障的确认。诊断管理器给出的诊断信息有助于判断故障的性质和故障位置，但要最终确认故障并实施维修，还需要审慎处理。

① 根据检测结果，先检测可疑控制单元的供电情况是否正常、接地情况是否正常。

② 如果可疑控制单元的供电情况、接地情况均正常，再检查光导纤维插头是否有歪斜、松动，确保光导纤维插头连接正常。

③ 检查光导纤维是否出现断路情况，如光导纤维被压坏、破损和断裂等。

④ 最后再判断控制单元是否存在故障。利用备用的控制单元 VAS 6186 来替换可疑控制单元，然后观察 MOST 系统是否恢复正常。若替换后，系统恢复正常，则可确认故障是可疑控制单元损坏所致。

【小提示】

> 注意：替换时，除了连接光导纤维之外，还需将备用控制单元 VAS 6186 的电源线插头插入车上的点烟器插座，以使其获得电源。

（4）信号衰减幅度增大的故障诊断　MOST 系统环路断开诊断只能用于判定数据传输是否中断。诊断管理器还有信号衰减幅度增大的诊断功能，即通过监测 MOST 系统传输光波功率的降低来判断光学系统在信号传输过程中是否存在信号衰减幅度过大的故障。

信号衰减幅度增大与环路断开的诊断方法和过程是类似的，也要使用诊断管理器和诊断导线。其判别标准是，如果控制单元接收到的光波功率比前一个控制单元发出的光波功率有 3dB 及 3dB 以上的衰减，则接收器就会向诊断管理器报告发生了“光学故障”。由此诊断管理器就可识别出故障点，并且在用汽车故障诊断仪查询故障时会给出相应的帮助信息。

【本章小结】

> 本章简要介绍了车载网络系统的基本组成；主要介绍了 CAN 总线的特点、组成及故障诊断，MOST 总线的特点、组成及故障诊断。

思　考　题

1. 简述车载网络的分类。
2. 简述 CAN 总线的组成。
3. 叙述 CAN 总线的故障诊断方法。
4. 简述 MOST 的组成及故障诊断流程。

第8章　汽车车身的检测与修复

【本章教学要点】

知识要点	掌握程度	相关知识
车身的分类、结构	了解车身的主要类型、基本构成	车身的结构特点
车身的碰撞变形、车身变形的测量与校正	掌握承载式车身碰撞变形的特点 掌握车身整体变形的测量方法 掌握车身变形的校正方法	承载式车身整体变形形式 车辆整体变形测量的基准、方式 车身变形的校正
汽车车身表面涂层的检验与修复	掌握汽车车身表面喷涂的基本工艺流程 掌握底漆、中间涂层、面漆的基本喷涂方法	底涂工艺流程、中间涂层喷涂工艺流程、面涂工艺流程

【导入案例】

王先生驾驶一汽-大众迈腾轿车在转弯时撞击到水泥护栏，造成车身水平面发生变形，左侧翼子板表面出现凹凸变形并出现皱褶，左侧车门表面油漆被擦掉露出表面金属。

根据本章所学习的知识，确定以下车身修复项目的方法、工具并制定相应的维修工艺：

1）该汽车车身水平方向整体变形的测量及校正。

2）左侧翼子板车身凹凸变形及皱褶的校正。

3）表面油漆的喷涂。

随着我国汽车工业的迅猛发展和人民生活水平的不断提高，汽车保有量也快速增加，汽车已经成为人们生活中重要的交通工具。汽车车身作为汽车构造的主要组成部分之一，主要用来装载货物和容纳乘客，保护乘客和货物免受风、沙、雨、雪、尘土的侵蚀与恶劣环境的影响，并保障行驶时的安全、舒适。同时，也使驾驶人有一个良好、舒适的工作场所和环境。汽车在使用过程中，由于交通状况、驾驶水平等原因，导致车身损伤的概率增大。在现代汽车维修企业的车身维修项目中，事故车辆的车身维修比例达到50%。

车身修复质量的好坏，直接影响维修后汽车的正常使用，特别是会影响行车安全，因此须加以重视。车身修复过程中，为了高质量地完成车身修复作业，工作人员也必须注意自身的安全与防护，要合理使用工具，熟知汽车的车身结构和车身使用的材料。

8.1　概述

汽车车身是指装在汽车底盘上的用来运送人员或货物的建筑性结构，是驾驶人的工作场所，也是容纳乘客和货物的场所。

汽车车身结构的类型可分为非承载式车身和承载式车身。

非承载式车身结构即带有独立、完整车架的车身，车架是由横纵梁构成类似矩形的结构，如图 8-1 所示。目前，非承载式车身用于轿车较少，多用于货车和专业越野车上。对于高级轿车，若为了提高其舒适性，减轻发动机及底盘等总成工作时传来的振动以及行驶时由路面通过车轮和悬架传给车身的冲击，也可采用非承载式结构。

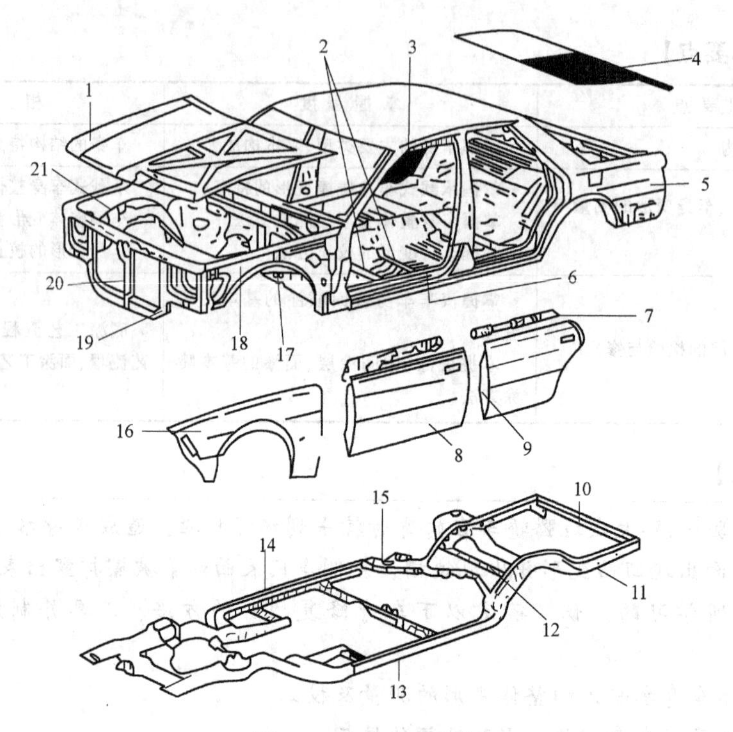

图 8-1　非承载式车身

1—发动机罩　2—前底板横梁和外侧座椅支架　3—后侧轮罩内板　4—行李舱盖内板　5—后侧围板（后翼子板）　6—车门槛板和底板侧梁　7—门内侧板加强板　8—门外板　9—门铰链侧板　10—后横梁　11—后边梁　12—上、下中横梁　13—内、外中边梁　14—防振梁　15—后边梁　16—翼子板　17—前内隔板　18—前围板　19—水箱支架　20—发动机罩锁扣支架　21—挡泥板

承载式车身是指在前、后轴之间没有起连接作用的车架，在车身上直接安装发动机、传动系统各总成、悬架装置及燃油箱、备胎等，所以车身要直接承受整车自重以及动力系统传来的作用力，同时要承受行驶时从地面传来的作用力，其结构如图 8-2 所示。

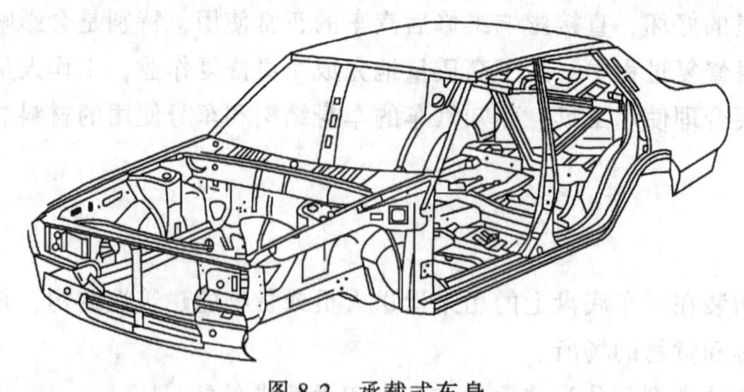

图 8-2　承载式车身

因承载式车身没有车架，需要车身承受整车所受载荷，所以车身结构应具有足够的强度和刚度。中级、普通级、微型轿车和部分大客车及城市型 SUV 等常采用承载式车身结构。现以轿车车身为例介绍车身的组成。

汽车车身结构主要包括车身本体、车门、车窗、车前板件、车身外部装饰件和内部装饰件、车身附件等，其结构如图 8-3 所示。

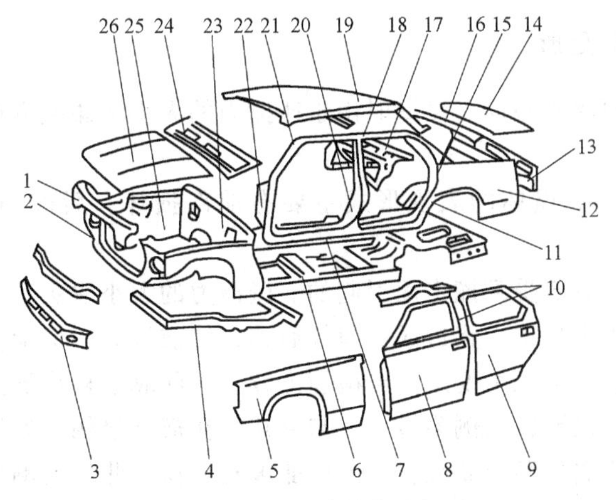

图 8-3 轿车车身结构分解图

1—发动机舱盖前支承板 2—散热器固定支架 3—前裙板 4—前框架 5—前翼子板 6—地板总成
7—门槛 8—前门 9—后门 10—门窗框 11—车轮挡泥板 12—后翼子板 13—后围板
14—行李舱盖 15—后立柱（C 柱） 16—后围上盖板 17—后窗台板 18—上边梁
19—顶盖 20—中立柱（B 柱） 21—前立柱（A 柱） 22—前围侧板 23—前围板
24—前围上盖板 25—前挡泥板 26—发动机舱盖

8.2 汽车车身变形的测量与校正

汽车车身变形的检测与修复作业是发现在车身上已经发生了损伤和变形（包括隐患），然后对这些损伤和变形进行有针对性的修补和校正的作业过程。

导致车身变形的因素很多，归纳起来有以下几个方面：设计考虑欠缺；制造过程存在薄弱环节；部分车身材料存在的缺陷；维修工艺不当形成的隐患或损伤；经长期使用所引起的正常变形或材质劣化；碰撞事故而导致的机械损伤。而车身发生整体变形，则较多的是发生在汽车碰撞事故中，由于在碰撞过程中，车身所受外力超过了车身构件的强度和刚度极限，使之产生了塑性变形。也有一些构件虽然没有发生塑性变形，但因为与之关联部件的变形、移位，使之受到了推挤、拉伸或扭转，从而产生了弹性变形，并在相关部件没有被恢复之前，这些弹性变形保留了下来。这种多构件的组合变形，习惯上称为整体变形，在宏观上表现为车身整体定位参数和表征车身外观和性能的特征参数的变化。

所谓整体定位参数，是指那些对汽车发动机、底盘各总成以及车身主要构件的装配位置有着直接影响的基础数据，如发动机、变速器、摆臂、碰撞传感器的安装点等的相对尺寸。

车身整体定位参数发生变化，将无规律地改变汽车的轴距、轮距、前轮定位以及相关总成等的装配位置，使汽车的行驶性、稳定性、安全性、使用性等显著恶化。

表征车身外观和性能的特征参数是指那些规定车身外形特征和外廓尺寸的相关参数，如长、宽、高、前悬长度、离去角、翼子板最高点等的空间坐标和尺寸。外观和性能的特征参数变化同样会严重地影响汽车的经济性、动力性、通过性、舒适性、外在美感和协调性。

以上参数值在有关车身的技术文件中有明确规定的技术要求，不仅必须在车身修复中予以保证，而且是可以定量测得的。

8.2.1 车身的碰撞变形

车身损坏的主要原因是碰撞。碰撞时由于碰撞力的大小和碰撞方位不同，引起的车身损坏情况也不同。

承载式车身车辆碰撞损坏的表现形式主要有前部损坏、后部损坏、侧向损坏和顶部损坏。

前部损坏是由于车头部受到撞击而引起的。碰撞力的大小取决于车重、车速、撞击物以及撞击面积。如果碰撞不严重，将造成保险杠后移，使前侧梁、保险杠座、前翼子板、散热器支架和发动机罩锁支柱等发生变形。若碰撞力较大，前翼子板将被撞到车门上，发动机罩铰链将上弯，触到发动机罩，前侧梁皱褶，与悬架所在横梁接触。如果碰撞非常严重，前翼子板和前车身支柱将弯曲变形或断裂，车门可能被碰撞掉。此外前侧梁皱褶加大，使悬架横梁弯曲，发动机也可能产生损坏。

后部损坏是由于倒车时撞上其他物体，或被其他车辆追尾碰撞而造成的。发生后部损坏时，后保险杠、后车身板、行李舱和底板等会变形，车轮上方的后侧围板也可能凸出。如果碰撞严重，后侧围板会上折撞到车顶上，四门车辆的车身中支柱会变弯，后部纵梁将发生变形。

侧向损坏会造成车门、前部侧板、车身中支柱甚至底板发生变形。当前翼子板或后侧围板受到较大的正面碰撞时，碰撞力可能传播到另一侧车身上。如果前翼子板中部受撞，前轮将后缩。碰撞力将通过前悬架所在的横梁，传给两侧纵梁。如果碰撞力很大，悬架部件将损坏，前轮定位将发生变化。侧向碰撞还会造成转向装置部件的损坏。

顶部损坏是由于下落物砸伤汽车或汽车滚翻而引起的。另外，车顶板受到损坏还可能造成车身前部或后部损坏，变形特征是车门及车窗附近变形，易于发现。

8.2.2 车身变形的测量

1. 车身测量系统

(1) 钢卷尺测量　检修人员常用的基本测量工具有钢直尺和钢卷尺，钢卷尺如图 8-4 所示。这两种尺可以测量两个测量点之间的距离，将钢卷尺的前端进行加工后再插入控制孔测量，可使测量结果更为精确。如果各个测量点之间有障碍将会使测量不准确，这就需要使用轨道式量规。

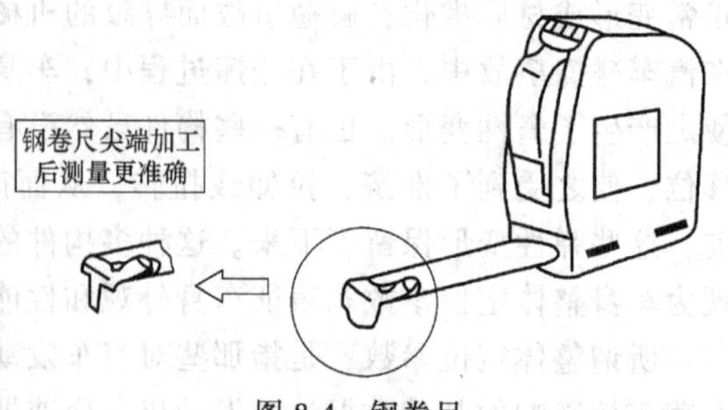

图 8-4 钢卷尺

(2) 量规测量　量规主要有轨道式量规、中心量规和麦弗逊撑杆式中心量规等多种，它们既可以单独使用，也可互相配合使用。轨道式量规多用于测量的点对点之间的距离，中心量规用来检验部件之间是否发生错位，麦弗逊撑杆式中心量规可以测量麦弗逊悬架支座(减振器支座)是否发生错位。轨道式量规和麦弗逊撑杆式中心量规可作为一个整体使用。

轨道式量规不仅每次能测量和记录一对测量点，同时还可以和另外两个控制点进行交叉测量和对比检验。用轨道式量规测量的最佳位置为悬架和机械元件上的焊点、测量孔等，它们对于部件的对中具有关键性作用。检修车身时，对关键控制点必须用轨道式量规反复测定并记录，以监测维修进度，防止过度拉伸。车身上部的测量可以大量使用轨道式量规来进行，在一些小的碰撞损伤检测中，用这种方法既快速又有效。用轨道式量规还可以对车身下部和侧面车身尺寸进行测量。

在测量过程中，对测量点必须多次进行测量并做记录，在进行每一步修复工作时，测量结果都应记录下来，包括刚刚校正过的尺寸。汽车修复的过程和结果能够通过测量数据表得知。有些轨道式量规上还附有刻度，一般都是米制单位，如果再配合使用经过精度检验的钢卷尺测量则更为精确。

用轨道式量规进行点对点测量的方法：在车身结构中，大多数的控制点实际上都是孔、洞，而测量尺寸一般都是中心点至中心点的距离。用轨道式量规对孔进行测量时，一般测量孔的直径比轨道式量规的锥头要小，测量头的锥头起到自定心的作用，如图 8-5 所示。当测量孔径大于测量头直径时，如图 8-6 所示，为了用轨道式量规进行精确测量，在测量孔的直径相同时，就需用同缘测量法，如图 8-7 所示，即两个测量孔直径相同时，两孔中心的距离就是两孔同侧边缘的距离。

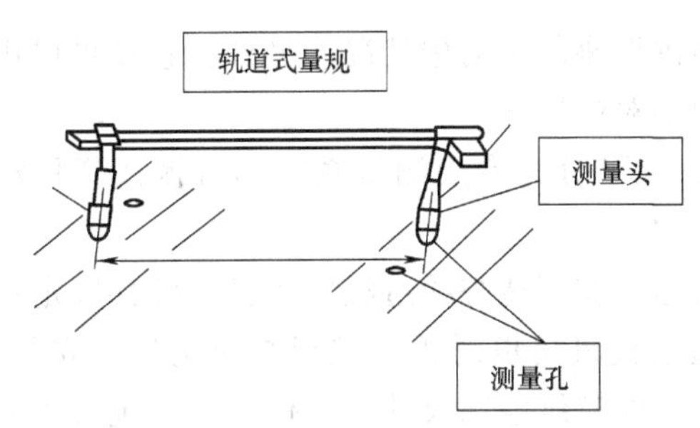

图 8-5 用轨道式量规进行点对点测量

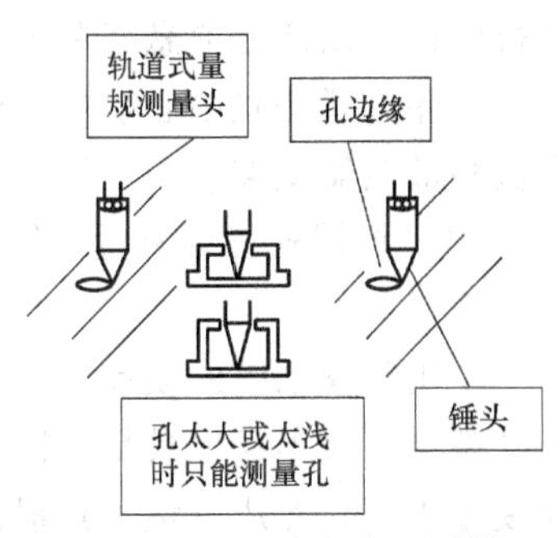

图 8-6 测量头直径小于测量口

在使用轨道式量规进行测量时，要根据车身的标准尺寸来精准地测量汽车损伤，使车身结构修复至原来的尺寸。如果没有标准尺寸，则可用一辆没有损伤且是同一厂家、同一年份、同一型号的汽车作为校正受损汽车的参照。如果仅是车身一侧受到损伤而且不严重，那么就可测得未损伤一侧的尺寸并以此作为损伤一侧的对照尺寸。

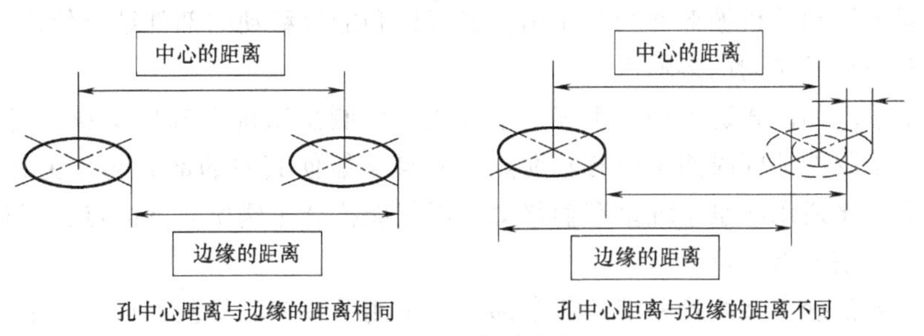

图 8-7 同缘测量法

中心量规最常用的是自定心量规，自定心量规的结构同轨道式量规很相似，但它不用来测量。自定心量规可安装在汽车的不同位置，在量规上有两个由里向外滑动时总保持平行的横臂，可使量规在汽车不同测量孔上安装。量规（通常为3、4个）悬挂在汽车上后，每一个横臂相对于量规所附着的车身结构都是平行的，将四个中心量规分别安置在汽车最前端、最后端以及前轮的后部和后轮前部。

自定心中心量规测量的原理是找到车辆的基准面、中心面和零点平面等基准，找出它们的偏移量，在车身修复中只能作为大体的分析，它不能显示测量的具体数据。具体到每一个尺寸的变形量的测量，则需要使用三维测量系统来测量。

麦弗逊撑杆式中心量规可以测量出减振器拱形座或车身上部部件相对中心线平面和基准面的不对中情况。它一般安装在减振器的拱形座上，利用减振器拱形座量规就能观察到上部车身的对中情况。

麦弗逊撑杆式中心量规有一根上横梁和一根下横梁。下横梁有一个中心销，上横梁上有两个测量指针，指针的作用是将量规安装到减振器拱形座或上部车身上。上横梁一般是从中心向外标定的。

在上下横梁之间由两根垂直立尺连接，上、下横梁的间距通过调整立尺的高度来达到。借助标准车身数据，检修人员可以利用连接上、下横梁的垂直立尺将下横梁设在基准面内，以便将减振器拱形座量规调整到正确的尺寸。在下横梁定位好后，上部定位杆应当处于减振器拱形座的基准点处。否则表明减振器拱形座已经受到损坏或者定位失准，检修人员就需要进行校正，以便使前悬架和车轮能正确定位。

麦弗逊撑杆式中心量规一般是用来检测减振器拱形座的不对中情况。另外，它还可以用来检测散热器支架、中立柱、车顶部和后侧围板的不对中情况。

（3）机械式三维测量系统　机械式三维测量系统可分为专用测量系统和机械式通用测量系统。

专用测量系统的设计原理来源于车身的制造过程，在制造焊接过程中车身板件都固定在车身模具上，车身模具是根据车身尺寸制作的，通过模具可以对板件进行快速定位、安装、焊接等工作。专用测量工具根据车身上的主要测量点的三维空间尺寸，制作出一套包含主要测量控制点的测量头（也称为定位器）。在车身变形后，可以通过将车身上每个主要控制测量点与它专用的测量头配合后，就能够确定测量点的尺寸已经恢复到位。专用测量系统的测量是把注意力放到控制点与测量头的配合上，而不是像其他测量系统那样要测量出数据，然后与标准数据对比才能知道尺寸是否正确。

一套标准的测量头由4~25个既可单独使用又可一起使用的专用测量头组成。很多测量头既可以与固定不动的机械部件结合使用，又可以和能够移动的部件结合使用。一套测量头可用来测量车身型号相同的多辆汽车。

通用测量系统如门式通用测量系统、米桥式通用测量系统在现代车身修复中广泛应用。通用测量系统不仅能够同时测量所有基准点，而且又能使其中的部分测量更容易、更精准。在测量时，只要将通用测量系统绕车辆移动，不仅能检查车辆所有基准点，而且能快速地确定车辆上的每个基准点的位置。

测量时，要正确安装测量系统的各个部件，用测量头来测量基准点，如果车辆上的基准点与标准数据图上的位置不同，则车辆上的基准点可能发生了变形。如果测量头不在正确的基准点位置，则车辆尺寸是不正确的。不在正确位置的基准点必须先恢复到事故前的标准值，然后才能对其他点进行测量。

（4）电子式车身测量系统　电子测量系统使用计算机和专门的传感器来迅速、便捷地测量车身结构的损坏情况，性能好的电子测量系统能够在车身拉伸校正过程中给出实时的测量数据。在测量系统计算机的数据库中，存储了大量的不同厂家、不同年代的车身图及数据，这些标准车身数据图可以随时被调出，系统就可以自动地将实际的测量值与标准值进行比较，不用再去人工翻查印刷数据手册或记录测量值。车身电子测量系统主要有激光测量系统及超声波测量系统。

超声波测量系统是全自动电子测量系统中目前应用最广泛的一种，它的测量精度可以达到±1mm 以下，测量稳定、精确，可即时测量，操作简便、高效。超声波测量系统由超声波发生器、超声波接收器、控制柜及各种测量头组成。将超声波发生器、测量头及测量头转接器安装到车身某一构件的测量孔上，接收器装在测量横梁上，发射器发送超声波，由于声音是以等速传播的，接收器可快速精确地测量声波在车辆上不同基准点之间传播所用的时间。计算机根据每个接收器的接收情况自动计算出每个测量点的三维数据。

2. 测量的基准

车身修复中对变形的测量，无论是检查点的空间位移量，还是检查形状的变化，或者是检查表面的光滑程度，大都需要有一个正确的测量基准。所谓测量基准，就是在测量中用来确定其他点、线、面相对位置的那些点、线、面。实际上，在车身上有一些是设计、装配时就使用的原始基准，它们也构成了检验中常用的最基本测量基准。

（1）基本测量基准　汽车车身的基本测量基准主要有基准平面、对称中心面和中心线、零平面及以上测量基准的组合。车身设计时，往往先选定一根基准线，将该基准线沿水平方向平移得一水平平面，该平面叫基准平面。基准平面是与车底平行且距车底一定距离的一个平面，它既是汽车制造时测量和标注车身所有高度尺寸的基准，也是车身修复时测量高度的基准面，如图 8-8 所示。

对称中心面是通过汽车纵轴线的假想铅垂平面。它将汽车沿长度方向假想地切开，使汽车沿宽度方向形成对称的两部分。即在宽度上，从中心面到汽车左右两侧对应点的尺寸都相等，如图 8-9 所示。

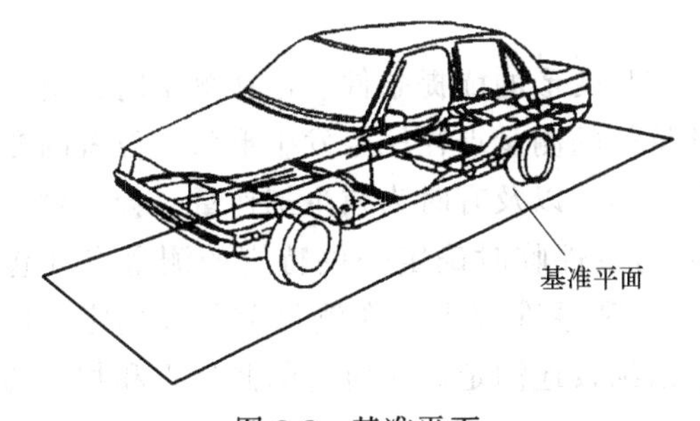

图 8-8　基准平面

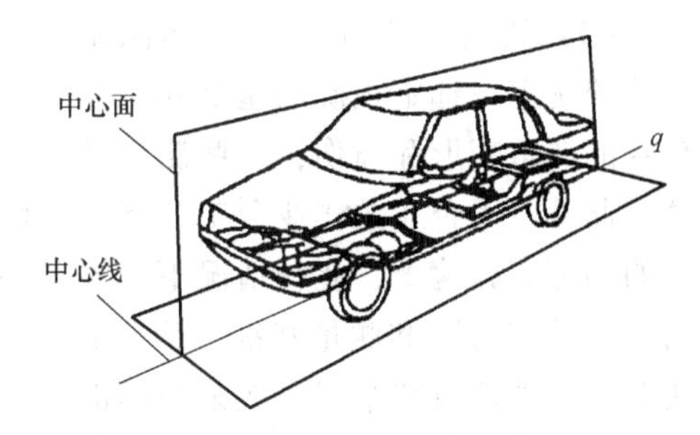

图 8-9　中心面和中心线

因为轿车车身布局设计比客车、货车复杂得多，为便于分析，常将轿车车身看成一个矩形结构，并划分为前、中、后三个独立部分，或按左、右划分为两个对称部分，则称前、中、后三部分或左、右对称部分的分界面为零平面。

为了方便对某些轿车的分析，测量时将基准面、中心线和零平面组合起来进行测量，如图 8-10 所示。

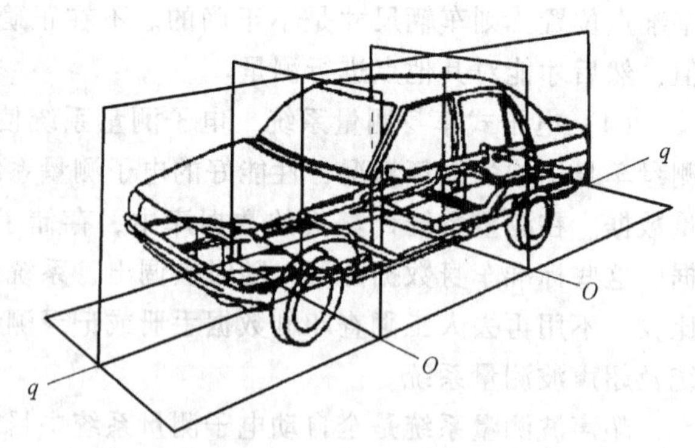

图 8-10　中心面、中心线和零平面的组合

（2）相对基准和控制点　实际测量中，往往从基本测量基准到测量部位间不便于直接使用量具，这时，需要根据数据传递方法将基准面上移或下移，从而就产生了新的测量基准。另外，为了保证车身的基本轮廓，需要选定一部分关键位置作为检测点，并以此来确定其他部件相对此点的位置度。前者是一种相对基准，后者则具有双重身份，不仅是测量点，也是相对基准点。此外，车身上还有一些不具备相对基准性质的关键检测点。

控制点就是车身在设计、制造与装配时，用来检查车身某些关键的位置、表征车身整体轮廓的测量点。如承载式轿车车身下部的控制点有四个，即前、后横梁和前围板横梁、后车门横梁。

至于测量时的相对基准，通常是那些与基本测量基准的位置关系较为稳定，且能为多个检测点提供基准，并有明显标志的那些点、线、面。例如图 8-11 所示的对轿车车身前部的测量，其中车门框附近的 C 点和前围盖板上的 D 点等均属此类基准。

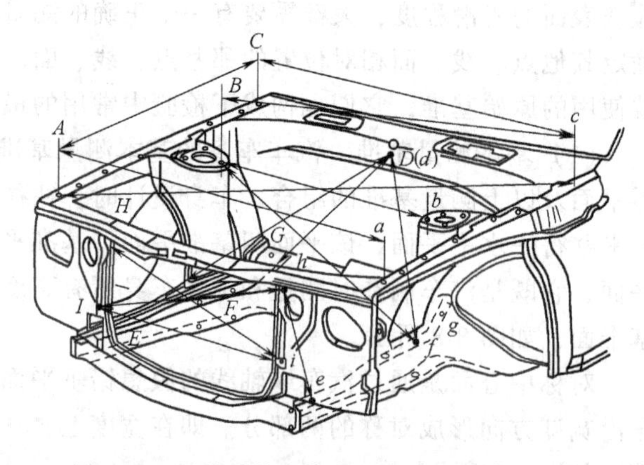

图 8-11　承载式前车身定位参数测量示例

实际检测时，有时为解决手头工具与车身结构的不适应或进行精度不高的测量时，也常常由检测人员临时选定一些相对基准。

（3）测量内容（尺寸）和测量基准的选定　选定正确的基准和测量点是正确测量车身变形的前提条件。但在测量时，由于车身的严重变形和损伤，一些测量基准和反映构件特征的测量点往往会发生形状和位置的变动。此外，因企业的作业分工、测量条件、设备的不同，以及有时为减少工作量，会只对车身的局部实施检查，此种情况下，不得不针对具体的条件临时确定一些特定的测量点（包括尺寸的方向）和测量基准。但无论如何，这些内容和基准都需要在测量前予以确定，以便有针对性地对整个车身或某个局部的一些构件予以细致地测定。对所有的测量点和相应的基准点的选定，一般常用的方法有参数法和对比法。

参数法是以图样或技术文件中规定的测量内容、各个尺寸的测量基准、测量点为依据，对待测部位或构件实施测量的方法。由于此方法是按照技术文件规定的条件和程序进行的测量，测量结果的准确度较高，因而是比较可靠也较为流行的方法。至于各种车型所规定的测量内容、测量基准和测量点，在一般的车身手册中都可以查到。例如，在某些车型的维修手册中，标有如图 8-12 所示的汽车前部和整体车身的各个关键部位的尺寸，这些尺寸的起止点就注明了车身上测量基准和测量点。对本例而言，参数法就是选择图示的各个尺寸和测量点。

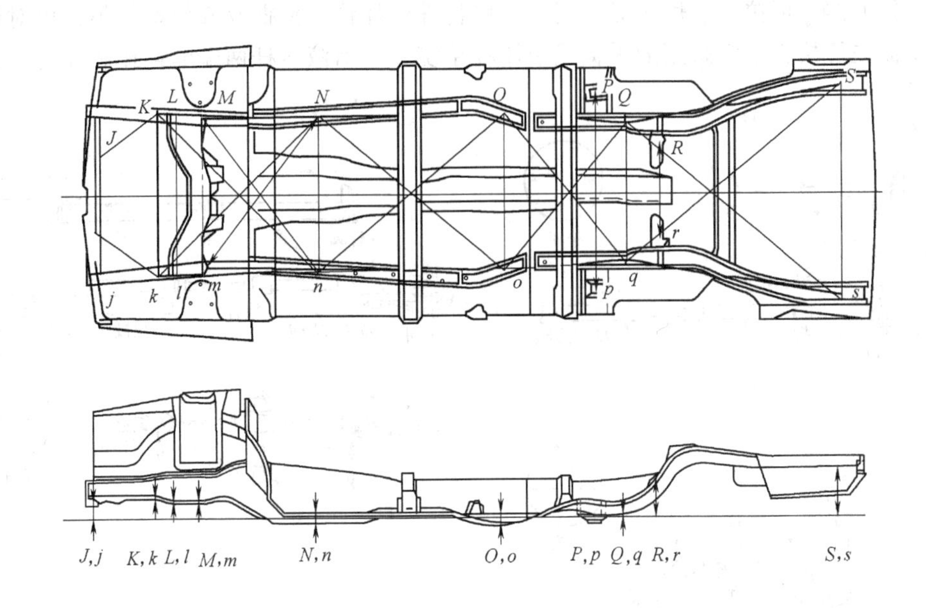

图 8-12　旅行客车车架定位参数测量

对比法是在没有图样和技术文件的情况下，以相同汽车车身的同一位置参数作为依据，进行相应参数的测量，并以其作为比照对象，然后再对待测车的同一位置进行测量，进而判断是否变形的一种方法。当然，即使没有相应的技术文件，也应尽可能参考其他同类车型的技术文件，比照其中各个测量点和基准点的标示来确定各个测量尺寸。由于对比法缺少技术文件的数据做参考，需要操作者视情况量取有关数据。

【小提示】

注意：参数法是以技术文件要求规定的标准尺寸数据为比对目标来评判该测量点是否发生位移，进而判别构件是否发生变形损伤的。对比法则是以现有同类汽车相应部位的相关数据作为比对目标的。这两种方法有时需要综合运用。但无论用何种方法测量，每个测量点的空间位置、构件的形状等应都能在测量中得到正确的结果。为了确保测量点在长、宽、高方向的尺寸能得到准确的认定，往往还对同一个测量点采用多个基准来核对。

8.2.3　车身的校正

无论是对整体车身的测量，还是对变形及各种损伤的估计判断，最终都是为了在确认变形及损伤的部位和形式后，对车身整体变形予以正确的校正。而车身整体变形的校正，实质上就是通过外力，并辅之以必要的手段将车身的整体变形参数以及各个关键构件恢复到原来位置、尺寸或形状的作业过程。显然，这种作业必然涉及利用外力的依据，或在什么情况下利用何种辅助手段，以及制定校正方案、选定校正方法的问题。

1. 车身校正的设备

用于车身车架校正修理的设备主要有以下几种：

(1) 手提式设备　手提式设备可用来校正金属板，但不能用来校正粗重的车架大梁。手提式设备可推、可拉，使用时必须配备一些特殊的挂钩、夹框及其他附件等，可对任何损坏的金属板进行校正。常采用的手提式液压杆系统，包括液压杆两端的连接装配附件，如图 8-13 所示。

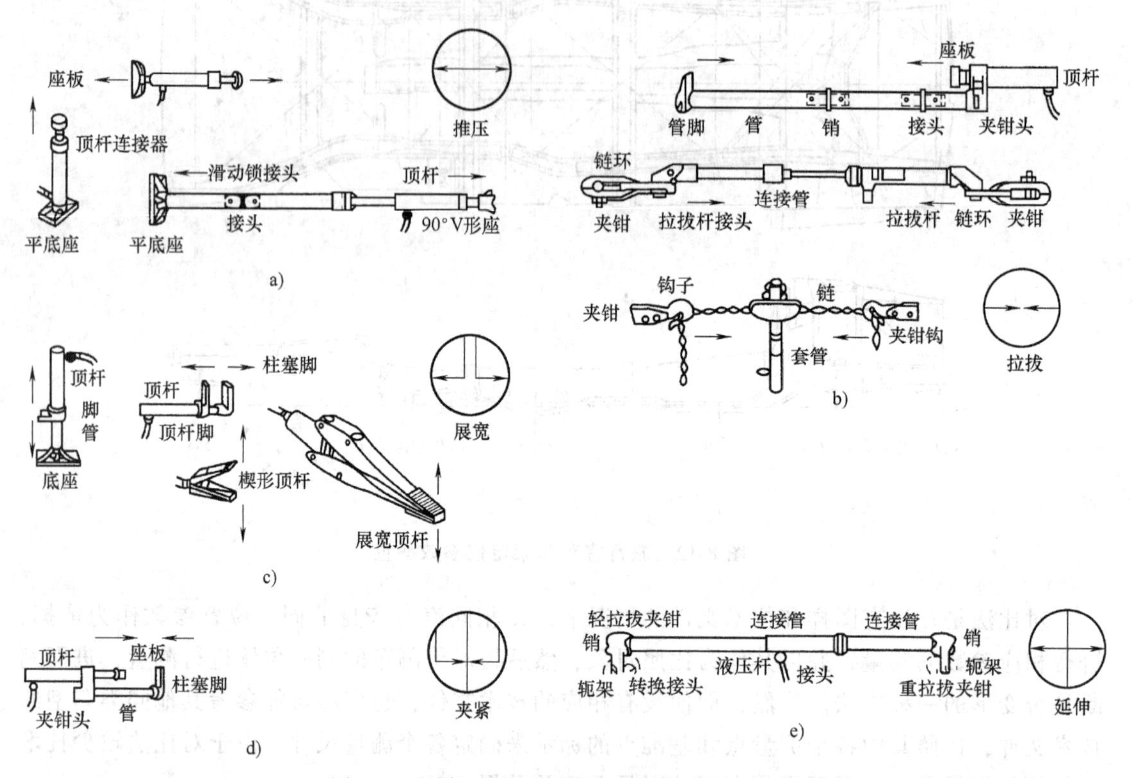

图 8-13　手提式液压杆系统的装备及校正符号

a) 推压装备及符号　b) 拉拔装备及符号　c) 展宽装备及符号　d) 夹紧装备及符号　e) 延伸装备及符号

利用手动液压泵提供动力，使液压缸活塞杆运动，带动杆端附加装置，就可方便地对车身损伤部位进行推压、拉拔、夹紧、展宽和延伸，达到校正的目的。

(2) 手推式校正设备　手推式校正设备通常又称手推式车身牵引器，如图 8-14 所示。它的优点是可随工作要求而移动。而固定式设备则需要将车辆开到设备上，比较麻烦。使用手推式设备进行校正工作时，将设备推入受撞损的车辆下面，而车辆的车架或底盘上的车梁可作为拉出或推出作业时施力的支点。如图 8-15 所示为手推式车身牵引器作业状态。

(3) 车身与车架校正系统　该系统具有精确的测量系统，设备配置齐全，并可与其他设备搭配，如图 8-16 所示。设备数据库中，有全球各国汽车车身数据，并且能不断升级。该系统配备手动液压、脚踏气动液压、全自动电动液压系统，可对车身、车架进行拉伸整形，工作可靠，可以移动。

2. 车身校正的方法

(1) 车身校正前的准备　先要根据测量和损坏分析的结果来制定精确的碰撞修复工艺，

然后按照已定好的程序完成车身修复操作。特别是对整体式车身应进行详细的测量和车身损伤分析，在损伤分析上多花一点时间，分析得越详细、越彻底，修复计划就做得越完善，整个车身修复的质量、效率就越高。

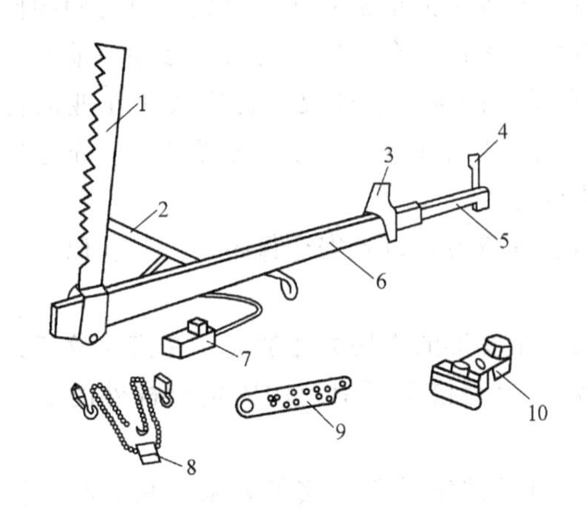

图 8-14 手推式车身牵引器

1—摆臂 2—支承杆 3—可调支座 4—延伸支座
5—伸长梁 6—主梁 7—液压泵 8—铰链
9—车架角钢拉力盘 10—自紧拉力钳

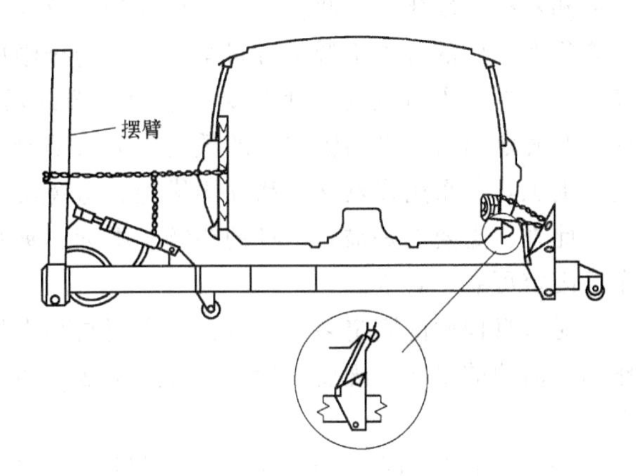

图 8-15 手推式车身牵引器牵拉作业

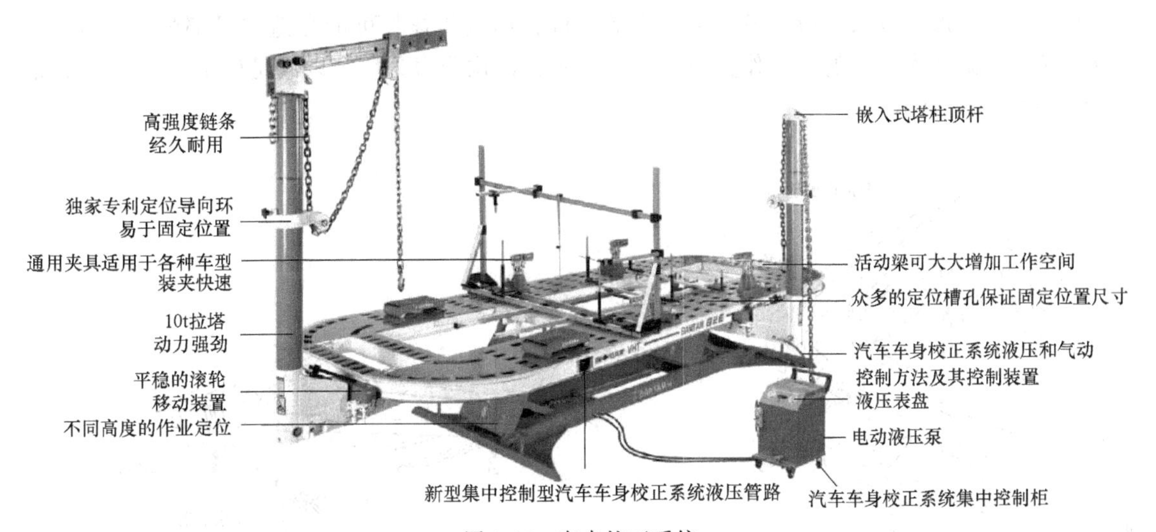

图 8-16 车身校正系统

在拉伸校正开始之前，应该拆去车上妨碍校正的部件。有些外覆盖件需要拆卸，有些机械部件也需要拆卸。因为整体式车身的损伤容易扩散到较远处，经常扩散到一些意想不到的地方，有些甚至藏在某些部件或系统里面，只有拆除这些部件才能更好地找出损伤部位。

虽然可以目测车身损坏的情况，但是只有通过精确地测量才能够确切知道车身损坏的程度和变形范围。确定了整体式车身结构的损伤程度并完全弄清楚了损伤区域之后，才能够制定出完善合理的修复方案，然后才可以进行牵拉和校正。车身主要控制点尺寸在拉伸中始终要不断进行测量和监控，以保证修复的准确性。

制定修复（牵拉）程序时，应遵循两条基本规则，即保证通过最少量的拉伸校正来修复损坏部件的变形，且不会造成进一步的车身结构损伤。

（2）车身的固定　因为车身变形是在巨大的碰撞力作用下产生的，而且这些变形往往还伴随着冷作硬化。因此，使车身构件产生反向变形的校正力也必须非常巨大，以达到构件因修复而产生的应力不低于材料塑性变形的极限应力。因而，在固定车身时，必须事前预估校正时构件的承力状况，针对受力情况，选好具有足够的强度和刚度、适应校正作业的构件，并确定出对车身的固定点的数目（台架和地锚式均不可少于四点）。必要时，应充分使用辅助工具、采用多点支承和加固措施，避免集中受力。

此外，更要选好锚固车身的锚链、绳索、夹紧装置或夹具以及安全保险器具等，以确保车身固定可靠、安全。

对车身构件的固定装夹位置，一定要与强大的校正变形的作用力相适应。在满足校正力作用方向的前提下，既要使固定有效、可靠，也要避免因校正所引起的固定点构件的二次损伤。

（3）对挂具和牵拉点的选择　一般而言，对挂具的选定并无严格的要求，只要与牵拉点相配即可，因此有各种型式的夹钳、拉板、挂钩可以选用。如果牵拉点是构件的边缘则利用夹钳较为合适，若牵拉点为孔、洞或横梁，则选用挂钩更为合适；如果构件上有多个孔，则可以用拉板。但是有时无法选到合适的挂具，此时可以装焊临时的钢板作为拉板来用，校正后再将钢板去除。但这时应将钢板焊在损坏严重且准备割除的构件上，以减少后续的修理作业。对于变形范围大、所需校正力很大的构件，用这些挂具可能会造成局部的二次损伤，应选择一些诸如木梁等的器具作为挂具，使被牵拉部位受力分散，以满足校正的需要，如图 8-17 和图 8-18 所示。

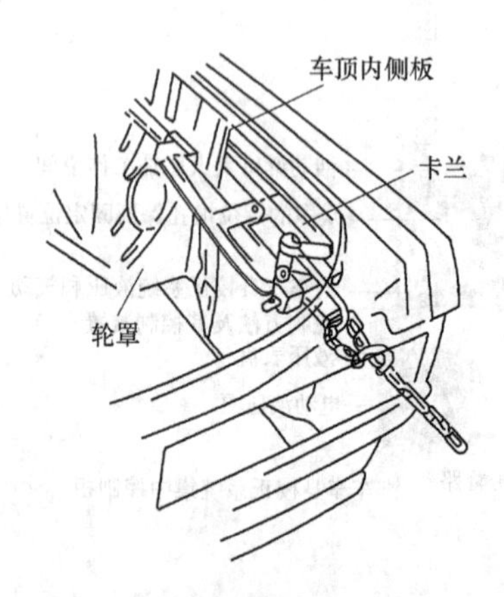

图 8-17　纵向牵引时的固定方案

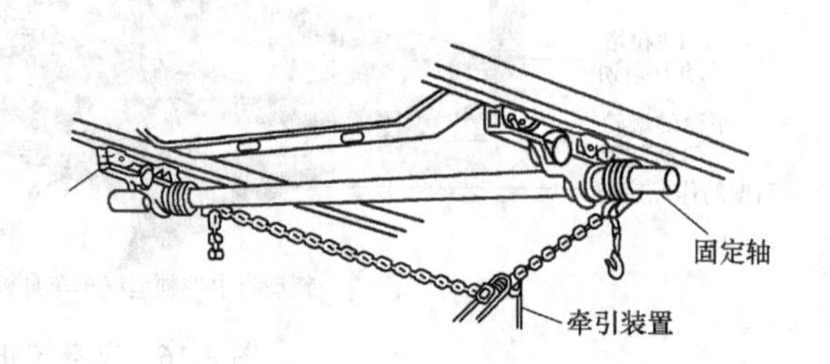

图 8-18　车身后翼子板内侧的固定方法之一

3. 车身和车架的典型部位碰撞变形的校正

（1）车身框格结构变形的校正　对于此类结构的变形，往往从内部撑压或支顶比从外部牵拉效果更好，且用一些便携式校正设备即可完成。比如车门框、窗框、左右对称的门柱、减振器支座、纵横梁等。校正这类变形时，可以使用便携式液压缸或螺旋式撑杆，支靠在相应的变形部位，为防止推压力过于集中，应在支顶点垫以木块等，确认支顶可靠后慢慢加压校正。

(2) 车身水平面内发生的变形　当车身受到较严重的正面碰撞、追尾碰撞或侧向冲击时，一般都会在水平方向上发生变形。此时，除个别情况外，一般都要在水平面内对构件进行牵引。

如正面碰撞的前车身变形，其损伤情形如图 8-19a 所示。校正前先测量好变形状况，并将一些关键参数记录下来，如对角线尺寸和左右的垂直弯曲等，然后如图 8-19a 箭头所示斜向牵引变形最大的左梁的端部，左端的变形和右梁的弯曲就可同时得以校正。

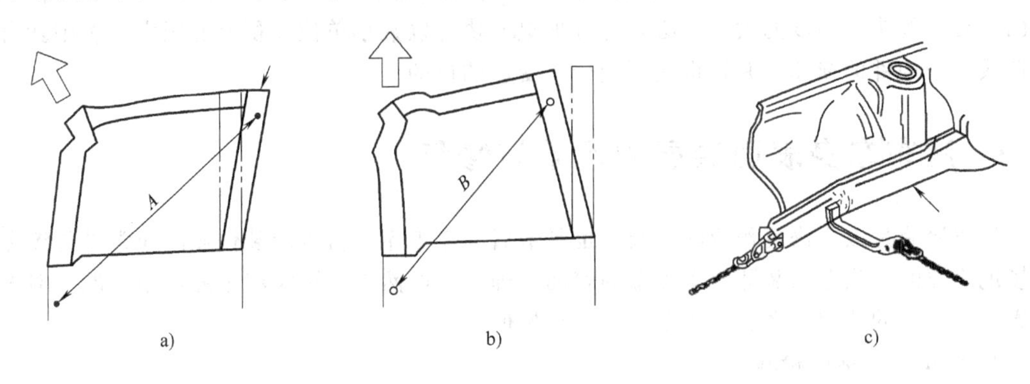

图 8-19　水平方向上的牵引

a) 斜向牵引　b) 正向牵引　c) 水平方向牵引时可视情况附加横向校正力

如图 8-19a 所设定的箭头牵引方向是视变形的实际情形确定的。如果纵梁变形向外倾，应将牵引方向适当向外倾斜一定的角度；如果变形是向内倾的，只需向前牵引即可，待弯曲的构件展开后再确定是否需要调整牵引方向，如图 8-19b 所示。如果纵梁弯曲较为严重，纵向牵引可能难以使其完全复位，则可在侧面附加水平方向上的牵引力，如图 8-19c 所示；假若垂直方向上的高度也不符合规定，还要适当调整牵引力在垂直方向的角度。

牵引过程中应不断测量关键参数，循序渐进地施加牵引力，按照前述的操作要领逐步完成。

(3) 车身垂直方向上发生的变形　按照三段式碰撞理论，汽车在发生正面碰撞时，车身往往都伴有垂直方向上的变形（其中包括扭曲），对于垂直方向的变形，常常需要进行垂直方向上的上下牵引。进行上下牵引的操作时，车身构件有三个夹紧点并承受两个不同方向上的作用力，例如前翼子板上扬一类的变形，往往需要采取图 8-20a 所示的牵引方法，即在

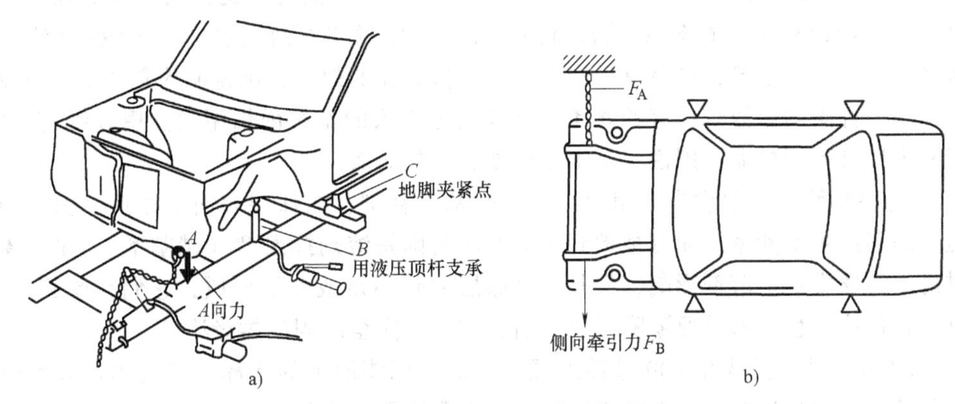

图 8-20　垂直方向上的牵引与支承

a) 前翼子板变形　b) 对称受力状态

前端装配拉链，后端依靠夹紧点，从中间将向上变形的车身构件向下牵引。此种情况，门槛处的车身固定点 C 和牵引端 A 一样，都承受着垂直向下的拉力，而位于构件中间的支承点 B 则承受着垂直向上的支承力。根据力的平衡原则，中间支点 B 所承受的力的大小为拉力 F_A 与 F_C 之和。这与图 8-20b 所示的对称牵引时的受力（$F_A=F_B$）存在明显不同。这时就应该十分注意，校正过程中 B 点的承受能力一方面要选择变形开始的过渡点作为支承点，另一方面还要兼顾构件强度的大小，必要时应加垫木块等以减小单位面积上的压力。否则就有可能造成车身构件的损坏，并且也达不到校正变形的目的。

8.3 汽车车身表面涂层的检验与修复

汽车涂装是钣金修复作业的延续，也是最后一道工序，所以涂装作业区通常是与钣金修复场地毗邻的。汽车涂装即汽车钣金的表面处理，它虽然不会影响汽车的使用功能，但却直接影响到汽车的使用寿命、外表美观和整车价值。

1. 汽车涂装前的检验

汽车修补涂装中，正确判断受损区域和评估损坏程度，是确定维修成本，保证涂装质量的关键因素之一。

（1）鉴别涂料 鉴别车身钣金件上的涂料类别，在重涂工艺中是非常重要的。如果涂膜没有正确鉴别，在施涂面漆时会出现严重的问题。如果一辆汽车从未重新喷涂过，则根据车型手册可以确定涂层的类型。但对重新喷涂过的汽车车身，在涂装前则必须先确定车身涂层的类型。

1）判断汽车是否经过重新喷涂的方法

① 打磨法。打磨需要修补部位的某一边缘，直到露出金属。通过涂层的结构可以看出这辆汽车过去是否经过重新喷涂。若面漆单一均衡，可见未曾喷涂过；若面漆明显分层，由此可以判断曾重新喷涂过。

② 测量涂层厚度法。将旧涂层剥开，直到露出底材。测量涂层断面的厚度，如果涂层厚度大于新车涂层的标准厚度，说明这辆汽车曾经进行过重新喷涂。

2）车身原有涂层类型的确定方法

① 视觉检查法。用粗蜡（或砂纸）打磨漆面，若布上沾有漆迹，则说明漆面是单层式面漆（涂膜表面没有涂装清漆）；若没有沾上漆迹，则说明漆面是双层（色漆+清漆）式面漆。若漆面表层结构粗糙，经摩擦后产生一种类似抛光的效果，则说明涂敷的是一种抛光型漆；若出现一种聚丙烯尿烷特有的光泽，可以判定涂敷的是聚丙烯型漆。用砂纸打磨漆面，若漆层有弹性且砂纸黏滞，则说明是未完全硬固的烘烤漆。

② 涂抹溶剂法。一般说来，用棉纱浸入硝基稀释剂，在涂层表面上摩擦，擦不掉的涂料便是烘烤型或聚氨酯型，而可被擦到布上的涂料则是溶剂挥发型（硝基型）。虽然聚氨酯型和烘烤涂料通常不受溶剂影响，但是如果涂层固化不足或涂层变质，它们在受到摩擦时，也会有些掉色或褪色。如果原漆膨胀或收缩，则为未完全硬固的烘烤漆。

③ 加热检查法。首先用 800 号砂纸湿磨，消除原漆面上的光泽。然后用红外线灯加热打磨过的部位。如果这时漆面上的光泽重现，表明涂层是树脂型漆，一般在涂层加热后会发生一定程度的变软。

【小提示】

> 注意：应细心观察，千万要控制好加热温度，以免烤伤漆膜及引起钣金件的热变形。不能用火焰加热。鉴定涂层情况时，一定要选在受损区域内进行，以免扩大损伤面积。

(2) 涂膜损坏程度的检验

1) 目测评估法。目测评估法即根据自然光线照射钣金件的反射情况，全凭视觉确定钣金件损坏的程度以及牵连影响的面积大小。目测评估法对大、小损伤都很有效，评估时车人相对的位置很重要，要顺着光源，尽量在光线充足处作业。此法操作简单，无须仪器设备，人只要稍微改变眼睛相对于钣金件的位置，即可看到微小的变形。初学者可能比较容易发现大的缺陷，但容易遗漏许多小缺陷，因此需要多观察、多练习，等有了一定的经验，判断起来就会准确快捷很多。

2) 触摸评估法。触摸评估法即完全借助人手，在受损钣金件上触摸，通过感觉钣金件的凸凹、起落确定损坏程度及受损面积。触摸评估法主要适合于对比较隐蔽的小损伤进行检测，常配合目测评估法一起检测。其具体操作方法：以戴有手套（最好为棉质薄手套）的手掌，从各个方向触摸受损的区域，但不要施加任何压力，移动时尽量用手掌去感觉钣金件的凸凹和起落，最后在受损处标好记号。为了能准确地找到连带受损区域的不平整部分，手的移动范围要大，要包括没有被损坏的区域，而不是只触摸损坏的部分。此外，有些损坏的区域，手在某一单向方向上移动时可能感觉不出损伤部位，所以要尽量地朝上下、左右多个方向移动，以便更准确地找到问题。

3) 金属直尺评估法。一般的损伤评估使用目测法或触摸法就足以评定，但有些大范围的钣金损伤需要借助金属直尺评估法。将一把金属直尺放在车身另一边没有被损坏的区域上，检查车身和直尺间的间隙；然后将金属直尺放在被损坏的车身钣金件上，评估被损坏的和未被损坏的车身钣金件之间的间隙相差多少。如果在用金属直尺评估时，损坏件有凸出部分，将影响评估操作，此时可用冲子或鸭嘴锤，将凸起的区域敲平或使其略低于正常表面。

2. 汽车修补涂装前的准备

汽车清洗好后，要仔细检查车身漆面，寻找漆膜破损迹象，如气泡、龟裂、脱落、锈蚀以及在烤补、气焊等修理过程中引起的部分损坏。对于上述破损，必须将旧漆膜清除掉，清除程度可根据旧漆膜的损坏程度和重新涂装后的质量要求，进行全部和部分清除。

(1) 旧漆的清除　旧漆的清除方法有手工除漆、打磨机除漆、喷砂（喷丸）除漆、化学除漆等方法。

(2) 金属表面的除油和除锈　汽车的主要部件是以钢铁等金属材料制成的，在加工、储运过程中常使用以矿物或动植物油脂为基本成分、加有各种有机添加剂或无机物质的油品保护，这是汽车钢铁部件表面的主要油污来源。另外，经除旧漆处理后的裸露的金属表面，也会因操作过程（如手触摸）而沾有油脂。油污的存在，既会影响酸洗除锈和磷化质量，也会影响涂层的干燥性能和降低涂层的附着力。

油污清除的难易程度与油污组成的物理、化学性质有关。动植物油可以用皂化、乳化和溶解作用除去。矿物油不能皂化，主要靠润湿、乳化、溶解、分散等作用除去。通常黏度越大、熔点越高的油污越难清洗。极性较强的油污，由于对金属表面的附着力强，也较难清洗。因长期存放或高温烘烤形成的氧化性干膜很难清洗。带有固体微粒的润滑剂、研磨膏、抛光膏的清洗也很困难。

对于难以清洗的油污，需采用增强化学反应或加强物理机械作用、提高清洗温度等措施，方能清除。

汽车在使用过程中，车身漆面由于漆膜损坏、碰撞损坏和修理加工损坏，造成车身金属与空气中氧气或水产生化学反应，生成金属氧化物，即生锈。因此在涂装前必须进行除锈，以保证金属面获得良好的附着力。常用的除锈方法有手工除锈法、机械除锈法、化学除锈法及超声波清洗除锈法等。

（3）金属表面的磷化、氧化与钝化处理　金属表面磷化处理就是用锰、锌、铁等金属的正磷酸盐溶液处理金属表面，使金属表面生成一层不溶于水的磷酸盐保护膜的过程。金属表面形成的磷化膜既可以提高金属的耐蚀性，又可作为涂料的基底，增加涂料的附着力，从而提高涂层的使用寿命。实现磷化较常用的方法有浸渍法、喷淋法和涂刷法。

金属的氧化处理是金属表面与氧或氧化剂作用而形成保护性的氧化膜，防止金属腐蚀。氧化方法有热氧化法、碱性氧化法、酸性氧化法（黑色金属）以及化学法、阳极氧化法（有色金属）等。

采用化学方法使金属基体表面生成一层结构致密的钝化膜的过程称为金属钝化处理。钝化处理可提高磷化膜的耐蚀性，防止金属在磷化处理后再次出现腐蚀生锈，并能提高金属表面的涂装质量。钝化处理一般与磷化处理配套使用。当磷化处理后，如果能及时对工件进行涂装施工，则不必进行钝化处理。钝化处理液的主要成分是铬酸盐及少量的磷酸、硫酸或硝酸等。这种方法多用于铝、镁、锌、锡等有色金属，尤其是防止锌及锌镀层发白弊端的一种很好的方法，对钢铁制品同样也可以生成钝化层。

3. 底漆的喷涂

（1）底漆的基础知识　底漆是直接涂敷在经过表面处理的施工物体表面的基础涂料，合适的底漆是面漆耐久美观的前提，不好的底漆不但会使面漆的外观受到影响，甚至还会出现咬底泛色、裂纹和脱落等不良情况，影响施工质量。而且，在选择修补涂装的油漆时，应先弄清所需要修补车辆原来的涂装系统以及每一道涂层所采用的漆种，这是做好汽车修补涂装工作非常重要的一步，需要从汽车总装厂得到有关信息。

知道车辆的涂装系统只是选配修补底漆的重要一步，但如果只能得到涂装系统的有关信息，而无法了解到配套涂料的品种，就要根据各类涂料各自不同的特性和匹配要求进行选配。一般应根据被涂物面材料、使用环境、施工条件及经济效果等进行合理的选配，尤其要注意底漆、腻子、面漆三者的合理配套。通常涂层之间采用同类涂料配套是最简单而切合实际的办法，但有时候不同品种之间的合理搭配，反而可以使整个涂装系统获得更为优异的性能。反之如果三者调配不当，就会严重影响施工质量。

（2）底涂的常用工具与设备　当被涂表面经过清洗、除油、除旧漆膜、除锈等表面处理后，就可以对其进行涂装施工了。要使涂膜颜色鲜艳、色泽丰满、经久耐用，达到预期的目的，除了正确地选择、调配涂料外，还要正确地选择涂装方法与设备。

车身涂装修理涉及的几种常用方法有空气喷涂、刷涂、空气辅助无气喷涂、浸涂、静电喷涂、粉末涂装、电泳涂装以及高压无气喷涂等。底漆涂装的常用方法有空气喷涂和电泳涂装。空气喷涂法就是以压缩空气的气流为动力，以喷枪为用具，使涂料从喷枪的喷嘴中喷出呈漆雾而涂布到工件表面的一种施工方法，是一种最为常用的喷涂方法。

典型空气喷涂的基本原理如图 8-21 所示。当扣动喷枪扳机时，压缩空气经接头进入喷枪并从空气喷嘴急速喷出，在漆喷嘴的出口处形成低压区，漆壶盖上有小孔使漆壶内与大气相通，漆壶气压始终等于大气压。这样，在压力差的作用下使涂料从漆喷嘴喷出，并被压缩空气吹散而雾化，喷到工件上实现喷涂。

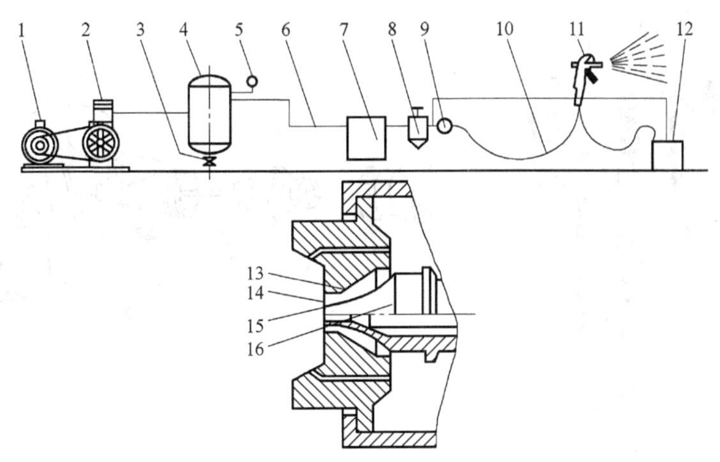

图 8-21　空气喷涂的基本原理

1—电动机　2—空气压缩机　3—排污阀　4—储气罐　5、9—气压表　6—供气管路　7—空气滤清器　8—减压阀　10—软管　11—喷枪　12—供漆装置　13—空气喷口　14—漆喷口　15—漆喷嘴　16—供漆针阀

空气喷涂系统主要设备有喷枪、空气压缩机、油水分离器和压力调节组、输气软管等，另外还需要与空气滤清器、分水滤气器、喷漆室等配套使用。

1）喷枪。喷枪是指利用空气压力将液体转化为注液滴的喷涂工具，该过程称为雾化过程。雾化过程是喷枪工作过程，雾化使涂料成为可喷涂的细小且均匀的液滴。当这些小液滴被以正确方式喷到汽车表面上后，就会形成一层厚度极薄的平整的漆膜。

喷枪的种类很多，一般常用的分类方法是按涂料的供给方式分为重力式、虹吸式等，如图 8-22 所示。

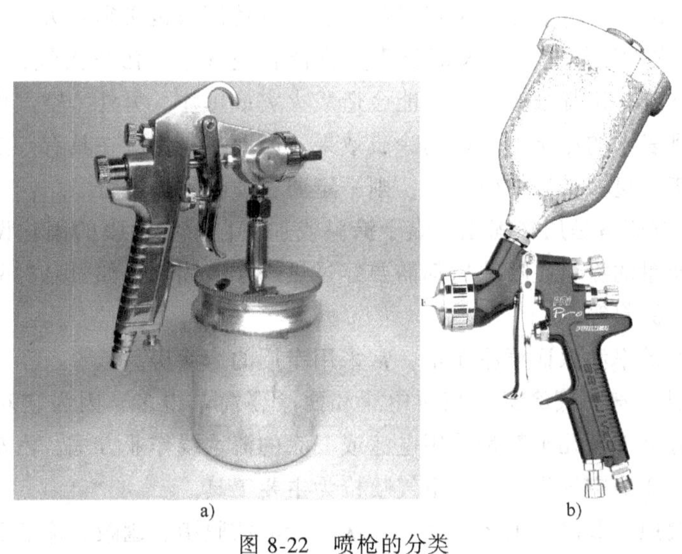

a)　　b)

图 8-22　喷枪的分类

a）虹吸式　b）重力式

典型的喷枪由枪体和喷枪嘴组成，如图 8-23 所示。枪体由空气阀、漆流控制阀、控漆阀、雾形控制阀、压缩空气进气阀、扳机、手柄等组成。喷枪嘴由气帽、涂料喷嘴、顶针组成。

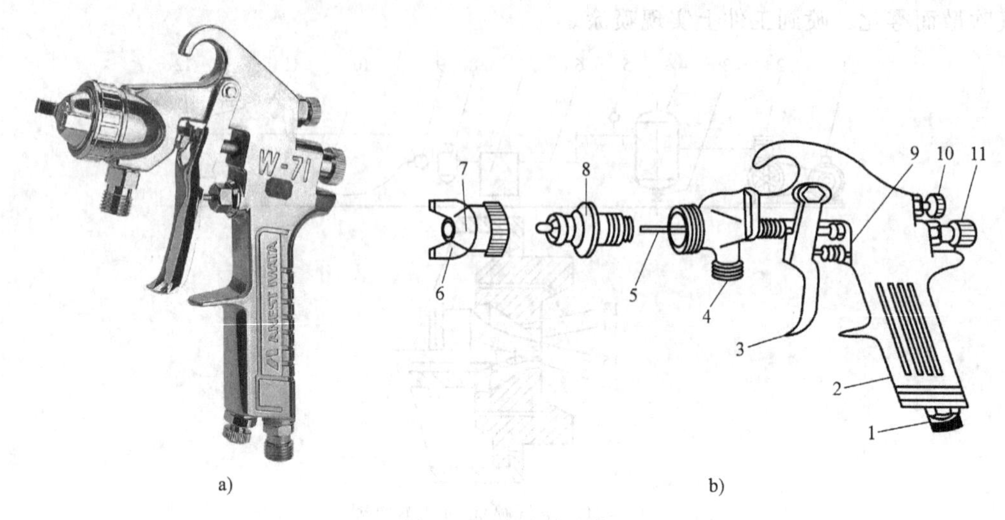

图 8-23　喷枪的结构

a）实物　b）结构

1—压缩空气进气阀　2—手柄　3—扳机　4—控漆阀　5—顶针　6—气帽角　7—气帽

8—涂料喷嘴　9—空气阀　10—雾形控制阀　11—漆流控制阀

扳机一般为两段式转换操作，扣下扳机一半时，空气阀先打开，从空气孔以高速喷出的压缩空气在涂料喷嘴前面形成低压区。再进一步扣动扳机时，涂料喷嘴才开口，吸引涂料从喷嘴喷出。喷枪的性能取决于涂料喷出量与空气消耗量的关系，即涂料喷出量少而空气消耗量大时，涂粒较小；涂料喷出量多而空气量少时，涂粒大而粗，涂膜的成效较差。通常涂料喷出量小型喷枪为 10~200mL/min，大型为 120~600mL/min，空气使用量小型为 40~290L/min，大型为 280~520L/min。涂料喷出量越大，空气使用量也必须越大。

2）喷漆室。在喷涂作业中，大部分漆雾飘浮在空气中，污染大气，对人体产生危害，并且当喷雾浓度达到一定程度时，还可能会造成火灾或爆炸。另外，空气中的尘埃会吸附到刚喷好的尚未达到表干的涂层上，影响涂膜效果。因此，操作应在具有一定条件的喷漆室内进行。特别是当工件量多或尺寸较大时，则一定要在喷漆室内进行。

3）烘漆室。烘漆室是用来固化、烘干涂膜或加快自干漆涂膜的固化设施。目前，汽车喷涂中，许多高质量的涂料在喷涂后都需要经过烘烤才能固化，如氨基醇酸涂料、热固性丙烯酸涂料、聚氨酯涂料等。

为了提高生产效率和保证喷涂质量，常采用专用的烤漆房。

（3）底涂工艺　汽车底涂工艺相对中涂和面涂要简单得多，因为它对涂层的可视性要求低。原厂汽车底涂工艺几乎都是采用电泳或浸涂的流水线作业方式，汽车修补涂装运用的则是手工喷涂，以压缩空气为动力，空气喷枪为主要工具。

底漆的涂装遵照一般涂装工艺流程，依次进行清洁脱脂、遮蔽、涂装和干燥，关键工作在于遮蔽和涂装两个环节。

1）遮蔽。在喷涂底漆之前，除了要进行除油、除锈、清除旧漆层等表面准备之外，还需要在喷涂前进行遮蔽准备。这是因为底漆喷涂是喷涂作业中最先进行的，所以必须在此阶段开始前就做好遮蔽工作。防止喷涂过程中的漆雾喷到不该喷的部位。

常用的遮蔽材料为遮蔽纸和遮蔽胶带。遮蔽材料由于使用的环境复杂，有的适用于炎热干燥的沙漠地区，有的适用于寒冷潮湿地区。因此，为了很好地完成喷涂工作，选用的遮蔽材料必须满足气候环境的变化及防止车间中脏物和灰尘对漆面的影响。有些遮蔽胶带有专门的用途，有的用在风干油漆面的情况下，而有的胶带必须用在烘干的情况下。遮蔽时常用墙纸、牛皮纸、报纸、聚乙烯膜，以及其他专门大面积遮蔽汽车的遮蔽物作为遮蔽用纸。使用时，由于报纸可以废旧利用，成本低廉，因此经常被采用。但是在使用报纸时应小心被撕扯破碎，且不允许用报纸遮蔽清漆面，因为报纸中含有的油墨会溶入油漆的溶剂中，引起漆膜颜色改变。

2）喷枪的检查及调整。喷枪的检查及调整在喷涂底漆和面漆之前都要进行。喷枪检查的内容包括：喷杯上的气孔有无被堵塞；喷杯上的密封圈有无渗漏等。

喷枪调整的内容包括调整压力、调整雾束大小及方向、调整漆流量、涂料分布测试。

对任何油漆系统而言，最适当的空气压力只有一个，就是能使涂料获得最好雾化的最低空气压力。由于有摩擦，空气从干燥器调压阀流到喷枪时压力有所损失，损失量取决于输气管的长度和直径。最好在软管接头和喷枪之间接一个调压阀（阀上带有气压表），用来检查和调整喷枪压力。最佳的压力是指获得适当雾化、挥发率和喷雾扇形宽度所需的最低压力。压力太高会因飞漆而浪费大量油漆，抵达构件表面前溶剂挥发快而导致流动性差，容易产生橘皮等缺陷；压力太低会因溶剂保留过多而造成干燥性能差，漆膜容易起泡和流挂。不同涂料喷涂时所需的空气压力都有最佳值，具体可参阅油漆的使用说明书。

3）涂装。喷涂操作时，必须按操作要领进行操作，以保证喷涂后的涂层具有良好的效果。操作要领不但适合底漆的喷涂，同样对面漆的喷涂也适用。

喷枪喷涂时，与工件表面必须保持垂直，应随工件表面的曲折而改变喷枪的角度，手腕或手肘不能做弧形摆动，如图 8-24 所示。

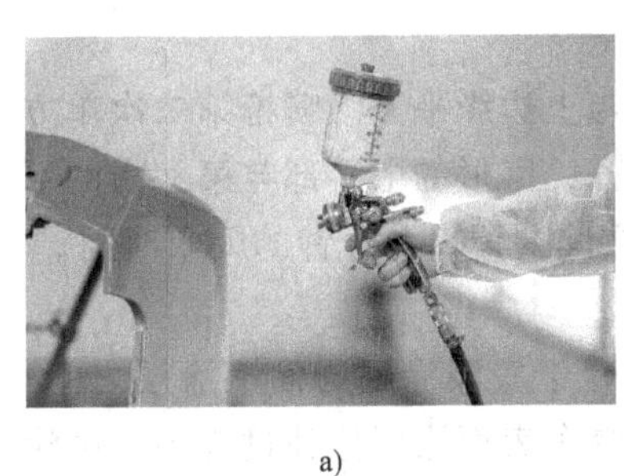

a)

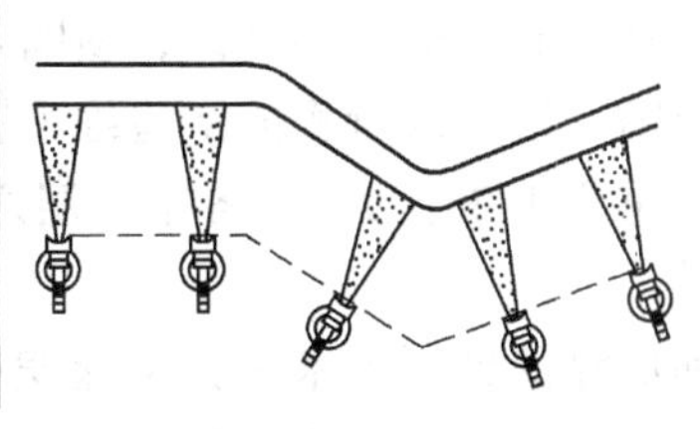

b)

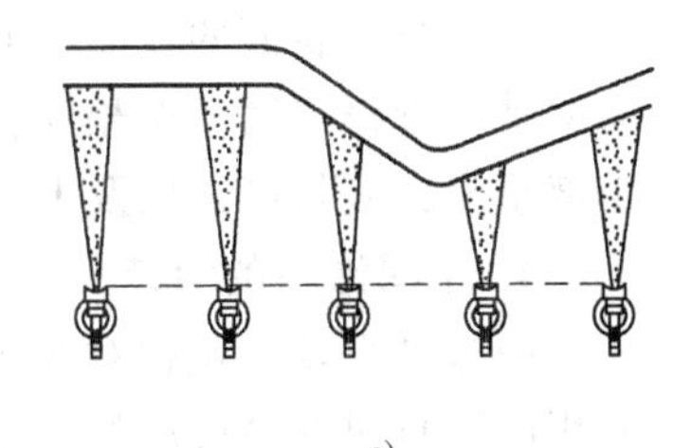

c)

图 8-24　喷枪与工件表面的角度

a）持枪手势　b）正确角度　c）不正确角度

喷枪的移动速度与涂料的干燥速度、环境温度、涂料的黏度有关，一般以 30cm/s 匀速移动。喷枪的移动速度过快，会导致涂层过薄；而喷枪移动过慢，会导致出现流挂。不允许喷枪停留不走。

喷涂气压与涂料的种类、稀释剂的种类及稀释后的涂料黏度有关，一般调整气压为

0.35~0.50MPa，具体操作要进行试喷确定。压力过低雾化不好，使稀释剂挥发过慢，容易产生“流泪”“针孔”等现象；压力过高会造成溶剂挥发过快，严重时会形成干喷现象。

喷枪嘴与工件表面的距离是喷涂操作中很重要的一个参数，正常的距离应与喷枪的气压、喷枪的调整情况以及涂料的种类配合。一般情况下喷涂距离为20cm左右。实际操作时也可根据涂料供应商提供的参数进行，并通过试喷来最后确定。如图8-25所示，如果距离较短且以高速喷涂时，会使涂膜起皱、起堆；若距离太大，可能产生橘皮或干膜现象，由于飞雾增加，会导致涂料损失增加。

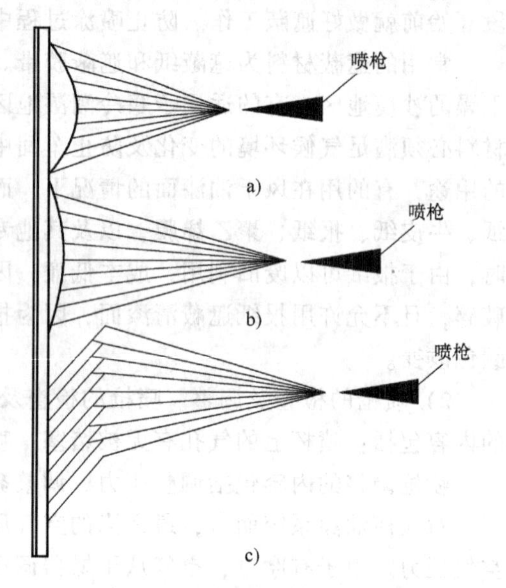

图8-25 喷枪与喷涂表面的距离

a）距离太近，面层涂料起堆，导致涂层增厚或凹陷 b）距离适中 c）距离太远，涂料在达到喷涂表面前有形成干尘的倾向

喷枪扳机扣得越深，涂料喷出越多。为了避免每次走枪即将结束时还喷出大量的涂料，造成涂料的堆积，在走枪将结束时应适当放松扳机，以减少供漆量。扳机的正确操作一般分为四个阶段：先从遮蔽纸上开始走，半扣扳机，仅放出空气；当走到喷涂表面的边缘时，完全扣下扳机，喷出涂料；当走到另一头时，半松扳机，涂料停止流出；反向喷涂前再往前移动少许，然后重复上述操作。喷涂方法有纵行重叠法、横行重叠法和纵横交替喷涂法。喷涂的顺序有从高到低、从左到右、从上到下、先里后外等。喷涂应按计划好的行程稳定而均匀地移动喷枪，在抵达单方向行程终点时放开扳机。对于一些难以喷涂的部位，例如拐角或边缘等处，要先喷涂，操作时要正对着喷涂的部位，这样可使拐角或边缘的两边各得到一半的漆液，喷枪与工件之间的距离要比正常的距离近2.5~5.0cm，将所有边缘、拐角处都喷好后，再喷涂水平表面。

对于竖直表面的喷涂，通常从上表面的上端开始，喷嘴与上边缘平齐。喷枪第二次单方向移动的行程与第一次相反，喷嘴与第一次行程的下边缘平齐，雾形的上半部与第一次的下半部重叠，应与第二层及上一层重叠1/3或1/2，各个涂层之间要留出几分钟的闪干时间。

4. 中间涂料的涂装

中涂是涂装行业相对底涂和面涂的另一个术语，中涂层介于底漆涂层与面漆涂层之间，使用的涂料叫中涂层涂料，包括腻子和中涂底漆两部分。在汽车表面涂层修补过程中，中涂是非常重要的一个工艺，尤其以中涂层涂料的打磨最为关键。

中涂层涂料的选用一样要考虑与底涂层和面涂层的匹配性。

选择腻子时着重把握两点：种类和质量。中涂漆在选用时要与底漆、腻子或旧涂膜的类型匹配。中涂漆的合理选用是避免涂装出现质量问题的关键，否则会出现咬底、起皮等不良现象。

5. 面漆的喷涂

由于面漆是整个涂层最外面的一层，其质量直接影响美观效果和涂膜质量，因此面漆的喷涂是整个喷涂作业中至关重要的一个作业过程。面漆喷涂要保证颜色匹配，所谓的颜色匹配是指车身涂层修复时，新涂层与原车涂层颜色一致的匹配方法，是车身涂层修复的一项基本工艺。

目前计算机调漆在涂装技术中已经得到广泛的应用。计算机调漆将复杂的配色过程变得精确、简单、规范。

（1）面漆喷涂前的准备　表面除尘与脱脂：打磨结束后，应使用气枪利用压缩空气彻底清除打磨粉尘。在脱脂之前按底漆喷涂作业的方法进行遮蔽，遮蔽后要进行脱脂处理。脱脂结束后，再次用压缩空气吹去残留的粉尘，最后用胶布粘除涂层上的粉尘。

在正式喷涂前，要检查车身外表是否有遮蔽遗漏；检查是否有打磨作业和清扫作业未完备的地方；再者要检查喷枪和干燥设备是否正常。

调整好颜色的涂料，须进行过滤。过滤工具有滤纸、漏勺形的滤网、纸质滤网等。

（2）面漆的涂装工艺　在喷涂面漆以前要对喷枪的气压、出漆量和喷幅等仔细地进行调整。为保证喷涂质量，还应首先进行试喷涂，以确定合适的喷涂距离、运枪的速度和喷幅重叠程度等。喷涂试板时，要将扳机扳到最底，按喷枪规定的喷涂距离，以正常的运枪速度（约为0.5~0.6m/s）用2/3的喷幅重叠量喷涂一小条，然后观察漆膜的流平程度以及有无喷涂缺陷，如果满意即可进行正式喷涂；若不满意或有喷涂缺陷，需及时调整。

正式喷涂时，应从被喷涂板材的上部开始，以均匀的运枪速度和喷幅重叠依次向下，直到喷涂完整个板材。喷涂时的起枪位置应从距离被喷涂表面外面5~10cm的地方开始。如果被喷涂的板材面积较小，喷涂时应使喷枪移动板材边缘以外5~10cm处再停止，并原地重新起枪以一定的喷幅重叠返回。

面漆涂膜的厚度一般要求在50μm左右。现在常用的高固体分双组分素色面漆具有较高的固体成分，喷涂一层即可得到较厚的膜厚和良好的遮盖能力，喷涂两层就可以达到所需的膜厚。在喷涂这种涂料时，应按照涂料的说明来操作，通常第一层喷涂要采用薄喷，涂膜不要太厚，但必须均匀并保证良好的流平。第二层喷涂得厚一些，以保证足够的膜厚和良好的平整度、鲜映度。两层喷涂间隔的时间以第一层稍干来判断即可，一般为常温下10min左右，也可以用手轻触遮蔽物上的涂膜，当干燥到涂料不粘到手指上的程度时，就可以喷涂第二层。两层喷涂的间隔时间不宜过长，尤其是炎热的夏季，高固体分涂料中可挥发成分少、干燥快，如果第一层已经达到表干的程度再喷第二层，第二层中所含的溶剂成分不能很好地溶解第一层的表面，会造成两层之间不能很好地融合。

（3）抛光　抛光既是全涂装和局部涂装的最后一道工序，也是对涂膜的精加工。

抛光方法是先在涂膜上稍微涂抹一点研磨膏，然后用柔软的布进行手工打磨，也可以用抛光机进行打磨。抛光机打磨的效率高，对于大面积的抛光，一般都采用抛光机进行打磨抛光。在打磨时，一般先用粗粒度的研磨膏，然后用中等粒度的研磨膏，待形成一定的光泽后，再用很细粒度的研磨膏进行打磨。

（4）打蜡　待抛光作业完成后，最后一道工序就是打蜡。打蜡的作用是能在汽车表面形成一层保护膜，有效隔离外部环境对车漆的不良影响，如阳光、酸雨、鸟粪、灰尘、工业污染等；增加车漆表面的光泽；可防水、防高温、防静电、防紫外线。

【本章小结】

本章主要介绍了汽车车身的分类及基本结构、汽车车身各部分的常用材料及性能特点、汽车车身整体变形的特点、对汽车整体变形测量的方法及校正的操作工艺、汽车车身表面涂层修复的基本工艺流程。

思 考 题

1. 简述汽车车身的分类以及各类车身的结构特点。
2. 汽车车身整体变形如何进行测量？对于车身整体变形如何进行校正？
3. 简述汽车车身表面涂层修复的工艺流程。

参考文献

[1] 交通运输部公路科学研究院，牛会明，刘元鹏. 汽车维护技术规范［M］. 北京：人民交通出版社股份有限公司，2017.

[2] 史文库，姚为民. 汽车构造：上、下册［M］. 6版. 北京：人民交通出版社，2013.

[3] 关文达. 汽车构造［M］. 4版. 北京：机械工业出版社，2016.

[4] 毛峰. 汽车电器设备与维修［M］. 北京：机械工业出版社，2005.

[5] 凌永成，谢在玉. 汽车电气设备［M］. 3版. 北京：北京大学出版社，2016.

[6] 张建俊. 汽车诊断与检测技术［M］. 4版. 北京：人民交通出版社，2015.

[7] 王志洪，刘成武. 汽车检测诊断与维修［M］. 北京：人民交通出版社，2013.

[8] 闵永军，万茂松，周良，等. 汽车故障诊断与维修技术［M］. 2版. 北京：高等教育出版社，2012.

[9] 宋年秀，刘瑞昌，刘宏飞. 汽车维修工程［M］. 北京：机械工业出版社，2017.

[10] 司传胜，沈辉. 汽车维修工程［M］. 北京：国防工业出版社，2012.

[11] 储江伟. 汽车维修工程［M］. 北京：人民交通出版社，2008.

[12] 戴冠军. 汽车维修工程［M］. 北京：人民交通出版社，2004.

[13] 曹建国. 汽车维修实用技术［M］. 重庆：重庆大学出版社，2006.

[14] 黄珊珊. 陕西省道路运输行业面向节能减排的I/M制度实施方案研究［D］. 西安：长安大学，2010.

[15] 陈焕江. 汽车检测与诊断：上册［M］. 3版. 北京：机械工业出版社，2012.

[16] 扶爱民. 汽车发动机构造与维修［M］. 3版. 北京：电子工业出版社，2012.

[17] 仇雅莉，钱锦武. 汽车发动机构造与维修［M］. 3版. 北京：机械工业出版社，2014.

[18] 舒华，姚国平. 汽车电控系统结构与维修［M］. 3版. 北京：北京理工大学出版社，2012.

[19] 张西振，黄艳玲. 汽车发动机电控技术［M］. 3版. 北京：机械工业出版社，2017.

[20] 曹红兵. 现代汽车电子控制技术［M］. 北京：机械工业出版社，2012.

[21] 曹红兵. 汽车发动机电控技术原理与维修［M］. 北京：机械工业出版社，2014.

[22] 凌永成，于京诺. 汽车电子控制技术［M］. 2版. 北京：北京大学出版社，2017.

[23] 陈刚，王良模，王冬良，等. 汽车电子控制技术［M］. 北京：机械工业出版社，2017.

[24] 李春明，刘艳莉，张军. 汽车故障诊断方法与维修技术［M］. 3版. 北京：北京理工大学出版社，2013.

[25] 交通运输部职业资格中心. 机动车检测维修实务［M］. 北京：人民交通出版社，2013.

[26] 夏长明. 汽车维护［M］. 北京：机械工业出版社，2011.

[27] 谭本忠. 汽车波形与数据流分析［M］. 北京：机械工业出版社，2009.

[28] 王凯明. 现代汽车故障综合诊断技术——数据分析［M］. 北京：北京理工大学出版社，2002.

[29] 嵇伟. 汽车电喷发动机常见故障诊断与分析［M］. 北京：机械工业出版社，2008.

[30] 肖云魁. 汽车故障诊断学［M］. 2版. 北京：北京理工大学出版社，2006.

[31] 登顿. 汽车故障诊断先进技术［M］. 张云文，译. 北京：机械工业出版社，2008.

[32] 林晨. 桑塔纳2000GSi-AT/GSi /GLi /GLS轿车维修手册［M］. 北京：机械工业出版社，2002.

[33] 张凤山，张春华. 速腾/迈腾轿车快修精修手册［M］. 北京：机械工业出版社，2011.

[34] 周林福. 汽车底盘构造与维修［M］. 3版. 北京：人民交通出版社，2014.

[35] 李家本. 汽车底盘构造与维修［M］. 北京：中央广播电视大学出版社，2009.

[36] 李春明. 汽车底盘电控技术［M］. 2版. 北京：机械工业出版社，2009.

[37] 谢剑. 汽车底盘电控技术［M］. 长沙：国防科技大学出版社，2010.

[38] 过学迅. 汽车自动变速器结构原理［M］. 2版. 北京：机械工业出版社，2012.

[39] 朱迅，李晓. 汽车自动变速器原理与维修［M］. 北京：化学工业出版社，2010.

[40] 嵇伟. 新型汽车悬架与车轮定位 [M]. 北京：机械工业出版社，2004.
[41] 吴明. 汽车维修工程 [M]. 北京：机械工业出版社，2015.
[42] 德国 BOSCH 公司. 汽车安全性与舒适性系统 [M]. 魏春源，等译. 北京：北京理工大学出版社，2007.
[43] 莱芙. BOSCH 车辆稳定系统和驾驶员辅助系统 [M]. 迟云雁，周梦媛，张建强，译. 北京：北京理工大学出版社，2015.
[44] 付百学，胡胜海. 汽车车载网络技术 [M]. 北京：机械工业出版社，2011.
[45] 屈敏. 汽车车载网络技术原理与应用 [M]. 北京：国防工业出版社，2012.
[46] 刘春晖，刘宝君. 汽车车载网络技术详解 [M]. 2 版. 北京：机械工业出版社，2014.
[47] 凌永成. 车载网络技术 [M]. 北京：机械工业出版社，2013.
[48] 罗峰，孙泽昌. 汽车 CAN 总线系统原理、设计与应用 [M]. 北京：电子工业出版社，2010.
[49] 张凤登，付敬奇. 实时传输网络 FlexRay 原理与范例 [M]. 北京：中国工信出版集团，电子工业出版社，2017.
[50] 吴宝新，郭永红，曹毅，等. 汽车 FlexRay 总线系统开发实战 [M]. 北京：电子工业出版社，2012.
[51] 马学高. 汽车车身结构与修复技术 [M]. 北京：北京邮电大学出版社，2008.
[52] 曾鑫. 汽车车身修复 [M]. 北京：化学工业出版社，2010.
[53] 姜勇. 汽车车身修复技术 [M]. 北京：电子工业出版社，2010.
[54] 吴兴敏. 汽车车身结构与维修 [M]. 西安：西安电子科技大学出版社，2006.
[55] 智淑亚. 汽车车身结构与设计 [M]. 2 版. 北京：机械工业出版社，2017.
[56] 宋孟辉，惠有利. 汽车涂装与修复 [M]. 北京：机械工业出版社，2016.